编委会名单

主　编： 王洪松

编　委： （按姓名拼音首字母排序）

卜路军　顾永强　韩文生　何　欣（纪检监察学院）
何　欣（商学院）　吕茂相　尚　武　孙　璐　王　芳
王　彤　王洪松　王敬川　王丽娜　王文英　王英伟
武晓红　解廷民　许　兰　杨　军　杨俊丽　杨婷婷
杨学志　尹晓华　张艳萍　张永然

新时代加强和改进高校思想政治工作路径探究

中国政法大学2024年学生工作理论研讨会论文集

王洪松 / 主编

中国政法大学出版社

2024·北京

前　言

习近平总书记在党的二十大报告中指出，教育是国之大计、党之大计。培养什么人、怎样培养人、为谁培养人是教育的根本问题。育人的根本在于立德。全面贯彻党的教育方针，落实立德树人根本任务，培养德智体美劳全面发展的社会主义建设者和接班人。党的二十届三中全会通过的《中共中央关于进一步全面深化改革、推进中国式现代化的决定》提出："教育、科技、人才是中国式现代化的基础性、战略性支撑"，并从深入实施科教兴国战略、人才强国战略、创新驱动发展战略，统筹推进教育科技人才体制机制一体改革，健全新型举国体制，提升国家创新体系整体效能出发，对深化教育综合改革进行系统部署。

近年来，中国政法大学紧紧围绕立德树人这一根本任务，不断深入贯彻习近平新时代中国特色社会主义思想，全面落实党的二十大和二十届二中、三中全会精神，学习贯彻全国教育大会精神，深入实施"时代新人铸魂工程"，充分领悟习近平总书记关于青年成长成才重要论述尤其是习近平总书记在中国政法大学考察时的重要讲话精神和勉励语精神，遵循思想政治工作规律、教书育人规律和学生成长规律，因事而化、因时而进、因势而新，不断增强思想政治工作实效性，加快构建目标明确、内容完善、运行科学、成效显著的高校思想政治工作体系。自2010年以来，中国政法大学已连续十四年举办学生工作主题征文，从理论上深入研究思想政治工作的新特点，在实践中不断拓展思想政治工作的新思路，形成了一批具有科学性、实效性和指导性的研究成果。

本书作为2024年度中国政法大学学生工作理论研讨会的论文选集收录了

来自中国政法大学专任教师、班主任、辅导员和党政干部关于思想政治工作的论文 74 篇，内容涉及思想引领、党团建设、心理健康教育、资助育人、就业创业指导、网络思想政治教育等方面。论文围绕当前高校思想政治工作的重点、难点和热点问题，聚焦学生成长成才的需求，为增强思想政治工作的实效性提出相应的解决途径和办法。这些成果充分体现了中国政法大学教职员工践行立德树人根本任务的自觉性和落实育人责任的主动性，进一步推动了思想政治工作高质量、科学化发展。

落实立德树人根本任务，培养德法兼修法治人才，完善思政育人体系，是学校的责任、使命和担当。希望以本书出版为契机，促进思想政治教育工作理论成果共享和实践经验交流，推进高校思想政治工作高质量发展，使思想政治工作接地气、入人心，以优异成绩谱写加快建设教育强国新篇章。

本书的出版得到了学校领导的高度重视和中国政法大学出版社的大力支持，在此表示衷心的感谢！在本书编写过程中，我们始终抱着热诚和谨慎的态度开展工作，希望能最大限度地把优秀成果展示给读者，供大家借鉴和学习。然而，由于水平能力有限，书中难免存在不妥和疏漏之处，恳请广大读者批评指正。

编　者
2024 年 8 月

目 录

前　言　1

一、思想引领

高校社会实践大思政课构建策略

　　——以中国政法大学"ZHI 行中国"社会实践大思政课为例／孙　璐　3

凝聚法科院校青年力量 助力社会基层治理

　　——以中国政法大学研究生普法志愿系列活动为例／安　朔　12

中国青年在中国式现代化进程中的使命与担当／苏　宇　20

从法律人才培养看法律逻辑与创新思维的关系／管晓立　28

习近平法治思想融入高校思想政治教育的实践路径／黄天浩　36

中国政法大学青年学生马克思主义信仰教育研究

　　——以中国政法大学研究生骨干培训为例／何佩璇　孙艺璇　43

主题教育融入高校育人工作的逻辑阐释与实践进路／刘姝华　53

习近平新时代中国特色社会主义思想融入大学生思政教育／张晶晶　63

关于实施"时代新人铸魂工程"的一些思考／邱　然　72

高校涉外法治人才培养中意识形态工作强化路径研究 /何新宇　　80

大学生公平决策的特点及影响因素探析 /何怡娟　　91

涉外法治人才培养中的困境与完善措施 /刘　凯　　103

高校学生适应性问题的实证分析与干预方法

　　——以中国政法大学刑事司法学院 2020 级学生为研究

　　对象 /刘亦阳　左雨轩　　109

高校青年政治骨干培养机制困境纾解

　　——以中国政法大学为例 /王家启　达得胜　赵米洋　　123

高校涉外法治人才培养路径探析 /许慧芳　　134

两性话题下大学生性别角色观的重构 /姚国强　　148

基于网络平台的学生思想政治教育创新模式研究 /郝冬丽　　156

新时代大学生法治教育"获得感"：价值意蕴、问题与对策 /李云智　　164

探索中国政法大学"一站式"学生社区的构建思路 /孙燕春　　174

二、基层组织建设

新时代高校党建引领下"四个平台"育人模式探究

　　——以中国政法大学政治与公共管理学院为例 /李明霞　　183

高校研究生党支部育人功能提升策略研究 /吴冕君　　191

新时代高校"三型"学生党支部建设的思考研究 /高凯杰　　200

基于 PDCA 循环理论对提升新时代研究生党支部建设工作质效的

　　新模式研究 /顾滋偌　　209

"三全育人"背景下高校新型党团课模式研究

　　——以打造中国政法大学"致知计划"为范例 /黄子洋　　217

新时代高校样板党支部建设路径

　　——以中国政法大学人文学院本科生党支部为例／吴紫夷　陈　羿　226

三全育人视域下高校院级研究生会的职能定位和发展路径／杨明荃　234

大学生专业知识助力党支部共建的经验

　　——以C大学商学院为例／张力元　242

新时代研究生党支部高质量建设路径研究

　　——以研究生党建示范创建和质量创优为视角／周方正　253

三、队伍建设

高校社会实践大思政课构建策略

　　——以中国政法大学"青春引路人"辅导员培训为例／吴杨洋　263

新时代加强高校辅导员队伍建设的探索与实践

　　——以中国政法大学为例／陈莹蓝　271

研究生兼职辅导员工作困境与培养机制进路研究／黄嫣然　278

辅导员在法学专业本科生法律思维形成过程中的定位与作用／郭嘉强　288

提升辅导员工作意识，顺应学生发展需求，

　　提升学生工作的有效供给／樊昌茂　297

新时代背景下高校辅导员"实践育人"探索／梁　宇　304

人工智能背景下高校辅导员深度辅导工作机制的优化研究／吕梦婷　312

新时代高校辅导员开展法治教育的实践路径／赵晓萌　321

谈话是一门心灵沟通的艺术

　　——基于高校辅导员与学生谈话的体会和思考／代丽丹　329

高校辅导员与本科新生谈心谈话实践探索研究／吴　凡　337

四、就业创业指导

课程思政视角下的大学生就业指导课程建设研究/何立丹　解廷民　349

从大学生现状及职场访谈的视域谈大学生职业生涯规划教育的加强
　　　　——以中国政法大学政治与公共管理学院为例/施春梅　359

基于生涯建构理论的大学生就业指导体系构建研究/孙艺璇　何佩璇　371

提升高校大学生就业能力的路径探索
　　　　——胜任力理论指导下以法大商学院研究生就业实践为例/李琼华　378

高校选调生工作问题分析与对策研究
　　　　——以中国政法大学为例/闫俊波　388

思想政治教育视域下大学生职业生涯规划教育的发展路径/王晓曦　394

"互联网+"背景下大学生创新创业能力提升路径研究/刘穆新　403

大学生就业指导困境探析及对策研究
　　　　——以首届全国大学生职业生涯规划大赛为例/杜　盟　高文佳　413

高校毕业生就业困境剖析及对策研究/宫安琪　422

关于大学生职业规划教育的若干思考/孟祥滨　434

关于高校毕业生就业帮扶策略的研究
　　　　——以中国政法大学就业数据为例/羊芊潼　444

全方位多举措实施就业育人/曾　蓉　455

从国际化就业趋势看涉外法治人才的全球胜任力培养机制/叶　桥　462

五、心理健康教育

浅析新时期加强研究生心理健康教育工作模式构建

　　——以证据科学研究院研究生为例 /杨俊丽　　473

大学生心理健康必修课教学现状

　　——以中国政法大学为例 /许晶晶　　481

新时代高校学生心理危机管理机制探索实践

　　——以中国政法大学为例 /胡佳丽　　490

新时代大学生生命教育及实施路径探析 /魏旭晨　　499

新时代高校心理育人的根本遵循和实践路径 /王婷婷　张永然　　509

团体心理辅导对大学新生人际关系及适应性的干预研究 /苑　阳　　519

"脆皮青年"的透视与解析 /袁　芳　谢　越　　532

互联网时代新媒体背景下高校心理健康工作的创新性发展 /孟怡贞　　542

当代大学生心理"脆皮"现象的成因与对策分析 /卢　迪　　551

六、三全育人

法学专业性社会实践育人作用的发挥

　　——以中国政法大学"大学生法律援助工作站"为例 /赵中名　　563

浅议以文化育人推进高校发展型资助育人工作 /高菲斐　　570

新形势下高校第二课堂建设与发展分析 /桑　迪　　577

高校红色院史档案育人建设
　　——以中国政法大学政治与公共管理学院为例 /王子聪　　　　584

AIGC 对本科毕业论文指导与写作的挑战及应对 /张　弛　　　　594

"三全育人"视域下关工委老同志助力高校学生思想政治
　　工作研究 /韩伯君　张　宸　　　　602

"数智"时代高校图书馆空间服务变革与育人服务实践
　　——以中国政法大学图书馆为例 /夏振华　　　　613

"大思政"背景下高校思政课与第二课堂的功能定位及协同
　　路径研究 /张继山　巨浩民　戚　涵　　　　626

新媒体背景下情感思政教育的必要性和路径探析 /刘　澍　　　　635

算法推荐视域下的大学生网络思想政治教育工作研究 /关舒丹　　　　644

研究生管理助理工作现状分析及优化策略
　　——以中国政法大学研究生为例 /刘瑞琴　　　　654

基于"Z 世代"大学生网络行为和心理特点的网络思政教育困境与
　　对策分析 /周卓然　　　　667

"五育融合"视域下高校法科学生实践育人路径探索 /颜可歆　　　　677

高质量发展视域下高校开放教育管理服务协同育人路径研究 /姚　瑶　　　　686

一、图书馆引论

高校社会实践大思政课构建策略

——以中国政法大学"ZHI 行中国"社会实践大思政课为例

共青团中国政法大学委员会　孙　璐

一、高校构建社会实践大思政课的时代价值

（一）丰富高校思想政治教育的实践载体

思想政治教育的实践性在社会生活中表现为与其他实践活动的结合与渗透，是思想政治教育显著的本质属性。[1] 2022 年，教育部等十部门下发《全面推进"大思政课"建设的工作方案》，要求"组织开展多样化的实践教学"[2]，强调在大思政课建设中社会实践工作的重要性。有效构建社会实践大思政课不仅能充分承载高校青年成长成才的现实需求，更能有效扩充高校开展思想政治教育的实践载体：在校园场域，青年学生通过理论学习与认知思考确定研究方向，以此明确社会实践选题，结合资料调研与实际情况明确调研方案，这一过程有效促进青年对时事政策的理解与领悟；在社会场域，高校青年通过组建社会实践团队深入基层一线，围绕拟定选题，利用志愿服务、理论宣讲、社会调研等形式开展实践活动，在此过程中了解国情民意，进一步加深对理论学习成果的转化。通过社会实践的方式引导高校青年了解真实社会情况，不仅能增强思想政治引领的说服力，更极大增强了亲和力，进而持续提

---

〔1〕 张耀灿等：《现代思想政治教育学》，人民出版社 2006 年版，第 116 页。

〔2〕《教育部等十部门关于印发〈全面推进"大思政课"建设的工作方案〉的通知》，载中华人民共和国教育部政府门户网站，http://www.moe.gov.cn/srcsite/A13/moe_772/202208/t20220818_653672.html，最后访问日期：2024 年 4 月 6 日。

升思想政治教育的实效性。[1]

（二）培育青年服务社会发展的多元平台

习近平总书记强调，要组织动员广大青年立足本职岗位，积极投身中国式现代化建设，在科技创新、乡村振兴、绿色发展、社会服务、卫国戍边等各领域各方面工作中争当排头兵和生力军，展现青春的朝气锐气。[2]搭建社会实践大思政课，将直接构建起青年参与经济社会发展建设的桥梁：一方面，青年具有活力和创造性，能够用全新视角思考社会发展面临的新挑战与新问题，寻找新机遇。青年能够依托高校的智识资源，在传播先进文化、推广前沿技术等方面发挥重要作用；另一方面，当代青年具有施展才干的广阔平台，中共中央宣传部、国家发展改革委、共青团中央等17部门联合印发的《关于开展青年发展型城市建设试点的意见》中明确提出"围绕促进青年高质量发展，让城市对青年更友好""围绕建功城市高质量发展，让青年在城市更有为"等要求，[3]这为青年参与建功立业提供了强有力的政策保障。同时伴随数字经济的不断发展，基于对互联网用户行为习惯的认知，青年群体在新媒体传播、文化创意挖掘等方面具有独特优势，能够发挥重要作用。

（三）构建青年提升实践能力的有益机制

在参与社会实践的过程中，高校青年能够获得较为全面的能力提升：一是解决问题的能力。通过在实践中面对实际问题，青年群体能够有意识地优化分析和解决问题的方法和路径，[4]进而将观察同思考、实践同思考紧密结合起来；二是社会融入的能力。社会调研是社会实践活动的重要形式，如何

---

〔1〕 马心怡：《高校共青团"校地共建、区域联建"社会实践长效机制研究》，载《中国共青团》2023年第17期。

〔2〕《习近平在同团中央新一届领导班子成员集体谈话时强调：切实肩负起新时代新征程党赋予的使命任务 充分激发广大青年在中国式现代化建设中挺膺担当》，载中国政府网，https://www.gov.cn/yaowen/liebiao/202306/content_6888501.htm#:~:text=%E4%B9%A0%E8%BF%91%E5%B9%B3%E5%BC%BA%E8%B0%83%EF%BC%8C%E5%85%B1%E9%9D%92，%E9%9D%92%E6%98%A5%E7%9A%84%E6%9C%9D%E6%B0%94%E9%94%90%E6%B0%94%E3%80%82，最后访问日期：2024年4月6日。

〔3〕 郑德高、孙娟：《青年发展型城市：城市更友好 青年更有为》，载中国共产党新闻网，http://cpc.people.com.cn/n1/2022/0623/c444418-32454189.html，最后访问日期：2024年4月6日。

〔4〕 蔡颖蔚、余鸿飞：《社会实践与爱国主义教育成效的路径分析——基于江苏省N高校的实证研究》，载《中国青年研究》2023年第9期。

在短时间内获取被调研个体的信任，从而获取有效信息是关系社会实践成果优劣的关键因素，提升沟通交际水平也是提升社会融入能力的重要环节；三是团队协作能力。社会实践的开展往往需要组建一支分工明确、合作密切的工作团队，其在活动开展过程中能够帮助团队成员理解如何在团队中找准自身定位，从而围绕社会实践选题高效开展工作；四是应变处突的能力。在开展社会实践的过程中，难免会遇到与前期预设不符的情况，社会实践团队成员要因时因地合理调整实践方案，应对突发情况，寻找解决问题的最优解。开展社会实践活动对高校青年的成长锻炼较为全面，除上述提及的各项能力外，还包含时间管理能力、自我管理能力、环境适应能力等。通过课程设置与环节设定，社会实践大思政课能够以任务节点的形式为社会实践团队成员提供能力锻炼的机会，进而发挥社会实践育人的最大效用。

二、高校构建社会实践大思政课的原则要求

（一）坚持与中国具体实际相结合

为高校青年提供了解社情民意的平台是高校社会实践大思政课的重要价值，这要求社会实践大思政课的建设必须坚持与中国具体实际相结合的原则。

一是要关注社会热点。关注社会发展，了解国民经济变化是社会实践实现育人功能的重要依托。因此社会实践大思政课的建设要积极响应国家政策、紧密关切社会热点，如针对乡村振兴、环境保护、教育均衡等热点话题组织开展形式多样的社会实践活动。除此之外，社会实践大思政课建设具有整合资源、贯穿全程的机制优势。在组织实践团队开展活动前，可以通过时事政策研学活动、社会热点讲座活动等形式开展前期导学，在帮助实践团队准确把握实践选题的同时，有效延展育人链条。

二是要结合地域特色。我国疆域辽阔、文化底蕴丰厚，这为高校开展社会实践活动提供了肥沃土壤。鉴于高校开展社会实践活动的周期性特点，社会实践选题往往以"小切口"的形式呈现，对具体问题的分析也要充分结合实践地的实际情况。在引导青年积极参与社会实践活动的过程中，要注意将地域特色有机融合其中，鼓励团队成员观察和发现具有时代特征的主题，如"一带一路"相关主题、地域文化相关主题等，并逐步引导青年从个性问题中提取共性因素，提升实践成果的推广应用价值。

三是要依托专业优势。社会发展问题往往呈现复杂多元的情况，对解决路径的分析要依托专业理论知识。一方面，要引导青年选取与自身学科专业相关的社会实践选题，在深入理解理论知识的同时，有效运用所学知识科学分析现实问题，实现知行合一。另一方面，要鼓励实践团队成员围绕社会实践中遇到的复杂多元的现实问题开展跨学科交流，探索打破不同学科间的学习壁垒，广泛涉猎多元化的基础知识，以此丰富自身理论积累，获取专业学习上的新增长。

四是要深入基层一线。"没有调查，就没有发言权。"要了解社会的真实情况，就必须俯下身子走入基层一线。社会实践活动不能局限在文本调研，尤其是涉及农民土地问题、基层治理问题等实践性强的主题时，实践团队必须走进农村、社区、企业，通过实地走访、调研访谈等多种形式掌握一手数据，在基层治理的末梢环节感受社会脉搏。因此，高校社会实践大思政课的建设要与地方政府、企业开展深度合作，依托"新时代文明实践工作站"等阵地，为青年提供接触社会真实场景的平台。

（二）坚持与中华优秀传统文化相结合

中华优秀传统文化资源丰富，为高校社会实践工作提供强有力的内涵滋养，[1]坚持与中华优秀传统文化相结合，是高校社会实践大思政课建设的必然要求。

一是要扎实开展文化调研。社会调研是社会实践的重要载体，开展文化调研不仅能引导高校青年深入了解中华优秀传统文化内涵，更能切实加强青年群体的文化自豪感，牢固树立文化自信。同时，要注重将文化调研与学术研究相结合，对中华优秀传统文化的理解与认知需要较强的学理支撑，通过社会实践获取的调研数据不仅能够为学术研究提供素材，更能帮助实践团队成员将实践数据转化为学理凝练，在不同维度上提升青年群体对传承中华优秀传统文化的责任感。

二是广泛开展文化体验。仪式教育具备独特的塑造功能，能够借助情景体验和沉浸参与等方式产生显著的示范效应，从而激发参与者的内在精神动

---

〔1〕 简臻锐：《大学生对中华优秀传统文化认同的结构与结果探析——基于北京市 9 所高校大学生的实证调查》，载《中国青年社会科学》2020 年第 5 期。

力。[1]在构建高校社会实践大思政课的过程中，要着重针对社会实践团队成员开展文化体验活动，主要涵盖组织参与各类文化仪式以及传统技艺的传习等方面。例如参与传统节日的庆祝活动、融入民俗文化的交流活动、开展非物质文化遗产的体验流程等，通过这些丰富多样的文化体验，让社会实践团队成员更加深刻地感受文化的魅力与力量。

三是要创新开展文化传播。青年群体对中华优秀传统文化的创造性转化和创新性发展具有一定优势，具体来说：一方面青年群体对网络传播规律较为熟悉，有能力高效运用数字媒体技术，借助短视频、新媒体推文等途径，对传统文化进行介绍与推广；另一方面青年群体具备强大的创造力，在创意设计等方面具有显著优势，例如开发具有吸引力的文化 IP。通过这些创新手段以新颖的形式呈现传统文化，深化社会公众对传统文化的理解，为文化传承与发展注入新活力，让中华优秀传统文化焕发新光彩。

四是要适宜开展文化交流。在社会实践大思政课的建设过程中，要着重关注成果转化，为文化交流提供有力的资源支撑。一方面要将社会实践成果转化为可输出、可推广的宣介素材，借助宣讲、分享等多种形式，让更多的人了解和熟悉；另一方面要进一步加强对中华优秀传统文化在域外的推介工作，讲述中国文化故事，促进不同文化之间的相互理解和交流，增强文化的影响力和吸引力，推动中华优秀传统文化的传承和发展。

三、高校构建社会实践大思政课的基本思路

（一）明确主题引导

明确主题引导是构建高校社会实践大思政课的根本遵循。依据中央宣传部、中央文明办、教育部、共青团中央、全国学联等多部门共同发布的近五年全国大学生社会实践专项计划立项项目显示，其中"三农"主题相关实践项目占总数的 50%，涉及"脱贫攻坚""乡村产业""乡村风貌"与"土地利用"四个子主题；"红色文化"主题调研项目占总数的 25%，涉及"精神传承""民俗调研"与"产业发展"三个子主题；"青少年教育"主题实践项目

---

〔1〕 董丽献：《注重搞好仪式教育》，载求是网，http://www.qstheory.cn/llwx/2019-04/12/c_1124356958.htm，最后访问日期：2024 年 4 月 6 日。

占总数的 15%，涉及"基础教育"与"禁毒防艾"两个子主题；其他项目占总数的 10%，涉及"军旅文化"与"国际视野"两个主题。以 2022—2023 年共青团中央公布的全国优秀社会实践团队报告选题为研究样本，通过数据分析可知，两年优秀选题中出现的 10 个高频词语分别为"乡村振兴、发展、红色、治理、社会、引领、红色文化、新时代、企业、农村"，其中 2023 年新出现的 10 个高频词语分别为"关爱群体、数字化、小镇、留守、乡村规划、高校毕业生、健康、老兵、田园综合体、安置"。由此可见，社会实践的优质选题往往与社会经济发展的现状紧密相关，在社会实践大思政课建设过程中，选题方向是青年群体"开展社会实践的第一粒扣子"，实践主题要紧紧围绕国家政策导向——为社会实践育人提供坚实的政治保证。

（二）赋能实践过程

赋能实践过程是构建高校社会实践大思政课的重要内容。社会实践具有多元育人的特质，如果充分发挥其育人功效，需要在大思政课的构建中设置科学的任务环节。以中国政法大学"ZHI 行中国"社会实践大思政课为例，除设置专项实践模块外，结合育人目标，同时开设四个课组：一是"志愿法大"理想信仰课组，主要开设"写在祖国大地上的思想汇报""'青年红色筑梦之旅'主题团日""'我的基层工作故事'信仰公开课"等思政课程，引导实践成员结合社会实践经历树立正确的入党动机和入团动机，鼓励实践成员及时向党团组织汇报思想情况，常态化接收实践成员的入党申请书、入团申请书与思想汇报材料。二是"知在法大"实践能力课组，主要开设"学术型社会实践的养成之路""漫谈学术论文写作""社会实践选题与文献综述技巧"等思政课程，引导实践成员深入基层一线，扎实开展调研，掌握一手数据，结合所学知识开展学术讨论，践行知行合一，形成沾满"泥土味"的学术文章，开启学术研究"第一步"。三是"智汇法大"学术研究课组，主要开设"实践数据的价值挖掘与可视化呈现""社会实践能力素养课"等思政课程，引导实践团队扎实开展社会调研，认识国情社情，科学分析问题。四是"致公法大"国情感知课组，主要开设"社会实践创新创业成果转化""'法创杯'系列竞赛"等思政课程，引导实践成员结合社会实践经历，以创新思维分析现实困境，以创业项目解决现实问题。通过以上配套课程设置，大思政课进一步深化了社会实践育人的内涵，有效赋能青年成长成才。

（三）完善保障机制

完善保障机制是构建高校社会实践大思政课的关键环节。一是要完善顶层设计。高校要从宏观层面进行全面规划和科学布局，将社会实践工作纳入学校整体思政工作布局，明确社会实践大思政课的目标、理念和原则，结合学校人才培养目标制定具体实施方案，为课程的开展提供明确的方向。二是要加强专业指导。要注重加强专业教师队伍建设，确保指导教师能够为学生提供针对性的指导和建议，帮助青年学生更好地理解和掌握实践技能[1]；同时探索尝试为专任教师指导学生开展社会实践提供必要工作量认定，调动教师群体参与社会实践育人工作的积极性。三是要提供物质支持。提供物质支持是保障课程顺利进行的重要条件，高校要为社会实践活动提供必要的经费等物质资源；同时充分调用社会资源，加强校外社会实践基地建设，确保社会实践团队能够在良好的条件下开展活动。四是要健全评价体系。通过建立科学合理的评价标准和方法，对学生的实践成果进行客观、公正的评价；同时配套设定荣誉激励体系，鼓励学生积极参与实践活动，不断提高自身素质和能力。完善保障机制的四个方面相互关联、相互促进。只有完善顶层设计，才能为专业指导、物质支持和评价体系的建设提供有力的保障；而专业指导的加强、物质支持的提供和评价体系的健全，又能够进一步推动顶层设计的优化和完善。在构建高校社会实践大思政课的过程中，要注重这四个方面的协同发展，为社会实践育人功效的发挥提供有力的支持。

四、高校构建社会实践大思政课的实践路径

为引领广大团员青年坚定听党话、跟党走，遵循构建社会实践大思政课的原则要求与基本思路，中国政法大学启动"ZHI 行中国"社会实践大思政课建设工作，课程建设以助力青年树立"志"向理想、践行"知"行合一、发挥"智"慧才干、培育"致"公情怀为目标，以社会实践项目为主要载体，创设理论与实践相统一、学习与服务相促进、成长与奉献相结合的社会实践育人模式。

---

〔1〕 车车：《高校思政课教师社会实践研修课程化建构研究》，载《中国高等教育》2022 年第 24 期。

大思政课启动以来，学校积极鼓励青年学生深入基层一线，接受思想洗礼和实践锻造，组建了一批具有较高青年代表性与社会美誉度的社会实践团队，在补充教育教学工作力量、做好青少年思想政治引领、助力基层治理能力提升、开展法治文化宣传普及、营造崇法向善社会风尚等方面积极作为、挺膺担当，贡献着法大青年学子的智慧与力量。在社会实践大思政课的建设中，不仅要注重资源统筹与课程设置，更要将关注点放在如何提升育人实效上，要着力引导更多的青年学子通过参与社会实践加深对"小我融入大我"的体会与理解，将"强国志"转化为"报国行"，展现法大青年的强国担当，在祖国需要的地方践行初心、施展才干、成就梦想。

（一）引导青年脚踏实地，做新时代的砥砺奋进者

依托社会实践大思政课，要鼓励青年带着问题调研、带着思考实践，用脚步丈量祖国大地，用眼睛发现中国精神，用耳朵倾听人民呼声，用内心感应时代脉搏，努力将知识积累、社会观察等成果转化为实实在在的建设性意见和举措。大思政课下设"三下乡""返家乡"等专项实践模块，同时开设"法治中国青春行""国家宪法日"实践等专项实践项目，配套设置"志愿法大"理想信仰课组、"知在法大"实践能力课组、"智汇法大"学术研究课组、"致公法大"国情感知课组四个思政课组，开设"'我的基层工作故事'信仰公开课""写在祖国大地上的思想汇报""学术型社会实践的养成之路"等二十余门思政课程，为青年上好坚定信念的党团课、扎根大地的国情课、躬身实践的成长课、展现风采的实践课。

（二）引导青年创新求索，做新时代的挺膺担当者

依托社会实践大思政课，要鼓励青年将所学理论知识与生活实际相结合，掌握客观的数据资料，形成科学理性的认知判断，同时积极运用自身所学，为经济社会发展建言献策。为促进青年学生将所学知识与中国实际相结合，把论文写在祖国大地，大思政课开设《社会实践选题与文献综述技巧》等培训课程，结合实践调研一手资料，各实践团队形成《能人型治理的动力机制、结构困境及应对策略——基于国家与社会关系角度的再思考》等学术论文。同时，大思政课开设社会调研报告专项培训环节，鼓励实践团队将调研结果形成具有现实意义的咨政报告，助力调研地基层社会治理与经济发展建设。

（三）引导青年坚定理想，做新时代的勇毅笃行者

依托社会实践大思政课，要鼓励青年在社会实践中践行社会主义核心价值观，在深学细悟中学习新思想新理论，赓续精神血脉，自觉做有理想，敢担当，能吃苦，肯奋斗的新时代好青年。为充分发挥团组织的思政引领优势，社会实践团队实现建团全覆盖，各社会实践功能型团支部围绕"让青春在党和人民最需要的地方绽放绚丽之花"等主题开展主题团日，校院联动常态化接收实践成员入党申请书、入团申请书与思想汇报。同时，大思政课实践环节以"党的二十大精神学习项目""发展成就观察项目""法律普及实践项目""经济发展调研项目""基层治理共建项目""乡村振兴助力项目"等为主题，引导青年深入基层一线，感悟国家发展成就，在社会实践中"受教育、长才干、做贡献"。

凝聚法科院校青年力量 助力社会基层治理

——以中国政法大学研究生普法志愿系列活动为例

中国政法大学学生工作部（处） 安 朔

《中共中央关于党的百年奋斗重大成就和历史经验的决议》中明确指出，"全面依法治国是中国特色社会主义的本质要求和重要保障，是国家治理的一场深刻革命"。[1]全面依法治国是我国重大战略之一，目前已经取得巨大成就，全民法治意识和法律素养全面提高，社会生活和发展也走向法治化道路。法科院校作为依法治国的人才培养主阵地，更是发挥地缘优势、积极服务当地经济社会发展的智库所在。社会主义核心价值观与志愿服务的理念高度契合，普法志愿服务将人才培养和社会公益有机结合，既能助推高精尖法律人才的培养，同时也有助于我国公益性法律服务事业的发展。

普法志愿活动具有高度引领作用，指引着法科学子行动方向，有利于社会主义核心价值观的培育和践行，同时也可以在一定程度上解决社会中所存在的纠纷和问题。充实志愿服务内容，丰富大学生志愿服务形式，发挥法科学子社会志愿服务的载体作用，完善志愿服务机制体制，推进志愿服务一体化建设，坚持以实际问题为导向、以人民关切为中心的普法方式，关注人民群众关心的热点问题，在普法过程中深入浅出地进行普法宣传，可以充分体现法科学子自身的社会价值和使命担当。所以，凝聚法科院校学子之力量，引领研究生积极投身普法实践活动，是法学人才培养的重要一环，也是法科院校明确培育人才和服务社会职责的重要举措。

---

〔1〕《中共中央关于党的百年奋斗重大成就和历史经验的决议》，载中国政府网，http://www.gov.cn/zhengce/2021-11/16/content_5651269.htm。

一、法科院校普法志愿服务发展现状

法治建设是基层治理的重要环节，普法宣传是高校学子们参与其中的主要途径。[1]高校学生组建志愿服务团队的教学实践模式最早在 20 世纪 90 年代就已产生，我国许多高校创立以法学专业学生群体为主的志愿服务团队深入基层进行普法，主要面向中小学、社区街道以及农村。这种方式的目的在于让法科学子运用所学的法律知识，为中小学生、老人以及家庭经济条件较差的偏远山村农民等法律意识淡薄、急需法律知识来维护个人权益的弱势群体法律援助。法科学子积极运用其专业优势进行普法宣传，一方面能够将所学知识有效地转化为实际应用，从而加深对专业知识的理解和巩固；另一方面此举也有效缓解了公众对法律援助大量需求的压力。

从目前发展状况来看，我国国内大多高校都已经成立不同规模的普法志愿团队，基本模式多为校地合作，由学院、基层党支部、团委或者学工部牵头组建，地方基层组织提供实践平台，学生依据需求自主活动。随着普法志愿活动的不断发展，参与者的学历层次不断提高，越来越多的法学研究生参与其中。同时，普法活动方式方法不断丰富创新，取得了良好的效果。在全民普法的大背景下，高校普法志愿活动团队已经成为一支中坚力量。

以中国政法大学研究生普法志愿实践活动为例。中国政法大学研究生普法志愿团队成立于 2017 年，对接当前首都建设需求，面向北京中小学、社区街道、高职院校等群体，深入开展了主题为"社会主义法治教育进校园""新时代民法典宣讲""全民反诈系列普法讲座"等系列活动，大力弘扬社会主义法治理念，服务于国家法治社会建设和首都四个中心建设。

"社会主义法治教育进校园"主要面向北京各个中小学。团队依托中国政法大学在读研究生群体，结合自身专业所学及中小学现实法治教育需求，采取普法小课堂、模拟法庭、主题教育宣传日等多样化形式，将宪法以及社会主义法治理念、未成年人保护、知识产权自主维权、中华传统法律文化等相关主题的法律知识传播至中小学校园和街道社区，取得良好的社会效果，既推动了法治思想在基层的落地，也落实了新时代研究生教育人才培养的法大

---

〔1〕 朱映瑜：《探索美育视域下的大学生"三下乡"活动与乡村文化振兴融通路径——以五邑大学管弦乐团 2021 暑假三下乡活动为例》，载《中国民族博览》2022 年第 5 期。

实践。宣讲团与北京中小学共同签约建立青少年法治教育和思政课一体化共建基地，全面打通大中小学以及各学段资源壁垒，探索贯通大中小学、覆盖课堂内外、师生共同参与、各方资源循环共享的青少年法治教育和大中小学思政课一体化建设的新机制和新路径。到目前为止，有近500名法大研究生参与其中，举办法律小课堂、主题宣传讲座300余场，受众群体近万人。

中国政法大学"新时代民法典"法大研究生普法宣讲团是以民商经济法学院研究生为班底，主要面向街道社区开展活动。法大作为全国法学最高学府，深入贯彻落实习近平总书记"五·三讲话"精神，主动投身法治实践，服务法治建设，以法大声音、法大智慧、法大观点普及法治理念、社会公义，塑造民众法治信仰，是法大学子的责任和担当，也是法大培养德法兼修高素质法治人才的使命和天职。宣讲团同时走进首都的社区、企事业单位开展宣传《民法典》的系列普法讲座以及小课堂，选择人民群众关心热点以微课堂、视频等形式进行深入解读，通过公共媒体予以播放；学校组织宣讲团赴边疆基层开展社会专项普法实践活动；宣讲团成员利用假期课余时间开展普法宣讲。普法宣讲系列活动为大力弘扬社会主义核心价值观，做好引导示范，在校园内形成良好的普法氛围起到了极大的推动作用。

中国政法大学研究生普法志愿团队活动内容随着社会生活的不断发展及时调整和丰富，以达到契合社会法治需求的目的。随着大数据时代的到来，人们的生活走向了数据化、信息化的快车道。人们的生活变得智能化和简单化，但是也随之滋生了大量的电信诈骗，老人和青少年成为主要的受害对象。针对此种趋势，中国政法大学普法志愿团队将活动内容进行扩容，根据专业特点，以法大刑事司法学院研究生为班底，成立"北太法安反诈宣传小队"。该团队与属地派出所共同行动，深入街道社区以及所属的中小学进行反诈宣传，结合大量真实案例普及反诈知识，形成"校警地"联动的反诈宣传新模式，切实维护人民群众自身财产和生命安全。

二、法科院校普法志愿现实问题剖析

高校普法志愿活动的开展对于全民普法工作有着显著的推动作用，在一定程度上缓解了社会对于法律援助需求的压力。在参与志愿活动的过程中，法大学子不仅夯实了本专业知识，实现了理论和实践的有机结合；同时也展现了个人的社会价值和历史使命。然而在推进高校志愿服务工作中出现了很多问题，诸如志愿宣传力度过低、志愿服务存在信息壁垒、志愿活动显示度不高等，究其原因在于部分高校志愿活动体系构建不健全，相关配套制度不完善，从而影响了志愿活动的效果和参与者的积极性。

（一）普法志愿活动呈现碎片化现象，缺乏系统性

高校学生普法志愿活动模式相对固定，最普遍的方式是利用节假日由学校方面组织招募，然后进行活动。社区公益服务工作量较大，存在极其烦琐的矛盾有待解决。在传统的普法志愿实践中，法律志愿服务在城市社区多呈现碎片化的现象。志愿服务活动基本是临时性的，持续时间较短，使得志愿者与服务对象之间缺乏长期通畅的沟通渠道，导致后续服务不能和前期工作有效衔接，服务缺乏持续性，使得志愿活动在一定程度上是无序的、重复的。这些活动往往临时筹划、短暂进行，缺乏成熟的运行机制和管理制度，使得普法宣传活动形式大于实质，无法实现提高法学知识、解决实际纠纷的志愿服务初衷。这不仅使志愿者的参与积极性和热情度大大降低，同时造成了大量人力、物力和社会资源的浪费。

（二）实践中出现衔接不当，参与者流动性大的问题

普法志愿活动的参与者大多为法学专业的高年级本科生以及研究生。志愿者利用课余时间进行普法宣传和答疑解惑，其往往还需要处理学业、就业以及个人生活中的其他事务。比如，高年级本科生和研究生在课余时间还需要参与实习实践、准备公务员及研究生入学考试，多方压力使得志愿者流动性很大。许多志愿者仅参与一至两次活动便退出，新旧志愿者之间衔接不畅，导致普法志愿工作出现断层和重复劳动现象。由于志愿者工作周期短暂且更迭频繁，普法志愿活动的效率受到显著影响，活动往往仅具形式而缺乏实质效果。因此，普法志愿服务亟须进行系统化和模块化管理，并确保新旧志愿者之间的有效交接。

（三）缺乏长效考核机制和奖励保障机制，实践过程效率不高

法科学子普法志愿活动最典型的特点是公益性。虽然志愿者的普法服务行为是无偿性的，但是完备的奖励保障机制还是必要的。就目前情况来看，大多数高校已经建立了普法志愿团队，但是配套的长效机制还有待完善。比

如，没有固定统一的组织对普法志愿团队进行系统化管理和指导。学工部、团委、基层党支部，以及学院都分别组织普法志愿活动，人员力量比较分散，没有形成合力。另外缺乏专业知识的培训和有效的考核机制，普法内容质量不高，团队成员解决问题的能力不足，存在敷衍了事的现象。法律服务是一种典型的实践性教学模式，除了要求较高专业性的志愿者之外，还需要大量的资金财力支持。目前来讲，政府部门还没有专项资金支持这种志愿服务，另外社会团体的经费支持也十分有限。活动经费通常来源于社团活动拨款或者学校思政专项经费，志愿活动往往面临资金短缺的问题，比如前往社区的交通费和餐饮补助较少，用于宣传制作的调查问卷和宣传用品，以及"法治进校园"等活动需要的微课堂小视频制作等所需经费不足。

我国目前还没有一部规范性文件来明确高校志愿服务团队的定性，缺乏相应的政策法规予以支持，所以志愿者参与普法志愿活动缺乏归属感和荣誉感，甚至常常受到普法受众对象的质疑和排斥。机关单位以及社区街道开具的志愿服务时长证明是对参与者志愿活动的认证，是对志愿服务团队工作的认可。对于学生来说，这种认同对于其评奖评优或者就业有着重要的作用。但是部分高校志愿服务时长认定工作并没有有效实行，这极大影响了志愿者参与活动的积极性。

三、高校研究生志愿服务模式完善路径

志愿服务团队成员在处理社会民众面临的实际问题时能够了解社会民情，将所学知识转化为解决问题的能力，自身素质和社会责任感得到明显提升，在社会上广受好评。但是我们不难发现，普法志愿活动在实际推进中还是存在诸如队伍建设不健全、活动保障不到位、宣传手段落后等问题。所以完善志愿者管理队伍，契合社会需求，丰富宣传手段是提高法科学子普法志愿活动效果的重要路径。

（一）建立健全法律志愿队伍管理体系

一方面，研究生法律志愿服务走进中小学、走进社区活动在不断发展，并形成了一定的模式，取得了良好的社会效果；另一方面，仍需要健全高校法律志愿服务队伍建立与管理制度，使其专业化、制度化、科学化。

对于组织方来说，可以从以下几个方面进行完善：一是志愿服务团队管

理制度体系，包括合理的人员召集方案和任务分配细则、规范的活动策划和管理制度、系统的活动奖惩和监督机制以及有效的活动效果反馈机制。做到有法可依，有章可循，促使研究生志愿服务活动更加专业化常态化。二是明确定位分工，达成人尽其用的效果。比如低年级学生对法学专业知识水平有限，但是热情度很高，充满着求知欲，可以在志愿活动中承担汇总资料、普法资料制作与后勤保障等基础性任务。研究生具备较高的法学专业素养与一定的社会生活经验，能够承担主要的宣讲、答疑以及专业业务咨询等工作。三是建立完善的志愿者业务培训机制。借助高校法学专业资源优势，集中强大的法学学科师资力量，邀请专业教师定期开展法律业务培训活动，提高普法志愿团队的专业性。同时，搭建实践平台，整合已有的社会资源，利用公检法系统和知名律所等专业实践基地，提升专业能力和实践能力。另外邀请相关专业人士参与其中，比如中小学教育专家、社区街道司法所基层从业人员、专职律师等参与法律课程设计并传授中小学授课技巧，使得法律课程更加贴合中小学生、老年人等弱势群体的认知水平。

（二）丰富法律援助内容，扩大服务对象范围

普法志愿活动效果取决于服务内容是否符合大众所需，能否解决现实问题，所以志愿服务具体内容的敲定和打磨至关重要。志愿服务团队应该根据社会生活发展以及服务对象特点制定针对性的服务内容，因地制宜、因材施教才能获得事半功倍的效果。以中国政法大学研究生志愿服务团队为例，该团队的宣传内容以习近平新时代中国特色社会主义法治思想为指导，以新时代民法典、未成年人保护法以及反电信诈骗为主要内容。习近平新时代中国特色社会主义法治思想宣传以宣传社会主义法治理念和宪法为主，其目的在于在低年级学生中播撒法治思想的种子，介绍基本的法律概念；未成年人保护法宣传面向对象是具有一定思想成熟度的高年级学生，解决身边例如校园霸凌、校园安全等具体问题；新时代民法典和反电信诈骗的宣传主要针对社区居民，以物权、人格权、侵权行为和婚姻继承为主要内容，解决居民日常问题。

根据不同时间节点制定不同的宣传主题也是丰富法律援助的重要手段之一。如在与法律相关的特殊纪念日推出与之相适应的主题活动，使团队更好地融入社会基层，避免出现活动呆板的现象。比如消费者权益保护日、国家安全日、知识产权保护日、宪法宣传周等，依托相关主题推进宪法、民法等

法律知识普及活动，有针对性地服务于大众群体。

在普法志愿活动的具体实践中，不应千篇一律，而应该进行有效的前期调研并制定差异化的个性定制方案。开展普法活动的第一步就是针对普法地点开展调查，熟悉活动对象的特点以及法律需求。比如，走进养老院，可以进行针对老年人的反电信诈骗普法活动；走进普通基层社区，可以进行家庭婚姻继承等内容的法律咨询活动；针对中小学低年级学生，可以普及宪法以及社会主义法治理念；针对高年级学生，可以开展关于人身安全、校园安全等实际问题的普法活动。

（三）智能平台与技术手段助力普法宣传有效推进

目前普法志愿活动方式依旧延续传统：宣传制作调查问卷、分发宣传用品、举办主题讲座、设立法律咨询台等。这些方式虽然依旧行之有效，但是已经落后于现代生活的发展。在大数据时代背景下，传统的宣传手段效率低下，使活动效果大打折扣。尤其是在三年疫情之下，没有先进技术手段的支持，普法志愿活动无法有效开展。

智慧法治平台是依靠人工智能技术、数字技术、网络技术、大数据、云计算等技术开发法治类信息采集、传播、交互、处置等强大智慧功能。[1]智慧法治平台是多种新技术手段的集合体，包括门户网站、手机 APP 等。在数字技术的加持下，智慧法治平台能够在信息收集和整合方面表现出极大优势，能够达到宣传范围广、宣传速度快、宣传内容精准等效果，而这些是传统普法宣传手段很难做到的。此外，新媒体技术的运用能够有效提高普法活动的质量。发放线上调查问卷、制作普法视频、普法知识定向推送等都可以通过新媒体技术手段来实现，切实从广度、速度、深度等方面提高普法效率，加强普法效果。提高智慧法治媒体平台普法设置内容清晰度，达到干货媒体普法效果，凸显"高品质普法作品"。[2]

高校普法志愿活动受限于技术和资金，不能短时间内达到智慧普法的要求，但是在日常实践中依旧需要更新宣传手段，广泛运用新技术手段和融媒

---

〔1〕秦双星：《智慧法治媒体平台中普法短视频传播与效应研究——以社区矫正普法实践为例》，载《传播与版权》2024 年第 1 期。

〔2〕唐晓芳：《法治日报社"法治融屏"全媒体平台：守正创新打造智慧普法新天地》，载《传媒》2021 年第 16 期。

体平台。这样才能推进活动形式多样化，吸引更多的受众对象参与其中。例如，打造"法律微课堂"，结合当前社会热点进行拍案说法；制作普法短视频，利用抖音、快手等直播平台进行广泛传播；利用微信等通信手段，制作高质量的微信推送，发送反电信诈骗知识和经典案例；宣传普及"全民反诈"等智慧普法 APP，保障受众对象的生命财产安全。

（四）推动高校普法志愿活动奖励机制和保障措施的建立和完善

对于法科学子普法志愿进行准确定位，从制度上为普法活动提供有力保障，是政府部门和社会团体的责任和义务。政府部门应制定相关规范性文件，明确法科学子普法志愿的定位，保障其活动的社会认可度。同时制定相关激励机制和后勤保障措施，吸引更多大学生参与进来，充分调动其参与志愿活动的积极性，发挥其主观能动性，有效发挥其创造性，使得普法活动真正深入到基层社区，最终打造一支能力过硬、思想统一的服务团队。

具体来讲，首先是经费支持。政府部门应该划拨专项经费，用于建设智慧普法平台、专业化培训和活动后勤保障。然后建立完善的监督机制，保障志愿服务顺利进行。其次是构建普法志愿服务社会认证机制。建议在《中国注册志愿者管理办法》中以学校为单位将普法志愿活动系统正式列入，在调动志愿者积极性的同时，保护志愿者自身权益。同时，应当树立普法志愿者典型，在全社会范围内大力宣传，定期开展表彰评选活动，从而吸引更多的力量参与其中。

中国青年在中国式现代化进程中的使命与担当

布加勒斯特大学孔子学院　苏　宇

党的二十大具有重要的里程碑意义，不仅对中国产生深远影响，也为世界各国携手应对挑战、实现共同发展注入动力。它科学谋划了未来一个时期党和国家事业发展的目标任务和大政方针，擘画了以中国式现代化全面推进中华民族伟大复兴的宏伟蓝图[1]；同时亦将指引中华民族不断以新发展为推动构建人类命运共同体、建设更加美好世界作出新的贡献。学习宣传贯彻党的二十大精神是当前和今后一个时期全党全国的首要政治任务。高校辅导员作为党的大政方针的宣传者，面向思想独立且活跃的青年学生，应当充分将线上平台与线下平台相结合、第一课堂与第二课堂相结合、集中学习与谈心谈话相结合，帮助广大青年深入学习党的二十大报告并领悟其丰富内涵，认识到个人发展与中国式现代化建设息息相关，从而将个人命运与民族复兴融于一体，将青春书写在祖国大地上。

党的二十大报告以及习近平总书记的重要讲话中都有一条非常清晰的逻辑理路贯穿其中，可以用三个哲学问题来概括，那就是：我们是谁？我们从哪里来？我们要到哪里去？在规划未来的时候，目标决定路径的方向，路径决定目标实现的成效，只有将科学的目标与合理的路径相结合才能达到预期。而如何设定科学的目标，则取决于我们如何认识自己、如何理解我们生活的时代与世界。刻在希腊圣城德尔斐神殿上的箴言"认识你自己"即是处理自身与外界关系的第一步，只有当我们知晓自己从哪里来，是什么样的，才能确定当下我们所处的历史坐标，并根据现有的条件与形势去设计和规划未来。

2021 年，在全党开展的党史学习教育对于中国共产党如何带领全国各族人民推进中华民族伟大复兴具有非常重要的实践价值。在学史明理、学史增

---

〔1〕《肩负使命任务 创造新的伟业》，载《人民日报》2022 年 10 月 24 日，第 5 版。

信、学史崇德、学史力行的要求下，全党对党的历史认知提升到新高度，通过深刻认识并把握历史的经验教训以期展望未来并指导未来。因此通过带领青年学生学习习近平总书记的重要讲话精神以及参与学习教育，引导青年学生了解党和国家的历史发展，形成科学的历史观，从而更好地理解国家的战略决策，把思想和行动统一到党中央决策部署上来，在推进中国式现代化的征程中实现自身的发展。

一、中国式现代化的阐释

习近平总书记强调，"一切成功发展振兴的民族，都是找到了适合自己实际的道路的民族"。[1]1949年新中国成立，中国共产党在第一届和第三届全国人民代表大会上把工业、农业、交通运输、国防等领域的现代化建设作为社会主义革命和建设时期的发展总目标。在党的坚强领导下，中国建立起独立的比较完整的工业体系和国民经济体系，为社会主义建设奠定了坚实的制度基础和经济基础。1978年，党的十一届三中全会确定把党和国家的工作中心转移到经济建设上来，实行改革开放的伟大决策，同时关于实践是检验真理的唯一标准的大讨论重新确立了解放思想、实事求是的思想路线。2012年，党的十八大把科学发展观作为党的指导思想写入党章，提出"两个一百年"奋斗目标。2017年，党的十九大宣告中国特色社会主义进入新时代，确立了习近平新时代中国特色社会主义思想的历史地位，并具体划分了第二个百年奋斗目标的两个阶段。2022年，党的二十大报告提出了新时代新征程中国共产党的使命任务：从现在起，中国共产党的中心任务就是团结带领全国各族人民全面建成社会主义现代化强国、实现第二个百年奋斗目标，以中国式现代化全面推进中华民族伟大复兴。[2]这个阐述明确了我国各项事业发展的目标及路径，目标是未来时，路径则是现在时，意味着"中国式现代化"这条道路已经在我们脚下延展开来。

2021年7月1日，习近平总书记在庆祝中国共产党成立100周年大会上

---

〔1〕习近平：《在纪念孙中山先生诞辰150周年大会上的讲话》（2016年11月11日），人民出版社2016年版，第5页。

〔2〕习近平：《高举中国特色社会主义伟大旗帜 为全面建设社会主义现代化国家而团结奋斗——在中国共产党第二十次全国代表大会上的报告》，载人民网，http://jhsjk.people.cn/article/32551583，最后访问日期：2022年10月25日。

的讲话中即提出了"中国式现代化"的概念，指出"我们坚持和发展中国特色社会主义，推动物质文明、政治文明、精神文明、社会文明、生态文明协调发展，创造了中国式现代化新道路，创造了人类文明新形态"。[1]从五个文明协调发展的角度指出了中国式现代化所蕴含的内容，高屋建瓴、视野宏大。2022年10月，党的二十大报告则更为具体地明确了"中国式现代化"的丰富内涵，"中国式现代化，是中国共产党领导的社会主义现代化，既有各国现代化的共同特征，更有基于自己国情的中国特色。中国式现代化是人口规模巨大的现代化，是全体人民共同富裕的现代化，是物质文明和精神文明相协调的现代化，是人与自然和谐共生的现代化，是走和平发展道路的现代化"。[2]这个定义既包含了五个文明协调发展的内容，而且详细阐述了"现代化"的具体表现，它明确了领导力量、道路性质、共性与特性、外交原则等内容，充分强调了现代化的中国特色。

二、中国式现代化的探索

从1840年鸦片战争爆发算起，中华民族积极探索中国式现代化的道路已有180余年，这条实现国家富强和民族振兴的道路中国人走得曲折而痛苦。面对洋枪洋炮叩开国门，魏源在《海国图志》中提出"为以夷攻夷而作，为以夷款夷而作，为师夷长技以制夷而作"，成为鸦片战争以后第一批"开眼看世界"的中国人，从技术层面开始了现代化的探索之路。后来，中华民族又经历了晚清洋务运动、维新变法、清末新政、辛亥革命等重大政治革新事件，再到新文化运动先驱如胡适、陈序经等提出的"全盘西化"主张，事实上，以当时中国衰弱的国力和混乱的政治局面，那些政治集团或者党派的设想都是无法实现的。

在中国式现代化道路的探索过程中，主要围绕三种主张：第一种是照搬照抄西方国家，第二种是借助西方势力帮助中国发展，第三种是独立自主地探索一条具有中国特色的现代化道路。事实证明，在现代化进程中，中国共

---

〔1〕习近平：《在庆祝中国共产党成立100周年大会上的讲话》，载《光明日报》2021年7月2日，第2版。

〔2〕习近平：《高举中国特色社会主义伟大旗帜 为全面建设社会主义现代化国家而团结奋斗——在中国共产党第二十次全国代表大会上的报告》，载人民网，http://jhsjk.people.cn/article/32551583，最后访问日期：2022年10月25日。

产党之所以能够在各类政党和派别中脱颖而出，是因为这支力量能够结合中国实际提出行之有效的施政方针，凝心聚力地将中国的现代化进程统一在一面旗帜下。因此，中国共产党成为中国式现代化的领导力量是历史的选择、现实的选择和人民的选择。新中国成立后，中国共产党带领全国人民迅速恢复国民经济，提出过渡时期总路线，开辟了一条适合中国国情的社会主义改造道路，创造性地完成了由新民主主义到社会主义的转变，确立了社会主义基本制度。社会主义改造基本完成之后，在总结国内外社会主义建设经验及教训的基础上，毛泽东提出了"以苏为鉴，走自己的路"，通过马克思主义与中国实际的"第二次结合"，试图走一条更符合中国实际的社会主义建设道路。改革开放新时期，中国共产党重新确立了实事求是的思想路线，提出了"中国特色社会主义"伟大命题，围绕建设和发展中国特色社会主义进行了全方位的探索。党的十八大以来，以习近平同志为核心的党中央，面对百年未有之大变局，顺应时代发展，创立了习近平新时代中国特色社会主义思想，明确我国社会主要矛盾发生根本性变化，并围绕这一变化对新时代党和国家事业发展作出科学部署，完成了脱贫攻坚、全面建成小康社会这一历史任务。

三、中国青年在中国式现代化进程中的作用

在这条独立自主发展的中国式现代化道路上，中国青年的身影无处不在，并在风华正茂之年独领风骚。1921 年，中共一大在上海召开，共有 13 名代表参加，他们的平均年龄是 28 岁。新中国成立不久，国家百废待兴，一大批优秀青年在社会主义革命与建设时期勇立潮头，争做时代先锋。"把青春献给祖国""一切为了社会主义""党指向哪里就奔向哪里""到最艰苦最需要的地方"，这些都是当时发自中国青年内心最响亮的时代口号。1979 年，共青团中央作出《关于在全国青年中开展争当新长征突击手活动的决定》，号召全国青年积极参与国家建设，各行各业均涌现出奋发实干的先进带头青年，"团结起来振兴中华"成为万千青年实现岗位争先的精神动力。眼光聚焦到新时代，众多"80 后""90 后"成为托举中国"九天揽月、逐梦星河"航空梦的中坚力量，承担多个太空项目的关键测控岗位负责人平均年龄为 33 岁，嫦娥探月团队、神舟载人团队、"墨子号"量子科学实验卫星团队平均年龄为 33 岁，

北斗团队、天眼科研团队平均年龄 35 岁。中国特色社会主义新时代，广大青年在脱贫攻坚战场摸爬滚打，在科技攻关岗位奋力攀登，在抢险救灾前线冲锋陷阵，在疫情防控一线披甲出征，在奥运竞技赛场奋勇争先，在保卫祖国哨位威武守护[1]，在党和人民最需要的时刻冲得出来、顶得上去，展现出自信自强、刚健有为的精神风貌。"清澈的爱，只为中国"，不只是年仅 18 岁的陈祥榕烈士对祖国的真情告白，更是当代中国青年发自内心的情感共鸣。

中国青年的身影坚定奋进在中国式现代化探索的历史长河中。遵循前辈的足迹，新时代青年更应自觉担当重任，让青春在实现中华民族伟大复兴的中国梦中绽放异彩，为党和国家事业取得历史性成就建功立业！青春不负众爱，中国青年不仅是新时代成果的见证者，更要做新时代伟大斗争的参与者！

四、国家发展与青年命运的关系

中国共产党为什么能，中国特色社会主义为什么好，归根到底是马克思主义行，是中国化时代化的马克思主义行[2]。马克思主义是科学的世界观和方法论。没有正确的思想指引，人将成为无本之木、无源之水，陷于困惑与迷惘；没有正确的方法落实，人将误入歧途、不知所措，陷于无助与怀疑。党的二十大报告提出"实施科教兴国战略，强化现代化建设人才支撑""人才是第一资源"。教育、人才、文化、体育等是国家软实力的重要内容，影响着国家与民族的长远发展。国民素养在于教育，育人的根本在于立德，教育应当从知识的灌输转向德行和精神世界的塑造，从分数的追逐转向智识和能力体系的培养。爱国是立德的核心内容，是民族精神最稳定的文化基因，是每个人的价值选择和生活方式。"苟利国家生死以，岂因祸福避趋之""天下兴亡，匹夫有责""先天下之忧而忧，后天下之乐而乐"是中华民族共同体意识的情感共识，中国青年应当将个人发展与国家的前途命运紧密联系起来，让个体的价值突破生命的时空限制，获得与民族历史交融而产生的厚度与广度。

2017 年 5 月 3 日，习近平总书记在中国政法大学考察时强调，中国的未

---

〔1〕《面向未来，再立新功——二论学习贯彻习近平总书记在庆祝中国共产主义青年团成立 100 周年大会上的重要讲话》，载《光明日报》2022 年 5 月 12 日，第 1 版。

〔2〕习近平：《高举中国特色社会主义伟大旗帜 为全面建设社会主义现代化国家而团结奋斗——在中国共产党第二十次全国代表大会上的报告》，载人民网，http://jhsjk.people.cn/article/32551583，最后访问日期：2022 年 10 月 25 日。

来属于青年，中华民族的未来也属于青年，当代青年要树立与这个时代主题同心同向的理想信念，勇于担当这个时代赋予的历史责任。小我与大我的统一本质上是将个人短暂的生命作为民族漫长发展的成果，并将有限的个体生命意义与几乎无限的民族延续结合起来。国家是土壤，其中的历史文化、社会结构、机制保障、生活环境等如同养分一般孕育着个人生活与发展的意义与条件；个人是种子，生长发育有赖于土壤提供的环境条件和质量，缺少优质的土壤，再好的种子也无法开花结果。正如在吉尔吉斯斯坦骚乱、利比亚抗议升级、中非武装威胁、加勒比海受灾、俄乌交战等复杂的国际局势中，中国政府以人为本，积极调遣飞机成功完成撤侨工作，不仅向世界展示了强大的中国形象与中国实力，更为重要的是让身处世界各地的中国人民获得了祖国的庇佑，保证了人身安全和内心安稳。当每一位中国青年为祖国的强大奋力拼搏之时，繁荣昌盛的祖国也会成为每一位中国青年的坚强后盾，这是小我与大我的互相成就。

党的二十大报告发出号召，"广大青年要坚定不移听党话、跟党走，怀抱梦想又脚踏实地，敢想敢为又善作善成，立志做有理想、敢担当、能吃苦、肯奋斗的新时代好青年，让青春在全面建设社会主义现代化国家的火热实践中绽放绚丽之花"。[1]党的二十大代表中，45岁以下占18.9%[2]。截至2022年12月31日，中国共产党党员总数为9804.1万名，比2021年底净增132.9万名，增幅为1.4%，35岁及以下党员2393.5万名[3]，占党员总数近四分之一。党的十八大以来，每年新增400万名左右青年入党申请人，每年新发展35岁及以下党员占比均超过80%。[4]这些数据统计显示，中国青年向党组织靠拢的热情很高，一方面说明党的路线方针政策赢得了新时代青年的认同，另一方面彰显了新时代青年对共产主义远大理想和中国特色社会主义

---

〔1〕 习近平：《高举中国特色社会主义伟大旗帜 为全面建设社会主义现代化国家而团结奋斗——在中国共产党第二十次全国代表大会上的报告》，载人民网，http://jhsjk. people. cn/article/32551583，最后访问日期：2022年10月25日。

〔2〕 《2296名代表资格有效，45岁以下占18.9%》，载中国青年网，http://news. youth. cn/gn/202210/t20221015_14061528. htm，最后访问日期：2022年10月15日。

〔3〕 中共中央组织部：《中国共产党党内统计公报》，载《光明日报》2023年7月1日，第2版。

〔4〕 《党的十八大以来每年新发展35岁及以下党员均超过80%》，载中青在线网，http://news. cyol. com/gb/articles/2022-06/30/content_wWzOosRMA. html，最后访问日期：2022年6月30日。

共同理想抱有坚定信仰，并投身实践的伟大热情。同时，根据法律硕士学院近三年的就业数据统计，毕业生前往基层就业和返乡就业人数呈现上升趋势，这个现象表明青年进一步加深了对世情、社情、民情的认识，根据劳动力市场和就业形势的变化，调整职业规划和就业预期，并积极响应国家号召，前往祖国最需要的地方建功立业。

五、新时代中国青年的使命与担当

在中国特色社会主义新时代，每一位青年都有实现自我、建功立业的机会，但是是否每个人都能抓住并利用机遇则取决于个人的眼界格局和综合素养。虽然世纪疫情突发、国际地缘政治冲突、经济发展环境严峻，不确定因素层出不穷，不稳定态势多点频发，但是在中国共产党的领导下，中国实现了脱贫攻坚、全面建成小康社会的千年梦想，完成了第一个百年奋斗目标，并向着第二个百年奋斗目标前进。正如老子所说："祸兮，福之所倚；福兮，祸之所伏。"危机并存且在一定条件下互为因果、互相转化是事物运行之道。纵观人类历史发展的过程，很多重大变革都是国家在内忧外患中积蓄能量推动完成的。以鸦片战争为例，它虽然强行叩开了中国国门，导致中华民族蒙辱受冤，但同时它让中华民族从不平等条约中觉醒，获得了放眼看世界的机会，获得了融入国际条约体系的机会，获得了改造外贸秩序的机会。如今，世纪疫情和动荡复杂的国际局势在一定程度上给我们造成了内心的不确定感，但同时也给予我们重新审视个体与外界关系的机会，使得我们曾经忽视的"附近"有了回归的迹象。人类学家项飙认为，现代社会的一个发展趋势是"附近的消失"，即人们过于关注远离自己生活的事件，而恰恰忽略了身边的人和事，导致自身与周边联结的缺失或断裂。生活需要宏观的面向，我们仰望星空寻找灵魂的栖居地；也需要微观的面向，我们脚踏实地专注于当下。"附近"作为与我们生活紧密相连的圈层亦是我们连接更大圈层的触角，因此关注自己、关注周边，调整并处理好自己与附近的关系是我们重新构建个体与外界关系并建立交往秩序的方式。

在全面推进中国式现代化的进程中，中国青年是不可忽视的先锋力量，他们是中国精神的阐述者和践行者，是中国式现代化的实施者和推动者，因此中国青年应当学习贯彻习近平总书记的重要讲话精神，把好政治方向、增强思想意识，努力担负起时代赋予的光荣使命。中国青年要坚守初心、坚定信念，停止虚无感的蔓延和精神内耗的拖累，练就强大的内心去对抗生活的风浪，通过切实的行动去给予生命的意义。正如莫泊桑所说："生活不可能像你想象得那么好，但也不会像你想象得那么糟。"中国青年要直面困难、奋力拼搏，一代人有一代人的长征，本质上是指每个历史时期有其必然需要面对的特殊困境。逃避、害怕、惊慌显然无助于事态发展，"空谈误国，实干兴邦"，少些呜呼哀哉、人云亦云，多些独立思考、理性判断，以积极乐观的心态、适度的忧患意识、过硬的本领素质，迎接各种风浪的考验。米兰·昆德拉曾说："永远不要认为我们可以逃避，我们的每一步都决定着最后的结局，我们的脚正在走向我们自己决定的终点。"中国青年要开拓创新、锐意进取，葆有"我所站立的地方即是中国"的敬畏感与自豪感，成为一个胸怀天下并具备团结奋斗之力的人，在学习生活中、在工作岗位上不断孕育发展新理念，汇聚生产新动能，创造历史新奇迹，在有生之年亲身参与建成社会主义现代化强国的伟大事业中，亲眼见证中华民族伟大复兴的荣耀时刻。

从法律人才培养看法律逻辑与创新思维的关系

中国政法大学法学院　管晓立

我们要培养怎样的法律人才？中国式现代化建设已经急迫地需要中国式依法治国人才，法律人才作为建设法治国家的第一资源，[1]是中国特色社会主义法治实践的推动者，中国特色社会主义法律体系健全完善的重要参与者。2017 年 5 月 3 日，习近平总书记在中国政法大学座谈会上的讲话中指出："学生要养成良好法学素养，首先要打牢法学基础知识，同时要强化法学实践教学。"实践能力的培养是法律人才培养的核心要素，但传统引进式的实践能力培养方法效力渐弱，如何在实践能力培养方面总结以往经验，尝试增加新的要素以提升现状成为一个重要课题，使其既能为提振传统法律人才实践能力培养士气，又能符合"努力培养造就更多具有坚定理想信念、强烈家国情怀、扎实法学根底的法治人才"[2]的目标。本文尝试从法律逻辑、创新思维新要素特征出发，从法律逻辑与创新思维两者的相关性及互助性角度寻找一个新的观察点，以证明法律逻辑的论证创新，创新思维法律价值观遵循，加入中国式现代化所需法律人才实践能力培养新要素行列的可行性。

一、以实践能力培养为视角观察法律逻辑、创新思维

中共中央宣传部在 2022 年 7 月 28 日举行的"中国这十年"系列主题新闻发布会上，就全面依法治国、法律人才培养方面取得的成就提供数据如下：截至 2022 年 6 月，全国共有律师 60.5 万名、律师事务所 3.7 万家。党的十八大以来，102.9 万余人取得法律职业资格，培养造就一大批高素质法治人才及

---

〔1〕 霍宪丹：《法律人才是建设法治国家的第一资源——从法律职业到法学教育》，载《中国法学教育研究》2006 年第 4 期。

〔2〕 路磊：《培养新时代高素质法治人才》，载《光明日报》2022 年 12 月 23 日，第 11 版。

后备力量；法学教育和法学理论研究进一步加强，培养造就一大批高素质法治人才及后备力量。十年来，共培养法学类本科生 75.9 万余人、法律专业学位硕士 15.7 万余人、法学一级学科硕士 10.2 万余人、法学一级学科博士 9700 余人。[1]可见，法律人才培养数量已初具规模，我们可以开始关注人才培养质量，以总结经验推动法律人才服务于依法治国目标的实践能力提升。

法律人才是实用型人才，人才培养的核心内容是打造为社会提供法律服务的实践能力。从法律逻辑目前的发展进程看，已经从形式逻辑延展至非形式逻辑，也有外国学者将这种法律逻辑中的非形式逻辑称为"论证理论"。法律逻辑不能够简单认定为法律或者是逻辑，法律逻辑同样也不属于某一门法学，[2]法律逻辑的发展因而也从与司法实践结合才能发挥作用，转而成为指导法律实践、构建法律人才实践能力的工具。创新思维以培养创新型人才为目标，以适应创新型国家建设为指导，通过创新创业意识的培养，创新思维的训练以及创新创业实践力的养成这样一个过程，使创新思维受训者具备创新意识、创业基本素质和开创性个性精神，学会自定义人生，实现人的创造力勃发的思维模式。法律人才培养的核心即实践能力培养。这一目标将法律人才培养、法律逻辑训练与创新思维构建得以串联在一起。

从实践能力培养看法律逻辑。传统观念上逻辑是指形式逻辑，但法律实践中不可能只有演绎逻辑，例如，哪些证据应该被采纳？哪些证据应该被排除？演绎逻辑没有这样的用途。"法律逻辑不应该只是一种法哲学或法律理论，它还应该是法律界都可以以某种方式使用的某种形式系统或工具。"[3]所以，为了让逻辑学之外的法律人接受形式逻辑之外的非形式逻辑更加自然，也更符合他们的思维实践，当前学者将非形式逻辑称为论证理论。由此可见，从法律逻辑看法律人才实践能力培养就是培养法律人依据事实和法律论证判决的能力。

从实践能力培养看创新思维。创新思维是指以寻求新方法解决问题的思维过程，这种思维突破常规思维的界限，转换视角去思考问题，提出与众不

---

[1] 《我国培养造就一大批高素质法治人才及后备力量：法学博士 9700 余人！》，载微信公众号"学术之路"，2022 年 7 月 30 日发布。

[2] 张云年：《探究我国法律逻辑发展方向》，载《法制与社会》2021 年第 21 期。

[3] ［加］道格拉斯·沃尔顿、陈伟：《从非形式逻辑到人工智能与法——加拿大哲学家道格拉斯·沃尔顿访谈》，载《国外社会科学》2022 年第 2 期。

同的解决方案。创新思维综合运用直觉、灵感、类比、想象、联想、形象思维、逻辑思维和模糊思维等多种思维方式，许多非理性因素和心理过程也参与到活动中。创新思维的本质在于将感性愿望提升到理性的探索上，实现由感性认识到理性思考的飞跃，是探索事物本质、获得新方案的高级思维形式。由此可见，从创新思维看法律人才实践能力培养就是培养法律人依据事实和法律探索更具价值取向判决的能力。

法律逻辑以事实为准绳的论证理论以及创新思维依照事物本质，探索新方案的思维方式，两者均能够有力地促进法律人才实践能力的养成。

二、法律逻辑、创新思维两者的相关性分析

就法律逻辑而言，虽然法律逻辑作为一门学术，其还在为统一学术体系而努力，但法律逻辑作为法学研究的工具，在法律推理和事实论证两方面已经变得不可或缺，而推理和论证这两方面能力又是法律人才实践能力最重要的质量考查标准。就创新思维而言，创新思维的本质就是创新能力的打造，即创造力的打造，在创新思维的思维域中，创造力不只是创新意识的开发，更是通过发现、发明或改进来解决问题或满足需求的价值追求过程。创造力从意识层面升华至解决方案的产出，并以社会价值的实现为评价标准，对于塑造法律人才高质量的实践能力而言，融入创造力要素必将使其实现质的飞跃。综上可见，法律逻辑与创新思维在法律人才培养方面有很大的合作空间。

（一）从价值创造看法律逻辑和创新思维

在法律逻辑法理化的过程中，法理学家提出了实质法律推理的概念，就是在具体法律适用的过程中，一定场域里，依据对法律或案件事实本身实质内容的分析、评价，最终以一定的价值理由为依据而进行的适用法律的推理，[1]同时，随着法律逻辑向非形式逻辑的转向，法律推理也成为实践推理的一种。由此可见，法律逻辑的作用体现在案件事实的实践推理遵循一定的价值理由。其中，对于不同价值理由的选择其实质就是在创造一种目前最值得遵奉的价值。法律逻辑中增加价值要素，是理性知识体系的法律学科向实践转向的重大突破，"用逻辑的范式把握价值命题的内在规律，为法律价值判断的恰当

---

〔1〕 雍琦、金承光、姚荣茂：《法律适用中的逻辑》，中国政法大学出版社 2002 年版，第 66 页。

性、法律价值选择的正确性提供合理证成"。[1]法律逻辑在实践层面的发展，需要价值创造要素的助力和推进。

创新思维是创造力的核心和基础，培养和树立创新的思维方式是培养大学生创造力的内在机制和深层动力。创新思维是思维活动中积极、有价值的高级思维形式，而创造力的培养更是以个人价值与社会价值共同实现为评价标准和终极追求。创新思维的特征包含普遍性、灵活性和实践性。创新思维的价值创造就是以需求为导向，以不断更新的价值实现为目标，寻找最合适的解决问题的实践方案。

法律逻辑的实践意义需要价值创造要素的加入，创新思维打造创造力要以价值创造为遵奉和追求，因而法律人才培养以价值创造的实践能力养成为标准，不但是目前人才培养的核心，也抓住了法律人才培养的未来。

（二）从预判性决策看法律逻辑与创新思维

从法律逻辑的论证理论的实践运用层面看，社会对于法律服务的需求仅在遇到涉法纠纷之时才变得必要，多数情况下，我们不会以法律实践为视角做战略层面的风险防控规划，更难得能主动运用法律逻辑思维来进行决策。但这种忽视所引发的后果，无论是在个人保护、企业发展还是社会治理方面，都曾导致过巨大的损失。而法律逻辑本就包含对指导法治实践的内在规律的把握，能够提前做出防控方案以规避不利后果，这其实就是一种预判。无论法律判断、事实论证都存在预判性的决策，这也是法律逻辑的论证理论能够处理司法实践问题的关键。

创新思维以培养创造力为核心，预判性的决策行为时时刻刻都在发生着，其中，尤其以超前域思维全方位地展示了创新思维的预判决策性质。从创新思维训练看，"在创业教育中，我们的目标是在一个组织框架中带领学生去思考一个问题域，这些问题在前后二十五年都是值得探究的"。[2]组织框架是先验的东西，但是创新思维中思考的是一个问题域，必然包含对未来解决方案的预判性决策，并且是不断完善的预判性决策，这一点对于处理法律实践问

---

〔1〕《试论法律价值逻辑》，载搜狐网，https://www.sohu.com/a/342369622_120242570。

〔2〕刘志：《"应开设面向全体大学生的创业教育课"——哈佛大学商学院威廉·萨尔曼教授访谈录》，载《光明日报》2016年8月9日，第14版。

题意义斐然。

从论证理论看法律逻辑，司法实践中预判决策必不可少；从创新思维创造力培养看，不只是对于单个问题、在确定时间内做出预判性决策，而是要在一个问题域之内，相当长的时间跨度内做出不断优化的预判决策。在法律人才实践能力培养的过程中，预判性决策这种创造能力是必备之要素。

（三）从敬畏伦理性看法律逻辑与创新思维

法律逻辑敬畏的是逻辑本身的规律性和论证性，只有存在演绎推理的形式逻辑这一前提，论证理论的非形式逻辑才有可能发挥其工具的作用。如果未能按照法律逻辑思维来进行战略决策与战术定位，那么在具体治理层面，"努力让人民群众在每一个司法案件中感受到公平正义"[1]就不会存在。法律实践中的论证、推理相较于其他任何类型的实践更不可随心所欲、无所顾忌，而敬畏伦理是善良人性必备的品格，法律人才更需具备。我们是"经由害怕而不是经由爱，人类才进入伦理世界"[2]，法律逻辑实践中的论证推理能力，唯可由证据辨别真伪，做出支持或反对的理由。建立在这种敬畏伦理性基础上的法律逻辑是一种证据推理，这样的法律推理从识别论证、分析论证，直至评估论证，其结论的合情、合理、合法则更让人期待。

创新思维敬畏的是先验和规则，以先验和规则为要素的创新思维过程才能将创新意识的感性愿望提升到理性的探索上，以获取新知识和新能力。这种敬畏先验、规则的创新思维体现的是实践性特征，现有的物质基础、社会常识、既有规则类要素储备得越丰富，我们离创新突破的临界点就越近，突破的可能性也就越大，人类跃进到更高发展阶段才有可能实现。创新思维的价值早已不限于个体物质丰富、群体的经济繁荣层面的满足，创新思维过程自始至终都是人类在探求事物本质、追求人类全面发展的价值求索。就我国当前经济发展、社会进步、人才培养等根本问题的解决效果看，创新始终是引领发展的第一动力，是建设创新型国家战略的核心，是建设中国式现代化经济体系的战略支撑。唯有国民创新素质提升，涵养心怀敬畏、言有所规、

---

〔1〕《习近平在中央全面依法治国工作会议上发表重要讲话》，载中国政府网，https://www.gov.cn/xinwen/2020-11/17/content_5562085.htm，最后访问日期：2020年11月17日。

〔2〕［法］保罗·里克尔：《恶的象征》，公车译，上海人民出版社2005年版，第31页。

行有所止〔1〕的创新思维，实现中国式现代化的和谐社会才有可能。

因为敬畏法律论证，法律逻辑也有了敬畏伦理性；因为敬畏创新作为引领发展的第一动力，创新思维也务必在敬畏伦理的轨道上前行。"是敬畏伦理使得人类拥有了对神圣、美好事物的崇奉和敬畏，对弱小生命和事物的关爱和同情。"〔2〕遵循法律逻辑培养出的具备创新思维的法律实践人才首先应该是怀有敬畏之心、行事有约束、心中有信仰，行君子之道之人。法律实践人才敬畏生命、敬畏自然、敬畏道德、敬畏规律，敬畏一切应该敬畏的东西，清楚地知道该做什么，不该做什么。"君子之戒慎恐惧，惟恐其昭明灵觉者或有所昏昧放逸，流于非僻邪妄而失其本体之正耳。"〔3〕"君子之心，常存敬畏"〔4〕，无论何时何地何人，这都是能够惩恶扬善、除弊治乱的法律人才所必备的基本要素。

三、法律逻辑、创新思维两者的互助性分析

法律逻辑和创新思维可以互相作为对方发展的新要素，共同助力法律人才实践能力培养新要素理论的完善和实践体系的新发展。

（一）以法律价值观来论证创新

在创新思维实践的过程中，创业者应该具备商业合规思维、知识产权保护思维、风险防控思维、诚信经营思维等法律思维，以有利则合、不利则散的思维维护自由进出的合作机制；以契约精神破除僵局，构建妥协沟通的创业底线思维。可见，创新思维的实践需要法律逻辑思维的支持和助推。创新思维需要做以价值为导向的顶层设计，"仓廪实而知礼节，衣食足而知荣辱"，〔5〕要遵循商业模式开发的四要素理论：价值体现、价值创造方式、价值传递方式、企业的盈利方式，只是在创新思维指导下，"企业的盈利方式"要发展成"共同价值实现"。创新思维与法律逻辑的论证一样需要不断的有效性的评价——评价

---

〔1〕 出自（明）方孝孺：《逊志斋集》，"凡善怕者，必身有所正，言有所规，行有所止，偶有逾矩，亦不出大格"。

〔2〕 郭淑新：《敬畏伦理研究》，安徽人民出版社 2007 年版，第 48~57 页。

〔3〕 （明）王阳明：《王阳明全集》（一·语录 文录），中国画报出版社 2014 年版，第 290 页。

〔4〕 出自（宋）朱熹：《中庸注》。

〔5〕 出自（汉）司马迁：《史记·管晏列传》。

新时代加强和改进高校思想政治工作路径探究

创新的价值是否为原来设计的价值，评价创新价值的实现程度。法律逻辑在法律价值观及法律论证理论两个方面，丰富了创新思维实践运用的属性。

（二）以科学的方向和思维来践行法律

法律逻辑在法律人才实践能力培养方面发挥作用，创新思维的引入和运用为这一人才的培养带来了新要素的加持，其中最重要的是带来了科学的方向和思维。逻辑学是关于思维形式和思维规律的科学，但法律逻辑本身的科学性并不是无可置疑的。科学的本质就是创新，创新以新思维、新发明和新描述为特征，其中，创新思维的本质在于用新的角度、新的思考方法来解决现有的问题。创新思维是科学的思维，科学创新才能推动科学与技术的进步，带来社会的巨大变革和人类的不断解放。从法律逻辑与一般逻辑的意义看，一般逻辑研究推理和思考过程，帮助我们理解和运用正确的推理方式，而法律逻辑研究的内容、推理的基础事实、论证后得出的结论关乎个人与社会利益至巨，如果不以科学的方向和思维来把关和指导，必将增加出现违反常识、违背人情、偏离社会共同价值取向的立法和执法案例的风险。

综上，一方面，中国式现代化需要中国式的创新型人才，依法治国的现代化需要坚定对马克思主义的信仰、对共产主义和中国特色社会主义信念的法律人才；另一方面，"法律的生命在于经验，但法律的创造力在于逻辑"。[1]当下的法律逻辑需要适时地发展，以助力法律人才实践能力的培养。个人认为适应中国式现代化的依法治国的理论和制度建设，总脱不了"情理法"的底色，法律逻辑作为其中一个工具部件更应该将此立为新发展态势的核心范式。沈家本谓：无论旧学、新学，"大要总不外'情理'二字"，"不能舍情理而别为法也"。[2]法律逻辑作为一门实用性很强的工具学科，其实发展伊始就应该寻得中国传统的土壤，关注中国人的性情，关注中国人对天理的认定，关注中国人对法律的朴素情怀。"吾国旧学，自成法系，精微之处，仁至义尽，新学要旨，已在包涵之内"，[3]如果法律逻辑发展回归传统找到了中国人

---

〔1〕 广江鹏：《钜沃心路｜法律的生命与创造力》，载搜狐网，https://www.sohu.com/a/458194884_120729587。

〔2〕 霍存福：《中国传统法文化的文化性状与文化追寻》，载中国理论法学研究信息网，https://www.legal-theory.org/? mod=info&act=view&id=455。

〔3〕 李贵连：《沈家本中西法律观论略》，载《中国法学》1990年第3期。

情愫之所系，即中国人关注在意的价值感受，一切所谓崇古倒退之说均可以嗤之以鼻。法律逻辑的发展要回归"情理法"的初心，要引入创造力要素，创造力的打造路径唯有培养法律人才的创新思维。从法律人才培养看法律逻辑与创新思维的关系，可见，适应未来需要的法律实践人才培养需要创造力要素的加入。

中国必将要持续地发展下去，任何人和势力均不可阻挡；中国式现代化必将实现，只要我们练好内功，找到发展的秘籍，即创造力的打造。所以，在表象上看不出关系的法律逻辑和创新思维中努力寻找相关性和互助性，就是因为法律人才于治国的重要性，法律人才遵循"情理法"的实践能力于守护民心的重大意义。

习近平法治思想融入高校思想政治教育的实践路径

共青团中国政法大学委员会　黄天浩

习近平法治思想是在长期的实践基础上、科学的理论探索中、深厚的历史涵养下形成、创立和发展起来的，蕴含着清晰的实践逻辑、理论逻辑和历史逻辑，为深化高校思政课改革创新发展和培养担当民族复兴大任的时代新人提供了丰厚滋养和重要指导。[1]习近平法治思想融入高校思想政治教育要侧重从法学和思想政治教育学的交叉领域入手，基于对习近平法治思想思政元素的深度挖掘，充分激发习近平法治思想的育人活力，辅以对中华优秀传统法律文化和中国特色社会主义法治理论的思政化阐释，探索破解高校法治教育"唯知识""唯条文"的实践方法，构建习近平法治思想融入高校思想政治教育的有益模式。

一、习近平法治思想融入高校思想政治教育的价值意蕴

（一）丰富习近平法治思想的教育实践内涵

习近平法治思想是在实践中创新发展的科学理论、实践逻辑，博采中外哲学社会科学智识，凝结多元性法治文明因素。本文将从微观角度增进对习近平法治思想的思政化阐释，赋能其教育实践内涵的丰富与发展。思想政治学科设立40年来，其发展历程高度适应时代的变化，体现时代的特征，彰显独特吸引力。[2]习近平法治思想是新时代全面依法治国的新理念、新思想、新战略，其有效融入能够为思政教育实效性提供法治滋养，能够有效凸显思

---

〔1〕 符成彦、邓斌：《习近平法治思想融入高校思政课教学的价值意蕴》，载《中国高等教育》2023年第23期。

〔2〕 赵利兴、肖华：《习近平新时代中国特色社会主义思想融入大学生思想政治教育的实践路向》，载《高教学刊》2024年第S2期。

想政治教育理论的时代性意蕴。

（二）拓宽思想政治教育实践载体

习近平法治思想融入高校思想政治教育能够拓宽思想政治教育实践载体。调研成果显示，"文本教学法""案例教学法"仍是当前高校法治思政教育的主要方式，"专题讲座""通识课程"成为重要教育载体，教学形式单一很大程度度上诱发"听不懂"等问题，[1]本文将注重实践成果转化，搭建契合青年特质的教育载体。习近平法治思想融入高校思想政治教育还有益于细化学科交叉融合的理论研究颗粒度，根据思想政治教育环境论，影响思想政治教育的因素是多元的、动态的、联系的，与其他学科融合是重要环节之一。法学具有较强的实践性，与思想政治教育学科具有天然适配度，文章研究将从二者交融领域入手，夯实新思想思政化发展学理基础。

（三）提升青年崇法向善育人实效

习近平法治思想融入高校思想政治教育能够提升青年崇法向善育人实效。"只讲法律条文""理论知识晦涩"成为阻碍青年理解法治制度演变，领悟习近平法治思想精神内涵的重要原因。本文将围绕核心问题展开讨论：法治思政教育不能局限在提升守法用法能力，更应注重提升法治文化自信与法治情感认同，提升育人实效。同时，习近平法治思想融入高校思想政治教育还能够筑牢高校意识形态安全阵地。法治中国建设必须从中国的国情出发，习近平法治思想打破西方狭隘偏见，围绕法治问题提出了一系列新观点，将其有机融入高校思想政治教育，能够有效引导青年运用马克思主义立场观点方法观察世界、分析问题，有效维护新时代高校意识形态安全。

二、习近平法治思想融入高校思想政治教育的现实困境

结合国内外现有研究，本文梳理出习近平法治思想融入高校思想政治教育的现实困境。需要说明的是，国外没有完全对等的思想政治教育概念，对于习近平法治思想的研究仍处于起步阶段，但对于相近的法治教育、法治素养提升等研究较多。因此，针对国外研究情况，在进行数据量性分析时未予

---

〔1〕 朱林：《重大疫情应对中高校法治教育的困境及突破——基于全国 35 所高校的实证分析》，载《思想教育研究》2021 年第 4 期。

考虑，仅在内容质性分析时统筹评价。现有研究主要呈现以下鲜明特点：

（一）对法律知识教育关注较多，对坚定法治自信关注较少

现有研究主要围绕法律思维、法律学习主动性、法治课堂建设、法律意识、法治环境建设等方面，通过数据分析可发现，"法律知识教育"与相关主题呈强联系，但"法治文化教育""法治素养提升"呈弱联系。本文将聚焦"两个结合"，着力提升高校青年新时代法治自信。习近平法治思想不仅立足中国具体实际，从实践中产生和发展，还从中华优秀传统法律文化中汲取充足养分，蕴含缜密的辩证思维，是马克思主义法治理论中国化的新飞跃。文章将注重强化高校场域中青年法治思政教育的引领性，破解将法治教育局限于知识教育的认知困境，引导青年深刻领悟习近平法治思想的深邃内涵。

（二）对单一学科领域关注较多，对二者有机交融关注较少

习近平法治思想与思想政治教育交叉领域主要讨论"融入"问题，研究热度较高，但对于该问题研究往往从单一学科出发。从数量上看，主要以思想政治教育学科为主，对习近平法治思想的独特优势解构不足，以学科交叉视角深入的研究较为单薄。本文将聚焦"有机融入"，深度挖掘习近平法治思想思政元素，习近平法治思想体系完备，具有强大的育人活力和思政转化潜质，如"坚持以人民为中心""坚持中国特色社会主义法治道路"等核心内容与高校思政教育实际需求密切相关。本文将从习近平法治思想中的思政元素挖掘入手，破解法治思政教育中缺乏学理论证供给的理论困境，最大限度地发挥习近平法治思想的育人效用。

（三）对理论价值意义关注较多，对成果实践应用关注较少

现有研究对习近平法治思想融入思想政治教育的重要意义成果丰硕，但对具体路径研究有限，且大多集中于"提升思政教育工作者的理论素养""推动习近平法治思想'三进'"等宏观层面，对于如何促进研究成果的实践转化，提升育人成效讨论不足。本文将聚焦"成果转化"，探索构建高校思想政治教育新路径。根据马克思"新世界观"理论，思政教育的实践性是"感性的人的活动"实现主客观世界的辩证统一。本文将注重成果的实践转化，设定教育情境，为习近平法治思想融入思政教育提供具体可行的实践指导。

三、习近平法治思想融入高校思想政治教育的原则要求

(一) 凸显学科交叉性原则

要通过对习近平法治思想思政元素的深度挖掘，论证习近平法治思想融入思想政治教育的内在潜质。习近平法治思想来自经验的沉淀、理性的凝结、历史的淬炼，具有强大的实践生命力、理论创造力和历史解释力。高校思想政治教育需要对习近平法治思想重大意义、核心要义和科学方法进行理论阐释与思政转化，从认知原点和解释框架的角度促进青年思想政治素质、道德素质与法治素质有机提升。

在高校育人场域中，解构习近平法治思想融入思想政治教育实践路径的核心环节与影响因素至关重要。习近平法治思想的有机融入并非理论知识的多元呈现，涉及调动社会资源、完善课程体系、健全育人评价、重视实践教学等多方面元素，需要统筹思政课建设、日常思想政治工作、课程思政全面推进，以教学实践为抓手，解构习近平法治思想融入思想政治教育实践路径的具象单元。

(二) 凸显融入有机性原则

要探索建构习近平法治思想融入高校思想政治教育的有效机制，并提供各影响因素有机融入的具体方法论。在思想政治教育语境下，教育主体、教育环境等因素相互影响，形成点面结合的育人网络。融入研究要在习近平法治思想融入思想政治教育的过程中，打通实践路径的"最后一公里"，既注重不同单元的有机融入，又注重整理育人合力的统一，构建发挥育人实效的有效协调机制。在完成上述目标的基础上，激发习近平法治思想与高校思想政治教育的良性互动，提升研究成果推广应用价值。融入研究要注重对成果的实践应用转化，搭建有机融入模型，提供可复制可推广的思想政治教育实践框架，充分彰显思想政治教育的时代性与先进性，提升习近平法治思想育人活力，实现对思想政治教育的法治滋养和对习近平法治思想教育实践内涵的科学拓展等福利价值。

(三) 凸显实践应用性原则

习近平法治思想融入高校思想政治教育要求对习近平法治思想理论的抽

象化凝练具有深厚理论功底。习近平法治思想是当代中国马克思主义法治理论、21 世纪马克思主义法治理论，对其思政元素的凝练要立足于实践，准确把握其传承法律文化、传播法治文明、传递法理精神的内涵，需具备较强的学术理论积淀与理解转化能力。对思政教育的元素化解析需要多元实践平台与便宜工作条件。融入研究要聚焦习近平法治思想融入思想政治教育的实践路径，研究需要大量的个体样本访谈与量化实验数据支撑。同时在高校场域开展各融入要素的差异化测试，要求研究组具备较强的调用高校工作平台与社会资源的能力。对青年阐释的具象化表达需要准确把握青年成长成才规律。融入研究的最终目的是提升高校法治思政教育的育人实效。同时，融入研究也无法脱离对高校青年成长成才规律的研判，尤其是对高校青年法治观念、法治思维、法治自信、法治认同现状的准确认知。这就要求研究必须深入高校青年一线进行实地探究。

四、习近平法治思想融入高校思想政治教育的实践路径

（一）有机融入的模型支撑

习近平法治思想融入高校思想政治教育具有系统性，需要对各融入单元进行细分解构，并依托适格模型完成融入机制构建。波特钻石模型（Porter Diamond Model）最初是用于分析国家竞争力的经济模型，[1]作为一种理解某一组织或模型生存活力的方法，其创造性提出"集群"观点，将构成元素视为有机群体，集合体的作用发挥并不取决于某一元素的价值大小，而是取决于基本要素和辅助要素的整合作用，这一分析范式在考量复杂因素间关联性上具有优势。而多边平台理论（Multisided Platform）则脱胎于管理学与经济学，[2]后常用于分析商业体或协调机制的外部交叉性（Network Externality），依托平台机制，附着的各要素间能够产生关联与沟通，并形成或正向或负向的作用影响。基于影响网络，平台将逐步发展为有机统一的生态系统，这一理论在分析构建某一综合机制时各构成要素间的相互影响方面具有理论优势。

---

〔1〕 陈莹、王奕俊、陆春华：《基于波特"钻石模型"的高等职业教育与产业协同发展研究——以上海市为例》，载《职业技术教育》2021 年第 35 期。

〔2〕 陈雪琳、周冬梅、鲁若愚：《平台生态系统中互补者的多边关系研究：理论溯源与框架构建》，载《研究与发展管理》2023 年第 1 期。

钻石模型与多边平台理论对拆解影响要素和协调关联机制的分析模式与本文研究对象具有较高契合度，笔者将对钻石模型与多边平台理论进行拆解与调适，建构习近平法治思想融入高校思想政治教育的多边平台框架。根据前期研究成果，拟将融入路径解构为"理论边""师资边""阐释边""资源边""青年边"，通过对各要素的具化路径探索与关联关系研究，探索有机融入路径。

（二）有机融入的实施策略

在多边架构的"理论边"，融入研究要以习近平法治思想的重要意义（四个维度）、核心要义（十一个坚持）与科学方法（正确处理五对关系）为基本框架，挖掘其中蕴含的思政元素，解决以下问题：如何将习近平法治思想的实践逻辑、理论逻辑、历史逻辑嵌入思想政治教育，如何通过理论解析展现新时代法治建设成就，如何挖掘习近平法治思想中蕴含的中华优秀传统法律文化的思政基因等。

在多边架构的"师资边"，融入研究要将思想性、理论性、亲和力、针对性作为基本要求，尝试完善法治思政师资队伍建设机制，主要解决以下问题：如何形成课程思政、思政课程与日常思想政治教育工作中不同师资主体的育人合力，如何提升法治思政教师的法治综合素养，如何为启发性教学提供优质课程资源与素材库，如何将"理论边"元素挖掘成果有机转化为"师资边"开展思政教育的有效理论供给等。

在多边架构的"阐释边"，融入研究要以实践性为导向，探索多课堂融通式法治思政教学模式构建，主要解决以下问题：如何在第二课堂活动中培养青年历史思维、系统思维、创新思维与辩证思维，如何丰富实践教学形式并扩充实践载体，如何科学转化实践教学成果并为课堂教学提供有效补充等。

在多边架构的"资源边"，融入研究要以拓展工作格局、善用社会大课堂、搭建大资源平台为遵循，构建育人矩阵，主要解决以下问题：如何发挥法治思政教育基地作用，如何发挥法治案例、法治人物等社会资源的育人功效，如何挖掘法治文物中蕴含的思政教学资源，如何依托主题教育、社会实践、双创竞赛等工作联动整合育人资源，如何构建联通司法实务与高校校园的思政教育裁判案例库等。

在多边架构的"青年边"，融入研究要充分开展调研，以学思践悟行为主线，构建青年共学、共研、共为、共情、共鸣的思政育人闭环，主要解决以下问题：如何提升法治思政教育的协作能力，聚合各类互动平台资源形成系统效应，如何加强对习近平法治思想的青年化理论阐释，探索对体系化内容进行元素化解析，对宏大理念理论进行政策性解读，对文件理论语言进行"青言青语"转化等。

（三）有机融入的验证机制

融入研究要对各元素的融入路径进行整合，基于多边平台理论构建习近平法治思想融入高校思想政治教育的协调机制，并重点关注由此产生的网络效应：即位于某一边上的元素价值效用的发挥如何影响位于其他边上各元素的价值效用发挥。融入研究要逐一测试不同因素变化对整体融入效果的影响，进而提高融入研究成果与不同高校思政育人环境的适应能力，提升实践成果的应用价值。

习近平法治思想融入高校思想政治教育不仅能够提升高校思想政治教育的理论支撑，更能充分激发习近平法治思想的育人潜力，本文聚焦于解决一个实际问题：高校青年的法治思政教育不能局限在提升守法用法能力，更应注重提升青年的法治文化自信与法治情感认同，以此构建习近平法治思想融入高校思想政治教育多边框架，提升高校思想政治教育工作育人实效。

中国政法大学青年学生马克思主义信仰教育研究

——以中国政法大学研究生骨干培训为例

中国政法大学研究生工作办公室　何佩璇

中国政法大学学生就业创业指导服务中心　孙艺璇

引　言

2007 年，共青团中央印发《"青年马克思主义者培养工程"实施纲要》，标志着青年马克思主义者培养工程（以下简称"青马工程"）这一从广大青年中培养优秀的马克思主义者的制度正式确立。历时近十七年，共青团中央、地方各级团组织开展的"青马工程"累计培养几百万青年，为党的事业薪火相传、为党培养和输送坚定的青年政治骨干做出了卓越贡献，已经成为共青团培养社会主义事业接班人的重要工作品牌。

正如 2022 年 10 月 16 日，习近平总书记在党的二十大报告中所说，十八大以来，党和国家事业取得历史性成就、发生历史性变革。在中国共产党的指导和引领下，青年一代齐心协力向实现社会主义现代化强国的目标不断奋斗，铸造了当代青年坚定的马克思主义政治信仰。中国共产党和共青团始终重视对青年政治骨干的培养。历史上党培养青年政治骨干的试点与创新，为新时代党培养青年提供了宝贵经验。每一组织的青年政治骨干都有着独特的成长环境与成长目标，针对青年培养进行深度、切合实际、系统的研究，有利于使青年更好地面对新的历史环境、新的世界形势和新的历史任务，把握好习近平新时代中国特色社会主义思想的世界观和方法论，作为实践中的行动指南。科学的世界观和方法论是我们研究问题、解决问题的"总钥匙"，而"六个必须坚持"就是一把培养青年政治骨干的"总钥匙"。

新时代加强和改进高校思想政治工作路径探究

一、青年学生马克思主义信仰教育研究

(一) 习近平青年观

自党的十八大召开以来，习近平总书记多次强调要重视青年与青年工作，多次对青年工作发表了一系列的重要观点与重要论断，凝练出了许多新的工作指引，逐渐形成正在发展中的习近平青年观，这对目前各个高校范围内的青年学生坚定马克思主义信仰教育具有重要且深远的意义。

1. 习近平的青年认知观

习近平的青年认知观指的是在不同的历史时期，对青年的作用和地位的基本看法。2015 年 7 月 24 日，习近平总书记在致全国青联十二届全委会和全国学联二十六大的贺信中写道：国家的前途、民族的命运、人民的幸福是当代中国青年必须和必将承担的重任。一代人终将老去，而总有人正年轻。正是一代代的青年，他们朝气蓬勃、富有干劲、薪火相传，从老一辈的革命家手中接过了时代火炬，我们的社会主义现代化事业才得以赓续。

2. 习近平的青年成才观

习近平的青年成才观是在青年认知观的基础上，对当代青年成长成才提出的一系列要求。2014 年 5 月 4 日，习近平总书记在北京大学师生座谈会上的讲话中谈道，青年的价值取向决定了未来整个社会的价值取向，而青年又处在价值观形成和确立的时期，抓好这一时期的价值观养成十分重要。人生的扣子从一开始就要扣好。

3. 习近平的青年工作观

铸就青年心中的中国梦对于当代青年的工作观至关重要。青年的理想信念的培养应当摆在青年人才培养的首要位置，党中央高度重视社会主义核心价值观的培育。因此，共青团中央应当积极响应号召，齐心协力为青年的成长保驾护航，为青年的教育培养增添一份力量，呵护青年成长成才。

(二) 习近平青年观的启示

我们党从诞生之日起，就将为中国人民谋幸福、为中华民族谋复兴作为自己的初心和使命。从习近平总书记的青年成才观中，从他对广大当代青年的谆谆教诲中可以看出，习近平总书记深入思考了青年成长成才所需要具备

的各项能力与素养，大力主张青年必须全面发展，为今后高校的青年马克思主义教育培养提出育人目标，指引正确方向。

担当是青年最为重要的品质之一。如丘而止，抱头缩项，小则会影响青年的个人发展，与时代青年的精神面貌不符，大则影响到百年奋斗目标的实现。担当的培养，不仅需要依靠党组织、团组织通过理论教育、实践教育等方式进行积极引导，同时亦需要青年源自内心的动力进行自主培养。

总而言之，习近平青年观是马克思主义青年观中国化的结果，是新时期下的共产党人的智慧结晶。各个高校必须积极践行习近平青年观，对青年马克思主义者的信仰教育提出新的建设性措施，发展马克思主义者在青年群体中的力量。

二、青年学生马克思主义信仰教育的举措——以志愿服务环节为实践抓手

（一）注重对青年马克思主义者的理论教育引领

对马克思主义的坚定信仰，是中国特色社会主义事业蓬勃发展的思想动力与精神保障。一切马克思主义者的最本质的特征就是自身具有非常坚定的马克思主义信仰，这也是青年学生当中的马克思主义者之所以能够有资格成为马克思主义者的根本原因。

当前积极推动"青年马克思主义者培养工程"的核心之一就是在青年学生中开展马克思主义的信仰教育。青年马克思主义者作为学生中的先进分子，应当树立马克思主义信仰，其中包括了政治信仰、哲学信仰、道德信仰和生活信仰。要让青年学生在日常的学习与生活中形成无坚不摧的意志，坚定马克思主义信仰，必须认识到这是一个逐渐养成的系列过程，也必须通过入党过程中的积极教育及党员群体的教育等逐步实现。

马克思主义不仅仅是当前中国社会的政治信仰，也是主流意识形态。开展信仰教育，帮助广大当代青年在心中牢固树立马克思主义的政治信仰，对于培养青年马克思主义者这项工程而言是一个非常紧迫的任务。从政治信仰的角度来看，让广大当代青年坚定共产主义理想信念、坚定中国特色社会主义共同理想，我们正在进行的中国特色社会主义事业正是这样的现实运动。目前积极推动实施青年马克思主义者的培养工程，重点就是进行中国特色社会主义共同理想教育，用中国特色社会主义思想体系、理论体系武装广大当

45

代青年的头脑。[1]

对于广大先进青年来说，学习掌握马克思主义哲学的精髓，逐步形成马克思主义的世界观、人生观、价值观，进而树立马克思主义哲学信仰和人生信仰，是成为马克思主义者的关键。

（二）夯实学生党员队伍的志愿服务等实践育人环节

培养马克思主义信仰需要通过一定的载体进行。而青年志愿服务活动是马克思主义信仰教育的重要载体。在教育过程中，学生党员队伍作为青年马克思主义者中间的佼佼者和骨干力量，更应充分发挥先锋模范作用，在"全心全意为人民服务"的志愿服务工作中锤炼党性。事实证明，在青年党员中开展志愿服务活动，是青年践行马克思主义、实现自我奉献的重要途径，也是新时期青马工作的他山之石，契合青年在实践中锻炼成长的客观规律。

当前，由于教育资源等条件的限制，高校的马克思主义信仰教育模式单一陈旧，更多的是停留在理论学习层面。在这种情况下，马克思主义教育更容易脱离实践，更容易泛泛而谈，同时也难以调动起学生参与志愿服务等实践活动的积极性。以中国政法大学为例，新冠疫情期间，基于疫情防控的需要，校园志愿服务与疫情有关，例如每日核酸、超市、食堂等地的引导志愿者。疫情之后，除了图书馆之外，校园志愿服务主要与学校各校部机关、各学院组织的活动相关联，而这些活动，有很大一部分由校研究生会、各院研究生会承办。因此从形式上来说，校园志愿服务活动和党支部并无直接关系，学生党员获取志愿服务活动信息不畅。通过官网支部公众号检索，发现很少有党支部主动开展志愿服务类实践活动，无法形成常态化、系统化活动。主要存在的工作问题有以下三点：

第一，主动服务意识欠缺。目前来看，学生党员参与志愿服务的积极性较高，但自身的内驱力并不强，导致在志愿服务过程中存在主动服务意识欠缺，志愿服务流于形式等问题。

第二，开展服务形式单一。作为志愿服务组织方的团委、学生部门、学生党支部等相关单位，在组织志愿服务时，往往较多考虑如何完成任务，对

---

〔1〕 董陶陶、胡孝四：《重视加强青年学生马克思主义信仰教育——谈"青年马克思主义工程"建设的一项重要任务》，载《中国职业技术教育》2011年第35期。

于服务形式的创新研究性较少，导致学生志愿服务形式较为单一，对学生吸引力也较弱。如何有效利用学生党员志愿服务这一抓手，加强学生党员马克思主义信仰教育，锤炼学生党员党性修养，不断发挥党员先锋模范作用成为亟待解决的课题。

第三，激励标准不明确。尽管校园志愿服务是自发的、服务性的工作，但是一定的激励也有利于调动学生党员的服务积极性。参加志愿服务，举办单位通过出具志愿时长证明进行激励。目前看来，不同组织出具的证明效力并不相同。不明确的激励标准会影响到学生党员参加志愿服务的积极性。

因此，在高校马克思主义信仰教育的主客体特殊性要求以及目标要求下，马克思主义信仰教育不仅仅是单纯的理论灌输，而应该多加强实践教育活动，在各项实践活动中，志愿服务活动最为重要。

正如1957年2月27日，毛泽东在最高国务会议第十一次扩大会议上的讲话中所说："我在书本上学了一点马克思主义，初步地改造了自己的思想，但是主要的还是在长期阶级斗争中改造过来的。"青年有想法，充满激情，富有干劲，但是缺乏各方面的经验，而弥补这种不足的重要办法就是在实践中经受锻炼。青马工程，要以马克思主义信仰教育为基础，在充分掌握理论知识的基础上，知行合一，理论联系实际，通过实践来检验真理，在实践中践行理论知识。具体而言，应做到如下几点：

第一，充分提高认识，调动各级党组织积极性。各级党组织要把马克思主义信仰教育工作视为党的重要事业，充分发挥主观能动性，提供多种多样的实践机会，并通过沟通形成统一的激励标准。

第二，提倡"真实践"，拒绝表面功夫，让青年"接地气"，真心实意、脚踏实地地实践。充分利用学习雷锋月等时间节点，进食堂、进宿舍清洁，养成奉献自己、多做志愿的习惯。

第三，发挥党团组织的引导作用，对青年给予充分关注和呵护。青年的人生观、世界观、价值观尚未全面确立，很容易受到其他因素的干扰和影响，这时就需要党和团来涤瑕荡秽，引导其健康成长。利用"一站式"学生社区建设，充分发挥党建引领开展志愿服务，通过打造志愿者队伍服务校内外，在服务师生和服务社会中积极传播正能量，有效凸显青年学生志愿服务的辐射作用，更好实现党建育人，提升学生党员的党性修养和整体素质。

三、实践探索青年学生马克思主义信仰教育案例——法大研究生领航训练营、"政治三力"训练营

新形势下探索研究生马克思主义信仰教育新路径是当前高校的重要工作内容。为深入学习贯彻习近平总书记考察中国政法大学时发表的重要讲话精神，培养德法兼修的高素质人才，落实北京市新生引航工程要求，夯实研究生人才培养的基础阶段，中国政法大学组织部、研究生工作办公室联合开展举办领航训练营、"政治三力"训练营。

（一）强化骨干活动理论实践，工作贴近研究生生活实际

作为法大研究生的品牌活动，领航训练营的培训对象为新入学年级班长、党支书、团支书等青年政治骨干队伍。训练营的目的是通过对各位学生骨干的培训，提升研究生骨干的政治素养和理论水平，培育优秀研究生的爱国之情和强国之志，系好青年学生马克思主义信仰教育的第一颗扣子，同时增进同学们之间的交流，并在今后的班级活动和学生工作中起到模范带头作用。训练营内容包括讲座、技能培训、读书活动、素质拓展等。

每届领航训练营均会举办系列讲座与实践课程，涵盖心理咨询课程、学术研究课程、医疗急救知识课程、军事类讲座等，旨在丰富青年骨干知识体系，拓宽学生社会视野，全面促进学生的身心发展。安全技能实践培训目的在于培养青年的实务技能，提高参与者的应急处理能力和健康生活能力，充分发挥青年政治骨干在自我服务、自我教育、自我管理中的作用，营造和谐安全的育人环境。具体开展情况，以表1中国政法大学2023年第七届研究生领航训练营课程安排；表2第八届研究生领航训练营暨第二届研究生"政治三力"训练营课程安排为例。

表1 中国政法大学2023年第七届研究生领航训练营课程安排

主 题	内 容	参与对象	主 讲	备 注
开 班	开班仪式	全体青年政治骨干	校领导和部门负责领导	2023年4月22日 13：30
理论学习单元	学习党的二十大精神，深刻领会习近平新时代中国特色社会主义思想专题讲座	骨干必修	王强 马克思主义学院教授	2023年4月22日 14：00—15：10

续表

主 题	内 容	参与对象	主 讲	备 注
理论学习单元	历史社会学视角下的中国式现代化	骨干选修	孟庆延社会主义学院副教授，博士生导师	2023 年 6 月 2 日14：00—16：00
	反电信诈骗法治宣讲	骨干选修	中国政法大学研究生反电信诈骗法治宣讲团	自行安排
	法学教育高端论坛、中国式现代化专题讲座等高水平学术讲座	骨干选修	秦晋楠国际儒学院副教授	2023 年 5 月 27 日15：00—16：00
技能提升单元	心理危机应对和心理健康维护	骨干必修	许晶晶心理中心副教授	2023 年 4 月 22 日15：15—16：00
	校园安全以及逃生技能	骨干必修	谢晓光双榆树消防救援站副站长，保卫处联合主办	2023 年 4 月 22 日16：05—17：00
	新媒体在基层党建中运用	骨干必修	王天铮新闻与传播学院教授	2023 年 5 月 27 日14：00—15：00
	红十字会急救证书培训	骨干选修	联合校医院主办	2023 年 5 月 20 日8：00—12：00
实践锻炼单元	校园劳动实践课堂：参与校园公寓、食堂、保卫、物业等劳动体验	骨干必修	校园食堂、清洁区联合后勤等部门主办	2023 年 4 月 22 日16：05—17：00
	走进高新企业实地参观考察，了解新时代的伟大成就	骨干必修	百度总部	2023 年 5 月 23 日13：30—18：30
自学研讨单元	《党的二十大报告辅导读本》读书研讨	骨干必修	各骨干以班级为单位自行组织	2023 年 8 月 31 日之前
	撰写心得体会	骨干必修	提交学习思想汇报、评优表彰	2023 年 8 月 31 日之前

新时代加强和改进高校思想政治工作路径探究

表 2 第八届研究生领航训练营暨第二届研究生"政治三力"训练营课程安排

时 间	主 题	课程内容	参与对象	主 讲
2023 年 11 月 26 日（周日）9：00		开班仪式	全体学员	校领导
2023 年 11 月 26 日（周日）9：30—10：30	理论学习	深刻领会习近平文化思想的丰富内涵和实践要求	全体学员必修	吴韵曦马克思主义学院副院长
2023 年 11 月 26 日（周日）10：35—11：15	技能培训	大学生危机应对和朋辈帮扶	全体学员必修	许晶晶心理中心教师
2023 年 11 月 26 日（周日）11：15—12：00		校园安全专题讲座	全体学员必修	范殿良海淀分局内保支队警官
2023 年 11 月 26 日（周日）13：30—14：25		党务工作材料写作的规范与技巧	全体学员必修	邸维蛟组织部副部长
2023 年 11 月 26 日（周日）14：30—15：25		学生党建工作日常实践技巧和方法	全体学员必修	邹丽春北师大组织部副部长
2023 年 11 月 26 日（周日）15：30—16：20		校园日常消防安全和逃生技能	全体学员必修	保卫处以及海淀消防警官
2023 年 12 月 4 日下午	实践环节	参观高科技企业和社会主义新农村	选 修	研究生工作办公室
另行通知		新时代校园劳动育人实践课堂	选 修	研究生工作办公室、后勤、保卫
另行通知	讲座环节	参加学校组织的英模报告、"两个结合"的专题讲座	选 修	

50

续表

时 间	主 题	课程内容	参与对象	主 讲
另行通知	个人自学	学校发放指定教材,各班组织读书会以及个人自学	必 修	
另行通知	结 业	完成必修课和选修课,提交读书报告	全体学员	

（二）探索建立研究生思想政治工作齐抓共管合作机制，形成合力

研究生领航训练营作为我校研究生思想政治教育和学生政治骨干培育的品牌项目，已成功举办七届，活动以"领航"为主题，通过系列理论实践教育活动的开展，青年政治骨干能够在学习和生活中发挥党员模范作用，全面带动周围同学。自 2017 年 5 月组织部、研究生工作办公室举办首期领航训练营以来，培训营员近 1500 人次，全面覆盖中国政法大学研究生党支部书记、团支部书记、班长等青年骨干。在工作开展的过程中探索出建立研究生思想政治工作齐抓共管合作机制，以学工队伍、学生骨干队伍为核心，推动研究生思想政治教育工作的开展，不断提高研究生的综合素质水平。

以领航训练营等案例为代表的系列实践教育，给我们描绘出了一个理论联系实践、夯实马克思主义信仰教育成果的合理活动范本：在这类活动中，青年骨干们能够时刻坚持"导航法则"，为班集体的前进设定航线，辨别和抵御错误思想的侵袭；始终坚持"影响力法则"，让同学们参与到班级建设、校园建设的活动中来；持续坚持"增值法则"，增强自身服务意识，时刻保持"公心"以服务同学；不断坚持"过程法则"，力求提高自身水平和能力，向他人学习，向实践学习。

结 论

习近平总书记高度重视在青年群体中开展马克思主义教育。2018 年 7 月 2 日，习近平总书记在同团中央新一届领导班子集体谈话时的讲话中提出，加

强对青年的政治引领，要在广大青年中加强和改进理论武装工作，要引导广大青年运用马克思主义立场、观点、方法观察分析问题。当前实施"青马工程"的核心是开展马克思主义信仰教育，帮助广大先进青年树立马克思主义的政治信仰。学校教育主要解决的是信仰的认知问题，同时也需要尽量开展实践教学活动，加大青年政治骨干人才培养力度。当前实施"青马工程"，重点就是进行中国特色社会主义共同理想教育，用中国特色社会主义理论体系武装青年。

当前的青年学生马克思主义信仰教育存在不够系统、全面，周期较短，党团衔接不足等问题，为解决上述问题应当以"学思想、强党性、重实践、建新功"为总要求，立足实际情况，建立完善党团学沟通机制、建立长期化系统化和全面化培养机制，推动中国政法大学青年学生马克思主义信仰教育顺利进行。

参考文献

[1] 张亚男、朱文：《"青马工程"在思想政治教育中的定位、作用与展望》，载《长春师范大学学报》2023 年第 1 期。

[2] 王琦：《新时代青年与马克思主义传播的内蕴逻辑及路径》，载《管理观察》2020 年第 9 期。

[3] 董陶陶、胡孝四：《重视加强青年学生马克思主义信仰教育——谈"青年马克思主义工程"建设的一项重要任务》，载《中国职业技术教育》2011 年第 35 期。

[4] 张玉清、赵威：《构建高校青年政治骨干人才培养对象选拔指标体系》，载《江苏高教》2021 年第 9 期。

[5] 姜波、王海霞：《研究生思想政治工作的实践创新路径探究》，载《齐齐哈尔大学学报（哲学社会科学版）》2021 年第 10 期。

[6] 陈宝生：《新时代建设教育强国的根本指针》，载《求是》2020 年第 17 期。

[7] 胡艺华：《论习近平思想政治教育隐喻艺术及其方法论启示》，载《理论月刊》2021 年第 9 期。

主题教育融入高校育人工作的逻辑阐释与实践进路

中国政法大学马克思主义学院　刘姝华

在全党开展学习贯彻习近平新时代中国特色社会主义思想主题教育（以下简称"主题教育"）是党中央从党和人民的伟大事业出发，以全面贯彻党的二十大精神为目标而作出的重大决策部署。党的二十大报告指出，开展落实立德树人根本任务，培养德智体美劳全面发展的社会主义建设者和接班人是党的教育方针所在。[1]为巩固拓展思想主题教育成果，高校育人工作必须始终坚持"学思想、强党性、重实践、建新功"的主题教育总要求，持续聚焦如何解决"培养什么人、怎样培养人、为谁培养人"的根本问题，建立健全常态化长效机制，切实有效地将主题教育与高校育人工作全过程相结合，从而推进主题教育深化拓展，培养能够担当起民族复兴大任的时代新人。[2]

一、主题教育融入高校育人工作的逻辑阐释

要切实将主题教育贯穿于高校育人工作全过程，首先要厘清其内生逻辑，从价值、现实、实践等三个维度进行研究，为进一步探索主题教育融入高校育人工作的实践进路提供理论前提。

（一）主题教育融入高校育人工作的价值逻辑

巩固拓展主题教育是党中央以领悟党的二十大精神为主线、从长远角度深化理论学习成效而制定的重要决策。主题教育的持续性、引领性为新时代

---

〔1〕 习近平：《高举中国特色社会主义伟大旗帜 为全面建设社会主义现代化国家而团结奋斗——在中国共产党第二十次全国代表大会上的报告》，载《创造》2022 年第 11 期。

〔2〕 朱执、戚杰强：《主题教育融入高校立德树人根本任务的逻辑阐释》，载《学校党建与思想教育》2023 年第 24 期。

高校响应三全育人目标、实现立德树人任务、培养全面发展的新时代青年提供了深层次价值导向，这无不与党的教育政策环环相扣、高度契合。因此，"培养什么人、怎样培养人、为谁培养人"这一根本问题的目标旨归构筑了主题教育融入高校育人工作的价值逻辑。[1]

主题教育明确了具象化的育人标准，回答了"培养什么人"的问题。这是教育的首要问题，规约了社会主义教育的根本性质和发展方向。主题教育为高校育人工作培养目标建构了明确的育人标准和评价依据，为这一教育工作指明了培育方向。从教育的宏远目标来看，我国高校应坚持培养具有健全人格和健康体魄的、能够担当民族复兴大任的中国特色社会主义建设者和接班人。新时代教育政策的总体性要求是要同我国发展的现实目标和未来方向产生切实具体联系的，是要服务于人民立场、服务于党的领导、服务于社会主义现代化建设、服务于巩固和发展中国特色社会主义制度的。[2]故此，高校应牢牢把握党的人才培养工作根本方向与内涵要求，培养对党的领导有更高层次认知的、矢志为中国特色社会主义事业而奋斗的、具有新时代精神风貌的高校学生。从微观层面来看，高校还应始终遵循全心全意为人民服务的根本宗旨，在培养新时代高校学生的过程中践行为人民服务的宗旨理念，让学生深刻认识到人民群众是"历史的创造者"，是驱动社会历史向前发展的深厚力量，这也正是主题教育在育人过程和育人标准中的一种体现。[3]

主题教育内含优渥的育人资源，为"怎样培养人"提供了更加多样的选择。高校思政课是高校教学的主要手段，是高校育人工作最重要的载体之一。由此，高校思政课同样也是主题教育在高校中推行开展的重要实现渠道，而主题教育又反过来为思政课"怎样培养人"指明了更加多样的方向，提供了充分的教学借鉴。在理论层面上，主题教育是推动马克思主义中国化的动力，也是"两个结合"伟大论断要求的理论创造，为高校思政课教学提供了坚实

---

〔1〕 朱执、戚杰强：《主题教育融入高校立德树人根本任务的逻辑阐释》，载《学校党建与思想教育》2023 年第 24 期。

〔2〕 陈华栋：《"为谁培养人"：中国共产党的百年传承与新时代创新》，载《马克思主义研究》2022 年第 8 期。

〔3〕 张苏、范璐：《"为人民服务"融入大学生思想政治教育的当代价值及其路径——以"张思德精神"为中心的探讨》，载《南方论刊》2023 年第 3 期。

的内容支撑。[1]在实践层面上，中央与地方层出不穷的主题教育案例为高校思政课教学方法提供了新鲜及时的素材积累，凝练了先进的实践经验。此外，主题教育还为高校思政课的教学创新与改进提供了引领力，指明了具体改进方向。譬如，思政课教师可以从主题教育的学习贯彻与巩固拓展进程中提炼出相应的理论学习方法，将之运用在一线教学中，引导学生树立"历史观""人民观"等观念，从而拓宽理论学习探索畛域；抑或鼓励学生多多参与社会实践与社会考察，领悟"实践性"的重要性，从而丰富学生自身认识，提升其主观能动性等。[2]

主题教育指明了育人的成效所归，为"为谁培养人"点亮了引航明灯。主题教育为高校指明了办学与育人方向，高校应始终保持"坚持社会主义办学方向、以人民为中心"的办学基准与理念。作为党领导下的高等教育阵地，高校应当始终坚持党的领导，恪守培养立志为中国特色社会主义事业奋斗终身的有用人才的育人准则，引导这些时代新人自觉融入社会主义建设、为中华人民的幸福生活而奋斗。在新的历史条件下，人民的满意度是评价高校教育教学成果与育人工作落实成效的根本标准，也是社会主义办学方向的根本要求。[3]因此，高校应贯彻党的教育方针，引导学生不断增进对中国共产党和人民群众的理解性认识，确保高校学生能够成长为对党忠诚、服务人民的时代栋梁。

（二）主题教育融入高校育人工作的现实逻辑

在如今的新时代背景下，由于高校学生价值观多元化，高校教育面对着主流价值观被各种新兴思潮冲击的现实境况。此外，高校一些沿用已久的单一教学方式也无法再满足学生的多元化实际需求。这些现实问题对新时代高校学生集体意识的构建必将具有不利影响。因此，在主题教育指导下开展高校育人工作刻不容缓。

---

〔1〕 朱执、戚杰强：《主题教育融入高校立德树人根本任务的逻辑阐释》，载《学校党建与思想教育》2023 年第 24 期。

〔2〕 朱执、戚杰强：《主题教育融入高校立德树人根本任务的逻辑阐释》，载《学校党建与思想教育》2023 年第 24 期。

〔3〕 《把思想政治工作贯穿教育教学全过程——全国高校思想政治工作会议交流发言摘编》，载《人民日报》2016 年 12 月 9 日，第 10 版。

主题教育可引导学生的集体意识构建。新时代大学生是强国建设的"排头兵"，是培养集体主义观念的重要对象。[1]2016年12月，习近平总书记在全国高校思想政治工作会议上指出："激励学生自觉把个人的理想追求融入国家和民族的事业中，勇做走在时代前列的奋进者、开拓者；正确认识远大抱负和脚踏实地，珍惜韶华、脚踏实地，把远大抱负落实到实际行动中，让勤奋学习成为青春飞扬的动力，让增长本领成为青春搏击的能量。"[2]因此，将主题教育融入高校育人工作是培育与巩固高校学生集体主义价值观的重要目标。虽然高校一直坚持在为学生开展主流意识形态教育，但在如今的融媒体时代，许多西方文化与新兴亚文化思潮纷纷通过互联网流入我国，高校学生的价值观与意识形态不可避免受到了影响，逐渐趋于多元性、复杂性与杂糅性。更有个别高校学生由于长期受一些西方思潮的影响，产生了诸如自由主义与个人主义的错误价值观倾向。[3]这些学生唾弃集体主义精神、鼓吹个人利益至上，在进行未来人生道路规划时只考虑到个人层面，忽视了与国家、民族，以及人民集体利益的融合，从而将个人理想与国家繁荣、民族振兴的共同理想分离。[4]在高校中推行主题教育，确立其意识形态主导地位，可以有效引导高校学生的集体意识构建，破除多元社会价值观与西方错误思潮大批量涌入所造成的学生意识形态错位困境。因此，将主题教育融入高校育人工作中便尤为重要。

主题教育可改进教学方式多元化欠缺的问题。2016年12月，习近平总书记在全国高校思想政治工作会议上指出："做好高校思想政治工作，要因事而化、因时而进、因势而新。要遵循思想政治工作规律，遵循教书育人规律，遵循学生成长规律，不断提高工作能力和水平。"[5]如今高校教学存在着教学

---

〔1〕 王梦梦：《新时代大学生集体主义价值观培育的优化研究》，扬州大学2023年硕士学位论文。

〔2〕 张烁、鞠鹏：《把思想政治工作贯穿教育教学全过程 开创我国高等教育事业发展新局面》，载《人民日报》2016年12月9日，第1版。

〔3〕 刘伟、闫曼卿：《个体化变局下当代青年集体主义教育路径优化探析》，载《中国青年社会科学》2023年第1期。

〔4〕 彭洁：《高校毕业生就业现状及对策研究——以加强就业指导及就业思想政治教育为视角》，南昌大学2011年硕士学位论文。

〔5〕 张烁、鞠鹏：《把思想政治工作贯穿教育教学全过程 开创我国高等教育事业发展新局面》，载《人民日报》2016年12月9日，第1版。

模式单一的问题，譬如教师教学理念滞后，未能将课本的理论与现实问题相结合，不利于学生的价值指引；教学内容浮于表面，没有与学生的实际就业、深造诉求相结合，仅仅提供了空洞的理论，缺乏实践性；教学方式有待丰富，大部分还是"教师讲、学生听"的经典范式，无法有效调动学生们的积极性、主动性、创造性。[1]主题教育强调理论与实践相结合，关注新时代学生成长规律与实际诉求，鼓励学生在多元实践活动中丰富自身本领，为高校教学模式的创新与改进提供了源源不断的动力，为社会培养出了顺应时代大势、符合时代要求的"三有青年"。

（三）主题教育融入高校育人工作的实践逻辑

将主题教育切实有效融入高校育人工作，以学铸魂、以学增智、以学正风、以学促干，有助于引导新时代青年学生胸怀千秋伟业，用沸腾热血激扬起民族振兴的澎湃浪潮。[2]

以学铸魂塑党性。2023 年 4 月 13 日，习近平总书记在听取广东省委和省政府工作汇报时的讲话中指出，以学铸魂，就是要做好学习贯彻新时代中国特色社会主义思想的深化、内化、转化工作，从思想上正本清源、固本培元，筑牢信仰之基、补足精神之钙、把稳思想之舵。[3]如此才能夯实信仰之根基、明晰思想之航向。在主题教育指导下，高校应注重夯实马克思主义理论根基，引导学生坚持以问题为导向，全方位、多角度学习习近平新时代中国特色社会主义思想，拓宽学习广度，深凿学习深度，真正做到学思践悟，全面领会其科学体系、核心要义、实践要求，从而增强对党的认同感，找到愿意为之终生奋斗的人生道路。[4]此外，在打牢学生自身理论根基的基础上，高校还应注重认识与实践的统一，将理论学习与拓展实践相结合，引导学生在实践过程中对党的创新理论内化于心、外化于行，真正实现学思践悟强党性，从而激发其历史责任感和奋斗精神。

---

〔1〕 陈宜希：《高校思政课教学方法的三条创新性路径》，载《大学》2023 年第 36 期。

〔2〕 周良发、吴雨寒：《主题教育融入高校思政课教学：时代价值、现实梗阻与实践逻辑》，载《青海师范大学学报（社会科学版）》2023 年第 4 期。

〔3〕 《学习汇编｜习近平这样阐述"以学铸魂"》，载共产党员网，https://www.12371.cn/2023/06/01/ARTI1685609909684355.shtml，最后访问日期：2024 年 6 月 21 日。

〔4〕 习近平：《在学习贯彻习近平新时代中国特色社会主义思想主题教育工作会议上的讲话》，载《创造》2023 年第 9 期。

以学增智强本领。以学增智，就是要以极富求知欲的精神探索党的科学理论，吸取其中的经验智慧，运用其中蕴含的领导方法、思想方法与工作方法武装自己，真正掌握其中的看家本领、兴党本领、强国本领。[1]故此，将主题教育与高校育人工作相结合，有助于学生通过不断学习习近平新时代中国特色社会主义思想，悟规律、明方向、增智慧，增强"四个意识"、坚定"四个自信"、做到"两个维护"，提升政治能力，深刻理解蕴含其中的道理、学理、哲理，掌握贯穿其中的领导方法、思想方法与工作方法。

以学正风弘正气。以学正风，就是要认真学习，学深悟透关于党的建设的重要内容，明确行为规定、增强纪律意识、筑牢思想防线、弘扬清廉之风。[2]只有把主题教育融入大学生每时每刻的学习与生活中，结合教育特色营造高校清廉之党风，才能培育大学生正确的价值判断与坚定的政治定力，做良好政治生态和社会风气的引领者、营造者、维护者，为营造风清气正的社会氛围贡献自己的青春力量。

以学促干重实际。理论联系实际是我党始终倡导并长期坚持的优良作风。以学促干，要求高校育人工作坚持学思用贯通、知信行统一，匡正干的导向，运用理论联系实际的基本方法，呼吁学生脚踏实地，夯实理论知识基础。在主题教育的指引下，以真正解决生活中的实际问题为基点出发，将党的创新理论与现实情况有效衔接，通过切实具体的方式与手段，如制定研究计划、进行问卷调查、明晰落实机制、开展数据分析等，将解决方案落到每一处实点上，讲实话、出实招、办实事、求实效，帮助学生在实践活动中锤炼务实的作风，在学习过程中增长实干本领。[3]

二、主题教育融入高校育人工作的实践进路

主题教育融入高校育人工作是一项基础性、长期性、系统性的事业，需要夯实根基，坚持不懈，多措并举，从价值、现实、实践三个维度，以坚定的理想信念、与时俱进的工作思路、科学完善的监测机制，稳步推进融合

---

〔1〕 刘玉莲等：《高校共青团员开展主题教育常态化机制的探索》，载《现代商贸工业》2022年第S1期。

〔2〕 蔡达峰：《以学正风，统筹推进作风建设》，载《民主》2023年第12期。

〔3〕 龙菊芳、秦金桃：《新时代高校掌牢意识形态领导权途径研究》，载《品位·经典》2023年第15期。

进程。

（一）价值维度：坚定理想信念，注重自身政治建设与意识形态领导权

一是提升党组织自身的政治能力，不断激活高校育人工作队伍的内生动力。2020 年 10 月 10 日，习近平总书记在中央党校（国家行政学院）中青年干部培训班开班式上发表重要讲话强调，在干部干好工作所需的各种能力中，政治能力是第一位的。[1]要想全面加强党的政治建设、提升政治纪律和政治规矩，需要切实明确各级党委的主体责任、全面提升各级党员干部的政治判断力、政治领悟力、政治执行力。因此，在自我驱动层面上，高校党组织应自上而下，深刻领悟主题教育内涵，巩固拓展学习主题教育成果，摒弃形式主义、结果主义、唯检查论等务虚思想，认真落实主题教育方案，将主题教育的质量成效纳入领导考核评价体系指标当中。在外部监督层面上，应设立校院两级培训管理员，督促各基层党组织举办各类党员培训活动，保障基层党组织书记、班子成员与党员等参加主题教育相关集中培训周期与学习时长，习近平总书记多次强调政治能力的重要性，指出政治能力是第一位的。确保党员主题教育培训工作扎实开展，加强高校党组织政治建设与能力提升。

二是统抓统管，加强党的领导，始终抓牢高校学生意识形态工作建设。高校意识形态工作具有长期性与复杂性，加强高校党组织管理是其顺利开展的关键。高校党委应深刻领悟主题教育的意义和内涵，建立健全一把手责任制，明确各基层党组织书记是育人工作的第一责任人，把主题教育纳入部门党建工作计划，形成条块结合、相互衔接的育人工作网络。高校还应厘清各级党组织的职责分工，做好具体落实工作，将主题教育与高校教师队伍建设、党支部建设、思想政治理论教育等工作有机结合，通过开展领导干部与教职工、青年大学生交流座谈会等活动，深入党支部了解学生思想动向与意识形态现状，根据实际情况及时调整，制订整改措施，在培养学生坚定的理想信念过程中发挥各自的领导作用。[2]

---

〔1〕 张洋、鞠鹏：《年轻干部要提高解决实际问题能力 想干事能干事干成事》，载《人民日报》2020 年 10 月 11 日，第 1 版。

〔2〕 赵敏：《高校"不忘初心、牢记使命"主题教育制度化研究》，载《中国教育技术装备》2023 年第 15 期。

（二）现实关照：增强育人时效性，多层次、多角度、多形式开展教学活动

一是加强引导，推进集体意识培育。高校育人工作者应注重大学生思想政治工作方式方法的不断创新，将之与社会发展需求以及潮流趋势相结合，做到与时俱进，增强育人工作创新性与时效性，使其更"接地气"，引发大学生共鸣，从而拉近师生间的心理距离，为培养集体意识奠定良好基础。此外，高校育人工作者还应根据学生的思想实际与价值需求出发，发现并分析其存在的共性和个性问题，因材施教，不断研究、改进，最终制定出适合不同学生群体的教育方案，把解决学生现实问题作为主题教育融入高校育人工作的重要抓手，以此赢得学生对集体主义意识真心实意的支持以及对主题教育主流意识形态地位的认同，从而为集体意识建构提供必要条件。[1]

二是侧重需求，创新思政课教学模式。为有效激发学生对主题教育的学习热情，提升育人工作成效，高校育人工作者应当以主题教育精神为根基，结合社会生活实际，构建更加灵活多样、与时偕行、样态丰富、符合学生与大众期待的思政课教学模式。在教学理念上，主题教育开展应关注学生的实际诉求，而非一味搭建纯粹理论灌输的空中楼阁，真正做到对学生的价值引导、认知构造与行为提升；在教学内容上，应将主题教育润物细无声地与课程结合，根植于当代社会的种种现实问题，提高学生的学习兴趣与社会实践能力；在教学方式上，高校育人工作者可采用更加富有互动性的授课模式，鼓励学生采用小组讨论、角色扮演等形式，主动参与主题教育的学习。

（三）实践维度：深化工作机制，加强理论基础与评价体系建构

一是要坚持以学铸魂、以学增智，深入学习贯彻主题教育精神，夯实理论根基。要想强化理论武装，深入学习贯彻主题教育精神，高校应坚持开展主题教育专题读书班，由党委领导班子带头，率先垂范，带动广泛党员及学生读原著、学原文、悟原理，深入学习感悟习近平新时代中国特色社会主义思想，真正做到融会贯通，将"第一议题"制度落到实处，把读书班打造成为高质量开展政治学习的理论阵地。同时，高校还应当搭配开展相关实践活动，如主题党日和实地讲学体验等，从而有效提升理论学习质效。此外，高

---

〔1〕 吕婧珉：《社会主义核心价值观认同教育分类研究初探——以某高校大学生为例》，载《华章》2023 年第 11 期。

校还应建立一支专门的主题教育宣讲队伍，与育人工作深度融合，为学生们讲好如党史学习教育专题党课、党的二十大精神专题党课、主题教育专题党课等，引导学生树立坚定理想信念，增强对党的认同感。

二是要坚持以学正风、以学促干，构建科学长效的主题教育学习成效评价体系。构建科学的主题教育评价体系是监督、检测高校是否真正落实了清廉之风、有效规避了空谈之弊的有效保障。故此，高校应建立完善的主题教育与育人工作协同评价机制，设置多元学习成效测评指标，明确具体的成果测评流程。此外建立监督问责机制也是必不可少的一环。高校应将主题教育与育人工作融合纳入各基层单位意识形态工作责任制，定期抽检重点工作任务落实情况，并对不良导向及时问责纠错、督导整改。同时，高校还应加强主题教育学习成效评价结果的转化运用，将评价结果作为领导班子年度工作考核与干部述职评议的重要评价指标，并将之与高校育人工作教师队伍的职务晋升、评优评先等事项挂钩，从而更好地营造清廉实干的氛围，维护以学正风、以学促干的良好校园风气。[1]

参考文献

[1] 习近平：《高举中国特色社会主义伟大旗帜 为全面建设社会主义现代化国家而团结奋斗——在中国共产党第二十次全国代表大会上的报告》，载《创造》2022 年第 11 期。

[2] 朱执、戚杰强：《主题教育融入高校立德树人根本任务的逻辑阐释》，载《学校党建与思想教育》2023 年第 24 期。

[3] 陈华栋：《"为谁培养人"：中国共产党的百年传承与新时代创新》，载《马克思主义研究》2022 年第 8 期。

[4] 张苏、范璐：《"为人民服务"融入大学生思想政治教育的当代价值及其路径——以"张思德精神"为中心的探讨》，载《南方论刊》2023 年第 3 期。

[5] 《把思想政治工作贯穿教育教学全过程——全国高校思想政治工作会议交流发言摘编》，载《人民日报》2016 年 12 月 9 日，第 10 版。

[6] 王梦梦：《新时代大学生集体主义价值观培育的优化研究》，扬州大学 2023 年硕士学位论文。

[7] 《习近平在全国高校思想政治工作会议上强调 把思想政治工作贯穿教育教学全过程

---

〔1〕 王德华：《高校基层党建与大学生思想政治工作融合路径研究》，载《高校后勤研究》2024 年第 2 期。

开创我国高等教育事业发展新局面》，载共产党员网，https://news.12371.cn/2016/12/08/ARTI1481194922295483.shtml，最后访问日期：2024 年 6 月 21 日。

[8] 刘伟、闫曼卿：《个体化变局下当代青年集体主义教育路径优化探析》，载《中国青年社会科学》2023 年第 1 期。

[9] 彭洁：《高校毕业生就业现状及对策研究——以加强就业指导及就业思想政治教育为视角》，南昌大学 2010 年硕士学位论文。

[10] 习近平：《在学习贯彻习近平新时代中国特色社会主义思想主题教育工作会议上的讲话》，载《创造》2023 年第 9 期。

[11] 陈宜希：《高校思政课教学方法的三条创新性路径》，载《大学》2023 年第 36 期。

[12] 周良发、吴雨寒：《主题教育融入高校思政课教学：时代价值、现实梗阻与实践逻辑》，载《青海师范大学学报（社会科学版）》2023 年第 4 期。

[13] 《学习汇编丨习近平这样阐述"以学铸魂"》，载共产党员网，https://www.12371.cn/2023/06/01/ARTI1685609909684355.shtml，最后访问日期：2024 年 6 月 21 日。

[14] 习近平：《在学习贯彻习近平新时代中国特色社会主义思想主题教育工作会议上的讲话》，载《创造》2023 年第 9 期。

[15] 刘玉莲等：《高校共青团员开展主题教育常态化机制的探索》，载《现代商贸工业》2022 年第 S1 期。

[16] 蔡达峰：《以学正风，统筹推进作风建设》，载《民主》2023 年第 12 期。

[17] 龙菊芳、秦金桃：《新时代高校掌牢意识形态领导权途径研究》，载《品位·经典》2023 年第 15 期。

[18] 周佑勇：《坚持把提高政治能力放在第一位》，载共产党员网，https://www.12371.cn/2020/12/03/ARTI1606986659928199.shtml，最后访问日期：2024 年 6 月 21 日。

[19] 赵敏：《高校"不忘初心、牢记使命"主题教育制度化研究》，载《中国教育技术装备》2023 年第 15 期。

[20] 吕婧珉：《社会主义核心价值观认同教育分类研究初探——以某高校大学生为例》，载《华章》2023 年第 11 期。

[21] 王德华：《高校基层党建与大学生思想政治工作融合路径研究》，载《高校后勤研究》2024 年第 2 期。

习近平新时代中国特色社会主义思想融入大学生思政教育

中国政法大学国际法学院 张晶晶

《关于新时代加强和改进思想政治工作的意见》中强调，新时代的思想政治教育要以习近平新时代中国特色社会主义思想为指导，紧紧围绕中国特色社会主义事业总体布局与战略布局，完善学校思想政治工作体系，培养德智体美劳全面发展的社会主义建设者和接班人。

一、教育目标的设定

教育目标是教育所要达到的人才培养的预期结果，即教育将学习者培养成什么样的人。新时代，大学生思想政治教育要从理想信念、爱国情怀、道德品质三个方面培养立场坚定、爱党爱国、品德高尚的社会主义建设者和接班人。

（一）具有坚定的理想信念

新时代青年大学生坚定理想信念，必须明确新时代坚持和发展什么样的中国特色社会主义，怎样坚持和发展中国特色社会主义这一重大课题。"十个明确"和"十四个坚持"正是对这一时代主题的科学回答。新时代青年要明确坚持和发展中国特色社会主义的总任务，实现社会主义现代化和中华民族伟大复兴；明确新时代我国社会的主要矛盾，秉承以人民为中心的理念；明确中国特色社会主义事业"五位一体"总体布局和"四个全面"战略布局；明确依法治国总目标、新时代强军目标与中国特色大国外交总目标；明确中国特色社会主义最本质的特征。依据"十四个坚持"这一基本方略与行动纲领，不断推进新时代中国特色社会主义事业的建设与发展。明确了新时代中国特色社会主义建设相关理论，要用理论坚定信念，进而用信念敦促理论的践行。青年大学生要铭记"为中国人民谋幸福，为中华民族谋复兴"的初心和使命，坚决拥护党的领导，向党学习跟党走，将党全心全意为人民服务的根本宗旨作为人生信仰，将人民对美好生活的向往作为人生目标。永远热爱人民、永远依靠人民、永远服务奉献于人民。开拓进取、奋发图强、不畏艰辛、直面挑战，立志为实现中华民族伟大复兴贡献青年力量。

（二）具有深厚的爱国情怀

爱国主义是中华民族最宝贵的精神财富，是维护国家统一和民族团结的精神纽带，是实现中华民族伟大复兴中国梦的精神支柱。新时代大学生的爱国主义教育要引导学生增强"四个意识"、坚定"四个自信"、做到"两个维护"。爱国情怀体现在坚决拥护中国共产党的领导，把握正确的政治方向，牢记全心全意为人民服务的宗旨。要积极向党组织看齐，自觉向党组织学习，坚持高标准、严要求、不断反观自身"找差距"。要坚持和完善中国特色社会主义制度，坚定不移地走中国特色社会主义道路，将中国特色社会主义理论体系作为思想与行动的指南，不断弘扬与践行社会主义核心价值观。要坚决维护国家统一和民族团结，坚决捍卫国家主权和领土完整，不遗余力地推动各民族团结进步、共同繁荣。我国是人民民主专政的社会主义国家，中国特色社会主义最本质的特征就是中国共产党的领导。爱国主义从本质上来说与爱党、爱社会主义是高度一致的。坚决拥护党的领导，坚持和发展中国特色社会主义，就是爱国情怀的最好诠释。

（三）具有高尚的道德品质

中华民族自古以来就十分重视道德教育，强调对人的道德品质的塑造。新时代大学生的思想政治教育，必须关注学生的思想道德修养。其一，要引导学生树立远大理想，坚定奋斗信念，牢牢把握中国特色社会主义新时代的时代主题，积极主动为社会主义现代化强国的建设贡献力量。其二，要引导学生将社会主义核心价值观作为明德修身的根本价值准则。从国家、社会、公民三个层面，聚焦于"大德""公德""私德"三个维度，自觉用社会主义核心价值观指导日常行为规范，强化道德修养、促进道德实践。其三，要继承中华民族传统美德。中华民族传统美德是中华优秀传统文化的重要组成部分，其中"精忠报国""仁爱孝悌""明礼诚信""勇毅力行"等优秀道德品质更是民族气节的生动诠释。将中华民族传统美德与现代文明、现实生活相融合，在大学生群体内形成爱党爱国、诚实守信、敬业乐群、孝老爱亲的良好风尚。其四，要弘扬民族精神，彰显时代力量。青年大学生要坚定继承和发扬以爱国主义为核心的民族精神，践行以改革创新为核心的时代精神，秉持远大理想、坚定奋进信念、服务人民群众、促进和平发展，以更加奋发有为的精神面貌推进第二个百年奋斗目标的实现。

二、教育内容的更新

教育内容指的是经选择而纳入教育活动当中的人类文明的结晶与时代精华。即解决"教什么"的问题。新时代，大学生思想政治教育要围绕爱国奉献、核心价值、党的领导、人民立场、发展理念，落实"十四个坚持"精神实质。

（一）弘扬爱国主义伟大精神

爱国主义是中华民族精神的核心，是中华民族得以生存与延续的不竭动力，是中国特色社会主义建设与发展的精神支柱。同时，爱国也是最为朴素、真挚、自然的情感表达，是中华儿女亘古不变的精神基因。新时代青年要高举爱国主义伟大旗帜，用习近平新时代中国特色社会主义思想武装头脑，学党史、知国情，紧跟时政前沿，为实现中国梦而不懈努力。新时代，在全面依法治国的战略任务驱动下，青年一代必须深入学习贯彻习近平法治思想。加快构建社会主义法治国家要求我们坚决拥护党的领导，坚决维护人民群众切身利益，坚决走中国特色社会主义法治道路。青年人要树立法治信仰、弘扬法治精神、更新法治观念，自觉遵守法律法规，维护社会公平正义。当前，世界形势仍呈现不稳定、不确定的特征，国家安全也面临诸多威胁与挑战。因此，新时代青年要常怀忧患意识，做到居安思危，坚持总体国家安全观。从政治、经济、社会、文化、军事、外交等层面，全方位维护国家安全与利益。切实坚持"一国两制"，助力祖国和平统一。

（二）践行社会主义核心价值体系

社会主义核心价值体系是中国特色社会主义制度的内在灵魂，是中华优秀传统文化的时代传承，是一个国家、一个民族赖以维系的精神纽带，具有极强的生命力、凝聚力和感召力。新时代青年要践行社会主义核心价值体系，

新时代加强和改进高校思想政治工作路径探究

坚定马克思主义信仰，坚持共产主义远大理想和中国特色社会主义共同理想，培育和践行社会主义核心价值观，弘扬中华优秀传统文化，发展社会主义先进文化，构筑鲜明的中国品格。当前，我国经济发展已经进入新常态，全面深化改革也迎来了关键期，经济社会转型致使诸多矛盾交织叠加，社会思潮纷繁复杂，愈是如此，便愈要壮大主流舆论阵地，弘扬主旋律、传播正能量，强化马克思主义在意识形态领域的指导地位。作为大学生群体，践行社会主义核心价值体系就是要始终以习近平新时代中国特色社会主义思想指导实践，热爱祖国、忠于人民，拥护党的集中统一领导，坚定不移地走中国特色社会主义道路，坚决贯彻落实党和国家的各项方针、政策。崇尚自由平等、维护公平正义、捍卫法律尊严、恪尽职守、诚实守信、真诚友善，全面提高自身政治素养与道德水平。

（三）坚决拥护中国共产党的领导

中国共产党的领导是中国特色社会主义最本质的特征，也是中国特色社会主义制度最大的优势。党的领导是中国特色社会主义事业巩固与推进、中国特色社会主义建设与发展的核心力量。新时代高校青年坚持和维护党中央权威和集中统一领导，要从增强"四个意识"入手。一是政治意识，要有正确的政治信仰、政治立场、政治原则、政治方向。二是大局意识，要善于从全局的视角、长远的眼光看待问题，善于把握主要矛盾，遵循事物发展规律，明晰事物发展方向，深刻领会国家大政方针。三是核心意识，新时代要实现社会主义现代化强国的奋斗目标，就要确保党始终成为中国特色社会主义事业的领导核心。四是看齐意识，要向以习近平同志为核心的党中央看齐，用习近平新时代中国特色社会主义思想指导实践。要坚持党的领导、听从党的指挥、服从党的安排，在思想、政治、行动上与以习近平同志为核心的党中央保持高度一致。新时代，加强党的领导还体现在全面从严治党。青年大学生拥护党的领导，就必然要向党学习，向党看齐。依据党的建设相关要求，在思想、组织、作风、纪律等方面不断改进与提升自身综合素质与能力。

（四）树立为人民服务的宗旨意识

新时代我国社会的主要矛盾已经转化为人民日益增长的美好生活需要和不平衡不充分的发展之间的矛盾。新时代的大学生要永远同人民群众站在一起，始终保持同人民群众的紧密联系，切实解决人民群众的现实利益问题，关心人民、爱护人民、服务人民，聆听群众心声、回应群众呼唤，满足群众所思所盼。要使人民当家作主真正落到实处，就必须在保障和改善民生上下功夫。要重点攻克群众在教育、医疗、薪资、住房、养老等方面存在的困难，切实提高人民群众的获得感、幸福感、安全感，不断满足人民群众对美好生活的向往。人民群众是历史的创造者，是党和国家建设与发展的力量之源。只有贯彻落实以人民为中心的发展理念，健全人民当家作主制度体系，全方位改善民生福祉，才能真正筑牢新时代中国特色社会主义建设之基。作为新时代青年，要始终将个人理想与人民群众的现实需求相结合，深入领会党全心全意为人民服务的宗旨，立志为群众办好事、办实事。树立真挚的人民情怀，将为人民服务作为毕生的信念与追求。

（五）贯彻落实五大新发展理念

党的十八届五中全会提出了创新、协调、绿色、开放、共享的新发展理念。新时代大学生要坚定步伐，用新发展理念指导新发展实践。"创新"是引领发展的第一动力，是提高生产力水平、维护国家长治久安的重要战略支撑。"协调"即要从全局、系统的角度看问题，强调事物发展的整体性与和谐性。"绿色"就是要坚持绿色文明，维护生态平衡，倡导经济增长、社会发展的可持续性。"开放"和"共享"意在坚持对外开放的基本国策不动摇，充分吸收世界各国人民创造的有益成果，推动我国经济社会高质量发展。同时，要保证发展成果全民、全面共享，还要引导群众树立自力更生、循序渐进的奋斗理念。新发展理念同时突出人与自然和谐共生。生态文明关系到中华民族的永续发展，要将人与自然视作生命共同体，树立绿水青山就是金山银山的发展理念，加强资源节约与环境保护，在发展与保护之间寻找平衡点，大力推进资源节约型与环境友好型社会建设。我们还要发扬天下大同、和谐万邦的中华优秀传统，为推动构建人类命运共同体添砖加瓦。

三、教育方法的优化

教育方法就是达成教育目标的手段与途径，即解决"怎么教"的问题。新时代的大学生思想政治教育要强调学生的实际参与，激发学生的情感体验。在此过程中选先进、树典型，发挥榜样力量。要关注资源开发，开展校园文化建设，体现隐性教育的功能价值。要深入落实精准辅导，关注学生个体差异，突出教育的个性化。

（一）重视学生实践体验

相较于思政课上的理论学习，内容丰富、形式多样的校内外主题实践活动，更能够深化学生的道德认知、激发学生的道德情感、巩固学生的道德行为。研究表明，由道德认知向道德行为转化的关键就是要在学生的道德意志和道德信念上下功夫。意志与信念的本质是一种深化的情感，参与和体验最有助于情感的激发。主题实践活动是学生在特定的情境中，通过亲身参与、体验，继而不断发现、感受、创造的过程。主题实践活动设计的第一个环节就是"拟定主题"。主题的选择要紧密联系时事政治，展现本校育人特点，满足学生兴趣需要。第二个环节是"情境创设"。要注重活动情境的真实性、启发性、层次性，充分发挥情境的带动、感染、激励作用。第三个环节是"活动开展"。依托讲座、竞赛、观摩、访学、实习等多种形式，为学生搭建实践与体验的平台，强调独立思考与合作探究，在活动参与中坚定理想信念、提高道德修养。第四个环节是"总结反思"。所谓总结反思，即是主题实践活动的评价环节。要重点考量活动对于思政教育目标的达成度，将过程性评价与终结性评价相结合，突出评价的促发展作用。值得注意的是，利用实践活动对大学生进行思政教育，要确保活动本身目标明确、主题清晰、内容丰富、形式多样、评价合理。在活动过程中，教师要充分发挥教育、引导、启发的作用，拒绝娱乐化、浅层化，严防形式主义。

（二）强化榜样激励作用

榜样教育法，是指借助先进与典型人物，推动学生品格塑造的教育方法。我国历来重视榜样的作用，如孔子教育弟子要"见贤思齐""以身作则"，强调"其身正，不令而行"。现当代中国那些拥有巨大教育意义的长征精神、延安精神、西柏坡精神、抗震救灾精神、脱贫攻坚精神背后，承载着的都是一个个鲜活的榜样。榜样教育因其生动、鲜明、直观的人物形象，更有助于提升价值认同，塑造个体行为，具有极强的示范、唤醒、激励作用。毋庸置疑，榜样教育法的核心就是"榜样"，榜样的选择要兼具先进性与典型性的特点。榜样的思想行为必须与社会主义核心价值观高度契合，并在一定领域内具有较强的代表性。同时，还要注重榜样的多元化。只有不同类型的榜样群体，才能够满足大学生差异化的价值需求。榜样教育的实施，可以以重大节日、时政要闻、社会热点为契机与情境，借助主流舆论，"树榜样""颂典型"，更能够引发学生的情感共鸣，凝聚思想共识，达到事半功倍的效果。现如今，互联网技术高度发达，但榜样人物不能仅仅"隔着屏幕"做宣传，更要依托讲演、参访、座谈等形式，为学生创造与楷模近距离交流的机会，从而有效提高学生的参与度。此外，不可忽视朋辈的力量，要选拔、确立大学生朋辈榜样，让教育更富有渗透性。

（三）深入施行文化育人

高校的校园文化建设是新时代中国特色社会主义先进文化建设中不可忽视的一环。校园文化是学校在长期的建设与发展过程中形成的，为全体师生共同认可和遵循的价值体系与行为准则。学校的物质基础、规章制度、精神理念，都是校园文化的重要组成。校园文化以其强大的凝聚力与感染力，潜移默化、深远持久地影响着学生的成长与发展。新时代的校园文化建设，要将习近平新时代中国特色社会主义思想贯彻落实到学校的办学理念、办学宗旨、办学目标当中，通过校训予以呈现。校训因其简洁明了却内涵深厚，短小精炼而特色鲜明，最容易为学生传诵与铭记。校训是学校精神文化的集中展现，是学校文化育人的最佳载体。学校要引导学生认识校训、理解校训、弘扬校训、践行校训，要将校训所传达的精神理念与学生的专业学习、社团活动、社会实践、志愿服务紧密结合，用校训引领思想、锤炼品行。校园文化建设，也不可忽视对于学校物质文化资源的保护与开发。图书馆、校史馆、牌匾、石碑、雕像、文化展厅、学术长廊都是极具价值的思政教育文化符号。要将习近平新时代中国特色社会主义思想与校园物质文化的独特内涵有机结合，让学生在欣赏、感受这些历史实物与文化景观的同时，学习新思想、树立新理念。

（四）全面落实精准辅导

对学生个性特点与个体差异的关注程度，是高校思政教育能否取得实质性成效的关键所在。因此，高校思想政治教育必然离不开精准辅导。所谓精准辅导，就是根据学生实际，把握教育规律，从思想品德、心理健康、意志品质、情绪情感等多方面，有针对性地给予学生指导与帮扶。相较于集体性的思政教育活动，精准辅导更具深入、个性、全面、自然的特征。将习近平新时代中国特色社会主义思想融入精准辅导，是新时代高校思政教育不容忽视的内容形式，也是对教育工作成效的检验。思想政治教育并非一个孤立的概念，学生成长与发展的方方面面都对其政治素养的形成与价值观的确立产生重要影响。因此，要构建以学生的理想信念、道德品质、价值取向为核心的，以学生的心理、学习、生活为重点的辅导内容与辅导模式。对于辅导对象，要善于分层、分类。从宏观层面来说，同年级、同班级、同专业的学生，其阶段性目标任务更具相似性，要分别辅导；从中观层面来谈，少数民族学生、家庭经济困难学生、存在心理疾患的学生等群体要重点辅导；具体到微观层面，就是深入把握每一位学生的思想理念、性格特点、能力素质，做到一对一辅导。

参考文献

[1] 何畏：《高校思想政治理论课贯彻党的二十大精神的要点与方式初论》，载《思想理论教育》2023 年第 3 期。

[2] 罗建文、杨希双：《党的二十大报告：马克思主义哲学中国化时代化的新篇章》，载《湖南师范大学社会科学学报》2023 年第 1 期。

[3] 王凤才：《深入学习党的二十大精神 推动 21 世纪世界马克思主义研究进入新境界》，载《学习与探索》2022 年第 12 期。

[4] 刘同舫：《新时代全面推进中国特色社会主义建设的战略思维——学习党的二十大精神》，载《思想理论教育》2022 年第 11 期。

[5] 詹成付：《深刻认识党的二十大的重大意义》，载《红旗文稿》2022 年第 20 期。

[6] 蒲清平、黄媛媛：《党的二十大精神融入课程思政的价值意蕴与实践路径》，载《重庆大学学报（社会科学版）》2022 年第 6 期。

[7] 于鹏、高晗、贺新家：《大学生家国情怀培育的现状及路径探究》，载《学校党建与思想教育》2022 年第 18 期。

[8] 冷文丽等：《新时代大学生思想政治教育协同机制研究》，载《江西师范大学学报（哲学社会科学版）》2022 年第 2 期。

[9] 刘萍：《伟大建党精神融入大学生思想政治教育的现实考量》，载《学校党建与思想教育》2021 年第 19 期。

[10] 喻菊、刘传俊：《面向"互联网+"时代高校大学生思想政治教育研究》，载《湖北

社会科学》2020 年第 1 期。

［11］张波：《大学生家国情怀的培育策略》，载《人民论坛》2019 年第 29 期。

［12］张毅翔：《新时代思想政治教育的新使命和新要求》，载《思想教育研究》2017 年第
11 期。

关于实施"时代新人铸魂工程"的一些思考

中国政法大学人文学院　邱　然

教育是国之大计、党之大计。党的二十大报告指出，"育人的根本在于立德"，要求"深化爱国主义、集体主义、社会主义教育，着力培养担当民族复兴大任的时代新人"[1]。2023 年 2 月，教育部发布"时代新人铸魂工程"实施方案，教育部思想政治工作司在 2023 年的部门工作要点中提出"以全面实施'时代新人铸魂工程'为牵引，着力构建高校思想政治工作新生态"。

一、"时代新人铸魂工程"的实施背景

当前世界正处于百年未有之大变局，世界之变、时代之变、历史之变正以前所未有的方式进行，国际环境中不稳定、不安全、不确定因素增多，世界范围内思想交流、经济融合、文化交锋此消彼长，国际格局和世界秩序在动荡中不断调整，与此同时中国正处在一个历史发展的新阶段。我们面临着更加复杂严峻的国际形势和挑战，科技强国、教育强国在中国式现代化的进程中处于基础性、战略性地位，我们比历史上任何一个时代都更需要也更重视时代新人的培育工作。

时代新人的培育和培养不是一个抽象化、单一化的过程，而是主体和客体互相影响、互相作用、互相塑造的过程，想要更好地推进"时代新人铸魂工程"，需要更加全面准确把握"时代新人铸魂工程"方案在具体实施过程中面临的挑战与机遇。在国际政治层面，多边主义、单边主义发生激烈碰撞，大国之间的地缘政策和外交关系都在因时、因地而进行互动和调整，世界政治格局日趋复杂；在国际经济层面，当今逆全球化不断兴起，贸易保护主义

---

〔1〕 习近平：《高举中国特色社会主义伟大旗帜 为全面建设社会主义现代化国家而团结奋斗——在中国共产党第二十次全国代表大会上的报告》，载《人民日报》2022 年 10 月 26 日，第 1 版。

抬头，国际经济下行压力持续加大，同时伴随着新一轮的科技革命和产业变革，并呈现出速度增快的特点；在国际文化层面，"文明冲突论"等相关论调也再度兴起，各种论调及思潮交锋激烈。面对多变的世界局势，高校思想工作者承担的使命更加光荣、同时面临的挑战也更加严峻，这也要求我们更应该做好培根铸魂、启智润心的基础工程，引领青年朝着正确的方向扬帆前行。

二、"时代新人铸魂工程"的实施意义

"时代新人铸魂工程"的实施是贯彻落实党的教育方针的必然要求。自1921年中国共产党成立起就始终将培养与时代同向同行的人才作为目标。新民主主义革命时期的教育目标是培养一批"革命的先锋队"；社会主义革命和建设时期育人理念发展为培养"坚定的无产阶级革命事业的接班人"；改革开放和社会主义现代化建设新时期的教育理念已经发展成培养"四有"新人。[1]党的二十大报告提出，"着力培养担当民族复兴大任的时代新人"。从以上的发展阶段及当时所提出的教育理念不难发现，"时代新人铸魂工程"与党的优良传统一以贯之，也与新时代党的教育方针高度契合。

"时代新人铸魂工程"的实施是党和国家事业后继有人的现实举措。目前高校在校学生的年龄都是20岁左右，到2035年时，大部分人处在30岁左右，正是人生的黄金时期，到21世纪中叶，大部分人还不到60岁。当今中国最重要的使命就是实现中华民族伟大复兴。而当代青年的人生发展脚步与新征程的发展脚步是极其吻合的。在这样的时代背景下深入推进"时代新人铸魂工程"，可以更好地引导青年学生与时代的发展方向同行，将人生发展的机遇与国家的未来、民族的命运紧密结合在一起。

"时代新人铸魂工程"的实施符合促进青年学生成长成才的迫切需要。青年所处的时代物质条件优渥、精神世界丰富，他们善于表达内心想法、个性鲜明张扬、思维跳跃开放。与此同时，他们也表现出阅历不深、涉世不广的特点，特别是面对网络上错综复杂的信息，不可避免地在民族与世界、小我与大我之间产生迷茫和困惑。因此我们更需要在把握当代青年的思想行为特点及其变化规律的基础之上，引导广大青年学生用脚步丈量祖国大地、用眼

---

〔1〕 沈壮海、刘灿：《实施"时代新人铸魂工程"的现实背景、重要意义及关键点位》，载《中国高等教育》2023年第10期。

睛发现中国精神、用耳朵倾听人民呼声、用内心感应时代脉搏[1]，深入推进"时代新人铸魂工程"，促进新时代青年立志成才。

"当代中国青年生逢其时，施展才干的舞台无比广阔，实现梦想的前景无比光明"。[2]同时，当前国内外形势正在发生深刻复杂的变化，做好当代青年工作每时每刻都面临着全新的机遇和挑战。全面深入细致地实施"新一代铸魂工程"，是适应时代、适应形势、适应变化加强青年工作的现实之举，是人才培养的坚实责任，是确保党和国家事业及其接班人不断发展的长远之策。

三、实施"时代新人铸魂工程"的关键要素

实施"时代新人铸魂工程"，首先要做好教育引导。一是要强化理想信念。加强青年的理想信念教育就是要用初心砥砺信仰、用理论坚定信念，不断回望过去，充分展望未来，把用初心砥砺信仰和用信仰守护初心结合起来，不断从党史、新中国史、改革开放史、社会主义发展史中汲取养分，补足精神之钙。二是激发挺膺担当。新征程上会遇到很多急难险重的任务，为此更需要激发青年挺膺担当，增强青年人的志气、骨气和底气。三是培育价值观念。始终坚持用社会主义核心价值观培根铸魂育人，向学生讲清楚其中蕴含的丰富内容和其鲜明的时代要求，将其与青年的学习和生活结合起来，促进社会主义核心价值观真正落地落实。

实施"时代新人铸魂工程"，其次要做好实践养成。把思政小课堂与社会大课堂结合起来，把"走出去"与"请进来"相结合，盘活导师、项目、基地等校内外资源，推动课内与课外实践贯通，促进德智体美劳一体化培养。紧扣"时代新人铸魂工程"的目标与要求，逐步探索打造出思政实践体系，涵盖理论学习、志愿服务、实践学习等内容，配置专业指导老师，推动各院系书记院长、专家学者带队，引领广大学生在实践中深刻领悟习近平新时代中国特色社会主义思想的精神伟力。组织学生赴各地学校医院、田间地头、社区小巷等基层一线，深入了解国情、社情、民情，在脚踏实地中进一步感

---

〔1〕习近平：《坚持党的领导传承红色基因扎根中国大地 走出一条建设中国特色世界一流大学新路》，载《人民日报》2022年4月26日，第1版。

〔2〕习近平：《高举中国特色社会主义伟大旗帜 为全面建设社会主义现代化国家而团结奋斗——在中国共产党第二十次全国代表大会上的报告》，载《人民日报》2022年10月26日，第1版。

悟祖国伟大实践，激发青年学子奋进力量。

实施"时代新人铸魂工程"，最后要做好制度保障。一是坚持党的全面领导。提高政治站位、完善体制机制、强化顶层设计，将党的领导贯彻到学校工作的方方面面，统筹推进各项任务落细落实，在时代新人培养的各个环节给予方向和大局的把控。加强"一盘棋"全局谋划，统筹推进学校思政工作。对标新任务新要求，形成"学校—试点院系—精品项目示范"的工作链，横向推动学校相关职能部门、直属单位协同联动，纵向联结学部、院（系）、专业班级等育人合力，力争形成校院两级联动、一线创新实践不断涌现的良好工作局面。不断探索高校思政工作的新思路、新方法。二是要大力推进思想政治工作队伍建设，重点关注思政课教师队伍建设工作。做好新上岗辅导员培训工作，围绕校史校情、思想政治等方面开展多层次、全方位的教育培训，帮助其尽快完成角色转变，努力成长为青年的知心人、热心人、引路人。三是形成多方协同育人工作机制，对标新任务新要求，将"三全育人"融入"时代新人铸魂工程"方案实施的全链条中，不断优化"三全育人"工作机制，推动"三全育人"纵深发展。拓展育人空间、强化育人力量，通过整合各类育人主体优势资源，推进多方深度融合，聚焦多元育人效应。

四、实施"时代新人铸魂工程"的三个着力点

辅导员所从事的事业是神圣的事业，是和党的事业密切结合的事业，是和国家和民族的前途紧密关联的事业，是和青年一代的成长成才密不可分的事业。没有任何一个国家的高校群体在这样一个时代受到这样的重视和对待，每一个辅导员都应牢记自己的初心使命，履行自己的职责担当，汇聚起一线强大的思政工作力量，使其成为培养社会主义建设者和接班人的蓬勃力量。

面对中华民族伟大复兴的新征程，面对复杂的斗争形势，面对多元的利益诉求和价值取向，中国青年肩负重任，必须锤炼时代新人的意志品格。高校辅导员作为开展青年思想政治工作的中流砥柱，要紧紧围绕"为党育人，为国育才"的根本目标，持续注入精魂、培育力量，为千千万万新时代高校青年学生打磨底色、勾勒筋骨、深绘姿态，引导他们在青春的赛场上建功立业。

新时代加强和改进高校思想政治工作路径探究

（一）打磨底色，传承好红色基因

如果没有中国共产党，中国青年运动也无从谈起，中国青年从 1921 年至今的百余年奋斗中得到的宝贵经验和财富就是坚定不移跟党走和融于血脉之中的红色基因。当最宝贵的经验和财富传承到新时代青年的手中，不是轻飘飘的安稳和繁荣，而是沉甸甸的使命和责任。大多数生长在新时代的青年没有经历过惨绝人寰的战争和深不见底的贫穷，更难以理解前辈们"功成不必有我，功成必定在我"的伟大牺牲和"毫不利己、专门利人"的伟大奉献。如果我们只顾着享受幸福生活，而弱化与党不可断裂的血脉联系，就会淡忘红色江山背后的精神力量，这种精神力量源自马克思主义真理，源自共产主义远大理想，源自中华优秀传统文化中的家国情怀，源自一代又一代共产党人口口相传、以身示范的光荣传统和优良作风。青年只有赓续红色血脉、永葆红色基因，才能成长为党的事业可靠接班人，才能永固红色江山。

青年是党的事业的建设者和接班人，同时他们更是葆有红色基因、流淌红色血脉的一代，高校的思想政治教育工作要不断打磨青年底色，确保红色基因、红色记忆永续相传，确保党的事业后继有人。因此，高校思想政治工作者要不断提炼红色文化中的育人元素，摸索建设红色文化选修课程，组建"青言青语"青年宣讲团，充分宣讲中国共产党人精神谱系，引导新时代中国青年不断接纳马克思主义理论和马克思主义中国化成果，让充满馥郁墨香的"真理味道"弥散在青年人的成长空间。要开展红色舞台剧、文艺汇演、主题宣讲、海报设计等多种形式的红色文化主题活动，组织好"青年红色筑梦之旅"，开发红色主题创新创业项目，建立红色文化实践教育基地，组建红色主题暑期实践团队分赴革命遗址进行实地调研、老兵寻访和红色革命历史宣传，在情感融合中引导新时代中国青年与不同时期青年在历史情境中实现精神碰撞，让英烈们的"红色家书"拥有更多新时代的回信人。

（二）勾勒筋骨，培育好青春气魄

"立足新时代新征程，中国青年的奋斗目标和前行方向归结到一点，就是坚定不移听党话、跟党走，努力成长为堪当民族复兴重任的时代新人。"[1]红

---

〔1〕习近平：《坚持党的领导传承红色基因扎根中国大地 走出一条建设中国特色世界一流大学新路》，载《人民日报》2022 年 4 月 26 日，第 1 版。

色基因不断传承，亦是时代青年永不枯竭的内生力量，日益完善的"时代新人"内涵则为中国青年重新塑造了外在筋骨。时代新人的前提是"时代"，核心是"新人"，社会主义初级阶段提出青年的培养目标是做"又红又专的无产阶级革命事业接班人"，改革开放时期希望青年成为"有理想、有道德、有文化、有纪律的共产主义新人"，这些都是党为不同时代青年赋予的时代印记。当我们进入中国特色社会主义新时代，面向从站起来到富起来再到强起来的历史飞跃，这一代青年必将经历中华民族伟大复兴不可逆转但国内外斗争形势愈加激烈的历史进程，也必将承担全新的历史使命和时代责任，这就对青年一代提出了要求，要勇做奋进者、开拓者、奉献者，争做有理想、敢担当、能吃苦、肯奋斗的时代青年。

新时期的中国青年是更加自强自信、充满思辨精神的时代新人，这意味着高校的育人工作应不断致力于勾勒筋骨，培育好青年的精神气魄，确保青年能把个人际遇与民族发展紧密联系起来，自觉投身中华民族伟大复兴中国梦。高校思想政治工作者要站稳讲台，讲好"大思政课"，推动思政课程和课程思政同向同行，组织马克思主义经典作品系列研读活动，让青年真学、真懂、真信、真用，让习近平新时代中国特色社会主义思想在青年群体中入心入脑，在"功成不必在我，功成必定有我"的价值观念中自觉坚定，实现共产主义远大理想的志气；要统筹组织"祭奠英烈"系列活动，前往烈士陵园拜谒，邀请老红军、道德模范、劳动模范等进校园，真正做到向英雄学习、向榜样学习、向前辈学习，让学生们反思历史苦难，感受时代脉动，在"粉身碎骨浑不怕"的思想自觉中增强不惧磨难的骨气；要敢于善于解读国际形势热点问题，开展好系列主题教育，与地方政府合作开展大学生实践实习实训计划，引导学生走进发展一线，切身感受党领导人民实现的伟大成就，在"长风破浪会有时"的行动自觉中不断增强底气。

（三）深绘姿态，凝聚好发展动能

"无论过去、现在还是未来，中国青年始终是实现中华民族伟大复兴的先锋力量。"[1]红色基因丰盈血液，时代新人塑造筋骨，中国青年便可拥有一往

---

〔1〕 习近平：《在纪念五四运动100周年大会上的讲话》，载《人民日报》2019年5月1日，第2版。

无前的先锋力量。1919年8月4日，青年毛泽东同志在《民众的大联合（三）》中写道："天下者我们的天下。国家者我们的国家。社会者我们的社会。我们不说，谁说？我们不干，谁干？"每个青年都应该对这种舍我其谁的气概铭记于心，因为我们的民族、国家和人民依然在不断迎接涌现的各种挑战，这些挑战和风险不会自然消亡，需要中国青年在党的领导下，发扬斗争精神，以奋发有为的先锋姿态取得一个又一个胜利。面对突如其来的新冠疫情，青年一代不畏艰难险阻、选择冲锋在前、舍生忘死，不断打赢疫情防控阻击战；面对外敌入侵，中国青年不惧牺牲、誓死不退、为国捐躯，用"清澈的爱"坚守祖国疆土；面对科技难关，中国青年勇挑大梁、担当重任、持续创新，不断攻克"卡脖子"的难题；面对滔天洪水、熊熊烈火、强烈地震和各种突发危机事件，中国青年总是走在最前线，用自己的血肉之躯筑造守护人民平安幸福的钢铁长城。这些都说明中国青年并不是垮掉的一代，而是堪当大任、接续奋斗、大有作为的一代，新时代青年要有信心和勇气去开创这个新时代。

青年是开创新局面的先锋力量，是"不惧风雨、勇挑重担"的一代，高校的思想政治工作就要努力深绘姿态，凝聚好青年的发展动能，确保青年一代能打赢民族复兴这场艰巨战役。因此，高校辅导员要发挥好学生党员、共青团员、学生骨干的先锋模范作用，做好先进典型的培育宣传工作，开展好学生先进事迹报告会、分享会，常态化开展各类学习交流活动，向青年学生中不断涌现的"摆烂""佛系""躺平"说"不"，让青年在对其思想的不断洗礼中涤荡颓废之气；要推进第一课堂与第二课堂的深度融合，组建学业帮扶先锋队、就业帮扶先锋队等各类青年先锋队，广泛开展争先创优和"我为群众办实事"实践活动，为学生发挥先锋作用提供制度和平台支撑，让青年在考验历练中培养先锋本领。

高校辅导员投身"时代新人铸魂工程"的优势在于贴近学生、重点在于引领思想。因此，我们必须始终遵循党对高校青年工作的要求和目标，立足打磨底色、勾勒筋骨、深绘姿态三个着力点，从时代新人的视角出发去培养青年，引领新时代中国青年将最美好的青春年华融入党和人民的伟大事业。

参考文献

[1] 习近平：《高举中国特色社会主义伟大旗帜 为全面建设社会主义现代化国家而团结奋

斗——在中国共产党第二十次全国代表大会上的报告》，载《人民日报》2022 年 10 月 26 日，第 1 版。

[2] 沈壮海、刘灿：《实施"时代新人铸魂工程"的现实背景、重要意义及关键点位》，载《中国高等教育》2023 年第 10 期。

[3] 习近平：《坚持党的领导传承红色基因扎根中国大地 走出一条建设中国特色世界一流大学新路》，载《人民日报》2022 年 4 月 26 日，第 1 版。

[4] 习近平：《在纪念五四运动 100 周年大会上的讲话》，载《人民日报》2019 年 5 月 1 日，第 2 版。

高校涉外法治人才培养中意识形态工作强化路径研究

中国政法大学国际法学院　何新宇

在新时代的背景下，中国特色社会主义已迈入新的发展阶段，与此同时，世界格局亦发生深刻变革。单一霸权主义的时代正在逐渐逝去，全球权力和利益的重新配置日趋明显，世界正处于一个崭新的历史起点。[1] 在此时代背景之下，中国始终致力于在全球治理领域推进构建"人类命运共同体"，为全世界人民的和平与发展贡献中国力量。并且，中国始终坚持以法治的方式推进国内治理，参与国际治理，于是"涉外法治"逐渐成为近些年来法学领域的热点话题，"涉外法治人才培养"也因此成为中国法学教育高校面临的一项艰巨任务。更因为中国需要的是能够在国际舞台上代表中国立场、维护中国利益的涉外法治人才，所以如何在教育中把握好涉外法治人才的意识形态成为有关高校面临的一个时代课题。

一、涉外法治人才培养中意识形态工作的重要性

"涉外法治"是在我国法治建设过程中形成的一个概念，指一个国家以法治思维和法治方式处理涉及该国的涉外事务，包括立法、执法、司法、法律服务等方面。[2] "人才是实现民族振兴、赢得国际竞争主动的战略资源。"[3] 2014 年党的十八届四中全会通过的《中共中央关于全面推进依法治国若干重大问题的决定》强调，"建设通晓国际法律规则、善于处理涉外法律事务的涉

---

〔1〕　何燕华：《新时代我国高校涉外法治人才培养机制创新》，载《中南民族大学学报（人文社会科学版）》2023 年第 7 期。

〔2〕　黄进、鲁洋：《习近平法治思想的国际法治意涵》，载《政法论坛》2021 年第 3 期。

〔3〕　习近平：《习近平谈治国理政》（第三卷），外文出版社 2020 年版，第 50 页。

外法治人才队伍"。[1]《教育部、中央政法委关于坚持德法兼修实施卓越法治人才教育培养计划 2.0 的意见》中更是明确指出，"培养一批具有国际视野、通晓国际规则，能够参与国际法律事务、善于维护国家利益、勇于推动全球治理规则变革的高层次涉外法治人才"。从党和国家对涉外法治人才的定位与要求可以看出，涉外法治人才首先要突出其政治属性和专业水平，换句话说，涉外法治人才必须是能够在党的领导下，坚定代表国家和民族利益参与全球治理的一支专业化队伍。

在世界百年未有之大变局下，国内国际形势正在发生深刻而复杂的变化，为了保障国家发展，涉外法治人才培养必须加快脚步。然而，涉外法治的学科特色使得该学科培养下的学生们在学习过程中必然要广泛接触与深入了解外国国家的法律和文化，那么如何坚定我国涉外法治人才的政治立场也就成了一个不可忽视的问题。加之近些年来境外敌对势力对高校意识形态领域的频繁渗透，高校在解决这一问题的过程中面临的困难也愈发突出。就实践层面而言，为了培养出具备坚定政治立场和家国情怀的涉外法治人才，全国高校普遍采取在法学专业课程教育中融入思想政治教育和意识形态教育的方式提升涉外法治人才的思想政治素质和专业水平。其中意识形态工作是重中之重，直接关乎着涉外法治人才培养的质量，这也是由意识形态本身的价值内涵决定的。具体而言，党的二十大报告指出："意识形态工作是为国家立心、为民族立魂的工作。"[2]习近平总书记曾指出："古今中外，每个国家都是按照自己的政治要求来培养人的，世界一流大学都是在服务自己国家发展中成长起来的。我国社会主义教育就是要培养社会主义建设者和接班人。"[3]因此，为了确保涉外法治人才培养的政治底色不变，必须巩固和强化意识形态工作水平。从这个意义上来讲，加强高校意识形态工作，是涉外法治人才培养重要的政治保障。高校要从涉外法治人才培养的各个环节上不断提

---

〔1〕《中共中央关于全面推进依法治国若干重大问题的决定》，载中国政府网，https://www.gov.cn/zhengce/2014-10/28/content_2771946.htm，最后访问日期：2024 年 1 月 21 日。

〔2〕习近平：《高举中国特色社会主义伟大旗帜 为全面建设社会主义现代化国家而团结奋斗——在中国共产党第二十次全国代表大会上的报告》，载中国政府网，https://www.gov.cn/xinwen/2022-10/25/content_5721685.htm? eqid=d5a7f03e000cc35e0000000664755cf9，最后访问日期：2024 年 1 月 21 日。

〔3〕习近平：《在北京大学师生座谈会上的讲话》，人民出版社 2018 年版，第 6 页。

升意识形态工作效果，将学生培养成为同时具备理想信念和过硬专业水平的高质量人才，引导学生积极投身涉外法治事业，为我国涉外法治建设贡献力量。

二、涉外法治人才培养中意识形态工作的困境

近些年，全国各高校涉外法治人才培养中意识形态工作整体效果向好，但面对日益严峻复杂的形势，仍存在诸多问题和挑战。为此，必须充分结合现实情况和实践经验，厘清意识形态工作的困境，有针对性地解决问题，强化意识形态工作对涉外法治人才培养的政治保障作用。

（一）涉外法治人才培养的涉外性对意识形态工作提出新挑战

高校作为涉外法治人才培养的关键阵地，承担着培育高水平涉外法治人才的重要职能。正如前文所强调的，意识形态工作的成功与否直接关系到涉外法治人才的培养质量。因此，高校必须高度重视意识形态工作，以确保涉外法治人才培养目标的实现。

自改革开放以来，我国经济和社会各项事业迅猛发展，这期间外国资本和技术的引入在一定程度上为我国经济发展和科技进步起到了推动作用，同时也在很大程度上改变了人们的生活方式，各种外来文化和产品在资本的运作下正在悄悄地影响着当代中国老百姓的观念。大学生是高校涉外法治人才培养的主要对象，然而，他们的思想观念和价值理念尚未完全成熟，对事物的认识和辨别能力仍有待加强。鉴于大学生处于思想最为活跃的时期，他们接受新鲜事物的速度和程度均较高，因此易受到外来文化的冲击，使其成为意识形态渗透的主要目标。[1]特别是涉外法治培养下的大学生群体，由于学科的涉外性导致其必须学习有关外国的语言和法律制度，以及影响外国法律制度发展的历史文化。这就很容易造成一部分大学生受到像西方宪政思想、历史虚无主义等外来文化的误导。一旦有学生未能客观理性看待西方文化，产生思想与行为上的认同，开始宣扬和推崇外国文化制度，将对高校意识形态工作带来很大的不良影响。并且，法学领域的文化输出一直是某些国家意

---

〔1〕 刘立伟、谢晓娟：《新时代高校意识形态工作研究》，载《学校党建与思想教育》2023 年第3 期。

识形态渗透的惯用手段。正如有学者提出，"摇滚乐、牛仔裤和法律是美国对外输出的三大产品"。[1] 随着学生对外国法律制度的深入学习，难免会有西方意识形态的文化掺杂在法学教育之中，干扰大学生形成正确的价值观念，动摇大学生对主流意识形态的认同。

除此之外，随着社会思潮多样性的发展，对涉外法治人才培养而言，在课堂教育之外同样面临着紧张局势，包括一些境外敌对势力利用网络平台发表不切实际的言论，鼓动和组织在校学生制造社会矛盾，妄图以此类方式影响我国学生的思想认知。这些现象导致部分大学生思想和行为越来越偏激。所以，高校必须充分意识到涉外法治人才培养中课堂内和课堂外意识形态的双重压力，采取积极有效的手段解决新培养模式带来的意识形态领域的新问题，为涉外法治人才培养扫清障碍。

（二）大学生精神需求提高和网络技术发展对意识形态工作提出新要求

根据马斯洛的需求层次理论，个体在满足基本生理需求与安全需求后，会逐步追求归属感和爱的需求，随后渴望获得尊重，最终目标是实现自我价值。[2] 随着我国经济的不断发展，人们不再局限于物质生活层面的追求，而逐渐开始关注自我精神层面的满足。这一点在大学生群体中体现得尤为明显，很多大学生开始思考如何实现自身价值，如何寻找未来人生的方向。随着互联网技术的飞速发展，社会已逐步迈入自媒体时代，这一变革极大地促进了思想交流和信息传播的效率与便捷性。信息网络已成为现代人生活中不可或缺的重要组成部分。[3] 大学生可以轻易地从抖音、微博、微信中获取大量他人的观点和理念，并且这些内容大部分是碎片化信息，无法确保其内容质量，很容易对大学生的思想观念产生影响。高校的职能定位也使其无法对所有网络平台进行监管，加上网络内容的不确定性，确实增加了高校意识形态工作开

---

[1] V. Rock Grundman, "The New Imperialism: The Extraterritorial Application of United States Law", *The International Lawyer*, 1980（2），pp. 257-266.

[2] 张朱珊莹、曹汇敏、谢勤岚：《高校人才培养若干问题的思考——从马斯洛需要层次理论出发》，载《漯河职业技术学院学报》2023 年第 2 期。

[3] 辜朵儿：《试论全媒体时代广播电视主流媒体传播力的提升》，载《漯河职业技术学院学报》2021 年第 6 期。

展的难度。[1]涉外法治培养模式下的大学生也不例外，多元化的教学内容让他们有更多机会接触到中西方法哲学思想，而哲学思想往往促使人们反思，使得他们对自身精神层面的思考更加深入。并且，在学习外国法律制度、国际立法、国际规则时，学生经常需要翻阅外文文献、外文原著，登录外国国家机构或国际组织网站寻找相关文件，导致涉外法治培养模式下的学生相较于其他学生面临更多受外国不良网络信息影响的风险。因此，如何在教育教学中引领学生思想，如何采取有效措施引导学生辨别筛选网络信息，使对学生的培养既能够满足涉外法治事业需要，又能保证学生思想观念不跑偏，是高校涉外法治人才培养中开展意识形态工作必须思考的问题。

（三）工作队伍配置完善与专业性提升对意识形态工作提出新期待

意识形态斗争是一场无固定形式的战争，其战场遍布各个领域。为了捍卫我们在主流意识形态领域的地位，我们必须努力提升自身在斗争中的能力。面对当前复杂的新形势，意识形态工作正遭遇前所未有的挑战，这对高校意识形态工作队伍的专业素养提出了更高要求。[2]就涉外法治人才培养而言，学生需要更多精力用来学习外语和专业课，受限于学时和学分的要求，思政课教师很多时候只能讲授基本的课本内容，无法保证思政课对学生的思想教育取得理想效果。而在课堂外，由于基层辅导员队伍人数有限，很多高校也无法为涉外法治培养模式下的学生配备专门的辅导员。部分年轻辅导员因缺少经验，且在专业知识技能方面有所欠缺，加之日常琐碎的事务性工作缠身，难以真正发现和解决大学生存在的思想和心理问题。相较于辅导员和思政课教师，一部分学生在思想上更倾向于信赖任课教师，然而大多数专业课教师在繁重的教学压力之下，难以在专业课程教学中融入意识形态的引领。因此，很多高校也并未将专业课教师纳入意识形态工作队伍。所以，结合涉外法治人才培养特点，挑选一批专业课教师加入意识形态工作队伍，实现专业教学和意识形态共同教育是高校涉外法治人才培养中意识形态工作可以探索的一条新道路。同时，为了满足涉外法治人才培养目标，提高培养质量，很多专

---

〔1〕 周昕怡：《新时代高校意识形态工作面临的挑战及强化路径》，载《漯河职业技术学院学报》2023年第4期。

〔2〕 刘立伟、谢晓娟：《新时代高校意识形态工作研究》，载《学校党建与思想教育》2023年第3期。

业课教师都具有留学或国际组织任职经历，任课教师在教学中传播的思想观念是否正确，也是高校必须加强监督的地方。

三、涉外法治人才培养中强化意识形态工作的路径

一个合格的涉外法治人才必须具备坚定的政治立场和高尚的家国情怀，为此高校要充分发挥意识形态工作对人才培养的政治保障作用，理性分析新时代意识形态工作中存在的问题，有针对性地强化意识形态工作实效。

（一）压实责任，主动弘扬主流价值思想

习近平总书记强调："马克思主义是我们立党立国的根本指导思想，是我们党的灵魂和旗帜。"[1]在实际工作中，高校必须始终坚定以马克思主义和习近平新时代中国特色社会主义思想为引领，深入贯彻落实意识形态工作。高校应定期组织学习习近平总书记的重要讲话，以及治国理政的新思想、新精神，全面把握其核心要义和实践要求，并基于这些学习成果，不断优化意识形态工作策略，以确保工作的科学性和实效性。严格落实意识形态工作责任制，高校各级党委要主动担当责任，牢牢掌握意识形态工作的主动权，切实保证各级党委对意识形态工作的指挥权。在党委的坚强领导下，充分调动和发挥学生和教师等在校群体的积极性与主动性，将意识形态工作细化落实到每个人身上。在落实意识形态工作责任基础上，高校还要强化阵地意识，不断争取在意识形态斗争中的主动权。2013年8月19日，习近平总书记曾在全国宣传思想工作会议上强调，我们的同志一定要增强阵地意识。宣传思想阵地，我们不去占领，人家就会去占领。[2]习近平总书记的重要讲话精神提醒我们，高校必须清醒认识到，牢牢把握意识形态阵地的主导权、管理权、话语权，对于维护意识形态安全具有十分重要的意义。高校要以高度的政治自觉和行动自觉，切实增强阵地意识，主动担当起建设、管理和维护高校意识形态阵地的历史重任，不断提高工作水平，确保主流思想舆论的巩固壮大，为推进党和国家事业发展提供坚强思想保障。根据涉外法治人才培养的学科

---

〔1〕习近平：《习近平谈治国理政》（第四卷），外文出版社2022年版，第9页。

〔2〕曹征海：《一定要增强阵地意识——深入学习贯彻习近平同志在全国宣传思想工作会议上的重要讲话精神》，载人民网，http://politics.people.com.cn/n/2013/1109/c1001-23483987.html，最后访问日期：2024年1月21日。

特点和学生学习特点，高校需要加紧向涉外属性地带开展工作，增强对涉外领域意识形态危机的判断力，提升解决涉外领域意识形态问题的能力，不给任何西方敌对势力发声的机会。坚定不移地把立德树人作为教育的核心目标，将意识形态建设与人才培养紧密结合，努力培养出合格的涉外法治人才，为推动我国涉外法治事业的发展做出积极贡献。

同时，高校在新时代互联网科技迅猛发展的背景下，应结合涉外法治人才培养目标和特点，全面加强涉外法治人才培养、思想政治工作与网络信息技术的深度融合，提升网络意识形态传播的影响力和引导力。要充分利用微博、微信、抖音等网络平台，深入挖掘媒介与意识形态工作的结合点；要充分利用融媒体的多元化、交互性和广泛覆盖的特点，深入挖掘和整合各类媒体资源，形成合力，打造意识形态教育的新模式，[1]以更加生动、形象、直观的方式，向广大受众传递正确的价值观念，引导社会舆论，巩固和壮大主流思想舆论阵地。通过短视频、图文、音频等多种形式，深刻展示新时代中国特色社会主义事业的伟大发展和实际成效，全面宣传中国特色社会主义道路、理论、制度、文化的自信，以此激发高校师生对国家和民族的自豪感和历史使命感。[2]要将这种自信转化为提升高校意识形态工作实效的强大动力，切实增强高校意识形态工作的针对性和实效性，为涉外法治人才培养提供坚实的思想保障。

(二) 筑牢根基，完善意识形态阵地建设

在涉外法治人才培养的新形势下，高校必须深入钻研并广泛传播马克思主义理论以及中国特色社会主义理论体系的最新成果，将其作为引领意识形态工作的重要任务，为夯实意识形态工作根基提供坚实保障。高校要充分利用课堂内外各类教育资源，全面完成中国涉外法治事业进入新发展阶段所赋予的历史使命。[3]

---

〔1〕 刘华、刘浩东：《新媒体时代加强高校意识形态工作的对策研究》，载《产业与科技论坛》2023年第11期。

〔2〕 刘华、刘浩东：《新媒体时代加强高校意识形态工作的对策研究》，载《产业与科技论坛》2023年第11期。

〔3〕 张慧、汪寅：《高校意识形态治理现代化的逻辑理路与实现路径》，载《广西社会科学》2023年第3期。

首先，要充分发挥好思政课铸魂育人的重要作用。思政课在高校意识形态教育中占据重要地位，是传达和培育社会主义核心价值观的主要阵地。针对涉外法治人才培养的特殊需求，高校应不断革新思政课教学内容，以确保习近平新时代中国特色社会主义思想的广泛传播与实践应用。这一过程要求我们推动思政课的目标体系、理论体系、教材体系、教学体系以及价值体系等"五大体系"之间的相互转化，确保理论与实践的紧密结合，使思想政治教育真正落到实处，取得实效。[1]同时，思政课教师还应提升对涉外法治人才培养的认识与理解，分析学生面对的思想困惑，用理论知识科学教育引导学生。在课堂主流意识形态教育之外，思政课教师更要教会学生如何正确看待国内外各种社会思潮，如何坚定信念不受错误思潮的蛊惑。

其次，高校应充分考虑涉外法治人才培养中学生专业课和外语课时长、学分多的情况，发掘此类课程和其他相关课程蕴含的意识形态教育属性，将习近平新时代中国特色社会主义思想贯穿涉外法治人才课堂教育的全过程，通过主流价值观念与专业知识、能力的有机融合，潜移默化地培养学生的家国情怀、民族精神，提升各类课程协同育人效果。[2]此外，高校还应加大对学术交流研讨的监管力度，确保主流思想在学术界的广泛传播，以促进涉外法治学术研究的健康发展。同时，高校应进一步规范涉外法治领域学术活动的意识形态审核，及时掌握涉外法治理论的前沿动态。此外，高校还应加强对涉外法治研讨会、年会和论坛的管理，引领正确的学术方向，营造积极的学术氛围。这些措施将共同推动涉外法治学术研究的进步，为我国的涉外法治建设提供有力的支持。

最后，除课堂教育外，高校须致力于加强学生组织对青年学生的凝聚与引领作用。在各级党委的统筹指导下，学生组织应积极开展理论学习活动，加强学生的思想建设，确保主流价值观在学生活动中占据核心地位。同时，高校应开展多元化的校园文化活动，将意识形态教育融入其中，并组织学生参与社会实践和志愿服务，以此增强学生对主流意识形态的认同，并坚定他们对马克思主义和中国特色社会主义的信仰。

---

〔1〕 王功敏、李振连：《新时代高校意识形态治理创新》，载《中国高等教育》2020 年第 18 期。

〔2〕 刘立伟、谢晓娟：《新时代高校意识形态工作研究》，载《学校党建与思想教育》2023 年第 3 期。

（三）把握关键，全面打造专业工作队伍

在涉外法治人才培养的进程中，意识形态工作的落实至关重要，其核心在于构建一支既懂政治又具备专业能力的精英团队。针对当前高校意识形态工作队伍的现状，我们必须持续加强对主流意识形态理论的研究深度，不断扩大教育和宣传工作的覆盖面，切实强化思想理论的武装工作，以提升整个工作队伍的战斗力和执行力，这是确保高校意识形态工作稳健发展的重要保障。特别要关注思政课教师和辅导员队伍的建设，他们需要不断提高自身素质和教学育人的能力，充分发挥思想政治教育的核心作用。要丰富思政育人的形式和载体，紧跟新媒体的发展趋势，提高思想政治教育的实效性。同时，我们还需持续提升工作队伍的理论水平，根据涉外法治人才的培养需求，制定一份融合思想政治教育、教学科研、学生工作以及理论和实践研究的综合性意识形态工作指南，确保思政课教师和辅导员队伍能够真正成为一支坚强有力的团队。

此外，我们还需从专业课教师中精心挑选一批政治素养高、综合素质强的优秀教师，加入意识形态工作队伍，提升他们在专业课程中引导意识形态的能力。特别是在涉外法治教育中，这些教师需要引导学生站在中国的立场上研究法学问题，充分发挥专业课程的育人作用。

四、结语

在涉外法治人才的培养过程中，高校应始终坚守立德树人的教育理念，紧密结合国内外发展大局的时代背景，以习近平新时代中国特色社会主义思想为行动指南。高校应紧密结合培养高质量涉外法治人才的现实需求，严格遵循党和国家对高校意识形态工作的重要指示精神，充分发挥意识形态工作在人才培养中的政治保障作用。通过科学运用马克思主义的理论观点和方法论，有效应对涉外法治人才培养过程中可能遇到的风险和挑战，不断提升意识形态工作的能力和水平。通过这些努力，高校意识形态教育的实际效果将显著提升，有力促进培养具有坚定政治立场、能够捍卫国家民族利益、精通国际规则、积极参与国际法律事务，并怀有深厚家国情怀的涉外法治人才。

参考文献

[1] 何燕华：《新时代我国高校涉外法治人才培养机制创新》，载《中南民族大学学报（人文社会科学版）》2023 年第 7 期。

[2] 黄进、鲁洋：《习近平法治思想的国际法治意涵》，载《政法论坛》2021 年第 3 期。

[3] 习近平：《习近平谈治国理政》（第三卷），外文出版社 2020 年版。

[4] 《中共中央关于全面推进依法治国若干重大问题的决定》，载中国政府网，https://www.gov.cn/zhengce/2014-10/28/content_2771946.htm，最后访问日期：2024 年 1 月 21 日。

[5] 《加强合作推动全球治理体系变革 共同促进人类和平与发展崇高事业》，载《人民日报》2016 年 9 月 29 日，第 1 版。

[6] 习近平：《高举中国特色社会主义伟大旗帜 为全面建设社会主义现代化国家而团结奋斗——在中国共产党第二十次全国代表大会上的报告》，载中国政府网，https://www.gov.cn/xinwen/2022-10/25/content_5721685.htm? eqid=d5a7f03e000cc35e0000000664755cf9，最后访问日期：2024 年 1 月 21 日。

[7] 习近平：《在北京大学师生座谈会上的讲话》，人民出版社 2018 年版。

[8] 刘立伟、谢晓娟：《新时代高校意识形态工作研究》，载《学校党建与思想教育》2023 年第 3 期。

[9] 张朱珊莹、曹汇敏、谢勤岚：《高校人才培养若干问题的思考——从马斯洛需要层次理论出发》，载《漯河职业技术学院学报》2023 年第 2 期。

[10] 辜朵儿：《试论全媒体时代广播电视主流媒体传播力的提升》，载《漯河职业技术学院学报》2021 年第 6 期。

[11] 周昕怡：《新时代高校意识形态工作面临的挑战及强化路径》，载《漯河职业技术学院学报》2023 年第 4 期。

[12] 习近平：《习近平谈治国理政》（第四卷），外文出版社 2022 年版。

[13] 曹征海：《一定要增强阵地意识——深入学习贯彻习近平同志在全国宣传思想工作会议上的重要讲话精神》，载人民网，http://politics.people.com.cn/n/2013/1109/c1001-23483987.html，最后访问日期：2024 年 1 月 21 日。

[14] 王功敏、李振连：《新时代高校意识形态治理创新》，载《中国高等教育》2020 年第 18 期。

[15] 刘华、刘浩东：《新媒体时代加强高校意识形态工作的对策研究》，载《产业与科技论坛》2023 年第 11 期。

[16] 张慧、汪寅：《高校意识形态治理现代化的逻辑理路与实现路径》，载《广西社会科

新时代加强和改进高校思想政治工作路径探究

学》2023 年第 3 期。

[17] V. Rock Grundman, "The New Imperialism: The Extraterritorial Application of United States Law", *The International Lawyer*, 1980（2）.

大学生公平决策的特点及影响因素探析

中国政法大学政治与公共管理学院　　何怡娟

一、引言

党的二十大报告指出："深入开展社会主义核心价值观宣传教育，深化爱国主义、集体主义、社会主义教育，着力培养担当民族复兴大任的时代新人。"[1]在社会主义核心价值观中，社会层面所倡导的"自由、平等、公正、法治"是对社会主义本质和特征的凝练与总结，对维系社会稳定和发展至关重要，其中"公正"则是居于主导地位的价值理念，包括公平和正义两个重要理念，是个体、集体、社会、国家的美好愿望和共同追求。大学生作为中国特色社会主义的建设者和接班人，更需要不断学习和践行社会主义核心价值观。形成清晰的、正确的公正观不仅有利于自身的成长成才和全面发展，而且对校园的安全稳定乃至社会和谐都具有促进作用。作为培育大学生价值观的重要阵地，高校在着力培养大学生公平公正意识的同时也应该始终以公平公正为准则，全面关注学生的需求和权益，构建公平公正的教育体系。在此背景下，深入了解大学生的公平认知及公平决策的特点及其影响因素有助于加强大学生的公平意识，建立良好的公平决策机制，真正践行公平公正的准则，增进学生之间的信任和尊重，减少违规和纠纷事件的发生，从而维护校园的安定、和谐。

近些年，随着互联网的发展，网络信息传播的速度和范围不断扩大，呈现出舆论化的趋势，舆论影响力不断增强，深刻影响着社会舆论的生成和演变。随之带来了一系列问题，不仅信息传播的真实性、安全性、公正性等得

---

〔1〕习近平：《高举中国特色社会主义伟大旗帜　为全面建设社会主义现代化国家而奋斗——在中国共产党第二十次全国代表大会上的报告》，载《人民日报》2022年10月26日，第1版。

不到有效保障，任其发展反过来也会干扰社会公正。而大学生存在理想信念不坚定、价值判断不清晰等思想和心理特点，在面对网络上多元化的价值观念时容易受到各种因素的影响，公平认知和决策容易出现偏差，高校网络舆情频发也与之息息相关。公平的实现过程中会受到多种因素的调节，最后表现出相对的、略有偏颇的公平。这些影响因素涉及各个层面，而心理学家通常从个人和社会层面来讨论影响公平决策的各类因素，如社会价值取向、共情、损益框架、社会距离及群体身份等。[1]公平与我们每个人都息息相关，每个人都曾遭遇过不平等或者是目睹了不公平的发生，所以研究哪些因素会对公平决策产生影响具有重要的实践意义，显然这方面已经有相对完善的研究结果，但是如何在已有的研究基础上探讨如何促进公平决策实践尤其是如何促进大学生的公平决策行为更具有实际意义。

分析近些年公众关注并在无形中推波助澜的社会舆论事件及高校舆情事件，很多事件背后的当事人或者媒体都或多或少利用了公众的同情心，引发公众的讨论和发声，进而推动事件迅速发酵，形成社会舆论并在无形之中影响本应不受任何因素干扰的公平公正。大学生是社交媒体使用的主力军，经常在各种平台上分享信息、表达观点，尤其结合大学生正义感强烈、社会责任感强的特点，大学生对不公平不公正事件有更高的敏感度和关注度，容易被激发共情，倾向于发声表达对事件的不满和谴责，对网络舆论有一定影响力。由此可见，尽管共情能力有助于大学生人际交往能力和社会适应能力的发展，但不恰当的共情关怀也可能导致个体忽视客观事实和公平准则，促使个体在决策和判断时有所偏颇，反而损害到公平正义的实现。因此本研究在探讨大学生公平决策的特点及其影响因素的基础上着重探讨共情关怀对公平决策可能产生的消极影响。这一方面有助于大学生公平观的培育和发展，另一方面也为高校管理工作的有序开展提供理论和实践思考。

二、大学生公平决策的现状分析

我们身处经济社会，日常生活中的经济活动和非经济活动伴随着各类决

---

〔1〕 Bieleke, M., Gollwitzer, P. M., Oettingen, G., & Fischbacher, U., "Social Value Orientation Moderates the Effects of Intuition versus Reflection on Responses to Unfair Ultimatum Offers", *Journal of Behavioral Decision Making*, 2017, 30 (2), pp. 569-581. 王益文等：《群体身份调节最后通牒博弈的公平关注》，载《心理学报》2014 年第 12 期。

策问题。从传统经济学理论的角度来看，作为理性的经济人，最优决策是实现自我利益的最大化。事实上，在现实生活中我们通常需要遵循一定的原则以使得经济互动能够顺利地进行，其中一个重要的原则便是公平。大量现实情境研究和实验室研究都发现人们在遭遇不公平情境时，会产生不满、怨恨等负性情绪，甚至不惜牺牲自身的经济利益来惩罚他人以维护公平，与理性经济人假设相悖。这也提示我们，人们决策的出发点并非总是实现自身的利益最大化，有时候关心着他人的利益，会为了维护公正而牺牲自身的利益。[1]

（一）公平决策的概念

在心理学领域，公平决策行为是指"在个体决策中遵循公平原则，处理事情合乎情理，不偏袒某一方或某一个人，即每个人承担着他/她应承担的责任，得到他/她应得的利益。公平决策作为一种社会准则或社会规范对于维持社会的稳定具有重要的意义"。[2]已有研究表明，个体在进行决策时，除了会受到自我利益最大化的经济利益性动机的驱动之外，对于分配方案是否公平的主观感受也会在一定程度上影响其最终的决策。尤其是在不公平的分配情境中，个体的主观公平感知会直接导致其做出放弃最大化利益的非理性决策。

（二）大学生公平决策的影响因素

经过多年的学校教育和家庭教育，大学生群体已具备相对成熟的道德判断能力，形成了基本的公平认知，但对网络的过度使用和依赖也使得他们极易受到纷繁多变的社会形势及社会心态的影响，公平认知容易出现偏差，引发道德冷漠、仇恨泛化等心理困境及非理性行为，影响大学生的人际交往和身心健康。例如，各高校匿名论坛的兴起为大学生提供了一个开放的平台，使得大学生能够获得很多信息，促进信息交流，但同时也容易引发恶意攻击、造谣传言，甚至引发校园舆论。而个体也容易受到影响变得偏激，产生对立情绪，体现了大学生容易受到社会信息的干扰导致公平认知的偏差。在此背

---

〔1〕 Fehr, E., Fischbacher, U., & Gachter, S., "Strong reciprocity, human cooperation, and the enforcement of social norms. *Human Nature*", 2002, 13（1）, pp. 1-25.

〔2〕 戚艳艳、伍海燕、刘勋：《社会价值取向对亲社会行为的影响：来自行为和神经影像学的证据》，载《科学通报》2017年第11期。

景下，梳理个体公平决策的影响因素对于了解个体的行为机制以及后续的应对处理具有一定的理论和实践意义。

越来越多的研究表明，个体在面对公平问题时，除了分配本身公平性的影响之外，其他各类包括个体因素、情境因素和社会因素都会对个体的公平决策产生重要影响。具体如下：

（1）个体因素。社会价值取向是对利益双方分配结果的一种较为稳定的偏好，能够调节个体的公平决策行为。亲社会者不仅倾向合作，还注重双方结果的均等化，而亲自我者仅追求自我利益的最大化。[1]此外，个体的情绪也会显著影响公平感知，如相较于消极情绪，个体在处于积极情绪时会判断相应的程序或结果更加公正；同时不公平分配引发的负性情绪越强，响应者对不公平分配的接受率更低。[2]

（2）情境因素。框架效应是由于相同的信息/意义或者问题在逻辑意义上相似的不同表征方式而导致不同的决策判断的现象，能够显著影响公平判断。[3]研究表明在损益框架下，个体产生了更强烈的不公平厌恶，从而会付出更高的成本来维护公平与社会规范。[4]

（3）社会因素。研究发现社会距离（人类同伴 vs 电脑同伴；朋友 vs 陌生人）能显著影响公平决策，具体体现为社会距离越近，个体更加偏好公平，更无法容忍自己受到不公平的对待。[5]同时，群体身份也会调节个体在决策情境中的公平关注，无论是作为提议者还是响应者，个体都会表现出对内群

---

〔1〕 Karagonlar, G., & Kuhlman, D. M., "The role of Social Value Orientation in Response to an Unfair Offer in the Ultimatum Game", *Organizational Behavior And Human Decision Processes*, 2013, 120 (2), pp. 228-239.

〔2〕 Sanfey, A. G., Rilling, J. K., Aronson, J. A., Nystrom, L. E., & Cohen, J. D., "The neural Basis of Economic Decision-Making in the Ultimatum Game", *Science*, 2003, 300 (5626), pp. 1755-1758.

〔3〕 Tversky, A., & Kahneman, D., "The Framing of Decisions and the Psychology of Choice", *Science*, 1981, 211 (4481), pp. 453-458.

〔4〕 吴燕、周晓林：《公平加工的情境依赖性：来自 ERP 的证据》，载《心理学报》2012 年第 6 期。

〔5〕 Sanfey, A. G., Rilling, J. K., Aronson, J. A., Nystrom, L. E., & Cohen, J. D., "The neural Basis of Economic Decision - Making in the Ultimatum Game", *Science*, 2003, 300 (5626), pp. 1755-1758. Wu, Y., Leliveld, M. C., & Zhou, X., "Social Distance Modulates Recipient's Fairness Consideration in the Dictator Game: An ERP study", *Biological Psychology*, 2011, 88 (2-3), pp. 253-262.

体的偏爱。[1] 此外，个体初始的财富也会影响个体的公平感知及其决策行为。当个体拥有更多初始财富时会更加偏好劣势不公平方案，反之则更偏好优势不公平方案；[2] 然而 Ding 等人发现了不同的结果，即初始财富更多的个体对不公平的接受率会更低，更无法容忍自己受到不公平的对待或不公平事件的发生。[3] 尽管结果不同，但都说明了个体初始财富对公平决策的影响。

（三）大学生公平决策的实证研究

心理学研究中通常采用最后通牒博弈、独裁者博弈以及第三方惩罚博弈来探索个体的公平决策行为，研究对象也以大学生为主。最后通牒博弈范式是公平决策领域中最经典的研究范式，广泛应用于公平决策相关研究中。该范式模拟了现实生活中的经济互动行为，任务中要求两名参与者一起分配一定数额的金钱，其中一名参与者作为提议者提出自己偏好的分配方案，另一名参与者则作为响应者，对提议者提出的分配方案进行选择，若响应者接受该方案，双方即按照该方案进行分配；若拒绝，那么参与双方都将得不到任何经济收益。研究结果表明，人们倾向于拒绝不公平的提议，尽管这种行为会降低他们自己的金钱利益。这些行为模式表明公平是经济决策中必不可少的社会规范，同时也打破了"理性人"的假设，即在不公平的决策情境中，人们会做出拒绝不公平分配从而放弃最大化利益的非理性决策，在一定程度上体现了个体追求公平的偏好。[4]

独裁者博弈是最后通牒博弈的变式，同样是提议者和响应者共同完成金钱的分配任务，不同的是，响应者无权拒绝提议者提出的任何分配方案，只能无条件选择接受。研究证据表明，在该游戏设定下，提议者仍然会倾向于

---

〔1〕 王益文等：《群体身份调节最后通牒博弈的公平关注》，载《心理学报》2014 年第 12 期。

〔2〕 Tricomi, E., Rangel, A., Camerer, C. F., & O'Doherty, J. P., "Neural Evidence for Inequality-Averse Social Preferences", *Nature*, 2010, 463 (7284), pp. 1089-1109.

〔3〕 Ding, Y., Wu, J., Ji, T., Chen, X., & Van Lange, P. A. M., "The Rich are Easily Offended by Unfairness: Wealth Triggers Spiteful Rejection of Unfair Offers", *Journal of Experimental Social Psychology*, 2017, 71, pp. 138-144.

〔4〕 Fehr, E., & Schmidt, K. M., "A Theory of Fairness, Competition, and Cooperation", *Quarterly Journal of Economics*, 1999, 114 (3), pp. 817-868. Güth, W., Schmittberger, R., & Schwarze, B., "An Experimental-Analysis of Ultimatum Bargaining", *Journal of Economic Behavior & Organization*, 1982, 3 (4), pp. 367-388.

做出公平的分配，而非有利于自己的分配。第三方惩罚博弈则是在独裁者博弈的基础上加入了一个有权做出惩罚选择的第三方（也即旁观者），旁观者观察提议者提出分配方案，并有权惩罚违背公平原则的提议者，但是做出惩罚行为需要付出一定的代价，即旁观者在任务中的收益。即便如此，多数旁观者都会牺牲自己的利益来惩罚做出不公平分配的提议者。[1]

基于不同的研究范式从不同的方面都表明公平观念是影响决策的重要因素。这些研究结果也揭示了当代大学生部分决策行为的动机，很多时候是由于感知到分配程序的不公平或者是分配结果的不公平，做出的以维护、实现公平为目的的行为，哪怕可能是以损害自身利益为代价，甚至该事件本身并不涉及自身利益。

三、共情关怀影响大学生公平决策

（一）共情关怀的概念

共情作为一种理解他人情感和处境的能力，对于大学生来说，共情不仅是促进人际交往的重要技能，更是塑造其人格和价值观的关键因素。心理学中的"共情"是一个多维度的概念，共情关怀是共情的其中一个维度。共情关怀（也称共情关心或同情心）是一种以帮助和促进他人福利为特征的情感和动机状态。[2]具体来说，人们在观察到或者想象他人正面临不幸和痛苦时，会产生共情关怀的状态，对他人产生包括同情、怜悯、感动等情感反应，进而激发出减少他人痛苦的助人和利他动机，并表现出相应的助人和利他行为。[3]因此，共情关怀也被称作促进关怀和利他主义的亲社会状态。

（二）共情关怀对大学生公平决策的影响

共情作为一种理解和体验他人心理和情绪状态的能力，一直以来被认为

---

〔1〕 Fehr, E., & Fischbacher, U., "Third-Party Punishment and Social Norms", *Evolution and Human Behavior*, 2004, 25 (2), pp. 63-87.

〔2〕 Bernhardt, B. C., & Singer, T., "The Neural Basis of Empathy", *Annual Review of Neuroscience*, 2012, 35 (1), pp. 1-23.

〔3〕 Batson, C. D., Eklund, J. H., Chermok, V. L., Hoyt, J. L., & Ortiz, B. G., "An Additional Antecedent of Empathic Concern: Valuing the Welfare of the Person in Need", *Journal of Personality and Social Psychology*, 2007, 93 (1), pp. 65-74.

是促进利他决策和行为的重要因素。共情—利他假说中提到，当他人陷入困境时，个体会产生一系列包括共情关怀、同情、怜悯的情绪并且产生解除其困境的利他动机，相关的情绪强度越大，利他动机越强，越可能采取利他行为。[1]大量研究都已揭示共情和利他行为之间的紧密关系，而共情关怀作为共情的情绪反应同样能够正向预测利他行为。[2]共情对公平决策的影响的角度是多方面的，其影响也不完全都是积极的。特质共情和状态共情对公平认知和决策的影响有所偏差，而共情对象的不同同样会产生差异。

1. 特质共情与公平决策的关系

在实验室采用最后通牒博弈范式的研究中，当个体承担提议者角色时，共情能力强的个体更能够站在他人的角度思考问题，深入地理解他人的需求和感受，从而做出更加公平的决策。调换角色，作为响应方，当自身的利益受到不公平的分配，共情能力强的个体宁愿损失利益也不愿接受不公平的对待，会坚决维护公平。在实证研究中也能看到共情对公平决策发挥的积极作用。一项探讨大学生共情能力与人际交往能力的研究显示，共情能力与人际交往能力呈正相关关系，共情能力强的学生更容易获得他人的信任和支持，能够更好地处理人际关系。高共情能力的个体在参与团队项目或集体决策时，更关注团队成员的平等权益，关注自身利益的同时也努力确保每个人的声音都能被听到和尊重。这种公平意识不仅能够增强团队的凝聚力，也能够提高决策的效率。

以上是个体在作为利益相关方时的研究结果。事实上，当个体作为利益无关的第三方时，个体仍然会积极做出公平决策行为，哪怕会损害到自身利益。常说的"路见不平，拔刀相助"以及随着互联网的发展而出现的在网络上对社会事件口诛笔伐的"网络判官"通常都是第三方公平维护行为的体现。其中，共情关怀能力的高低可能会有不同的行为表现。在基于第三方惩罚范式的研究当中，共情能力高的个体更能够理解所关注的对象，更倾向于惩罚不公平的违规者，或者是更多的补偿受害者。同时，当个体能够选择是通过

---

〔1〕 Batson, C. D., Duncan, B. D., Ackerman, P., Buckley, T., & Birch, K., "Is Empathic Emotion a Source of Altruistic Motivation", *Journal of Personality and Social Psychology*, 1981, 40 (2), pp. 290 - 302.

〔2〕 丁凤琴、陆朝晖：《共情与亲社会行为关系的元分析》，载《心理科学进展》2016 年第 8 期。

惩罚不公平的违规者还是补偿受害者的方式来维护公平时，共情能力高的个体会更多地选择补偿而非惩罚。[1]在现实生活中，这方面的影响可能表现为高共情能力的大学生在面对不公平现象时，会更加勇敢地站出来发声。例如，当校园内出现性别歧视、学术不端等行为时，共情能力高的学生更可能站出来，积极关注事态发展并通过网络转发、评论发声等扩大热度的方式来维护公平正义。

2. 状态共情对公平决策的影响

当人为地诱发个体共情关怀的状态时，个体的公平认知和公平决策行为也都会受到调节，偏向被共情的一方，体现出共情关怀状态对公平决策的影响。一项实验室研究以大学生为研究对象，探讨了人为诱发的共情关怀状态对公平决策行为的影响。[2]通过设定大学生参与者为响应者的角色，而提议者为留守学生（实验条件，高共情情境）和普通学生（控制条件，低共情情境），响应者需选择是否接受不同提议者提出的分配方案，如果接受即按相应方案进行分配，如果拒绝则双方收益均为 0，选择与自己真实收益挂钩，同时测量每个条件下的情绪体验和公平感知程度。结果表明，在不公平条件下，高共情情境下的方案接受度、情绪体验和公平感知评分显著高于低共情情境，反映出操纵的共情关怀状态会提高个体对不公平分配的容忍度。当设定大学生参与者作为利益无关的第三方，可以选择是否惩罚做出不公平分配的提议者时，参与者仍然会减少对高共情情境中的提议者的惩罚，反映出公平决策受到的消极影响，不利于公平的维护。各项社会事件的当事人及相关媒体正是利用了这一点，通过对当事双方特定情况的重点描述来诱发公众的共情关怀状态，使得公众在公平判断时有所偏向，引导舆论走向。

四、共情关怀影响公平决策的实践意义

良好的共情能力对大学生的成长和发展及高校工作者有效开展工作都具有重要的意义。较高的共情能力有助于大学生理解和关注他人的感受和需求，

---

〔1〕 Leliveld, M. C., Vandijk, E., & Vanbeest, I., "Punishing and Compensating Others at your own Expense: The Role of Empathic Concern on Reactions to Distributive Injustice", *European Journal of Social Psychology*, 2012, 42 (2), pp. 135-140.

〔2〕 何怡娟、胡馨木、买晓琴：《共情关怀对公平决策的影响——来自 ERP 的证据》，载《心理学报》2022 年第 4 期。

对处理人际问题，建立良好的人际关系具有积极的作用，能够促进大学生的自我成长和发展。对高校工作者来说，共情是有效管理和指导学生的重要技能之一，有助于理解和关心学生的情感状态和需求，从而更好地为学生提供情感支持和心理辅导、赢得学生的信任和尊重，能有效促进双方的良性互动，有利于打下高校发展和进步的基础。然而，我们仍需认识到，人为诱发的共情关怀状态有时候也会干扰个体的公平决策行为，不利于公平规范的维护和执行。在梳理了学生公平认知观念和公平决策行为特点的研究之后，也引发了对如何培养学生正确的公平意识、引导个体恰当的公平决策等实践层面的思考。

（一）重建自我公平意识

实际案例和实证研究数据结果都提示我们在大学生的教育和培养过程中，应该注重培养他们的公平意识，使他们能够更加客观地看待和处理不公平现象。首先，在思想政治教育中融入大的公平正义的思想理念。由大及小，从世界、社会、国家到个人不同层次帮助学生塑造公平的观念和意识。其次，在心理健康教育中融入社会心理学的内容。除了自我认知方面，还需加强人与人之间、人与社会之间的理论和实践的教育，同时强调公平决策的基本内涵及其影响因素，帮助学生认识自己的心理和行为特点。最后，强化公平实践教育。通过典型案例教育及个体亲身体验公平竞争等群体活动，促进个体在实践中强化公平认知，做好公平决策。

（二）构建公平认知教育体系

公平教育应该纳入大学教育体系中，帮助大学生构建正确的人生观和价值观。只有整个教育体系是公平公正的，才能营造公平公正的教育氛围，通过教育体制本身向学生传达公平的重要性，身体力行地向学生开展公平教育。

第一，作为承担学生成长成才重要角色的辅导员，在日常学生管理过程中需要切实落实公平公正的原则。一方面，需要认识到共情关怀状态可能会影响到涉及学生的公平决策。例如，在处理学生的违纪行为时，辅导员可能会因为对学生个人情况的共情而偏向于从轻处理或忽视违规行为，导致不公平的处理结果，既不利于学生自身认识到自己的问题所在，也会损害其他学生的权益，影响秩序的维护，从而降低自身的公信力。另一方面，辅导员在作为第三方处理学生之间的矛盾或纠纷时，也需要避免因为对其中一方产生共情关怀而有所偏向，影响到对事实的客观判断，从而导致不公平的结果。因此，辅导员在处理学生之间的纠纷时，应尽可能避免受到个人情感和共情关怀状态的影响，应以事实为依据，确保决策的公平性和合理性，让学生得到公平公正的对待。

第二，高校作为培育大学生价值观的重要阵地，应当着力构建公平公正的教育规则和体系。其一，建立和完善公平教育的政策框架，将公平教育的理念贯穿始终，尤其与学生利益切实相关的方面应做好相关保障，如考试、评奖评优、就业、创业等各项学生活动都应该坚持平等对待、公正选拔等原则，切实保障每个学生获得平等的教育机会和权益。其二，采取多元化的录取标准和方式招生，避免过度依赖单一考试，避免受到各方因素的干扰，综合考虑学生的综合素质。其三，积极建设公平公正的校园文化，倡导和推行学生自治、监管，充分保障学生在校园中的发言权和参与度。第四，建立公平教育的监督和评估机制，定期考察评估，确保公平规范的落实。

（三）完善社会公平保障机制

社会制度的完善和保障是公平教育体系建立和完善的基础。首先，要倡导弘扬公平价值观，在整个社会环境中弘扬倡导公平的社会主义核心价值观，建立公平的入学机制、发展机制、就业机制等，使大学生在方方面面感受到公平，并且能够认识到坚持公平的意义。其次，需要保障教育资源的公平分配，缩小地域之间、学校之间的教育差距，注重公共教育资源的均衡发展，加大对弱势群体的投入，尽可能为学生提供平等的学习条件和机会。最后，社会和国家应加强法治建设，健全法律体系，加强对不公平行为的监管和惩罚，促进社会公平和正义的实现，营造公平公正的社会环境，使其成为培育大学生树立清晰、正确的公正观念的土壤。

参考文献

[1] 丁凤琴、陆朝晖：《共情与亲社会行为关系的元分析》，载《心理科学进展》2016 年第 8 期。

[2] 何怡娟、胡馨木、买晓琴：《共情关怀对公平决策的影响——来自 ERP 的证据》，载《心理学报》2022 年第 4 期。

[3] 王益文等:《群体身份调节最后通牒博弈的公平关注》,载《心理学报》2014年第12期。

[4] 吴燕、周晓林:《公平加工的情境依赖性:来自ERP的证据》,载《心理学报》2012年第6期。

[5] 戚艳艳、伍海燕、刘勋:《社会价值取向对亲社会行为的影响:来自行为和神经影像学的证据》,载《科学通报》2017年第11期。

[6] 习近平:《高举中国特色社会主义伟大旗帜 为全面建设社会主义现代化国家而奋斗——在中国共产党第二十次全国代表大会上的报告》,载《人民日报》2022年10月26日,第1版。

[7] Batson, C. D., Duncan, B. D., Ackerman, P., Buckley, T., & Birch, K., "Is Empathic Emotion a Source of Altruistic Motivation", *Journal of Personality and Social Psychology*, 1891, 40 (2), pp. 290–302.

[8] Batson, C. D., Eklund, J. H., Chermok, V. L., Hoyt, J. L., & Ortiz, B. G., "An Additional Antecedent of Empathic Concern: Valuing the Welfare of the Person in Need", *Journal of Personality and Social Psychology*, 2007, 93 (1), pp. 65–74.

[9] Bernhardt, B. C., & Singer, T., "The Neural Basis of Empathy", *Annual Review of Neuroscience*, 2012, 35 (1), pp. 1–23.

[10] Ding, Y., Wu, J., Ji, T., Chen, X., & Van Lange, P. A. M., "The Rich Are Easily Offended by Unfairness: Wealth Triggers Spiteful Rejection of Unfair Offers", *Journal of Experimental Social Psychology*, 2017, 71, pp. 138–144.

[11] Fehr, E., & Fischbacher, U., "Third-Party Punishment and Social Norms", *Evolution and Human Behavior*, 2004, 25 (2), pp. 63–87.

[12] Fehr, E., & Schmidt, K. M., "A Theory of Fairness, Competition, and Cooperation", *Quarterly Journal of Economics*, 1999, 114 (3), pp. 817–868.

[13] Güth, W., Schmittberger, R., & Schwarze, B., "An Experimental-Analysis of Ultimatum Bargaining", *Journal of Economic Behavior & Organization*, 1982, 3 (4), pp. 367–388.

[14] Karagonlar, G., & Kuhlman, D. M., "The Role of Social Value Orientation in Response to an Unfair Offer in the Ultimatum Game", *Organizational Behavior And Human Decision Processes*, 2013, 120 (2), pp. 228–239.

[15] Leliveld, M. C., Vandijk, E., & Vanbeest, I., "Punishing and Compensating Others at your own Expense: The Role of Empathic Concern on Reactions to Distributive Injustice", *European Journal of Social Psychology*, 2012, 42 (2), pp. 135–140.

[16] Sanfey, A. G., Rilling, J. K., Aronson, J. A., Nystrom, L. E., & Cohen, J. D., "The

新时代加强和改进高校思想政治工作路径探究

Neural Basis of Economic Decision-Making in the Ultimatum Game", *Science*, 2003, 300 (5626), pp. 1755-1758.

[17] Tricomi, E. , Rangel, A. , Camerer, C. F. , & O'Doherty, J. P. , "Neural Evidence for Inequality-Averse Social Preferences", *Nature*, 2010, 463 (7284), pp. 1089-1109.

[18] Tversky, A. , & Kahneman, D. , "The Framing of Decisions and the Psychology of Choice", *Science*, 1981, 211 (4481), pp. 453-458.

[19] Wu, Y. , Leliveld, M. C. , & Zhou, X. , "Social Distance Modulates Recipient's Fairness Consideration in the Dictator Game: An ERP Study", *Biological Psychology*, 2011, 88 (2-3), pp. 253-262.

[20] Bieleke, M. , Gollwitzer, P. M. , Oettingen, G. , & Fischbacher, U. , "Social Value Orientation Moderates the Effects of Intuition versus Reflection on Responses to Unfair Ultimatum Offers", *Journal of Behavioral Decision Making*, 2017, 30 (2), pp. 569-581.

[21] Fehr, E. , Fischbacher, U. , & Gachter, S. , "Strong Reciprocity, Human Cooperation, and the Enforcement of Social Norms", *Human Nature*, 2002, 13 (1), pp. 1-25.

涉外法治人才培养中的困境与完善措施

中国政法大学国际法学院　刘　凯

一、加强涉外法治人才培养的背景及措施

近年来随着中国国际影响力的增强，日益走近国际舞台中央，中国的大国外交进入了一个全新的阶段。尊重国际法、坚持和运用国际法、积极推进国际法治进程在中国的外交实践中变得更加鲜明。但与此同时，以美国为首的西方国家为了自身利益，在国际交往中仍然推行单边主义和大国强权主义的做法与国际社会向好向善发展的愿望背道而驰。从国际秩序构建和国际治理的角度来说，为了广大发展中国家共同需求的新价值和国际秩序的公平正义，需要对现有的霸权行为进行一定程度的约束，对现有国际秩序进行重塑。为此，中国要参与和引领这一变革，就必须有大量优秀的涉外法治人才。

2011 年发布的《教育部 中央政法委员会关于实施卓越法律人才教育培养计划的若干意见》（以下简称《意见》），强调"培养一批具有国际视野、通晓国际规则，能够参与国际法律事务和维护国家利益的涉外法律人才"[1]。从 2012 年起，在教育部和中央政法委的协同下，中国政法大学等 22 所高校被批准成为涉外法律人才教育培养基地。2018 年发布的《教育部 中央政法委关于坚持德法兼修实施卓越法治人才教育培养计划 2.0 的意见》（以下简称《卓越计划 2.0》）中提出，"培养一批具有国际视野、通晓国际规则，能够参与国际法律事务、善于维护国家利益、勇于推动全球治理规则变革的高层

---

〔1〕《教育部 中央政法委员会关于实施卓越法律人才教育培养计划的若干意见》，载中华人民共和国教育部政府门户网站，http://www.moe.gov.cn/srcsite/A08/moe_739/s6550/201112/t20111223_168354.html，最后访问日期：2024 年 3 月 25 日。

次涉外法治人才"[1]。2021年2月，教育部和司法部确定北京大学、清华大学、中国政法大学等15所法学院校实施涉外律师培养工作。

从《意见》到《卓越计划2.0》，涉外法治人才培养在理念上实现了从涉外法律人才到涉外法治人才的转变，大家基本改变了之前认为的"法律"+"外语"即为涉外法治人才的看法，认为《卓越计划2.0》对涉外法治人才的提法超越了一般性法律人才的概念范畴。法治人才不同于法律人才，法治人才除了要通晓法律之外，还应当掌握关于治国理政方面的相关知识，并具备相应的能力，这样才能在面对国际问题时掌握主动更好地为国家和人民建言献策。围绕上级精神，各培养单位在涉外法治人才培养模式上也实现了诸多的创新，就我校来说，目前共有涉外法学本科生实验班（本科专业）、中国政法大学与美国华盛顿大学联合硕士研究生项目（法学双硕士）、涉外法学硕士生实验班（法学硕士）、涉外法治法律硕士生实验班（法律硕士）、中国政法大学与北京外国语大学联合培养本科生实验班（本科双学士）、中国政法大学与欧盟联合培养硕士（法学双硕士）等多个涉外法治人才培养项目。

二、涉外法治人才培养中面临的困境

围绕涉外法治人才培养，国内各培养单位积极探索创新人才培养模式，制定专门的培养方案，显著提高了人才培养的质量。但在此过程中，也逐渐出现了几个方面的困境。

（一）外语与法学的融合

涉外法治人才因为要参与国际法律事务的谈判及解决，必然需要拥有较强的外语能力，英语作为国际通用官方语言，是每一名涉外法治人才都必须精通的。武汉大学崔晓静教授对比了包括中国人民大学、武汉大学、华东政法大学、西南政法大学在内的七所比较知名的国内政法院校的涉外法治人才培养方案，发现在外语教学中，法律英语课程基本上是中国教师在授课，而

---

〔1〕《教育部 中央政法委关于坚持德法兼修实施卓越法治人才教育培养计划2.0的意见》，载中国政府网，https://www.gov.cn/zhengce/zhengceku/2018-12/31/content_544353 4.htm? eqid=820afbde000eb3b90000000364887970，最后访问日期：2024年3月25日。

在专业课方面，用全英文授课的课程占比较低[1]。另外，随着"一带一路"经济带的建设，日、韩、法、德、西班牙等小语种方面的涉外法治人才也亟须培养，但一般的法学院校又难以具备此种外语教学资源。不像一些外语类院校如北京外国语大学，在涉外法治人才的培养中可以同时开设几十种小语种。

（二）国际法与国内法的平衡

教育部发布的《普通高等学校本科专业类教学质量国家标准》，在"法学类教学质量国家标准"中仅将国际法作为法学专业必修课，而国际经济法和国际私法被划为选修课，使得国际法类课程在本科培养体系中被边缘化。此外，受传统影响在我国的法学教育中长期以来就存在着"重国内法，轻国际法"的情况。再加上在司法考试中，因为国际法所占的分值相对较低，也使得一部分学生在日常的学习过程中不太重视对国际法的学习。

（三）理论教学与实践教学的互动

法学是一门重实践重应用的学科，但目前由于多种原因，如到国际组织实习途径有限，成本较高等，导致培养的涉外法治人才缺乏解决涉外法律实务问题的经验，能力方面需要进一步的提升。"根据有关统计，目前高校涉外法学学生，即便不考虑涉外实习经历的时间长短，有涉外实习经历的学生不足20%。"[2]

（四）法学与其他学科知识的兼备

涉外法治人才需具有多学科的知识结构和较强的处理国际事务的能力。在国际法律问题的处理中，针对复杂的涉外法治问题，所涉及的知识是方方面面的，这就要求涉外法治人才不仅需要扎实的法学功底，同时还需具备多学科多专业的综合性知识。

（五）特色化和高层次专门人才的突破

在涉外法治人才的培养方面，目前并没有形成较为系统的标准和模式，

---

〔1〕 崔晓静：《高端涉外法治人才培养的理念与模式创新》，载《中国大学教育》2022年第11期。

〔2〕 刘坤轮：《〈法学国标〉与涉外法治人才培养关系辨析》，载《法学教育研究》2021年第3期。

新时代加强和改进高校思想政治工作路径探究

各培养单位主要是依据教育部的指导性意见依托自身的学科特色和教学资源进行，在一定程度上存在同质化的现象。这些年来法学专业学生培养的高度同质化已经体现在学生的就业难问题上，所以在涉外法治人才的培养上，高校要紧密结合自身的办学特色、优势学科，培养国家需要的不同领域的涉外法治人才。而且在涉外领域，高端涉外法治人才的分工必然是越来越细，因此越来越需要针对特定领域的特殊问题进行高层次专门型人才的培养。

三、进一步完善涉外法治人才培养的措施

（一）做好外语与法学的融合

针对涉外法治人才在法学与外语方面的专业性和特殊性，一方面我们需要适当提高法学尤其是国际法学、国别法学类课程的比重；另一方面需要积极探索优化目前的多语言法学教学模式，如做好双语教材国际化和本土化的结合，加快涉外案例教材编写，尤其是涉及"中国及其法人、自然人"为当事方的涉外案例的编写。拓宽法学外语学习渠道，包括建设优秀的双语师资、探索"国内+海外""国内+国内"的联合培养，还要充分利用线上语言教学的优势，加强与国外高校的互联互通。[1]

（二）平衡好国际法和国内法的教学

我国现行法律教育的基本定位是法学专业本科教育是一种通才教育，长期以来在学科门类划分中法学门类下就只有法学本科专业，这一定位难以适应全球化背景下法律服务全球化的需求。黄进教授提出要进一步完善法学学科体系，建议将国际法学确立为法学学科门类下的一级学科，在高校设置国际法学本科专业，在法学学科门类下建立法学（以国内法学为主）和国际法学两个严格意义上的法学一级学科。[2]有学者提出也可以允许有条件的高校自主决定是否把"国际经济法""国际私法"设置为专业必修课，避免国际法学类课程边缘化。总之，要转变观念，在重视国内法的同时，加强国际法

---

〔1〕 张丽英、肖怡婕：《国际法律人才培养现状及发展模式探析》，载刘晓红主编：《"一带一路"法律研究》（第5卷），中国政法大学出版社2022年版，第188~191页。
〔2〕 黄进：《完善法学学科体系，创新涉外法治人才培养机制》，载《国际法研究》2020年第3期。

106

学、比较法学等专业的教育教学，夯实学生的国内法和国际法学知识结构。

（三）打通理论教学和实践教学

涉外法治人才在实际工作中很多时候面临的都是涉及国家权益维护的具体问题，需要很强的理论联系实际的能力。2017 年 5 月 3 日，习近平总书记在中国政法大学考察时强调，法学学科是实践性很强的学科，法学教育要处理好知识教学和实践教学的关系。因此，在教学方式方法方面，要重视法学是一门实践的学科，加强涉外法学实践教学，如案例教学、课堂研讨、建立涉外法律诊所[1]和教学实践基地、设立涉外法学特别实践项目、举办和参与国际法律竞赛等，为学生提供"学以致用"的机会，提高学生解决实际问题的涉外法治实务能力。

（四）重视法学与其他多学科知识的兼备

根据涉外法治人才需要具备多学科知识背景的情况，在开设涉外法治人才培养的课程时，要有针对性地开设世界历史、国际政治、国际经济、国别文化、宗教礼仪等，而且还要根据涉外法治人才培养的具体目标指向开设更为具体的课程，如拉丁美洲语言文化、西亚政治和宗教文化等，向学生传授相关背景知识，增强学生的跨文化沟通交流与合作能力。另外，也可以在研究生招生环节，尝试针对涉外法治人才特殊领域，如"一带一路"、极地、海洋、太空、环境等领域，创新人才选拔和录取模式，设置专门的招生计划，增加具有理工科知识背景学生的招生。

（五）突破特色化和高层次专门人才的培养

如前所述，我国已将 22 所高校作为涉外法律人才教育培养基地并在全国 15 所法学院校实施涉外律师培养工作，此外还有为数不少的其他单位也在开展涉外法治人才的培养。其中不乏特色的单位，如北京大学的国际组织人才班，清华大学的国际争议解决人才项目，武汉大学的治理和国际环境方面的法律人才培养，对外经贸大学的外语外贸法律人才培养，外交学院的国际组

---

〔1〕 朱利江：《涉外法律诊所：一个可开拓的涉外法治人才培养方法》，载《国际法学刊》2022 年第 1 期。

织和外交法律人才专门项目，上海海事大学突出海洋海事法律人才培养[1]，中国政法大学与美国华盛顿大学联合硕士研究生项目、与欧盟联合培养硕士项目、与北京外国语大学联合培养本科生实验班等。但是，在一些人才紧缺的领域如"一带一路"，熟悉国别法、区域法、五通与重点投资行业的涉外法治人才仍十分紧缺。有的学者提出，为了使我国在解决特殊国际纷争时占据主动，应建立分级式涉外法治人才库，如"高端"涉外法治人才、"中级"涉外法治人才、"初级"涉外法治人才，为涉外法治工作提供多层次、宽领域、精深型人才。[2]还有学者提出，"不同类型的高校在涉外法治人才培养方面不应一哄而上，应结合自身的办学基础和比较资源优势，分别采用不同的培养模式，以培育出能够满足'一带一路'建设全方位、多元化需求的涉外法治人才"[3]。

四、结语

加强涉外法治人才培养是新时代党和国家领导人立足中国现实，高瞻远瞩提出的战略性人才培养方向，对于中华民族的复兴和社会主义法治国家的建设具有重大意义。我们要在习近平法治思想的指引下，总结既往经验，积极突破在涉外法治人才培养过程中遇到的困境，通过不断努力，培养出更多优秀的涉外法治人才。

---

[1] 杜焕芳：《涉外法治专业人才培养的顶层设计及实现路径》，载《中国大学教学》2020年第6期。

[2] 曾蓉：《法治推进"统筹"观视域下涉外法治人才培养的路径选择》，载《社会科学动态》2022年第11期。

[3] 韩永红、覃伟英：《面向"一带一路"需求的涉外法治人才培养——现状与展望》，载黄进主编：《中国法学教育研究》（2019年第1辑），中国政法大学出版社2019年版，第79~92页。

高校学生适应性问题的实证分析与干预方法

——以中国政法大学刑事司法学院 2020 级学生为研究对象

中国政法大学刑事司法学院　刘亦阳

中国政法大学刑事司法学院　左雨轩

一、高校学生适应性问题的提出

青少年心理健康工作是健康中国建设的重要内容。随着我国经济社会快速发展，青少年心理行为问题发生率和精神障碍患病率逐渐上升，已成为关系国家和民族未来的重要公共卫生问题[1]。

大学时期是人的社会化或心理社会性发展的重要阶段，[2]大学生在这一阶段也经历着从青少年向青年的转变过程。教育学家赫钦斯曾说，"中学不能确定是为学生将来的生活作准备，还是为他们进入大学作准备"[3]，大学与中学的生活截然不同，复杂且多元化社会心态的碰撞与影响、高校教学环境和学生管理模式的差异都给大学生带来了不少的挑战，适应性水平对其在大学期间的心理健康、学业表现及未来的成长与职业规划等方面均起着重要的作用。[4]

---

　　[1]　余闯：《12 个部门联合发文 2022 年底所有学校要开展学生心理健康服务》，载中国教育新闻网，http://www.jyb.cn/rmtzgjyb/201912/t20191228_285068.html，最后访问日期：2024 年 3 月 29 日。

　　[2]　罗晓路：《大学生心理健康教育的现状与对策》，载《教育研究》2018 年第 1 期。

　　[3]　[美] 罗伯特·M. 赫钦斯：《美国高等教育》，汪利兵译，浙江教育出版社 2001 年版，第 1 页。

　　[4]　陶沙：《从生命全程发展观论大学生入学适应》，载《北京师范大学学报（人文社会科学版）》2000 年第 2 期。

二、高校学生适应性问题的研究设计

（一）研究概述

对于大学生的适应性问题，相关研究中多以大学新生为研究对象，而缺少针对同一批学生的持续跟踪调研。高校的学习与工作具有一定的节奏和安排，因此大学生们适应性水平必然随着高校日常工作的开展而变化，从初入大学到独立生活、从专业学习到职业选择、从理想状态到现实生活，大学生们经历的每一次身份和认知的转变都会引起适应性问题。因此，本文基于对中国政法大学刑事司法学院2020级本科生进行的为期四年的追踪调研，掌握适应性问题出现、演变、发展的过程和学生的心理健康状况，从而有针对性地进一步开展适应性教育工作，根据其群体特征来给予及时的实践关切[1]，积极探索开展高校学生心理健康工作的新路径。

（二）研究对象

中国政法大学刑事司法学院2020级学生，当前修读大四下学期，共380人，其中女生258人，男生122人。

本群体已经进行过四次适应性调研，并且第五次适应性调研正在开展。时间分别在2020年秋季的大一上学期、2021年春季的大一下学期、2022年春季的大二下学期、2022年秋季的大三上学期和2024年春季的大四下学期。初次调研样本量为328人，女生228人，男生100人。第二次调研样本量为345人，女生246人，男生99人。第三次调研样本量为302人，女生216人，男生86人。第四次调研样本量为301人，女生213人，男生88人。第五次调研样本量为210人，女生145人，男生65人。在第五次调研过程中，由于毕业季在校生人数较少，导致样本量产生了一定程度的流失。

（三）研究内容

问卷内容分为学习适应性、社会适应性、情绪调整和学校认可度四个板块，结合生活实际创设具体情境设置选择题，并嵌入量表题型，将学生入学

---

〔1〕 郎庆敏：《高校大学生适应性问题的特点研究》，载《2021传统文化与教育创新理论研讨会论文集》，华教创新（北京）文化传播有限公司、中国环球文化出版社2021年版，第130~132页。

真实感受量化为可视数据。其中，问卷框架来源于《大学新生适应性量表（SACQ）的修订与应用研究》[1]，通过对个人信息收集进行收集，为差异性分析提供基本数据；[2]学习适应性问题设置框架为学习动机、教学模式、学习能力、学习态度、环境因素；社会适应性问题设置框架来源于《大学新生适应性量表（SACQ）的修订与应用研究》[3]，其中人际适应性问题参考了孙艺萌的《元认知干预技术对大学新生人际适应不良干预效果的研究》[4]。量表采用 SPSS 进行分析，首先将心理健康量表、情绪状况量表与学习适应度一题共 26 个条目重新整理分类，整合编写为一个涵盖个人情绪适应性、学习适应性、社会适应性、学校认可度四个维度的量表。（如表 1 所示）

表 1　大学生适应性量表重编制

个人情绪适应性	10. 我对我在大学里的社交生活感到满意。 14. 最近，我一直感到紧张或焦虑。 15. 最近，我很郁闷。 16. 近来，我容易觉得累。 17. 最近，我不能很好地控制情绪。 18. 现在，我因为想家而感到孤单寂寞。 19. 最近，我常想寻求心理咨询中心或校外的心理医生的帮助。 20. 最近，我睡眠质量不太好。 21. 有时，我的思绪容易变得一团糟。 24. 最近，我常感到头疼。 25. 近来，我很容易生气。 26. 我经常精力充沛，精神饱满。
学习适应性	23. 在应付大学里的各种压力时，我遇到了很多困难。
社会适应性	1. 我参与了很多大学里的社会活动。 3. 我与大学室友相处得不错。 4. 我有足够的社交技能来应付大学生活。

---

〔1〕 欧阳娟：《大学新生适应性量表（SACQ）的修订与应用研究》，湖南师范大学 2012 年硕士学位论文。

〔2〕 王霞、范红霞：《大学生学习适应性现状的调查研究》，载《教育理论与实践》2009 年第 27 期。

〔3〕 冯廷勇等：《大学生学习适应量表的编制》，载《心理学报》2006 年第 5 期。

〔4〕 孙艺萌：《元认知干预技术对大学新生人际适应不良干预效果的研究》，辽宁师范大学 2014 年硕士学位论文。

新时代加强和改进高校思想政治工作路径探究

续表

	5. 和大学同学在一起让我感到不自在。 7. 最近，我和异性同学相处得不好。 8. 我害怕与异性同学交往。 9. 我可以和大学里的好朋友谈我碰到的任何问题。 12. 我感到周围的人难以相处。 13. 遇到陌生人时，我不知道如何与他们交谈。
学校认可度	2. 我对大学里的课外活动感到满意。 6. 我对我在大学里参与社会活动的程度感到满意。 11. 我不知道以何种方式与大学老师相处。 22. 近来，在学校里我感到很孤独。

在标准量表之外，该调研加入了针对同一年级学生、不同阶段发展特点和外部环境的其他问题，作为探索影响追踪性调研结果因素的方法。（如表 2 所示）

表 2　大学生适应性针对问题

调研时间	针对性问题（除标准化量表）
2020 年 10 月	①入学前是否观看新生入学讲座及帮助程度 ②对个人健康和外部环境的关注程度与制度了解
2021 年 3 月	①返校后学习状态、社团活动感受、社交状态 ②对新冠疫苗接种的认知程度及生理反应
2022 年 3 月	①对过去两年的总体评价与学习适应性调查 ②对校内心理疏导机制的了解程度及使用情况 ③参与校园活动的情况及心理帮助程度 ④希望得到何种形式的心理帮助
2022 年 9 月	①受防疫政策影响程度及心理健康评估 ②学习适应性评价及信息获取渠道调查 ③校园活动对适应性和心理健康状况的帮助程度 ④心理问题排解方式与对心理干预的期望
2024 年 3 月	①学习适应性评价及信息获取渠道调查 ②个人交际状况与毕业季适应状况评价 ③心理问题排解方式与对心理干预的期望 ④大学归属感程度及归属感来源调查 ⑤未来规划及就业指导意愿调查

通过问卷星制作、发布调查问卷以采集数据样本，运用问卷星对多选题与自由作答题目进行初步数据分析，使用 SPSS26 进行量表的数据分析处理。

三、高校学生适应性问题的研究结果

（一）适应性量表研究：大学四年适应性趋势分析

表 3 为 2020 级学生在个人情绪适应性、学习适应性、社会适应性和学校认可度四个维度及总体适应性情况的一般描述，量表采用 1~5 分计分，中点分取 3 分。从表 3 中可以看出，第一次调研中总量表平均分为 3.698，第二次调研中总量表平均分为 3.589，第三次调研中总量表平均分为 3.462，第四次调研中总量表平均分为 3.420，各维度平均分均高于平均值，说明 2020 级学生整体适应度良好。但分析各维度平均分的走势发现，2020 级学生的适应性呈波动性下降趋势。因此，高校应当密切关注学生的心理动向，及时给予关怀。

表 3　2020 级学生整体适应性统计结果比较

	M±SD （2020.9）	M±SD （2021.3）	M±SD （2022.3）	M±SD （2022.9）
总量表	3.698±0.656	3.589±0.743	3.462±0.723	3.420±0.716
个人情绪适应性	3.862±0.715	3.705±0.757	3.602±0.811	3.307±0.860
学习适应性	3.593±1.133	3.451±1.151	3.297±1.206	3.111±1.269
社会适应性	3.812±0.637	3.709±0.707	3.638±0.671	3.664±0.716
学校认可度	3.524±0.712	3.491±0.846	3.312±0.774	3.283±0.883

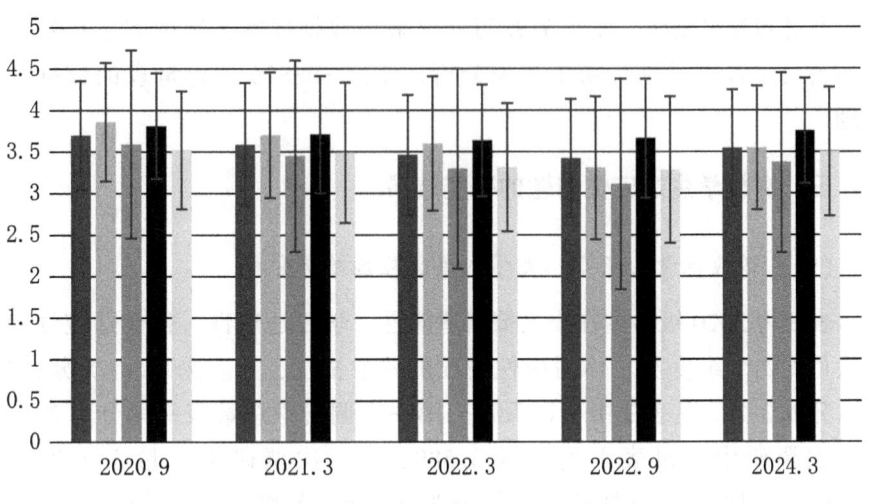

图1 2020级学生适应性统计结果柱形图

（二）大学适应性水平的阶段性问题探究

1. 大一：新生适应阶段

大一新生入校后面临着适应新环境的问题，学习、生活、人际关系等方面都面临着新的挑战。[1]环境的改变、角色的转换，让许多新生面临着适应难题。2020级本科生在新冠疫情的大背景下进入大学，网课教学、延迟返校等情况都给新生适应大学生活带来了一定的困难。结合大一上学期、大一下学期两次适应性调研进行分析，新生阶段的心理健康总体状况较好，但入学半年后情绪、压力等适应问题逐步暴露。

初入大学时学生适应性的指标更多反映了入学前的心理健康总体水平，此时学生们仍保持着结束高考进入大学的欣喜，适应性问题暴露不足。但在入学半年后，初入大学的新鲜感逐渐褪去，随之而来的是环境改变带来的焦虑和更大的学业、人际等压力，加之疫情的反复，部分情绪调节与自我心理疏导不佳的同学极易在此阶段暴露出新问题，此情况在第二次适应性调研中得以显现。其中，个人情绪适应性和学习适应性的平均得分下降最为显著，

––––––––––––––

〔1〕 罗晓路、夏翠翠主编：《大学生常见心理行为问题案例集（辅导员版）》，北京师范大学出版社2018年版，第18页。

分别从 3.862 降至 3.705、从 3.593 降至 3.451。数据的变化说明学生的心理健康状况在进入大学之后存在一定的恶化现象，普遍感到更加焦虑和充满压力。

2. 大二：适应过渡阶段

进入大二下学期，对于 2020 级学生而言，大学时光已然过半。在第三次适应性调研中，我们看到了 2020 级学生入校两年后学业、人际与环境共同造就的复杂但整体向好的心理状况，也看到了上一年度活动对学生产生的成效。进入到大学的第四个学期，2020 级学生的社会适应性有了明显提高，与室友、同学和朋友产生了更密切的情感联系，有了较为稳定良好的社交体验。在学习方面，2020 级学生的学习适应性从不太适应转为较为适应，当前又出现了下降情况，学习生活的适应度自评的平均得分（满分 100）为 65.4。大二是学生适应大学的重要过渡阶段，经过一年多的大学生活，学生逐渐适应了大学的节奏，对"大学"有了较为全面的认识。但随之而来的是更繁重的课业压力和更复杂的人际关系，部分同学感到难以平衡和适应。关于"学习生活中存在哪些不适应的地方"的问题，有高达 77.15% 的同学选择了"感受到更大的同辈压力"，66.23% 的同学选择了"在缺乏督促的环境中，自制力有待提高"。大二实现了从"师弟师妹"向"师兄师姐"的过渡，学生们的适应性问题也更加复杂多样化。

选　项	小　计	比　例	
对学科依旧有陌生感，对学习方法感到迷茫	153		50.66%
对大学学习没有明确的目标和方向	120		39.74%
还是不太适应大学老师的授课方式	54		17.88%
感受到更大的同辈压力	233		77.15%
在缺乏督促的环境中，自制力有待提高	200		66.23%
其他	10		3.31%
本题有效填写人次	302		

图 2　经历近两年的学习后，你在大学学习生活中还存在哪些不适应的地方？（可多选）

3. 大三：全面发展阶段

经过两年的学习实践，大三学生对学校有了更多的了解，学科思维和专业思想日趋成熟稳定，随着知识学习的深入，学生开始塑造自己的个性与风格，有意识地培养自己的各项能力。但进入大学的后半阶段，学生们需要面对更加现实的未来规划和职业选择问题，繁重的学习压力和疫情防控下单调的校园生活也使得适应性问题进一步暴露。第四次调研结果表明，情绪略为低沉的学生占34.22%，导致情绪低落的主要原因是学习压力过大，占比达到了惊人的89.32%。在学习适应性量表方面，平均得分为3.111，为四个维度的最低值，且低于总量表的均值（3.420），其标准差也为各维度的最高值（1.269），表明大三阶段刑事司法学院2020级学生的整体学习适应性较差，且学生个体间的差异较大。大三作为学生全面发展的关键时期，需要学院的密切关注。

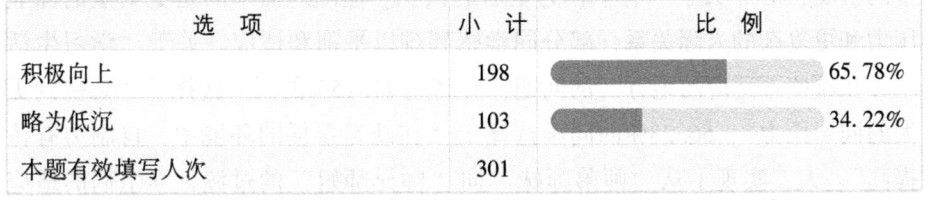

选　项	小　计	比　例
积极向上	198	65.78%
略为低沉	103	34.22%
本题有效填写人次	301	

图3　你认为总体而言，你的情绪是积极向上的还是略为低沉的？

4. 大四：生涯定向阶段

大四是学生确定未来规划和方向选择的阶段，结合调研结果发现，学生的学习适应性较好，而个人情绪适应性与社会适应性波动较大，学生焦虑、迷茫现象突出。情绪适应性自评中，情绪略为低沉的学生占26.19%，导致情绪低落的主要原因是"即将毕业，尚未适应"（81.82%）、"学习压力较大"（49.09%），在社会适应性自评中，"我感到焦虑，有些不知所措"占比为48.10%；"我感到迷茫，没有人告诉每一步该怎么做"占比为36.19%，为社会适应性自评占比最高的两项。在大四阶段，大部分学生已完成培养方案中规定的课业要求，由于在校课业任务的减少，学生更多的精力是进行自我的提升、撰写毕业论文和对未来目标的准备。面对毕业论文、升学求职等压力，一部分同学的适应性水平有所降低。

选　项	小　计	比　例	
积极向上	155		73.81%
略为低沉	55		26.19%
本题有效填写人次	210		

图4　你认为总体而言,你的情绪是积极向上的还是略为低沉的?

选　项	小　计	比　例	
我感到自信,充满期许与干劲	59		28.1%
我感到兴奋,我希望能在独立中锻炼自己	71		33.81%
我感到迷茫,没有人告诉我每一步该怎么做	76		36.19%
我感到焦虑,有些不知所措	101		48.10%
我感到孤独,很难找到合拍的朋友	30		14.29%
其　他	6		2.86%
本题有效填写人次	210		

图5　进入毕业季后,你有哪些感受?(可多选)

　　针对毕业年级的阶段性特征,学校和学院应当加强针对性的实践关切。在"未来规划"问题下,"保研"占19.52%,"出国"占8.57%,而"考研"和"求职"的占比和达到了70.48%,分别为45.24%和25.24%。在对"希望得到的高校就业指导"问题下,最多的同学选择了"希望得到应聘技巧方面的指导",占比为39.27%,高于"用人单位信息""职业规划辅导"等选项;在自由作答问题中,有同学表示,希望学校"加强与用人单位的沟通""进行五险一金、三方协议、离职补偿等内容的科普",反映了毕业年级学生对于应聘求职经验、技巧方面的欠缺。结合前文中对社会适应性和情绪适应性量表的分析,可推断出第五次调研中适应性水平下降的原因:临近毕业,多数学生面临着社会身份的再次转换和生活环境的再次变化,当前大四学生的总体毕业去向和未来规划呈现出了显著的不确定性,最终反映为个人情绪适应性和社会适应性水平的下滑。

选 项	小 计	比 例	
保　研	41		19.52%
考　研	95		45.24%
出　国	18		8.57%
就　业	53		25.24%
其　他	3		1.43%
本题有效填写人次	210		

图 6　作为应届毕业生，你对未来的规划是？

四、刑事司法学院 2020 级学生的适应性状况分析

（一）个人情绪适应性：波动性较大，呈现出显著的阶段性特征

结合 2022 年 3 月、2022 年 9 月、2024 年 3 月三次调研的样本统计可知，高校学生整体的个人情绪状况呈现出较大的波动。从自评结果可以看出，大二下学期情绪积极向上的人数占比 80.17%，而情绪略为低沉的占 18.83%。导致情绪低落的主要原因是环境改变尚未适应（74.14%）、人际交往障碍（53.45%）和学习压力过大（55.41%）。而大三上学期情绪积极向上的人数为 65.78%，而情绪略为低沉的占 34.22%，导致情绪低落的主要原因是学习压力过大，占比达到了惊人的 89.32%。进入大四下学期，情绪积极向上的人数占比为 73.82%，而情绪略为低沉的占 26.18%，导致情绪低落的主要原因中，"即将毕业"占到了 86%，学习压力较大占到了 48%。

从整体上看，大二下的情绪适应性最好。特别需要注意的是，三次调研中，导致情绪低落的原因有较大差异，学生的情绪适应性呈现出了明显的阶段性特征。结合对大学四学年的各阶段特征可知：大二学年，学生步入大学刚满一年，疫情的反复致使环境的不断改变成为影响个人情绪适应的最大障碍；大三学年，绝大多数同学将在这一年完成在校专业知识学习，随着专业知识的不断深入，很多同学逐渐明确了未来的目标和方向，这导致了学习压力的增大；大四学年是学生们的生涯定向阶段，学生的课业压力较小，但临近毕业，面对即将到来的身份转变，考研、考公等带来的学习压力增大。如果在这个过程中，遇到的问题和障碍超过所能解决的范围时，容易出现消极

甚至不恰当的举措，如逃避、破坏等。[1]个人情绪适应性的变化启示我们，应当结合学生的阶段性特点给予相应的关怀和帮助，做到"对症下药"。

（二）社会适应性：个体感受复杂，焦虑、迷茫情况突出

与非毕业年级同学相比，2020级学生的社会适应性问题较为突出，"焦虑""迷茫"现象严重。进入毕业季后，"感到焦虑，有些不知所措"占比为51.31%；"感到迷茫，没有人告诉每一步该怎么做"占比为37.17%；"感到兴奋，希望能在独立中锻炼自己"所占比例为31.94%，感到自信，充满期许与干劲所占比例为29.32%。

临近毕业，很多同学即将发生社会身份的转变，社会适应性的优劣将直接影响其未来的发展情况。毕业论文、升学求职等问题接踵而至，焦虑的内心与犹豫的行动、丰满的理想与骨感的现实使其社会适应性水平欠佳，对未来的焦虑与迷茫现象突出。

（三）学习适应性：整体适应性趋势向好

关于学习生活的适应度自评，近三次调研的平均得分（满分100）分别为65.4、70.96、75.54，同学们的学习适应性总体水平随着年级的增长，呈上升趋势。可以看出，经过四年的学习与探索，大部分同学逐渐适应了大学的学习方法与模式，找到了适合自己的学习节奏。有43.46%的同学表示，目前在学习生活中不存在不适应的地方。但仍有一部分同学表示对近期学习没有明确的目标和方向、自制能力与学习效率还有待提高。通过与低年级学生的调研对比便可发现：随着年级的升高，学习适应性问题的成因逐渐由知识体系构建与学科学习方法的不足向学习研究的方向与自制能力的欠缺转移，这与大四学年培养方案课程少，学生自主管理时间提高密切相关。

五、针对性建议和目前已开展的实践

对特定学生群体进行持续跟踪调研的意义是深远的。根据对调查问卷的分析，可以根据其群体特征来给予调研对象及时的实践关切，开展针对性的适应性教育和心理健康教育。此外，利用调研数据，还可以探究和发现高校

---

〔1〕 王剑：《新时代大学生心理适应性问题初探》，载《北京教育（德育）》2019年第6期。

大学生适应性的普遍规律，积极探索开展高校学生心理健康工作的新路径，对其他年级的学生教育工作提供借鉴和指导。

（一）畅通交流互动渠道，密切关注、及早干预

长期以来，学生与学院、学校之间缺乏双向、互动性强的交流渠道。虽然学校设置了完备的学代会制度、建议反馈窗口等机制来提高学生对大学的适应性，但缺少即时的、双向的沟通方式。大部分同学们与班主任、辅导员的关系只局限于"禁水群"中的通知发布与"有问题私聊"，仅仅实现了对已出现的适应性问题的解决，而没有实现问题的预防，而适应性问题的出现和心理健康的恶化往往是生活中若干小事件叠加引发的。根据助人技术理论，助人者需要在特定背景和特定情境下，在会谈的特定时刻，做出恰当的反应，助人过程能否顺利进行，取决于当下的知觉、需求和意图。为了对学生们的适应性水平形成正向的促进，学院、学校应当探索更加直接的对话方式，形成即时互动序列。[1]学院层面，以刑事司法学院2023级学生为例，除"禁水群"之外，还保留了由辅导员牵头、部分高年级学生参与、低年级学生为主体的"交流水群"，辅导员、学生自发分享近期的校园活动推送、学校通知甚至是自己的所思所想、所见所闻，既简化了学生与学院的互动方式，又有效地将学生适应性教育工作落实落细。学校层面，法大学委会开展"服务保障月"等活动，招募在校生走进校内商家，开展实地访问和座谈会，切实有效地反馈最真实的学生建议，有利于提升学生们对大学的适应性水平。

（二）建立严密危机预警系统，部门联动、共同应对

开展学生适应性研究和心理健康工作需要多主体、多部门发挥合力。同学之间朝夕相处，相较老师而言能够更及时地关注到学生的适应性问题与异常，因此在开展工作时，应当积极发挥班长、宿舍长、心理委员等学生的作用；家长一直扮演着呵护学生成长的重要角色，因此，必须将家长纳入危机预警系统，及时更新家长的联系方式，便于全面了解学生的情况。[2]

---

〔1〕 ［美］克拉拉·E. 希尔：《助人技术：探索、领悟、行动三阶段模式》（第3版），胡博等译，中国人民大学出版社2013年版，第27页。

〔2〕 罗晓路、夏翠翠主编：《大学生常见心理行为问题案例集（辅导员版）》，北京师范大学出版社2018年版，第9页。

（三）丰富教育活动形式，兴趣导向、多端协同

过去，高校的适应性教育形式单一，实效性不够。很多适应性教育以教师讲座、推送为主要形式，学生"被动接受"，学生的积极性、主动性，以及活动的时效性欠佳。[1]学院、学校应当坚持以兴趣为导向，多领域、全方位地开展活动。以刑事司法学院为例，新生入学伊始，刑事司法学院学委会各部门承办了"新生入学讲座"系列活动，从学习生活、社团活动、个人规划等方面开展讲座，主讲人由同院的师兄师姐担任，提升活动的互动性和新生的积极性；此外，学委会的各部门在每年的心理健康日还会联合举办"5·25心理健康活动"，通过绘画、插花等形式开展心理健康宣传教育；维权公益部开展"青益"系列活动，为同学们提供丰富的社会实践、志愿服务的机会，丰富了同学们的大学生活；刑事司法学院体委会举办了涵盖足球、篮球、排球等系列新生班赛，以兴趣为导向，既提升了班级的凝聚力，又提高了新生对大学的适应性水平。

（四）创新组织建设方法，打造特色、凝聚人心

大学基本取消了中学的按班置课、固定教室的模式，使得各班级的凝聚力不足，甚至出现同班同学之间不认识的现象。从中学进入大学，社会交际功能逐渐从班级抽离，而更多地被学生组织与社团所承担。但学生组织与社团有着自愿性、代际性等局限，并不能全面、稳定地发挥作用。作为最基本的学生群体单位，班级应当在学生当中发挥更重要的作用。由此，很多班级积极探索班建的新路径：许多班级中，班委组织建立了班级的专属公众号，用于发布校园资讯、生日祝福等；还有班级积极开展线下团建、聚餐等活动，为同学们提供相互了解、交流的机会。此外，侦查学作为刑事司法学院的特色专业，由高年级师兄师姐建立了专业特色社团——科技与法治社，并且有专门实验室用于社团活动、比赛竞赛和自习复习，此举有效增强了凝聚力。

---

[1] 王晓丹、高瑞斌：《高校新生适应性教育问题、归因及优化策略》，载《山西农业大学学报（社会科学版）》2013年第10期。

六、结语

高校学生适应性问题是大学生心理健康工作研究的重要内容。本研究通过对我校刑事司法学院 2020 本科生持续四年的跟踪调研，掌握其适应性问题出现、演变、发展的过程和学生的心理健康状况，积极探索开展高校学生心理健康工作的新路径，并对其他年级的学生教育工作提供借鉴。

高校青年政治骨干培养机制困境纾解

——以中国政法大学为例

中国政法大学法学院　王家启
中国政法大学法学院　达得胜
中国政法大学法学院　赵米洋

一、引言

在高校中，能够肩负起传承马克思主义，成为老师与学生之间的纽带，积极参与公共事务并传递年轻人声音，具有高度政治自觉与社会责任感的青年，可以被称为"青年政治骨干"。高校能否培养一大批坚定的青年马克思主义者，事关党和国家的事业是否后继有人，事关中国特色社会主义事业的前途命运。[1]中国政法大学作为"中国法学最高学府"，承担着为法治中国提供人才、知识、资源保障的重要使命，本文选取中国政法大学作为具体的研究对象，希望从其青年政治骨干培养的现状出发，深入探索其培养机制困境背后的深层原因与可行性解决方案，以期对高校青年政治骨干培养机制纾困有所启发。

2017年5月3日，习近平总书记在中国政法大学考察时强调，"法学教育要坚持立德树人，不仅要提高学生的法学知识水平，而且要培养学生的思想道德素养"，"高校党委要履行好管党治党、办学治校的主体责任，把思想政治工作和党的建设工作结合起来，把立德树人、规范管理的严格要求和春风化雨、润物无声的灵活方式结合起来，把解决师生的思想问题和教学科研、学习就业等实际问题结合起来，使高校始终充满积极向上的正能量、洋溢蓬

---

〔1〕 王宝鑫：《新时代青年马克思主义者培养研究》，东北师范大学 2018 年博士学位论文。

勃向上的青春活力、展现改革创新的时代风采"。[1]针对习近平总书记的讲话，中国政法大学校院两级党委、团委、学生组织认真贯彻落实"五·三讲话"精神，开展了一系列活动，旨在建立一套能够培养"德法兼修"的青年政治骨干的机制。在对中国政法大学2017年5月3日以来中国政法大学青年政治骨干培养机制进行全面、系统地梳理后，笔者发现其依然面临部分困境。因此，在各项活动数据整合统计的基础上，本文将深入探索其青年政治骨干培养机制背后的底层逻辑，以期提出"立足定位、符合校情、实效导向"的方案，为高校青年政治骨干培养机制纾困。

二、法大青年政治骨干培养机制的实际调查

（一）品牌为引：精品活动提纲挈领

中国政法大学校院两级在长期的青年政治骨干培养活动组织工作中，形成了一批具有品牌效应的精品活动。这些品牌活动一般具有以下特征：一是组织主体位阶高。此类活动一般由学校党委组织部、院党委主导。例如由学校党委组织部主办的"先锋法大"系列活动，旨在引导学生党支部书记和优秀学生党员坚定理想信念、传承革命精神、提高工作能力，不断提高学生党支部建设水平，更好发挥党员先锋模范作用。目前已成功召开五期，最近一期在延安干部学院举行，取得了良好的活动效果。二是参与群体范围广。品牌活动要想获得"出圈"效果，首先要积极拓展活动参与者的覆盖面，这样才有利于在更广的群体中树立口碑。例如由校学生工作部、校团委举办的"领航计划"训练营和"政治三力"训练营，其活动参与主体实现了对研究生所有班级的班长、党支书、团支书等班级委员、党支部委员和团支部委员的全面覆盖，着重培养研究生政治骨干，以提高其思想认知，培养其知识技能，促进青年政治判断力、政治领悟力、政治执行力。三是活动规格质量高。品牌活动往往有名师参与，由名师主讲、引导，这使得活动本身的质量得以保障。例如由法学院党委主办的"学思享"大讲堂，每期都会邀请校内外的专家教授就党的组织、历史、指导思想等内容进行专题性讲授。"学思享"大

---

〔1〕《习近平在中国政法大学考察》，载新华网，http://www.xinhuanet.com/politics/2017-05/03/c_1120913310.htm，最后访问日期：2023年9月16日。

讲堂系列品牌活动最初创立的宗旨就在于成为智慧碰撞的舞台、立德树人的阵地，引领广大师生争做习近平法治思想的忠实崇尚者、深入研究者、积极传播者和坚定捍卫者，为助力全面依法治国做出应有贡献。

通过这些品牌活动，中国政法大学培养青年政治骨干机制的良好形象得以树立，活动主题、内容和形式使得品牌活动的核心价值观、文化使命得以彰显，从而为广大青年师生参与党团活动提升政治能力提供了广阔的平台。

从所收集的中国政法大学的活动数据来看（见图1），"五·三讲话"以来，校级活动中品牌活动占青年政治骨干活动的比重高达44%，而就学院学生人数众多、法学培养特色鲜明的法学院和民商经济法学院为例，法学院此项占比为35%，民商经济法学院此项占比为26%，可见各学院品牌活动的建设仍有可提升的空间。

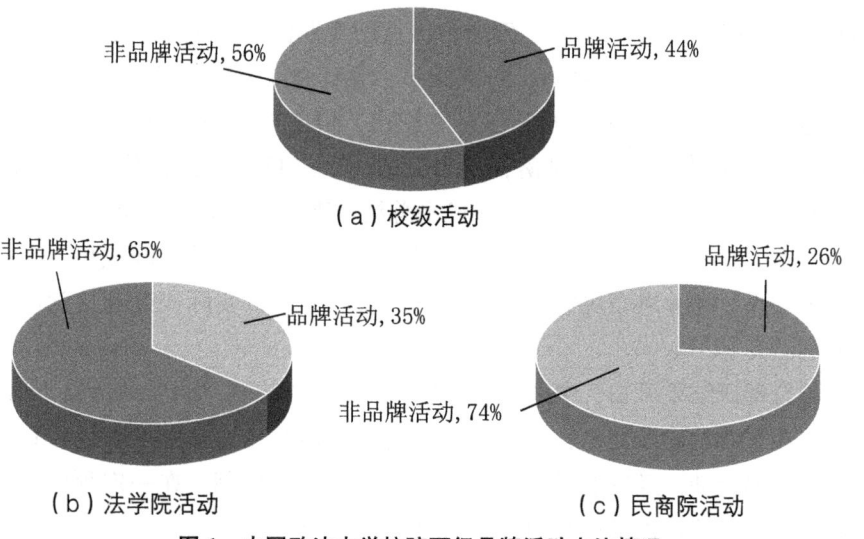

（a）校级活动

（b）法学院活动　　　　　　　　（c）民商院活动

图1　中国政法大学校院两级品牌活动占比情况

（二）日常为基：党团组织持久建设

"青年政治骨干培养"机制设置的目标在于将马克思主义中国化的理论成果落到实处，努力将青年学子培养成德智体美劳全面发展的社会主义建设者，从而为党和国家培养新一代社会主义的接班人。中国政法大学各学院、各党团支部积极开展各项青年政治骨干培养活动，并将各项活动纳入学院、支部的日程安排，在不同年级间形成有效传承，不断扩大活动的影响性、锻炼性和深度性。学院一级的青年政治骨干培养范围不仅包括各班学生干部，还包括学生会干部，培养形式和内容更加贴近学生综合素质提升和日常管理需求。根据本研究统计数据显示，从 2017 年起，中国政法大学已基本形成了校院两级共同培养的组织结构，各级联合培养并根据自身条件、支持资金等因素制定具体的培养方案。

2017 年 5 月至 2023 年 4 月，中国政法大学校院两级积极开展各项青年政治骨干培养活动，每学期针对全校青年学生骨干开展培训。形式包括会议讲座、参观学习、实践活动、征文活动、知识竞赛等，同时，还设置了相应的系列活动。以实践活动为例，为提高全校青年政治骨干参与活动的可能性，保障成员活动时间，中国政法大学学生工作部每年在暑期招募队员前往红色教育基地进行考察学习，让青年骨干定期在课堂之外开展实践学习。例如 2022 年暑期献礼党的二十大，砥砺再出发的实践活动就包含了本科生、研究生两个层次，共有 34 个团队、63 名成员，累计 200 余名青年骨干参与。调研团队走遍了全国 27 个省、自治区、直辖市，以实地探访、历史寻访等方式，走进身边的街道、社区、村落，从名人故居、红色景区到博物馆、纪念馆、教育基地，最终形成了上百篇实践成果总结与青年骨干心得体会，成果丰硕、效果显著。学生工作部通过评选、奖励并转化、宣传优秀实践成果，深化实践育人效果，培养堪当民族复兴重任的时代新人，以实际成效迎接党的二十大胜利召开。

结合调研结果可知，中国政法大学在校院两级均将"青年政治骨干培养"作为一项重要的建设任务，每学期都会定期面向学校、学院两级优秀青年骨干开展培养活动，经发展已形成了持久稳定的培养机制，在一定程度上为青年政治骨干培养提供了良好的开展基础和有效的组织保障。

（三）外联为用：跨际交流开阔思路

中国政法大学作为"中国法学最高学府"，一方面在法学人才培养方面成绩斐然，为国家培养了大批优秀的法治人才；另一方面受限于学校专业设置等因素，中国政法大学并不是一所综合性高校，因此在很多学生骨干培养机制上受到限制。新时代，培养青年政治骨干需要更多的高校甚至社会组织之间通力合作，相互配合，协调同步。

调研数据显示（见图2），中国政法大学校级外联合作培养青年骨干活动的合作程度不高；各学院外联合作培养青年骨干的情况与学院的学界资源、师资人脉、资金支持等因素高度相关。从具体活动情况来看，中国政法大学校院两级的活动借助刘胡兰纪念馆、中共太原支部旧址等具有革命意义和纪念意义的历史故地以及人物纪念馆，开展红色教育。同时，中国政法大学也联合更多学校及单位的党支部、基层组织，开展了"先锋法大"培训班等系列活动，青年骨干共同前往革命圣地延安、井冈山、红旗渠、白洋淀等地，进行具有革命精神和时代精神的教育。从统计结果看，中国政法大学校级层面的外联合作程度并不高，因此在未来可以借助学校超强的学科实力，在习近平法治思想研究、中国特色社会主义法治建设等方面给予其他高校、科研机构或其他单位相应的支持。跨界交流、拓展思路、扬长避短、相互学习，这也有助于培养青年政治骨干的核心素养。

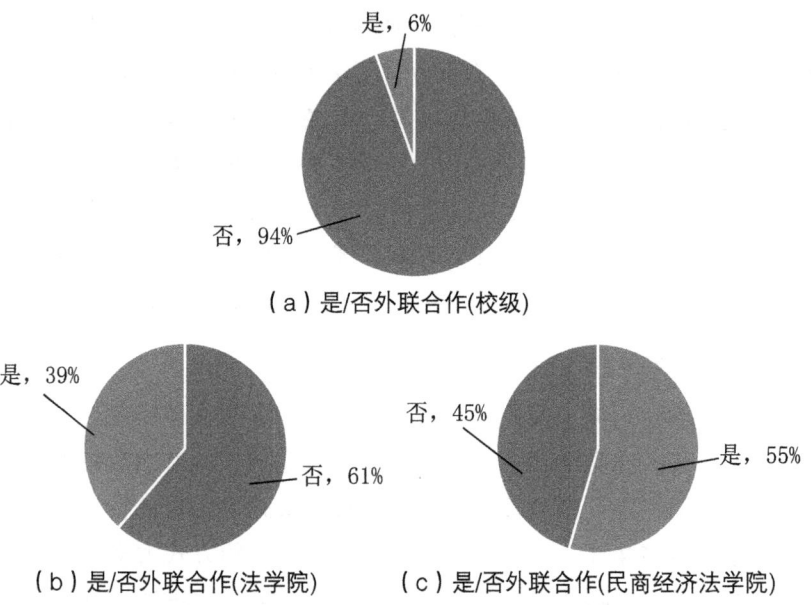

图2 中国政法大学校院两级活动外联合作情况

三、青年政治骨干培养机制的现实困境

（一）活动主体消极被动式参与

青年学生是青年政治骨干的人才储备基础，中国政法大学培养青年政治骨干的目的在于使"储备力量"转化为"积极分子"，但相当一部分的青年学生在参加此类活动时非常消极，缺少热情和主动性。具体表现有：其一，组织过程中被动式报名。学校上级部门开展活动前，由各班组织报名，若主动报名者难以达到预期人数，最终成为"抽签填场"。其二，活动过程中消极式参与。即使在活动现场，一部分学生依旧是"自行其是"，不主动融入，对于活动内容"走马观花"，活动参与流于形式。

造成上述现象的原因有以下几个方面：其一，学业就业压力。由于当下青年学生面临来自学业、就业的巨大压力，而青年政治骨干培训活动往往又缺少对学业、就业的"直接促进力"，使得部分学生觉得参加此类活动"缺少意义"。其二，政治兴趣缺失。有部分青年学生对政治参与、社会事务认识不充分，他们对政治活动、公共生活保持"冷感"，觉得其距离自己"十分遥远"。其三，娱乐活动丰富。网络时代，学生将较多时间花费在手机、平板电脑等电子设备以及社交活动上，这样留给学生参与提升政治能力、政治素质活动的时间非常有限。其四，其他因素。部分学生是因为性格偏内向，对集体活动"望而却步"，毋宁说积极主动青年政治骨干培训活动。

（二）党团活动形式化严重

围绕青年学生党员、团员进行的党日、团日活动是青年政治骨干培养机制中的基础一环，此类活动多由青年学生自行主导，具有次数较多、形式灵活的特点。然而，当下的党日、团日活动具有形式主义化的特点：党日、团日活动要求具有多样性、针对性和理论性，而目前的方式大多囿于理论学习会议、参观学习、主题征文等短期活动形式。部分学习讲座讨论的主题偏离时代性，未能联系当下现实环境和时事热点，导致青年学生对此类活动的兴趣不高，更影响日后系列活动的开展。此外，实践活动的缺失对青年学生来说，缺少亲自参与、付出、为人民服务的过程和环节，这对活动对象的问题意识、动手能力、解决问题能力等的培养都是不利的。更甚者，部分党日、

团日活动存在"走过场"的现象，并未真正开展，导致这一培养青年政治骨干的基础机制长期未被"激活"。

上述问题都是"形式主义"蔓延的结果，形式主义具有隐形性、多样性、变异性以及危害性，[1]使得党、团活动在一定程度上偏离了青年政治骨干培养学习的客观规律，违背了人才培养规律，削弱了骨干培养学习的理论深度和实践广度，使得党、团活动流于形式化，不利于人才培养的长期机制建设。导致青年政治骨干从党团活动中对于自身思想觉悟和能力的提升有限。

（三）政治素质提升实效性有待增强

青年政治骨干培养机制要以提升青年学生"政治三力"，即政治判断力、政治领悟力、政治执行力为落脚点，胸怀"国之大者"，进而善作善成。中国政法大学当下对于青年政治骨干的培养多以现场授课为主，这种授课一方面缺乏趣味性，老师和学生积极性、主动性不够；另一方面也缺少系统性的培养方案，往往"一师一课"，课程与课程之间难以形成科学体系，课程与学生之间难以形成有效互动。具体而言，青年政治骨干的培养应该由校党委、校团委、组织部、宣传部、马克思主义学院等与青年政治骨干培养密切相关的部门和学院，以及参与培养的思政课教师、辅导员等共同配合，形成培养主体之间的协同合力。但是当前各个部门之间举办的活动多数单独运作，难以形成合力，导致对青年政治骨干的政治素养提升形成高投入低产出的现象。除此之外，各部门、学院举办的青年政治骨干培养计划大多都是短期讲座，并没有将培养过程真正融入培养对象的日常学习和生活。无法通过把抽象的思想政治教育载体化、具象化、生动化，实现价值塑造、知识养成、能力锻炼一体化培养。[2]如此一来，青年政治骨干政治素质提升的实效性存在不足。

---

　　〔1〕李东等：《高校常态化整治形式主义、官僚主义机制研究》，载《2022社会发展论坛（贵阳论坛）论文集（一）》2022年7月10日。

　　〔2〕季伟峰、包丽颖：《新时代高等教育"红色育人路"的探索与实践——以北京理工大学为例》，载《思想教育研究》2023年第2期。

四、青年政治骨干培养机制的完善方向

（一）区分参与主体，分类"对症下药"

提高青年政治骨干培养机制的实效性，要进行群体区分，进行因材施教，这样才能有的放矢。首先是职位区分。大学行政班级的主要学生干部一般由班委、党支部委员、团支部委员这三套体系的人员组成，起到服务同学、联系师生的作用。政治骨干培训活动应当针对这三类人员的不同职位进行相应的培训。目前中国政法大学的"领航计划"训练营和"政治三力"训练营就在进行这样的尝试，为班长、党支书、团支书、学习委员、生活委员、组织委员等进行了不同的训练内容设计，取得了良好的效果。其次是能力区分。青年学生有着不同的成长教育背景，因此所表现出来的政治能力也有所差异。有些学生对于政治理论熟稔于心，但是缺少社会实践经历。还有些学生属于"行动派"，参与了大量社会实践活动，但是对于基础理论缺少掌握。因此，要根据学生政治能力表现的差异，进行针对性的训练，以期实现在政治能力上的"不偏科"。

（二）树立品牌意识，打造精品活动

要注重活动的长线效应，在不断尝试和发展中完善，最终形成品牌和标杆。参照中国政法大学校院两级的品牌学术活动，如"明法论坛""刑事法论坛"等，经过多年的经营发展，已经在校内有口皆碑。建立品牌活动应当做到如下几点：其一，要不断深耕，久久为功。任何品牌活动首先要经得起时间的检验，要注重对活动长效机制的培育，而非只谋求一时，长期、稳定地组织活动本身就是最好的宣传。其二，要贴近青年，回应问题。既然是要培养青年政治骨干，那么就应当以青年人为重中之重，了解当代青年人的思想、志趣、焦虑、疑惑等或积极或消极或需要鼓励或需要引导的诸多状况，设计适合青年人参与的活动形式。其三，要把握热点，积极引导。青年群体更容易成为社会热点话题的追随者，也往往易受这些热点议题的影响。而传统活动无论从内容还是形式上都难以对热点问题做出切合青年人心态的及时回应，因此针对青年政治骨干培训的活动品牌应当定位于"把握时代脉搏，回应青年困惑"上面来，着重培养一批在时代风云激荡中能够顾全大局，稳扎稳打，

分得清主次矛盾，有理想能实干的青年政治骨干。

（三）完善激励机制，提升参与热情

当下青年群体对提升政治能力的培训活动缺乏兴趣的另一大原因是此类活动往往缺少可视性激励，抑或难以在短期内取得可视化的成果。在当下"优绩主义""功利主义"等思潮影响下，青年群体往往更热衷于参加有利于学科成绩提升、有利于促进未来就业发展的培训活动。建立一定的激励机制，激发青年学生的参与热情却是有必要的。一方面，可以通过设立课题、项目、课程等形式，激发青年学生的首创精神与聪明才智，并给予表现优异者一定的奖励、表彰，用发表、展览等方式宣传优秀成果。另一方面，激励机制不能过于冒进，不能影响学校日常教学功能的实现以及一般评奖评优的总体考核机制。把握好专业人才培养与政治骨干培养之间的关系，前者是高等教育存在的目的，后者是在前者的基础上进一步拓展青年发展的渠道。

（四）强化实践导向，提高活动实效

实践是培养青年政治骨干的有效途径，我们的活动不能只是囿于理论学习，如果无法将理论与实践相结合，则终是空中楼阁，无根之木。目前，法大青年政治骨干培养活动中最具有实践导向的两个方向是基层学习和志愿活动。基层学习有助于青年政治骨干形成对基层现实情况的具体认知，锻炼青年骨干解决问题的能力。学校在暑期及其他重要时间节点（如五四青年节、"一二·九"运动纪念日）组织青年政治骨干参与深入基层系列活动，通过学生党支部与在京基层党支部的联动，引领青年骨干了解基层、投身基层，以实际行动参与到基层的服务和建设中。目前来看，此类活动在整体中占比较少，未来可以开拓支农、支教和法律援助等方式，在基层建设的实践工作中让青年政治骨干的毅力得到锻炼，组织能力、合作能力得到提升。志愿服务活动有助于增强青年政治骨干服务人民、服务社会的意识。目前学校针对青年政治骨干开展的志愿服务项目占比不大，未来仍有增加的空间。具体形式可以包括迎新服务志愿、学业辅导帮助、社区基层志愿和普法服务保障等。志愿服务活动是鼓励青年政治骨干奉献自我、主动服务的重要方式。要提升骨干的实践能力，需要进一步强化社会实践中人才培养的方法，建立长效管

理机制，经常性地开展具体项目培训，为将来步入社会打下基础；[1]整合骨干实践平台，将理论与实践环节相结合方为长久之道。[2]

（五）落实因材施教，追踪学习效果

培养青年政治骨干的核心素养是我们的目标之一，必须明白我们要"培养什么样的青年政治骨干""如何培养青年政治骨干"的核心问题。青年政治骨干身上都具有时代的特征和自己的个性，在进行培养的过程中，要充分发挥他们的个人特质，因材施教，进行科学化、专门化的培养。对青年政治骨干的培训更加注重新时期对人才素质的多层面要求，加强对学生骨干自我意识的积极引导。[3]同时，培养的结果应当得到验证，目前普遍存在的问题就是，短期的活动是否能达到预设的效果并不好检验。关于这个问题，笔者认为应当建立长效的追踪机制，定期检查培训效果，贯穿整个培训过程，最终使培训效果最大化。[4]

（六）把握时代脉搏，迭代组织模式

校级、院级、班级三级组织层级的建立，能够使更多的优秀青年同学加入学校的青年政治骨干培养项目。从我们选取的研究起点2017年5月来看，法大校团委每学期至少举办一次青年政治骨干的培养活动，并对全校的学生骨干进行集中培训和后续的持久培养。各院级团委积极响应校团委的号召，创设培养本院优秀青年骨干的项目，利用课余时间对院内青年政治骨干进行集中培养，以期通过持久性的传统项目提升代际传承的影响力和对青年骨干的持续性培养。同时，各班党团支部根据班级的实际情况灵活机动安排，针对各班入党积极分子及团支部干部开展培养活动。但目前来讲，校级、院级和班级青年政治骨干培训活动之间的联系仍有待加强。从顶层设计的角度来

---

[1] 刘颖等：《具身认知理论视域下高校学生骨干培训模式创新研究》，载《高教学刊》2020年第2期。

[2] 王腾月等：《"三位一体"学生骨干培养体系的构建研究》，载《中国培训》2016年第16期。

[3] 高小安、王杏珍：《新时期学生骨干培训应重视对自我意识的正确引导》，载《南京理工大学学报（社会科学版）》1997年第5期。

[4] 左朋涛、杨俊杰、王超：《浅析高校大学生骨干培训体系建设》，载《成功（教育）》2012年第11期。

说，"校—院—班"三级培养组织均在学校党委的领导之下，学校党委起着举足轻重的枢纽作用，并在培养组织中处于重要的统领地位。因此，更需要学校党委强化组织领导，将青年政治骨干培养作为重要的工作任务。

五、结论

习近平总书记发表的"五·三讲话"对于高校培养青年政治骨干具有价值引领和方法论指导的重要意义。因此，在对青年政治骨干培养的过程中，既要坚持政治导向，也要注重方式方法；既要依托高校现有资源，也要激发学生主观能动性，从而形成"育与学互鉴，知与行并行"的模式格局。

中国政法大学坚持习近平总书记"五·三讲话"精神，积极调动校内组织、教学资源，结合常态化的学生党、团日活动，打造了一批具备品牌效应的优质活动，在培养青年政治骨干的过程中发挥了独特的作用。但是同样应当看到，目前对于青年政治骨干的培养也存在诸多不足之处：青年学生的参与积极性还有待提高，组织活动面临着形式主义的侵蚀，培养机制的实效性有待增强等。在新时代新征程上，要培养出真正政治素质过硬、业务能力突出，能够积极投身于中国式现代化建设的青年政治骨干，需要广大高校思政工作者立足当代青年发展现状，针对青年群体的特点制定不同的培养策略；在确保日常党团活动顺利进行的基础上，主动树立品牌意识，打造一批口碑好、吸引力强、效果突出的精品活动；迭代组织形式，强化培养机制的实践导向与完善激励机制。总之，要围绕着提升青年学生的参与热情、参与深度和参与实效促改革，着眼于提高青年学生的政治判断力、政治领悟力、政治执行力做文章，才能避免青年政治骨干培养机制空转，切实将投入的各方面资源转化为青年的实际成长。

高校涉外法治人才培养路径探析

中国政法大学外国语学院　许慧芳

中国走向世界，以负责任大国参与国际事务，必须善于运用法治。全球治理体系正处于调整变革的关键时期，要积极参与国际规则制定，做全球治理变革进程的参与者、推动者、引领者。[1]涉外法治人才培养已经成为国家人才培养的重要战略内容、各个高校人才培养的重要课题。

一、问题提出：三个因素和两个问题

随着中国日益深入地参与国际社会的政治、经济和社会生活，国际事务规则的制定和参与、"一带一路"建设和高水平对外开放的法律事务处理需求以及中国公民和企业海外合法权益的维护都对涉外法治人才的培养提出了更高的要求，为高校的涉外法治人才培养模式提出了更大的挑战。

学者研究指出"我国目前的法律人才中，能够从事涉外法律业务的仅占1%左右"[2]，且在国际组织中鲜有中国人任职，2019年联合国秘书处职员构成中，中国籍职员仅占职员总数的1.46%。[3]中国涉外法治人才数量不足、能力不足、经验不足、培养不足。[4]高校的涉外法治人才培养将何去何从，高校教育工作者和学者们从不同角度对这一问题进行反思。学者们认为涉外法治人才培养中存在的普遍问题是培养方案编制与执行脱节、外语培训和法

---

　　〔1〕　郑曦、顾佳浩：《涉外法治人才培养的困境反思与机制完善》，载《法学教育研究》2023年第3期。参见习近平：《加强党对全面依法治国的领导》，载《求是》2019年第4期。

　　〔2〕　赵勇等：《涉外律师人才培养的现状及思考》，载《中国司法》2020年第8期。

　　〔3〕　郑曦、顾佳浩：《涉外法治人才培养的困境反思与机制完善》，载《法学教育研究》2023年第3期。

　　〔4〕　韩永红、李明：《我国高校涉外法治人才培养的现状分析及前瞻建议——基于十五所高校的考察》，载《法学教育研究》2023年第1期；参见黄进：《加强我国涉外法治人才培养的战略选择》，载光明网，https://legal.gmw.cn/2021-02/09/content_34611217.htm。

学教育二者失衡，人才培养计划缺乏针对性、知识结构复杂而学制有限、涉外法律实践能力培训不足、人才培养平台整合度较低等。针对这些问题，学者们提出应从创新人才培养体系，加强人才培养针对性，打通理论与实务部门的互联渠道，加速国际法学科建设等入手解决。[1]

如何改革、规范和完善高校的涉外法治人才培养，其实涉及三方面的因素：国家发展的战略需求、学校教学资源和教学平台的优化整合以及对学生学习能力和接受能力的评估。学校的人才培养应回应国家战略需求，而学校人才培养的具体实施成效必须以学生的学习接受能力为基础，因材施教，尊重依循学生的成长规律。

因此，高校涉外法治人才培养模式的研究至少应回答两个问题：①我们的人才培养内容是否符合国家涉外法治人才培养战略需求，是"广播种"还是"精耕细作"？②我们的培养是否在学生学习能力可接受范围内的，是"全阶段"培养还是"分阶段"因材施教？

二、事实研究：高校人才培养概览

（一）历史沿革

我国高校涉外法治人才建设萌芽于晚清时期培养外语翻译人才的"京师同文馆"、研究国际法的"公法学会"和"法律学会"以及运用外国法及国际法的"上海会审公廨"的法律实践[2]。新中国改革开放后，《中共中央关于教育体制改革的决定》中明确教育必须"面向现代化、面向世界、面向未来"。随着中国正式加入世界贸易组织，"'经济入世'不仅要求必须与'法律入世'同步，而且要求法学教育必须为'入世'做好准备"[3]。2011年发

---

〔1〕 参见韩永红、李明：《我国高校涉外法治人才培养的现状分析及前瞻建议——基于十五所高校的考察》，载《法学教育研究》2023年第1期；张春良、魏瑛婕：《涉外法治人才培养的当前困境与未来举措——西南政法大学经验谈》，载《法学教育研究》2022年第3期；张超汉、侯柔倩：《新时代高素质涉外法治人才培养创新与实践研究》，载《西北高教评论》2023年第2期；郑曦、顾佳浩：《涉外法治人才培养的困境反思与机制完善》，载《法学教育研究》2023年第3期。

〔2〕 参见黄贵、李荣：《百年变局：涉外法治人才培养之历史"经线"与现实"纬线"》，载《法学教育研究》2023年第3期。

〔3〕 霍宪丹：《面向21世纪：中国法学教育改革发展的重大问题思考》，载郭道晖主编：《岳麓法学评论》（第2卷），湖南大学出版社2001年版，第63~82页。转引自黄贵、李荣：《百年变局：涉外法治人才培养之历史"经线"与现实"纬线"》，载《法学教育研究》2023年第3期。

135

布的《教育部 中央政法委员会关于实施卓越法律人才教育培养计划的若干意见》中，"涉外法律人才培养"首次成为国家教育规划、各个高校人才培养计划中的重要内容[1]。2014年《中共中央关于全面推进依法治国若干重大问题的决定》中提出"建设通晓国际法律规则、善于处理涉外法律事务的涉外法治人才队伍"[2]，从"涉外法律人才"培养更定为"涉外法治人才"，提升了人才培养的维度。2016年9月27日，习近平总书记主持中共十八届中央政治局第三十五次集体学时，提出培养"熟悉党和国家方针政策、了解我国国情、具有全球视野、熟练运用外语、通晓国际规则、精通国际谈判的专业人才"[3]。2018年制定的《教育部 中央政法委关于坚持德法兼修实施卓越法治人才教育培养计划2.0的意见》，从"厚德育""强专业""重实践""深协同""强德能""拓渠道""促开放""立标准"等八个方面对高校涉外法治人才培养提出了具体的实施建议和要求[4]。

如图1所示，回应不同时期国家发展需要，改革开放以来，高校结合教学资源和地缘优势，在涉外法治人才培养方面进行了积极的探索，从创建国际法系、国际经济法系或国际法研究所（1978—1999年），建设国际法学院、探索中外合作办学形式（2000—2011年），到积极争取"卓越法律人才培养基地"、开设涉外法治人才实验班或试验班、探索区域性特色人才培养模式（2012年至今）[5]。

---

〔1〕 参见《教育部 中央政法委员会关于实施卓越法律人才教育培养计划的若干意见》，载中华人民共和国教育部政府门户网站，http://www.moe.gov.cn/srcsite/A08/moe_739/s6550/201112/t20111223_168354.html。

〔2〕 参见习近平：《关于〈中共中央关于全面推进依法治国若干重大问题的决定〉的说明》，载求是网，http://www.qstheory.cn/dukan/2020-06/04/c_1126073326.htm。

〔3〕 参见《坚持双赢多赢 推动全球治理体系变革》，载《新京报》2016年9月29日，第A05版。

〔4〕 参见《教育部 中央政法委关于坚持德法兼修实施卓越法治人才教育培养计划2.0的意见》，载中华人民共和国教育部政府门户网站，http://www.moe.gov.cn/srcsite/A08/moe_739/s6550/201810/t20181017_351892.html。

〔5〕 参见韩永红、李明：《我国高校涉外法治人才培养的现状分析及前瞻建议——基于十五所高校的考察》，载《法学教育研究》2023年第1期。

第二阶段

2000年复旦大学组建法学院；中南财经政法大学设国际法学系；2001年中山大学复建法学院；
2003年清华大学与天普大学合作举办法学硕士学位项目；武汉大学开设法语法学双学位实验班；
2004年华东政法大学与香港城市大学法学院建立本科生联合培养；武汉大学开设德语法学双学位
试验班；
2005年清华大学开设全英文授课"中国法硕士项目"；
2006年北京大学开设"中国法硕士"项目；
2008年北京大学国际法学院创立；武汉大学开设国际法专业全英文留学生项目；
2009年中国人民大学设立比较法学科等。

2000—2011年

1978—1999年

1980年武汉大学成立国际法研究所、
吉林大学增设国际法专业；
1983年北京大学国际法研究所建立；
1984年对外经济贸易大学成立国际
经济法系；
1989年中国政法大学国际经济法系
建立；
1999年清华大学法学院复建、西北
政法大学成立国际法学院等。

第一阶段

2012年至今

2012年清华大学国际仲裁与争端解决项目启动；中国政法大学获批教育
部涉外法律人才教育培养基地；复旦大学获批"复合型"和"涉外型"
两个教育部卓越法律人才培养基地；
2013年中国政法大学开设"涉外法律人才培养实验班"；华东政法大学
设立"涉外高端法律服务人才培养创新实验班"项目；上海政法学院设
立"中国—上海合作组织国际司法交流合作培训基地"；西南政法大学
创设本科生"涉外法律人才实验班"；中山大学设立全英教学实验班；
2014年西南政法大学创设"一带一路法律人才实验班"；
2015年对外经济贸易大学开设"法律+英语"卓越人才实验班；
2017年上海政法学院设立涉外卓越律师人才培养试点班；中山大学成立
中英国际商事法学院；
2018年中南财经政法大学与肯特法学院、杜兰大学等设立"中美班"，
开展"双校园""双教学"和"双证书"模式办学；
2019年中国政法大学与圣路易斯华盛顿大学法学院合作创建"中外合作
办学双硕士项目"，获批"法大—蒙大"国际组织法学后备人才培养项
目；北京大学开设"北京大学—香港大学法学双学士项目"；中南财经
政法大学运行中意学院"欧洲学：比较法与欧洲法"硕士项目；广东外
语外贸大学设立广东涉外法治人才培养基地和广东涉外律师学院；
2020年西南政法大学"法学+英语""法学+法语"双学士学位开始招生；
2021年上海政法学院设立涉外卓越法律人才培养创新班；西北政法大学
获批"国际组织法治人才培养项目"；
2022年广东外语外贸大学开始招收法律硕士(涉外法治人才班)研究生、
法学(国际组织创新班)本科生等。

第三阶段

图1 改革开放以来中国高校涉外法治人才培养路径探索历程

（二）培养模式

目前参与国家涉外法治人才培养的高校分为获准设立"涉外法律人才教育培养基地"的 17 所综合性大学、五大政法院校、重点培养国际化法律人才的经贸、海事和语言类院校和侧重于国际法科人才培养的地方性大学[1]。

各个高校正在探索并付诸实践的主要人才培养模式分为本科生教育、高水平特色人才培养项目、跨校合作培养、高校与政企协同培养和中外合作联合培养、合作办学等 5 个类型（如表 1 所示）。

表 1　高校涉外人才培养模式类型化分析

序号	类型	代表学校	代表项目名称
1	本科生教育	北京大学、中国政法大学、武汉大学、西南政法大学等	涉外法律人才培养实验班；外语、法学双学位试验班；一带一路法律人才实验班；涉外法律人才实验班；"法学+英语""法学+法语"双学士学位班等。
2	高水平特色人才培养项目	清华大学、北京大学、武汉大学等	全英文授课"中国法硕士项目"；国际法专业全英文留学生项目等。
3	跨校合作培养	北京大学、华东政法大学等	北京大学—香港大学法学双学士项目；华东政法大学与香港城市大学法学院建立本科生联合培养等。
4	高校与政企协同培养	中国政法大学、上海政法学院等	"法大—蒙大"国际组织法学后备人才培养项目；中国—上海合作组织国际司法交流合作培训基地；涉外卓越律师人才培养试点班等。
5	中外合作联合培养、合作办学	清华大学、中南财经政法大学等	清华大学与天普大学合作举办法学硕士学位项目；中南财经政法大学与肯特法学院、杜兰大学等设立"中美班"，开展"双校园""双教学"和"双证书"模式办学等。

---

〔1〕 参见方桂荣、宋群力：《培养涉外法律人才的路径优化》，载田士永主编：《中国法学教育研究》（2020 年第 1 辑），中国政法大学出版社 2020 年版，第 99~115 页。

(三) 课程建设

韩永红教授等学者对北京大学、清华大学等15所高校法学专业本科生和硕士研究生培养方案中所涉及的涉外法治人才培养课程进行了整理，对目前的涉外法治人才课程体系建设进行了评估性研究。[1]研究数据表明，在涉外法治人才培养实验班本科教学中，涉外课程占总课程的比例大约在31.67%左右，北京地区和沿海地区高校的涉外课程的比例高于平均线，中西部地区高校的涉外课程比例略低于平均线；而在法律硕士（涉外律师）项目中，涉外课程占总课程的比例显著提高，约在56.09%左右，涉外课程的设置则主要取决于各个高校的教学资源配置，政法类院校的涉外课程设置比例明显高于综合类大学。

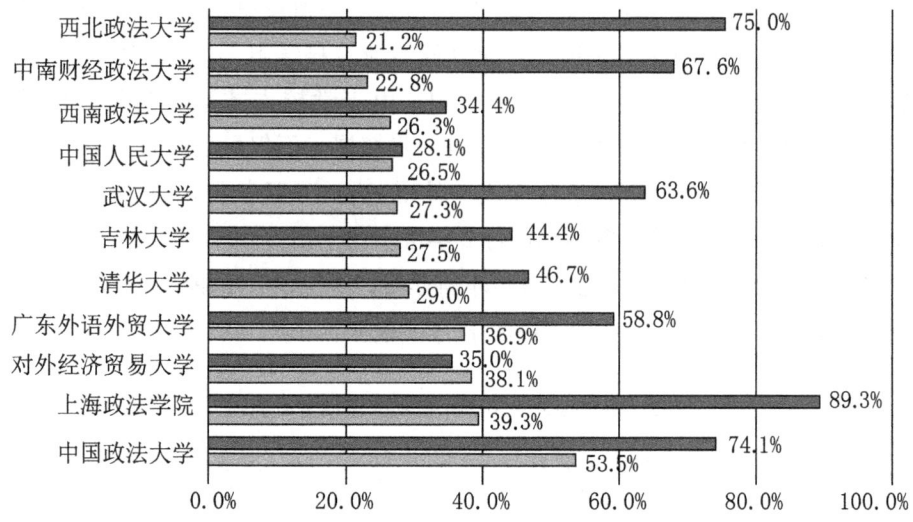

图2　高校涉外法治人才培养课程建设情况——涉外课程占总课程比例

三、路径探讨：聚焦国家战略需求并遵循学生成长发展规律的人才培养路径

高校涉外法治人才培养模式的多元性和多样性，是涉外法治人才需求的

---

〔1〕　课程样本的选取标准和基础数据调研，参见韩永红、李明：《我国高校涉外法治人才培养的现状分析及前瞻建议——基于十五所高校的考察》，载《法学教育研究》2023年第1期。

差异性、涉外法治服务领域的多极性的必然要求，呈现了高校在涉外法治人才培养中的积极探索，这也是高校对国家战略需求的积极回应[1]。然而高校在涉外法治人才培养中所面临的种种困境和问题，恰恰凸显的是高校教学安排同时需要考虑学生学习接受和适应能力的问题。

（一）双专业课程建设和教学安排要遵循学生的成长发展规律才可能实现培养预期

当我们从已经毕业并从事涉外法务实践学生的成长经历回溯学校人才培养模式时，这个问题会更加清晰。在对某政法院校外国语学院 1994—2018 年间已毕业并从事涉外法务工作 135 名学生的调研回访中，学生均通过学校教育完成外语、法学双专业学习，为之后的涉外法务执业奠定了专业知识基础。1994—2002 年的校友主要是通过 4 年外语专业本科学习，3 年的法学研究生学习，即通过"4+3"完成双专业学习。由于学校人才培养政策的调整，2003—2018 年的校友的专业学习路径进一步拓展，不仅可以通过"4+3"方式，而且可以通过"5+2"（5 年完成"外语+法学"双专业双学位本科学习，经遴选推免保送比较法学院继续进行 2 年法学硕士研究生学习）、"5+3"（5 年完成"外语+法学"双专业双学位本科学习，经考研升学继续 3 年法学硕士研究生学习）的方式完成"外语+法学"双专业学习。

表 2　从事涉外法务工作校友的专业学习模式

项目	1994—2002 年 （32 人）	2003—2018 年 （103 人）
4+3	32	21
5+2	0	49
5+3	0	33

基于外语和法学两个专业学习规律，在该政法学校中选择通过学校专业

---

〔1〕　参见方桂荣、宋群力：《培养涉外法律人才的路径优化》，载田士永主编：《中国法学教育研究》（2020 年第 1 辑），中国政法大学出版社 2020 年版，第 99~115 页。

教育完成双专业学习的外语专业学生[1]，需要完成 170~180 个左右的外语专业学分，以及 50 个左右的法学专业学分，即共 220~230 学分才能完成两个专业知识和能力基础的学习任务。根据历年对本科生深度访谈跟踪调研，学生每个学期修读学分在 28~32 个左右（约 11~16 门课）时，学生每周有时间和精力参加校内外的课余兴趣活动；当学生每个学期的学分修读超过 40 学分（约 17~20 门课）时，学生基本没有时间和精力去参与第二课堂的各类活动，课堂学习、课后作业等将占满学生的在校时间。长时间全天候的专业学习，将使从中学时期一直处于各种"卷"状态中的学生出现焦虑、逆反甚至双相情感障碍等严重心理问题。因此受调研校友们倾向于通过"4+3""5+2"和"5+3"等方式完成外语、法学双专业的学习。

（二）只有用外语讲好外国人可以听得懂的中国法治故事，"涉外"课程的学习方能助益涉外法治人才培养

在政法类和外院类院校研究者在对本校涉外法治人才培养效果的考察中发现，单纯的外语和法学学科的学习叠加是无法实现国家战略需求的"涉外法治人才"培养，涉外法治人才需要能够通晓涉及国别法的法律语言以及相应的国家传统文化、语言文化等，才可能在中外顺畅交流的基础上，真正参与到中外法律事务的应对和处理中。在某政法院校所设置"涉外法律人才培养实验班"中，考虑到学生的学习接受能力，参照法学专业学生的培养，修读总学分为 180 学分，英语通识必修课组为 9 学分共 6 门课程，其中 5 门为学术英语类课程，1 门为法律专业英语课程；基本专业选修课组中的 8 门课程，其中 5 门为法律英语类专业课程、1 门德语和 2 门英语名篇选读和法律时文选读（英语）课程。

---

[1] 在本文选择的样本学校中，非外语专业学生（包括法学专业学生）不能选择外语专业作为双专业修读。

新时代加强和改进高校思想政治工作路径探究

表3 某政法院校"涉外法律人才培养实验班"培养方案中的外语课程设置

类别 Type	序号 No.	中英课程名称 Course	课程号 Course code	授课单位 Teaching institution	课时 Class hours	学分 Credit（s）	学期 Term
英语通识 必修课组 English Compulsory	1	学术英语 读写（一） Reading and Writing for Academic Purposes（I）	108010012	外国语学院 School of Foreien Studies	32	2	01
	2	学术英语 读写（二） Reading and Writing for Academic Purposes（II）	108090132	外国语学院 School of Foreign Studies	32	2	02
	3	学术英语 听说（一） Listening and Speaking for Academic Purposes（I）	108010031	外国语学院 School of Foreign Studies	16	1	01
	4	学术英语 听说（二） Listening and Speaking for Academic Purposes（I）	108010041	外国语学院 School of Forcign Studies	16	1	02

142

类别 Type	序号 No.	中英课程名称 Course	课程号 Course code	授课单位 Teaching institution	课时 Class hours	学分 Credit（s）	学期 Term
	5	学术英语视听说 Academic English Listening and Speakmg through Movies	108010051	外国语学院 School of Forcign Studies	16	1	04
	6	法律专业英语 Legal English for Law Majors	108010484	外国语学院 School of Forcign Studies	32	2	04
备注 Notes		学分要求：应修满 9 学分 Credit requirement：a minimum requirement of 9 credits.					

类别 Type	序号 No.	中英文课程名称 Course	课程号 Course Code	课时 Course Code	学分 Credit（s）	学期 Term
基本专业选修课组（语言类课程） Major（Elective, Funda-mental）（Language Courses）	1	英语名篇选读 Selected Reading of English Masterpieces	408010202	32	2	01
	2	法律时文选读（英语） Selected Reading of English Current Iegal Publications	408001212	32	2	02
	3	法律术语翻译 Legal Term Translation	408001332	32	2	04
	4	法律英语视听说 Legal English Learning through Movies	408001122	32	2	04
	5	法律翻译 Legal Translation	408001042	32	2	05

续表

类别 Type	序号 No.	中英文课程名称 Course	课程号 Course Code	课时 Course Code	学分 Credit (s)	学期 Term
	6	法律案例选读（英语） Selected Reading of English Legal Cases	408001232	32	2	05
	7	学术英语写作 English Writing for Academic Purposes	408001392	32	2	07
	8	德语（一） German	308000384	64	4	07

据此，涉外法律人才培养实验班所面向的是具有良好英语基础和语言交际能力的学生，否则仅仅依靠单纯的一门或者几门法律外语课程或者全英文的法学授课是无法满足人才培养需求的，需要的是外语语言文学、法律外语语言研究和中、外法学课程的全面、系统教学。

（三）人才培养只有回应学生内心的专业兴趣志向，教育才能真正有实效

在对某政法院校外国语学院 1994—2018 年间已毕业的 361 名学生的调研回访中，其中 343 名学生在校期间曾同时修读过外语、法学双专业课程，占回访总人数的 95.0%，只有 135 名学生最终选择了进入司法部、检察院、法院、律所以及企业等单位从事与涉外法务相关的工作，仅占受访总人数的37.4%；226 名学生选择从事外语教学、翻译、审计、艺术、金融等领域的工作，进入政府部门、事业单位、企业以及自主创业就业。

表 4　受访校友就业行业概览

就业行业	司法部	检察院	法院	律所	学校	翻译公司或自由译员	银行	商贸企业	自主创业	政府部门（非法务部门）	合计
从业人数	1	23	14	97	36	35	35	77	9	34	361

在这次对校友的跟踪访谈和培养观察中，只有 9.7% 左右的学生在毕业后继续从事语言翻译类的工作，约 37.4% 的学生毕业后从事了涉外法务工作，约 42.9% 的学生则在毕业后最终选择了非外语、非法学的领域从业。学校的专业教育在教授学生专业知识的同时可以培养学生的专业思维习惯，但并不能够决定学生的职业选择，专业教育的建设只有在回应了学生的兴趣指向和他对自己的未来期许才能真正影响学生的择业、就业。

不是所有高分入学的学生都期待自己成为涉外法治人才，很多学生并不真正有时间去审视自己内心的需求，以及了解国家和社会对于人才的多样化的需求，我们需要给学生成长的时间，让他们有时间去自主发现真正契合自身需求的专业选择和职业发展道路。

因此，如果我们要培育真正符合国家涉外法治战略需求的涉外法治人才，需要发现、回应学生的成长需要。

四、路径探讨：对高校涉外法治人才培养模式的反思和建议

至此，当我们再次回顾我国高校目前的五种涉外法治人才培养模式，不妨换一种思路，从学生的成长规律和学习需求出发进行反思和探讨，可能将更有助于发现问题，完善培养模式，提升涉外法治人才培养的实效性。

首先，基于我国高校本科生入学时所接受的中学教育情况，作为多专业复合型人才培养的涉外法治人才培养模式通过四年本科生或者二年、三年的研究生教育是无法实现的，需要的是"本科+研究生"的长期教育培养。根据教育部的本科生教育指导，各个高校的本科生一年级、二年级为专业基础教学阶段，要允许学生在学科基础教学阶段通过本专业学习以及通识选修、辅修自选其他专业课程对自己的专业旨趣进行探索和思考。这两年也是学生从全日制紧张的中学学习阶段之后以相对自立的形态进入大学开始个体社会化过程的适应、成长阶段。在三年级时，再建议学生考虑是否接受涉外法治人才培养模式是较为适宜的。这时经过初步社会化的学生已经逐渐成熟，自己可以做出负责任的决定，同时也具备了较为扎实的专业基础知识能力。一年级、二年级是"广播种"，三年级、四年级才是"精耕细作"。

其次，根据教育部的教学大纲指导意见，高校各个专业的必修课学分修读主要是在一、二年级，因此三、四年级是适宜增加新的专业叠加课程。但

是基于多专业学科知识的体系性和学习规律，两年的时间是远远不够的，仅能完成基础课程的学习，全面的知识体系构建和实践技能培训至少还需要 2~3 年的时间。因此针对需要精心培育的高端涉外法治人才的培养，学校应考虑"本科+研究生"贯通式培养，并且在课程体系中要强化法律外语课程体系的建设和教学。

最后，国内跨校培养以及中外合作办学或联合培养中，基于学校的教学管理、学生管理以及学生在新环境的学习、生活适应情况，应当考虑至少 2 年的教学安排。在正常的学生管理教育中，入学教育的时限一般需要 1~2 个月的时间，学生在新环境的适应期一般从 2 周~2 个月不等，结合各个学校的专业教学安排，高质量的跨校学习至少应有 2 年。学校的教学设计对学生有很强的导向性，跨校的学历、学位教育将更能促进学生积极主动地完成体系化的专业学习。

五、结语

在涉外法治人才培养模式的设计中，高校不仅要坚持需求导向和实践导向，依循国家战略需求聚焦重点积极筹谋，而且应持续关注人才培养实践中出现的问题，真正关切学生成长需求，将学生自主的成长需要转化为学校自觉的人才培养模式构建，不断优化不同类型涉外法治人才培养路径，为学生发展助力助航，为国家建设、社会发展提供智力支持和人才支撑。

参考文献

[1] 习近平：《加强党对全面依法治国的领导》，载《求是》2019 年第 4 期。

[2] 郑曦、顾佳浩：《涉外法治人才培养的困境反思与机制完善》，载《法学教育研究》2023 年第 3 期。

[3] 赵勇等：《涉外律师人才培养的现状及思考》，载《中国司法》2020 年第 8 期。

[4] 韩永红、李明：《我国高校涉外法治人才培养的现状分析及前瞻建议——基于十五所高校的考察》，载《法学教育研究》2023 年第 1 期。

[5] 张春良、魏瑛婕：《涉外法治人才培养的当前困境与未来举措——西南政法大学经验谈》，载《法学教育研究》2022 年第 3 期。

[6] 张超汉、候柔倩：《新时代高素质涉外法治人才培养创新与实践研究》，载《西北高教评论》2023 年第 2 期。

［7］黄贵、李荣:《百年变局:涉外法治人才培养之历史"经线"与现实"纬线"》,载《法学教育研究》2023年第3期。

［8］方桂荣、宋群力:《培养涉外法律人才的路径优化》,载《中国法学教育研究》(2020年第1辑),中国政法大学出版社2020年版。

［9］霍宪丹:《面向21世纪:中国法学教育改革发展的重大问题思考》,载郭道晖主编:《岳麓法学评论》(第2卷),湖南大学出版社2001年版。

［10］《教育部 中央政法委员会关于实施卓越法律人才教育培养计划的若干意见》,载中华人民共和国教育部政府门户网站,http://www.moe.gov.cn/srcsite/A08/moe_739/s6550/201112/t20111223_168354.html。

［11］习近平:《关于〈中共中央关于全面推进依法治国若干重大问题的决定〉的说明》,载求是网,http://www.qstheory.cn/dukan/2020-06/04/c_1126073326.htm。

［12］黄进:《加强我国涉外法治人才培养的战略选择》,载光明网,https://legal.gmw.cn/2021-02/09/content_34611217.htm。

两性话题下大学生性别角色观的重构

中国政法大学民商经济法学院 姚国强

引 言

现代性别理论研究已经基本达成共识，即在人的生理性别（sex）之基础上，随着社会文化中性别规范的浸染而形成了属于两性各自的群体特征和行为模式，这种差异被定义为社会性别（gender）。在个体与社会性别的认知互动当中，为了迎合社会群体对两性在婚姻、政治、文化等各个领域所扮演的角色之固有期待，人们在共塑中形成了性别角色观。

长期以来，在父权制社会当中，女性价值被抑制，从而随着女性地位的上升，其平权需求与不平等的现实必然产生激烈的冲突，由之便引发了两性对立问题。这一问题在网络社交平台的普及背景下有日益激进化的趋势，具体表现在同类聚集机制推动了群体分裂，信息茧房机制则激发极端情绪和偏激观念，以及流量竞争机制为两性对立问题激进化表达策略的践行提供了动机。[1] 大学生作为网络社交平台使用的主力军和活跃者，其激进化趋势尤为突出，这在一定程度上影响了该群体性别角色观的形成。从这个角度来说，当下大学生的性别角色观正处在一个转型时期，即旧有认知已经无法调和两性之间的矛盾。这是由于两性对立问题带来的激烈冲突批判有余、建构不足，要使得两性对立问题规避"各说各话"的困境，从两性视角达成共识，迎来合作共赢的互利局面，就应当在合理批判中有效重构性别角色观。

一、网络催化下大学生性别角色观的转型

进入网络时代以来，两性对立这一议题在线上社交平台的催化效应下存

---

[1] 陈李伟、桂勇：《互联网会带来激进化吗？——基于网络女权议题的网络动力学研究》，载《现代传播（中国传媒大学学报）》2023年第4期。

在明显的激进化趋势。就互动结构而言，社交平台所建立的虚拟社群往往使得网络空间内代表不同性别利益的群体趋于分裂，导致群体内部信息和观念高度同质化，算法遮蔽下网络信息的自筛选带来了信息茧房效应，强化了情绪化和极端化表达。网络时代社交平台的定位突破了单一的社交属性，其运行逻辑在于如何将社会关系建构所产生的势能转化为交易和价值创造的动能，从而在资本逐利的牵引下，两性对立往往成为发现事件、创造热度、吸引流量的噱头。这种争议性议题的理性讨论向极端化和激进化演进的过程已经深刻影响了作为网络社交平台原住民的当代大学生，并使形成了对两性对立的自觉认同的他们在潜移默化中成为这种演进的拥趸。

在网络社交平台出现之前，对大学生性别角色观的相关研究表明，不同性别的大学生在看待无论是同性还是异性的角色描述时，其性别角色观呈较为稳固的两性分化形态，且总体上趋同度很高。有学者基于分类选取自贝姆（Bem）性别角色量表（BSRI）[1]的人格特质词对国内某高校的大学生进行了性别角色测试，结果显示，男性大学生中男性化角色占比和女性大学生中女性化角色占比都很高；不管是男性特质词还是女性特质词，男性和女性大学生的评定都相当一致。[2]为了了解当下我国大学生的性别角色观和网络社交平台的使用对性别角色观的影响，笔者新近面向国内某高校的大学生设计发放了性别角色测试问卷，在测试方法上沿用了基于贝姆性别角色量表的人格特质词分类法，经过筛选获得有效结果 100 份，其中男性和女性各 50 份，性别角色类型结果见表 1：

表 1　国内某高校大学生性别角色测试结果

男生	男性化	31	62%
	女性化	4	8%
	双性化	14	28%
	未分化	1	2%

---

〔1〕 贝姆性别角色量表共有 60 个特质词，分别对应男性、女性和中性，测量结果将通过计算各特质词的得分，采用特定的计分方法获得最后的性别角色类型：男性化、女性化、双性化或未分化。

〔2〕 参见张积家、张巧明：《大学生性别角色观的研究》，载《青年研究》2000 年第 11 期。

续表

	男性化	1	2%
女生	女性化	34	68%
	双性化	10	20%
	未分化	5	10%

通过将该调查结果与前述网络社交平台出现之前的原有相似研究结果进行比较，可以发现，线上社交时代大学生的性别角色观总体上不再呈严格的两性分化形态，无论是男性还是女性大学生群体中，双性化角色所占比例都出现了较大增长。此外，大学生群体对同性和异性的性别角色认知也产生了较大分歧。由此可见，在网络社交平台的广泛使用带来性别议题表达激进化的时代背景下，大学生性别角色观正作为现代化进程的一部分展现出新的姿态。可以说，当下大学生性别角色观正处在一个转型时期。大学生不再认为自身性别在传统意义上的某些角色气质是必须展现的东西，反而对另一性别角色的一些特质加以认可和释放，这一认知体系在两性个体身上又有很大不同，从而，传统的性别角色观便不可避免地发生消解，对性别角色观的重新建构势在必行。

二、大学生性别角色观的影响要素与转型特征

（一）"四要素模型"：网络要素修正的必要性

在考察不同时期性别角色观的形成时，通说采取"三要素模型"，即认为影响性别角色形成的要素主要有三个：传统文化、国家和市场。[1]其中传统文化是构成性别话语的基础要素，在我国封建社会时代的性别角色构成中占据核心地位，其核心就是父权制，即通过强调两性生理上的差异来证明传统"男外女内"等一系列性别角色分工的合理性；国家则是拥有官方权威的主导要素，尤其在新中国成立到改革开放以前，充当了性别话语塑造者的全能角色；而市场是在改革开放后才逐渐成长起来的要素，但它的介入已经对前两个要素产生了极大的冲击，逐渐成为市场经济时代推动性别角色观转变的核

---

〔1〕 吴小英：《市场化背景下性别话语的转型》，载《中国社会科学》2009 年第 2 期。

心动力。

但是，在如今两性对立激进化的背景下，尤其对于当代大学生而言，研究其性别角色观的构成时，网络已经成为一个不可忽视的独立要素。在社交平台的助力下，网络不再仅仅是可资使用的基础设施或技术手段，而是一个强大的社会自组织机制。如前所述，同类聚集机制、信息茧房机制和流量竞争机制共同参与了两性对立的激进化进程。事实上，随着数字化生存方式的到来，人们的社会生活愈加紧密地与虚拟空间联系在一起。大学生群体中趣缘社群成员聚集、集体发声表达公共诉求、在匿名平台转移现实情绪等典型行为高度依赖网络，深受网络逻辑的影响。在网络社交平台普及的时代，每一个用户都是性别形象的生产终端，并且这种生产极为便捷，从而造成了性别角色塑造的极度多样化，这无疑深刻影响着性别角色观的生成逻辑。从这个意义上讲，当下系统评估网络要素在塑造大学生性别角色观中的作用是必不可少的分析视角。因此，应当对"三要素模型"进行修正，基于包括传统文化、国家、市场和网络的"四要素模型"来分析和重构当代大学生的性别角色观。

（二）转型时期：性别角色新的时代样貌

"四要素模型"中的各个要素在不同时代都充当了不可忽视的角色，只是在叙述的内容和方式上发生了变化。当下大学生性别角色观正处于转型期，各个要素在两性对立问题激烈的批判交锋背后所扮演的角色以及相互之间的力量关系也发生了新的变化，使得性别角色观正显现出新的时代特征。

首先，传统文化和国家在大学生性别角色建构中的地位正面临着严峻的挑战。二者曾先后主导性别角色观的构造，但在改革开放后它们却都不可避免地遭到了来自市场和网络的挑战，不得不按照现代性的需求对自己的叙述方式和角色定位做出调整。作为长期以来规制两性角色的范式，我国的传统文化以性别二元对立和男尊女卑的思维模式为基础，其中对男性角色的一部分建构与实践伴随着对女性的排斥、征服和压制，成为性别等级秩序的滥觞，现代女权主义的兴起便是对此的回应；而在新中国成立初期，我国对两性问题奉行的是自上而下的国家干预，在法规政策、意识形态和组织建设等多个维度促进男女平等，但总体上集中提倡的是男女两性对于国家和社会的义务平等，没有很好地满足长期在家庭中承担过多义务的女性对平权的需求，因此在如今的权利本位社会中有时也引起了矛盾的激化[1]。

其次，过度市场化导致大学生的性别角色观逐渐落入消费主义陷阱。市场要素是在改革开放后市场经济的语境下出现的，其核心是让市场成为可以给两性个体提供公平发展机遇的竞争平台。然而，对市场的过度信任和依赖往往会导致偏离消费主义的轨道。性别角色开始被频繁地用来区分两性各自所拥有的不同于异性的东西，如服饰、姿态、职业等。男性的消费能力、形体健壮度甚至性能力被视作对其性别主体身份的建构和践行，而对女性身材外貌的过分审视很大程度上使得女性被动地成了消费的对象，形成一种使女性身体走向商品化、客体化的消费时尚。在这种情况下，性别角色观对于大学生而言不再是充满自信和勇气的精神力量，而是压力、焦虑和人格异化的根源。

最后，网络中大学生性别角色的塑造呈现扁平化样貌。当人的性别形象表现从影视作品、流行歌曲、电视广告、报纸书刊等多层次的大众传播媒介中涌入单一的网络社交平台当中时，性别角色的表达方式和内容都在发生着变化。相较于影像时代，网络社交平台将话语的主动权交到了每一个用户个体的手中，从而使得性别形象的生产呈几何级数地增长，这种多样化便为性别角色观的共塑增加了阻碍，同时也无形中为竞争创设了条件。在资本逻辑的加持下，如何获得热度和流量才是内容考核的核心依据，这使得网络社交平台中的各种形象展示更多地是将个体抽象化为一种象征符号而与真实主体分离，并通过表演性和修饰性的操作完成自我身份的重新确认，这与现实中普遍存在的个体困境往往是错位的。因为在海量信息的快速生成过程中，事件往往只能留下一个孤立的、易逝的数据，而事件背后真实的诉求则被抽象化为一句吸引眼球的、空无实质的口号，并成为互联网世界里最具流量创造性的景观。[2]例如，绝大多数演员由于其职业的特殊性而必须注重身材和面容的管理，但外在形象对一般人是否具有如此大的价值是值得探讨的。

---

〔1〕 如 2022 年 4 月 12 日在网络社交平台微博上由"共青团中央"官方账号发布的一条帖子而引发的有关女性权利的网络舆情事件。

〔2〕 金姿妏、余达淮：《算法遮蔽下的社交平台性别议题反思》，载《华中科技大学学报（社会科学版）》2022 年第 4 期。

三、当代大学生性别角色观的重构路径

性别角色的传统认知体系已然于两性对立的激烈交锋中发生批判性解构，而新的共识由于各种原因尚未达成，使得当下的性别角色观呈现出批判大于肯定、解构大于建构的特点，造成了在两性对立中"各说各话"的困境，因此亟待对性别角色观做出反思性建构。大学生群体作为时代最前沿的一批触摸者，恰处观念和气概形成的关键人生节点，在性别角色观的重构中首当其冲。基于此，如何从两性共同视角出发，在合理批判中寻找有效共识便成为当下大学生性别角色观进行重构尝试时最重要的方法论命题。

（一）发展基于中国语境的本土化阐释

社会性别理论发端于 20 世纪 60 年代的美国，本质上属于西方的舶来品，从而在建构当下大学生的性别角色观时，应当基于中国性别观念的积淀确立自身的理论标识。我国传统文化尽管有很大一部分折射出性别歧视的落后色彩，但同时也包含了对性别自然状态的科学观察与顺应及对调和两性固有差异的关注，无论是讲求"刚柔相济""文武结合"的儒家两性气概理想，还是侧重阴阳协调的道家性别观念，都呈现出独特的精神气质和伦理关怀；[1]在近现代我国形成的本土化马克思主义中，基于对资本主义抽象平等之异化本质的透视，形成了"参加社会劳动是妇女解放的一个重要先决条件，妇女解放必须伴随全体被压迫阶级的解放而实现"等认识，如"妇女能顶半边天"等一些话语至今仍然有着深刻影响。[2]因此本土化阐释意味着不仅应吸取西方性别理论精髓，更应结合中国特有的转型表征，在性别角色研究的要素分析中注入强烈的主体精神。唯有如此，对我国当下大学生性别角色观的重构才能够基于本土化立场发展出一套行之有效的阐释方案。

（二）建立对"民主式两性气概"的有效认同

性别对立的问题无法从任何一方性别出发来寻求解决方案，必须秉持对

---

〔1〕 隋红升、赵洁：《跨学科视域下的中国男性研究：理路、脉络与展望》，载《浙江大学学报（人文社会科学版）》2023 年第 3 期。

〔2〕 参见荣维毅：《马克思主义妇女理论与社会性别理论关系探讨》，载《妇女研究论丛》2003 年第 4 期。

两性个体的同等尊重，因此就要求在男性和女性之间树立通过"民主"达成共识的有效认同。此外，性别角色观的重构远远不单是两性范畴内的问题，所谓"民主"存在更广泛的延伸维度：从性取向视角来看，以异性恋为标准的性别角色观建构往往建立在对同性恋及其他人群的排斥之上；从阶级视角来看，以精英阶层为标准的性别角色观建构往往建立在大众阶层的排斥之上；从种族视角来看，以西方白人为标准的性别角色观建构往往建立在对所谓有色人种的排斥之上。除去这些种种外壳的侵扰，可以发现，留下的是传统两性气概中的优良品质，如传统男性气概中的使命力量、坚强勇敢、捍卫正义等，以及传统女性气概中的同情亲切、睿智大气、温柔感性等。值得注意的是，这些气概特质与通常被用来描述性别刻板印象的两性气质有着本质的区别[1]，其为一种人类两性生理差异伴生的精神品格，两性个体平等地享有拥有它们的权利和机会，可称之为"民主式两性气概"。寻找和建构可以被有效认同的"民主式两性气概"是在两性对立中寻找共识的重要途径，从而有助于达成矛盾的消弭。

（三）增强现实关注型社会公益的力量占比

打破资本的绝对话语地位，将社会公益纳入社交平台的底层逻辑当中，才能真正推动真实性别议题的合理表达，遏制两性对立的激进化趋势。对大学生群体而言，应当对网络社交平台的运行逻辑有清醒的认识，更多关注现实中"看不见"的人，利用自身的资源和优势为网络社交平台中社会公益的力量壮大作出贡献，以抗衡资本一味逐利的流量追逐，为市场化过热降温。此外，高校和相关部门、机构应当对相关有价值的学生实证研究和公益项目提供必要的支持。近年来，在大学生创新创业项目等各类竞赛中，有关性别议题的公益课题立项占比不断上升[2]，这无疑是一种让性别议题回归合理表达的良好迹象，但如何让这些力量的萌芽落地依旧任重道远。

---

〔1〕 参见隋红升：《男性气概与男性气质：男性研究中的两个易混概念辨析》，载《文艺理论研究》2016年第2期。

〔2〕 以北京某高校为例，在2021年至2023年三年间立项的北京市大学生创新和创业项目中，性别议题相关选题占比分别为2%、6%和9%。

结　论

在网络社交平台的广泛使用带来两性对立激进化的时代背景下，一定程度上来说，大学生性别角色观正处在一个转型时期。这是基于当下传统的性别角色观正在激烈的批判中发生解构，失去了如今大学生群体的认同基础。在修正后的"四要素模型"的指引下，通过对不同影响力量的关系进行剖析，可以发现性别角色已经呈现出一些新的时代问题，具体表现在先前的主导要素传统文化和国家地位下降，现有的主导要素市场介入过度，而新兴的网络要素又尚存在诸多的弊端。因此，势必要对旧有的性别角色进行拆解重构，使其符合新的时代特征下大学生群体的需要。首先，应当基于本土长期以来性别观念的积累，对社会性别理论进行在地化阐释，使其能够落地践行；其次，必须建立"民主式两性气概"，并树立两性群体对其的自觉认同；最后，可以依靠大学生群体的独特优势，增强网络力量中现实和公益的占比，以破除资本逐利的独大地位。

参考文献

[1] 陈李伟、桂勇：《互联网会带来激进化吗？——基于网络女权议题的网络动力学研究》，载《现代传播（中国传媒大学学报）》2023 年第 4 期。

[2] 张积家、张巧明：《大学生性别角色观的研究》，载《青年研究》2000 年第 11 期。

[3] 吴小英：《市场化背景下性别话语的转型》，载《中国社会科学》2009 年第 2 期。

[4] 金姿妏、余达淮：《算法遮蔽下的社交平台性别议题反思》，载《华中科技大学学报（社会科学版）》2022 年第 4 期。

[5] 隋红升、赵洁：《跨学科视域下的中国男性研究：理路、脉络与展望》，载《浙江大学学报（人文社会科学版）》2023 年第 3 期。

[6] 荣维毅：《马克思主义妇女理论与社会性别理论关系探讨》，载《妇女研究论丛》2003 年第 4 期。

[7] 隋红升：《男性气概与男性气质：男性研究中的两个易混概念辨析》，载《文艺理论研究》2016 年第 2 期。

基于网络平台的学生思想政治教育创新模式研究

中国政法大学光明新闻传播学院   郝冬丽

思想政治教育是教育事业中的重要组成部分，对于培养学生的思想道德素养和社会责任感具有重要意义。随着社会的发展和时代的进步，传统的教育模式已经无法满足当今学生多样化、个性化的需求。因此，探索一种适应时代发展和学生特点的创新教育模式是当务之急。网络平台作为一种新兴的教育载体，具有信息传递迅速、资源共享方便、互动性强等特点，为学生思想政治教育提供了新的可能性。本文结合网络平台的优势，探讨如何借助网络平台，创新学生思想政治教育模式，以期为教育实践提供有益的借鉴。

一、网络平台在学生思想政治教育中的应用

（一）网络平台的发展概况

随着信息技术的不断进步，网络平台在教育领域的作用日益凸显。教育网站、在线课程平台、教育社交网络等为学生提供了获取知识、交流思想的便捷途径，极大丰富了教育资源的获取方式。在中国，政府大力支持网络平台的发展，加大了对网络基础设施的建设力度，促进了互联网的普及。同时，政府还出台了一系列政策，推动教育信息化和网络教育的蓬勃发展。这些举措为网络平台在学生思想政治教育中的应用提供了良好的环境和条件。网络平台不仅是传统教育的补充，更是一种创新的教育形式。学生在网络平台上能根据自己的兴趣和需求选择适合的课程，灵活安排学习时间，拓展知识面。与此同时，教育者也能够通过网络平台更加直观地了解学生的学习情况，提供个性化的教学服务。此外，网络平台还能够为学生提供与来自不同文化背景、地域的同学交流的机会，促进跨文化交流与理解。

（二）网络平台在思想政治教育中的作用

在技术的迅猛发展和互联网普及的推动下，网络平台成为人们获取信息、交流思想的主要渠道之一。在思想政治教育方面，网络平台提供了更为广泛和便捷的传播途径，为思想政治教育的深入开展提供了全新的可能性和机遇。

传统的思想政治教育以课堂教学、书籍资料为主，形式相对单一。而网络平台则具有多样化的表现形式，如文字、图片、视频、音频等，这种多媒体形式的结合更加生动直观地呈现了思想政治教育的内容，更易于吸引和引导学习者的注意力，使得教育内容更加丰富多彩、形式更加生动有趣。同时，网络平台打破了时空限制，使得教育内容随时随地都可以被获取和传播。无论是学生、职场人士还是普通公众，只要有网络连接的设备，就能够获得相关的思想政治教育内容，网络平台使得教育的受众范围得到了极大的扩大。且学习者在网络平台上除了可以获取信息，还可以通过评论、讨论、分享等方式与他人进行互动，积极参与到教育过程中来。其一方面有助于增强学习者的学习兴趣和积极性；另一方面能够促进知识的深入理解和应用，提高教育效果，实现全民思想政治素质建设的加强。此外，网络平台为思想政治教育提供了更为便捷和高效的管理和评估手段，基于平台的数据化管理，实现教育内容的精准推送、学习者的行为跟踪和学习效果的评估，为教育管理提供了更为科学和有效的手段，使得教育资源得到更好地配置和利用。

不过，网络平台在思想政治教育中的作用也面临着一些挑战和问题。首先是信息真实性和可信度的问题。网络平台上信息的真实性难以保证，存在着大量的虚假信息和谣言，这对思想政治教育的有效开展带来了一定的困扰。其次是网络平台上存在的不良信息和不良影响。网络平台作为一个开放的平台，存在着大量的低俗、暴力、迷信等不良信息，如果不能有效管理和规范，就会对思想政治教育产生负面影响。

二、基于网络平台的学生思想政治教育模式探索

（一）线上学习资源建设

在这个信息化时代，多元化的学习资源以文字、图片、视频、音频等形式呈现，涵盖政治理论、历史知识、时事热点、党史党建等内容，以满足不

同学生的学习习惯和需求，丰富学生的学习体验。当然，进行学生思想政治教育模式创新并不能只是为了提供更多样化的学习内容，更重要的是确保学习资源的权威性和可信度，这就需要引入权威专家、学者的讲解和解说，整合正规出版社、高校等机构的优质教材和课程资源，以避免信息的虚假和误导，保证学生获取的是真正有价值的知识。

为了激发学生的学习兴趣和主动性，线上学习资源的互动性和参与度必不可缺。在线讨论、互动答题、小组合作等活动具有极高的互动属性，能够吸引学生们更积极地参与到学习中来，促进学生的思考和交流，进而增强学习效果。此外，为了满足学生个性化的学习需求，需要根据学生的学习水平和兴趣爱好，提供个性化的学习资源，例如智能推荐、个人学习计划等功能，让每位学生都能找到适合自己的学习路径，更好地发挥自己的潜能。与此同时，将思想政治教育与其他学科知识相结合，也是线上学习资源建设的一个重要方向。应当拓展学习资源的覆盖范围，增加不同学科之间的交叉融合，以促进学生全面发展，培养学生的综合能力和创新思维。比如，在教学内容中融入科技、经济、文化等多方面的知识，帮助学生更好地理解和应用所学知识，培养学生的综合分析能力和问题解决能力，使其能够更好地适应未来社会的发展需求。

（二）交互式学习与讨论

交互式学习与讨论作为一种有效的教育模式，在推动学生思想政治教育的深入发展方面具有重要意义。要实施交互式学习与讨论，需要建立一个稳定、高效的网络平台。平台可以是学校或教育机构自行搭建的在线教育平台，也可以是已有的社交媒体平台或在线教育平台，比如微信群、QQ 群、知乎、微博等。选择合适的平台需要考虑到学生的使用习惯、平台的功能特点以及管理的便捷性。在平台上建立专门的讨论区或话题，引导学生围绕特定主题展开讨论。主题可以是与学习内容相关的时事热点、学术问题或社会问题，也可以是学生自主提出的议题。通过设立明确的讨论规则和引导问题，激发学生的思辨能力和批判精神，提升学生对思想政治问题的认识和理解。

学生不仅是讨论的组织者和引导者，更是学生学习过程的指导者和监督者。教师应该及时跟进学生的讨论情况，解答学生的疑问，纠正学生的错误认识，引导学生深入思考。同时，教师也可以通过发布问题、点评学生观点等方式参与到讨论中，与学生共同探讨问题，增进彼此之间的沟通与理解。另外，交互式学习与讨论应当结合其他形式的教学资源，丰富学生的学习体验。比如，引入多媒体资料、案例分析、小组讨论等形式，让学生从不同的角度去思考问题，拓宽学生的视野和思路，或者邀请专家学者或行业人士参与到讨论中，为学生提供更深入的专业知识和观点，丰富讨论的内容和广度。在此基础上，教师需要定期对学生的讨论质量进行评估，给予积极的反馈和指导。必要的时候可借助问卷调查、学生反馈等方式收集学生的意见和建议，及时调整和改进教学策略。只有持续不断地优化和完善，才能不断提升交互式学习与讨论的教学效果和学生参与度。

（三）网络平台与传统教学的整合

单纯依赖网络平台进行思想政治教育可能会忽视传统教学的重要性，因此，必须将网络平台与传统教学进行有机整合，以提高教育效果。传统教学主要依赖教室教学和教科书，且受限于时间和空间的限制，而网络平台则提供了海量的优质教育资源，如教学视频、在线课程、电子书籍等，且能突破时空限制。教师将两者进行整合后，根据教学内容的需要，有针对性地选择和利用这些资源，通过网络平台发布教学任务和资料，为学生提供更加多样化和丰富的学习体验。学生可以根据自己的时间和进度进行学习，提高了学习的自主性和灵活性。同时，教师可以利用网络平台进行学习过程的跟踪和评估，及时发现学生的学习问题并给予指导，从而提升教学效果。

传统教学在很大程度上是一种"一刀切"的模式，网络平台不同，其能根据学生的个性化需求进行定制化教学，且改变了学生被动接受知识的地位。教师通过网络平台了解学生的学习情况和学习习惯，有针对性地为学生提供个性化的学习指导和资源推荐，同时利用网络平台创建在线讨论区、小组任务等形式，鼓励学生之间的互动与合作，促进思想交流和共同学习，激发学生的学习兴趣和积极性，培养学生的团队合作能力和思辨能力，更好地满足学生的学习需求，提高学习效果。

（四）学生思想政治素质评价体系构建

在网络平台上进行学生思想政治教育是当前时代的迫切需求，扩大教育的覆盖范围，还能够提供更为灵活、多样的教育形式。然而，如何有效地评价学生的思想政治素质，是构建这一教育模式的重要环节之一。

第一，教师需要明确学生思想政治素质的内涵。学生思想政治素质评价关乎学生对于政治理论知识的掌握，也应该注重学生的政治思想觉悟、价值观念、道德品质以及社会责任感等方面的综合表现。因此，评价体系应该包括多个方面的指标，以全面地反映学生的思想政治素质。

第二，建立学生思想政治素质评价体系需要充分利用网络平台的优势。网络平台具有信息交流、互动性强的特点，能够为学生提供更广泛的学习资源和交流平台。评价体系可通过网络平台上的在线测试、作业提交、讨论区等功能实施。例如，设置针对不同知识点和能力要求的在线测试，通过学生的答题情况来评价其政治理论知识掌握情况；布置思想政治作业，要求学生在网络平台上提交论文、观点分析等作品，以评价其分析问题、表达观点的能力；开设专门的讨论区，引导学生就社会热点、政治事件展开讨论，以评价其思想政治觉悟和价值取向。

第三，评价体系的建立需要考虑评价指标的科学性和客观性。评价指标应该具有可量化的特点，便于对学生的思想政治素质进行准确评估。同时，评价过程应该尽可能客观公正，避免主观臆断和偏见影响评价结果。为此，需要采用多元化的评价方法，结合学生的课堂表现、作业成绩、在线测试成绩等多个方面的数据进行综合评价。

第四，评价体系的建立需要与教育教学实践相结合，不断进行改进和完善。评价体系应该具有灵活性，能够根据学生的实际情况和教学需要进行调整。同时，教师应该及时反馈评价结果，帮助学生认识到自己的不足之处，促进其思想政治素质的全面提升。

三、基于网络平台的学生思想政治教育创新面临的挑战及对策

（一）技术与资源问题

部分学校或教育机构因缺乏先进的技术设备和网络支持，导致在网络平台上进行思想政治教育的技术应用受限。在当今信息化时代，网络平台承载了丰富多样的教育资源，但对于一些学校而言，获取这些资源却并非易事。从教学视频到电子书籍，再到教学案例，相关资源不仅在数量上需要大量引入，而且在开发和获取的成本方面的支出也相对较高。这使得这些学校在进

行网络思想政治教育时显得有些捉襟见肘。网络技术的更新换代速度之快为教育者带来了不小的挑战。为了保持教育内容的时效性和吸引力，教育者需要不断跟进最新的技术应用和教学方法。然而，这需要投入大量的时间和精力，而对于已经忙碌于日常教学工作的教师来说，这无疑是一项额外的负担。与此同时，网络平台上进行思想政治教育也存在着网络安全隐患。数据泄露、网络攻击等问题可能会威胁到教育内容的安全性和可靠性。对于一些学校而言，缺乏足够的网络安全保障措施，可能导致敏感信息的泄露或教育平台的遭受攻击，这不仅可能损害学生和教师的利益，也可能影响到教育教学的正常进行。

面对技术与资源问题，需要采取一系列措施来应对挑战，以促进基于网络平台的学生思想政治教育的创新发展。首先，政府和教育机构应增加对技术设备和网络基础设施的投入，确保学校和教育机构具备足够先进的技术支持，为网络平台上的教育活动提供良好的技术环境。其次，建设教育资源共享平台，汇集各类优质教育资源，包括教学视频、电子书籍、教学案例等，为教育者提供便捷的资源获取渠道，降低教育资源的获取成本。最后，政府应出台支持网络教育发展的政策措施，建立健全的网络安全保障机制，加强网络平台的安全防护措施，包括加密通信、数据备份、安全审查等，保障教育内容的安全性和可靠性，同时为基于网络平台的学生思想政治教育提供政策支持和经济资助，鼓励教育机构和教育者积极探索创新。

（二）教师培训与发展问题

网络平台成为教育领域重要的工具，为学生提供了更加便捷、多样化的学习方式。然而，教师在网络平台教育中的角色与传统教学模式存在诸多差异，很多教师缺乏使用网络平台进行教学的技术能力，不熟悉教学软件、网络工具等，这限制了他们在网络教育中的应用和发挥。传统教学强调教师的主导地位，而网络教育更加注重学生的自主学习和互动交流，这需要教师从传统教学模式转变到更加开放、灵活的教学理念，对一些教师来说是一个挑战。在网络平台上设计课程和评估学生的学习情况与传统教学有很大不同，需要教师具备新的课程设计能力和评估方法。教师除了要有扎实的学科知识外，还需要掌握一定的教育心理学、教育技术学等方面的知识，能够将学科知识与教育技能相结合，显然，这对一些教师而言较为艰难。

针对以上问题，学校和教育机构应组织针对网络教育的培训活动，如教学软件的使用、在线教学设计、课程评估等方面的培训，帮助教师提升技术能力和教学水平。在实施网络教育过程中，可建立导师制度，由经验丰富的教师担任新教师的导师，指导其他教师在网络教育中的实践，分享经验和教训。学校应该提供相关的教学资源和教材，为教师在网络平台上的教学提供支持和保障，减轻教师的教学负担，并建立教师交流平台，促进教师之间的交流与分享，让教师们可以互相学习、共同进步。针对教师的网络教育实践，学校应建立持续跟踪评估机制，及时发现问题并提供改进建议，帮助教师不断提升自己的教学水平。

（三）学生参与和管理问题

学生思想政治教育是培养社会主义建设者和接班人的重要环节，而网络平台的出现为学生思想政治教育提供了新的渠道和方式。但从实践来看，虽然网络平台为学生提供了方便快捷的途径，但是由于信息碎片化、诱惑多样化等原因，学生在网络平台上更倾向于获取娱乐信息，而忽视思想政治教育内容的参与。这使得学生思想政治教育的效果受到了一定的制约。在网络平台上，学生的言论自由度较高，管理相对较为困难。一些学生可能会利用网络平台发布不良言论，甚至传播错误思想，对学生思想政治教育造成不良影响。同时，网络平台上的信息传播速度快，一旦出现问题，可能会迅速扩散，对学校和社会造成负面影响。

对此，学校应当建立专门的网络平台，设置专人负责对平台内容进行管理和维护，确保平台内容的合法、健康。同时，加强网络安全管理，对学生在网络平台上的言论进行监控和约束，及时发现并处理不良言论。结合网络平台的特点，开展形式多样、内容丰富的思想政治教育活动，吸引学生的注意力和参与。比如，开展线上讲座、论坛、互动问答等活动，引导学生积极参与其中，增强其思想政治教育的效果。加强对学生的思想政治教育指导，引导学生正确利用网络平台，增强其思想政治教育的自觉性和自律性。同时，学校还应加强与家长的沟通和合作，共同关注学生在网络平台上的言论和行为，共同维护良好的网络环境。

结　语

综上所述，网络平台的发展为学生思想政治教育提供了广阔的空间和丰富的资源，但同时也面临着一些挑战和问题。我们应该充分认识到网络平台在学生思想政治教育中的积极作用，不断探索创新，不断完善教育模式，使之更好地适应时代发展的需要，更好地服务于学生的成长和发展。相信通过我们的努力，学生思想政治教育将会迎来新的发展，为培养社会主义建设者和接班人做出新的贡献。

参考文献

[1] 孙静静：《网络环境下高职院校学生思想政治教育工作创新模式研究》，载《武汉工程职业技术学院学报》2021年第1期。

[2] 王琢：《网络时代学生思想政治教育的模式转换与路径创新》，载《教育现代化》2018年第42期。

[3] 俞淼：《加强学生网络行为引导 创新思想政治教育模式》，载《课程教育研究》2015年第6期。

[4] 陈卫星：《探究利用网络互动模式促进高校学生思想政治教育工作创新》，载《电子测试》2013年第10期。

[5] 王英红：《基于社交网络平台的高校思想政治教育模式创新》，载《职业》2012年第32期。

[6] 周涛：《网络舆论环境下的高校思想政治教育研究》，西南财经大学2011年博士学位论文。

[7] 何健：《高校大学生网络舆情特征与管理对策研究》，西南大学2015年博士学位论文。

[8] 姚健：《当前我国高校网络舆情问题研究》，山西财经大学2013年硕士学位论文。

[9] 唐亚阳、杨果：《大学生网络思想政治教育的基本特征探析》，载《湖南大学学报（社会科学版）》2012年第1期。

[10] 倪洪章：《大学生网络思想政治教育方法研究述评》，载《重庆邮电大学学报（社会科学版）》2011年第1期。

[11] 姜晓丽：《大学生网络思想政治教育实效性评价体系研究》，载《思想教育研究》2010年第6期。

新时代大学生法治教育"获得感"：
价值意蕴、问题与对策

中国政法大学马克思主义学院　李云智

依法治国是党领导人民治理国家的基本方略。自党的十五大首次提出"建设社会主义法治国家"的目标以来，我党高度重视法治建设。习近平总书记在党的十九大报告中指出："全面依法治国是中国特色社会主义的本质要求和重要保障。"[1]党的十八大以后，中国特色社会主义进入新时代，我们党把全面依法治国提高到国家发展战略的新高度，明确了法治在新的历史时期担负的基础性、保障性作用。建设社会主义法治国家，要求人民群众具备相当的法治素养。党的十九大报告中"提高全民族法治素养"的要求[2]，凸显了法治教育在建设社会主义法治国家中的重要作用。2016 年，教育部、司法部、全国普法办联合发布《青少年法治教育大纲》，明确将法治教育纳入国民教育体系。大学生是法治中国的建设者和接班人，他们的法治素养直接影响着法治中国建设的进程。高校法治教育是培育大学生法治素养的主阵地和主渠道，增强法治教育的"获得感"是高校法治教育的重要目标。新时代背景下推进高校法治教育，应关注大学生法治教育的"获得感"、着眼于大学生成长发展需求的满足，这对于提升大学生法治教育的实效性具有非常重要的现实意义。

一、大学生法治教育"获得感"的内涵及价值意蕴

"获得感"一词指的是主体基于一定的获得而产生的一种正向的主观感

[1] 习近平：《决胜全面建成小康社会 夺取新时代中国特色社会主义伟大胜利——在中国共产党第十九次全国代表大会上的报告》，载《人民日报》2017 年 10 月 28 日，第 1 版。

[2] 习近平：《决胜全面建成小康社会 夺取新时代中国特色社会主义伟大胜利——在中国共产党第十九次全国代表大会上的报告》，载《人民日报》2017 年 10 月 28 日，第 1 版。

受。2015 年 2 月 27 日，在中央全面深化改革领导小组第十次会议上，习近平总书记首次提出"获得感"，并指出要"把改革方案的含金量充分展示出来，让人民群众有更多获得感"〔1〕。之后在多次讲话中，习近平总书记都提到了"获得感"这一重要词语。2016 年 2 月 23 日，习近平总书记在中央全面深化改革领导小组第二十一次会议上，进一步提出要"把是否促进经济社会发展、是否给人民群众带来实实在在的获得感，作为改革成效的评价标准"〔2〕。在党的十九大报告中，习近平总书记进一步强调，要"使人民获得感、幸福感、安全感更加充实、更有保障、更可持续"。〔3〕"获得感"就是人们的利益得到维护和实现后而产生的满足感，它要求更多地把广大人民群众的切身感受作为检验改革效果的重要指标，其实就是努力使各项改革都能满足人民群众愿望和期待，让人民群众能够实实在在地感受到改革的成效。此后，"获得感"成为新时代的一个热词并引入思想政治教育领域。

教育部《2017 年高校思想政治理论课教学质量年专项工作总体方案》明确提出要"切实增强大学生对思政课的获得感"〔4〕。这意味着思想政治理论课教学不仅要重视教学的效果，而且要关注学生们的主观感受，要把学生的"获得感"作为检验思政课教学质量的"试金石"。2016 年 12 月，习近平总书记在全国高校思想政治工作会议上指出，要"满足学生成长发展需求和期待"〔5〕，实际上就是要求增强学生的"获得感"。

高校法治教育是思想政治教育的重要组成部分。大学生法治教育的"获得感"，是指大学生在接受法治教育过程中在认知、行为、信仰等方面因获得某种需要的满足而产生的正向的心理感受，主要体现在法治知识、法治观念、法治能力、法治信仰四个层面。具体说，一是法治知识的"获得感"。法治知识是法治教育的基础，既包括具体的法律知识，也包括法律的相关知识。大

---

〔1〕 中共中央文献研究室编：《习近平关于协调推进"四个全面"战略布局论述摘编》，中央文献出版社 2015 年版，第 88 页。

〔2〕《深入扎实抓好改革落实工作 盯着抓反复抓直到抓出成效》，载《人民日报》2016 年 2 月 24 日，第 1 版。

〔3〕 习近平：《决胜全面建成小康社会 夺取新时代中国特色社会主义伟大胜利——在中国共产党第十九次全国代表大会上的报告》，载《人民日报》2017 年 10 月 28 日，第 1 版。

〔4〕 张烁：《增强大学生的思政课获得感》，载《人民日报》2017 年 5 月 12 日，第 12 版。

〔5〕 张烁、鞠鹏：《把思想政治工作贯穿教育教学全过程 开创我国高等教育事业发展新局面》，载《人民日报》2016 年 12 月 9 日，第 1 版。

学生法治知识上的获得感表现为通过学习，掌握以宪法为核心的法律知识，了解中国特色社会主义法律体系的内容，正确认识理解法律赋予的基本权利和义务。二是法治观念的"获得感"。法治观念的"获得感"是指大学生接受法治教育以后，具备良好的法治观念，能够正确认识法律价值、功能，理解法治理念和精神，具有遵法守法的思想意识和行为习惯，自觉以法治精神为准则处理问题。三是法治能力的"获得感"。法治能力即运用法律解决问题的能力，主要表现为大学生可以运用法律知识采取合法有效的手段维护自己或他人的合法权益，按照法律规定的程序和规则来办事，以法治方式参与社会公共事务、规范自己的行为，履行权利和义务。四是法治信仰的"获得感"。法治感情是大学生在接受法治教育之后在对法治知识理解和应用的基础上产生的积极情感体验，表现为认同法治的精神和价值，自觉维护社会主义法治的尊严，具有走中国特色社会主义法治道路的坚定理想和信念。中国特色社会主义进入新时代，法治教育在推进法治中国建设的过程中起着重要作用，增强大学生法治教育的"获得感"，其价值主要体现在以下几个方面：

（一）提升大学生法治教育的"获得感"是建设"法治中国"的必然要求

新时代推进全面依法治国、建设法治国家不仅需要制定系统完善的法律法规，更需要一批懂法用法、具有坚定法治信仰的高素质社会成员推动。大学生是我国未来依法治国的实施者和接棒人，是传承和弘扬中国特色社会主义法治文明的重要力量，他们法治素养的状况在一定程度上代表着未来社会成员法治素质的高低，关乎法治中国目标能否顺利地实现。随着我国高等教育由精英教育发展到大众教育，近十几年大学生群体数量占全国人口的比重大幅上升。作为新时代的大学生，他们在法治中国建设中的影响力也不容小觑。大学生群体可塑性强、是社会成员的重要组成部分，高校通过对大学生进行法治教育，增强大学生法治教育的"获得感"、提高法治教育的实效性，丰富他们的法治知识、提高法治行为的能力、坚定法治信仰，有利于发挥他们在法治国家建设中的引领作用，通过大学生群体扩大法治理念和法治精神的传播和普及，带动广大社会成员遵纪守法，进而营造良好的法治氛围、推动依法治国战略方针的贯彻落实，促进法治中国奋斗目标的最终实现。

（二）提升大学生法治教育的"获得感"是新时代社会发展的现实要求

大学生是中国特色社会主义事业的接班人，承担着实现中华民族伟大复兴的重任，这要求他们必须具有很高的素质。进入新时代，城市化进程加速发展，社会主义市场经济体制不断完善，法治已经成为我国社会治理的基本方式，党和政府高度重视法治建设。在这样的环境下，法治覆盖了社会生活的各个领域，对社会发展的影响越来越大，社会主义现代化建设的推动需要一批懂法用法的骨干人才提供法治智力支持，法治素养已经成为当代大学生必备的核心素质之一，影响着专业水平的发挥，不管他们未来从事何种职业，都和法治紧密相联。高校是大学生从校园步入社会的过渡阶段，高校通过法治教育，增强大学生法治教育的"获得感"，有利于提高大学生法治素养，适应社会发展的现实要求，使他们在未来步入社会后成为具备法治素养的复合型人才，能够运用法律规则应对经济社会活动的要求，按照法治精神思考、解决各种问题、规范自己的行为，养成遵法守法的行为习惯，这样才能提高他们适应社会生存的能力，在日趋激烈的社会竞争中立于不败之地。

（三）提升大学生法治教育的"获得感"是大学生健康成长的内在需要

法治教育是高校教育不可或缺的组成部分。当今中国社会正处在快速发展的时期，大学生面临的外部环境日益复杂，多元化的价值观、极端个人主义和拜金主义等不良思潮的影响、互联网技术的快速发展，都深刻影响着他们的学习和生活。大学生虽然生理的发育已接近成年人，但心理尚未完全成熟、价值观念不稳定、情绪变化起伏大，容易偏激、冲动甚至导致违法犯罪。近些年，由于法律知识的缺乏和法治意识淡薄大学生违法犯罪事件屡有发生，通过有效的法治教育，增强他们的"获得感"，能够帮助大学生提高法治认知水平，提高辨别是非的能力、明晰法律底线，培养大学生的法治观念和契约精神、完善自我品格，促使大学生在日常生活中时刻用法律约束规范自己的行为，遇事能够理性、冷静地看待和处理，防止上当受骗、预防和减少违法犯罪，当面临纠纷时能够识别可能受到的侵害，当受到侵害时，也能够用法律手段维护自己的合法权益，避免作出错误举动。

二、新时代大学生法治教育"获得感"不足的主要表现

党的十五大以后，随着依法治国方略的全面贯彻实行，我国加快了法治国家建设的步伐，高校普遍加强了学生的法治教育，大学生法治素养有了很大的提升。总体上看，与普通社会成员相比，大学生法治素养较高，但由于

法治教育内容滞后、课程设置不合理等原因，当前大学生法治教育还存在一些问题、法治教育"获得感"不足，这些问题主要有：

（一）大学生有一定的法律知识基础，但总体上法治认知欠缺

法律知识是法治素养的基础，是提高大学生法治能力、坚定法治信仰的必备环节。只有知法，才能懂法、尊法、守法。高校经过多年的法治教育实践，大学生已经具备了一定的法律知识基础，对法律认知水平有所提高。但由于种种原因，从总体上看，大学生法治知识仍然比较欠缺，不能满足他们的需要，主要表现为：①大学生对于法治的认知还有一定的差距。知法是懂法、守法、用法的前提和基础，必备的法律知识是法治教育的切入点。中国特色社会主义法律知识包含丰富的内容，虽然大学生对法律内涵、公民基本法律权利和义务的内容、法治素养等问题的理解有比较明确的认知，但与新时代高校法治教育的要求还有一定距离。②大学生对我国法律体系缺乏系统的了解。大学生虽然具有一定的法律知识，但对我国法律体系掌握情况欠佳。大多数非法律专业的学生所具备的法律知识有限，对与大学生学习生活比较密切的民法等常识性、基础性的知识有一定的认识，而对其他部门法，包括与自身利益相关的法律法规了解的程度远远不够，对我国法律体系总体上认知水平不高。③大学生对建设法治中国的内涵、战略目标认识模糊。建设法治中国，首先应该理解其内涵，但很多同学并不能正确认识党的领导与依法治国的关系，对于中国特色社会主义法治体系的内容、全面推进依法治国战略目标、依法治国与依法行政的关系等问题认识模糊。

（二）大学生虽然有较强的遵法守法观念，但法治能力不足

法治能力是指将法律知识内化为实践过程的能力，即依法解决问题的能力，具体说，就是能够依照法律的规定去做，用法律约束自己的言行，具备依法处理问题、依法维权、履行义务及依法履行法定职责的能力。大学生法治教育的成果最终体现在法治能力上，大学生具有较强的尊法、守法观念，但是由于法治实践教育较为缺乏，他们"用法"的能力明显不足。这主要表现在：①大学生权利意识不成熟。大学生的权利意识与权益受侵害程度密切相关。大学生有一定的权利意识，但是在实际生活中，大学生的权利意识比较弱，并不善于运用法律保护自己，如在购买商品、乘坐出租车、饭店就餐

等日常消费中，不会主动索要发票，这就使大学生在发生纠纷的时候，往往因缺乏有效的证据而投诉无门。②大学生缺乏用法律维护自身合法权益的能力。法治目的是为人的权利和义务的实现提供保护。高校普遍重视法律知识的传授，但大学生对法律知识的理解更多停留在感性认识层面，一些大学生在合法权利受到侵害时，不能积极主动地利用法律武器维护自身正当权益，以法治方式化解矛盾纠纷的能力不足，而是试图从与自己熟悉的社会成员中寻求帮助。部分大学生当自己的合法权益受到侵犯时为避免麻烦表现出消极忍让、息事宁人的态度。③大学生护法能力不强。法律法规要想落到实处，必须尊法、守法，并以实际行动维护法律权威。任何行为都要将法律作为最高权威，自觉依据法律规定办事。在日常生活中部分大学生并不能准确地从法律角度分析社会问题，积极主动维护法律尊严的行为还不够普遍，遇到违法违纪现象，多数大学生缺乏与违法犯罪行为作斗争的勇气，不愿阻止违法犯罪行为的发生。

（三）大学生法治信仰不坚定，法治情感缺失

法治信仰是由于社会成员对法治的精神和价值的认同而产生的依恋感，表现为人们不仅从形式上守法与用法，而且内心也对法律尊重和认同，它是法治情感外化为行动的表现。改革开放以来，随着国家法治建设进程的推进和高校法治教育的加强，我国法治建设取得了极大的进展，大学生的法治观念也在不断增强，他们认同法治中国建设，推崇正义、公平、效率的现代法治理念，但一旦碰到现实问题时，又表现出知行不一、行为与理念相脱节的矛盾行为。①大学生缺乏对法治的敬畏之心。敬畏是法治情感的高级表现，它内在地约束着社会成员的行为按照法治的理念和规则行事。只有内心真诚信仰法治，才能自觉地抵制违法犯罪的行为，坚定捍卫中国特色社会主义法治的尊严。但是在现实生活中，部分大学生遵守规则并不是自觉的行为，而是由于外在强制力使然，现实生活中很多学生并不能用规则来约束自己的行为，尚未完全形成法律至上的观念，法治信仰并不坚定，在违法成本较低的情况下，仍然会不同程度地违反规则。②大学生法治意识还需加强。法治意识表现为公民对法律的认知水平，以及基于这种认知水平所形成的对法律、法律功能及法律效用的基本态度和信任、依赖程度。法治意识的培养是法治信仰形成的基本条件。法治的基本理念包括规则至上、权利平等、权力控制、程

序优先等。大部分学生认同法治的理念，但是法治意识还有待加强。③大学生对法治的情感比较淡漠。情感是树立法治信仰的关键。一个拥有信仰的人，对信仰事物必定表现出深厚的感情。法治信仰的树立不是来源枯燥无味的说教，而是来源于人类心底的情感。法治作为治国理政的基本方略，需要广泛的社会基础，需要广大群众发自内心的拥护和崇尚。法治教育对于大学生个体和法治中国建设都具有重要作用，绝大多数学生对法治的作用有比较理性的认识，但对法律知识学习和法治意识的培养重视程度不够，并不完全是从心里认可法律的作用与价值，法治情感还不够牢固。

三、提升大学生法治教育"获得感"的对策

高校是大学生接受法治教育的主阵地和主渠道。在推进全面依法治国战略部署的新阶段，大学生法治教育"获得感"的不足，意味着大学生法治素养的培育与依法治国的时代要求还有一定的差距。高校必须重视大学生法治教育，采取切实可行的对策，不断增强大学生法治教育的针对性和实效性，提高法治教育的"获得感"，努力提升大学生的法治素养，为建设社会主义法治国家提供人才支撑。应重点从以下几个方面入手：

（一）丰富法治教育的内容，增加大学生法治知识的"获得感"

法律知识是法治教育的基础，增加法治知识的"获得感"，需要在教育过程中切实了解大学生的诉求或期待，贴近他们的现实需求，做到有的放矢，使教育内容能够真正起到帮助学生解决实际困难的作用，让学生产生"受益感"和"满足感"。

（1）强化法治教育必修课程的地位。法治教育是一个系统工程，但高校除了专业的学生能够系统地学习到专业法律知识外，非法学专业的学生主要依托《思想道德修养和法律基础》接受法律知识，缺乏系统的法律知识结构，目前法治教育不能满足当代大学生的需求。可以独立开设法治教育必修课程，增加与大学生日常生活切合的法律知识的储备，适当引入法学基础专业课程，扩充大学生法律基础理论知识，丰富法治教育的内容。

（2）适当增设法学公共选修课。大学生专业、年级不同，对于法律知识的需求也有差异，而法学专业性强，要求大学生全面系统掌握的可能性不大，因此，在内容的安排上，必须立足不同专业、年级学生的法律诉求，设置多

样的选修课程，将与大学生自身权益息息相关的知识作为教育的重点，弥补法律常识的空白、解决学生的法律困惑。例如，增设与大学生专业相关的法律课程，帮助他们未来更好地融入职场；丰富与大学生学习生活紧密相连的法律知识，满足学生多样化的需求。

（3）拓宽高校法治教育的渠道和途径。一是在日常生活中丰富法治教育的形式。高校要依靠辅导员、班主任加强日常法治教育工作，对学生进行防骗教育、诚信教育和安全教育，引导学生预防犯罪、维护自身权益。二是构建常态化和大众化的法治教育学习制度。高校要积极利用国家宪法日、全国法制宣传日、消费者权益保护日等重要时间节点定期举行法治教育活动，开设针对性的讲座、学术报告，多角度、多途径地向大学生传播、灌输法律知识。三是拓宽法治教育的渠道。高校可以联合社会力量开展法治教育，不定期地邀请具有丰富经验的法官、检察官、警官、律师等法律工作者到学校开展专题教育讲座，增强大学生对法治的认知，提高明辨是非的能力。四是充分发挥新媒体的载体作用。可以依托微信、微博、QQ、校园网等载体加大法治宣传力度，丰富法治教育的内容，以学生喜闻乐见的形式推送典型法治人物、法治案例，宣传相关法律知识，帮助大学生用法治原则理性对待现实问题。

（二）构建多样化的法治教育方式，提升大学生法治能力的"获得感"

法治能力是通过法律来解决现实生活中遇到的问题、展示法治素养的能力。在高校以往长期的法治教育实践中，往往淡化了学生用法能力的培养和塑造。大学生法治能力的"获得感"，意味着他们不仅要尊法、守法，而且在面对各种侵害自身权益的行为时，能够运用法律知识和法律手段解决自身在学习、生活中遇到的纠纷和矛盾，更好地维护自身的权益。

（1）改革教学模式，探索多样化的法治教育方法。探索案例教学、模拟法庭等多样化的法治教育方法，增加学生参与度、提高学生学习的主动性，培养他们运用法律知识解决实际问题的意识和能力，促进学生将所学法律知识运用到实践中，逐渐提升其法治实践能力。

（2）注重发挥实践教学的作用。法治教育是一项操作性极强的学科，实践教学可以让学生深化对课堂理论知识的理解，提高运用法律知识分析、解决实际问题的意识和能力。学校可以丰富实践教学的形式，一是加强高校与法律服务机构的合作。建立法治教育实践基地，增加学生实地参观、旁听司法审判等内容，让大学生体验真实的情境，丰富法治实践。二是鼓励高校校内法律类社团组织活动。可以依托高校法律类社团组织，定期开展志愿服务活动等法治实践活动，使大学生在实践中提升用法、护法意识和能力。

（3）完善法治教育考核方式。目前高校在法治教育的考核中，侧重于对学生法律基本知识掌握的考核，并不能真实、客观地反映学生用法能力的强弱。应该变革课评定成绩的方式，采取闭卷考试、论文、行为考察等多种方式对学生进行考核，提高学生课堂互动表现、参加法律实践活动的情况在学生期末成绩的比重。

（三）营造立体式的法治教育环境，坚定大学生法治信仰的"获得感"

法治信仰是在长期的生活、学习以及社会实践活动中逐渐积淀的，其形成是客观外在条件与主观内部因素相互作用下的结果。进入大学后，学生长期在校园学习生活，因此，有效利用隐性教育的长处，在校园里营造立体式的法治教育环境，把法治知识学习溶解到日常生活和学习中，有助于坚定大学生的法治信仰。

（1）在理念上实现从重"传授法律知识"到重"培育法治素养"的转变。法治的真谛在于社会成员从心里对法律的真诚信仰和忠实践行。只有具有坚定的法治信仰人们才会自觉维护法律权威。我国高校法治教育的培养目标不仅是教授大学生法治知识，还要使他们理解我国社会主义法治理念的内涵和精神实质、塑造坚定的法治信仰。但在传统的法治教育实践中，更多是强调法律知识的学习、注重"守法"教育。高校法治教育要坚定大学生的法治信仰，必须转变观念，实现从重灌输法律知识为主向重法治素养培育的转变，突出进行法律观念和法治信仰教育。

（2）优化校园法治文化。高校应结合大学生自身特点，将法治元素纳入校园文化建设。通过开展丰富多彩的校园活动，搭建形式多样的法治文化活动，宣传法律知识、弘扬法治精神，树立法治权威，营造良好的学法、尊法、守法、用法的校园法治文化环境，将法治观念融入学生成长的全过程，渗透到学生的行为规则，潜移默化地涵养大学生的法治素养。

（3）以法治精神进行校园管理。新时代，高校应遵循法治之道，在日常校园学习、生活中从制度、章程上加强大学生的规则教育，教育学生自觉依法规范在校的行为，培养依规依法办事的习惯。引导学生树立法治观念与规则意识，要通过正常的法律程序和申诉方式解决师生之间、学生之间的矛盾和纠纷，依法维护自身的合法权益。发挥大学生主人翁的作用，促进学生参与依法治校。高校要科学规范地管理与服务，建立民主化、公正化的校园管理秩序，通过创设多样化的民主方式让学生参与学校事务的管理，积极参与营造自觉学法、尊法、守法、用法的良好法治环境，树立法治权威，让法律至上的理念深入学生的心中，帮助学生树立法治信仰。

总之，大学生的法治素养状况关系到依法治国基本方略的落实和社会主义法治国家进程的推进。高校担负着育人的重任，思想教育工作者必须有清醒的认识和足够的行为自觉。只有正视大学生法治教育存在的问题，采取适当的措施提升大学生法治教育的"获得感"，不断提升法治教育的实效性，才能培育出符合新时代要求的人才，肩负起中华民族伟大复兴的重任。

参考文献

[1] 习近平：《决胜全面建成小康社会 夺取新时代中国特色社会主义伟大胜利——在中国共产党第十九次全国代表大会上的报告》，载《人民日报》2017 年 10 月 28 日，第 1 版。

[2] 中共中央文献研究室编：《习近平关于协调推进"四个全面"战略布局论述摘编》，中央文献出版社 2015 年版。

[3]《深入扎实抓好改革落实工作 盯着抓反复抓直到抓出成效》，载《人民日报》2016 年 2 月 24 日，第 1 版。

[4] 张烁：《增强大学生的思政课获得感》，载《人民日报》2017 年 5 月 12 日，第 12 版。

[5] 张烁、鞠鹏：《把思想政治工作贯穿教育教学全过程 开创我国高等教育事业发展新局面》，载《人民日报》2016 年 12 月 9 日，第 1 版。

探索中国政法大学"一站式"学生社区的构建思路

中国政法大学国际儒学院　　孙燕春

一、引言

在当今社会，随着信息技术的迅速发展和教育国际化的深入推进，高等教育面临着前所未有的挑战和机遇。学生社区作为高校学生活动的重要平台，其建设和管理水平直接影响到学生的成长环境和学习体验。近年来，众多高校纷纷探索更为高效、系统的学生社区建设模式，旨在为学生提供全面、便捷的服务，促进学生全面发展。

中国政法大学作为国内知名的法学院校，一直致力于培养具有国际视野的高端复合型人才。随着学校招生规模的扩大和学生需求的多样化，"一站式"学生社区的管理模式开始推行，它既有实体的社区基础设施构建，也有无形的各种数据网络支撑运行，是一个实体框架与虚拟网络兼具的系统。"一站式"学生社区模式强调的是将学生社区作为一个整体系统来构建和管理，其中既包括有形的物理空间建设，如学生宿舍、食堂、图书馆等；也包括无形的网络建设，如学生信息服务平台、在线学习社区等。这种模式的核心在于通过有形网络和无形网络的同步建设，为学生提供一个便捷、高效、全面的生活和学习环境。本文通过收集国内外相关的研究文献，结合中国政法大学学生社区建设的实际情况，分析"一站式"学生社区模式的理论基础、构建思路。此外，本文还参考了资料收集过程中的一些成功案例经验，将之予以总结，以期为中国政法大学学生社区的建设提供有益建议。本文的目的在于探索和分析"一站式"学生社区模式在中国政法大学的构建思路，提升社区运行效果，为高校学生社区建设提供新的思路和策略。通过对学生社区有形网络和无形网络同步建设模式的探讨，为高校创造一个更为便捷、高效和全面的学生服务系统，进而促进学生的全面发展和学校的整体提升。

二、学生社区的理论框架

学生社区是指在高等教育机构中，围绕学生生活、学习和发展而形成的一种综合性社会系统。这一概念不仅包括物理空间上的聚集地，如宿舍、图书馆、食堂等，还涵盖了由学生、教职工及其他利益相关者共同构成的社会网络。学生社区的核心目的是为学生提供一个支持性的环境，促进其学术成就、个人成长和社会融入。在学生社区的构建中，有形网络和无形网络是两个关键的概念。有形网络主要指的是学生社区中的物理设施和基础设施，包括但不限于教学楼、宿舍楼、图书馆、体育设施等。这些设施为学生提供了必要的学习和生活空间，是学生社区的物理基础。无形网络则指的是在学生社区中形成的各种社会关系和信息交流渠道，包括学生之间的互动、师生关系、学生组织、在线学习平台等。无形网络通过提供信息交流、情感支持和资源共享等功能，强化了学生社区的社会属性和精神内涵。有形网络和无形网络在学生社区中扮演着互补和相互促进的角色。有形网络为无形网络的形成和发展提供了物理空间和条件。例如，宿舍楼和学生中心等场所为学生提供了交流和活动的场所，促进了学生之间的互动和社区感的形成。同时，无形网络的活跃也反过来丰富了有形网络的社会功能，使得物理空间不仅仅是简单的学习和居住地，更成为学生文化、知识交流和情感连接的中心。同步建设有形网络和无形网络对于促进学生工作的有效开展至关重要。一方面，有形网络的完善为学生提供了必要的物理条件，保障了学生的基本生活和学习需求。另一方面，无形网络的建设则为学生提供了更为丰富的社会经验和学习资源，促进了学生的个人成长和社会适应能力的提升。两者的同步发展能够有效整合资源，创造一个既有物质保障又富有社会活力的学生社区环境，从而更好地支持学生工作的开展，实现学生的全面发展。

三、中国政法大学学生社区现状分析

（一）有形网络建设现状

在物理设施建设上，中国政法大学物理设施包括教学楼、宿舍楼、图书馆、学生活动中心、礼堂和体育馆等。这些设施基本能够满足学生的学习和生活需求。在校园环境上，学校注重校园环境的建设，校园内达到一定的绿化覆盖率，提供了较好的学习和生活环境。在安全保障方面，学校对校园学生宿舍、教学楼等重要区域实行严格的安全管理，确保学生的人身安全。由于学校处于两地办学，昌平校区和海淀校区各有特点，在"一站式"学生社区的建设中也要关注两校区各自的实际情况。昌平校区相较于海淀校区，占地面积更大，校园空间相对充裕。有户外体育场、体育馆，楼层建筑不高，密度不大。校园内由宪法大道将生活区域与学习区域划分开来。2023年昌平校区学生宿舍工程主体结构封顶，打造了北京高校首个装配式钢结构建筑工程。[1]此次学生宿舍工程项目建筑面积41 185平方米，地上12层，地下3层，高度44.8米。主要建设内容为学生宿舍、后勤及附属用房、地下车库及人防等。其中，地上为学生宿舍用房659间，可居住2620人。海淀校区校园面积较小，建筑空间布局紧凑。没有独立的体育场馆，在1号楼学生公寓地下有健身房，还有面积330余平方米的"学生社区"公共空间，分别为党建活动室、团体辅导室、多功能室。在图书馆中有研修空间，可以开展学术交流、学习研讨、组织小型会议。2024年2月26日，研究生文科综合实验教学中心揭牌成立。研究生文科综合实验教学中心包括文科综合大数据教研平台、4K超清演播室（法治文化工作坊）、文科融合工作坊、文科综合教学研讨区（大数据、融媒体展示区）等功能区域，可满足相关大数据与人工智能实验、多媒体影像制作、小型演出交流、实务讨论、案例教学、模拟研讨以及课程录制、文化宣传、访问访谈等方面的需求。[2]一定程度上弥补了海淀校区"一站式"学生社区硬件基础薄弱的状况。

（二）无形网络建设现状

在学生社团组织上，学校拥有丰富多样的学生社团和组织，为学生提供了广泛的社交和发展平台。在师生互动上，学校鼓励师生之间的互动交流，"青春讲师团""教授午餐会"等精心打造的师生交流品牌活动反响良好。在信息平台方面，"智慧法大"整合校内所有和学生相关的信息平台，与学生学业、生活息息相关的事务基本被囊括其中。为学生提供了便捷的信息服务和

---

〔1〕樊银库：《昌平校区学生宿舍项目实现主体结构封顶》，载法大新闻网，https://news.cupl.edu.cn/info/1011/39060.htm。

〔2〕《推进新文科建设 我校研究生文科综合实验教学中心揭牌成立》，载法大新闻网，https://news.cupl.edu.cn/info/1011/39575.htm。

学习资源。在心理支持上，学生心理咨询中心会定期举办一些讲座或心理知识科普类活动。在学生就业上，学生就业中心提供了就业政策咨询、求职辅导、国际组织实习机会，线上就业培训课程等服务。

（三）学生社区建设面临的挑战

法大"一站式"学生社区在建设中具有一定的挑战。比如有形网络的不断更新改造需求。随着学生需求的不断变化和教育技术的快速发展，已有的物理设施需要维护、更新，还要根据新需求增加新的设施。比如无形网络的深度和广度需要不断加深拓宽。虽然学校已经建立的无形网络虽然具备一定基础，但在促进学生深度交流、提高学生参与度以及满足学生个性化需求方面仍有待加强。又比如在资源整合方面，如何有效整合有形网络和无形网络中的资源，提高资源利用效率，是法大面临的又一个重要挑战。再比如文化建设方面，在快速发展的过程中，如何保持和传承学校的核心文化，增强学生的归属感和认同感，是学生社区建设中的另一个挑战。

四、"一站式"学生社区模式的构建

"一站式"学生社区模式构建旨在通过高度整合有形网络和无形网络资源，创建一个便捷、高效、全面支持学生学习和生活的环境。这种模式不仅关注学生的物理生活空间，还深入到社会互动、学习支持和个人发展等多个层面，从而促进学生工作的有效性和效率。

（一）同步建设有形网络和无形网络

在有形网络建设上，建立综合服务中心，集食堂、书店、打印服务、银行服务等于一体，满足学生的基本生活需求。在学习支持设施上，构建开放式图书馆、学习共享空间和创新实验室，提供丰富的学习资源和创新实践平台。在健康与娱乐设施上，建设体育活动场所、文化艺术共享空间和学生活动中心，支持学生的身心健康和兴趣发展。在无形网络建设上，建立数字化平台：开发一站式服务的数字化平台，集课程管理、资源共享、社团活动、咨询服务等功能于一体，提供便捷的信息服务和交流平台。在对目前使用的"智慧法大"建设上，学校就提出了"深化协同服务，依托智慧法大，建设大数据集成平台，深度挖掘学生学习生活、成长发展纪实数据，提升科学化一

新时代加强和改进高校思想政治工作路径探究

站式服务学生的能力"的要求。建立依托"一站式"学生社区的导师制度。促进师生之间的定期交流，为学生提供学业指导、心理疏导和职业规划等支持。推动社区文化建设。通过组织多样化的文化活动和志愿服务，还可以与党团活动相结合，加强学生社区的文化建设，培养学生的社会责任感和团队精神。

（二）"双网络"模式如何提升学生服务的有效性和效率

有形网络和无形网络共建可以促成资源集成优化。通过一站式服务中心和数字化平台的建设，将散布在不同地方的资源进行集成优化，使学生能够更加便捷地获取所需服务和信息，提高服务的效率和满意度。其一，可以促进学习与发展。通过学生社区提供丰富的学习和实践资源，以及个性化的学业指导、心理疏导和职业规划服务，有助于学生充分挖掘潜能，促进全面发展。其二，可以增强社区归属感。通过文化活动和社区建设，增强学生对社区的认同和归属感，建立积极向上的社区文化氛围，促进学生的情感健康和社会适应能力。其三，可以提高管理效率。一站式模式通过高度整合和数字化管理，减少资源浪费和管理成本，提高学生社区管理的整体效率和效果。

五、"一站式"学生社区分阶段实施策略

实施"一站式"学生社区模式是一个分阶段进行的过程，涉及从基础设施建设到长期的完善与持续发展。笔者以初始、发展、成熟、长期维护与创新四阶段划分实施过程，并设计具体策略、计划和预期成果。

在初始阶段重要的是基础设施建设与整合，目标是建立必要的物理和数字基础设施，为后续的服务提供支撑。在物理设施建设方面，优先建设综合服务中心、开放式图书馆、学习共享空间等关键设施。在数字平台开发方面，开发集成学习管理、资源共享、社团活动等功能的一站式服务平台。需要建立初步资源整合的工作，对现有资源进行调查，确定可整合资源，开始初步的资源整合工作。初始阶段需要达到的效果是完成关键物理设施的建设和基本的数字平台开发，实现学生服务资源的初步整合，提高资源使用效率。

在发展阶段需侧重服务拓展与文化建设，目标是扩展服务范围，丰富学生社区的文化和活动。首先是学生社区服务范围扩展，在基础设施和平台的支持下，逐步扩大服务范围，增加心理健康咨询、职业规划等服务；其次是

丰富社区文化活动，组织多样化的文化活动和社区建设项目，如志愿服务、社区文化交流活动等；最后是依托"一站式"学生社区的导师制度建立，促进学生与教师的互动，提供个性化的学习和生活指导。在发展阶段预期达到的效果是实现更全面的学生服务和支持体系，形成丰富多彩的社区文化和良好的社区氛围。

在成熟阶段需要达到的效果是优化与持续发展，目标是对现有服务和设施进行优化，确保持续发展和自我完善。一是要有反馈与优化的机制，定期收集学生和教师的反馈，对服务和设施进行持续优化。二是不断进行技术升级，跟踪最新的技术发展，定期升级数字平台和其他技术设施，提高服务效率和体验。三是做资源再整合，根据社区发展的需要，不断评估和整合资源，确保资源配置的高效性和合理性。在成熟阶段预期达到的成果是，建立起一个高效、自我完善的学生社区服务体系，实现学生社区的持续健康发展，提升学生的满意度和归属感。

在长期维护与创新阶段，目标是保持社区活力，不断创新和改进服务。本阶段需要持续创新，鼓励创新思维，定期举办创新竞赛和活动，激发社区内部的创新能力；需逐步建立合作伙伴关系，与企业、其他教育机构建立合作伙伴关系，拓展服务范围和资源；要实现可持续发展，关注社区的环境影响，采取措施确保社区建设和活动的可持续性。长期维护与创新阶段预期效果是实现社区服务和文化的持续更新，保持社区活力和吸引力，从而建立起开放、合作、可持续发展的社区生态。

"一站式"学生社区的构建是个系统性的工程，具备一个系统从开端到创新发展的整个过程，不同阶段有不同的侧重目标和建设效果。

六、关于"一站式"学生社区构建的几点建议

从"一站式"学生社区模式建设的整个过程观察，可以总结出"一站式"学生社区的一些优势，这些既是构建"一站式"学生社区的动因，也是在构建过程中需要特别注意的抓手。一是在社区建设中资源整合非常重要，通过有形网络和无形网络的同步建设与优化，能够有效整合校园内外的资源，为学生提供更加便捷、高效的服务。二是社区需满足学生全面发展的支持，一站式学生社区模式不仅关注学生的学习需求，还涵盖了生活、健康、文化

和职业发展等多方面的支持，有助于学生的全面发展。三是要特别重视社区归属感的培养，通过丰富的社区文化活动和社区建设，增强学生对社区的认同和归属感，对提升学生的情感健康和社会适应能力具有重要作用。四是要保证社区的持续优化与创新，为保持社区的活力和吸引力，需要建立反馈机制，持续进行服务和设施的优化，并鼓励创新思维，不断改进和更新服务。五是要有相应的管理队伍进驻学生社区。强化育人责任，扎实推进落实，强化目标导向，以"一站式"学生社区综合管理模式建设为推动，各部门践行"一线原则"，把领导力量、思政力量、管理力量、服务力量汇聚到学生社区综合管理服务学生的第一线上。

基于以上总结，在法大建设"一站式"学生社区时就特别需要强化资源整合。利用中国政法大学丰富的教育资源和法律资源，为学生提供全面的学习和生活支持；注重打造特色社区文化，依托学校的学科特色，打造具有法律文化特色的社区活动，增强学生的专业认同感和社区归属感；着力建立高效的反馈机制，利用已有的意见、建议反馈渠道，依托数字平台，建立高效的反馈和响应机制，及时收集和处理学生的意见和需求，不断优化社区服务和设施；高质量促进学术与职业发展，建设专业的学术交流平台和职业发展指导中心，为学生提供学术研究和职业规划的支持。以上多种举措可以使"一站式"学生社区提供更加多元化的服务，逐步实现社区共建共治，鼓励学生参与社区的建设和管理，通过共建共治的方式，增强学生的责任感和参与感，也便于更加充分地利用数字技术，建设便捷高效的一站式服务平台，提高服务的可达性和效率。逐步探索、精心构建"一站式"学生社区可以使其形成一站式集成、网格化管理、精细化服务、信息化支撑的综合管理模式，构筑学生党建前沿阵地、建设"三全育人"实践园地、打造智慧服务创新基地、争创平安校园样板高地，将高校育人力量和资源整体下沉到学生社区，用最温暖的关爱陪伴学生健康成长。[1]

---

〔1〕《用最温暖的关爱陪伴学生成长——高校"一站式"学生社区综合管理模式建设工作综述》，载中华人民共和国教育部政府门户网站，http://www.moe.gov.cn/jyb_xwfb/gzdt_gzdt/s5987/202301/t20230129_1040665.html? eqid=a9f8aabc00073607000000026473fa75。

二、基层组织建设

新时代高校党建引领下"四个平台"育人模式探究

——以中国政法大学政治与公共管理学院为例

中国政法大学政治与公共管理学院　李明霞

　　高校是培养社会主义建设者和接班人的重要阵地，新时代背景下高校党建对人才培养的重要性日益凸显，它不仅是提升学生政治素养、道德水平和文化素质的重要途径，也是高校教育创新和发展的关键力量。在这一背景下，如何利用党建平台，培养更多符合社会发展需要的高素质人才成为一项值得探索的课题。

　　本次研究以中国政法大学政治与公共管理学院为例，学院在日常工作中抓住高校党建的基本结构和内在要求，抓住党的建设和人与事业发展有机融合这个党建的基本逻辑，围绕学生成长成才、师资队伍建设、管理服务，努力打造党建工作品牌，构建"思想引领平台""学术研究平台""社会实践平台""综合素质平台"的"四个平台"育人模式，努力培养能够"日新其德""日新其知""日新其能"的杰出创新人才。

一、党建引领融入育人模式的重要意义

（一）锻造坚强党性，提高思想觉悟

　　党建工作以政治建设为统领，以思想政治理论教育、党性教育和社会主义核心价值观教育为基础，以规范性建设和能动性建设为抓手，努力提升学院党建的思想力、组织力、凝聚力和实践力。通过融入育人模式，党建工作的开展能更好地培养学生的社会主义核心价值观，引导学生形成正确的世界观、人生观和价值观；同时提升中国特色社会主义文化素养，提高党性修养和道德修养，讲党性、重品行、做表率。

（二）紧扣时代主题，提高教育质量

面对日新月异的社会变化和科技进步，教育不仅要传授知识，更要培养学生的创新意识、批判思维和终身学习的能力。这既要求教育工作者不断更新教学理念和方法，也要求全社会共同努力，为教育创造良好的外部环境和条件。在这一进程中，紧密结合时代主题，将其融入教育教学的全过程，通过实践教学、项目学习等方式，让学生在解决实际问题中学习和成长，培养他们的责任感和使命感。

（三）丰富学院文化，打造育人品牌

通过深入实施党的教育方针，不断丰富和发展学院文化，我们为学生提供更加多元、开放的学习和生活环境，激发他们的创新精神和实践能力。同时，通过党建育人，将社会主义核心价值观融入人才培养全过程，对于培养德才兼备、责任心强的高素质人才影响重大。

二、党建引领育人模式的长效机制建设

（一）指导思想

习近平新时代高校党建思想深深扎根于党的十八大以来党中央全面从严治党的伟大实践，体现了中国特色社会主义高等教育发展的时代方向，回应了加强和改进高校思想政治工作的迫切需要[1]。基于此，中国政法大学政治与公共管理学院以马克思列宁主义、毛泽东思想、中国特色社会主义理论、习近平新时代中国特色社会主义思想为指导，按照新时代党的建设总要求和"不忘初心、牢记使命"主题教育的总体要求，抓住高校"立德树人"这个根本和全面提高人才培养能力这个核心点，抓住高校党建的基本结构和内在要求，设计开展多样化的党建主题教育，不断提升学院党建的思想力、组织力、凝聚力和实践力，不断提升党建的境界、拓展党建的思路、丰富党建的内容和形式、凝练党建的特色，形成和强化学院党建与思想政治工作的整体态势与优势。

————————————

〔1〕 刘佳：《习近平新时代高校党建思想的理论内涵研究》，载《思想政治教育研究》2018 年第2 期。

（二）建设举措

第一，坚持不懈地抓好马克思主义理论教育，抓好毛泽东思想、中国特色社会主义理论以及习近平新时代中国特色社会主义思想的理论教育，不断提高思想理论建设的质量。设定思想政治理论学习的基本读本、基本规格和基本要求，建设思想理论必读书目、理论沙龙和讲座等相关制度措施平台，强化理论学习的质量标准。

第二，以党史教育、党的优良传统和作风教育、严格的党内组织生活锻炼为主要内容，锻造党员坚强的党性，全面加强党员党的意识、党员意识和宗旨意识。设立"红色经典阅读""支部共建拓展"系列教育活动平台，进行党史、党的优良传统和作风的知识教育和实践教育，传承红色基因；通过设定党内组织生活的质量标准，不断提高"三会一课"、主题党日、组织生活会、民主生活会、党员责任区的质量标准，以严格的组织生活锻造党员坚强的党性。

第三，深入把握党建思想政治工作规律、育人规律、学生成长规律，以"时代先锋成长计划"为核心，在学院党委的统筹领导下，充分发挥学生党支部、教师、思想政治辅导员的育人作用，一人一策，构建学生党员与入党积极分子成长成才和发挥先进性示范性带动性作用的"时代先锋成长工作体系"。围绕党员教师教书育人、科学研究、社会服务的功能属性，积极助力引导中青年党员教师的成长发展，充分发挥教师党员和教师党支部的先进性作用和战斗堡垒作用。以"团结、敬业、奉献、成长"为核心，充分发挥行政党支部思政辅导员的一线带头作用和管理岗位的党员团结奉献、爱岗敬业、成长发展、争创佳绩的作用，以优良的党风塑造良好的政风。

三、党建引领下"四个平台"育人模式探索

随着社会的快速发展，对高等教育育人模式提出了更高要求，既要传授知识，更要注重学生综合素质的提升，包括思想政治素质、学术研究能力、专业技能以及社会实践能力。在这一背景下，中国政法大学政治与公共管理学院根据工作实践凝练出了一个创新的育人模式——党建引领下的"思想引领平台""学术研究平台""社会实践平台"和"综合素质平台"的四个平台育人模式。该模式的核心在于利用党的建设作为引领，将思想政治教育与学

新时代加强和改进高校思想政治工作路径探究

生的全面发展紧密结合，通过构建四个平台，全方位、多角度地促进学生的个人成长和综合素质提升。

（一）"思想引领平台"与专业教学有机融通，提升教育的高度和宽度

人的成长不仅是外在肉体物质化的成长，更关键的是内在心理精神性的成长，这也是思想引领的天然领域[1]。随着社会发展的需要，人才培养模式的要求也在不断提高，特别是在高等教育阶段，如何有效地结合思想政治教育与专业教学，成为教育改革的重要议题。对此，"思想引领平台"与专业教学进行有机融通，成为提升教育质量的一个创新途径。平台搭建不仅关注学生专业技能的提升，更注重思想政治素质的培育，以期达到专业教学与思想政治教育相互促进、相互融合的教育新境界。

为推动思想引领平台的建设，学院成立了垂直党支部，定期举行主题教育；在开展主题团会、班会中弘扬社会主义核心价值观，塑造学生积极健康向上的三观；通过举办年级大会、新生运动会、本科生田径运动会、研究生趣味运动会等集体活动不断加强年级的凝聚力，增强学生的归属感和自豪感。2019年3月18日，习近平总书记在学校思想政治理论课教师座谈会上的讲话中指出："在大中小学循序渐进、螺旋上升地开设思政课非常必要，是培养一代又一代社会主义建设者和接班人的重要保障。"[2]思想引领平台的模式探索旨在培育学生的正确思想道德观念，形成积极健康的世界观、人生观和价值观。这一平台通过多样化的教育形式和内容，加强学生的思想政治教育，引导学生树立正确的社会主义核心价值观，清楚明晰自己的价值判断与价值选择。

（二）"学术研究平台"与科研探索相辅相成，提高学术的兴趣和能力

社会科学的研究对象广泛，涵盖政治、经济、文化、教育等多个领域，这些研究对于理解社会现象、指导社会实践具有重要意义。在这样的背景下，社科类学术研究平台不仅需要支持高效的学术交流和知识共享，还应该促进跨领域、跨学科的协作，提供多元化的研究工具和资源，以支持复杂社会问题的解决方案研究。

---

〔1〕 李骥：《"大思政"格局下高校共青团思想引领的优先策略》，载《思想教育研究》2017年第5期。

〔2〕 习近平：《思政课是落实立德树人根本任务的关键课程》，载《求是》2020年第17期。

学术研究平台通过举办多场学术论文系列讲座，以此激发学生的科研兴趣，形成学术研究的氛围，培养学生学术研究的能力。学院整合访问学术期刊、会议论文、学术数据库的通道，为学生提供丰富的研究资源；邀请院内各专业老师开展系列学年论文和毕业论文指导讲座，指导教师专访，促进学生、教师和研究人员之间的学术交流与合作。

（三）"社会实践平台"与课外实业相互嵌合，指引实践的方向与道路

在教育领域，将理论学习与实践活动相结合一直是提升学生综合能力和社会适应性的重要途径。随着教育技术的进步和社会需求的多样化，"社会实践平台"成了连接学校教育和社会实际的重要桥梁。这类平台不仅为学生提供了丰富多样的课外实践机会，也为教育者提供了观察和指导学生在实际操作中学习和成长的新途径。

社会实践活动，包括但不限于社会服务、创业实践、科研项目等，为学生提供了将课堂知识应用于实际问题解决的机会。以中国政法大学政治与公共管理学院 2023 年度学生活动年度统计结果来看，学院学生公益组织"一米阳光公益团队"秉持"一米微芒，造炬成阳"的理念，开展一系列线上线下志愿活动，近三年累计组织活动 25 项，参与人数达 1322 人次，志愿时长达26 349 小时；"政管就业平台"助力政管学子提高就业能力，明晰职业规划，举办就业创业论坛、就业云课堂和政管"职"达系列活动。通过这些活动，不仅能够增强学生理论知识的实践应用能力，培养学生解决复杂问题的创新思维和团队协作精神，还能够促进校企合作，加强学校教育与社会需求的对接，提升学生的就业竞争力。

（四）"综合素质平台"与学生息息相关，致力于培养学生的全面发展

在当今快速变化的社会背景下，学生的综合素质培养成为教育领域关注的焦点。随着教育观念的转变和信息技术的发展，"综合素质平台"的构建和应用为促进学生全面发展提供了新的途径和工具。这类平台不仅为学生的知识学习、技能训练和个性发展提供支持，还鼓励学生在更广阔的视野中探索和实践，以达到综合素质的全面提升。

"综合素质平台"通过整合各类教育资源和工具，提供更加灵活多样的学习和实践环境，举办系列品牌活动：比如每届的"政管群星"，通过评选先进

典型，榜样引领示范，评选出在不同领域表现突出的个人以及和谐、先进团体，通过展现榜样的奋斗故事，凝聚榜样磅礴力量，激励学院同学们向身边榜样看齐；"政在运动"，学院团委开展"体育运动年"主题活动，由学生会体育部牵头，各运动队参与协办，增加师生体育活动参与度，强化体育运动建设，充分发挥体育促进心理健康的效益；"政艺飞扬"系列活动，通过摄影、书画、歌舞等多种形式，举办线上线下多场活动，让大家一起分享文艺风采，光影留声，不负青春时光。综合素质平台的搭建为学生的全面发展奠定良好基础，为后期培养适应未来社会发展需求的高素质人才提供强有力支持。

四、党建引领下"四个平台"育人模式发展实效

"四个平台"教育模式在实践中取得的成效显著，不仅在提升学生的学术研究能力、文化素养、社会实践能力和综合素质等方面有了全面的提高，更重要的是，通过党建引领，学生们的核心价值观得到了强化，为他们的全面发展奠定了坚实的基础。未来，通过不断优化和深化这一教育模式，将有助于培养更多具有高度责任感和综合能力的优秀人才。

建设"思想引领平台"的实践表明，重视思想引领教育的高校学生，在思想政治素质、道德修养方面有明显提升，能够更好地认识自我、定位未来；通过对社会主义核心价值观的深入学习和实践，学生能够树立正确的社会责任感和使命感；这还促进了校园文化的建设，使校园形成了积极向上、健康文明的氛围。

"学术研究平台"的建设，促进了校园内学术氛围的形成，提高了学生的研究兴趣和研究能力。通过各类别的学术讲座、研究项目和竞赛活动，学生们有机会接触到前沿学术资源，与知名学者进行交流，激发了他们对科学研究的热情。这不仅增强了学生的科研能力，也培养了他们的创新意识和团队协作能力。一些学生在这一平台的支持下，已经开始参与到科研项目中，甚至发表了学术论文，展示了学术研究平台的显著成效。

"社会实践平台"强调通过党建活动引导学生走出校园，参与到社会服务和社会调研中，从实践中学习和成长。通过参与志愿服务、社区服务等活动，学生能够更好地理解社会、服务社会，增强社会责任感。通过组织学生参与

到社区服务、企业实习、公益活动中，平台极大地丰富了学生的社会实践经验，提升了他们的社会责任感和实践能力。在党建引领下，学生们不仅能够将所学知识应用于实践，还能够在解决社会问题的过程中增强自我价值的实现。许多学生反映，通过社会实践，他们对社会有了更深刻的认识，个人职业规划也有了更明确的方向。这一平台的成功案例包括帮助乡村学校改善教育条件、参与环境保护项目等，展现了学生的社会责任感和实际影响力。

"综合素质平台"则侧重于通过党建活动的引导，促进学生个性发展和综合素质的提升。通过组织领导力培训、团队建设活动等，强化学生的领导力、团队协作能力和解决问题的能力。中国政法大学政治与公共管理学院团委领导下的六大学生组织（学生会、学委会、一米阳光公益团队、党建工作部、新闻中心、桉树案例研习社）积极地开展各项综合性活动，有效提升了学生的个人能力和团队协作能力。在党建的引导和鼓励下，学生们在这一平台上展现出了积极主动的学习态度和强烈的进取心。特别是在领导力培训中，学生通过模拟实际工作环境下的决策制定和团队管理，锻炼了自己的领导能力和团队协作能力。许多学生表示，通过参与综合素质平台的活动，他们学会了解决问题和应对挑战，获得了宝贵的经验，这为他们未来的职业生涯打下了坚实的基础。

五、结语

高校坚持党对人才工作的全面领导，就要加强党对人才的政治引领，通过高质量党建工作更好地把准方向、整合资源、推进改革，不断推动党的人才工作开创新局面[1]。在党建引领下，构建"思想引领平台""学术研究平台""社会实践平台"和"综合素质平台"的"四个平台"育人模式探索，旨在全面贯彻习近平新时代中国特色社会主义思想，深化教育教学改革，全面提升学生的综合素质和能力。这一模式以党的建设为引领，紧密结合高校教育教学实际，通过四个互相支持、相互促进的平台，实现了对学生全面、深入的育人效果。这不仅仅是对学生知识结构的优化和能力水平的提升，更是对学生思想道德建设和社会责任感的培养。

---

〔1〕 周坚：《在深度融合中以党建引领高校事业高质量发展》，载《国家教育行政学院学报》2021年第10期。

思想引领平台提升思想政治教育的吸引力和影响力，帮助学生形成正确的世界观、人生观和价值观，厚植理想信念。学术研究平台鼓励学生探索科学前沿，培养创新精神和研究能力。社会实践平台通过志愿服务、社会调查等形式，增强了学生的社会责任感和实践能力。综合素质平台锻炼学生的多元能力，培养复合型人才。这四个平台的有机结合，形成了一个立体、全面的育人体系，不仅能促进学生个人全面发展，也能为社会培养高素质的人才。

在此过程中，党建的引领作用不可或缺。党的领导为"四个平台"育人模式提供了坚强的政治保证和思想指导，确保了教育活动的正确方向。通过党建工作，高校能够更好地聚焦育人本职，不断创新人才培养机制，使育人效果与社会发展需求紧密对接，为实现中华民族伟大复兴的中国梦贡献力量。

总之，新时代高校在党建引领下构建的"四个平台"育人模式，是高等教育深化改革、创新人才培养模式的有益尝试。这一模式的成功实践，不仅为高校育人提供了新思路、新方法，也为全面提高国家教育质量、构建具有中国特色的现代教育体系作出了积极探索和宝贵贡献。未来，高校将持续探索，强化党建引领，进一步完善和丰富"四个平台"育人模式，努力培养更多德才兼备、能够适应新时代要求的优秀人才。

高校研究生党支部育人功能提升策略研究

中国政法大学人权研究院　　吴冕君

2023 年 5 月 29 日，习近平总书记在主持中共中央政治局第五次集体学习时指出："建设教育强国，龙头是高等教育。"[1]坚持党的全面领导是实现高等教育高质量发展的根本保证。高校作为高等教育的前沿阵地，更要落实推进全面从严治党的各项要求，以强党建固"立德树人"之基。想要实现教育强国、科技强国和人才强国战略，研究生教育是不可或缺的关键环节。而研究生党支部作为推进研究生党建工作的前沿阵地，要以高质量党建推动研究生教育高质量发展，探索将党建与育人这一根本任务深入融合，充分发挥研究生党支部的战斗堡垒作用。

一、当前研究生党支部所面临的困难

近年来，广大高校愈发重视研究生党支部建设工作，无论是在组织机构规范化建设方面，还是在学生党员的教育管理方面，抑或是支部活动创新方面，都提出了更高的标准。但是各支部在探索过程中仍遇到了难以避免的客观制约因素和主观能动性欠缺的问题，使得研究生党支部无法完全发挥其应有的育人作用。

（一）支部流动性大

随着越来越多的研究生党支部开始调整为纵向的组织设置后，随之来的问题也逐渐显现。研究生的学制多为 2~3 年，支部委员会成员一般由高年级学生担任，但毕业阶段因求职就业和毕业压力，其任期一般为 1 年，这就意

---

〔1〕《加快建设教育强国 为中华民族伟大复兴提供有力支撑》，载《人民日报》2023 年 5 月 30 日，第 1 版。

味着大部分支委成员都面临着工作刚上手就要换届的尴尬局面，对于支部来说，也缺乏时间对支委进行系统、全面的党建业务培训和技能提升，加之党员不断流进流出，研究生党支部不稳定的问题尤为突出。一方面，支委的更换容易导致工作断裂，支委成员之间难以磨合；另一方面，党支部逐渐形成的良好作风、学风、活动形式及理论学习方法得不到发扬，建立健全的教育、管理和考评机制无法持续，更是难以打造优质党建品牌，形成长效发展机制。

（二）支部凝聚力不强

一是部分研究生入党动机不纯。随着经济社会不断发展和人民文化程度日益提高，当前我国高校研究生规模也正逐年扩大，这也导致毕业生就业压力剧增，求职竞争日趋激烈。而部分研究生为了实现个人利益诉求申请入党，但他们在成为正式党员后思想觉悟迅速下滑，参加组织生活和履行党员义务的积极性明显降低。二是当前高校研究生培养模式下，实行的是导师负责制，不同导师的学生党员之间的关系比较生疏，缺少沟通交流的机会，经常会出现因组会、参会、外出学术交流、实习、参加科研项目活动等原因缺席组织活动的情况。三是部分研究生重科研轻思想，一方面科研压力较大是不可忽视的客观因素；另一方面部分研究生党员热衷个人主义，专注于个人研究，缺乏集体观念，对参加党支部日常组织生活缺乏热情和积极性。

（三）活动内容和形式简单

研究生党支部普遍存在活动内容和形式单一的问题，导致组织生活吸引力不足，参与感较低，获得感较少，主要原因在于以下几方面：一是党支部书记和支委委员角色意识不清，自我要求较低，对于党建工作规范化的重要性认识不足，组织生活随意性较大；二是党建和学科建设融合机制没有真正落实，使得支部活动内容趋同，没有形成支部特色；三是研究生党支部大多依托班级、年级横向设置，无法较好地适应研究生学习科研及成长需求。同时，大部分高校的教师党支部和学生党支部分开设置，导师与学生分属不同支部，导师在思政教育中的作用发挥有限。

（四）育人载体创新性不足

育人载体是实现党建引领作用的重要平台，支部创新的很大程度就体现在育人载体创新的创新上。但当前高校研究生党支部普遍缺乏创新思维和手段，对育人载体的利用程度不高、研究不深。主要体现在以下三个方面：首先，对全媒体概念认识不深，对于新媒体的影响力和便捷性敏感度不足，没有构建"互联网+"的党建工作机制，对于"两微一端"的平台建设不足，这就导致支部建设落后于时代发展，没有真正深入到支部研究生的学习生活中，而生活在信息时代的当代研究生却早就习惯于通过微信、微博、小红书、抖音以及各种新媒体手段接收信息；其次，线下学习载体依然停留在传统阶段，同质性较强，组织生活的理论性过强，仅仅进行理论搬运却忽视理论运用，并未做到学习结合；最后，对于已经搭建的线上线下平台的运营管理松散，存在"重挂牌、轻管理"的现象。例如，在与其他基层支部建立了共建合作关系后，部分党支部组织的联合活动往往更注重形式而忽视内容，没有将专业教育与理想信念教育结合起来，参与其中的研究生也很难在实践中悟真理、修品行、炼品德，共建也就失去了实际意义。

二、发挥党建育人功能的实现路径

党建育人是高校研究生党支部建设的主要方向，支部主要从思想引领、价值导向、品德塑造等方面对学生进行德育教育，在支部活动、发展党员和对党员的管理教育日常中培养研究生专业所需的素质和品格，激励研究生将国家人民需要和个人理想抱负紧密结合，到祖国最需要的地方扎根奉献。因此，高校研究生党支部要想充分发挥育人功能，就必须助力"四条路径"。

（一）组织育人路径

研究生党支部是高校落实"三全育人"的"最后一公里"，在研究生组织协同育人体系中发挥着领头羊的作用，因此，研究生党支部要不断增强自身的政治引领力、党建牵引力、组织聚合力、思想渗透力，力求做到四力合一，最终实现组织育人途径。具体来说，研究生党支部要想发挥组织育人作用，就必须在以下三个主要方面持续发力：

一是组织机制建设。一方面，组织学生党员参与学生事务管理，引导他们在各类组织、各种活动中贯彻党的路线方针政策，坚定执行各级党组织决策决定，充分发挥青年学生的先锋模范作用；另一方面，在同级各种组织中的领导核心作用，建立协同机制，指导团支部、班级和各类基层研究生组织各司其职，充分发挥作用。二是严格落实组织生活。高校研究生党支部要不断提升支部党员的政治素养和理论水平，通过实践参观、交流共建、主题宣讲、志愿服务等丰富的内容形式，在党日活动中凝聚力量，引导党员自觉发挥先锋模范作用，服务校院建设，服务社会需求，通过日常谈心谈话和深入开展批评和自我批评，深入走进党员的学习生活和内心，及时发现问题，全面解决问题，不断提升学风和班风，凝心聚力把组织生活会制度落实落地。三是党员及积极分子的教育管理。党员发展和教育管理是各级党支部发挥组织作用的重要组成内容，是广大高校落实研究生培养目标的直接形式。在党员发展过程中，还应注意党员标准严格要求发展对象，注重量化的考核评价体系的构建，时刻端正积极分子的入党动机，把握党员发展标准。

（二）文化育人路径

文化是国家之根、民族之魂，也是全面建成社会主义现代化强国之基。因此，从中国传统文化和红色文化中甄选和提炼出能够升华爱国主义、集体主义、社会主义教育的优质文化资源尤其重要。第一，研究生党员理想信念教育是文化育人的根本所在，可通过参观红色遗迹、走访革命圣地等形式，充分挖掘红色文化的丰富内容，发挥红色文化的价值，坚定他们的爱国之情和报国之志。第二，充分利用校园内部优质教育资源，一方面带领研究生党员参观校史馆、档案馆等承载学校发展建设的文化场馆；另一方面可以邀请先进退休老教师党员现身说法，讲述自己为学校的发展建设贡献力量的先进事迹，进一步增强学生党员对学校的认同感和归属感，为校院建设和发展贡献力量。第三，将支部党建工作与"三会一课"、主题党日活动，思政教育、职业规划指导、法治安全教育等工作紧密结合，在传统节日、重要纪念日等以文化节、情景剧等形式，身临其境感受传统文化内涵，体验社会主义核心价值观的要义。

（三）学科育人路径

一是要根据专业特点、党员分布情况和培养方案等因素合理设置研究生党支部，从组织架构上为建立健全党支部学科育人长效机制搭建平台。从组织活动的可行性角度出发，可以设置以班级为单位的党支部，以班级学习生活总体安排和班级活动为抓手紧密联系班级党员，营造良好的班风学风；对于学术科研活动频繁或科研团队联系较为紧密的学科专业，可以以研究方向为依据设立纵向党支部，增强支部稳定性，加深同一研究方向不同年级的研究生在支部内的深入交流沟通，从而实现支部战斗堡垒作用。二是在支部活动中实现学科育人，挖掘深度挖掘专业中的社会服务能力，将党员先锋作用外化于实践中。具体来说，支部可以通过组织志愿服务、社会调研、实习、宣讲等主题活动，让党员在服务社会中更好地发挥专业知识的作用，还可以组织学术论坛或者推荐优秀党员参加学术活动，引导主流思想。三是将思政教育与专业要求紧密结合，以学术讨论为出发点，以培养主动服务国家战略部署的人才为方向，以根植家国情怀为精神引领，通过讲党课、集中学习和自主学习等形式不断强化党性修养。

（四）榜样育人路径

榜样对于处于青年阶段的研究生来说，在价值引领、行为示范、目标激励等方面具有强烈的时代性、影响性、可效仿性、真实性和代表性，教育部的相关文件也指出了研究生充分发挥主体作用，做好自我管理、服务和自我教育的重要意义。研究生党支部作为高校党组织的末梢神经，作为研究生的战斗堡垒，与研究生组织和研究生日常的学习生活深度连接，在榜样的精准筛选、榜样作用发挥和榜样教育宣传方面具有天然优势。因此，榜样育人是研究生党支部实现功能的重要路径。党支部可以充分利用评优评奖、就业创业、实习实践等研究生管理服务工作中挖掘出先进典型，树立朋辈榜样，通过志愿服务、结对子、党员学生骨干宣讲团等创新实践活动，将榜样力量以润物无声的方式深植入党员的心里，利用微信公众号、微课等网络阵地，持续进行党员榜样的宣传教育。

三、研究生党支部育人功能提升策略

随着高校对于研究生党建工作探索的更加深入，逐渐形成了从组织机制、文化氛围、专业学科以及先锋榜样这四个维度发挥育人功能的党建路径选择。如何从以上路径中充分发挥育人实效是各研究生党支部强化党建工作的关键，笔者从创建品牌活动、完善工作载体、创新共建合作、打造先进队伍几个角度进行分析，提出激发支部党建活力的具体策略。

（一）结合支部特色，创建品牌活动

研究生党支部区别于本科生党支部的显著特征和优势就在于其具有强烈

的专业性，因此，研究生党支部紧密结合支部专业特色和实际，充分发挥学科优势，积极创建品牌活动不仅是符合学科育人路径的内核精神，也进一步提升了支部活动吸引力和实效性，是支部提升组织力的重要手段。第一，校党委要做好统筹安排，不仅要扩大"样板研究生党支部"先进做法的宣传，为其他支部提供有效借鉴经验，还要经常组织党支部书记和委员培训班，提升其能力素质，推动研究生基层党建质量全面提升。第二，院级党委需优化顶层设计，统筹发挥院级各类学术组织的专业作用，结合院校文化背景和学科特色，明晰人才培养目标，科学修订人才培养方案，从制度层面促进研究生党支部的积极转变。第三，各支部要以社会服务为落脚点，积极与教师党支部、社区基层和企业等建立共建关系，探索"走出去""引进来"相结合，以校地支部联动、实地"主题党日"等方式，激发党员参与活动的积极性和主动性，最终形成具有专业特色、参与度高、持续性强的支部品牌。

（二）丰富工作载体，搭建网络阵地

随着新媒体技术的不断发展，高等教育也越来越重视网络的力量，作为基层研究生党组织，研究生党支部要利用信息化带来的便利，克服研究生群体集中性不高的客观因素，构建线上工作机制，促进支部育人能力的提升。一方面，应建立信息化数据库。持续完善更新党员、党员发展信息、活动信息、党员评价信息等内容，根据数据统计和党员评价及时改进工作思路，支撑支部高质量开展组织生活。另一方面，建立网上宣传文化矩阵：一是通过各类新媒体平台分享"学习强国"、各校精品微课程、线上讲堂、微电影等内容，党员可以利用碎片化时间自主进行个性化线上学习；二是邀请支部选树的先进党员讲述自身故事，进行线上研讨和交流互动，强化榜样作用，增强党员的参与感和获得感；三是人工智能的快速发展给研究生党建工作带来了新的创新点，研究生党支部可以充分利用这些现代科技重新打造已有的品牌活动，提升宣传教育水平；四是组织支部党员拍摄微视频，讲述红色故事、党史故事和文化故事，记录支部活动，抒发自己参与科研、学习、实习实践活动中的所思所感。

（三）践行共建之路，打造思政共同体

共建合作不仅是强化基层党组织建设的有力抓手，也是高校研究生党支部开展思想政治教育的创新载体，更是落实"三全育人"总体要求的必由之路。建立健全研究生党支部共建机制应从深度和广度两个维度进行多方位探索，拓宽共建广度是指支部开拓思路，在校内外充分寻求大范围、多对象的共建对象，拓宽共建深度是指在共建内容上下功夫，结合支部特色，充分挖掘对方资源，与共建对象建立长效共建机制。一是拓展校内育人队伍，与教师党支部结成共建支部，邀请优秀教师讲党课，充分发挥导师作用，推动思政教育和专业教育有机融合。二是积极走出去，与校外基层党支部共建，共同搭建实习实践平台。例如，与社区基层党支部共建开展志愿服务，满足社区治理和社区居民的所思所求，将专业优势运用到志愿服务、宣讲、科普等各类工作和活动中，发挥青年党员的活力，起到以行动促思想的作用。同时，还应善于利用社区红色资源和文化资源，在重要节日与共建支部青年党员一起开展主题教育、党日活动，建立常态化党史学习教育机制，将传统文化的精神内核浸染进学生内心。与企业基层支部共建应以加强合作为目标，紧密结合研究生职业生涯规划和就业创业指导工作，主动为合作单位输送优秀人才，为支部党员创造实习实践平台，引导支部研究生树立科学的就业观和价值观。三是与兄弟院校的其他研究生党支部共建，同一专业的共建支部有着坚实的学科认同，便于建立深厚同盟，提升组织生活质量，深化党建学科育人成效，不同专业的共建支部能够形成专业互补的良性互动，进一步增强支部创新能力。

（四）建设先进队伍，强化自我教育

积极建设一支思想先进、能力突出的党建工作队伍，是抓好高校研究生教育培养的基础。首先，积极开设党支部书记培训班、支委能力提升班等平台，组织研究生党员参加培训考核，从而打造出一批能够独当一面的优秀学生党员骨干。其次，研究生因为学制短和培养方式与本科生的明显差异，党支部稳定性较差和党员流动性较强成为难以避免的通病。因此，支部后备干部的选拔和培养尤为重要，这是保障支部优良传统可持续、支部建设可发展的基础。一是要严格选拔支部干部标准，从政治素养、科研能力、综合素质等多方面综合考量，选拔出政治坚定、履职能力强的支委班子，以"全面知晓支部工作、敢于表达观点、客观进行表决"为原则，不断强化支委责任感和使命感，使其能够充分参与支部各项工作，再以支委能力提升计划和骨干梯队建设打造坚实党建工作队伍，全面提升支部的组织力。二是建设凝聚力强、党性修养高的党员队伍，持续开展人人讲党课制度，以社会热点和党员普遍关注的问题为主题，以书记讲授党课、集中交流研讨会等形式，让全体党员积极参与到学习活动中。三是以支部年度工作计划为依托，在搭建的线上线下工作平台上发布志愿服务清单，鼓励和组织学生参与社会公益活动、党建实践。四是建设入党动机端正、追求进步的后备队伍，包括入党积极分子、发展对象以及有入党意愿的研究生。首先，要加强全过程和全方位的政治把关，始终坚持标准，严格发展党员程序，辅导员担任党支部书记的支部还可与深度辅导等思政工作结合开展，引导学生树立积极正确的入党动机。其次，要把好入党"第一关"，做好入党积极分子的教育和培养工作，充分利用线上线下、课内课外相结合的方式开展党内教育，充分运用智慧党建、"互联网+党建"等新媒体方式，打造科学化、规范化、系统化学习教育培训体系，实现党员教育管理的一体化。

四、结语

进入 21 世纪，党中央对高校人才培养工作提出了新的具体要求。如何开展好学生党建工作，从而全面深化落实"三全育人"这一重要任务成为高校面临的新课题。区别于本科生的群体特征和培养方式决定了研究生党建工作必须建立与其相适配的特定模式。本文以研究生党建工作的基层组织——研究生党支部的党建工作为研究对象，以如何提升育人能力为思考方向，从现阶段研究生党支部在党建落实工作中面临的现实挑战和难以摆脱的困境出发，通过问题导向分析实现其育人要求的可行性路径，最后提出在这些可行路径中行之有效地提升育人效果的策略及手段，为高校研究生党支部高质量发展提供一定程度的理论支撑。

参考文献

[1]《加快建设教育强国 为中华民族伟大复兴提供有力支撑》，载《人民日报》2023 年 5 月 30 日，第 1 版。

[2] 汪琪、陈晨子：《"党建 +"理念下高校研究生党支部创新路径研究》，载《南方论刊》2023 年第 11 期。

[3] 刘铁英：《党建在研究生思政工作中"唱主角"的实践研究——基于提升组织力视角

的创新研究》，载《高校学生工作研究》2022 年第 1 期。

［4］史飞：《高校研究生党支部党建与业务融合路径探索》，载《产业与科技论坛》2023
年第 10 期。

［5］张晓洁、张雨晴：《学科思政：高校研究生德育实践的新探索》，载《思想教育研究》
2023 年第 12 期。

新时代高校"三型"学生党支部建设的思考研究

中国政法大学国际儒学院　　高凯杰

党的十九大以来，以习近平同志为核心的党中央十分重视基层党组织建设，致力于"把企业、农村、机关、学校、科研院所、街道社区、社会组织等基层党组织建设成为宣传党的主张、贯彻党的决定、领导基层治理、团结动员群众、推动改革发展的坚强战斗堡垒"[1]，建设学习型、服务型、创新型（以下简称"三型"）的马克思主义执政党，提高党的领导水平和执政能力。高校学生党支部作为高校基层党组织的基本单位，是连接党组织与师生群众的重要纽带，肩负着推进全面从严治党、立德树人和培养时代新人的重要责任与使命。与此同时，学习是新时代学生党员的本职工作，服务是学生党员的宗旨使命，创新是学生党员的灵魂所在，高校把建设"三型"学生党支部贯穿在教育全过程之中，更有助于党员同志坚定政治立场、提高党性修养，始终保持党组织的先进性和纯洁性。可见，做好新时代下高校"三型"学生党支部建设工作尤为重要。

一、新时代背景下高校"三型"学生党支部的内涵及意义

（一）建设学习型党支部，是坚定理想信念的基础

高校学习型党支部顾名思义重点在"学习"，学习党的理论知识，确保学生党员拥有一定的政治理论水平；学习专业知识，提升个人的专业能力；学习将专业知识与党的理论知识相结合，提升整体政治素养和综合能力，促进学生党员全面发展。学习是进步的阶梯，中国共产党靠学习发展到了现在，也需要靠学习继续开创未来。高校学生党支部作为高校党的基层组织，发挥

---

〔1〕　曹哲、刘非：《加强高校学生党支部建设的思考》，载《教育评论》2020 年第 5 期。

着服务立德树人、为党育人为国育才的战斗堡垒作用，其首要任务就是促进学生党员同志坚定理想信念，增强创造力、凝聚力和战斗力，而建设学习型党支部则是重要基础和有力保障。只有以学习为基础，才能更好地了解中国共产党和中华民族的发展历史，认清时代的责任和使命，认真回答好"为什么服务、为谁服务、如何服务"的重要问题；只有坚持学习，尤其是认真学习贯彻党的二十大精神、习近平新时代中国特色社会主义思想，才能逐步理解"两个确立"的实践内涵和伟大意义，将党中央重要指示和要求落到实处；只有认真学习，特别是将所学专业知识与党的理论知识相结合，才能更好地加深对马克思主义的认识，不断提升自身的政治觉悟和个人修养，增强面对问题解决问题的能力，逐步坚定永远跟党走的决心。

（二）建设服务型党支部，是贯彻群众路线的导向

新时代背景下，群众路线依旧是我们党的根本路线，作为高校学生党支部，更需要以"服务"为导向，切实走好群众路线，落实好"全心全意为人民服务"的根本宗旨。"服务"是高校建设"三型"党支部最终的价值意义，党支部的一切工作和任务均是为了完成这一目标。自2021年起，全国各地高校相继开展"我为师生办实事"实践活动，进一步加深了党组织和人民的血肉联系，发挥了学生党支部"从师生中来，到师生中去"的服务作用，加强知行合一，学做结合，热切回应师生需要，给予恰当帮助，提升师生幸福感。

建设服务型学生党支部，一方面能够帮助党组织走进党支部，深入了解支部党员的具体情况，及时给予具体的、有针对性的指导和帮助，同时通过示范作用，激发支部党员服务的主动性和积极性，加强政治引领作用。另一方面，服务型学生党支部能够帮助党员与群众建立密切联系，方便党员走进群众，真实了解群众所思所想所行，针对出现的问题进行改进，切实解决困难。通过不同形式的服务活动，培养学生党员自觉践行群众路线意识，帮助学生党员将理论与实践进行有机结合，将知识由"我学过"转化成为"我会用"，不断提升政治自觉性和积极投身社会实践的责任感。此外，学生党支部可以借此转变工作方式方法，为服务人民、了解群众提供更多空间和机会，构建党群一家亲的和谐氛围。

（三）建设创新型党支部，是发挥模范作用的动力

建设创新型党组织是马克思主义执政党永葆活力的重要原因之一，创新

在我党实现马克思主义与中国实际的有机结合、找到中国特色社会主义强国之路的生动实践中发挥了重要作用。[1]在新的时代背景下，正确发挥学生党支部的模范作用是一项重要工作，面对新的挑战和机遇，以建设创新型学生党支部为抓手，更能提升青年学生的政治素养和社会责任感，为提高党组织的凝聚力、影响力，发挥模范作用提供动力。

创新学生党支部学习的内容与形式，可以使枯燥的理论知识更富趣味性，有效地加深党员们对理论的理解与掌握，增加学习兴趣，提升学习积极性，同时也能促进党员在群众中发挥带头学习的模范作用；创新学生党支部服务群众的形式和途径，有助于党员挖掘自身优势，因地、因时、因势地开展服务工作，调动服务群众热情。

建设创新型学生党支部可以大力增强青年党员的创新意识，促进其挖掘党史理论与现实生活的关联性、统一性与实践性，不断思考理论与实践间的转化形式，利用身边一切资源和平台，拓宽学习渠道，丰富服务机制，以知促行，大力发挥党员的先锋模范作用，永葆党员先进性和纯洁性。

二、现阶段高校学生党支部存在的问题与挑战

（一）学习兴趣欠缺，党建业务水平有待提高

丰富的理论学习是党员永葆先进性的重要保障，但是就目前情况而言，高校学生党支部在理论学习方面存在一定问题，重点表现为：学习内容枯燥、形式单一，党员同志缺少学习兴趣。党支部仅能定期布置单一的参考文章或阅读书目，一些晦涩难懂的理论知识给大家的学习带来一定困难，很难激发学习积极性，进而导致大家无法深入理解理论知识背后的内涵。同时党支部学习形式以个人撰写学习心得、随后集体交流讨论为主，形式简单，却没能充分发挥党员特点和支部特色，长此以往部分党员敷衍了事，缺少学习积极性。另外部分党支部书记讲党课形式化，表现出"为了讲党课而讲党课"、理论水平不高、内容不够深入、影响力不大等现象，难以起到正确引导支部党员，激发大家学习兴趣的作用。

---

〔1〕 王栋：《高校"三型"学生党支部创建路径研究》，载《学校党建与思想教育》2022年第22期。

此外，高校学生党支部党建队伍流动性较强，整体党建业务水平有待提高。部分学生党支部由辅导员或思政科任老师兼任党支部书记，虽然具有一定的政治素养和理论水平，但是老师们还要处理其他日常工作，因此在处理党支部工作时会出现心有余而力不足的情况。部分学生党支部由学生党员担任，由于学生党员人生阅历较浅、政治素养、理论水平相对不足，他们在党员中的带动作用发挥不明显，需要经历一段时间的培训和锻炼，但是往往会出现刚刚熟悉党建业务后就会因毕业就业、个人原因等问题而无法继续工作的情况，最终党支部业务水平无法整体提高。

（二）服务意识淡薄，志愿活动开展容易受阻

全心全意为人民服务是我们党的根本宗旨，高校也致力于建设服务型学生党支部，进一步推进基层党组织践行群众路线的方针政策。但是现阶段学生党支部青年党员受"利己主义"思想影响较深，很难真正做到主动服务他人，有时抱着"多一事不如少一事"的心态，逃避志愿服务。另外高年级或毕业年级同学，由于学业和就业压力较大，无心抽出更多时间参与党支部志愿服务活动，从而导致服务意识淡薄，服务力度不到位。此外，学生党支部开展志愿服务活动形式单一，虽也在积极开展"我为师生办实事"活动，但是思维固化，总会局限在帮助老师打扫卫生、食堂宿舍楼门口志愿引导等常规工作中，没有真实走进师生群众生活，向他们提供更有针对性的服务，服务影响力不大。

不仅如此，学生党支部在开展志愿服务活动时也受到了多方因素的阻挠：其一，规模较小的党支部往往因青年党员人数过少，从而使创新性志愿服务工作无法落实到位；其二，党支部资金预算不足，无法完全满足服务活动前期的准备工作，从而制约服务活动的形式和范围；其三，学生党支部与当地相关部门、社区联动较少，类似社区共建等走出校门的志愿服务机会较少。

（三）创新思维不强，支部堡垒作用不明显

现今高校党组织对基层党建工作越来越重视，工作内容也越来越多，学生党支部为应付繁重的专项任务无力打开思路，创新工作，从而导致工作特点不突出，党支部战斗堡垒作用体现得不明显。具体表现为，学生党支部开展理论学习形式过于简单，主要为撰写心得或收听讲座，实践性不高，不能

帮助青年党员深入理解理论内涵，加强理论与实践的结合；党日活动大多局限于"外出参观＋撰写心得"模式，但很多校外实践基地党员都已去过多次，不愿反复前往，这种陈旧模式不仅不能激发出大家参与活动的积极性，甚至还会让党员同志产生厌烦情绪，影响后续工作的开展；党支部的组织生活会、支部党员大会、支委会、党小组会出现"为了开会而开会"的现象，仅能保证按时完成每月的"既定动作"，在会上除了讨论发展对象、入党积极分子考察、预备党员转正等问题，研究其他问题的情况少之又少，党支部在群众中的作用不高。此外，高校学生党支部缺少创新性还表现在未能建立学生专业特色与支部党建工作的有效连接，挖掘利用支部党员特点创建支部品牌活动。现阶段很多学生党支部出现党建工作与学生专业或学生思政教育相分离的情况，党建是党建，思政是思政，学生专业是学生专业，彼此互不关联，工作效果不明显。

（四）制度缺少规范，党员管理模式亟须完善

在制度管理方面，现今高校学生党支部最为突出的问题是发展党员和党员管理监督制度不够完善和规范。在发展党员方面，目前，各大高校都非常重视发展党员工作，严格监督发展党员全过程，但从学生党支部层面并未设置明确的积极分子培养制度，积极分子还会出现"前期积极，后期懈怠"的问题；发展党员标准难以量化，在确定发展对象过程中依旧会出现各种矛盾和问题，难以准确评定先进性情况。在党员管理方面，学生党支部没有明确的对预备党员的培养和管理制度，出现"重发展，轻培养"的现象，党支部不能很好地在预备期开展对预备党员的政治引领教育工作；党支部对全体党员的规范和要求制度有待完善，学生党员干部不能清楚认知自己的工作范围，模范带头作用不突出。

三、新时代背景下高校"三型"学生党支部建设的主攻方向

（一）以专题学习为载体，提升党支部政治领导力

加强理论学习，改进党支部学习方式方法，是确保党支部永葆先进性的重要因素。2019年4月30日，习近平总书记在纪念五四运动一百周年大会上的讲话中指出："新时代中国青年要增强学习紧迫感，如饥似渴、孜孜不倦学

习，努力学习马克思主义立场观点方法，努力掌握科学文化知识和专业技能，努力提高人文素养，在学习中增长知识、锤炼品格，在工作中增长才干、练就本领，以真才实学服务人民，以创新创造贡献国家！"〔1〕

以专题学习为载体，提升党支部政治领导力。一是要夯实学习制度，将理论学习与党日活动、"三会一课"内容进行有机结合，深化导学、自学、互学机制，帮助青年党员找到正确的学习方法，提高学习效率，深化学习内容，不断提高思想水平和政治觉悟。二是丰富学习内容，可以将晦涩难懂的理论知识与相关视频、音频、图文等辅助材料相结合发送给党员同志共同学习，或以网络课程、b站直播、实操演练为抓手，扩展学习资料，丰富学习资源，让理论学习更贴近生活。另外，学生党支部也要探索本专业知识与马克思主义理论之间的关系，进一步发挥专业知识特点学习党的理论知识，提高政治素养。三是要创新学习形式，加强以知促行。高校学生党支部要利用好新时代各种红色平台和资源，充分发挥党支部政治引领作用，例如以红色"1+1"共建平台为着力点，带动青年党员通过共建形式学习相关理论，将理论与实践相结合，深刻体会习近平新时代中国特色社会主义思想具体内涵；利用抖音、快手、小红书等网络传播平台，通过录制视频、发布学习心得等形式，增强党员间相互交流，同时提高学生党支部对理论知识的宣传力度。不仅如此，还可加强同专业不同学生党支部之间的共建交流，联合申报创新项目，相互交流学习心得，营造良好的支部学风，提升党支部的政治功能与党员理论素养。

（二）以服务活动为载体，增强党支部核心凝聚力

服务是高校"三型"学生党支部的价值追求，2022年4月25日，习近平总书记在中国人民大学师生代表座谈会上强调："实现中华民族伟大复兴，尤为需要青年一代坚定信念、真诚奉献、埋头苦干。"〔2〕由此可见，培养青年奉献精神和服务意识是高校学生党支部的重要任务。

以服务活动为载体，调动青年党员参与积极性，增强支部凝聚力。一是要丰富党支部活动内容。学校、学院党委要为学生党支部打通与当地企业、农村、街道、社区等支部共建渠道，提供相应资金配比和场地支持，鼓励学

---

〔1〕 习近平：《论党的青年工作》，中央文献出版社2022年版，第212页。

〔2〕 习近平：《论党的青年工作》，中央文献出版社2022年版，第242页。

生党支部开拓服务活动内容，激发大家参与服务积极性；学生党支部要结合支部党员专业特点和技能，结合当前热点问题、重要事件或科技水平，创新服务形式和内容，高年级或毕业年级学生党支部，可以根据实际情况采用线上线下活动相结合的形式，在校内组织安排活动；低年级学生党支部重点可以走出校园，发挥个人特长将服务工作"干起来"。二是要加深服务活动深度，不能流于表面。学生党支部可采用发放调查问卷、谈心谈话等形式调研基层群众需求，真正走进师生或群众生活工作中，以解决问题为出发点开展更有意义的服务活动，干在实处，当好表率；同时青年党员也要敢于承担，大胆亮出身份，在群众中发挥好模范带头作用。三是要增加服务活动的长度，让服务活动呈现阶梯性、长久性特点。志愿服务效果的达成不是一蹴而就的，学生党支部需要建立长效的志愿服务活动机制，围绕某一问题的解决，组织系列性志愿服务活动，分阶段调整服务形式、服务内容和参与服务的党员人数，这样既能不断强化服务活动效果，也能调动青年党员参与服务的积极性，大家可以根据自身优势、专业能力、个人时间等情况安排参与服务时间和内容，在活动中逐步找寻服务群众的乐趣，增强党支部凝聚力和服务功能。

（三）以创新实践为载体，提高党支部综合行动力

"三型"党支部要求实现学习的持续化、服务的常态化、创新的全球化，[1]其中，创新是高校"三型"学生党支部的源泉和动力，2013 年 5 月 4日，习近平总书记在同各界优秀青年代表座谈时的讲话中指出："广大青年要有敢为人先的锐气，敢于解放思想、与时俱进，敢于上下求索、开拓进取，树立在继承前人的基础上超越前人的雄心壮志，以青春之我，创建青春之国家，青春之民族。"[2]

首先，学生党支部要创新党建工作的方式方法，加强本党支部与其他党支部交流共建，建立"党支部书记—支委委员—党员"分层次协作办公模式，积极运用新媒体手段提高工作效率和思政教育传播力；其次，定期召开党员大会，开展头脑风暴，由青年党员共同讨论近期党支部出现的问题并商议改

---

〔1〕 王栋：《高校"三型"学生党支部创建路径研究》，载《学校党建与思想教育》2022 年第22 期。

〔2〕 中共中央文献研究室编：《习近平关于实现中华民族伟大复兴的中国梦论述摘编》，中央文献出版社 2013 年版，第 38 页。

进方案，共同促进党支部发展；最后，积极创新活动形式，利用当下青年人们喜爱的游戏或活动如剧本杀、桌游、数字油画开展主党日活动，吸引大家兴趣，加强活动效果。

（四）以构建机制为载体，激发党支部组织活力

没有规矩，不成方圆，做好高校"三型"学生党支部制度建设，有助于规范党支部内部政治生活，提升支部整体活力，同时也为高校党建育人打下基础。

首先，建立以党支部书记为主，支部委员为辅的支部班子带头制度。进一步加强对党支部书记和支部班子成员的培训和考核，帮助他们在明确自身工作内容和责任的同时，提升工作能力，增强政治素养，逐渐成为党性强、业务精、有担当、愿奉献的模范榜样，同时可将支部班子在支部工作中的带头表现纳入年终考核办法，进一步促进支部形成"带好头、守好责"的优良作风。

其次，优化对积极分子的培养—管理—考核制度。学生从成为积极分子开始，党支部就要为其安排培养联系人，定期召开积极分子与培养联系人联合座谈会，交谈培养过程中的问题和困难；培养联系人每半年可向党支部汇报一次培养情况，便于党支部及时了解积极分子思想动态和现实表现；党支部应对每位提交入党申请书的同学和全体党员建立管理档案，及时更新同学们的入党信息、奖惩情况，便于后续评议考核工作；学生确定为发展对象或预备党员后，依旧由入党介绍人进一步对其进行观察考核，党支部可结合本支部特点和实际情况，从学习、工作、志愿服务、社会实践、群众基础、参与党支部组织生活情况等方面制定考核量表或提出具体量化要求，年终也对其进行相关评议赋分。

最后，要建立监督—激励制度。学生党支部不仅要做好支部内部党员之间的"互监"工作，还要建立群众监督窗口，设立线上监督投诉平台和线下"意见箱"，收集党员群众意见，接受师生的监督和检查。此外针对在理论学习、志愿服务、党性修养等方面表现突出的党员进行表彰并大力宣传，发挥他们的模范带头作用，激发党支部的政治活力。

在新时代的背景下，面对更加复杂的教育环境和学生特点，高校"三型"学生党支部建设之路任重而道远。我们务必因时而动、因势而为，充分利用

好学生党员这个"关键少数",以学习为基础,增强理想信念、以服务为宗旨,树立良好价值观、以创新为动力,带动整体发展,努力建设好学习型、服务型、创新型优秀学生党支部,为社会主义现代化建设提供人才!

参考文献

[1] 吴成林、韦淑仪:《新时代提升大学生党支部建设质量研究》,载《理论观察》2023年第3期。

[2] 胡庄方、朱永江:《新时代高校学生党支部建设存在的问题及对策》,载《学校党建与思想教育》2023年第24期。

[3] 郭文刚、金立桥:《高校学生党支部组织力提升机制研究》,载《学校党建与思想教育》2021年第21期。

[4] 吴巧慧:《新时代高校学生党支部思想政治引领的内涵与路径》,载《思想理论教育导刊》2020年第5期。

基于 PDCA 循环理论对提升新时代研究生党支部建设工作质效的新模式研究

中国政法大学证据科学研究院　　顾滋偌

党的二十大报告提出，深入推进新时代党的建设新的伟大工程，要"增强党组织政治功能和组织功能"，要持续整顿基层党支部，把基层党支部建设成为有效实现党的领导的坚强战斗堡垒。研究生党支部作为高校党的基层组织的重要组成部分，是党密切联系学生的桥梁和纽带。新时代加强高校学生党支部建设，应坚持标准化、规范化方向，持续提升党员发展质量，不断创新活动内容和活动方式，将学生党支部打造为贯彻落实党的领导的坚强战斗堡垒。本研究计划在研究生党支部建设工作中引入 PDCA 循环理论，形成动态自循环工作机制，为推动研究生党建工作高质量发展提供新思路新方法，构建提升新时代研究生党支部建设工作质效的新模式。

一、研究生党建工作中面临的主要问题

（一）党员政治理论学习仍需加强

研究生党员均为硕士或博士，由于学制较短、毕业门槛高，导致学术压力大，就业压力大。重学术研究、轻政治学习的问题在学生党员身上或多或少存在。有的学生党员把学习党的创新理论视为完成党建任务的规定动作，没有自发自觉地上升到精神追求的高度。有的学生党员学习浮在表面，对理论了解多而不精、研究广而不深。还有的学生党员理论学习多但实践历练少，在知行合一、学以致用方面存在不足。

（二）党建活动内容形式仍需创新

当前研究生党支部活动大部分都趋于形式化，理论学习、组织活动内容

千篇一律，未能很好地激发学生的学习热情和创新精神。具体活动形式存在的问题主要分为两个方面：一是政治理论学习的形式较为单一，大多是以党支部书记讲党课、党员谈感想的形式进行，学习的材料也不够广泛，未能有效拓展新想法新思路，难以真正高质量地开展以党建引领科研、学术等各项工作；二是组织生活的形式较为单一，基本以党课学习为主，未能将理论与实践、书本与现实很好地结合起来，难以发动学生党员对支部建设和班级建设积极献计献策，普遍存在党员参与意识不强、带头意识不够、先锋模范作用落实不到位的现象。

（三）党建部署落实工作标准化、规范化仍需完善

部分研究生党支部的党建工作计划缺乏系统性、连续性，目标和标准不明确，相关活动流于表面，逐级分解和细化程度不够，存在好坏一个样、被动应付完成任务的情况，自循环的管理制度和监督体制、可量化的考核细则和评优机制等方面存在明显缺位。

二、PDCA 循环理论对提升研究生党建质量的启示

（一）PDCA 循环理论概念

PDCA 循环理论最早是美国质量管理专家休哈特博士于 20 世纪 30 年代提出的，后来由戴明博士再度挖掘出来，并加以广泛宣传和运用于持续改善产品质量的过程，所以又称"戴明环"（Deming Circle）[1]。其可操作性强，效果明显，它反映了质量管理活动的规律，是国内外工业企业质量领域最基本的方法。PDCA 是由英文单词 Plan（计划）、Do（实施）、Check（检查）、Action（处理）的首字母组成的，具体含义如下：

（1）P（Plan）——计划，针对上一轮循环中出现的问题和教训，确定活动的目标和制度，制定计划。

（2）D（Do）——实施，根据工作计划和方案到实地运行，落实计划中的内容。

（3）C（Check）——检查，考核、监督实施过程和结果，找出问题。

---

〔1〕 张艺：《PDCA 循环在高校学生党建工作中的应用》，载《党政论坛》2013 年第 7 期。

（4）A（Action）——处理，对检查的结果进行处理和总结，采取相应的措施，把成功的经验加以肯定并适当推广，把失败的教训加以总结并避免重现，把遗留问题则转入下一个PDCA循环去解决。

以上四个过程，不仅仅是一轮运行就结束，而是周而复始地进行，大环套小环，小环保大环，促进大循环，彼此协同，互相促进（见图1）。

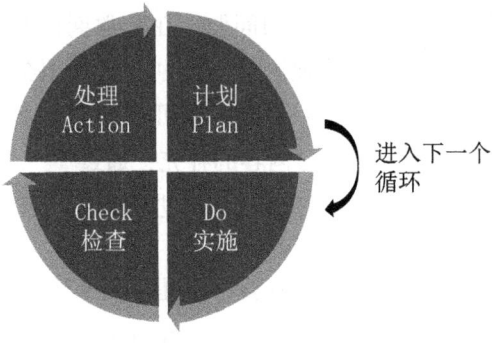

图1　PDCA循环理论的基本过程

（二）PDCA对研究生党建工作的启示

在研究生党支部建设工作中引入PDCA循环理论，形成质量管理模式，由计划（Plan）到实施（Do），再到检查（Check）与处理（Action）环节构成，这些环节首尾衔接，完成一个循环后进入下一个循环，周而复始，持续改进。以建立标准化、规范化党建为目标，做到大循环套小循环，小循环里面又套更小的循环，循序渐进，不断提升，每次循环就发现一次问题，改进一次问题，整改提高一次，实现"目标计划—规范实施—过程评价—结果改进与提升"的动态自循环工作机制，将党建工作部署落实落细，实现标准化、规范化、程序化，全面提升党建发展质量，为推进学生党建工作提供新思路新方法。

三、基于PDCA循环理论构建研究生党支部建设新模式

（一）计划（Plan）——围绕中心，制定研究生党支部建设工作计划

在这一阶段，坚持以习近平新时代中国特色社会主义思想和党的二十大

精神为指导，构建落实立德树人根本任务新格局，注重探索、创新理论研究和实践工作，针对上一个循环中出现的问题和不足，明确研究生党支部建设的目标和任务，引导和鼓励制定计划方案，着力提升理论水平和素质能力。

1. 制定科学的研究生党建工作目标

确定目标是做好工作的关键之处，在开展工作前，要想清楚工作做什么、怎么做、如何做，理论联系实际。针对研究生党建工作中面临政治理论知识未形成体系化、素养水平仍需提高的问题，在每学期伊始，研究生党支部确定目标导向，制定好本学期政治理论学习计划，认真领会校党委下发的每月政治理论知识学习主题，列好学习提纲。还可借助"学习强国""共产党员网"等党建学习平台作为集体学习内容的补充，通过"三会一课"、组织生活会、主题党日活动等形式，组织好支部党员进行学习，全面提高党员的政治理论水平[1]。

2. 明确操作性强的研究生党支部建设工作计划

结合一定时期内工作中出现的状况，以工作目标为依据，查找并分析存在问题，制定相对应措施，有的放矢地提出党建工作计划。

（1）确定党建活动开展频率。党支部实施活动的"4个1"学习计划，每两周组织1次理论学习，每月集中开展1次专题讨论，每季度交流1次学习体会，每学期开展1次主题实践活动。同时运用新媒体优势，借助互联网、手机等新媒体终端，打破时间、空间限制，使党员干部随时随地学习，快捷、高效地获取知识，进而开展网络党建工作。

（2）确定党建活动内容形式。针对研究生党建工作中活动形式缺乏创新的情况，运用好"党建+"新模式，加强和改进党建工作，充分发挥党组织的政治引领和凝心聚力作用。制定"党建+学科建设"推进人才培养，制定"党建+第二课堂"推进素质教育，制定"党建+安全教育"推进校园稳定，制定"党建+就业指导"推进高质量就业等新方法，丰富支部工作内涵和工作深度，健全标准化工作机制，有效将工作实际与支部建设目标相结合，加强组织领导，坚持统筹协调，充分调动各方积极性，多主题、多形式、多角度为研究生党建工作制定好计划。

---

〔1〕 张幸、孙社宏、崔婷婷：《基于 PDCA 循环理论的高校学生党员管理质量研究——以运城学院学生党支部工作实践为例》，载《运城学院学报》2022 年第 4 期。

（二）实施（Do）——注重实际，落实研究生党支部建设具体任务

实施阶段是最重要，也是最关键的一步，要精心设计学生喜闻乐见的党建活动，真正做到支部有活动，党员有活力，确保党建工作合理有序、稳步推进地开展。

1. 积极动员参与，推动各党支部共建

除了各支部内部成员参与活动，还可以与其他专业研究生支部联动，开展政治理论学习、交叉学科沟通、学业交流等。甚至可以加强与教工党支部的联系，通过"一对一谈话、一带一立项、一导一发展"的"一打包行动"，搭建从理论到实践的优势平台，做到以经验共享传授理论知识、以资源分享盘活党建形式、以知识分享形成育人氛围、以文化分享增强支部活力，充分利用资源，让教工党员先锋模范作用辐射到学生，激发党员活力，从内心深处唤醒党员的主观能动性，发挥基层党组织的凝聚力，切实达到共赢发展局面[1]。

2. 发挥党建育人功能，助力青年成长成才

（1）发挥组织育人作用，主要依靠党支部引领学生思想政治工作、学生心理工作和安全稳定工作。研究生党支部活动按要求高标准开展政治理论学习，通过开展主题研讨、讲党史故事、书记讲党课、小组党课、实地研讨、电影党课等活动，学习贯彻党的二十大精神，开展党史学习教育，并通过党员撰写心得体会的方式领悟思想真谛，引导学生树立坚定理想信念和发展目标；定期关注学生，确保学生政治思想稳定、身心健康，做好校园安全稳定工作。

（2）发挥网络育人作用，重视互联网宣传阵地建设，牢牢把握意识形态工作主动权，推进新闻时政宣传工作。通过校园新媒体网络平台做好网络育人平台，提升服务力、吸引力和黏合度，增强示范性、引领性和辐射度，建设运营好高校思政类网站、公众号等，传播网络正能量，培育同学关心国家国际政治的自觉心，增强爱国主义教育，发挥宣传工作的思想引领作用，维护校园安全[2]。

---

〔1〕 李丽、朱军：《基于组织育人高校师生党支部共建模式创新与实践研究》，载《大学》2021年第10期。

〔2〕 马华：《推进高校思想政治工作改革创新（有的放矢）》，载中国共产党新闻网，http://dangjian.people.com.cn/n1/2022/0721/c117092-32481325.html。

（3）发挥实践育人作用，拓展第二课堂活动平台，重视学生综合素质培养。学业方面，要注重奖学金评选，正确发挥评优的学业导向作用；科研方面，定期开展师门读书交流会、国内外学术交流论坛、学科竞赛，为研究生科研能力提升搭建平台；社会服务方面，整合学校、社会多方资源，通过社会实践、志愿服务、社团活动、社会工作等与党建活动结合构建多元化平台，提高研究生的社会化能力，树立正确的择业观和就业观；助学方面，评选助学金，实现对家庭经济困难学子的精准帮扶、重点帮扶，助力顺利完成学业。

（三）检查（Check）——科学考核，监督研究生党支部建设工作实效

加强研究生党支部规范化建设，提高党建工作规范化、科学化、制度化，重在建立健全长效的党支部建设考评机制，对支部规范化建设质量进行评价，发挥学生党支部战斗堡垒作用和大学生党员先锋模范作用。

在借鉴相关研究领域成果的基础上，结合党支部自身实际，运用科学手段，建设一套标准化、规范化的研究生党支部建设工作考评体系。专门成立研究生党建工作考评小组，负责对党建工作进行定期考评检查，并对考评中发现的问题及时督促整改，小组成员为主管党建工作的领导、党务秘书、研究生辅导员、研究生党支部书记，主管党建工作的领导担任组长，可外聘思想政治教育专家做专业咨询。

党建考评体系标准主要包括：一是组织建设情况，党支部和支委会设置是否规范合理，是否按期开展换届工作，支部是否有计划、有记录、有考核、有总结地开展工作；二是制度完成情况，落实"三会一课"制度、组织生活会制度、民主评议党员制度、谈心谈话制度、联系服务群众制度、党支部书记述职制度、请示报告制度的完成情况是否符合要求，是否按照程序做好发展党员工作，并认真填写有关档案；三是组织生活情况，是否明确专人负责使用《基层党组织工作记录本》，考评期内党支部开展活动次数是否达标，党费收缴是否按时、足额，支部党员是否积极参加党组织的组织生活，是否规范进行队伍建设，按照组织程序做好党员发展工作；四是活动开展情况，是否建立并落实活动机制，是否规范使用支部活动经费；五是档案建立情况，是否认真填写、及时更新党员档案，是否规范建立学生党员名册、发展对象名册、积极分子名册、党费收缴簿等信息台账；六是发挥作用情况，是否充分发挥支部战斗堡垒作用、党员先锋模范作用；七是附加项目，主要考核党支

部工作特色亮点，党员学习情况，材料报送及出勤情况[1]。

（四）处理（Action）——持续改进，研究生党支部建设工作质量不断提升

本阶段不仅是对党建工作的总结，单个循环的最后一步，还是对党建工作的不断优化，进入下一循环、实现螺旋式上升的关键一步。

1. 总结经验，树立优秀党建工作典范

总结提炼党建工作中可持续发展的优秀经验，形成标准，并在今后的工作中将其落到实处。通过评选先进党支部、优秀党建工作者等荣誉树立榜样，给予党建工作的肯定，以此起到示范引领作用。梳理出可复制、可推广的新鲜经验，通过网站、公众号、抖音、微博等新媒体平台进行宣传推广。

2. 持续改进，提升党建工作质量

在整理归纳存在问题时，反思党建工作中出现的问题和不足，制定科学有效的措施，记录备案，防止犯同样的错误。为了让工作不流于形式，不走过场，需带着工作中出现的具体问题，对工作的安排提出改进要求，转入下一次 PDCA 四个阶段，保证党建工作的连贯性和通畅性，推动基层党建质量逐步提升。

四、结语

研究生党员学习力强，领悟力高，执行力快，在研究生党支部建设中充分运用 PDCA 循环理论，将制定计划、具体实施、监督检查、改进处理四个阶段融会贯通，必将有效构建基层党建工作创新模式，实现教育党员有力、管理党员有力、监督党员有力、组织师生有力、宣传师生有力、凝聚师生有力、服务师生有力"七个有力"，切实提升研究生党支部建设工作质效。

参考文献

[1] 张艺：《PDCA 循环在高校学生党建工作中的应用》，载《党政论坛》2013 年第 7 期。

[2] 张幸、孙社宏、崔婷婷：《基于 PDCA 循环理论的高校学生党员管理质量研究——以运城学院学生党支部工作实践为例》，载《运城学院学报》2022 年第 4 期。

〔1〕 高霞：《高校学生党支部规范化建设质量评价机制探析》，载《大学教育》2021 年第 4 期。

[3] 李丽、朱军:《基于组织育人高校师生党支部共建模式创新与实践研究》,载《大学》2021年第10期。

[4] 马华:《推进高校思想政治工作改革创新(有的放矢)》,载中国共产党新闻网,http://dangjian. people. com. cn/n1/2022/0721/c117092-32481325. html。

[5] 高霞:《高校学生党支部规范化建设质量评价机制探析》,载《大学教育》2021年第4期。

"三全育人"背景下高校新型党团课模式研究

——以打造中国政法大学"致知计划"为范例

共青团中国政法大学委员会 黄子洋

做好青年人的思想政治引领工作，是"三全育人"的必然要求。青年人在政治理论学习中强化理想信念，努力成长为国家需要的青年马克思主义者。思政育人是一体化、连续性工作，党团课是思政育人的重要手段和内容载体，加强对党团课的建设，契合思政育人规律的内在诉求，有助于形成思政育人合力，增强思想政治教育实效性。

一、"三全育人"背景下党团课教育的基础

2016年12月，习近平总书记在全国高校思想政治工作会议上指出，要坚持把立德树人作为中心环节，把思想政治工作贯穿教育教学全过程，实现全程育人、全方位育人，努力开创我国高等教育事业发展新局面。[1]

青年人的思想政治引领工作方式并非一成不变，随着互联网发展，新媒体与社交媒体成为当代青年人学习生活的主要工具，更是分享交流信息的主要平台，因此思想政治引领的内容和形式也延伸到了互联网场域。

当前，对青年进行思想引领工作的主要资源抓手可以分为以下几类：①理论文章及论著；②红色实践资源；③"主题党日""主题团日"活动；④网络平台发布的学习资源。其中，团课形式成为思政教育工作最主要的手段，以团中央"青年大学习"为代表的团课也是高校开展党团教育工作的学习范本。

为推动党的创新理论深入人心，2018年共青团中央印发方案，在全团实

---

〔1〕 张烁、鞠鹏：《把思想政治工作贯穿教育教学全过程 开创我国高等教育事业发展新局面》，载《人民日报》2016年12月9日，第1版。

施"青年大学习"行动。以鲜活简短的微型团课,探索实现将习近平新时代中国特色社会主义思想从"转述"向"转化"的跳跃,畅通青年理论武装的"最后一公里"。[1]"青年大学习"的更新频率为每周一期,每期6~8分钟,学习内容紧跟时事热点,兼具理论性、时效性和趣味性,因其体量短小,减轻了学生学习时心理上的"负担",利用碎片化时间即可完成学习,符合当下移动互联网时代的信息传播特点,因而成为高校思想政治教育的主要手段。

二、高校党团课教育的开展情况及困境

高校组织开展党课、团课学习是在不断发展的新媒体时代,特别是微信、微博、微视频迅速传播、流行的背景下,满足青年党员、团员碎片化、便捷化、及时化的学习需求的方式。新时代大学生呈现思想多元化、行为个性化、认知差异化、交流信息化,易受社会思潮影响,因此党课、团课是对大学生思想引领的重要途径。

(一) 中国政法大学党团课教育的开展情况

中国政法大学当前党团课开展的最基础依托为各基层党团支部,以理论学习为主,辅之情景教学、社会实践等内容。经过实践探索,中国政法大学在党课方面推出了"微党课"系列视频,探索出故事式、音乐式、电影式、书画式四式"情景式特色党课",积极"走出去",前往红色教育基地进行"现场式"主题党课,激发了师生党员的党课学习兴趣,极大增强了师生党员为民服务的意识和能力。在团课方面,以团中央"青年大学习"网上团课为基础,举行"经典阅读"活动深入理论研究,推出《CUPL青微课》等带有法治特色的微视频,引导团员青年坚定理想信念、提升综合素质。

(二) 高校党团课教育存在的不足

对于高校的思想政治工作而言,党团课是最直接直观、普遍全面的教育培养方式,发挥着宣传党的方针路线、以党的理论武装学生头脑的作用。尽管各个高校都不断丰富党团课的形式内容,但仍然存在着不足,党团课的育人实效不能完全发挥作用。

---

〔1〕甲干初:《青年网络政治学习效果研究——以"青年大学习"为例》,载《科教文汇》2023年第20期。

1. 意识缺乏，学习积极性不强

随着社会的不断进步，就业条件普遍提高，高校学生为了增强就业竞争力，将更多的精力放在了升学就业和创业等相关方面，对于思想政治教育的认识不充分，大部分高校的党课、团课存在形式主义的现象，整体参与度较低，积极性不够。以中国政法大学为例，基层党团支部开展活动的质量良莠不齐，部分党团支部学习趋于形式主义，未能实现常态化思政学习，从而进一步制约了该支部的党团青年参与思政活动的热情。

2. 内容空泛，思想充实性不够

高校学生具有"自我意识"强化的鲜明特点，接受各种思潮文化的影响，对事物的发展认知都处在不断地变化当中。大多数高校党课、团课内容空泛，只是单一地进行理论讲解宣传，忽视了大学生本身的思想动态特性。中国政法大学党委组织部《组织生活指导意见》、校团委组织部下发的"青年大学习"等学习材料，载体单一，内容趋同，多聚焦于重要讲话、重大会议的内容转载以及政策方针的解读，忽视了与青年学生息息相关的个性问题，难以让理论与现实相结合。

3. 体系薄弱，教育实效性不高

多数高校对党团课教育工作都流于表面，缺乏对党团课思想内涵的深入挖掘。同时缺乏对党团课教育的体系化建设，过分注重课程环节，忽视其前置和后续建设。以中国政法大学为例，现有考察评价机制仅在重要时间节点进行审查，缺乏即时客观的数据化展示，且在基层支部开展活动中党团思政工作容易割裂，党建带团建在基层支部落实效果欠佳，未充分发挥党团组织育人合力。

三、创新"三全育人"背景下高校党团工作思政育人模式

"三全育人"综合改革是教育领域深化改革的一项重大创新举措，契合了新时代全面发展型人才培养的客观需要，强调了教育的本质属性，体现了高等教育立德树人的内在要求。新时代的青年工作具有新特点，需要各级党团组织发挥新作用。各级党团组织需要加强对青年的政治引领，不仅要用党的光辉旗帜指引青年、以优良作风塑造青年，还要搭建平台支持青年参与实践，开展党史学习教育等活动，使更多青年群体深入体会党和国家的伟大成就和

历史性变革，深切感悟党对青年群体的重视和关怀，从思想深处打动青年、赢得青年，不断引领广大青年将为党和人民事业贡献力量同为实现个人理想不懈奋斗有机结合，助力青春在为祖国、为人民、为民族的奉献中焕发出绚丽光彩。

（一）党团课优化的思路原则

"致知计划"新型党团课模式，超出以往以基层党团支部为单一载体、以学习党政方针、观看视频为主要形式的传统模式，将依托学校教师群体及广泛的学生朋辈榜样开设党团课讲授，形成优质课程进行推广。将校内理论学习与校外实践调研相结合，定期开展社会实践活动，拓宽团课教育阵地，在广阔的社会大课堂上推进青年思政工作。

1. 贯通"党团队"一体化育人链条

2022年5月10日，习近平总书记在庆祝中国共产主义青年团成立100周年大会上的讲话中指出，在实现中华民族伟大复兴的征程上，中国共产党是先锋队，共青团是突击队，少先队是预备队。入队、入团、入党，是青年追求政治进步的"人生三部曲"。[1]

"致知计划"新型党团课模式，超出以往的限于高校党团支部范围内的思政学习形式，推动党、团、队育人链条相衔接、相贯通，着力培养能够担当民族复兴大任的时代新人。在党建带团建方面，牢牢把握坚持党的领导是党的青少年事业发展进步的根本保证，持续推进党的建设，切实加强党对共青团、少先队工作的领导，推动形成党、团、队衔接贯通的育人通道。依托上级单位及学校现有的"微党课""青年大学习"的形式及内容，在团课设计上与党支部的理论学习相结合，充分发挥青年党员的先锋模范作用，在党员先锋岗的基础上建设团员先锋岗，让团员青年深入接受政治训练、加强政治锻造。在党建、团建带动队建方面，牢牢把握少先队作为少年儿童学习中国特色社会主义和共产主义学校的职责定位，聚焦培养共产主义接班人，引导广大少年儿童扣好人生的第一粒扣子。例如开展校外实践，走进中小学开展主题队课，由我校党员青年、团员青年作为青春讲师加强少先队员的政治启

---

〔1〕 习近平：《在庆祝中国共产主义青年团成立100周年大会上的讲话》，载《社会主义论坛》2022年第5期。

蒙，坚定不移地把政治引领和价值观塑造摆在首要位置，以此深化优秀党团课"走出去"。

2. 形成可复制、可推广的高校"第二课堂"思政教育形式

推进高校第二课堂建设，是构建"三全育人"工作新格局的重要一环，对于培养德智体美劳全面发展的社会主义建设者和接班人，具有重要意义。[1] "致知计划"新型党团课模式，有效融合思政学习、志愿服务、社会实践等各项育人工作，通过"第二课堂成绩单"制度推动党团课学习的规范性、规模化，帮助教师辅以网络课堂、利用网络平台，实施课程监管、督促和指导学生进行实践问题的探究与反思，完善党团课学习的考核评价机制。同时，凝聚一支理论过硬的党团课研学团队，依托学院及专任教师强化课程的理论深度，依托团学骨干开展朋辈教育，进而不断提升青年教师和学生骨干的政治理论素养，坚定理想抱负。在课程建设上，依托学校现有"微党课""青微课"的基础上进行课程内容整合，由专业的思政教师、青年学生等多主体参与共同设计、录制一批优质的党团课内容，将视频材料与教案等文本材料进行梳理汇总，并不断优化改进，切实发挥思政教师立德树人的作用，全面增强思政育人效果。将理论学习与社会实践调研相结合，更好地帮助学生在躬行、真用中实现实践自觉。形成一套系统、完整、充实的项目实施内容，逐步在高校复制推广新型党团课模式，实现思政育人的创新性发展。

（二）党团课优化的实现路径

"致知计划"新型党团课模式以期形成一套可落地、可推广的党团课教育模式，在内容上把握时代脉搏，抓住思政教育的核心内涵；在形式上让理论"灵动起来"，培育青年"润物无声"。同时辅之社会实践的延伸培育以及体系化建设，使党团课育人有切实可依的实现路径。

1. 打造"致知计划"新型党团课育人模式

党的二十大报告中指出，全党要把青年工作作为战略性工作来抓，用党的科学理论武装青年，用党的初心使命感召青年，做青年朋友的知心人、青

---

〔1〕 章鸣、王舒、王宝：《高校第二课堂课程思政实施的必要性和可行性初探》，载《中国共青团》2020 年第 17 期。

年工作的热心人、青年群众的引路人。[1]"致知计划"新型党团课模式旨在通过理论学习和线下实践相结合的方式，以党建带团建带动队建，引导青年学生树立正确的世界观、人生观和价值观，培养高尚的爱国情怀和社会责任感，进一步提升青年学生的思想道德素质和综合能力。融合高校教师与青年学生多主体，通过线上和线下的方式开展思政学习活动，如将"青年大学习"内容进行法大师生的二次创作，将党史学习教育融入知识竞赛、情景教学之中，充分发挥高校老师的教学优势，促进青年学生的主动学习和互动交流。"致知计划"新型党团育人模式，将通过凝聚一支队伍、孵化一批课程、打造一个品牌、推广一套模式，实现契合青年需求的思政课创新发展。

2. 构建"理论学习+社会实践"的党团课模式

2023年4月3日，习近平总书记在学习贯彻习近平新时代中国特色社会主义思想主题教育工作会议上强调："第一，牢牢把握总要求。这次主题教育的总要求是'学思想、强党性、重实践、建新功'。"[2]坚持理论联系实际，坚持用科学的世界观和方法论指导实践，推动党团课思政育人体系从校园走出去，引导青年党员、青年团员在实干中增本领、强心志、长才干。

在理论学习方面，一是要坚持读原著学原文悟原理。深入学习理论著作和重要讲话，通过读原著学原文，深刻理解其中的立场观点，将抽象的原理转化为可理解可践行的理想信念。二是要用好形式多样的学习资源。如团中央开设"团员和青年主题教育学习平台"，我校推出的"微党课""青微课"等专题学习栏目，提供丰富的融媒体学习产品。在项目的推进中，将充分发挥党建带团建的组织优势，将党课与团课做好有机融合和有效衔接，整合思政育人资源，推出系统化、优质化的党团课学习内容。

在社会实践方面，一是深化国情教育。国情教育从某种程度上来说要"走出"书本，走入社会，在实践教学中潜移默化地影响青年群体，增强对我国政策的理解认同。推动思政教育向外拓展，将社会实践考察与党史学习教育深入结合，鼓励师生用好红色资源，传承红色基因，赓续红色血脉。二是

---

〔1〕 习近平：《高举中国特色社会主义伟大旗帜 为全面建设社会主义现代化国家而团结奋斗——在中国共产党第二十次全国代表大会上的报告》，载《人民日报》2022年10月26日，第1版。

〔2〕 习近平：《在学习贯彻习近平新时代中国特色社会主义思想主题教育工作会议上的讲话》，载《创造》2023年第9期。

开展社会实践。"将论文写在祖国大地上",鼓励青年走出校园开展社会实践、服务基层、公益服务等活动,鼓励青年在实践中成长历练。做好新时代青年工作,需要引领青年思想、凝聚青年力量、服务青年发展,党团课要充分回应青年所需,如组织学生进行社会调查、社区调研等实践活动,以了解社会现状和问题,培养学生的社会责任感;鼓励学生积极参与企业实习和交流活动,了解行业发展动态和职业要求,提升就业竞争力。

3. 将思政育人融入"第二课堂"制度

将"致知计划"新型党团课模式引入"第二课堂",具有充分的必要性与高度的可行性。

第一,"第二课堂"是学生成长成才的重要平台。"第二课堂"工作是落实"三全育人"的重要载体,是学生成长成才的重要平台。"第二课堂"制度具有思政引领作用,通过第二课堂中的校园活动、社会实践等经历,培养学生的理想信念,增强思想先进性。将党团课培养制度化,使之成为思政教育的重要单元,不仅是与第一课堂的有机结合,也是对原有第一课堂的"思政课"迭代升级和拓展外延。

第二,共青团是推进"第二课堂成绩单"制度的有力保障。思想引领职能始终贯彻在共青团的各项职能之中,其与高校立德树人的根本任务是一致的。共青团作为高校第二课堂活动主要组织者和实际管理者,为第二课堂课程思政的实施提供了坚强的组织保障。将党团课育人模式融入第二课堂,借助学校现有较为成熟的"第二课堂平台"上传优质学习资料,有序组织理论学习与社会实践活动,通过平台数据化的呈现进行考核评价,激励各基层支部规范化开展党团课学习。

4. 以需求为导向充分激发青年自主学习的内生动力

"致知计划"新型党团课模式将实现多元融合、多维贯通,以学生切实需求为导向,充分激发青年自主进行思政学习的内生动力。

第一,提供多样化的学习资源。新型党团课模式将充分发挥党建带团建的优势,强化思政学习的组织力。为了满足不同青年的学习需求,可以提供多样化的学习资源,包括书籍、视频、音频、网络课程等形式,将学习成果分享交流,在研讨中加深理解。同时注重开展理论宣讲,充分发挥高校教师、青年党员、青年团员等骨干作用,广泛深入开展面对面理论宣讲,带动更多青年深化认识、深入领会。

第二，强调问题导向的学习。当代青年要答好时代考卷，必须坚持问题导向。新时代的青年思政工作具有新特点，产生新问题，坚持问题导向是开展主题教育的关键，深化调查研究是落实主题教育的重点，对学习贯彻习近平新时代中国特色社会主义思想主题教育走深走实具有重大意义。新型党团课模式通过引导青年关注社会问题和时事热点，将思政学习与实际问题紧密结合起来。通过组织讨论、辩论等形式，鼓励青年自主提出社会问题、分析社会现象，并寻找解决问题的方法和路径。

党团课是开展理论学习、凝聚引领青年的重要抓手，是党团组织对青年党员、青年团员进行系统教育、提高其思想理论水平和政治素质的重要途径。"致知计划"新型党团课模式，打破了以往基层支部"关起门来学理论"的学习误区，整合校内外优质资源，推出优质思政学习课程，同时注重校外社会实践环节的育人功能，通过理论学习和社会实践的有机统一激发青年学生参与思政学习的内生动力。

参考文献

[1] 张烁、鞠鹏：《把思想政治工作贯穿教育教学全过程 开创我国高等教育事业发展新局面》，载《人民日报》2016年12月9日，第1版。

[2] 《中共中央 国务院印发〈关于加强和改进新形势下高校思想政治工作的意见〉》，载中国政府网，https://www.gov.cn/xinwen/2017-02/27/content_5182502.htm，最后访问日期：2023年4月2日。

[3] 《团中央部署全团开展"青年大学习"行动》，载中青在线，http://zqb.cyol.com/html/2018-03/23/nw.D110000zgqnb_20180323_3-01.htm，最后访问日期：2023年4月2日。

[4] 甲干初：《青年网络政治学习效果研究——以"青年大学习"为例》，载《科教文汇》2023年第20期。

[5] 袁敏敏：《共青团改革背景下"微团课"对大学生思想引领探析》，载《佳木斯职业学院学报》2021年第6期。

[6] 习近平：《在庆祝中国共产主义青年团成立100周年大会上的讲话》，载《社会主义论坛》2022年第5期。

[7] 章鸣、王舒、王宝：《高校第二课堂课程思政实施的必要性和可行性初探》，载《中国共青团》2020年第17期。

［8］习近平：《高举中国特色社会主义伟大旗帜 为全面建设社会主义现代化国家而团结奋斗——在中国共产党第二十次全国代表大会上的报告》，载《人民日报》2022年10月26日，第1版。

［9］习近平：《在学习贯彻习近平新时代中国特色社会主义思想主题教育工作会议上的讲话》，载《创造》2023年第9期。

新时代高校样板党支部建设路径

——以中国政法大学人文学院本科生党支部为例

中国政法大学人文学院　吴紫夷

中国政法大学人文学院　陈　羿

2018 年 9 月 10 日，习近平总书记在全国教育大会上强调："各级各类学校党组织要把抓好学校党建工作作为办学治校的基本功，把党的教育方针全面贯彻到学校工作各方面。"[1]高校党建是新时代党的建设新的伟大工程的重要组成部分，高校党建工作的质量影响着高等教育的成效，是推进高等教育事业稳步向好发展的重要保障。高校党支部承担着培养新时代青年的重要职责，是开展党建与党员思想政治教育工作的重要阵地，是发挥高校内党的组织作用的基础，也是提升高校学生党员政治观念、增强学生理想信念的重要途径。相比于社会上其他党政机关、事业单位，我国高校的支部建设历程出发较晚，虽然在理论与实践的研究探索方面有了经验的积累，但仍旧出现了一系列问题等待着各高校党支部解决。

长期以来，人文学院本科生党支部在校党委和学院党委的指导下，坚持贯彻我校学生党支部建设思想，充分发挥学生党支部的堡垒作用，以主题教育常态化、制度化为重点，严格落实"三会一课"制度，抓好思想政治工作，加强党支部规范化建设，加强党支部宣传工作、教育工作，始终坚持开拓创新、求真务实，追求进步，不断发展，荣获北京高校红色"1+1"示范评选活动优秀奖，入选学校基层党建培育项目"样板党支部"，在增强我校党员党性观念、增强我校党组织的凝聚力方面发挥着重要作用。现将人文学院本科

---

〔1〕《习近平出席全国教育大会并发表重要讲话》，载中国政府网，https://www.gov.cn/xinwen/2018-09/10/content_5320835.htm? tdsourcetag = s_pcqq_aiomsg&wd = &eqid = c3415b1a001dbf2100000003648c5da8。

生党支部的建设经验总结分享如下：

一、加强组织建设，严肃党内生活

作为党联系大学生的中心纽带，学生党支部是新陈代谢最快、最具有活力和创造力的基层党组织。党支部组织力强弱深刻关系到党建工作的成败。[1]我支部保持 5 人党支部委员会的组建，分别设书记、副书记、组织委员、宣传委员、纪律委员兼青年委员各一人，立足于多专业跨年级的纵向党支部的实际，在辅导员担任党支部书记的同时，挑选学院的优秀学生党员承担学生党支部副书记和支部委员一职。我支部注重支部班子的全面建设，并加强对支委会成员政治素养的培养与业务能力的提升，以党支部组织建设为着力点提升支部领导力。支委会积极推动落实支部各项工作，引导督促党员切实履行党员义务，正确行使党员权利，同时认真做好党员档案材料管理以及党员组织关系管理工作。党员同志积极参加党支部组织的各项活动，积极向党组织靠拢。

本科生党支部按照党章和党内有关规定，形成了"七个一"工作机制——每月一次支委会，每月一次集中理论学习、每月一次主题党日活动、每学年一次党支部书记党课、每年一次党支部书记述职考核、每学年至少一次专题组织生活会、每学年一次民主评议党员。同时，党支部严格"三会一课"考勤制度，确保任何一位党员在组织生活中不缺席、不掉队，让"三会一课"有实效，而不是仅仅图形式、走过场。同时党支部常年开展"书记讲党课""党员讲党课""思政第一课""毕业生最后一次党课"，有效促进了"两学一做"学习教育的常态化、制度化，每半年集中安排一次分党校党课，将党支部对党员的教育、管理、监督和服务职责落实到位。

本科生党支部秉持"对每一位同志负责"原则，严格把控档案的填写、审查、储存等各个环节；在党支部内部落实个人责任制，要求入党积极分子主动联系培养联系人对其发展情况进行审查评价，完善《入党积极分子考察表》，在党支部内号召同志们"珍惜政治生命、守护政治生命、推进政治生命"。同时，党支部将个人档案和资料的完善程度作为培养考察的重要依据，推动党支部成员严肃档案管理工作。

---

〔1〕 吴巧慧：《高校学生党支部组织力建设有效路径探究》，载《思想理论教育导刊》2018 年第 5 期。

本科生党支部不断总结工作经验，加强对各项制度的修改和完善，各项工作推进顺利，各项任务可以保质保量地完成。对党组织的换届、党员教育培训、党员发展转正等流程，建立严格的逻辑顺序，明确数量要求，严把质量标准，做到绝不怠慢。在推进组织生活过程中，人文学院本科生党支部按月召开支部大会、支委会、主题党日活动等。

人文学院本科生党支部以教育引导党员为原则，切实关注支部成员成长成才，让支部组织生活的作用发挥在党员生活的方方面面，拒绝支部组织生活僵化。加强学生党支部组织建设对把大学生培养成中国特色社会主义事业的合格建设者和可靠接班人具有重大而深远的现实意义。[1]未来时间里，人文学院本科生党支部将进一步加强支部组织力建设，优化党组织结构，让教职工与学生将各自身份优势发挥最大，加强教职工对学生党员的监督管理，激发学生的创新力与活力。

二、强化理论学习，坚持政治引领

强化理论学习是进一步加强党的建设，巩固党的执政地位的重要要求，我们党始终站在时代前列，承担历史使命，各级党组织必须加强思想建设，强化理论学习，坚持政治引领。研究表明，如果政治意识不够强，高校党支部对党建工作便会认识不足、重视不够，使得党支部政治地位在一定程度上弱化、凝聚人心不够强、团结动员师生不够有为、党群干群关系不够密切，政治引领作用发挥不充分，难以在围绕中心、服务大局、推动发展中发挥应有的政治功能、教育功能、服务功能。[2]

人文学院本科生党支部始终以建设学习型党支部为目标，通过多种方式，积极探索理论学习的新方式、新方法，并形成了一套支部学习体系。一方面，人文学院本科生党支部紧扣时代主题，在理论学习上抓时效，力求先学一步。党支部成员高度关注时事政治，紧跟学习动态，积极参与党支部理论学习，理论学习参与率100%，实现了全员参与，不让任何一个党支部成员掉队。党

---

〔1〕 吴巧慧：《高校学生党支部组织力建设有效路径探究》，载《思想理论教育导刊》2018年第5期。

〔2〕 刘晶月、束方银：《基于标准化理论的高校党支部标准化建设路径研究》，载《扬州大学学报（高教研究版）》2021年第6期。

支部始终以习近平总书记重要讲话精神、党中央的最新决策部署为理论学习固定的"第一议题"，党支部委员会委员带头梳理理论学习材料，第一时间结合"三会一课"和主题党日，运用党员领学、个人自学、集体学习、座谈研讨等形式先学一步，深学一层。本科生党支部按月进行月度理论学习，紧随时事热点。例如，党支部在冬奥会与冬残奥会期间以"学习贯彻习近平总书记给中国冰雪健儿重要回信精神"为主题进行学习与讨论，此外党支部也积极学习"习近平总书记考察法大重要讲话精神"等材料；党的二十大以来，支部学习贯彻习近平新时代中国特色社会主义思想的专题党课、《习近平新时代中国特色社会主义思想在中华大地的生动实践案例谈》以及《自信自强、守正创新、踔厉奋发、勇毅前行——党的二十大精神解读》，并从 2022 年 12 月起持续深入学习党的二十大报告，提升思想政治素质和理论水平，通过一系列学习活动不断加强学生党员的使命感和责任感，提高党员的政治思想觉悟，坚定学生党员对党的理想信念。

另一方面，本科生党支部不断丰富理论学习的形式和途径，积极组织同学参与党史知识竞赛、党课汇报演出等活动，鼓舞支部学生党员勇于承担责任，不懈奋进。在日常的理论学习过程中，通过观看相关视频、图片资料等方式激发党员理论学习的兴趣。此外，在学院党委的指导下，人文学院本科生党支部结合专业特色，创新形式，制定特色党课工作方案，将课程思政延伸到第二课堂。举办"百年党史 声入人心"为题的音乐党课，通过对经典红色歌曲、诗歌等的现场演绎，将音乐艺术与党史教育有机融合，共同庆祝党的百年华诞；邀请学院近代史专家赵晓华教授以"从灾荒中站起来：1942—1943 年中国共产党的救灾实践"为主题，为党员及入党积极分子讲授党课，通过回顾 20 世纪 40 年代初期中国共产党的救灾实践，学习在救灾实践中中国共产党带领太行儿女展现出来的百折不挠、无私奉献的"太行精神"；邀请学院张文副教授以《中国诗词中的家国情怀与文化自信》为题，从"家国情怀的基本概念和表现形式""家国情怀的形成与演变""家国情怀、文化自信与中国诗词的关系""中国诗词所蕴含的家国情怀和文化自信"和"中国诗词中家国情怀和文化自信的当代价值和意义"五个部分来引领同学们去体悟在中国诗词当中所蕴含的伟大的家国情怀和文化自信；按照"请进来、走出去"的思路，邀请北京电影学院美术学院党总支书记兼副院长王跖教授以及华北电力大学马克思主义学院优秀青年教师分别以"新时代主旋律影视作品与党史再现"及"习近平新时代中国特色社会主义思想"为主题，为党员、入党积极分子讲授党课，丰富党课的内容和形式。同时，在疫情期间，党支部充分借助新媒体手段通过线上VR参观以及积极收听收看微党课等形式开展学习教育培训，有效提升学习实效。

2023年3月，支部开展了党员讲党课活动，一同学习党的二十大报告中第一部分"过去五年的工作和新时代十年的伟大变革"，激励支部党员踔厉奋发、勇毅前行，在新的赶考之路上向历史和人民交出新的优异答卷。2023年5月，支部开展了书记讲党课学习活动，围绕"理想信念、基层就业、廉洁教育"三个主题，希望大家能够学有所思，思有所悟，悟有所行。

人文学院本科生党支部持续创新学习形式，吸引更多同学积极参与到党课学习之中，结合本校的法学特色，着重将法治讲座、学术论坛、社会实践作为支部活动的重要及突出内容，并坚持将理论学习贯穿到党员发展全过程中，避免出现入党后学习态度松懈、政治素养下降的不良现象，做到理论学习永远在路上。

三、开展特色党建，丰富活动形式

如何创新高校党支部建设形式，丰富党支部组织生活内容，是长期以来困扰诸多党务工作者的问题。[1]2023年度，人文学院本科生党支部积极开展月度主题学习活动、主题党日以及志愿服务活动，同时为了丰富各项学习的形式和途径，积极开展各种参观实践活动。

在主题党日活动方面，本科生党支部组织了学习党的二十大精神、学习习近平总书记系列重要讲话精神活动以及分党校教育培训集体讨论活动等，凝聚起齐心协力、共克时艰的强大力量。

2023年4月，为学习领会习近平总书记在瞻仰延安革命纪念地时的重要讲话精神，推动全面学习、全面把握、全面落实党的二十大精神，传承并发扬老一辈革命家和共产党人留下的光荣传统和优良作风，人文学院本科生党支部44名党员、预备党员和积极分子前往香山革命纪念馆、双清别墅和来青

---

〔1〕 邓怡、金蓉、蒋苗：《基于体验式学习理论的高校基层党建研究》，载《思想理论教育导刊》2017年第1期。

轩进行参观学习，通过实践参观活动使学生党员们切身领会到革命先辈的英勇事迹，感悟砥砺奋进的革命精神和勇往直前的伟大民族精神，追寻先辈足迹，接受党性教育，重温党的历史，激励党员坚定理想信念，赓续红色血脉，走好新时代的赶考之路。

2023年6月，人文学院党委于中国政法大学昌平校区刘皇发报告厅举办了"青春心向党，建功新时代"张思德精神专题报告会。本次报告会由武警北京总队执勤第五支队（张思德中队）"张思德班"第四十二任班长葛明朝进行交流汇报，在交流学习之中，我支部与张思德中队共同感悟"为人民服务"的张思德精神的伟大光辉，各位青年战士也勉励人文学子将青春投入到为人民服务的伟大事业之中去。

其余时间里，人文学院本科生党支部继续组织支部党员就红色书籍、红色景区、红色电影进行分享并陆续通过人文益行公众号进行宣传。"我与党的故事"分享活动也已在公众号发布9期，鼓励我支部党员在不断砥砺自我的过程中"不忘初心、牢记使命"，奋力实现中华民族伟大复兴的中国梦。此外，党支部积极组织同学参与到党史知识竞赛、党支部共建以及党课汇报演出等活动当中，促进学生党员在实践中加深对于党史的学习，培育学生党员的先进性。

当下，人文学院本科生党支部将进一步优化党建工作，打造体验式、沉浸式的支部生活，既融合传统党建活动的要点，又将党建活动深入人心，切入学生党员的真实需要，补足学生党员的精神养分。基于其他高校党支部建设经验，打造体验式党建活动，要把握三条原则：一是紧跟党的路线方针，围绕提升党员党性修养开展党建体验式学习；二是围绕中心开展工作，结合教学科研、师生发展等中心工作组织体验式学习；三是便于实际操作执行，根据党支部实际情况，在确保体验式学习活动质量、合理使用党建经费的前提下尽量降低体验式学习活动难度。[1]在此基础上，我支部会持续于细节之处提升工作质量与效率，打造触动心灵的支部活动项目，让学生党员将理论知识与理想信念内化于心，外化于行。

---

〔1〕 邓怡、金蓉、蒋茁：《基于体验式学习理论的高校基层党建研究》，载《思想理论教育导刊》2017年第1期。

四、严格党员发展，加强队伍建设

据中共中央组织部统计，每年全国党员人数都呈递增趋势，发展党员群体最多的是高校大学生。这直接造成几个问题：一是党员人数的迅速增加直接造成支部活动组织难度大、支委人才培养以及党员教育管理培养的难度增加；二是导致入党动机取向更为多元，党员政治意识趋于模糊。[1] 由此看来，严格入党流程，精选真正符合党员标准的同学入党是支部的重要工作之一。大学生党员发展是高校学生党建工作的基础性工程和核心内容。为贯彻落实党员发展"控制总量、优化结构、提高质量、发挥作用"的总要求，中国政法大学人文学院本科生党支部规范党员发展程序，做到严格发展、择优发展，建设一支能担当、敢作为的青年党员队伍。

人文学院本科生党支部严格根据《中国共产党章程》《中国共产党发展党员工作细则》《中共中国政法大学委员会发展党员工作实施细则》等制度文件，于 2021 年制订并实行了《人文学院学生党支部确定发展对象量化测评办法注意事项及操作指南》，规定符合条件的入党积极分子需经过个人表现评议、征求群众意见、预审答辩、党支部委员会讨论、上级党委备案同意等一系列严格的流程方可确定为发展对象。党支部制定人文学院学生党支部发展对象评分表，从个人现实表现（40 分）、群众意见（25 分）、党支部评议答辩（35分）三个维度遴选发展对象，以具体客观分数量化拟发展对象综合表现。

发展党员量化评议方法有效避免了党员评议的主观性，保障了考察的科学性和全面性，为大学生党员发展质量提供了制度性保证。根据量化分数确定发展对象人选后，党支部召开支委会对各位积极分子是否能确定为发展对象展开逐一讨论，落实好党员发展的"最后一道程序"，切实保障党支部党员队伍的先进性。

办法实施以来，党支部党员发展工作有序进行，保持"零问题、零投诉、全信服"，激励党支部成员脚踏实地注重个人发展、实实在在开展理论学习、不忘初心加强群众联系，促进党支部育人育才工作良性开展。

2023 年上半年，我支部分别于 4 月、6 月确定部分入党积极分子；于 4

---

〔1〕 王元彬、李航敏：《创新高校大学生党支部建设的实践探索》，载《思想理论教育导刊》2017 年第 1 期。

月确认 13 名发展对象，于 6 月召开预备党员接收大会，确定 13 名预备党员，支部内的党员群体不断壮大，为支部工作注入了新的活力。我支部不断加强队伍建设，积极引导督促党员切实履行党员义务，正确行使党员权利，践行党员行为规范，始终以党员的标准严格要求自己。另外，在支部组织生活的过程中严格考勤并做好记录，如果因为特殊原因不能参加活动，党员必须事前正式请假，并在事后及时了解活动内容，切实做到无一人掉队。支部党员按时交纳党费，及时汇报思想学习情况，认真参加支部活动，承担党员责任、发挥模范作用。

长此以往，支部党员持续发挥榜样带动作用，在高校日常学习、生活和工作中，学生党员能够在思想政治、专业学习、纪律道德、遵纪守法和日常生活等各个方面做出表率，发挥好党员的先锋模范作用，在思想和心理层面上使学院同学潜移默化地向学生党员对标、看齐，接受正确的理念、观点。

人文学院本科生党支部将继续以习近平新时代中国特色社会主义思想和党的二十大精神为指导，认真贯彻习近平总书记关于党的建设的重要思想、关于教育强国的重要讲话精神以及关于加强高校党建工作的重要论述。发扬"对标争先"的精神，把高质量建设作为中心点，以政治建设为统领，把制度建设贯穿其中。充分发挥学生党支部的战斗堡垒作用和学生党员的先锋模范作用，确保党支部和党员协同发展，探索具有人文特色的党支部工作道路，健全长效机制，创新工作方法，紧盯前沿学术问题，充分发挥党支部的人文学科优势，打造思想觉悟先进、学术优势明显、服务能力突出的特色本科生党支部，持续推动党建工作与教育事业发展深度融合，以高质量的党建引领推动教育事业高质量发展，努力构建学院党建与本科生人才培养"一融双高"的新格局。

三全育人视域下高校院级研究生会的职能定位和发展路径

中国政法大学比较法学研究院　杨明荃

　　研究生会作为学生自己的群众组织[1]，是三全育人的重要组织主体，也是参与全程、全方位育人的重要力量。随着高等教育的不断深化，研究生学历教育日渐普及，研究生招生规模和在学人数逐年增高，研究生会也随之快速发展起来。但在实践中，高校研究生会，尤其是院级研究生会存在着制度机制不健全、职能定位不明确、作用发挥不理想等问题。本文旨在从组织育人的角度，以共青团中央、教育部、全国学联关于研究生会改革建设的相关要求为指导，参考中国政法大学比较法学研究院研究生会实际建设经验，探析院级研究生会的职能定位和发展路径，以解决当下院级研究生会存在的实际困难，真正发挥其在三全育人中的重要作用。

一、院级研究生会的实践困境

　　研究生群体日渐庞大，院级研究生会覆盖更加宽广，但院级研究生会发展建设中存在的问题也较为凸显。相对于本科学生会，研究生会的发展建设历程较短，院级研究生会更是存在较多短板和困境。

（一）重视程度不足

　　高校对研究生会重视程度不足。第一，研究生会作为育人主体地位较为靠后。传统意义上，高校"自上而下"的管理与育人模式占据主导，高校党委、团委、学生处等育人主体拥有更多权限，自然在育人过程中主导更多。因此，研究生会作为学生群众组织，在党委领导下、团委指导下，实行自我

---

　　[1]　参见《中华全国学生联合会章程》。

监督、自我服务、自我教育和自我管理的工作机制，系顺位较为靠后的育人主体。第二，从重视程度上来看，研究生会不如学生会，院级研究生会不如校级研究生会。高等院校办学侧重本科学历教育，相应在学生组织资源投入、管理建设等方面倾斜于本科学生会。本科学生会在组织搭建、机制建设、职能定位、作用发挥等方面均有长足发展完善，研究生会则存在着较多短板和不足。院级研究生会设于二级学院，相对而言处于更为"底端"的主体地位，无论高校或者学院均有不同程度的忽视。第三，对于院级研究生会的领导指导不够。研究会在党委领导、团委指导下开展工作。实践中，对于院级研究生会的政治思想、队伍建设、作用发挥等方面领导指导得不够深入，归根到底在于重视程度不够。

（二）制度机制不健全

研究生会，尤其是院级研究生会存在制度机制不健全的问题，主要表现为：第一，制度化建设不够，日常管理、考核评价等各方面规范化不足，存在管理混乱等问题和风险。第二，项目化管理机制欠缺，院级研究生会项目化管理经验不足，尚未形成较为成型的机制。第三，考核评价机制欠缺，尤其在院级研究会层面，大多缺乏有效的考核评价机制。

（三）职能定位不明确

研究生会是在党委领导、团委指导下，作为党与青年的桥梁纽带，引导、服务、帮助广大青年学生的学生组织。实践中，院级研究生会职能定位不够明确，体现在：第一，政治引领流于形式，从自身建设、活动开展等各方面未能充分明确政治引领的职能定位，政治引领和思想政治教育流于形式和书面。第二，服务地位不明确，常常被动完成举办活动、承办讲座、辅助行政工作等规定工作，对于"从同学中来、到同学中去"的宗旨领会不足，服务意识不强。第三，学院特色不突出，院级研究生会扎根学院实际不够，开展具有学院特色的品牌活动不足。

（四）作用发挥不理想

从内在来讲，研究生会自身作用发挥也不理想。第一，研究生会成为功利性工具。研究生阶段面临就业的即视压力，研究生会成为学生追求干部身份的"角力场"。在这种风气之下，研究生会内在驱动力不足，难以发挥能动性。第二，思想政治教育效果不明显。思想政治类活动开展得少，活动形式单一，未能真正将思想政治工作贯穿全程，发挥思想引领作用不理想。第三，桥梁纽带作用发挥较少。实践中，党组织与学生、团组织与学生、学校学院与学生之间，发挥桥梁纽带作用的大多是党支部、团支部和班级，研究生会尤其是院级研究生会发挥作用较少。第四，精准化服务不够。普适性活动开展较多，"我为同学做实事"等有针对性、实效性的活动较少。

二、院级研究生会的职能定位

共青团中央、教育部、全国学联自 2019 年 10 月印发实施《关于推动高校学生会（研究生会）深化改革的若干意见》（以下简称《若干意见》），又于 2023 年 2 月印发实施《关于巩固高校学生会（研究生会）改革成果的若干措施》（以下简称《若干措施》），对于研究生会的职能定位、运行机制、组织遴选、述职评议等方面提出了指导性意见和措施。与之相应，院级研究生会应当更加明确和认识到以下几方面的职能定位。

（一）坚持党的领导和团的指导

坚持党的领导，是把牢政治方向的关键。《若干措施》指出："学联是党领导下的青年群团组织，学生会是党领导下共青团主导的高校团学组织体系的重要组成部分。"研究生会承担着向广大青年传递党的声音，团结凝聚、服务引导青年的政治使命。要充分坚持党的领导，才能把牢政治方向不偏移，充分发挥政治引领作用。要坚持以习近平新时代中国特色社会主义思想为指导，引领青年深刻领悟"两个确立"、不断增强"四个意识"、坚定"四个自信"、做到"两个维护"，引导青年充分认识到时代使命和历史责任，努力成长成才。

坚持团的指导，是落实党领导的保障。《若干意见》指出："学校团委要及时向党委汇报学生会工作重大事项，坚决落实学校党委有关要求。"《若干措施》规定："落实共青团对学生会的指导责任，校团委专职副书记兼任校学生会秘书长；校院两级学生会工作机构应成立团支部，团支部书记由学生会主席团成员担任。"团的指导，要深入到研究生会中，在保障其群团组织性质前提下，参与其组织管理、政治教育、考核评价等领域，确保落实党的领导和政治引领作用。

院级研究生会在院党委的直接领导下，受院团委的直接指导，同时也受校党委领导和校团委的指导。院党委应当加强对研究生会工作的领导，定期听取院团委的工作汇报。院团委应当加强对研究生会团支部建设，提升研究生会规范化水平，落实人员遴选、运行机制、从严治会等要求，真正发挥院级研究生会的育人作用。

（二）以思想政治引领为主线

研究生会"以加强对同学的政治引领为根本"，政治引领在于团结凝聚青年紧密围绕在党的周围，最终为了实现青年成长成才。加强政治引领，最重要的是加强思想政治教育。要将思想政治教育作为工作主线，贯穿办会治会的全过程全方位，落实到各项活动、评价考核之中。院党委应当加强政治领导，院团委深入具体指导，不断强化研究生会政治引领地位，牢固树立政治引领意识，真正将思想政治教育作为工作主线，落实到研究生工作方方面面。

将研究生会纳入学院思想政治教育全局规划之中，将研究生会作为育人主体纳入三全育人工作模式下，充分重视研究生会主体地位。发挥研究生会"从同学中来、到同学中去"群众组织的能动性，灵活创新思想政治教育形式，探索研究生会思想政治教育新模式，在全院思想政治教育中发挥不可替代作用。

（三）全心全意服务青年学生成长成才

研究生会以全心全意服务同学为宗旨，"听取、收集同学在学业发展、身心健康、社会融入、权益维护等方面的普遍需求和现实困难，及时反馈学校，帮助有效解决"。[1]研究生会是自我监督、自我服务、自我教育和自我管理的学生群众组织，要将全心全意服务同学作为工作宗旨，否则将背离研究生会的生成逻辑。

以全心全意服务同学为宗旨，首先，要构建与同学联系的渠道，提高与同学联系的频率，才能将同学们的诉求、困难及时反馈到学校学院，及时予以研判解决。这要求研究生会和学生骨干既能作为学生声音的传声筒，也能

---

〔1〕 共青团中央、教育部、全国学联《关于推动高校学生会（研究生会）深化改革的若干意见》（中青联发〔2019〕9号）。

成为学校开展调查研究的有力帮手，成为促进校园和谐、保障校园安全稳定的重要力量。其次，不断提升活动精准化服务，扎实开展"我为同学做实事"等实践活动。要将普适性、大众化活动与精准化、个性化服务有机结合，适当加大精准化、个性化服务活动力度和比重。最后，要接受同学的监督评价。监督评价是落实全心全意宗旨的有力保障，只有虚心接受监督评价，才能不断提升服务意识和本领。在从严治会、考核评价等方面接受民主监督，探索并形成监督评价的有效机制。

三、院级研究生会的发展路径

中国政法大学比较法学研究院成立于 2009 年，研究生会组建于 2010 年。截至目前，研究生会经过 15 次换届，目前为第 15 届研究生会。比较法学研究院学生学历层次均为研究生，学生构成较为单一，学生群团组织仅有研究生会，院党委领导、院团委指导较为聚焦和充分。按照《若干意见》，在学校、学院团委的指导下，2022 年，严格人员遴选条件，实行"主席团轮值"模式，成立研究生会功能性团支部；2023 年，强化团委具体指导，梳理明确职能定位，创办研究生会微信公众号；2024 年，推动部门项目化管理，实行"工作人员+项目志愿者"工作模式。经过多年发展，研究生会育人主体地位不断强化，育人作用发挥更加充分，学院特色凝练逐渐凸显。以比较法学研究院建设经验为参考，以《若干意见》和《若干措施》等为指导，院级研究生会应当从以下几个方面加强发展、探索路径。

（一）严抓政治建设，着力思想引领

研究生会要坚持党的领导、团的指导，明确政治引领职能定位，将思想政治教育作为工作主线。尤其是院级研究生会，要从内到外加强政治建设。首先，加强研究生会自身政治建设。在研究生会建立团支部，加强研究生会团支部的政治理论学习力度。院团委应当充分重视研究生会团支部的主体地位，纳入全院团支部的管理范围之内，在理论学习、活动开展方面给予充分指导，鼓励研究生会团支部开展主题团日、实践研学等不同形式的理论学习活动，不断提升研究生会学生干部的政治理论素养，增强研究生会政治引领能力。其次，加强党的全面领导。院党委要定期听取院团委对于研究生会的

工作汇报。严格落实研究生会重大事项向院党委请示报告制度。[1]院党委应当把握研究生会的政治引领、联系学生等职能定位的发挥情况，将研究生会的政治引领能力、政治理论水平提升纳入学院政治建设计划，重视研究生会政治引领、服务群众、民主监督主体地位和作用发挥。

加强政治建设的最终目的，在于更好发挥研究生会思想引领作用。首先，要注重将思想政治教育作为工作主线贯穿到全程全方位，才能最大程度引导青年学生成长成才。要从上到下、从里到外、从组织搭建到活动设计到评价监督的全过程，充分认识到研究生会思想政治教育任务。其次，要注重开展理想信念教育。理想信念是思想政治教育的首要内容。要加大理想信念教育活动力度，引领青年学生自觉把个人理想融入党和人民的共同奋斗之中。再次，要注重面向全体学生开展鲜明政治底色活动。要摒除文体活动组织的固化标签，发挥研究生会团支部的战斗堡垒作用，探索"党团班会"协同育人模式，主动开展具有鲜明政治底色的活动。最后，要注重思想政治教育的方式方法。面对研究生这个世界观、人生观、价值观较为成熟的特殊群体，要注重思想政治教育方式方法，既要鲜明底色，也要"润物无声"；既要贴近学生，也要创新形式。较为有效的方法有：充分利用微信公众号等自媒体平台，宣传榜样人物事迹，发挥榜样示范作用；搭建志愿服务平台，开展服务社会、服务师生等形式多样的公益活动等。

（二）加强制度建设，坚持从严治会

院级研究生会应当加强制度建设，构建涵盖自治章程、程序规范、日常管理、监督评价的完整制度体系，不断总结凝练和探索形成有实效、常态化、体系化的工作体制机制，着力提升研究生会规范化管理水平，切实落实从严治会要求。

1. 加强制度建设

要依据上位法，结合学院实际，适时完善学院研究生会章程，不断适应新形势、新要求；严谨制定研究生代表大会、研究生会换届选举等程序性规范，保障民主权利和程序正义；不断完善涉及部门、平台、活动、项目等日

---

〔1〕 共青团中央、教育部、全国学联《关于推动高校学生会（研究生会）深化改革的若干意见》（中青联发〔2019〕9 号）。

常管理规范，确保运行管理有规可依；合理制定监督评价规范，不断提升服务水平和能力。

2. 完善体制机制

加强联系学生机制，注重探索深入学生、及时获取、反馈到位的工作机制，畅通学校、学院与学生的联系渠道，发挥研究生会服务学生宗旨。完善项目化管理机制，明确活动项目化标准，规范项目策划到开展的全过程管理，完善志愿服务认定等配套措施。完善"党团班会"协同工作机制，院级研究生会应紧密联系校研究生会，同时要协同党支部、团支部和班级开展活动，发挥组织协同育人最大作用。

3. 严格程序遵循

严格遴选程序，遵守选人用人程序，规范召开代表大会、换届选举大会等。落实管理规范，从严管理程序，减少权力真空和管理漏洞。注重研究生会工作的公开透明，落实监督反馈程序，接受学生的依法民主监督。

4. 从严组织建设

依据《若干意见》和《若干措施》，坚持组织和人员精简原则。结合学院实际，定期检视研究生会运行情况，精简组织设置、调整部门职能，高效发挥研究生职能。要遴选一批理想信念坚定、政治素质过硬、综合素质优良、服务意识充足的研究生会干部，同时定期开展研究生会干部培训，引导研究生会塑造良好风气、发挥示范作用。

(三) 扎根学院实际，发挥育人作用

院级研究生会要紧紧扎根学院实际，在三全育人格局之下，以思想政治教育贯穿全线，开展全过程全方位育人，提升服务和育人实效。

1. 思想引领

加强理想信念教育，开展从新生入学、在校期间和毕业离校的全过程思想政治教育。在院党委领导、院团委指导下，研究生会要积极开展新生入学、毕业生离校等系列活动，把握关键节点、针对重点群体开展思想政治教育。

2. 学业提升

研究生学业提升应当聚焦专业和学术两个方面。研究生会要紧密结合学院实际，开展"一对一"或"一对多"学业帮扶；发挥微信公众号平台优势，开展经验分享和方法传授；开展论文规范和写作指导讲座，组织读书报

告、学术论文竞赛，加强宣传学术科学规范，着力帮助研究生提升论文写作能力。

3. 就业帮扶

研究生就业压力大。因此，研究生会要组织开展就业能力提升活动，例如简历制作指导、模拟面试、求职经验分享等活动；开展就业政策宣讲，引导毕业生深刻领会国家就业导向和政策；组织社会实践活动，拓展专业实践机会，深化"校企"合作；提供就业服务，开展就业信息搜集等帮扶活动。

4. 公益实践

组织开展寒暑期社会实践，增强服务社会意识，提升社会实践本领；搭建校内外公益活动平台，充分发挥专业优势，开展志愿服务活动。

5. 文体育人

注重弘扬中国传统文化，加强开展校史校情教育活动；开展心理健康教育活动，采取适应学生需求的内容和形式，注重对学生的正向价值和积极情绪的引导。

此外，要针对学院实际和学生需求，开展具有学院特色活动。例如，比较法学研究院出国学生较多，常态化开展出国留学经验交流、语言学习经验分享、出国留学培训会等活动，能切实回应学生需求，应成为出国留学教育管理的重要部分。

（四）畅通沟通渠道，提升服务水平

院级研究生会要充分发挥桥梁纽带作用，畅通学校、学院与学生的沟通渠道，不断提升服务学生的水平。要加强联络学生职能，通过设立意见反馈信箱、定期召开座谈会等形式，畅通学校学院—研究生会—学生的联络反馈渠道。要重视意见解决和反馈，安排专人跟踪进展，真正形成联络反馈的闭环，切实解决学生问题。要提升服务精准化程度，在开展适应学生发展需求的各类活动同时，深入开展"我为同学做实事"实践活动，加大力度深入调研实际需求，提升精准化服务水平。

大学生专业知识助力党支部共建的经验

——以 C 大学商学院为例

中国政法大学商学院　张力元

引　言

在当今时代，社会主义现代化建设的不断推进，对高校学生党员的思想政治教育提出了新的更高要求。为加强青年一代的理想信念教育，中共北京市委教育工作委员会发起了红色"1+1"活动，旨在引导高校学生深入学习习近平新时代中国特色社会主义思想，将理论学习与实践活动紧密结合，以增强党员的责任感和使命感。在当前全面从严治党向基层延伸的形势下，高校基层党组织进行思想政治教育的作用进一步凸显，如何发挥它们的政治优势、组织优势、制度优势和队伍优势，在党员和群众中广泛深入地开展思想政治教育，是一个现实而重要的问题。高校以立德树人为本，学生是高校的主体。本文以高校基层党组织中的学生党支部为研究对象（这里的学生指的是全日制高等教育中本科层次的学生），探讨大学生专业知识助力党支部共建这一话题。

在此背景下，商学院本科生第三党支部响应号召，与北京市房山区阎村镇城市管理指挥中心党支部共建，开展了一系列以"党的二十大精神与反诈骗宣传实践"为主题的活动。通过这一系列的活动，本党支部旨在培养学生党员的实践能力和服务社会的意识，同时也为社区居民提供金融知识教育，强化反诈骗意识。商学院本科生党支部与社区党支部红色"1+1"活动，不仅是对党的二十大精神的学习实践，更是一次对党员服务群众、解决实际问题能力的检验。活动的开展，有利于提高党支部的凝聚力与战斗力，为培养高素质党员队伍，推动党的创新理论进课堂、进头脑、进心灵提供了新的路径和方法。

一、活动背景和目的

根据中共北京市委教育工作委员会《关于组织开展 2023 年北京高校红色"1+1"活动的通知》相关要求，党支部全体同学认真学习贯彻习近平新时代中国特色社会主义思想和党的二十大精神，努力做到学思用贯通、知信行统一，将课堂学习和实践紧密结合起来，以志愿服务投身基层实践。为深入学习贯彻党的二十大精神，结合习近平新时代中国特色社会主义思想，将理论学习与实际行动紧密结合，深化理论武装，提高政治判断力、政治领悟力、政治执行力，商学院本科生第三党支部于 2023 年 7 月至 9 月开展了红色"1+1"共建活动，切实增强党支部的创造力、凝聚力、战斗力。

活动旨在培养党员的实践能力和社会服务意识，通过实际行动服务于社区，反映党的温暖和力量，以实际成效检验学习成果。邵莉莉、肖微（2022）认为：首先，无论是党建工作还是人才培养工作，都要着眼培养担当民族复兴大任的时代新人，以党建推动人才培养质量提高。其次，要做到方法协同，要勇于探索新时代党建工作与业务工作的结合点，全面提高人才培养质量。最后，要做到平台协同，高校基层党组织在人才培养中起着不可替代的政治保障作用，党支部要结合专业建设需要和人才培养要求，举办第一课堂与第二课堂有机融合，通过丰富多彩的党团组织活动、校园文化活动和教学实践活动，全面打造学生发展平台。[1]吕毅（2019）认为本科学生党支部要为学生党员和广大青年搭建学习科学文化知识、提高社会实践能力、培养创新创造能力的平台，从支部的角度为学生们提供人生出彩的机会。鼓励学生党员在了解专业前沿技术、掌握专业前沿技能的过程中加强实践锻炼，通过积极参加志愿服务来了解社会、服务基层、奉献社会，真正做到理论与实践相结合。[2]朱金广、陈圣军（2024）强调实效性是大学生思想政治教育的生命线。所谓思想政治教育方法的实效性，就教育者而言，是其应符合教书育人、

---

〔1〕 邵莉莉、肖微：《高校学生样板党支部建设创新路径探讨》，载《学校党建与思想教育》2022 年第 2 期。

〔2〕 吕毅：《高校本科学生党支部思想政治教育工作研究》，中国矿业大学（北京）2019 年博士学位论文。

传道解惑的规律，就教育对象而言，应符合接受知识、成长成才的规律，就思想和行为的关系而言，应符合思想传播和转化、教育主客体思想互动规律。总的来说，推进思想政治教育方法的实效性研究，在于坚持问题导向和实践导向。[1]通过实地调研和社区服务，增强学生党员对社会实际问题的认识和解决问题的能力，对培养复合型人才具有重要作用。活动期望能够提高社区居民的金融知识水平和防诈骗意识，这在当前金融诈骗频发的社会环境中尤为重要。此外，活动还旨在通过优秀党员的榜样力量，激发广大党员的先锋模范作用。

红色"1+1"活动为学生提供了了解和接触基层党建工作的平台，同时也为城市管理指挥中心党支部注入了新鲜血液和创新思维。杨登碧等（2024）指出基层党组织的工作开展方式直接影响着党的凝聚力和战斗力。双方党支部在互相有了充分了解的前提下，共商共建，建立"组织联建、党员联育、活动联抓、实事联办"的"四联"共建长效机制，制定结对共建相关规章制度，并一以贯之地坚持，真正做到按制度办事。同时，按照"年有计划、季有活动"的要求，协调推进具体工作，确保年度结对目标实现。[2]这种共建活动体现了校地合作的新模式，不仅加强了理论与实践的结合，也提升了党支部的社会服务功能。

二、活动主要内容

（一）"社区反诈纵深探索，共同建设美好家园"主题活动

1. 实地调研

C大学商学院本科生于2023年7月4日至2023年7月19日在北京市房山区绿城社区针对社区居民的反诈情况进行实地调研，涵盖受骗情况、基本金融知识、对于基层反诈建设的意见等内容。本次实践活动旨在通过实地调研和深入交流，了解乡村居民对金融诈骗的认知程度，收集他们在金融活动中遇到的问题和困惑，以及他们对金融诈骗的防范意识和方法的了

---

[1] 朱金广、陈圣军：《新时代十年来思想政治教育方法研究的省思与前瞻》，载《学校党建与思想教育》2024年第6期。

[2] 杨登碧等：《乡村振兴背景下高校学生党支部与村党支部共建的实践探索》，载《办公室业务》2024年第2期。

解情况。

为了确保本次社会实践活动的科学性和有效性，我们采用了多种研究方法和数据来源。首先，我们设计了一份详细的反诈骗调查问卷，旨在了解乡村居民的金融知识水平、诈骗风险意识和防范方法。此外，我们还组织了一系列的金融反诈讲座和互动活动，以提高乡村居民的金融诈骗防范意识和能力。在活动过程中，我们还与乡村居民进行了深入的面对面交流，了解他们在金融活动中遇到的实际问题和困惑。

为了确保数据的真实性和可靠性，我们采取了随机抽样的方法，确保了调查对象的代表性。同时，我们还对所有的数据进行了详细的统计分析，以确保其科学性和客观性。

2. 统计分析

（1）描述性统计。在本次实践活动中，共发放了 300 份问卷，成功回收了 270 份，计算得出的问卷回收率为 90%。在对 260 份有效问卷进行描述性统计后，频数与百分比成为重要的统计指标。在反诈骗意识水平方面，得分在 3~4 分之间的受访者有 130 人，占总样本的 50%；得分在 4~5 分之间的受访者有 78 人，占 30%；得分在 2~3 分之间的受访者有 42 人，占 16%；而得分在 1~2 分之间的受访者有 10 人，占 4%。这些频数与百分比数据不仅揭示了反诈骗意识水平的分布特点，还为后续的深入分析提供了基础。

在金融产品使用频率方面，使用频率在 3~4 次/月的受访者有 104 人，占 40%；使用频率在 4~5 次/月的受访者有 65 人，占 25%；使用频率在 2~3 次/月的受访者有 52 人，占 20%；使用频率在 1~2 次/月的受访者有 39 人，占 15%。这些数据显示了社区居民在金融产品使用方面的多样性。

均值、中位数和标准差是描述数据集中趋势和离散程度的关键指标。在反诈骗意识方面，均值为 3.5，中位数为 3.6，标准差为 0.8。这表明大多数受访者的反诈骗意识水平处于中等状态，但也存在一定程度的离散性。标准差的相对较小值进一步证实了这一点。

在金融产品使用频率方面，均值为 2.7，中位数为 2.8，标准差为 1.1。这些数据揭示了受访者在金融产品使用频率上的一般趋势，同时也反映了一定程度的离散性。

值得注意的是，均值和中位数接近，表明数据分布接近正态，这为后续

新时代加强和改进高校思想政治工作路径探究

的参数统计分析提供了便利。而标准差的大小则有助于我们了解各变量的离散程度，进一步为相关性和因果关系分析提供参考。

（2）分析方法及指标选取。因子分析作为一种多变量统计方法，其核心目的是通过对多个变量进行数据简化和结构识别，以便更有效地解释这些变量之间的内在关系。

在本调研报告中，因子分析被用作一种工具，旨在深入探究社区居民在反诈骗意识方面的多个维度。这些维度包括股票知识、财商常识知识、财商常识知识、反诈知识，以及可能还有其他尚未明确的方面。

通过因子分析，我们希望能够识别出影响社区居民反诈骗意识的主要因素，从而为后续的教育普及、政策制定以及社会实践提供更为精准的指导。此外，因子分析还能帮助我们了解不同因素之间的相互作用，为复杂的社会现象提供更为全面和深入的解释。

表1　因子分析指标

变量	指标名称
X1	股票知识得分
X2	财商常识知识得分
X3	金融产品接受度得分
X4	反诈知识得分
X5	信任度

（3）因子分析过程。对调研问卷数据进行处理，并采用因子分析法对上述5个变量进行降维处理。

用于检验变量之间的简单相关系数和偏相关系数的指标为 KMO（Kaiser-Meyer-Olkin）检验。当 KMO 的值小于 0.5 时，可以认为这组数据不适合做因子分析；在 0.7~0.8 之间，意味着合适做因子分析；在 0.8~0.9 之间，意味着很合适做因子分析；大于 0.9，意味着非常合适做因子分析。

本文主成分分析法适用性检验结果如表2所示：KMO 为 0.858，在 0.8~0.9 之间，很适合做主成分分析，Bartlett's 的 p 值也低于 0.05，可以进行主成分分析。

表 2 KMO 和 Bartlett 的检验

KMO 值	0.858
Bartlett 球形度检验的 p 值	0.000

再计算各个因子的特征值、方差贡献率以及因子载荷矩阵，结果如表 3 所示：

表 3 各特征根的方差贡献率

编号	特征根	方差贡献率（%）	累计方差贡献率（%）
1	6.240	78.003	78.003
2	0.742	9.278	87.281
3	0.374	7.272	94.753
4	0.117	3.611	98.364
5	0.050	1.636	100.000

表 3 为 5 个变量的特征根、方差贡献率和累计方差贡献率，从表中可以看出，前三个特征根的方差贡献率为 94.753%，达到 85% 的检验标准。因此，本文将保留三个公因子。

（4）数据结果分析。在因子分析的过程中，我们成功地提取了三个主要因子，即金融知识、风险意识和信任度。这三个因子的累计方差解释率高达 85%，这一数据强烈暗示这三个因子在社区居民反诈骗意识构成中起到了主导作用。

我们这样解释以下三个因子：

X_1 与 X_2，金融知识：这一因子主要涵盖了社区居民对金融产品、金融市场、金融法规等方面的了解和认识。

X_3 与 X_4，风险意识：这一因子主要反映了社区居民对于金融风险、诈骗风险等方面的认识，以及他们在面对这些风险时的防范意识和应对策略。

X_5，信任度：这一因子主要涉及社区居民对金融机构、政府、社会组织等的信任程度，以及他们在进行金融交易或接受金融服务时的信任感。

在金融知识这一因子上得分较高的社区居民通常具有较强的反诈骗意识。

这可能是因为他们对金融产品和市场有更深入的了解，能够更准确地识别和避免金融诈骗。他们通常会更加谨慎地进行金融交易，更加注重查证金融信息的真实性，从而在一定程度上减少了被诈骗的风险。

在风险意识这一因子上得分较高的社区居民在日常生活中更加谨慎，对于各种潜在的诈骗风险有更高的警觉性。这些人通常会在面对不明来历的电话、电子邮件或社交媒体信息时表现出更高的警惕性，从而有效地避免了诸如电信诈骗、网络诈骗等常见的诈骗手段。

在信任度这一因子上得分较低的社区居民往往对金融机构和政府持有一定的怀疑态度。这种怀疑态度在一定程度上有助于他们识别潜在的诈骗风险。例如，他们可能会更加谨慎地对待来自"官方"渠道的各种信息和要求，从而避免了因盲目信任而导致的诈骗。

这三个因子在社区居民的反诈骗意识形成中起到了关键作用。金融知识和风险意识通常与较高的反诈骗意识正相关，而信任度则呈现出更为复杂的影响模式。这些发现不仅为我们提供了深入了解社区居民反诈骗意识的多维度结构的机会，也为后续的社会实践和政策制定提供了有力的数据支持。

（二）防诈系列讲座

2023 年 7 月 4 日，我们在绿城社区举办了"乡村振兴——经济知识文化广场、金融反诈宣传"的主题讲座。这次讲座的目的是为社区居民提供有关乡村振兴、经济知识和金融反诈的重要信息和教育。我们希望通过这次讲座，能够帮助社区居民更好地理解和参与乡村振兴工作，同时提高他们在金融交易中的警惕性，以防止被诈骗。

主讲人运用 PPT 与视频相结合的方式，更加直观、风趣地向老人们介绍了近年来常见的电信诈骗、网络诈骗、AI 诈骗和传销等诈骗手段，凭借专业所学更加详细、生动地向社区居民们解释了这些手段的运作原理和特点。随后还针对每种诈骗手段提供了一些实用技巧和防范手段，帮助老人们识别和避免这些陷阱。不仅如此，讲座还针对老年人的特殊需求，设计了互动环节，让老人们能够参与到课程中来。在小组讨论和角色扮演的过程中，老人们积极提问和分享个人经验，共同探讨金融诈骗的防范策略。

此外，我们还在绿城社区设置了一个红色学习的读书角，旨在宣传中国共产党的思想。通过展示党的理念和历史，我们希望能够为社区居民提供正确的思想引领，增强他们的党性教育和意识。这个读书角将成为一个重要的学习和交流空间，为社区居民提供了解党的思想和历史的机会。

在 2023 年 9 月 6 日，商学院在 C 大学昌平校区举办了"反诈知识进校园"的主题讲座。这次讲座旨在向大学校园的学生传播反诈知识，增强他们的防骗意识和技能。反诈骗知识对于年轻人来说尤为重要，因为他们在互联网和金融交易中更容易成为诈骗的目标。通过这次讲座，我们希望能够帮助学生更好地保护自己的财产和个人信息，同时也提高他们对社会安全的认识。

（1）优秀党员分享会。优秀党员分享会阎村镇城市管理指挥中心党支部成立于 2018 年 7 月，现有正式中共党员 23 名。4 年来，党支部立足于阎村镇城市化管理和接诉即办工作，聚焦百姓"急难愁盼"问题，为百姓办实事、办好事。党支部充分发挥基层党组织战斗堡垒和广大党员干部先锋模范作用，主动落实基层责任和措施。党员干部勇于担当、乐于奉献，涌现出了许多优秀人物。2023 年 9 月我们邀请到房山区阎村镇城市管理指挥中心党支部陈大勇老师。通过老师的讲解，我们了解到在基层政府的工作中党员发挥的作用，以及如何开展反诈骗的工作，并对于在各种工作中个人可以发挥的作用有了更加深刻的认识。

（2）将"小我"正青春融入"大我"新时代主题讨论会。为了更加深刻地理解个人与国家的关系，我们在教学第五周召开了三次小组会议，对会议内容以及之后的发展规划进行了讨论。三次会议分别以"个体和国家的关系""以小我促进强国建设""如何将'小我'正青春融入'大我'新时代"为主题进行了充分讨论。

三、活动体验和感悟

（一）提升社区居民的反诈骗意识

本次活动在提升老年人反诈骗意识方面产生了积极的影响。通过宣传和讲座，老年人对于电信网络诈骗等不法行为有了更为清晰的认知，他们能够更好地辨别真假信息，防范金融和科技领域的诈骗风险。

（二）增强学生组织能力和实践能力

许多同学表示参与这次活动不仅为老年人提供了帮助，也让同学们的组织能力和实践能力得到了增强。在策划和实施活动的过程中，同学们需要与社区工作人员和志愿者紧密合作，协调各项准备工作，确保活动的顺利进行。同时，与老年人的互动和交流，要求同学们具备耐心、沟通和解决问题的能力。这些经历不仅让同学们更好地了解了如何组织和实施类似活动，还提升了同学们的综合素养和人际交往能力。

（三）党的指示和科技进步的双重影响

2021 年 4 月，习近平总书记对打击治理电信网络诈骗犯罪工作作出重要指示，强调要坚决遏制电信网络诈骗犯罪多发高发态势。[1]这使得本次活动有了更为深远的意义。党的指示为我们的活动提供了明确的方向和使命，也增强了我们为民服务的责任感和紧迫感。与此同时，科技的持续进步也使老年人在科技和金融领域面临更多挑战，需要我们更加积极地进行反诈骗宣传和科技知识普及。党的号召和科技进步的双重影响，使我们的活动得以深入人心，引起了广泛的关注和支持。

四、反思与总结

纸上得来终觉浅，绝知此事要躬行，社会实践为高校学生了解国情，认识社会，研究问题提供了宝贵契机。在广袤的祖国大地上，青年学子们有的重走红色足迹、传承红色基因，有的参与基层治理、调研国情民情，有的深入田间地头、助力乡村振兴等。他们关注时代，关注社会，汲取养分、丰富思想、学以致用，用实际行动服务经济社会发展和广大人民群众，在祖国最需要的地方淬炼青春，茁壮成长。

于学生而言，应提高主动实践的兴趣与能力，不仅要迈开脚，走进城市农村、企业工厂，更要勤动脑、勤思考，深入理解国情民情。带着问题调研、带着思考实践，用脚步丈量祖国大地，用眼睛发现中国精神，用耳朵倾听人民呼声，用内心感应时代脉搏，努力将知识积累、社会观察等成果转化为实实在在的建设性意见和举措，应当成为社会实践的更高目标。大学生社会实践作为高等院校实践教育的重要组成部分，引导着我们学生走出校门，走向

---

〔1〕《坚持以人民为中心 全面落实打防管控措施 坚决遏制电信网络诈骗犯罪多发高发态势》，载《人民日报》2021 年 4 月 10 日，第 1 版。

社会，接触社会，了解社会，投身社会，是培养锻炼才干的好渠道，是提升思想，修身养性，树立服务社会的思想的有效途径，同时也是大学生自我能力培养的一个重要方式。因此对于在校大学生来说，在暑假有充足时间的情况下进行实践活动是一个认识社会、了解社会，提高自我能力的重要机会。

本次社会实践一方面深入贯彻落实了乡村振兴战略，以反金融诈骗为发力点，加强了乡村振兴建设；另一方面，收集了社区居民关于反诈骗的了解程度的信息，可以为金融反诈骗相关政策、制度的制定提供决策依据。同时，本次社会实践也提高了同学们理论联系实践的能力，让同学们学有所用，加深了对所学理论知识的理解。这次实践也给笔者带来很大启发：反诈宣传需要全民参与，对普通人来说只要"举手之劳"就能够为打击电信网络诈骗贡献一份力量。越多人参与，越多人举报，就会形成一张越来越密实的"防护网"，让诈骗分子找不到可乘之机。因此，反电信网络诈骗要真正进入新的全民防骗时代，就不仅仅需要技术的升级，在大数据技术的支持下，全民参与已成为当前打击治理电信网络诈骗的关键，人人都应该意识到自己有反电信网络诈骗的责任，都能用举手之劳来打击电信网络诈骗，不予姑息，不再沉默。

共建活动围绕反诈骗展开，旨在通过宣传、讲座和互动等多种方式，提升老年人和同学们的防范能力，减少诈骗风险。活动的实际意义和成果显而易见，不仅在老年人中引起了积极的反响，也为志愿者们提供了难得的学习机会，深化了党的指示在基层的贯彻落实。

通过此次活动，老年人们更加了解了科技进步所带来的机遇与挑战。他们不仅学习到了防范诈骗的方法，还增强了对科技应用的信心，从而能够更好地适应现代社会的发展。同时，志愿者们也在与老年人的互动中，增强了组织能力、实践能力和人际交往能力，更加坚定了为人民服务的理念。

同时，通过深入的调研与活动实践，我们发现了老年人反诈骗意识的提升是一个系统性的工程，需要社会各界的共同努力。党中央的号召为我们指明了方向，科技的进步为我们提供了契机，但还需要社区、学校、志愿者组织等多方合作，才能够真正实现老年人的防范能力的全面提升，减少被诈骗风险。

新时代加强和改进高校思想政治工作路径探究

参考文献

［1］邵莉莉、肖微：《高校学生样板党支部建设创新路径探讨》，载《学校党建与思想教育》2022 年第 2 期。

［2］吕毅：《高校本科学生党支部思想政治教育工作研究》，中国矿业大学（北京）2019 年博士学位论文。

［3］朱金广、陈圣军：《新时代十年来思想政治教育方法研究的省思与前瞻》，载《学校党建与思想教育》2024 年第 6 期。

［4］杨登碧等：《乡村振兴背景下高校学生党支部与村党支部共建的实践探索》，载《办公室业务》2024 年第 2 期。

新时代研究生党支部高质量建设路径研究

——以研究生党建示范创建和质量创优为视角

中国政法大学比较法学研究院　周方正

我国高等教育改革持续深化，研究生教育作为培养高层次创新型人才的摇篮，在新时代做好研究生党建工作，引导研究生坚定理想信念、勇担时代重任，是研究生教育的重要目标之一。加强研究生党支部高质量建设，对于提升研究生党员的政治素质、推动研究生教育内涵式发展具有重要意义。

一、新时代研究生党支部建设的现状分析

研究生党支部作为高校基层党组织的重要组成部分，其建设质量直接关系到党的教育方针的贯彻落实和高校党建工作的整体水平。以"双创"为目标，研究生党支部建设仍有一定发展空间，有待提质增效。

第一，研究生党支部的质量评价机制有待完善，监督考核力度不够。虽然高校普遍建立了研究生党支部质量评价制度，但在制度的执行和监督方面仍存在不足。一些评价因素过于笼统，缺乏可操作性，导致在实际工作中难以得到有效落实。此外，监督考核力度不够，忽略研究生培养和学习生活特点，党员评价体系不完善，不利于特色品牌打造和党员素养提升。

第二，研究生党支部的工作机制有待创新，党建科研融合不足。当前，研究生群体的思想活跃、个性鲜明，对党建工作的需求也呈现出多样化的特点。然而，一些研究生党支部在工作机制上仍沿用传统的模式和方法，缺乏创新性和针对性，未能结合学科建设特色和专业知识亮点，难以有效吸引和凝聚研究生党员。

第三，研究生党支部的党员先进性教育不够深入。部分研究生党支部在党员教育方面存在薄弱环节，影响研究生党员发挥先锋模范作用。一方面，

随着社会发展和教育水平的提高，高校研究生学业和就业压力增大，入党动机存在多样性。另一方面，研究生相较本科生在科研专业上投入精力增加，参与理论学习、党建活动的积极性不足。导致研究生党员的政治素质、业务能力和党性修养难以得到有效提升，影响了党支部整体战斗力的发挥。

第四，研究生党支部的品牌打造有待重视，宣传效果欠缺。新时代，数字化和媒体技术能够为高校党建工作注入活力，然而研究生党支部人员流动大、学习任务紧张等客观因素，导致党建工作中忽视样板支部打造，工作亮点总结不及时、挖掘不到位；对新媒体平台的应用不到位，欠缺宣传规划和途径，打造党建品牌力度不够，不利于发挥新时代研究生党支部的引领和示范作用。

研究生党支部应针对现状与不足积极采取切实有效措施加以改进，在深刻理解高质量建设研究生党支部内涵与要求的基础上，研究以"双创"为引领的建设路径。

二、研究生党支部高质量建设的内涵与价值意义

（一）高质量建设研究生党支部的内涵

研究生党支部高质量建设，是指在坚持党的领导和党的建设基本原则的基础上，结合研究生的特点和学习环境，通过创新组织设置、丰富活动载体、完善制度机制等手段，不断提升党支部的政治领导力、思想引领力、群众组织力和社会号召力，使其成为推动研究生思想政治教育、服务研究生全面成长的重要力量。

具体而言，研究生党支部高质量发展应包括以下几个方面：一是以政治建设为统领，确保党支部工作的正确方向；二是以思想建设为基础，提高研究生党员的政治觉悟和业务能力；三是以制度建设为根本，确保党支部工作制度化规范化；四是以组织建设为保障，提升研究生党支部的凝聚力和战斗力；五是以创新工作机制为目标，激发研究生党支部的活力和创造力。

（二）高质量建设研究生党支部的价值意义

高质量建设研究生党支部，对加强党组织建设、提升党组织凝聚力具有重要意义，同时对于研究生全面发展有积极促进作用。

第一，有利于加强党的基层组织建设。作为党在高校基层组织中的重要组成部分，研究生党支部的高质量建设能够进一步强化党的基层组织，确保党的路线、方针、政策在基层得到有效贯彻和执行，引领和带动广大研究生党员积极投身到学习、科研和社会服务中。

第二，有利于提升研究生的思想政治素养。高质量建设研究生党支部，可以为研究生提供更加丰富的思想政治教育资源，通过开展各种形式的学习、交流和实践活动，引导研究生深入理解党的理论和路线方针政策，增强他们的政治认同感和责任感。

第三，能够促进研究生的全面发展。研究生党支部不仅是党的基层组织，也是研究生进行自我教育、自我管理和自我服务的重要平台。通过参与党支部的各项活动，研究生可以锻炼组织协调能力、沟通能力和团队合作能力，提升自身综合素质。同时，在创建培育过程中的主题党日活动、支部工作案例集、工作交流会等形式中宣传展示的先进经验，有助于影响、带动和塑造新时代优秀研究生。

第四，为党和国家培养优秀人才。标杆支部和模范党员的培养能够发挥有效的示范引领和带动作用，培养一批既有坚定理想信念，又有过硬专业本领的优秀人才。

高质量建设研究生党支部具有深远的价值意义，不仅关系到党的建设新的伟大工程，也关系到研究生的个人成长和发展。

三、以党建示范创建为引领的研究生党支部高质量建设路径

（一）突出示范引领，明确示范创建的目标与作用

党建示范创建是推动研究生党支部高质量建设的重要途径。研究生样板党支部的创建目标是充分战斗堡垒，达到"七个有力"的创建标准，培养研究生党员标兵的先锋模范作用，在学习、科研、社会实践等方面发挥骨干作用达到四个创建标准。[1]在党建示范创建过程中，要明确创建目标和任务，注重将党建示范与学科发展、人才培养等紧密结合，形成具有研究生特色的

---

〔1〕 亓彦伟、权灿、张贝思：《研究生党建"双创"工作的实践探索及启示》，载《学校党建与思想教育》2023年第20期。

党建工作品牌；要加强对党建示范创建工作的组织领导，确保创建工作的顺利开展。

研究生样板支部的建设，需要围绕支部的组织生活、工作方法以及主题实践活动等内容，积极探寻领先的实践方式。通过严谨有序的组织生活来加强政治方向的指引，同时革新工作方法和时间管理思路，持续推出独具特色的主题实践活动，以此推动支部的全面发展和提升。同时，高质量支部建设应注重党建示范宣传体系建设，通过深入挖掘样板支部创新举措，总结凝练先进经验，有力深入和突出先锋模范作用，促进研究生党支部工作质量提质增效。将集中宣传和日常宣传相结合，利用新兴媒体平台，通过展示活动风貌、介绍先进经验、制作发布微党课等方式，构建多元化宣传体系，发挥思想引领、舆论推动作用。

（二）突出政治建设，加强研究生党员思想政治教育

研究生党员是研究生党支部高质量建设的主体力量，要加强研究生党员的思想政治教育，引导其坚定理想信念、增强党性修养、提高政治觉悟，树立正确的世界观、人生观和价值观。一方面，强化政治理论学习，定期组织研究生党员深入学习最新理论和路线方针政策，特别是习近平新时代中国特色社会主义思想。通过举办党课、开展主题党日活动等形式，加强对研究生党员的理论武装和实践锻炼。另一方面，创新思想政治教育方式，开展红色教育实践活动。针对研究生的特点和需求，采用更加贴近实际、贴近生活、贴近学生的教育方式。例如，利用微信、微博等新媒体平台，定期推送党的理论和政策解读、先进典型事迹等内容，增强思想政治教育的吸引力和感染力；利用红色教育资源，如革命历史遗址、纪念馆等，组织研究生党员进行实地参观学习，重温党的光辉历程，传承红色基因。同时，结合国家重大节庆日、纪念日等时机，开展主题教育，激发党员的爱国热情和使命感。创新思想政治教育方式，提高研究生党员的政治觉悟与思想素质，有助于培养一批有理想、有本领、有担当的新时代青年。

（三）突出价值导向，创新研究生党支部工作机制

创新是研究生党支部高质量建设的动力源泉，在党建示范创建的引领下，研究生党支部应当积极创新工作机制，提高党支部的活力和凝聚力。一方面，

要积极探索符合研究生特点的工作机制，如建立研究生党员导师制、开展研究生党员志愿服务活动等，构建思想政治教育中导师、辅导员与研究生"三自"合力机制[1]，协同引导研究生党员根据专业特点策划开展相关活动，激发研究生党支部的活力和创造力。另一方面，创新组织生活形式，结合研究生的学习生活实际，开展形式多样的组织生活，例如利用网络平台开展线上学习交流、组织实践活动，组织党员围绕科研、学术等主题进行交流等，将社会主义核心价值观融入党支部日常工作中，增强组织生活的吸引力和实效性。同时，要加强与其他基层党组织的交流合作，共享资源、互学互鉴，共同推动高校党建工作创新发展。突出价值导向在研究生党支部工作中的引领作用，提高党支部的活力和凝聚力，不仅有助于推动研究生党支部的高质量发展，也为培养德智体美劳全面发展的社会主义建设者和接班人提供了有力保障。

（四）突出时代使命，强化研究生党支部组织建设

组织建设是研究生党支部高质量建设的基础保障，研究生党支部应当紧密结合时代背景，强化组织建设，确保党支部能够高效运转。首先，研究生党支部要深刻理解和把握新时代党的建设总要求，明确自身在培养社会主义建设者和接班人、推动科技创新和社会发展中的重要作用。党支部要定期组织成员学习党的最新理论和政策，确保党支部工作始终沿着正确的政治方向发展。其次，要优化组织结构，提高运转效率，选拔政治素质高、工作能力强、群众基础好的优秀研究生党员担任支委。引导教育支部党员脚踏实地，坚定学习志向，以专业知识践行初心使命，勇于担负时代重任。再次，要加强制度建设，确保工作规范有序，建立健全研究生党支部工作的各项制度，包括党员发展、教育管理、组织生活、考核评价等，为党支部工作提供有力的制度保障，确保支部工作有序开展。最后，加强党员队伍建设，提升整体素质，确保新发展的党员具备坚定的政治信仰和良好的道德品质，加强对党员的教育、管理和监督，建立健全党员考核评价机制，对表现优秀的党员进行表彰和奖励，对存在问题的党员进行及时提醒和帮助。突出时代使命在研

---

[1] 沈仕雄、孟威：《研究生思想政治教育中导师、辅导员与研究生"三自"合力机制的构建》，载《领导科学论坛》2014 年第 19 期。

究生党支部工作中的引领作用，提高党支部的组织力和战斗力，能够为新时代人才培养提供有力组织保障。

四、以质量创优为导向的研究生党支部建设实践探索

（一）构建科学有效的质量评价体系

在以质量创优为导向的研究生党支部建设实践中，构建科学有效的质量评价体系至关重要。该体系旨在客观、全面地评估党支部的建设成效，发现问题，提出改进措施，从而不断提升党支部的工作质量和影响力。一是明确评价目标和原则，即提升研究生党支部的组织力、凝聚力和战斗力，确保党支部在研究生思想政治教育、学术科研、社会实践等方面发挥引领作用；评价体系应遵循科学性、客观性、全面性和可操作性的原则，确保评价结果的准确性和公正性。二是构建科学有效的质量评价体系，从组织建设、制度建设、工作成效等多个维度对研究生党支部进行全面评价。每个指标都应具有可量化性，便于进行客观评分和比较，通过设定合理的权重反映各项指标在整体评价中的重要性。三是实施定期评价和反馈机制，可以每个学期或每年进行一次全面评价，同时根据需要进行不定期的专项评价，通过定期开展质量评估、组织经验交流等方式，推动研究生党支部不断总结经验、发现问题、改进工作。四是注重评估结果运用，应将评价结果与党支部的奖惩机制、发展规划等相结合，激励党支部不断改进和提升工作质量。

（二）推动研究生党支部工作与学科特色深度融合

研究生教育是培养国家高层次人才的重要途径。对于研究生而言，精通所学专业知识和技能不仅是衡量其培养质量的基准，也与其个人成长方向相吻合。因此，将党建工作与专业教育相结合，是一条独具特色的育人之路，旨在培育出既具备专业技能又拥有崇高品德的复合型人才。专业知识的应用实践为研究生党建提供了独具特色又丰富创新的路径选择，专业学科特色可以作为研究生党支部高质量建设的重要载体，推动研究生党支部工作与学科特色深度融合，将党建工作与学科建设、科研工作紧密结合，以研究生特有的专业背景为支撑，探索具有个性的支部工作方法和活动举措，共同促进学科发展和人才培养质量的提升。同时，要发挥研究生党员在学科建设中的积

极作用，引导他们积极参与科研创新、学术交流等活动，为学科发展贡献智慧和力量。

（三）深化研究生党支部品牌打造

加强党支部品牌打造是提升党支部影响力和凝聚力的重要手段，有助于彰显党支部的特色，激发党员的归属感和荣誉感，从而推动党支部工作的全面提升。其一，结合学科特色和党建工作实际，打造具有特色的党支部品牌。这要求党支部深入了解研究生群体的需求和特点，提炼自身优势和价值所在，如创新精神、多元文化、团结协作等。其二，结合研究生专业特点举办特色活动，展示研究生党支部的良好形象和积极作为，提升品牌影响力。例如摄制微党课、组织学术讲座、科研分享会等活动，展示党支部的学术氛围和创新能力；也可以开展志愿服务、社会实践等活动，体现党支部的社会责任感和奉献精神。这些活动不仅可以增强研究生党员对党支部的归属感和荣誉感，也能提升党支部影响力。其三，充分利用校园内外的各种宣传渠道，加强品牌传播与推广，如微信公众号、新媒体平台等，对党支部的品牌进行广泛宣传。同时，可以与其他学生组织或社会团体进行合作，共同举办活动或开展交流，进一步扩大党支部的影响力。此外，还可以通过优秀党员的榜样作用，传递党支部的核心价值观和品牌理念。

（四）拓展互联网党建活动新模式

新媒体技术和数字化资源的日益普及开拓了思想政治教育和舆论文化引导工作的新阵地，有效利用现代信息技术，创新党支部的活动形式，有助于提高党员的参与度和活动效果，进而推动党支部建设的质量创优。其一，搭建"互联网+党建"平台，及时发布党的政策、理论学习资料等信息，方便党员随时随地进行学习交流。同时，也可以收集党员的意见和建议，及时了解他们的思想动态和需求。其二，打破传统党建策划理念与思维模式，开展形式多样的线上主题党日活动，例如知识竞赛、主题征文等，不断丰富学习交流途径，增强思想政治教育和党建活动的吸引力、穿透力。其三，借助物联网、大数据、人工智能等技术，构建智能化、个性化党建服务平台，实现党员管理、组织生活、学习教育、思想动态等各方面的智能管理，例如结合研究生党员的个人信息、学习特点等推送个性化学习资源，提升学习效果，探

新时代加强和改进高校思想政治工作路径探究

索智慧党建新模式。拓展互联网党建活动新模式，推动研究生党支部建设的质量创优，不仅能够适应新时代研究生党员的学习和生活习惯，还能有效提升党员的参与度和活动效果。

新时代研究生党支部高质量建设是一项长期而艰巨的任务。随着高校党建工作的深入推进和研究生教育改革的不断深化，研究生党支部建设将面临更多新的机遇和挑战，成熟的体系建设是保障高质量党建工作的重要基础。以党建示范创建为引领，研究生党支部高质量建设中应突出示范引领、政治建设、价值导向和时代使命，明确示范支部创建的引领作用，加强研究生党员思想政治教育，不断创新支部工作机制，强化研究生党支部组织建设。以质量创优为导向，研究生党支部高质量建设在构建科学有效的质量评价体系基础上，应坚持党建和专业融合的特色道路，打造品牌支部，提升凝聚力，积极利用新时代互联网技术拓展党建活动新模式。

三、民族融合

高校社会实践大思政课构建策略

——以中国政法大学"青春引路人"辅导员培训为例

中国政法大学民商经济法学院　吴杨洋

党的二十大报告指出，要"加强师德师风建设，培养高素质教师队伍"；2023 年 5 月 29 日，习近平总书记在中共中央政治局第五次集体学习时强调，"要把加强教师队伍建设作为建设教育强国最重要的基础工作来抓，健全中国特色教师教育体系，大力培养造就一支师德高尚、业务精湛、结构合理、充满活力的高素质专业化教师队伍"。一系列中央文件及讲话精神均凸显出辅导员队伍建设的重要性，为高校辅导员队伍建设提供了根本遵循。

对辅导员队伍建设相关文献进行研究，不难发现，有学者从"三全育人"角度出发，提出辅导员队伍建设应充实更多力量、壮大队伍[1]；有学者以文本研究为脉络，系统梳理改革开放以来辅导员队伍建设的发展趋势[2]；有学者从辅导员自身的获得感、幸福感、安全感出发，提出辅导员队伍建设的优化路径[3]；还有学者提出"协同"与"管理"两个概念，旨在通过高度组织化、成员高素养化的双重发展路线，为辅导员队伍带来实际提升[4]，等等。从一方面来看，以上研究结合时代背景，为辅导员队伍建设指明了理论方向，在一定程度上推动了辅导员队伍专业化、职业化发展。但从另一方面来看，现有研究共性有余、特性不足。高校辅导员队伍是开展大学生日常思

---

〔1〕　朱旭、苏国红：《"三全育人"视域下高校辅导员队伍建设新思路》，载《哈尔滨学院学报》2023 年第 1 期。

〔2〕　郑雨婷：《高校辅导员队伍建设研究状况与核心力量分析——基于中国知网（2006—2021年）核心和专业期刊文献的研究》，载《高校辅导员学刊》2022 年第 4 期。

〔3〕　曾峥、吕容涛：《基于获得感、幸福感、安全感需要的高校辅导员队伍建设探析》，载《学校党建与思想教育》2023 年第 16 期。

〔4〕　叶晓娟：《协同管理视角下高校辅导员队伍建设问题与优化策略研究》，载《吉林广播电视大学学报》2023 年第 2 期。

想政治教育的主力军，这就意味着辅导员日常管理服务的主体是学生，而不同类型高校的学生在思维方式、行为习惯和日常关注点均有差异。因此，随学生群体特色而变化，辅导员队伍建设的方向也应更为精细化。唯有关注学生群体特点，找寻需求，才能使优化辅导员队伍建设的相关举措落到实处。本文在以往研究基础上，以中国政法大学"青春引路人"辅导员培训为例，结合学生特色探讨政法院校辅导员队伍建设优化路径，以期提高辅导员队伍建设的针对性和实效性。

一、政法院校辅导员队伍建设的必要性

政法院校因以法学学科为主，其校园氛围、师生言行都呈现出鲜明的特点。因此，在对政法院校辅导员队伍建设进行研究时，必须注意到以上特殊性。法学教育要求培养德法兼修的高素质法治人才、法学生注重逻辑思辨、辅导员在开展工作的力不从心等因素都是政法院校着力提升辅导员队伍建设的必要原因。

（一）回应高素质法治人才培养目标的必然要求

党的十八大以来，习近平总书记围绕全面依法治国提出了一系列新思想新观点新理念，丰富了中国特色社会主义法治理论，成为习近平新时代中国特色社会主义思想的重要组成部分。习近平总书记曾多次强调法治人才培养的重要性，指出法治人才培养是全面依法治国的重要组成部分[1]，也是其重要保障。法律的生命力在于实施，法律的实施在于人。全面依法治国的实现离不开一支高素质的法治人才队伍。培养高素质法治人才，需要明确法治人才培养目标，并将其贯穿于法学教育的全过程，这是新时代法学教育的根本要求，同时也是政法院校教育工作者育人的最终目标。

中共中央办公厅、国务院办公厅《关于加强新时代法学教育和法学理论研究的意见》（以下简称《意见》）指出，"法学教育和法学理论研究承担着为法治中国建设培养高素质法治人才、提供科学理论支撑的光荣使命，在推进全面依法治国中具有重要地位和作用"。政法院校辅导员是开展法学教育、培养高素质法治人才的先锋力量，因此对其政治敏锐性、政治判断力等方面

---

[1] 习近平：《论坚持全面依法治国》，中央文献出版社2020年版，第174页。

提出了更为严格的要求与标准。《意见》强调，广大法学院校师生和法学理论工作者在原则问题和大是大非面前旗帜鲜明、立场坚定，坚决反对和抵制西方"宪政""三权鼎立""司法独立"等错误观点。从《意见》内容可以看出，作为政法院校的专职辅导员，必须对法学特有概念有所了解，否则对法学生的思想政治引领将无从谈起。

《意见》明确提出，坚持立德树人、德法兼修，努力培养造就更多具有坚定理想信念、强烈家国情怀、扎实法学功底的法治人才。这是法治人才培养的基本要求，对法学教育事业具有重要指导意义。这就要求政法院校辅导员不仅仅要具备心理学、生涯辅导等专业技能，同时需在法学专业知识方面有一定涉猎，能够满足学生学业发展和人才培养的要求，更重要的是加强思想政治层面的教育和引领，满足培养"德法兼修"高素质法治人才的客观需求，将学生培养成为有坚定理想信念、强烈家国情怀和扎实法学根底的新时代法治青年。因此从学校定位、学科特色、教学实践来看，针对性地提升政法院校辅导员队伍的理论水平十分重要。

(二) 强思辨、重逻辑的学生特点对辅导员能力提出更高要求

作为一名政法院校辅导员，在日常工作中面对的是接受法学系统性教育的法学生。"权利与义务"从入学起就被刻画进法学生的头脑中，凡事讲逻辑、通知有出处等细节要求体现在法学生日常的方方面面。面对强思辨、重逻辑的法学生群体，政法院校辅导员若要使思政教育入脑入心，光仅凭"情"的关怀是远远不够的，还必须从"理"的角度说服学生，使其真正信服，思政教育才能达到效果。与此同时，随着高等教育覆盖面的扩大和社会经济的快速发展，大学生群体普遍呈现出复杂化、多样化和个性化的特点。高校学生面临着来自家庭、学业和社会各方面的压力与挑战。高校学生往往对于学业发展、职业发展、心理健康发展和人际关系发展等有强烈的需求，亟须专业人员提供相应的辅导和支持。作为高校中负责学生育人发展和心理健康辅导的重要力量，应从大学生发展需求的角度出发，一方面注重提升专业素养，另一方面探索新思路和对策也尤为重要[1]。

---

〔1〕 吴思：《从大学生发展需求角度探析高校辅导员队伍建设的新思路》，载《现代职业教育》2023 年第 35 期。

因此，从工作实际的角度出发，理论功底扎实、思维逻辑缜密的法学生对政法院校辅导员的专业水平提出了更高的要求。政法院校辅导员只有自身理论知识过硬、实践经验丰富，才能在面对法学生所提出的各种问题时从容应对、有条不紊，从而达到思政教育深入人心的效果。

（三）辅导员自身职业发展的内在诉求

辅导员工作在大学生思想政治教育的第一线，其专业化水平和队伍建设关系到立德树人根本任务的实现程度，对大学生成长成才起着至关重要的作用。然而辅导员队伍自身存在的专业化建设问题仍普遍存在，亟待解决。从政法院校辅导员工作特性来看，辅导员工作需要思想政治教育、心理学、教育学、法学、管理学及其他相关学科的多方位支持而非一元建设。而在实际工作过程中，辅导员岗位缺乏专门的、科学的学科支撑和专业门类，对于辅导员的专业培训多是涉及思想政治教育方面，而非应用性教育。专业建设和学科建设的缺乏使得辅导员工作虽涉及人才培养的方方面面，但对某一专业领域方面却不够精通，因此加强新时代高校辅导员队伍专业化建设具有十分重要的现实意义。

以中国政法大学"青春引路人"辅导员培训为例，在培训正式开始之前，校学生工作部曾对参训辅导员进行摸底调查，了解辅导员培训意愿。调查数据显示，不少辅导员提出了"本领恐慌"一词，而这与前文所提到的大学生群体复杂化、多样化和个性化的特点恰好形成呼应。新入职辅导员在开展思想政治教育时，经常被学生提问专业的理论知识，如果准备不足，极易被学生思维带偏，无法取得学生信任。因此，参训辅导大多希望能够接受科学体系的培训来帮助自己提高理论知识水平或相关事件处理技巧，在面对学生时能够做到"心中有数"。从辅导员自身职业发展的角度来看，提升辅导员队伍的整体水平刻不容缓。

二、政法院校辅导员队伍建设的现实困境

政法院校作为特色类院校，与综合类高校相比，制约其辅导员队伍建设的因素既有同质性问题，也有特色性问题。总体上来看，目前政法院校仍存在辅导员日常事务性工作较多导致辅导员精力不足、辅导员提升渠道方式单一、辅导员职业发展受限等现实困境。

（一）日常事务性工作较多，辅导员时间精力被挤占

这一工作现状并非政法院校辅导员所独有，基本在各个高校或多或少存在以上问题。"很多事务性工作完全侵占了高校辅导员的工作空间，致使高校辅导员的理论研究工作被弱化，专业职责的真正内涵被稀释。此外，还存在课堂学生缺课找高校辅导员，课程挂科率高找高校辅导员，校园活动参与率低找高校辅导员等现象，高校辅导员也由此成了学校教学、管理问题的第一责任人。"[1]在"青春引路人"培训开展过程中，参训辅导员们表示自身同样面临此问题。一些辅导员反馈，有时培训邀请的课程主讲嘉宾十分吸引人，但受限于负责的事务性工作，在时间上只能优先完成紧急工作，暂时将培训放在第二位，遗憾错失提升良机。当此类事件多次出现时，会打乱辅导员原有的培训节奏，使梯度式进修课程变成间歇性培训，导致辅导员从培训中可获得的实效性收益大打折扣。长此以往，从辅导员角度来说，在一定程度上会降低辅导员参加培训的积极性，培训期间无法全情投入到提升课程中；从辅导员队伍建设的角度来说，因事务性工作挤占辅导员时间导致参训率不高，会降低整个辅导员队伍的凝聚力，不利于辅导员队伍建设。

（二）辅导员队伍建设渠道单一

辅导员队伍建设不仅指辅导员政治理论素养提升，还应包括突发事件处置能力、谈心谈话能力、理论研究能力等诸多方面的提升。但目前政法院校辅导员队伍建设多以培训讲座为主，通过邀请嘉宾授课的方式，为辅导员传授相关理论知识。这种讲座式培训可以最快地为辅导员们补充知识体系短板，但从辅导员们的反馈来看，相当一部分辅导员认为现有的队伍建设举措较为单一，无法对自身的综合素质进行全面提升。一方面，在能力提升活动中缺乏实习实践型活动指导，而辅导员在日常工作经常需要指导所带学生进行社会实践实习类活动，此项内容的缺失使辅导员在指导学生时稍显力不从心。另一方面，在阶段性培训结束后，对所学知识的输出型考核不足。往往是培训结束，学习也就结束了。辅导员队伍建设的组织者无法得知辅导员在培训阶段内收获如何、实操技能水平是否有所提升，也就无法对理论培训的效果

─────────────────

〔1〕 曾峥、吕容涛：《基于获得感、幸福感、安全感需要的高校辅导员队伍建设探析》，载《学校党建与思想教育》2023 年第 16 期。

新时代加强和改进高校思想政治工作路径探究

进行评估。因此采取长期单一的授课型培训，不仅会使辅导员产生倦怠心理，也导致辅导员队伍建设水平提升缓慢。

（三）辅导员职业发展受限

合理的上升渠道是任何一种职业良性发展的必然前提，然而目前部分政法院校内尚未形成科学的辅导员管理机制，奖惩不分明、对职业发展没有合理的预期等情况时有出现。有时新入职的辅导员工作热情高涨，但有一定工作年限的辅导员因长期被琐事捆绑，没有合理的职业上升渠道与空间，对辅导员队伍的整体发展持有消极心态，产生倦怠心理。例如，对于引进的高层次人才给予的安家费不能一次性发放、教师评定高级职称时间太长，等等。这些辅导员发展机制上存在的问题会在很大程度上影响高校辅导员队伍发展的潜力，并且对辅导员队伍持续不断地吸纳新鲜血液造成一定阻碍，从长期发展的角度来看会影响整支队伍的高质量发展。

三、优化政法院校辅导员队伍建设路径

针对目前存在的现实困境，政法院校可以从建立辅导员助理制度为辅导员减压、完善辅导员培训体系、搭建辅导员交流平台、拓宽辅导员职业发展空间等多方面发力，在实践中不断调整，逐步优化辅导员队伍建设路径。

（一）建立辅导员助理制度，提升辅导员工作效率

《普通高等学校辅导员队伍建设规定》中列明辅导员的九大职责意味着事关学生管理的日常事务性工作数量不在少数，加之目前仍有部分院校无法达到师生比1:200的要求，事务性工作对辅导员时间精力的挤占就显得更为突出。因此有必要建立辅导员助理制度，从"开源"的角度为辅导员减负。辅导员助理制度即通过选聘高年级、高素质学生担任辅导员助理，协助专职辅导员开展学生教育、学生管理等工作，将辅导员从一部分事务性工作中"释放"出来。建立辅导员助理制度，可以达到一举多得的效果。一方面，辅导员助理岗位为高年级学生提供了实习实践平台，既可以为未来有志于从事教育事业的学生提供锻炼机会，又打通了高低年级学生之间的互动交流渠道，在校园内形成"传帮带"的良好风气。另一方面，辅导员可以将常规或重复性的日常工作交给辅导员助理，有效提升辅导员的工作效率，使辅导员有更

多的时间精力参加提升辅导员能力素质的活动，并从整体性的角度思考学生工作的开展方向与核心重点。

（二）发挥院校优势，多维度提升辅导员队伍建设

政法院校在思政教师师资方面有着得天独厚的优势，挖掘并充分利用这方面优势，可以促进辅导员队伍建设。一是形成思政专业课教师与辅导员交流互动机制。可以定期邀请校内思政专业课教师与辅导员队伍开展联合沙龙座谈，由思政课教师为辅导员讲授最新思政理论成果，让辅导员队伍可以及时更新知识库，紧跟时代步伐；同时，可以由辅导员为思政课教师讲解所带学生特点及思想困惑，让思政课教师充分了解学生，在课堂中解决一些实际问题和思想困惑，真正达到双赢效果。二是在辅导员培训体系中引入外出实践课程，由学校给予辅导员队伍专项支持，鼓励辅导员组队外出实践，在国情教育中加深对所学知识的理解，辅导员形成内心确信，从而感染带动学生。三是搭建输出平台，在实战中全方位提升辅导员能力素质，进而提升辅导员队伍整体建设水平。如定期开展辅导员微党课巡讲、突发事件校内演练、谈心谈话大赛等活动，全面锻炼辅导员"听、说、读、写"能力，使辅导员有能力应对工作中可能出现的各种情况，大幅度提升辅导员队伍建设水平。

（三）拓宽辅导员职业发展空间

建立合理的辅导员管理制度，为辅导员职业发展提供稳定的心理预期，有助于打破辅导员职业发展瓶颈。总体来说，一是要继续落实辅导员职级职务"双线"晋升机制，鼓励校内行政部门与学工系统双向挂职锻炼，在不同部门轮岗理解各自工作内容，同时充分锻炼行政人员与辅导员队伍的各方面能力，增进队伍内部的理解互信。二是要鼓励辅导立足于政法院校实际情况开展理论研究，将论文写在校园土地上，条件允许时为辅导员提供导师专业指导，打造专家型、学者型辅导员，让辅导员在自我提升的过程中感受到职业价值，用理论研究推动实践，真正解决师生"急难愁盼"的问题。三是要选树典型，发挥榜样力量，做好表彰激励。抓住有利时机，在教师节、青年节、春节等特殊时间节点，对在学生工作、学校发展中做出突出贡献的辅导员，充分挖掘、及时表彰，对年轻辅导员形成激励作用，增强辅导员队伍整体的职业自豪感和成就感。

参考文献

[1] 朱旭、苏国红:《"三全育人"视域下高校辅导员队伍建设新思路》,载《哈尔滨学院学报》2023年第1期。

[2] 郑雨婷:《高校辅导员队伍建设研究状况与核心力量分析——基于中国知网(2006—2021年)核心和专业期刊文献的研究》,载《高校辅导员学刊》2022年第4期。

[3] 曾峥、吕容涛:《基于获得感、幸福感、安全感需要的高校辅导员队伍建设探析》,载《学校党建与思想教育》2023年第16期。

[4] 叶晓娟:《协同管理视角下高校辅导员队伍建设问题与优化策略研究》,载《吉林广播电视大学学报》2023年第2期。

[5] 吴思:《从大学生发展需求角度探析高校辅导员队伍建设的新思路》,载《现代职业教育》2023年第35期。

新时代加强高校辅导员队伍建设的探索与实践

——以中国政法大学为例

中国政法大学学生工作部（处）　陈莹蓝

2023 年 5 月 29 日，习近平总书记在中共中央政治局第五次集体学习时强调，"培养什么人、怎样培养人、为谁培养人是教育的根本问题，也是建设教育强国的核心课题"。高校辅导员是高等学校教师队伍的重要组成部分，是高等学校从事德育工作，开展大学生思想政治教育的骨干力量，是学生日常思想政治教育和管理工作的组织者、实施者、指导者，是大学生健康成长的指导者和引路人。新的历史方位也为高校辅导员指明了面对新时代、新征程的新使命与新担当。面对世界百年之大变局，新时代高校辅导员必须站在新的历史方位，要把大学生思想政治工作贯穿辅导员工作的全过程，必须明晰大学生思想政治工作的根本问题，肩负起成为新时代大学生健康成长的指导者和引路人，为实现中华民族伟大复兴培养合格建设者和可靠接班人的新使命。

加强辅导员队伍建设是加强和改进大学生思想政治教育，培养德才兼备、全面发展高素质人才的重要保障。在党的二十大精神和习近平总书记关于建设教育强国的重要论述中，以及在全国北京高校思想政治工作会议精神和《关于加强和改进新形势下高校思想政治工作的意见》（中发〔2016〕31 号）精神、《普通高等学校辅导员队伍建设规定》（中华人民共和国教育部令第 43 号）要求及关于高校辅导员队伍建设的各项工作部署中，都要求坚持把立德树人作为中心环节，把辅导员队伍建设作为教师队伍和管理队伍建设的重要内容，整体规划、统筹安排，不断提高队伍的专业水平和职业能力，保证辅导员工作有条件、干事有平台、待遇有保障、发展有空间，建立一支政治坚定、兢兢业业、甘于奉献、奋发有为、深受学生信任的高素质辅导员队伍，为大学生思想政治教育工作的有效开展提供坚强保证[1]。

一、辅导员队伍建设现状

整体上来看，近年来我校专职辅导员规模稳中有增，形成了专职为主、专兼结合的辅导员队伍架构。辅导员队伍整体较为稳定，辅导员队伍的学历结构、知识结构日趋合理，学历中硕士研究生占70%以上，博士研究生达到14.94%，副高级职称以上能够满足大学生思想政治教育工作需要，基本能够达到1∶200的配比。

（一）辅导员队伍发展稳定，专业化职业化水平不断提高

我校将辅导员队伍纳入学校人才队伍建设总体规划，建立了相对完善的辅导员选拔、培养、激励机制，畅通辅导员发展晋升通道，切实提升了辅导员自觉走专业化职业化道路的内生动力。目前辅导员队伍保持稳定，专业结构合理，涉及思想政治教育、教育学、管理学、心理学、法学、哲学等多学科专业。大多数辅导员通过一系列培训、科研、实践等，开始探索个性化的职业发展方向，辅导员开展大学生思想政治教育工作的创新能力得到极大提升，形成了一批优秀研究成果。

（二）涌现出一批优秀典型，辅导员队伍职业认同感进一步提升

近来，辅导员队伍中多人次受到北京市表彰和奖励，在"全国高校辅导员年度人物"、全国高校辅导员职业能力大赛、全国高校辅导员工作优秀论文比赛、首都大学生思想政治教育优秀科研成果论文类等多项赛事中屡获佳绩。这些成绩显著提高了我校辅导员工作在北京乃至全国高校的影响力，学校学生工作也取得了一系列显著成绩，辅导员队伍的职业认同感得到进一步增强。

（三）辅导员工作能够满足学生发展需求和成长期待

辅导员深入课堂、走访宿舍，关心学生的学习、生活，学生违纪率、学业预警人数逐步降低，学生就业指导服务进一步提升，在严峻的学生就业形势下仍持续保持较高就业率。在广大辅导员的辛勤努力下，近年来，学校校

---

〔1〕 毋俊泓：《加强辅导员队伍建设》，载 https://baijiahao.baidu.com/s？id＝1781232196603660911&wfr=spider&for=pc。

园和谐稳定，各项工作平稳运行。我校学生政治素质过硬，和党中央保持一致，牢固树立"四个自信"，自觉践行社会主义核心价值观，具有良好的社会责任感和奉献精神。自强自立、志愿服务、参军入伍、捐献造血干细胞等感人事迹比比皆是。法大学子综合素质突出，学风优良，在国内外各类竞赛屡获佳绩，获得社会各界和用人单位的高度评价。

二、辅导员队伍建设现有举措

（一）顶层设计完善，科学规范辅导员的选拔晋升保障制度

我校深入学习贯彻相关会议精神，制定相应意见办法，把辅导员队伍纳入党建和思想政治队伍建设的整体规划，作为教师队伍和管理队伍建设的重要内容，同时进一步完善辅导员工作职责、配备与选聘、培养与发展、管理与考核等内容。按照专兼结合、以专为主的原则配齐配强辅导员队伍，坚持"标准高、程序严"的原则择优聘用，制定明确的标准和程序，建立严格的"准入"机制，要求新入职的青年专任教师有至少一年担任辅导员、班主任或社团指导教师的工作经历并考核合格。同时，招聘辅导员助理，完善辅导员队伍建设。学校制定专门办法和激励保障机制，设立了以工作实绩和育人实效为导向的辅导员专业技术职务评聘制度，把辅导员队伍作为后备干部选拔培养的重要来源，积极向校内教师岗位和管理岗位选派优秀辅导员，支持辅导员到地方党政机关、企事业单位锻炼挂职，鼓励支持辅导员攻读相关专业博士学位。

我校在场地有限的情况下，专门设立"辅导员之家"作为辅导员图书馆及辅导员队伍开展活动的专门场地，成立辅导员岗位补贴发放工作领导小组，保证辅导员专项补贴落实到位。除此之外，学校拨付专项财政经费，每月按统一标准为辅导员发放工作补贴。同时，学校设立辅导员队伍建设专项经费，用于保障辅导员奖励、培训、科研及职业能力提升等。

（二）培养平台搭建，形成系统化、全方位的成长提升体系

我校统筹运用校内校外资源，构建教育部、北京市、校级三级培训培养体系，每年遴选辅导员分别参加全国高校辅导员示范培训班、北京市辅导员岗前培训、日常培训和骨干培训。打造辅导员校内培训平台，通过专题报告、

经验交流、案例研讨、实践教学等形式，开展系统化常态化培训，着力提升辅导员队伍专业素养，满足辅导员专业化发展需要。同时，每年固定开展新入职辅导员岗前培训，选拔优秀辅导员参加海外交流研修，逐步形成岗前培训、专题培训和海外研修相结合的培训体系。探索开展辅导员"薪火相传1+1"计划，为每位新入职辅导员选配一对一指导老师，通过"五个一"的规定动作（即每天联系一次、每周碰头一次、每月合作一次、每季荐书一次、每期总结一次），在新老辅导员之间搭建经验传承、交流学习的平台。学校每年举办辅导员全员参与的"学工理论研讨会"，就学生工作中遇到的重难点问题分小组进行理论研讨，在全校学工队伍中开展论文征集，并集结成册出版。资助培育具有特色的"辅导员工作室"，着力打造专家型辅导员骨干，有力推进辅导员工作的专业化、品牌化。设立"学生工作研究课题"，鼓励辅导员加强科学研究，有针对性地就新生教育、思想引领、学业辅导、心理健康、职业规划等方面工作开展研究，提升思想政治工作质量和实效性，打造"辅导员工作精品项目"，例如新生引航、学风建设、毕业教育等特色项目，以评促建，整体提升思想政治工作质量。

学校为辅导员搭建课程平台，鼓励辅导员结合各自擅长的专业领域，分别承担思想道德修养、职业生涯规划、就业指导课、创业指导课以及心理健康教育等课程的教学工作。聘任有相关专业背景和经验的辅导员担任兼职心理咨询师，参与"尚学法大"项目，担任一对一学业咨询师和就业咨询师，不断提升辅导员的专业辅导能力。

学校成立若干以辅导员为重要力量的学生工作专项委员会和工作项目组，承办校级层面专项学生工作，鼓励辅导员打破学院界限开展合作，在专项工作中锻炼成长，提升综合素质。

三、辅导员队伍建设存在的问题

（一）辅导员队伍结构不合理

目前我校辅导员存在女性数量偏多、年龄偏大的情况，难以满足学生的多样化需求。

（二）角色定位不清晰

辅导员的角色和职责不够明确，工作量大，职责范围广，定位的不明确导致辅导员在实际工作中承担了过多的职责和压力，在一定程度上挤占了思想政治教育工作时间，导致自身职业发展受限。辅导员的职业发展路径不畅通，晋升机会有限，进而导致队伍不稳定。

（三）培训机制不完善

辅导员队伍培训是一个长期性问题，辅导员队伍需要具备丰富的教育教学实践能力、专业的心理辅导技能、正确且及时更新的思想政治知识等，但辅导员的培训标准不明确，缺乏针对性，培训的覆盖面和深度有限，知识更新不及时，导致辅导员普遍存在本领恐慌。

（四）身心健康状况需关注

由于工作压力大，对自己的职业目标和未来发展比较困惑，辅导员容易存在职业倦怠感，辅导员的身心健康状况需要多加关注，身心状况一定程度将会影响工作效率和工作质量。

（五）育人合力不足

授课教师以及各部门和辅导员队伍所形成的育人合力不足、校内培训实效与质量不高，这些方面需要突破，进而提升育人实效。

四、辅导员队伍建设的改进措施

（一）加强辅导员队伍建设整体规划

保证辅导员队伍入口，大力引进新生力量，继续重视辅导员队伍建设，在有限的编制中保证新入职人员中辅导员的比例，严格辅导员准入的条件和程序，逐渐引进新生力量担任专职辅导员，保证辅导员队伍逐步年轻化。同时拓宽辅导员队伍出口，一方面着力打通辅导员行政职务晋升路径，鼓励辅导员走向更广阔的发展空间；另一方面通过强化考核、提升辅导员自身素质的方式，鼓励有能力的辅导员向教学科研岗位、管理岗位等转岗。完善辅导员职级认定办法，结合不同岗位和不同职级实际完善考评机制。

（二）配齐配强辅导员队伍数量质量

坚决贯彻落实《关于加强和改进新形势下高校思想政治工作的意见》等文件精神，坚持全员全过程全方位育人。把思想价值引领贯穿教育教学全过程和各环节，形成教书育人、科研育人、实践育人、管理育人、服务育人、文化育人、组织育人长效机制。引导教师将教学和育人相结合，建立健全教师与学生常态化的交流机制，激发教师育人热情，使教师尤其是青年教师在育人方面发挥更大作用。充分利用好学工理论研讨会、"尚学法大"、青春讲师团等品牌或平台，并探索建立新的常态化长效化工作机制，为青年教师参与学生工作提供平台和契机，使辅导员与班主任能够更好地沟通配合，共同育人。尝试建立更加科学完善的班主任工作及青年教师思想政治工作绩效考核体系，并将考核结果与评奖评优、职称评定、班主任补贴发放等挂钩，激励与约束相结合，调动班主任的工作积极性。

充分发挥辅导员助理队伍的作用，一方面协助专职辅导员完成相关工作，形成育人合力；另一方面学生工作部负责对辅导员队伍的宏观指导、培训培养和日常管理工作，全面提高辅导员助理的思想政治素质和业务工作能力，在学校管理、辅导员岗位招聘中给予重点推荐，储蓄后备队伍人才。

(三) 开展全覆盖和精准化培训

完善校内辅导员培训体系建设，以提升辅导员思想政治工作质量、职业能力素质和自身综合素质为目标，通过集中培训、座谈交流、现场教学等多种方式，搭建培训平台，以培训为契机加强辅导员之间的沟通交流，形成队伍意识，努力打造一支政治强、作风正、业务精的专业化辅导员队伍。培训内容围绕政治素养提升、职业能力提升、综合素质提升，采取积分制考核办法，同时举办趣味运动会、暑期实践考察活动等。编写《辅导员工作手册》，对不同年级的工作进行分类指导和经验传承。

(四) 搭建辅导员展示平台

搭建展示平台，开展校内辅导员能力大赛和辅导员风采展示活动，每年设立辅导员日，推广优秀辅导员的特色做法和工作经验，加强宣传，发挥优秀辅导员模范引领作用，树立新时代高校辅导员先进榜样。

五、结语

我校将始终坚持把辅导员队伍建设作为教师队伍和管理队伍建设的重要内容，将其纳入学校党委常委会议题，严格落实专职辅导员事业编制身份，提升辅导员核心素质能力，开展全覆盖培训和分群体精准培训，建立完善的辅导员考评机制，着力保证辅导员工作有条件、干事有平台、待遇有保障、发展有空间。牢记为党育人、为国育才初心使命，落实立德树人根本任务，把辅导员队伍建设作为教师队伍和管理队伍建设的重要内容，坚持以政治建设为统领、以品牌建设为牵引、以能力建设为驱动、以制度建设为保障，着力打造一支高素质专业化职业化辅导员队伍[1]。

参考文献

[1] 曹静：《战略思维教学视域下的高校辅导员队伍建设探析》，载《2023 年思想政治教育论坛论文集》2023 年 12 月 16 日。

[2] 韩林原：《优化新时代辅导员队伍专业化建设路径》，载《新华日报》2024 年 3 月 5 日，第 49 版。

[3] 耿海霞：《新时代高校辅导员队伍专业化建设的困境与对策研究》，载《湖北开放职业学院学报》2024 年第 5 期。

[4] 毋俊泓：《加强辅导员队伍建设》，载 https://baijiahao. baidu. com/s？id＝1781232196603660911&wfr＝spider&for＝pc。

[5] 唐凤安、董铭洺：《进一步加强高校辅导员队伍建设的几点思考》，载 http://www. rmlt. com. cn/2023/0705/677169. shtml。

---

[1] 唐凤安、董铭洺：《进一步加强高校辅导员队伍建设的几点思考》，载 http://www. rmlt. com. cn/2023/0705/677169. shtml。

研究生兼职辅导员工作困境与培养机制进路研究

中国政法大学民商经济法学院　黄嫣然

2016 年 12 月 7 日，习近平总书记在全国高校思想政治工作会议上作出指示："要坚持把立德树人作为中心环节。"[1]随着高等院校"立德树人"根本任务的推进落实，"三全育人"与"五育并举"工作格局的深化建构，高校辅导员作为大学生思想政治教育的排头兵和学生成长成才的引航员，其工作的重要性与必要性不言而喻。目前，我国高校治理能力和管理效能提升需求扩大，辅导员队伍的人才紧缺现象逐渐显现，高校思政教育队伍的中坚力量亟待增强，因此兼职辅导员的补缺、助力、增效作用愈发显著。

"兼职辅导员"制度在教育部出台的许多重要文件中都有涉及，如 2017 年 9 月印发的《普通高等学校辅导员队伍建设规定》中明确指出，高等学校应当按照专兼结合、以专为主的原则，足额配备到位。2020 年 4 月，教育部等八部门联合印发的《关于加快构建高校思想政治工作体系的意见》中进一步提出要求，各高校要按照专兼结合、以专为主的原则加强辅导员选配工作。《普通高等学校辅导员队伍建设规定》则明确提出："高等学校可以从优秀专任教师、管理人员、研究生中选聘一定数量兼职辅导员。"上述文件不仅明确了我国高校兼职辅导员大致包括三种类型，即导师兼职辅导员、行政人员兼职辅导员和研究生兼职辅导员，更为高校辅导员的选配工作提供了原则遵循。

其中，"专兼结合"的首要原则为有志于投身高校思政工作的研究生提前打开了职场大门，为其提供了开展职业体验、提升职场能力的最佳机会。与前两者明显不同的是，研究生兼职辅导员在校期间是思想政治工作的"后备军"，在毕业走进职场后将成为高校思政教育工作队伍的新生代"生力军"。因此，对于研究生兼职辅导员的培养，则更应立足于人才储备功能，高度重

---

〔1〕　习近平：《习近平谈治国理政》（第二卷），外文出版社 2017 年版，第 376 页。

视其未来职业生涯的规划及发展。

一、研究生兼职辅导员的角色定位："兼"之双重性

在国家政策的引导下，高校陆续出台了相应政策招聘研究生兼职辅导员，不管是"辅导员助理"还是"学生兼职带班辅导员"，这些岗位的本质都是从本校研究生中选拔出一批思想政治素质过硬，热爱学生工作，具备事业心和责任感，且在本专业的学习研究中学有余力的学生骨干，补充到辅导员的队伍之中。

从岗位性质来看，研究生兼职辅导员的身份内涵具有双重性：一重是"研究生"，即其本人本身具备学生身份，是育人体系中各项具体育人工作的接受方；二重是"辅导员"，是"九大工作职责"的全面履行者，更是"立德树人"根本任务的坚定落实者和积极推进者，在"三全育人"工作机制中承担着极其关键的任务。与此同时，"兼职"一词将"研究生"与"辅导员"关联起来，也明确了这类人员的工作属性，即"兼职辅导员作为专职辅导员的协助者，从事的是辅导员核心工作的部分以及部分非核心工作，体现了职能的有效性和补充性。"[1]

"研究生兼职辅导员"的名称不仅明确了其岗位定位，体现了其工作内容和工作性质，但在实际工作中也同时引发了一定程度的角色冲突，产生了工作困境。

二、研究生兼职辅导员的困境现状："角色丛"之角色冲突

在文艺戏剧作品中常常出现"角色"一词，作为某个人物的身份地位、行为逻辑的整合体现，莎士比亚将"角色"的概念文艺性地描述为："全世界是一个舞台，所有的男人和女人都是演员，他们各有自己的进口与出口，一个人在一生中扮演许多角色。"[2]社会心理学研究由此衍生出"社会角色理论"。社会中每个人都"扮演"着不同的角色，且不只"扮演"独一的角色，因为各人的各个社会角色并非孤立存在，而是与其他角色或紧密或疏离地联

---

〔1〕 林银银：《研究生兼职辅导员的角色冲突及调适路径》，载《教育理论与实践》2023 年第 36 期。

〔2〕 ［英］威廉·莎士比亚：《皆大欢喜》，朱生豪译，译林出版社 2018 年版，第 113 页。

系在一起的，"角色丛"的概念应运而生。"角色丛"即指个人所承担的角色的总和，具体来说就是多种角色集中于一个人身上的现象。此时，当一个具备"角色丛"的人受到其可支配时间或精力限制，无法同时满足外在社会不同的角色期望而"扮演"好不同角色，履行与这一角色相符的一整套权利、义务的规范与行为模式，但这些角色对其又都具有一定的积极意义，回避履行任何角色都会出现自己不愿承担的消极后果，就会出现角色冲突（Role Confict）。[1]

因"辅导员"这一自致角色（Aehieved Role）的获得，研究生兼职辅导员产生了双重身份的不同定位，导致其较同龄研究生更早地扩充了个人"角色丛"，从而更早地产生了同时履行两种意义重大的角色期待的矛盾心态，面临着更为直接的"顾此失彼"的角色冲突危机。在其日常的工作与生活中，研究生兼职辅导员作为本校学生的一员，是"被教育者"，也是"被管理者"；作为本校辅导员队伍的组成部分，是"教育者"，也是"管理者"。加之我国当下高校辅导员工作存在职能泛化[2]、内容复杂性高、机动性强等特点，无法做到工作与生活完全区分。因此研究生兼职辅导员所兼具的"教育者"与"被教育者"、"管理者"与"被管理者"、"研究生"与"辅导员"的双重身份既无法明确分割，也无法快速转换，角色之间不断拉扯，使其容易陷入两难之处境，进而会导致研究生兼职辅导员在转变身份、调试角色的过程中遭遇各类人际关系的处理问题，极易陷入自我怀疑和否定的负面情绪中。

（一）自我身份定位的模糊

研究生兼职辅导员面临的首要人际关系问题，往往是如何正确对待自身与学生之间的关系，如何既当好"同学"，又当好"老师"，即"亦师"与"亦友"的辩证关系。

第一，从研究生兼职辅导员的角度分析，研究生兼职辅导员作为本校学生的一员，与普通学生一样应该严格遵守院校学生守则和行为规范，如应按

---

〔1〕 陈舒恬：《角色冲突视角下高校辅导员心理健康问题归因探析》，载《科学咨询（科技·管理）》2023年第11期。

〔2〕 张阳、翁伟斌：《"三全育人"视域下高校辅导员职能的泛化与回归》，载《教育理论与实践》2024年第9期。

期修满符合毕业要求的课时学分，完成专业实践与实习等。同时，研究生兼职辅导员与本科生的年龄差较小，尤其是个别研究生兼职辅导员承担的本就是研究生年级的工作，甚至会发生与自己的学生同上一节课的情况，和学生在生理层面上属于同龄，在心理层面也难以迅速树立作为教师身份的自我认知。自我认知的不清晰极易为研究生兼职辅导员带来迷茫情绪，在工作开展过程中产生顾虑。当负责硕士年级工作的研究生兼职辅导员发现自己学生兼同学存在违纪行为时，应如何对其进行批评教育？研究生兼职辅导员如何既能第一时间发现问题，快、准、狠地解决问题，又能避免损伤其作为同学的自尊心，维护好人际关系？这无疑对研究生兼职辅导员的工作水平、业务能力、处事技巧提出了更高要求，也是对其心态和心境强大与否的考验。

第二，从学生的角度分析，许多学生在得知自己的辅导员老师同样是本校在读学生后，难以在短时间内认可其教师身份，更谈不上对其产生尊敬爱戴之心。许多学生在遇到问题需要解答或帮助时，会第一时间选择求助于本年级的专职辅导员，只认可专职辅导员作出的回应和解释，甚至在研究生兼职辅导员作出解答后仍反复向其他同学或专职辅导员进行询问，以此来印证真实性和可靠性，对于研究生兼职辅导员的信任度和认可度较低。这是因为研究生兼职辅导员这一群体的教师身份的临时性使得他们在工作中缺乏权威形象，反而是其"师兄""师姐"的朋辈形象更自然地被学生接受，师生的身份界限变得模糊。可以说，研究生兼职辅导员具备着易与学生深度交流的优势的同时，也容易遭受学生对其教师权威的轻视和挑战，这反而加剧了工作的难度。[1]

(二) 职场人际关系的压力

作为院校辅导员队伍的一员，研究生兼职辅导员在日常工作中或多或少都会接触到"职场圈子"，与象牙塔般的学生人际关系和校园生活状态不同，作为"职场人"将会面临更多的角色期待与交际压力。在职场里，对于研究生兼职辅导员而言最常见的交际困境当属如何处理好与专职辅导员的关系。

---

〔1〕 胡奇：《研究生兼职辅导员角色冲突与调适路径——以 S 大学为例》，载《齐齐哈尔师范高等专科学校学报》2023 年第 3 期。

首先，在实际工作层面，部分院校的行政管理人员和专职辅导员对研究生兼职辅导员的角色期待仅仅是"学生"，将其视为助管甚至是来帮忙的学生，在言行上没有将其与正式教师一视同仁，[1]在任务分配上没有对其充分考量。研究生兼职辅导员为了维持和谐的职场关系，避免给院校分管领导和专职辅导员增添麻烦，往往缺乏主动打破这一角色期待的勇气，不愿也不敢面对角色失败的不利后果。基于这样的错误认知，研究生兼职辅导员在一定程度上丧失了平等对话和合理分工的机会。其次，在工作之余的交往层面，由于社会地位和个人阅历的不同，缺少共同话题，尤其是在年龄跨度较大的情况下，研究生兼职辅导员与专职辅导员等正式教职工难以建立起日常友谊（Daily Friendship）；而"专职"与"兼职"一字之差所指向的两者职场身份之别，在工作情境中的紧密交流、无间分享和密切协作的机会不多，也导致其形成职场友谊（Workplace Friendship）的难度系数也较高。

（三）导生关系的失衡

对于研究生而言，导师是求学之路上极具重要性的存在，《学位与研究生教育发展"十三五"规划》明确指出"导师是研究生培养质量第一责任人"，教育部颁发的《关于进一步加强和改进研究生思想政治教育的若干意见》也明确了"教书和育人是导师的两大基本职责"，可以说在研究生导师责任制下，导师在研究生培养过程的各个环节中自始至终都起着引导及督促作用。[2]导师对于研究生从事兼职辅导员的态度如何，支持与否以及如何支持，都会直接影响研究生兼职辅导员的情绪和状态，这也是其所面临的另一重工作困境。

第一，部分研究生导师更看重学生的学术能力和科研水平，尤其是在以理论和学术研究能力为重的学术型研究生教育中，发表一篇高水平学术论文比一段高校兼职辅导员工作经历更能获得导师肯定。然而繁杂的工作事务，往往会导致研究生兼职辅导员疲于处理，在精力上无法紧跟理论前沿开展研究，产出学术论文；在时间上无法参与导师的核心科研项目或读书会、学术交流会等学术活动。因此，部分研究生导师对研究生兼职辅导员的工作持负

————————

〔1〕 胡奇：《研究生兼职辅导员角色冲突与调适路径——以 S 大学为例》，载《齐齐哈尔师范高等专科学校学报》2023 年第 3 期。

〔2〕 许劲：《导师责任制下专业学位研究生创新实践能力培养研究》，载《产业与科技论坛》2021 年第 14 期。

面态度，即便不直接批评反对，有时也会流露不满情绪。长此以往，研究生兼职辅导员便会承受不和谐导生关系所带来的极大心理压力。

第二，部分研究生导师虽然对研究生担任兼职辅导员持中立或支持态度，但潜意识里会默认学生志不在学术，从而主动放低对其学术期待和专业要求，在学术水平和行政能力中更注重培养其后者，让其承担的更多是师门中的行政事务。甚至部分导师因为认可研究生兼职辅导员的教师身份，而将其视作自己的"半个同事"，工作事务交集多于学术指导交流，这在无形之中弱化了对研究生兼职辅导员的学术培养，学问探究能力得不到提升，专业素养得不到提高，无益于其个人的全面发展。

三、研究生兼职辅导员培养机制的进路："组合拳" 之多主体协同

探究研究生兼职辅导员工作困境的产生原因，最根源的问题是高校对于兼职辅导员的培养机制尚不完善。纵观我国高校目前的辅导员队伍建设与管理工作，对于专职辅导员有着较为完备的机制，从选聘到培养，从考评到晋升，已形成了一套行之有效的制度体系，而对于兼职辅导员则缺少相对应的完善的机制，主要体现在：宏观层面上研究生兼职辅导员制度的顶层设计是不充分、不健全的；中观层面上我国各高校内部对于研究生兼职辅导员制度的落实存在较多缺陷；微观层面上研究生兼职辅导员自身的主观能动性尚待提高。

研究生兼职辅导员作为我国高校辅导员队伍的可靠后备军，要更好地实现 "人岗匹配"，就必须完善好相关体制机制，打通人才培养链的各个节点，校、院、导、生多元主体同向发力，打出一套 "组合拳"，从而形成培育合力，为我国高校思政教育工作队伍源源不断地输送优质人才资源。

（一）青年自我成长成才

2013 年 5 月 4 日，习近平在同各界优秀青年代表座谈时指出："让增长本领成为青春搏击的能量。"想要打破工作困境，实现心性与本领的双重进步，提高才干本领，增强核心竞争力，研究生兼职辅导员需要从 "自我" 这一关键点出发，积极发挥主观能动性。在强大内驱力的作用下，不仅充分认识自己的 "双重角色"，更要坦然接纳并正确处理好二者的关系。研究生兼职辅导员应通过思想和行动同时发力，推动角色的合并与转化，将 "育人" 和 "育

己"进行有机高效的结合，[1]实现另一重意义上的"教学相长"，从而真正做到如穆勒所言："人性毋宁像是一棵树，需要朝各个方面去成长与发展，并且是根据使它成为一个活体生命的内在力量的倾向去成长与发展。"[2]

首先是在思想上做到"自我肯定"（Self-affirmation）。"自我肯定"是指为保持自我中心性，个体须不断鼓励自己、督促自己，使自我中心和独立感趋于成熟。[3]研究生兼职辅导员应在内心树立起高度的职业荣誉感和自我认同感。其次是在行动上做到"自主学习"。"自主学习"是学习过程的自我管理，指以学习者自身作为学习的主体，通过独立地分析、探索、实践、质疑、创造等方法来实现学习目标。研究生兼职辅导员应成为综合素质全面提升的主人翁，在充分把握院校提供的学习机会的同时，主动获取更多学习资源，扩充知识储备。

（二）系统科学设计制度

高校应根据现实需要和实际情况尽快完善相关"暂行办法"，或出台相关补充文件在重点内容、重要事项上"查漏补缺"，以更高的视角、更广的视野搭建起一个科学合理、高效顺畅的研究生兼职辅导员制度体系。高校可以在出台《研究生担任兼职辅导员选聘办法》的基础上，制定《研究生兼职辅导员岗位目标任务书》《研究生兼职辅导员教育管理办法》《优秀学生兼职辅导员评审细则》等文件作为制度补充和完善，从工作的各个具体方面进一步明确研究生兼职辅导员的教育与培训、管理与考核、奖惩与激励等，在制度设计层面高度重视本校研究生兼职辅导员的管理与培养。

（三）探索管理制度新模式

"管理创新"（Management Innovation）是指创造一种新的或更有效的资源整合范式，这种范式可以是新的有效整合资源以达到企业目标的全过程管理，也可是某方面的细节管理。[4]在研究生兼职辅导员管理制度的创新中，尤其

---

[1] 蔡东灵：《人岗匹配理论视角下高校研究生兼职辅导员的角色冲突研究》，四川师范大学2023年硕士学位论文。

[2] [英] 约翰·穆勒：《论自由》，孟凡礼译，广西师范大学出版社2011年版，第69页。

[3] 林崇德、杨治良、黄希庭主编：《心理学大辞典》（下卷），上海教育出版社2003年版，第1769页。

[4] 芮明杰主编：《管理学：现代的观点》（第4版），格致出版社、上海人民出版社2021年版，第522页。

应重视对某一具体环节的细节管理进行创新。

第一，在选拔任用的工作实践中，高校可以根据不同的工作需求和学生特点，设置专门板块的研究生兼职辅导员，如"党团与班级工作辅导员""学业指导与职涯规划辅导员"等，探索分层、分类选育研究生兼职辅导员的新途径；既可以根据学历层次、年龄阅历分配岗位，也可以根据学科背景、专业特长和性格爱好进行岗位适配，[1]真正实现"人岗相适，人尽其才"。

第二，在奖惩激励机制的实施时，高校应切实保障研究生兼职辅导员有创先争优的动力，形成以评促建的积极氛围。高校可以将研究生兼职辅导员年度考核优秀作为表彰和续聘的重要依据，据此颁发"优秀学生兼职辅导员"荣誉称号，将其作为校级含金量高的学生荣誉奖励项目，同时纳入竞赛展评类奖励类别，适当发放奖金以资鼓励，避免出现研究生兼职辅导员"干多干少都一样，干好干坏无人晓"的情况出现。

第三，在培训工作的开展过程中，高校要建立岗前、岗中、岗后的常态化培训机制，定期为研究生兼职辅导员解读院校规章制度，普及工作常识；同时要兼顾研究生辅导员双重身份所带来的时间安排上的问题，更多地利用小学期、网络慕课等形式灵活机动开展培训，鼓励研究生兼职辅导员"线上+线下""短期+长期""自主+集中""专题+系列"多形式参与深度学习。

（四）聚焦职业生涯长足培养

研究生兼职辅导员正处在就业这一关键的人生十字路口，因此对于研究生兼职辅导员的培养机制不应有局限性，不能只关注事不关注人，只关注工作不关注学习，更不能只关注现在不关注将来。

第一，在"研究生"的培养方面，导师要高度重视对其学术和论文指导。在课堂上更多关注研究生兼职辅导员的听课情况，对其课堂展示、提问发言多做点评，树立其专业学习的信心与动力。在项目中多引领、多带动，在条件允许时多提供给研究生兼职辅导员参与科研项目的机会，开阔其学术视野，培养其实践能力。在课余时间多与其谈心谈话，不仅要聊专业学习，更要聊思想动态，给予关心关爱，帮助其维护良好心态。

---

〔1〕 彭宇文、曾心媛：《研究生兼职辅导员角色优化研究》，载《学校党建与思想教育》2021年第23期。

新时代加强和改进高校思想政治工作路径探究

第二，在"辅导员"的培养方面，院校要高度重视其职涯规划和择业引导。因研究生兼职辅导员队伍是思政教育工作的"人才蓄水池"，高校更应注重择业引导，鼓励其在毕业后继续投身高校专职辅导员队伍，在培训中可以加入先进工作案例解读、优秀辅导员经验分享等内容，增强其职业归属感和荣誉感。学生处等主管部门可以建立起研究生兼职辅导员"传帮带"工作坊，从上一批优秀兼职辅导员中选拔"朋辈导师"，深入新上任的研究生兼职辅导员群体中去发现问题，解决问题，总结经验，形成传承，实现"以一个人带动一个团队"。对于从事高校思政教育工作的职业意向已较为明确的研究生兼职辅导员，高校要高度关注其所具备的特殊性群体就业焦虑和群体就业困惑，"对症下药"地规划培训资源，注重提供专业性强、针对性强的深度培训，如TTT-2高校就业指导教师认证培训、高校教师资格证考试培训等，帮助其提高专职辅导员岗位竞争力。

高校应通过专职辅导员选聘条件的调整，优化研究生兼职辅导员向专职辅导员队伍的流动路径。对于专业能力强、表现优异的研究生兼职辅导员可作为高校行政人员的后备力量，在本校就业招聘时给予政策优待，或者提供向其他对口单位推荐入职的机会。在招聘专职辅导员时，高校可将"担任过专兼职辅导员者优先考虑"这一选聘条件的优先级提升，作为候选人资格筛选的最优先考量条件单独成条列明。高校也可面向研究生兼职辅导员专设岗位以供报考，该岗位明确仅限有高校专兼职辅导员工作经历者报名。

四、结语

研究生兼职辅导员作为高校思想政治工作队伍的重要组成部分，充实了高校思政教育工作的中坚队伍，不仅及时缓解了专职辅导员的工作压力，还在学生群体中发挥了朋辈引领的积极作用。

高校要进一步增强育人实效，在研究生兼职辅导员群体这一"人才蓄水池"中挖掘和培育接续不断的新生力量，就要高度关注当下的工作困境，从宏观到中观再到微观分析困境产生的原因，从而"辨证施治"地探索破解之道，在选拔任用、考核评优、奖惩机制及培养发展等多个环节下功夫。研究生兼职辅导员自身也应发挥主观能动性，思想上多转变，行动上不懈怠，善于发现问题，敢于正视问题，勇于解决问题。导师也应提供更全面更深入的针对性辅导，在课程学习、学术研究、行政工作、思想动态等多方面提供帮助。

多个环节高效衔接，多元主体同向发力，真正建立起辅导员队伍储备人才的长效培养机制，这将助益于研究生兼职辅导员群体的职业发展，助益于"专兼结合"的辅导员工作机制完善，助益于高校思政教育工作开创新局面，打开新格局。

参考文献

[1] 习近平：《习近平谈治国理政》（第二卷），外文出版社 2017 年版。

[2] 林崇德、杨治良、黄希庭主编：《心理学大辞典》（下卷），上海教育出版社 2003 年版。

[3] 芮明杰主编：《管理学：现代的观点》（第 4 版），格致出版社、上海人民出版社 2021 年版。

[4] ［英］威廉·莎士比亚：《皆大欢喜》，朱生豪译，译林出版社 2018 年版。

[5] ［英］约翰·穆勒：《论自由》，孟凡礼译，广西师范大学出版社 2011 年版。

[6] 林银银：《研究生兼职辅导员的角色冲突及调适路径》，载《教育理论与实践》2023 年第 36 期。

[7] 陈舒恬：《角色冲突视角下高校辅导员心理健康问题归因探析》，载《科学咨询（科技·管理）》2023 年第 11 期。

[8] 张阳、翁伟斌：《"三全育人"视域下高校辅导员职能的泛化与回归》，载《教育理论与实践》2024 年第 9 期。

[9] 胡奇：《研究生兼职辅导员角色冲突与调适路径——以 S 大学为例》，载《齐齐哈尔师范高等专科学校学报》2023 年第 3 期。

[10] 许劲：《导师责任制下专业学位研究生创新实践能力培养研究》，载《产业与科技论坛》2021 年第 14 期。

[11] 蒋梦妃：《高校研究生担任兼职辅导员的路径探析》，载《思想政治理论与实践》2023 年第 1 期。

[12] 彭宇文、曾心媛：《研究生兼职辅导员角色优化研究》，载《学校党建与思想教育》2021 年第 23 期。

辅导员在法学专业本科生法律思维形成过程中的定位与作用

中国政法大学国际法学院　郭嘉强

一、法学专业教育中学生法律思维培养的现状

法律思维的培养是法学专业教育的重心和主要任务，但当前的法学本科教育中缺乏行之有效的"法律思维"培养。一方面，法学本科教育或法学课程把培养或训练学生"法律思维"作为培养目标之一。另一方面，在实际的法学教育中既缺乏对"法律思维"具体内容的明确指向，也缺乏培养"法律思维"行之有效的方法。在当前的法学教育实践中，更多的是通过"实践课程"或"案例教学"的形式，期望达到"法律思维"的培养目标。

笔者通过访谈调查发现，大多数的学生对法律思维非常陌生，多数学生并不知晓何为"法律思维"，大多是在专业课程的学习中听到"要具备某种法律学科的法律思维"，但对于法律思维的定义及内涵并不清楚，也不知道该学科法律思维的具体内容，更谈不上用法律思维来指导自己的专业学习、专业实践和解决实际问题。同时，也正是由于对法学专业本科生法律思维的培养没有达成或形成明确的内涵和目标，当前法学本科生通常会在法学基础知识的学习过程中，形成片面的法律思维知识，例如，以"法律万能论"为法律思维，即凡事均应由法解决；以"法的价值"为法律思维，即法律思维就是要追求"公平、正义、程序、自由、人权"等；以"三段论的演绎推理"为法律思维，即法律思维即"大前提、小前提、结论的形式逻辑推理过程"；以不同法律部门的原则作为法律思维，如民法思维为"自治"；或者是以"权利意识"为法律思维，即法律思维即"维权"；等等。

这种朴素或片面的法律思维会诱发两个方面的问题：一是对法学基础知

识学习产生严重的影响，导致对法学专业学不明，理不顺。二是对学校的教育管理造成较大的负担，当此种法律思维与青年人的激情相结合，通常会产生一种"权利被损害的预设假想"，而容易出现舆情频发等现实问题。

二、关于法律思维与法学专业本科生的法律思维

第一，何为"法律思维"？我国对法律思维的研究并不早，对法律思维的研究是在法治方略提出和职业法律人群体基本形成后才逐渐开始的。对法律思维的探讨，大体上是从以下几个方面或角度进行的：一是从思维发生机制来探讨法律思维，从人的心理和心理基础上，讨论人与法之间的关系，是思维学研究的一个分支，即思维对象是法律而已。二是从法律适用的过程，即对案件解决过程来探讨法律思维，法律思维的过程是"在规范与事实之间目光往返流转"的过程。[1]王泽鉴先生认为法律思维是依循法律逻辑，以价值取向的思考、合理的论证，解释适用法律。[2]王利明教授认为法律思维（legal mind）是法律职业者（也称法律人）"依循法律逻辑，以价值取向的思考、合理的论证，解释适用法律"的过程。[3]三是从思维方式的角度来探讨法律思维，认为"法律思维方式也就是按照法律的逻辑（包括法律的规范、原则和精神）来观察、分析和解决社会问题的思维方式"。[4]法律思维系指生活于法律的制度架构之下的人们对于法律的认识态度，以及从法律的立场出发，人们思考和认识社会的方式，还包括在这一过程中，人们运用法律解决问题的具体方法。[5]陈金钊教授认为法律思维即法律思维方式，主要包括法律思维定式、法律思维的知识结构、法律思维方法和法律思维程序四个层面。[6]四是从法律职业者的角度研究法律思维。如上，王利明先生认为法律思维是法律职业者的适用法律的过程。张笑侠从法律人的角度指出法律方法是法律

---

[1] 范春莹：《法律思维研究》，山东大学 2008 年博士学位论文。

[2] 王泽鉴：《法律思维与民法实例：请求权基础理论体系》，中国政法大学出版社 2001 年版，第 1 页。

[3] 王利明：《论法律思维》，载张桂林主编：《中国法学教育研究》（2012 年·夏季论文集），中国政法大学出版社 2012 年版，第 1~36 页。

[4] 郑成良：《论法治理念与法律思维》，载《吉林大学社会科学学报》2000 年第 4 期。

[5] 谌洪果：《法律思维：一种思维方式上的检讨》，载《法律科学（西北政法学院学报）》2003 年第 2 期。

[6] 陈金钊：《法律思维及其对法治的意义》，载《法商研究》2003 年第 6 期。

人思维的核心要素，法律人思维是法律方法长期作用的结果。法律思维中的主体是法律人，思维对象是法律规则和案件事实，思维方法是法律人思维的第三个要素。法律人思维方法的主要部分就是法律方法。[1]于璐认为法律思维是法律职业者的特定从业思维方式，是法律人在决策过程中按照法律的逻辑来思考、分析、解决问题的思考模式，或叫思维方式。[2]

第二，从当前对法律思维的研究与探讨来看，从最初的"法律思维"，到目前已经集中于以"法律人"或"法律职业者"这一法律职业角度上进行的研究和探讨，即以法律职业者作为思维主体的法律思维，主要包括：一是法律职业者在专业事务中所应具备或坚持的特定的思维方式或思维过程；二是法律职业者在探索限制法官进行专断自由裁量，使其更达到法律价值的要求；三是探索法律职业者的法律思维如何符合当前法治的要求。

第三，从当前的法律思维的探讨中，"已经成为"法律职业者是法律思维的前概念，但法律思维不是在成为法律职业者之后才形成的，是在法学专业学习过程中，即法律职业者的形成过程中逐步形成的，所以对于法学专业本科生而言并不适合直接适用法律职业者的"法律思维"，而应当注重在"学习阶段"中法律思维的培养，关注法律思维的"全面性""实用性"及"目标性"。

三、培养法学本科生法律思维的重要性

法律思维作为法律人必备的基本素质与能力，是法律人的一种职业特征。法律思维能力的强弱在一定程度上影响到法律人职业能力的高低。[3]法学本科教育是一项以培养合格"法律人"为最终目标的教育活动，训练并培养学生的法律思维机能是其中的关键所在。[4]其重要意义有：

（一）从学生专业发展的角度来看

第一，培养法学本科生法律思维，能够激发学生自我学习动力，有利于

---

〔1〕 孙笑侠：《法律人思维的二元论兼与苏力商榷》，载《中外法学》2013 年第 6 期。

〔2〕 于璐：《论法律思维的理论关注》，载《吉林省教育学院学报》2018 年第 6 期。

〔3〕 郝秀辉：《法科学生法律思维培养问题探究》，载《法学教育研究》2016 年第 1 期。

〔4〕 孟强、李阳：《论法学本科生法律思维的培养》，载黄进主编：《中国法学教育研究》（2014 年第 3 辑），中国政法大学出版社 2014 年版，第 166~206 页。

学生形成科学的和更加匹配自己学习习惯的法学知识学习方法，形成更好的学习信心。第二，培养法学本科生法律思维，有助于学生更加精准地掌握法学知识，对于法律概念、法律规范等基础内容及所内含的逻辑、体系和应用均具有明显的提升作用。第三，培养法学本科生法律思维，有助于提高个人专业素养，有助于优秀的法律人格构建，使其自发地以法律职业为导向发展个人能力。第四，培养法学本科生的法律思维，有助于树立学生的法律信仰，培养学生形成遵循法律思维方式之思路去解决、分析、判断问题的世界观，法律信仰的确立有助于学生对法律主动认同，并以法律为生活行为准则，以实现法治为理想，客观上使学生对法律产生尊重和信仰。[1]

（二）从学校学生管理的角度来看

第一，培养法学本科生法律思维，能够使学生正确地认知和理解学校与学生之间的教育管理关系，形成和谐的校园气氛。第二，培养法学本科生法律思维，能够使学生以更好的方式维护合法权益，减少和降低不当舆情的产生，维护学校的声誉。第三，培养法学本科生的法律思维，能够推动和促进法治校园的深入，提高学校依法治校水平。

（三）从法治实现的角度来看

法学专业学生法律思维的培养对法治建设有着深远的影响，在塑造未来法律职业者和法治社会的基石中发挥着不可或缺的作用。第一，法学专业学生作为未来的法律职业者，他们的法律思维将直接决定法律实施的质量和效果。他们的法律思维将在他们未来的职业生涯中得以体现，无论是作为法官、检察官、律师还是其他执法者或法律职业者，他们都将运用法律思维来处理案件、解决纠纷，从而确保法律得到正确、公正地实施。第二，法学专业学生的法律思维对于推动法治进步和创新具有重要意义。作为法律领域的新鲜血液，这些学生具备敏锐的观察力和创新精神，能够从不同的角度和层面对法律问题进行深入分析和思考。他们的法律思维不仅能够为现有法律制度提供有益的补充和完善，还能够为法治进步和创新提供源源不断的动力。第三，法学专业学生的法律思维还有助于提升公众对法治的认同感和参与度。这些

---

〔1〕 王晋：《论法学教育中学生法律思维的培养》，载《内蒙古财经学院学报（综合版）》2012年第1期。

学生作为法治建设的积极推动者，通过自身的言行举止和实践活动，能够向社会传递法治精神和价值观念，引导公众形成正确的法治观念和行为习惯。这种影响力和示范作用将有助于提升公众对法治的认同感和参与度，从而为法治建设奠定更加坚实的社会基础。

四、法学本科生法律思维的体系结构

笔者认为，思维本身就是一个非确定性过程，法律思维从来不是一个单独的概念，其具备多种特性与层次，因而相对于其定义，更应注重的是其达成的要求，例如"法律思维是法律人依循法律逻辑，以价值取向的思考、合理的论证，解释适用法律。"在法学本科生的法律思维中，至少具有以下体系结构。

第一，法学本科生法律思维的第一个层次，是对法形成正确的认识，这包括两个方面：一是形成对法的概念、功能、作用和价值的认识，尤其是需要认识到法律的局限性。法是解决问题的方法之一，法与其他社会规范一并调整社会关系，解决问题。法律不是万能的，需要时刻注意，既不能把法律视为社会秩序的主要来源，否认或大大低估了其他社会规范在实现社会秩序中的作用。[1]同时，也要拒绝法律中心主义，不能认为法律能够规范人类社会的所有生活，人们可以做到法律规则与现实生活的一一对应。[2]解决问题的方法应当呈现多元化态势，而不能陷入法律中心主义和法律万能主义。二是法学的初步学习一定要建立在对现实法的学习上，即坚持先在"实然法"或"实证法"[3]即当前中国现行法的基础上开展学习。

第二，法学本科生法律思维的第二个层次，应当坚持法教义学的精神，以法律概念、法律规范的准确内涵为基础与依据，依照法律概念、规范的内在逻辑和体系要求，学习法学知识并建立自我法律知识体系。达到运用法律自身的原理、遵循逻辑与体系的要求，以原则、规则、概念等要素通过适当

---

〔1〕 王启梁：《习惯法/民间法研究范式的批判性理解——兼论社会控制概念在法学研究中的运用可能》，载《现代法学》2006年第5期。

〔2〕 沈敏荣、桁林：《论法律万能主义与法律虚无主义》，载《思想战线》2003年第3期。

〔3〕 严存生：《"法"的"存在"方式之三义：必然法、应然法、实然法》，载《求是学刊》2015年第2期。

的解释规则阐释和适用法律。[1]这里不仅强调对法律概念、法律规范的精准学习，更强调明确法律概念、法律规范的内在逻辑和体系要求，例如精确地掌握总则与分则的逻辑关系，法律规范不是无逻辑的组合，是具有逻辑和体系的整体，这也是准确应用司法三段论的基础，从某种程度上讲，三段论中的大前提是整个现行法律体系及法学知识体系，而非单独某一特定法律规范。

第三，法学专业本科生法律思维的第三个层次，应当注重对法学方法论即法律适用方法的学习与研究，形成完整的法律适用体系结构。虽然形式逻辑或司法三段论是法律规范的适用过程，但这并不代表司法三段论就是法律思维的全部，更不应将法律适用等同于司法三段论，要形成法学方法论体系，还应学习法律解释学、法律论证等内容。

第四，法学专业本科生法律思维的第四个层次，应当在明确法的价值体系构成的基础上，形成价值判断与利益衡量的能力，即根据一定的价值取向判断争议所涉及的法律利益，实现法律所追求的公平正义。[2]知晓价值判断的具体运用、原则、位阶、限制，实现法律效果和社会效果的统一。

五、辅导员在法律思维形成过程中的定位与作用

法学专业辅导员作为法学高等教育体系中的重要力量，其角色定位不应仅局限于学生日常管理、思想政治教育层面，而应成为法学专业本科生学习法律知识、形成正确的法律思维的重要引导者。辅导员应当具备扎实的法学理论基础和丰富的实践经验，能够引导学生将理论知识与实践相结合，培养学生的法律逻辑思维和解决问题的能力。法学专业辅导员应当通过日常的教育和引导，帮助学生树立正确的法律观念，包括法律的权威性、公正性、平等性等，使学生从内心深处认同法律的价值，形成坚定的法律信仰。

（一）引导者的角色

辅导员应当在法学专业本科生法律思维形成的过程中充当引导者的角色，成为学生专业学习的"分析师"与"引导师"。通过深度访谈，细致地了解

---

〔1〕 许德风：《法教义学的应用》，载《中外法学》2013年第5期。

〔2〕 王利明：《裁判说理论——以民事法为视角》，人民法院出版社2021年版，第147页。

学生当前专业学习所遇到的问题，通过自身的专业知识、自身的学习经历、工作中通过观察所积累的专业学习经验，帮助学生分析其所遇到的专业学习难题，特别是在一些"窗户纸"的问题上，需要对学生进行引导，以帮助学生形成法律思维。

（二）纠正者的角色

辅导员不仅是学生日常工作的管理者与思想政治教育者，还应自觉承担纠正者的角色。在法学专业本科阶段，法学专业学生正处于法学专业的初学阶段，处于其法律综合素质、世界观和人生观、法律思维成型的关键时期，对职业生涯发展和人生有着重要影响。这一时期，学生容易被一些错误的思想所误导，形成"拧巴"的法律思维，例如忽视现实环境，而以"应然"的法学知识主导自己的法律思维或专业基础，在遇到问题时表现偏执，这非常不利于学生的发展。在这几种情况下，辅导员需要密切关注学生的思想和表达行为，对于发现的问题及时予以正确的纠正和引导，以帮助学生形成正确的法律思维，同时提高管理的时效性和执行力。

（三）示范者的角色

辅导员作为学生日常管理的直接负责人与实施人，应当注重在日常管理中的示范作用。首先，应当时刻遵守国家法律法规，严格执行学校的各项规章制度。通过自身规范行为的示范，向学生展示法律的秩序价值；其次，在日常管理中，辅导员应当坚持公正公平的原则，不偏袒任何一方，严格按照法律法规和学校规定处理学生事务，通过公正公平的管理方式向学生示范法的价值中的公平正义；再次，在日常管理中，应当注意时刻维护学生人格尊严，注重保障学生人权的原则，注意工作方式方法和工作态度，尤其是学生隐私权的保障以及个人自尊心、自信心的保护，给学生以与人为善的示范；最后，在日常管理中，应当区分工作任务的轻重缓急，注重对学生自由发展的保障。

（四）保护者的角色

辅导员应当积极维护学生的合法权益，对于学生的合理诉求给予及时的回应和帮助。在处理学生纠纷、校生关系等方面，辅导员需要运用法律思维，尤其是法律方法论的应用，帮助学生正确地分析问题，引导学生通过合法途径维护自身权益，同时要特别注重从法学方法论中的价值判断与利益衡量方面，帮助学生分析和考虑所面临的问题，最终实现高效地解决问题，引导学生形成和使用法律思维，而不是将问题延后或扩大化。

六、结语

综上所述，法学专业学生法律思维培养的重要性不容忽视。他们作为未来的法律从业者和法治建设的推动者，通过自身的法律思维和实践活动，将不断推动法治进步和创新，为构建更加公正、和谐、有序的法治社会作出积极贡献。法学专业辅导员应当在法学专业学生法律思维的成长方面贡献出自己应有的力量。

参考文献

[1] ［德］卡尔·恩吉施：《法律思维导论》，郑永流译，法律出版社 2004 年版。

[2] 范春莹：《法律思维研究》，山东大学 2008 年博士学位论文。

[3] 王泽鉴：《民法思维》，北京大学出版社 2009 年版。

[4] 王利明：《论法律思维》，载张桂林主编：《中国法学教育研究》（2012 年·夏季论文集），中国政法大学出版社 2012 年版。

[5] 郑成良：《论法治理念与法律思维》，载《吉林大学社会科学学报》2000 年第 4 期。

[6] 谌洪果：《法律思维：一种思维方式上的检讨》，载《法律科学（西北政法学院学报）》2003 年第 2 期。

[7] 陈金钊：《法律思维及其对法治的意义》，载《法商研究》2003 年第 6 期。

[8] 孙笑侠：《法律人思维的二元论兼与苏力商榷》，载《中外法学》2013 年第 6 期。

[9] 于璐：《论法律思维的理论关注》，载《吉林省教育学院学报》2018 年第 6 期。

[10] 郝秀辉：《法科学生法律思维培养问题探究》，载《法学教育研究》2016 年第 1 期。

[11] 孟强、李阳：《论法学本科生法律思维的培养》，载黄进主编：《中国法学教育研究》（2014 年第 3 辑），中国政法大学出版社 2014 年版。

[12] 王晋：《论法学教育中学生法律思维的培养》，载《内蒙古财经学院学报（综合版）》2012 年第 1 期。

[13] 王启梁：《习惯法/民间法研究范式的批判性理解——兼论社会控制概念在法学研究中的运用可能》，载《现代法学》2006 年第 5 期。

[14] 沈敏荣、桁林：《论法律万能主义与法律虚无主义》，载《思想战线》2003 年第 3 期。

[15] 严存生：《"法"的"存在"方式之三义：必然法、应然法、实然法》，载《求是学刊》2015年第2期。

[16] 许德风：《法教义学的应用》，载《中外法学》2013年第5期。

[17] 王利明：《法学方法论》，中国人民大学出版社2011年版。

提升辅导员工作意识，顺应学生发展需求，提升学生工作的有效供给

中国政法大学法学院　樊昌茂

马克思主义认为生产决定消费，消费影响着生产。产品的供给决定消费的水平，决定着需求的满足，也创造着新的需求。需求决定着供给的实现，推动着供给的继续进行。供给侧结构性改革是我国经济工作的主线，要求立足于人民的需求，推动产业生产侧的优化升级，减少低端产品生产的比重，提升中高端产品生产的比重，提升我国产业高质量发展。

高校学生工作的有效开展实质上也是学校供给和学生需求之间的关系。高校对学生的教育、管理、服务工作处于供给侧一端，学生处于需求端一侧。高校和学生之间存在着学校措施供给能否满足学生需求，以及在多大程度上满足学生需求的矛盾，解决这个矛盾的关键在于明确学校措施的定位——根据国家的需要，顺应学生发展的需求，有效地培养教育服务学生，把学生培养成社会主义的建设者和接班人。在高校和学生之间，学校供给侧一端处于主动地位，学生则处于被动地位。要更好地让决策和措施有效，学校必须主动面对国内外形势的发展，适应国家的需要，满足学生多样性的发展需求，对学校措施进行重新审视，进行供给侧结构性改革，需要针对学生的需求进行有效供给，减少无效、低效供给，增强供给的时效性。明确判断无效、低效的标准就是学校措施能不能针对性地满足学生发展就业的需求、能否引起学生的共鸣、能否激发学生的内驱力和积极性、能否解决学生的实际问题。

一、把握学生需求的变化特点，应时而为、应势而为

学生需求大多经历了从模糊到明确的变化过程。学生在高考填报志愿时几乎都有一个朦胧的目标，少数学生有明确的具体目标。但进入大学阶段，

往往出现朦胧的目标更加朦胧的现象，会进入自我认知、具体目标和实现路径的迷茫期。在学习过程中，由于学习习惯和学习方法的差异、备考方法和投入学习时间不同而必然导致成绩的差异，引起思想和心理变化；在群体生活中，由于校园环境的变化、同学之间综合素质的差异、生活水平的高低，必然引起自觉或不自觉的比较，而产生复杂心理；发展目标信息不明确可能带来的发展前景的迷茫等；这些原因共同带来了自我认知的异化，从而产生强烈的需求解决意识。

学生发展需求在大学阶段不同学期有不同的内容。大学阶段是学生自我认知逐渐科学化的阶段，也是逐渐了解社会、按照社会要求逐步培养自己能力的阶段。在大学的不同阶段，会产生不同的认知，不同的认知产生不同的问题和需求。有的需求自己能够解决，有的问题必须借助学校才能解决。这就需要学校在不同阶段做好主题教育和深度辅导，及时解决学生需求。

学生的需求有合理和不合理之分，需要进行甄选，提升合理需求满足的程度。合理与否的标准在于需求是否符合社会发展的需要、是否符合学校的规章制度、是否合乎绝大多数人的共同需求以及学生的认知是否科学。学校的任务就是根据学生的需求及时指导学生树立科学认知，帮助学生提升能力，满足合理需求。

学生需求的满足是学校和学生共同努力的结果。从思想教育和发展目标实现层面，学校的有效供给最终要通过学生的自觉行动得以实现。有效供给的实现符合内外因相互作用的原理，既需要学校的有效思想和方法供给，更需要学生自己把有效供给转化为行动。学校的有效供给属于外因，推动着学生积极内因的实现。有效的供给需要学校一方面推动学校的高质量发展，增强学校的知名度，拓宽学生的发展就业渠道；另一方面还需要学校向学生传授学习生活发展的经验和教训，帮助学生明确就业发展的步骤和条件，帮助学生了解社会需求和自身兴趣和能力特点，创设平台培养和锻炼学生的素质和能力。但所有这些都需要学生内化，转化为学生的自觉行动，通过学习和实践活动锻炼自己，丰富和增强自身满足社会需求的能力。

学生发展目标的明确与就业能力的提升是学生在大学阶段核心的需求，主导着其他的需求，也是其他需求产生的根本原因，必须放在有效供给的第一位。国家就业形势和政策的变化、社会需求、个人理想、专业和兴趣决定着就业去向。社会需求是一个导向杆，决定着就业的质量，满足社会需求的能力决定着就业岗位的档次。这就要求有效供给既要让学生提前了解社会的需求，也要加强对学生各种就业能力提升的指导和锻炼。

二、提升辅导员工作意识，精致性地提供有效供给

有效供给贵在内容、过程、结果上追求实效，必须做到学生工作的精致化。贵在精准、重在精准，精准是党推进各领域工作的重要思维方法和工作方法。2022年3月1日，习近平总书记在中央党校（国家行政学院）中青年干部培训班开班式上发表重要讲话强调："要强化精准思维，做到谋划时统揽大局、操作中细致精当，以绣花功夫把工作做扎实、做到位。"学生工作的精致化是指在学生工作过程中，以发挥教育者的主导性和被教育者的主动性为动力，以教育结果的精益求精为目标，注重对内容决策、过程和细节的管理，追求卓越、精益求精、周到细致、精雕细刻，以求得教育工作实效性的教育理念。

辅导员是直接对学生进行思想政治教育的中坚力量，是高校学生思想政治教育和管理工作的组织者、实施者和指导者，处于学生工作有效供给的第一线。就辅导员工作而言，精致性的有效供给强调工作内容的针对性，要求辅导员工作围绕学生的发展需求精心设计，精心安排，精心组织，有的放矢，注重思想指导，强调辅导活动的实用性和渗透性，使学生在思想指导与辅导活动中明确自身的发展需求、发展步骤，调动学生自我发展的积极性和主动性。

辅导员的素质和能力是解决学生成长发展问题的钥匙和关键，而素质能力的提高则有赖于工作意识和工作态度的加强。积极的工作意识和态度能推动工作素质和能力的有效提高，从而提高工作的效果。辅导员在工作有效供给中必须加强工作意识的提高，包括学习意识、责任意识、问题意识、目标意识、服务意识等。

（一）增强学习意识，提高理论素质和辩证思维能力是有效供给的基础能力

学习意识要求具备学习的主动性、持续性、实用性、实践性。有了良好的学习意识，才能有针对性地选择学习的内容，才能主动积极地持续地进行学习，从而提高学生工作有效供给的质量和效率，提高自己开展工作的针对性，提高自己的素质，乃至提升自己的境界和发展潜力。

辅导员在工作中必须加强思想政治理论的学习。这些理论主要从世界观、人生观、价值观，道德观，法律观和方法论角度论述了人如何处理自己同自我、他人、自然、社会之间的关系，而对高校思想政治教育工作者（包括辅导员）解决学生在大学期间成长过程中出现的各种问题（包括自我发展问题、感情问题、同学师生关系、自己与社会关系、自己与国家关系、国家与世界关系等）提供了辩证的思维方法，指导着这些问题的科学解决。深入理解和掌握这些理论有助于真正树立以人为中心的理念，增强党性和责任感，采取正确的方法解决学生所遇到的成长成才问题，解决学生所遇到的困惑问题；没有这方面知识的指导，则往往不能帮助学生辩证地、发展性地解决学生遇到的困惑，对待学生的困惑问题只能停留在劝说或监督层面而不能真正地提出解决问题的方法，而最终丧失解决问题的机会。

辅导员在工作中必须加强工作实用知识的学习，主要包括国家发展的大政方针、心理学，管理学，社会学，人力资源管理学，职业发展学等方面的知识。中央要求高校思想政治教育工作者必须在工作中加强对学生的心理疏导和人文关怀，这一要求抓住了高校学生中常发问题的重点，同时也指出了解决问题的关键。高校学生面临的两大常发问题是学生自己的发展趋向问题和各种不适应带来的心理问题。而帮助学生解决好这两大问题需要辅导员透彻了解问题的原因、现状和历史，运用自己掌握的专业知识帮助学生分析解决问题的路径，关注学生在过程中出现的新问题，指导学生在过程中解决问题。

（二）增强责任意识，提升工作的使命感和幸福感

责任意识就是使命感。实现使命才能有更大的幸福感。只有具备守土有责的使命感，才能真正全身心地投身于学生工作，才能以学生的成长成才为出发点和立足点，围绕着学生的需要而热情饱满地开展工作。

责任感和使命感来自党性、来自对国家社会的责任和学生健康成长的责任意识。爱心是增强责任意识的催化剂。辅导员要明确认识到学生成才对国家和社会发展的重要性，明确辅导员所肩负的历史使命，确信自己是大学生健康成长的指导者和引路人。同时，更要认识到自身的工作对学生本人成长成才的重要性，相信自己可以而且一定能在思想、学习和生活等方面对学生起到重大的指导作用。对于学生来说，四年一瞬，但就是在一瞬间的关键引

导，可能指引着学生健康成长的方向。

强烈的使命感要求辅导员坚持以人为本的理念，具有强烈的目标意识。从国家层面看，教育目标是培养学生成为社会主义的建设者和接班人，从学生层面看，就是理想目标和就业目标，理想目标和就业目标可能一致。国家层面目标和个体目标根本上是一致的，需要整体把握，但抓手是学生的个体目标。这就要求辅导员在有效供给中以学生的成长成才为出发点和立足点，着眼于学生长远的发展，以帮助学生实现长远的目标来统率学生应急问题的解决，用长远的目标来激励和调整学生的学习和生活动机；站在学生的角度思考学生遇到的问题，感同身受地理解学生的问题，主动深入细致了解学生的实际情况和需求，帮助学生寻找适合自己的解决问题的方法和方式，增强服务和教育的实效性。

强烈的使命感要求辅导员必须具有问题意识和危机意识。问题即矛盾无处不在、无时不有，问题是规划工作与工作实施有效供给的前提和基础，是工作的着眼点。问题意识和危机意识要求辅导员能够通过各种途径提前预见或发现学生面临的问题并及时介入解决。问题意识和危机意识能够帮助辅导员提前介入到问题的解决阶段，把不利因素扼杀在摇篮中，帮助学生及早走出困境。培养问题意识要求辅导员深刻掌握并灵活运用马克思主义理论和实用理论，尤其是辩证法和心理学，对学生遇到的问题进行理性分析，帮助学生发展地看问题和解决问题；也要求辅导员要深刻理解社会对学生的素质要求，在不同阶段指导学生锻炼和培养各种能力；能够在学生感性看问题的时候，提醒保持理性的态度。

强烈的使命感要求辅导员具有主动和超前意识。有效供给需要顺应学生的需求，但不能是被动地应付，而应是主导性地、超前性地。在学生对自身发展需求和社会能力需求不甚了解的情况下，学生工作的主导性和超前性往往起到"画龙点睛"的作用。主动性要求辅导员自觉而非被动地、热情而非消极地开展学生的工作，及时地向学生传递发展的信息，廓清学生发展的迷茫；超前性要求辅导员帮助学生提前了解和规划自身的发展需求及步骤，在有效的时间内进行有效的活动，避免时间浪费。问题意识和危机意识还要求辅导员工作不仅能预见到问题的出现并进行预警，而且能及时指导学生少走弯路或把学生引入正道。

（三）增强人格意识，是辅导员工作有效供给的长久保证

1948 年 1 月 18 日，毛泽东同志在《关于目前党的政策中的几个重要问题》中曾经指出，党必须率领被领导者（同盟者）向着共同敌人作坚决的斗争，并取得胜利；必须对被领导者给以物质福利，至少不损害其利益，同时对被领导者给以政治教育。这一经验对提高辅导员个人人格魅力、增进师生之间的关系有很大的借鉴意义。提升自身的人格魅力必须本身有实力，能够满足学生的正当需求，让学生感受到真理的力量。

有效供给的开展是师生之间互动的结果，学生需求的解决需要师生间良好的真诚交流。辅导员和学生之间教育与受教育的关系建立在相互信任的基础上，取决于学生对辅导员的人格魅力和能力的认可程度，取决于供给内容的真理性和说服力。辅导员的人格魅力能增强学生对真理内容的接受程度，能增强师生之间的密切程度。辅导员工作是一件复杂而又平凡的工作，面对个性鲜明、思想多元化的学生，如何能让学生不抵触同辅导员进行谈话，如何保证学生接受辅导员的指导，是一件很复杂的事情。而增强辅导员的人格魅力，让学生信服辅导员则是拉近师生之间关系的不二法宝。

增强辅导员人格魅力需要辅导员提高解决学生实际问题的能力，带领学生在四年的学习和生活中不断取得进步，帮助他们解决实际问题，这是确保辅导员工作内容落到实处的关键。这就需要辅导员在工作中贯彻"以人为中心"的教育理念，发扬"以人为中心"的工作作风，建立以人格平等为前提的师生关系，及时了解并发展性地解决学生的思想动态和各种问题；从生活、学习、工作上关心学生，及时满足学生的正当利益，使他们的利益获得和自身的能力、贡献相结合，在自己能力范围内，竭尽全力地及时解决学生问题；在处理原则问题时，坚持是非分明，不允许学生在违反校规校纪、院级和年级规定的原则问题上讨价还价，把工作上的问题和平时生活上关心的问题分开；平时以大学生的现实和发展需求作为自己工作的出发点和归宿，有重点地解决一些关系到学生成长的重点难点问题，尽量使学生在家庭情感、校园生活、学习研究、毕业就业等方面的困惑和需求得到解决和满足；在学生工作中尊重、信任和理解学生，懂得维护学生的人格尊严，放手让学生参与管理和教育工作，充分发挥学生的参与意识，尊重学生的管理意见。

（四）组织优质服务，精致化地指导学生群体和个人发展需求的实现

学生的需求是可以预见的，满足学生需求的措施渗透在各学年的主题教育中。学生综合素质的提高是通过各学期的主题教育实现的，精致化地做好各学期主题教育能够提升教育的实效性，有效地满足学生发展的需求。

不同学期的主题教育是不同的，各有侧重点，各有各的平台。平台可以是一种制度、一次实践活动、一次讲座。针对学生群体，要根据每年学生的实际问题组织有针对性的主题教育，既要强调阶段性，也要强调连续性和系统性。对于大一、大二的学生，要帮助学生根据国家的就业形势和国家教育的要求进行职业规划，初步明确努力的方向；解决如何在班级搞好人际关系问题；探索适合自己的学习方法；树立正确的世界观，价值观，人生观和恋爱观，进一步对自己进行性格、能力定位；开始有针对性地培养自己的各种能力的问题。大三、大四主要帮助学生优化世界观和价值观，明确自己的奋斗方向，明确自己的兴趣爱好；继续加强各种能力的培养，加强各种证件的获取；解决就业的问题，比如简历的制作，找工作的技巧培养和各种考试，以及在找工作时如何处理心理困惑等。

主题教育的开展必须坚持几点原则和采取适当的形式。原则是主题建设要及时有效，组织活动的时机一定要选准，要在学生思想最困惑，最需要解决的时候进行，这样才能出效果。大一、大二时可以通过组织班会，交流会，每学期举办竞赛运动项目，郊游等集体项目和深度辅导的方式加强班干部素质的培养，让同学在集体活动中突破自己，加强自我意识，锻炼完善自己的性格和能力，改正自己的缺点和不足。大三主要采取召开年级大会，班会和深度辅导的方式解决学生的各种思想问题，举行主题党员日活动，公益活动，实习和实践活动和读书会的形式锻炼学生的实践能力，让学生提前了解就业的形势，做好考研的准备工作和复习工作，开始进行司法考试、公务员考试的复习。大四主要采取的方式是进行深度辅导谈心指导，成立班级就业小组，针对学生的不同思想问题深入宿舍进行解决等。

社会的需求是变化的，学生需求的发展也是变化的，在变化中调整学生工作的思路和步骤是一个永恒的课题。永恒中渗透不变，那就是学生工作一定要有的放矢，以提高学生发展能力为己任，加强有效供给，满足学生发展的需求。

新时代背景下高校辅导员"实践育人"探索

中国政法大学数据法治研究院　梁　宇

在新时代背景下，社会对人才的需求发生了多种变化，因而更加需要高校通过开展各种实践活动，积极培养学生的责任意识、创新精神和实践能力，使高校学子更好地适应社会发展和就业市场的需求，因此"实践育人"也成为高校人才培养的重要环节。

一、"实践育人"发展历程的时代脉络

马克思主义实践观认为，实践是认识的来源，实践是人们改造客观世界的一切活动，要坚持实践第一的原则。在教育领域，马克思主义实践观提供了丰富的教育理念和方法。20世纪初至20世纪中叶，实践教育观念出现萌芽，部分高校开始将实践教育纳入课程体系，注重培养学生的动手能力、实际操作能力和创新精神。教育部发布的《关于加强实践教学工作的意见》明确提出，"实践教学是培养学生实践能力和创新精神的重要途径"。从此，实践教学成为中国高校人才培养的重要组成部分。20世纪中叶至20世纪末随着教育改革的推进，高校开始建立实践教育课程体系，加强与企业的合作，推进实践教学基地建设，形成了以实践教育为核心的教育模式。

随着国家对人才培养需求的变化，实践育人体系将进一步完善。高校在实践教育中不断引入创新理念，注重培养学生的创新意识和能力，推动实践教育与理论教育的深度融合。高校也加强与社会各界的联系，开展多种形式的实践育人活动，提高学生的综合素质和能力。2004年，《中共中央、国务院关于进一步加强和改进大学生思想政治教育的意见》首次提出"实践育人"，指出要把理论武装与实践育人结合起来，既重视课堂教育，又注重引导大学

生深入社会、了解社会、服务社会。[1] 2012年，为全面落实《国家中长期教育改革和发展规划纲要（2010—2020年）》，进一步加强高校实践育人工作，在多地高校陆续培育建设高校实践育人创新创业基地，不断推动实践育人工作制度化、常态化、科学化。2017年，教育部党组发布《高校思想政治工作质量提升工程实施纲要》，提出扎实推动实践育人模式，统筹办学治校的多方面、多环节，建立健全系统化实践育人协同体系。

二、新时代背景下"实践育人"的价值意义

第一，社会发展新阶段需要高校提高人才培养能力。随着教育改革的推进，教育目标逐渐从单纯的知识传授转向注重培养学生的实践能力和创新能力。高等教育任务是培养具有社会责任感、创新精神和实践能力的高级专门人才，实践育人正是符合这一教育理念的有效途径。因此，高校"实践育人"是当前高等教育人才培养改革的重要任务之一，高校能否为社会培养出更多具有创造性、复合性的人才，既是高校自身育人实践能力的考验，也是社会对高校人才培养质量的检验。社会发展进入新阶段和新时期，传统的高校教育模式已不能满足社会发展需要，高校需要不断提升"实践育人"办学模式来持续性服务社会发展需要。

第二，"实践育人"塑造学生的个性化成长之路。"大学改革和创新人才培养模式，必须坚持以学生为中心的教育理念"[2]，唯有实践教育能够聚焦学生个人主体，牵引学生自身不断在实践中探索自我，拓展自我认知边界，让学生在走入社会前更全面地了解自身性格爱好、能力习惯、发展特点等，从而明确适合自己的发展方向和专业领域。在高校教育经历中，学生在第一课堂中扎实学习理论基础，而在实践育人的第二课堂中，学生能够通过多样化实践更好地激发自身兴趣、塑造自身创新能力、培养团队合作能力和社会责任感。因此，在大学教育环节中，高校需要不断推进第一课堂和第二课堂有机结合，使两者相互促进、相互补充，更好满足学生个性化需求，共同推

---

〔1〕 罗亮：《改革开放以来高校实践育人的发展历程与基本经验探析》，载《思想理论教育》2019年第5期。

〔2〕 郭德红、姜尚峰：《微观视角看高质量高等教育体系建设》，载《北京教育（高教）》2023年第12期。

进学生的全面发展。

第三，"实践育人"是服务国家战略的必然要求。改革开放以后，国家提出"百年大计，教育为本"，强调教育在国家发展中的基础性和先导性作用，引领了对教育的重视，极大促进了中国教育乃至中国经济社会的发展。近年来，国家高度重视实践教育，提出理论教育和实践教育相结合是教育的首要任务，实践育人也逐渐成为高校育人的重要环节。实践教育对于培养创新型人才、提高综合素质、促进产学研结合、树立社会责任、促进国际交流与合作等方面都具有重要意义，能够为国家的发展提供强大的人才支持和技术保障，为国家的经济建设和社会进步提供有力的人才和智力支持。新时代背景下，高校结合国家战略需求推进实践育人，高校教育逐渐从课堂走向外界，延伸了学生的思维模式和实践活动范围，这不仅让学生适应了时代的需要和发展，同时也让教育成果更具实用性和社会价值。

三、高校"实践育人"局限性分析

第一，高校"实践育人"评价方式缺乏科学性。目前高校实践育人评价方法主要是教师评价和学生自我评价为主，缺乏第三方的评价，导致评价结果不够客观和公正，实践育人的评价标准往往过于注重形式而缺乏实质性的内容。此外，当前高校实践育人评价体系主要以学生的学术成绩为主要评价指标，忽视了学生的实践能力、创新能力、团队协作能力等方面的评价，不能科学衡量学生在实践活动中的表现和成果，导致评价结果不够全面。

第二，高校"实践育人"缺乏连续性。首先，一些高校并没有建立完善的实践育人制度，缺乏明确的实践育人目标、内容、方法和评价标准，导致实践育人活动缺乏连续性和稳定性。其次，课程设置方面过于理论化而缺乏实践性，导致学生缺乏实践机会，难以将理论知识与实践相结合，同样影响着实践育人的持续性效果。再次，高校与企业的合作不够深入，缺乏长期稳定的合作关系，导致实践育人活动难以得到有效的支持和保障。最后，部分学生对实践育人活动不够重视，缺乏积极参与的动力和意愿，导致实践育人活动的连续性和效果也受到影响。

第三，高校实践育人缺乏针对性。新时代的高校学生已不同于以往，他们更加追求个性化发展，一些高校的实践育人项目没有针对学生的特点和需求进行个性化设计和实施，导致实践育人效果不佳，也由于"教师主导性的越位影响了学生主体性的发挥，造成学生被动的主体性缺位"[1]，无法让学生发挥自身主观能动性。此外，一些高校的教师也缺乏实践育人的经验和能力，无法提供有效的指导和帮助，也同样导致实践育人效果缺乏个性化指导。

四、高校"实践育人"实施途径

(一)"小我"变"大我"，塑造社会责任

中国高等教育学科创始人潘懋元教授曾提出"大学从边缘走向社会中心"理论[2]，指出高校被推向经济社会的中心，需要更好服务于社会领域，就意味着高校需要让育人成果由书本课堂走向社会大众，由自我需求转向社会关注。

第一，推动"服务学习"教育模式。1967 年，罗伯特·西格蒙（Robert Sigmon）和威廉·拉姆西（Wiliam Ramsey）在美国南部地区教育董事会上首次提出"服务学习"的概念[3]，这一理念旨在让高校学生的学习方式同社区服务有机结合，鼓励学生深入社会基层，进行有组织、有规划的社会性服务，让学生在实践当中理解"服务伦理"概念，并将此观念内化于心，塑造自身社会责任践行意识，实践育人理念，可进一步参考"服务学习"模式。例如，法学类院校学生可利用假期参加社会实践活动，通过社区法律援助活动为社区居民提供免费法律咨询，这样的活动过程可以让学生们通过对理论知识的实际运用，加深对法律领域的认识，同时也可以让弱势群体获得高质量法律服务，推动社会公平与正义。这些活动都能够让高校学生在一系列社会服务当中培养社会公民意识，塑造社会责任感。可以看到，"服务学习"能够帮助学生将学术知识与社会问题相结合，促进学生与社区之间的交流和互动，加深学生对社会的认识和理解。因此，高校应该积极推广服务学习，为学生提供更多的实践机会和平台。

---

〔1〕 滕明政：《教师主导性和学生主体性相统一的思政课教学模式探究》，载《高校马克思主义理论教育研究》2021 年第 5 期。

〔2〕 周海涛主编：《高等教育学》，首都师范大学出版社 2021 年版，第 222 页。

〔3〕 吕鹰飞：《美国服务学习对我国高职院校金融人才培养的启示》，载《吉林省教育学院学报》2017 年第 8 期。

新时代加强和改进高校思想政治工作路径探究

第二，开展时代责任感教育。培养高校学生的时代责任感是现代大学生成为具有社会责任感和公民意识的现代人的重要内容。在传统的教育方式上，高校可通过校园文化、课程设置、社会实践、举办讲座等方式引导学生关注当前社会问题，帮助学生认知、内化、践行社会责任意识，了解国家政策、法律、道德规范和社会责任。此外，高校可以帮助学生树立正确的评价观念。学校在推进学生全面发展的同时，也需要加强学生间的合作与交流，鼓励学生团队合作和共同成长，减少功利主义压力，在学生群体间营造相互理解、互相沟通的积极氛围，积极协商解决问题，在团队合作的过程中建立起集体意识，塑造责任观念。同时，高校可以通过创新教育方式，运用网络多媒体等现代教育技术开展形式多样的时代责任感教育活动，提高教育的针对性和实效性。通过加强高校学生时代责任感教育，可以引导大学生树立正确的价值观，培养其社会责任感和实践能力，为社会的发展作出贡献。

第三，推动新时代思政课程育人改革。近年来，国家不断强调高校思政课的重要性。恩格斯曾说："历史从哪里开始，思想进程也应当从哪里开始，而思想进程的进一步发展不过是历史过程在抽象的、理论上前后一贯的形式上的反映。"[1]因此，思政课程需要同时代发展同步，开展具有时代内涵的思政课程。在课堂上，教师"思政课实践教学要坚持以马克思主义实践观为理论指导，与时俱进地更新实践教学观念和方法"[2]。这就告诉我们，高校的思政课程教育不能仅是停留在书斋课堂，更需要跳出思政课程固有性和课堂局限性，让学生们通过思政课教学，学习领悟其中的时代丰富内涵，坚守初心、树立信念、担当时代使命感和责任感。在新时代背景下，思政课程也要讲好新变化、新局势、新理念，让学生在思政学习的同时充分认识时代背景，让学生同时代变革同向同行、同心同力。

第四，推动学生树立"主人翁"意识。"主人翁"意识是一种责任感担当精神，是对某项工作或任务持有的强烈责任心和使命感，能够让自身全身心地投入任务并积极承担责任。一方面，塑造高校学生的主体地位意味着要

〔1〕 中共中央马克思恩格斯列宁斯大林著作编译局编译：《马克思恩格斯文集》（第二卷），人民出版社 2009 年版，第 603 页。

〔2〕 孙宇、马军：《马克思主义实践观视域下的思政课实践教学研究》，载《教育观察》2023 年第 10 期。

推动建立起学生的自我教育、自我管理和自我服务意识。高校可以为学生建立更多的自主学习环境、开设更多多元化课程、建设学生自我评价机制，让自我教育落到实处；学校建立系统性自主管理制度，让学生通过各类学生组织培养他们的责任感和自主意识；学生也需要在学习生活当中保持主动学习和积极思考，遇到问题时主动寻求帮助和支持，不断提升自我服务能力。另一方面，高校在学生教育中可以鼓励同学关注科学前沿、时事政治、物价、就业、弱势群体等社会问题，浏览主流媒体新闻，关注国内外时事政治，不断拓展自身见闻和增强社会责任感，认识责任感的重要性，锻炼自身意志品质，提升责任感修养。在解决社会问题过程中发挥自身创新潜力，实现自我追求与自身价值，建立起个人理想与社会理想相结合的理想信念。

（二）认知革新，树立创新精神

加拿大教育学家乔治·库罗斯（George Couros）在《面向未来的教育：给教育者的创新课》指出高校教育应当培养具有创新精神的学生，帮助学生成为一个具有深度思考、创新精神的实践者。

第一，教师做好学生思维开拓的引路人。教师在学生思维开拓方面扮演着至关重要的角色，需要引导学生开拓思维，帮助学生发展独立思考和解决问题的能力。在课堂教育中，教师可通过头脑风暴的方式，让学生不断提出新思路和新理念；通过鼓励式教育激励学生不断探索新思维，勇于试错；营造轻松的课堂氛围，让学生们在轻松的环境当中活跃思维，激发学习动机，培养学生创造力和批判性思维能力；教师也应积极为学生提供团队学习与合作学习的机会，在团队合作过程当中培养同他人学习，共同解决问题的能力，取长补短提升个人素质。

第二，丰富学业发展方式。高校可通过提供多样化的学业发展方式，帮助学生更好发展自身兴趣和能力。例如，加强交叉性学科课程设计和培养模式，整合校内外学科资源，由校内外具有相应研究经验的老师进行专题式接力授课，引领学生进行交叉研究入门；丰富课程形式，通过多种形式的课程设计，如研讨、专题系列讲座等，满足多样化的培养需求；提供更多的科研数据库资源、提高前沿课题探索和实践研究水平，让学生在多样化的学业培养模式中了解不同学科的学习方式，拓宽学生视野，激发创新活力，焕发跨界创新思维。通过多种举措让学生们在多样化学业发展方式当中提升综合素质和就业能力，促进全面发展。

第三，推进个性化育人。高校在实践育人当中需要树立以学生能力和素质达成为理念的实践教育，促进学生的能力达成、素质养成。华东师范大学提出"培根、筑基、融通"的新时期育人模式，强化学生全面发展的同时也推进个性发展和能力提升，契合新时期育人理念新要求。其他高校也可以推进系统性实践育人计划，明确实践育人目标，建立并设计个性化实践育人项目，保证实践育人效果的实现。

（三）回应时代关切，培养实践能力

中国特色社会主义进入新时代，高校在"实践育人"探索过程中，要坚持和发展马克思主义实践观，让"实践育人"培养模式贯穿高校人才培养全过程，不断激励高校同学回应时代关切，促进自身实践发展。

第一，推动高校多样化成果转化方式。2017年，教育部办公厅发布《关于进一步推动高校落实科技成果转化政策相关事项的通知》，进一步协调推进高校科技成果转化工作，激发科技人员的创新创造活力。成果转化是高校人才培养的重要方式之一，通过让学生参与成果转化过程，将自身科研研究和技术创新成果转化为实际应用，培养学生成果转化的意识和能力，帮助学生提高创新能力、实践能力和商业意识，为未来职业生涯打下坚实基础，为社会效益和可持续发展助力。同时，高校可将成果转化纳入学校评价体制，通过这种方式更加科学地衡量学生在实践活动中的表现和成果，让评价结果更加全面。

第二，推进创新创业教育，拓展高校素质教育，结合国家重大发展战略，将个人发展和社会需求相统一。2015年，国务院办公厅发布《关于深化高等学校创新创业教育改革的实施意见》，通过政策文件推进高校创新创业教育改革进程，深入推进高校创新创业人才培养。每逢毕业季，学生创新创业情况便是高校的重点关注内容之一。高校可建立完整的创新创业教育体系，包括课程设置、实践教学、师资培训等方面，以培养学生的创新意识和创业能力。也可以建立创新创业实践基地，为学生提供实践机会，让学生在实践中了解创新创业的实际操作流程，提高学生的实践能力和创新精神。在创新创业过程当中，推动学生更好地了解社会动向，将自身志向和社会责任相连接，将社会责任内化为自身重要价值，不断提升学生参与社会的自信心。

第三，开展校园内外各类实践活动。一方面，高校可在校园内部塑造校园软文化。如塑造校园寝室文化、学术诚信文化、体育文化等，推动学生在各类文化阵地当中陶冶自身情操，开拓进取精神，为培养具有实践能力的人才打下基础。另一方面，高校可在校外拓展实践活动，如高校学院组织学生参观红色教育基地、完善志愿者队伍、组织专题讲座研讨会、实地学习、联合党建等，以丰富学习内容为方式方法，提高学生对外界社会的参与度。习近平总书记对主题教育有"以学铸魂、以学增智、以学正风、以学促干"的深刻阐释，鼓励高校学子弘扬"奉献、友爱、互助、进步"的志愿精神，这些实践方式都能够让学生在实践中提升自身综合素质，回应社会关切。此外，可举行各类提高学生实践能力的各类活动。例如，职业规划大赛、创新实践项目、学校实习推荐、学生基层活动展示等系列活动，让学生在各类活动中丰富和展示自己的实践能力，提升分析问题、解决问题的能力。

人工智能背景下高校辅导员深度辅导工作机制的优化研究

中国政法大学外国语学院　吕梦婷

新时代下，日常思想政治教育是学校思想政治教育的主阵地，辅导员是主阵地上开展思想政治教育工作的主攻手。作为离学生最近的人，开展"深度辅导"是辅导员进行日常思想政治教育的有效方法。深度辅导，指辅导员在全面、深入了解学生情况的基础上，依据学生发展需求，结合个人专业技能，对学生进行有针对性辅导，帮助学生解决思想、学习等方面的实际问题。[1]自2009年中共北京市委教育工作委员会明确要求各高校构建深度辅导工作体系以来，辅导员队伍持续开展相关工作，深度辅导已经成为辅导员开展思想政治教育的重要切入点，是针对学生个性化需求开展辅导的有效方式，是实现"三全育人""立德树人"根本任务的重要途径。

2021年，中共北京市委教育工作委员会印发《关于深入推进北京高校深度辅导工作的通知》，明确要求各高校开展覆盖全员的深度辅导工作并通过深度辅导有针对性地回应和解答学生的理论和认识问题，满足学生成长成才需求。因此，作为高校辅导员工作的重要职责与落实意识形态教育的有效抓手，深度辅导一直是学工队伍研究与关注的热点。本文聚焦北京市各高校辅导员深度辅导工作开展的现状，通过文献综述总结深度辅导工作现存的问题以及目前主流的解决方案，同时，融合人工智能时代背景，讨论提出有效提高深度辅导工作质量的可行办法。

---

〔1〕《北京市全面推进学生深度辅导工作提升大学生思想政治教育工作科学化水平》，载中华人民共和国教育部政府门户网站，http://www.moe.gov.cn/s78/A12/gongzuo/moe_2154/201008/t20100826_96780.html，最后访问日期：2024年4月1日。

一、首都高校深度辅导工作开展现状与面临的问题

调查显示，自 2014 年起，首都高校均已实现深度辅导全员覆盖[1]。在辅导频率与时间方面，多项调查显示，大多数辅导员没有固定的辅导时间，根据学生与自身工作情况，随时安排辅导，每次辅导时间为 15~60 分钟不等，仅有 7.2% 的辅导员会预留固定的辅导时间。在辅导准备工作方面，13.10% 的辅导员会在辅导前制定详细辅导提纲，38.80% 的辅导员制定大致辅导方向。超过 80.00% 的辅导员表示，所带学生众多、自身精力不足使得辅导的前期准备工作有限。在辅导内容方面，主要包含学业困惑（95.40%）、人际交往（88.51%）、职业规划（78.61%）、心理健康（71.26%）、理想信念（52.87%）等方面。

通过调查可以发现，深度辅导的内容，绝大部分属于专业性咨询，而非单纯聊天谈心。由此观之，若进行有效的深度辅导，辅导员需要具备一定的专业知识储备。研究指出，深度辅导是具有专业性与科学性的工作。不同于增进感情的日常沟通，深度辅导的最终目的是解决学生实际问题，做好思想教育工作。大学生在成长中面临的问题复杂多样，包括情感、个人发展、心理、学业等方面，因此，做好深度辅导工作，要求辅导员需具备一定的心理学、教育学、思想政治学、职业规划、管理学等相关知识。

国家高度重视辅导员培训工作，出台《普通高等学校辅导员培训规划（2013—2017 年）》（教党〔2013〕9 号）等政策性文件指导培训开展，各高校也向学工队伍提供包含就业辅导、心理疏导、思想政治教育学等方向的各类培训机会。然而在实践中，由于辅导员队伍工作任务繁重、日常事务琐碎、个人精力有限等原因，培训效果难以保障，亦存在培训大纲不统一、考核标准不明确等问题，导致培训质量良莠不齐。

虽然目前高校的深度辅导工作覆盖学生面广、辅导方向多元化，对提高学生的思想政治教育工作质量具有一定的效果。然而，由于辅导员专业能力不足、所带学生众多、个人精力有限、知识储备有限等原因，深度辅导工作的效果有待提高。为实现"立德树人""三全育人"的任务与目标，仍需改

---

〔1〕 王艳洁、倪潇潇：《首都高校辅导员深度辅导现状调查研究》，载《北京教育（德育）》2014 年第 6 期。

进辅导工作机制。

二、目前各高校改进深度辅导工作的方案

承前所述，目前各大高校已经全面开展了深度辅导工作，提高了学生思想政治教育工作的质量。然而，当前的深度辅导工作仍然存在一些问题与难点。首先，辅导员队伍工作负担繁重，在做好学生思想政治教育、日常行为管理、党团建设、奖助贷勤、心理健康、就业辅导等工作的基础上，还要承担部分行政事务与临时性工作，完成大量烦琐非职责范围内但和学生密切相关的事务性工作，如社团指导和活动筹备等。过重的工作负担，影响了深度辅导工作的开展。其次，目前学生思想较为多元化，接收到的信息繁多复杂，部分学生对深度辅导产生抵触情绪。有些学生对辅导员不够信任，对辅导形式不太接受，因此对深度访谈存在抗拒心理。同时，辅导员队伍的专业知识储备仍需增强，尤其是心理学、教育学、职业规划方面的知识，用专业的手段与知识可以更加有效地帮助学生。因此，深度辅导工作机制仍需进一步优化。

目前，国内外关于优化深度辅导工作机制的研究，主要集中在以下方面：

（一）建立协同深度辅导机制

2018 年 9 月 10 日，习近平总书记在全国教育大会上强调："要精心培养和组织一支会做思想政治工作的政工队伍，把思想政治工作做在日常、做到个人。"开展高水平的深度辅导，需要建立一支专业性强、经验丰富的工作队伍，吸纳多方力量，协同深度辅导，提高辅导水平。[1]杜超、杨志刚指出，协同深度辅导，是指高校引入辅导员以外的班主任、专任教师等育人主体，形成相互协调配合、优势充分发挥的有序结构，根据大学生的实际需求，对大学生的进行更具深度的指导。[2]深度辅导融合多方力量，能够更好地解决大学生实际问题，是完善深度辅导机制的有益尝试。然而，协同深度辅导融合了各个部门与主体，部门之间的沟通协调会产生摩擦成本，会造成协同管理难度大、各主体相互脱节、专业水平参差不齐的新问题。

---

〔1〕 李成茂：《培养时代新人视域下深度辅导工作实效性研究》，载《高校辅导员》2020 年第 3 期。

〔2〕 杜超、杨志刚：《新时代高校协同深度辅导工作探析》，载《学校党建与思想教育》2022 年第 20 期。

（二）着力提高辅导员专业素养

深度辅导需要遵循大学生成长发展规律，需要辅导者具有教育学、心理学等相关专业知识。因此，提高辅导员专业能力是提升深度辅导水平的重点。孙晓曦提出高校辅导员深度辅导素质能力结构模型，从伦理、技能、理论方面，提出深度辅导所需要的专业知识，为辅导员职业培训提供理论引导，以增强辅导员专业素养。[1]同时，辅导员工作专业性、综合性、实践性强，这要求高校应当立足工作实际、结合时代特点、应用前沿理论开展辅导员培训，进行职业能力提升，增强专业素养，获取深度辅导所需的相关知识与理论。其次，职业认同感也是提高工作质量与热情的关键。李海健提出，由于工作压力大、晋升缓慢，部分辅导员职业认同感较低，职业意识不强，影响思政工作的开展。[2]因此，高校需要完善辅导员管理体系，明晰辅导员职业发展路径，提高辅导员队伍工作信念。同时，需顺应时代创新工作方法，引入人工智能等新工具，减少重复性事务，为工作提供便利。（如图1所示）

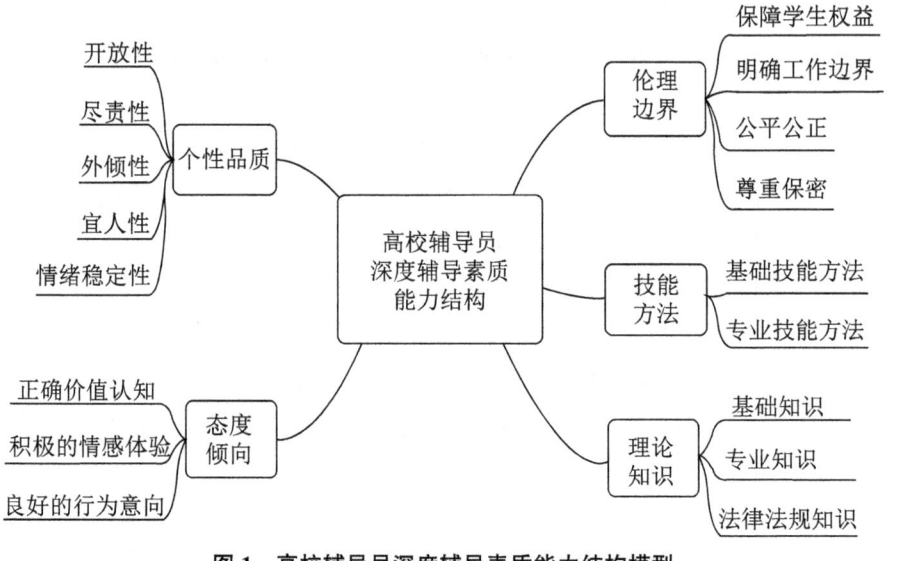

图1　高校辅导员深度辅导素质能力结构模型

〔1〕　孙晓曦、刘立新：《高校辅导员深度辅导素质能力结构模型及其应用探析》，载《北京教育（德育）》2020年第9期。

〔2〕　李海健：《新时代背景下高校辅导员专业化建设路径》，载《教育观察》2020年第22期。

（三）理论创新提高辅导成效

自 2009 年中共北京市委教育工作委员会推行深度辅导工作以来，首都各大高校纷纷开展了深度辅导工作的理论创新研究，以提高辅导工作的效果。在规范工作流程方面，首都经济贸易大学学工部引入"矩阵式"深度辅导理论，即从"目标—形式—实施—评价"四个维度出发，环环相扣，规范深度辅导的工作流程，构建纵向全覆盖、横向模块化的"矩阵式"深度辅导格局，形成分工明确、协作密切、专业高效的深度辅导工作机制。[1]

在细化辅导内容方面，北京科技大学自动化学院探索出"3+4+N"深度辅导工作模式，[2]明确了辅导员开展深度辅导工作需要具备的三项工作能力、四项工作内容、N 种工作形式，以提升辅导员队伍专业性、增强辅导内容针对性，提高辅导形式多样性。

在创新辅导方法方面，北京工业大学引入 CASVE 循环认知策略，[3]以期通过"沟通—分析—综合—评估—执行"五个步骤建立起一套具体的深度辅导方法，以加强深度辅导工作的系统性、针对性、主动性、实效性和动态性。

三、人工智能背景下，深度辅导工作机制优化的新探索

（一）人工智能技术为深度辅导工作带来的新机遇

目前，首都各大高校都在结合本校工作实际，探索深度辅导的新模式与新理论。2022 年以来，以 ChatGPT 为代表的人工智能技术的飞速发展，为思想政治教育和深度辅导工作带来了新的机遇。ChatGPT 是一种基于人工智能技术的聊天机器人程序，拥有强大的自然语言处理能力，不仅可以回答用户的问题，完成用户提出的任务，模仿用户个性化的语言表达方式，生成具有逻辑性的文本，实现类人化的高质量交流，甚至可以完成论文撰写、文字翻译、编程代码等多种任务。

---

〔1〕 马力、张莹：《构建"矩阵式"深度辅导模式打造新时代"三全育人"工作新格局》，载《北京教育（德育）》2020 年第 4 期。

〔2〕 程海雨等：《高校辅导员"3+4+N"深度辅导工作新模式的探索与实践》，载《科学咨询（教育科研）》2022 年第 4 期。

〔3〕 赵正艳、秦素琦：《基于 CASVE 循环认知策略的深度辅导方法探究》，载《北京教育（德育）》2021 年第 5 期。

《中华人民共和国国民经济和社会发展第十四个五年规划和2035年远景目标纲要》提出了加快数字化发展、建设数字中国的任务。在数字时代背景下，数字技术正以广泛的形式深刻地影响着以立德树人为根本任务的高校。2016年12月，习近平总书记在全国高校思想政治工作会议上明确指出，在新媒体时代与互联网时代背景下，要推动思想政治工作传统优势同信息技术高度融合，增强时代感和吸引力。因此，在人工智能浪潮到来之际，引入新的技术，为思想政治教育和深度辅导工作注入新的活力就显得尤为重要。

在此背景下，范紫轩等提出了"数字思政"的概念。"数字思政"指利用人工智能、大数据等数字技术，辅助开展学生思想政治教育和深度辅导工作。[1]高校辅导员可以运用数据作为核心驱动力，通过全应用场景的赋能方式，构建起精准高效的思想政治育人体系，提升思政教育的效果和质量。

人工智能技术拥有强大的学习能力、推理能力和交互能力，融合了计算机科学、心理学、哲学等多学科的知识和方法，能在短时间内处理大量的数据和任务，根据用户需求，为用户提供个性化的建议和方案。因此，人工智能技术可以在针对性、创新性、专业性等方面提高深度辅导工作的效果。

首先，人工智能技术有助于提高思想政治教育和深度辅导工作的针对性。通过大数据支持，辅导员可以有效抓取在校生的在校消费情况、学习情况、兴趣爱好情况、在校活动特点等。随后，利用人工智能技术加以整合，从而形成更加精准的人物画像，预测学生综合发展情况，并对相关风险点位提出预警。[2]这可以快速帮助辅导员抓取学生特性，针对性开展深度辅导工作。对于遇到困难的学生，在环境中建立安全感和信任感，发现后进生的"闪光点"；对于受到批评的学生，仅针对他的错误，敢于发表意见；对于学习中等的学生，点出学生的动力点；对于取得成绩的学生，引导学生找出优等生的"自省点"，提高工作实效。

其次，人工智能技术可以提高思想政治工作的创新性。人工智能技术可以帮助辅导员整合教育资源，搜集最新的时政信息和个性化网络文化作品等，

---

〔1〕 范紫轩、蒋红梅：《数字时代背景下"传统思政"向"数字思政"教育模式转型的实践路径探索》，载《陕西教育（高教）》2024年第3期。

〔2〕 操玲玲、张艳君：《智能与赋能：思想政治教育方法的新变革》，载《继续教育研究》2024年第4期。

丰富深度辅导工作的内容供给。同时，辅导员也可应用以 Sora 为代表的人工智能文生视频大模型。此类大模型可以根据用户的文本提示创建逼真的视频，深度模拟真实物理世界，能生成具有多个角色、包含特定运动的复杂场景。模型可以帮助辅导员生成思政教学视频，可以提高学生对于思政教育的体验感，改变传统的"你说我听"单项辅导模式，降低学生对于深度辅导工作的抵触心理，增强学生与教师的互动，提高深度辅导工作的趣味性，进而优化思想政治教育和深度辅导工作。

再次，人工智能技术可以提高深度辅导工作的专业性。以 ChatGPT、文言一心为代表的大语言模型拥有强大的资源整合能力，根据 OpenAI 公司的报告，最新发布的 ChatGPT 4.0 版本已经掌握了超过 26 种语言，支持复杂的多语种对话模式，可以高质量地解决有关翻译、编程、心理学、医学等方面的问题。因此，在辅导员开展深度辅导工作时，人工智能技术可以为辅导员提供专业知识方面的辅助，为辅导工作提供更多的理论支撑，提高辅导信度。

最后，人工智能技术还可以帮助辅导员减轻行政工作的负担，提高工作效率。ChatGPT 具有强大的文本整理和编辑功能，可以帮助辅导员快速提取文本重点，节约阅读时间，准确梳理工作的重点，为工作任务的整理和排序提出建议。除此之外，ChatGPT 可以辅助处理日常任务，如工作梳理总结等，进一步减少人工操作，提高工作效率，减少重复性事务。

综上所述，人工智能技术有助于提高深度辅导工作的针对性、精准性，增强辅导工作的趣味性、创新性，提升辅导工作的专业性。将人工智能技术引入日常思想政治工作，有助于高校进一步落实思政教育科学育人、精准育人、实效育人任务，优化深度辅导工作模式，更好地解决学生问题，完成三全育人的根本任务。

（二）人工智能技术应用到深度辅导工作中的风险

人工智能技术虽然可以为思想政治教育和深度辅导工作提供便利，但在使用过程中，也存在诸多风险。

首先，过度使用人工智能技术，会降低思政教师的主观能动性，造成技术依赖，不利于辅导员个人能力的提升。先进技术的使用，虽然可以增强师生互动的趣味性，但同时也会降低师生之间的真实情感交流，使思想政治教育工作缺少人文关怀，学生会忽视辅导员在思政教育中的作用，转而向人工智能平台寻求帮助，辅导员也会丧失思政教育的主体性地位。

其次，人工智能技术存在使用门槛。为了更好地使用该新兴技术，高校可以为辅导员提供有关 ChatGPT、文言一心等人工智能技术的培训和支持，帮助辅导员老师们更好地掌握新技术，学习如何充分利用技术来支持学生的学习。

最后，人工智能技术的使用存在隐私泄露风险。数据可以帮助辅导员全方位地了解学生，更好地教育引导学生。但是若高校过度采集学生信息，如学生手机号码、通讯录、短信记录、消费记录、社交媒体账户等，也会侵犯学生的个人隐私，造成学生对于辅导员群体的不信任，出现防备心理，影响后续思想政治教育的效果。

本文通过文献综述的方式总结了北京市各高校辅导员深度辅导工作开展的现状，梳理了目前深度辅导工作存在的问题，列举了目前主流的解决方案。同时，本文融合人工智能的时代背景，讨论提出更加有效地提高深度辅导工作质量的可行办法。在人工智能背景下，以 ChatGPT、文言一心为代表的大语言模型逐渐成为高校深度辅导工作的重要工具。辅导员需将数字技术与思想政治工作相结合，提升辅导的互动性、针对性和实效性。同时，要注意平衡技术便利与人文关怀，避免过度依赖和隐私泄露风险，利用先进技术，真正解决学生问题，做好数字思政和深度辅导工作，完成三全育人根本任务。

参考文献

[1] 付国柱、吴星、李浚：《高校辅导员深度辅导状况调查研究——以北京化工大学为例》，载《学园》2018 年第 31 期。

[2] 王伟、车阳、郑睿：《关于辅导员开展深度辅导工作的现状调研——以中国石油大学（北京）为例》，载《佳木斯教育学院学报》2014 年第 6 期。

[3] 崔莹：《以职业能力为导向的高校辅导员培训体系研究》，载《理论观察》2020 年第 6 期。

[4] 张烁、王晔：《坚持中国特色社会主义教育发展道路 培养德智体美劳全面发展的社会主义建设者和接班人》，载《人民日报》2018 年 9 月 11 日，第 1 版。

[5] 习近平：《习近平谈治国理政》（第二卷），外文出版社 2017 年版。

[6] OpenAI，"GPT-4 Technical Report"，retrieved from https：//cdn. openai. com/papers/gpt-4. pdf。

新时代加强和改进高校思想政治工作路径探究

[7] 张姮、胡红宇：《人工智能提高思想政治教育实效的价值分析和路径探索》，载《现代职业教育》2024 年第 7 期。

[8] 刘佳星、王玥、祝大勇：《人工智能技术嵌入思想政治教育的隐私风险与防范》，载《西部学刊》2023 年第 5 期。

新时代高校辅导员开展法治教育的实践路径

中国政法大学国际教育学院　赵晓萌

法治教育旨在有目的、有组织、有计划地向公民广泛传播和实践"依法治国"的核心理念，[1]以对公民进行针对性的法治知识普及，培养公民法治思维，引导其用法治思维规范自身行为，传授法律精神以实现其学法、守法、用法。而依法治校即学校以法治精神与原则为基石，在校内职权范畴内，依据宪法、法律及各项规章制度，科学规范地管理学校各项事务，开展教育教学活动，维护师生合法权益，是学校的一种指导思想和办学管理理念，更是一种工作机制和管理模式。[2]2020年7月15日，教育部发布的《关于进一步加强高等学校法治工作的意见》明确提出了高校需"加强法治工作机构和队伍建设"的要求[3]，进一步凸显了高校全面推进"依法治教、依法办学、依法治校"工作的重要性和地位。

近年来，随着依法治校方略的深入实施，法治思维的培养在高校日常教育服务管理工作中已占据核心地位。高校辅导员作为大学生思想政治教育的主力军，不仅是日常思想政治活动的组织者，更是管理工作的执行者和引领者，处于教育管理法治化建设的前沿。在推动高校依法治校、依法教育管理的进程中，高校辅导员肩负着对大学生教育管理事务进行解读、执行和保障的重要职责。[4]法治教育的开展，直接关系到高校立德树人根本任务的完成

---

〔1〕 王双群：《新时期加强法治教育与德治教育的重要性》，载《学校党建与思想教育》2002年第Z3期。

〔2〕 陈丽：《依法治校视野下高职院校辅导员法治意识培养研究》，载《南方职业教育学刊》2020年第4期。

〔3〕 陈小花、赵一鸣：《高校辅导员法治素养培育的生活向度》，载《漯河职业技术学院学报》2022年第2期。

〔4〕 起联玉、马黎晖：《浅论发挥辅导员在新疆高校"去极端化"中的作用》，载《新西部（理论版）》2017年第4期。

和依法治校目标的实现，这不仅是践行社会主义核心价值观的应有之义，更是高等教育阶段人才培养的迫切要求。因此，高校辅导员开展法治教育，对于提升高校法治化水平、推进依法治校进程具有深远意义。

高校辅导员应积极推进法治教育与思政教育的深度融合，以增强大学生的法律知识储备为核心目标，激发他们参与法治教育实践的积极性与主动性，协助大学生牢固树立法治观念，引导其坚守社会主义法治信仰。

一、高校辅导员开展法治教育现状

大学生的法治意识与国家法治建设的进程紧密相连。目前，大多数高校主要通过思想道德与法治课程、[1]课外活动、社会实践以及媒体宣传等途径开展法治教育。这些教育方式强调参与性、体验性和启发性，旨在通过多方面的教育合力传播法治知识、培养法治思维。

一是通过思政课程和课程思政开展法治教育。充分发挥第一课堂——课程教学的主渠道作用，推动习近平法治思想深入教材、课堂和学生头脑。例如，重庆科技学院在"思想道德与法治"课程基础上增设了"犯罪与刑法"和"民法典与社会生活"等法律选修课程，将各类法治教育资源融入教学大纲、教材和考试内容，实现课程育人的协同效应。[2]

二是通过校园文化和社会实践开展法治教育。充分发挥第二课堂——文化活动的育人作用，以宪法学习宣传为核心内容，结合国家安全教育日、国家宪法日等重大纪念日，与红色基地、传统文化和地方特色相结合，开展形式多样的活动。如中国政法大学多年来持续开展法治知识网上学习、模拟法庭、法治征文等活动，引导学生在丰富多彩的活动中学习宪法法律，提升法治素养，参与法治实践，彰显实践育人。

三是通过社交软件和网络媒体开展法治教育。部分高校通过开展具有针对性的特色规培训练，制定网络教育指南，让师生系统学习新媒体相关法律制度，以培育良好的网络环境遵法意识，进一步加强校园内外网络法治。有

---

〔1〕 张家宇：《大学生法治教育向何处去》，载《安徽理工大学学报（社会科学版）》2021年第5期。

〔2〕 李文峰：《全面依法治国背景下高校法治教育创新路径探究——以重庆科技学院为例》，载《中共太原市委党校学报》2023年第1期。

效利用国家安全教育日、国家网络安全宣传周等重要的节日点并开展宣传，有助于师生树立正确的网络安全观，同时将师生网络言论行为纳入考核评价评优，进而提高建、用、管网的能力，守牢意识形态阵地，彰显网络育人。

高校辅导员在思想政治教育队伍中扮演着重要角色，是思想政治教育队伍中有力的支持者、大学生法治教育的开展者，但在多数高校，辅导员并未充分利用自身的岗位特点和优势，与思政课教师等力量的沟通协调和相互配合尚显不足，在一定程度上限制了其在大学生法治教育中的贡献度。

二、高校辅导员开展法治教育的困境

在高校法治教育工作中，辅导员扮演着多重角色，既是学校管理者的延伸——聚焦于思想政治教育整体状况，又是思政教育的具体执行者——侧重于法治教育知识的传授，还是学生对其法治教育角色的期待。然而，当前部分高校辅导员在履行职责时过于依赖过往经验，而非遵循法治化的思维方式，这在一定程度上制约了依法治校水平的提升，也影响了学生合法权益的有效保障和实现。

（一）高校辅导员开展法治教育的角色定位模糊

一是在多数高校中课堂虽为大学生接受法治教育的主要途径，但辅导员在法治教育中的角色定位仍不明确。尽管辅导员在思想政治教育中的关键地位已得到认可，但很多高校并未将法治教育与辅导员的工作职责紧密结合，导致其作为法治教育引导者的身份难以凸显。二是辅导员的法治素养水平与学生需求之间存在明显差距。在辅导员招聘时，除法学专业高校外，鲜有高校将法学知识作为必要条件。辅导员入职后，由于日常事务繁重，难以抽出时间学习法治知识。三是由于缺乏与考核激励政策相关联的个人法治素养提升机制，辅导员提升法治素养的主观能动性严重不足。因此，高校需重新审视辅导员在法治教育中的角色定位，并加强其法治素养的培养与提升。

（二）高校辅导员开展法治教育的内容选择浅显、教育方式单一

高校辅导员与思政课教师在开展大学生法治教育时，其功能与定位各有特色，这不仅体现在教育内容和形式的选择上，更在于各自岗位的独特优势。然而，目前辅导员对法治知识掌握程度与学生所期待的法治教育内容、形式

并不完全契合。

一是法治教育内容浅显。当前高校选取的法治教育内容相对基础，无论是第一课堂还是第二课堂均侧重于法治教学理论的知识灌输，内容多以规范行为为主，旨在确保学生在校期间不违反法律法规，缺乏深度的思考和适当的规划，显得较为枯燥乏味。二是法治教育形式单一。以往调研显示，许多高校在法治教育上采用灌输式的教学方式，如线上发送文件、组织法治知识竞赛、讲座签到等，虽然这种方式对辅导员而言可在烦琐工作中节省时间和精力，但学生的参与度降低，体验感较差，不利于大学生提升个人综合能力。因此，高校需要高度重视法治教育中辅导员的角色，优化教育内容，丰富教育形式，更好地满足学生的需求。

（三）高校对辅导员开展法治教育的顶层设计不够完善

一是评价机制尚待健全。近年来，随着教育部政策文件的不断出台和高校的实际需求的持续增长，辅导员队伍的建设逐渐走向成熟。然而在法治教育开展方面，相关内容的评价机制尚显不足。具体来说，辅导员在法治教育中的职责义务、工作要求以及考核标准等方面都缺乏明确规定。这导致目前高校的法治教育主要依赖于思政教师的第一课堂教学，辅导员作用未能得到充分发挥。

二是奖励机制有待完善。正如前文所述，由于效果难以用具体的指标数据进行量化，辅导员的职称评审、评奖评优等方面并未将大学生法治教育的效果纳入考量范围。对于超出当前工作范畴的法治教育任务，若缺乏一套完整的奖励机制，辅导员开展法治教育的积极性将大打折扣。为了提升辅导员在法治教育中的参与度与效果，高校亟须完善相关的评价与奖励机制。

三、高校辅导员开展法治教育的实践路径

高校辅导员开展大学生法治教育的核心目的在于引导其深刻领会法律的存在价值，充分认识到法治教育对于成长成才的必要性；明确法律底线、自觉抵制任何违法行为、严格遵守学校各类规章制度，通过法治方式维护个人权利；在接受法治教育后了解自身享有权利并实现自我保护，树立法治观念；具有学习法治知识的主观能动性并寓学于做处理实际问题、参与普法实践以提高法治素养。辅导员开展大学生法治教育应以习近平法治教育重要论述为

理论指导，将大学生培育为社会主义法治的忠实崇尚者、自觉遵守者、坚定捍卫者；[1]在实践层面，应以系统性的视角精心规划大学生法治教育，通过整合教育资源、凝练教育内容、革新教育方法，切实提升法治教育的实效性，全面提高大学生法治教育的质量，确保其在培养具备法治素养的优秀人才方面发挥实效。

（一）增强主观能动意识、提升法律素质水平

提升辅导员的法律素质水平不仅是高校法治教育工作的重要一环，也是辅导员职业素养提升的关键路径。因此，从高校层面出发，应在招聘辅导员时优先考虑具备法学背景或法治知识储备的人才，以构建专业化的法治教育队伍。同时，将法治教育融入辅导员的定期培训中，提供多样化的法治培训和进修机会，如校内外的学习交流、挂职锻炼等，旨在增强辅导员的法治意识，深化对规则与公平正义的理解，并提升其依法管理的能力。此外，辅导员自身也应充分发挥主观能动性，积极运用各类资源政策，不断提升大学生法治教育的质量与效果，为推进校园法治化建设贡献力量。

（二）完善培育顶层设计、优化规章制度体系

高校应基于自身的实际情况，以辅导员在法治教育工作中的职责要求为基准，制定完善的规章制度，明确辅导员在法治教育中的职责与义务、管理考核的方式以及核心工作内容，[2]通过构建从"学校"到"学院"二级联动的协同合作，为辅导员推动法治教育开展提供保障。完善的规章制度不仅可以为高校辅导员队伍的专业化建设提供坚实的制度支撑，而且可以进一步强化辅导员在法治教育中的实践效果，实现动态、系统的管理。

此外，高校还应建立健全的激励机制，对学院和辅导员个人进行表彰和奖励。在日常管理工作中，如职称评定、评优考核等，应将学法用法、依法依规管理作为衡量辅导员工作成效的重要指标，以此调动和激发辅导员对法治工作开展的积极性，从而提升其法律意识和法律素质。

---

〔1〕 项定宜、王佳艺：《新时代高校法治教育问题与对策探究》，载《哈尔滨学院学报》2020 年第 12 期。

〔2〕 张瑞：《十年来推进高校辅导员队伍建设的成就检视》，载《学校党建与思想教育》2016 年第 5 期。

新时代加强和改进高校思想政治工作路径探究

（三）整合课内课外作用、搭建校外资源平台

一是重视发挥第一课堂的主体作用和第二课堂的重要作用。高校辅导员要结合效能优势，与专业课教师协同合力，站稳课堂主阵地的同时参与课外法治教育平台的搭建，通过校园文化建设的"润物无声"之力营造浓厚的法治氛围，打造高校法治文化阵地。此外，可以设立专业教师作为法治教育的朋辈辅导员负责开展普法教育、权利义务教育以及法治问题咨询等工作，与辅导员一同推进日常的法治教育管理。在日常活动中，引导学生主动投身于校园内的法治教育实践活动，例如参与学校社团组织的法治调研活动，深入了解法治建设的实际状况、在寒暑假期间走进社区和街道开展法治宣传活动，将法治理念传播到更广泛的社会层面、组织参观中国法院博物馆等各类法治教育基地，加深对法治精神的理解和领悟，让学生在实地实景中学习法律、运用法律，从而提升法治教育的效果。

二是充分发挥校外力量。学科化和专业化作为法治极为鲜明的特点，目前在国外高校被充分运用。结合校外资源作为法治教育储备力量，辅导员可以通过邀请法学名家、公检法系统校友等举办讲座、培训，构建理论学习平台来加强高校与社会的合作整合机制。同时制定有效的资源置换计划，强化整合外部法治教育资源的功能，例如拓宽法治教育者队伍的结构，将法学类优质毕业校友以及法治研究领域的杰出学者纳入其中，作为推进大学生法治教育的重要资源，将在校生作为他们的人才培养储备对象，搭建实践资源平台。通过充分整合校内外各方力量，共同丰富法治教育的内容体系，积极探索多样化的法治教育形式，从而为社会的法治化进程贡献力量。

（四）发挥网络引导作用、营造法治文化氛围

在信息化时代，网络已成为大学生获取法治教育知识的重要途径。它打破了传播地域限制，使得法治知识能够实时呈现给大学生，便于他们利用碎片化的时间进行学习。高校辅导员作为大学生的心灵导师和人生引路人，[1]应立足实际工作，善用网络平台开展思想政治教育，积极发挥正面网络文化

---

〔1〕 黄蓉生：《高校辅导员队伍建设的学习型境界》，载《高校辅导员》2011年第1期。

的引导作用。[1]具体而言,应首先充分利用校内已有的法治宣教平台,结合学校各类活动与学生社群、社团的力量,通过线上线下的有机结合,吸引更多学生积极参与其中。如知识网红——中国政法大学罗翔教授在 B 站发布的刑法视频,凭借其深入浅出的讲解,深受大学生喜爱,有效激发了大学生参与法治教育的积极性。其次,在实施法治教育后应检验教育目标的实现情况,通过树立典型和参与平台建设来巩固教育成果。最后,应鼓励学生自主传播法治教育的形式和内容,通过口碑传播扩大影响范围,使更多学生乐于接受法治教育,同时典型故事的传播也将持续扩大法治教育的影响力。

结　语

辅导员作为高校法治教育开展中必不可缺的角色,其作用发挥与学生的学习质量和效率息息相关。近年来,教育部出台多项举措推进改革,逐步将大学生的法律意识培养纳入高校规划。辅导员作为高校思想政治教育的重要一环,更需要将大学生法治教育与日常管理和服务工作相结合,通过校园文化活动和志愿服务等载体培养高校学生的法律意识,提升其法律素养,使其意识到法律知识的重要性,具备法律意识和法治精神,推动和谐社会进一步发展。

参考文献

[1] 王双群:《新时期加强法治教育与德治教育的重要性》,载《学校党建与思想教育》2002 年第 Z3 期。

[2] 陈丽:《依法治校视野下高职院校辅导员法治意识培养研究》,载《南方职业教育学刊》2020 年第 4 期。

[3] 陈小花、赵一鸣:《高校辅导员法治素养培育的生活向度》,载《漯河职业技术学院学报》2022 年第 2 期。

[4] 起联玉、马黎晖:《浅论发挥辅导员在新疆高校"去极端化"中的作用》,载《新西部(理论版)》2017 年第 4 期。

[5] 张家宇:《大学生法治教育向何处去》,载《安徽理工大学学报(社会科学版)》2021

---

〔1〕 祁承勇:《高校辅导员利用网络平台提高工作实效性研究》,载《长沙铁道学院学报(社会科学版)》2013 年第 1 期。

年第 5 期。

[6] 李文峰：《全面依法治国背景下高校法治教育创新路径探究——以重庆科技学院为例》，载《中共太原市委党校学报》2023 年第 1 期。

[7] 项定宜、王佳艺：《新时代高校法治教育问题与对策探究》，载《哈尔滨学院学报》2020 年第 12 期。

[8] 张瑞：《十年来推进高校辅导员队伍建设的成就检视》，载《学校党建与思想教育》2016 年第 5 期。

[9] 黄蓉生：《高校辅导员队伍建设的学习型境界》，载《高校辅导员》2011 年第 1 期。

[10] 祁承勇：《高校辅导员利用网络平台提高工作实效性研究》，载《长沙铁道学院学报（社会科学版）》2013 年第 1 期。

谈话是一门心灵沟通的艺术

——基于高校辅导员与学生谈话的体会和思考

中国政法大学民商经济法学院　代丽丹

一、与学生谈话的重要性

（一）与学生谈话是高校辅导员的主要本质性职责

辅导员是高校教育工作队伍中的重要组成部分。从狭义上讲，辅导员是思想政治教育工作者，主要关注大学生的思想发展状态，引导大学生树立远大理想、筑牢正确的价值观，勇于承担历史使命和社会责任，成为合格的社会主义建设者和接班人。从广义上说，辅导员是大学生的管理人和辅助者。大到学生的"奖评助罚"，小到请销假、物品的发放、领取，都属于辅导员的工作范畴。由于辅导员的工作职责非常广泛且界限不明确，导致辅导员工作范围庞大，内容繁杂。辅导员每天要处理大量的通知、统计、制表、报送、总结、宣传等日常工作，还需要组织、参与、指导各类型党团、年级、班级活动和会议，大多数时间和精力被烦琐复杂的事务性工作所占据，无暇与学生进行谈话。然而事实上，思想政治教育工作才是高校辅导员工作的本质和核心，与学生谈话是完成这一本职工作的主要载体和途径。《中共中央、国务院关于进一步加强和改进大学生思想政治教育的意见》（中发〔2004〕16号）明确指出，"要结合大学生实际，广泛深入开展谈心活动，有针对性地帮助大学生处理好学习成才、择业交友、健康生活等方面的具体问题，提高思想认识和精神境界"。辅导员在不同阶段都应该积极主动地与学生进行谈话，与学生建立起良好的沟通关系，有了畅通的交流基础，才能更好地开展日常工作。这一方面需要辅导员发挥主观能动性，强化主体意识，全身心地投入到与学生的谈话中。同时，更需要高校相关部门进行科学合理的顶层设计，给辅导员工作做减法，规范辅导员工作职责和范围，明确职责界限，杜绝各行政部门随意给辅导员摊派工作现象的发生，要求各部门各司其职，不互相推诿，也不要"踢皮球"，减轻辅导员的事务性工作负担，把辅导员从琐碎性的重复工作中解脱出来，把更多的时间和精力投入到与学生谈话中去。

（二）与学生谈话是高校辅导员不能抛弃的主要工作方式

有的人说，辅导员是学生的思想领航员；也有人说，辅导员是学生的知心好友。显而易见的是，高校辅导员是直接接触学生的一线基层工作者，他们离学生最近，与学生的关系紧密，与学生在校学习、工作、生活的方方面面都有联系。说到底，辅导员的工作是育人，所有的工作都是围绕"学生"这个主体来开展。不管是思想政治教育，还是日常事务管理，都是与学生相关的。因此，与学生谈话，跟学生交流沟通，是开展一切工作的前提和基础，也是全面准确掌握学生情况和动态的主要方式。

（三）与学生谈话是建立信任关系的有效途径

大学生初入校园，对一切都很陌生，大学的学习、生活、人际关系他们都一无所知。辅导员具体是做什么的，他们大多数人并不知道。有不少辅导员在迎新工作中都碰到过类似的问题，学生会问："辅导员是干什么的呢?""辅导员是老师吗?"可见，学生对辅导员的身份定位和工作职责知之甚少。

不难看出，辅导员和学生，一开始就是互不认识的陌生人，要打破彼此之间的壁垒，首先要互相认识，从见面聊天开始，一步一步逐渐建立起联系，慢慢开始互相信任，在此过程中，面对面的谈话是主要的有效途径。"人际信任是个体在人际互动过程中建立起来的对交往对象的言辞、承诺以及口头或书面的陈述的可靠程度的一种概括化的期望。人际信任可以减少处于人际互动过程中个体间由于时空分离所造成的距离感，它是良好人际关系的前提。"[1]

信任是良好沟通交流的前提和基础，辅导员开展学生工作的底气和信心来源于学生的信任。如何才能获取学生的信任呢? 辅导员定期与学生进行面对面的交流，在过程中，充分尊重学生的个体特性，从学生的实际出发，倾听

---

〔1〕 丁道群、沈模卫：《人格特质、网络社会支持与网络人际信任的关系》，载《心理科学》2005年第2期。

学生的自我认识和价值认同，积极调动学生的热情和主动性，走进学生的内心，了解学生的世界观和价值观。这样的交流互动，首先是一个相互认识、不断熟悉、建立和谐关系的进程，同时也是一个收获理解和信任的过程。通过谈话，一方面让学生认识辅导员，了解辅导员是做什么的，破除学生对老师"高高在上"的刻板印象；另一方面也让辅导员认识、了解学生，清楚掌握每一个学生的基本情况和思想动态。

二、与学生谈话要重视两个维度

（一）要注重谈话的持续延展性

与学生谈话不是一个一蹴而就的事，也不是一个一劳永逸的工作。辅导员与学生的谈心谈话，很多时候一次、两次并不能解决实际问题，有的甚至可能大学四年都无法找到彻底解决方法。因此，与学生谈话是一个长期的延续性过程，有时空上的延展性。针对学生存在的问题，需要建立一个常态化的沟通机制。根据所带学生数量的多少，灵活制订谈话方案，一个学年或一个学期与每个学生面对面交流一次，全面掌握学生的近况。同时需要辅导员能够根据大学生的不同阶段特点和个体特征，具体问题具体分析，制订不同时期、不同问题、不同学生的谈话计划，重视谈话的长期性和延续性。

（二）要注重谈话的范围广度

高校辅导员在实际工作中，所带学生往往都远超教育部规定的1∶200的比例。有的辅导员一个人要带近400名学生，学生数量的庞大使得与学生进行谈话困难重重。大多数辅导员在工作中只能采取传统的"抓两头、带中间"模式，以点带面，这样容易造成与中间大部分学生谈话的缺失。如果辅导员对自己所带的学生不能实现全覆盖沟通交流，那么必然造成对学生的认识、了解不够，无法及时掌握学生的基本情况，也就无法科学、高效地开展日常工作。所以，辅导员要尽量把每一个学生都纳入谈话范围，通过谈话，认识了解每一个学生，发现学生的优缺点，从学生自身特点出发，因材施教，提供个性化的引导和帮助，为学生的成长成才打造良好的基础和平台。

三、与学生谈话应该坚持的原则

(一) 相互尊重

辅导员面对的是一届一届的学生，也是不同年龄段的青年。从80后、90后到00后、05后，学生群体在不断发生变化，学生的个性特征愈加凸显，没有两片完全相同的树叶，也没有两个完全相同的人。每一个学生都是一个独立的个体，有自己的独特之处，有值得夸奖的优点，也有尚需改进的缺点。辅导员与学生谈话，要始终尊重学生，平等对待每一个学生，要跳出自身固定思维模式，不要认为自己什么都对。不要把学生当成实现自己个人期待的对象，也不要先入为主，预设前提。要努力打破辅导员和学生间的年龄壁垒，主动了解当代大学生的思维模式和个性特征，知道学生们对什么感兴趣，喜欢使用哪种聊天软件，更偏向于在什么地点、场合敞开心扉。辅导员在与学生的谈话中，应该以清晰的逻辑推理、严谨的理论思考教育、引导学生，而不是用主观想象和好恶去判断学生，不是把自己的想法强加给学生。

(二) 仔细聆听

谈话是一个双方沟通交流的过程，不是哪一方单方面的输出。辅导员与学生谈话，由于"教师"的惯性思维和"急于解决问题"的心态，往往容易自己不停地"说"，而忽视了对学生的"倾听"。实际上，在谈话中，聆听跟表达一样重要，只有仔细聆听才能全面、深入地了解学生的思想、情感、行为方式，才能形成客观、准确的判断，也才能在谈话中更好地引导学生，关心、理解学生，最终帮助学生解决问题，增强师生间的信任感，获得学生的支持。"心理学家认为，教育者对学生施加的影响，如果符合学生的需要，符合学生的心理活动规律和发展水平，就能为学生所接受并内化为自己的东西，从而促进发展。否则，就会事倍功半，甚至事与愿违。"[1]

(三) 主动引导

辅导员跟学生谈话，不是生活场合中的"聊天"，而是一场准备充分的交

---

〔1〕 徐学兰：《关于高校辅导员与学生个别谈话的技巧》，载《职业教育研究》2008年第12期。

流。辅导员需要借鉴、学习心理咨询的相关理论和技巧，但是辅导员不是心理咨询师，不能完全遵循心理咨询的原则，而是要在谈话过程中时刻掌握主动性。日常工作中的谈话，绝大多数是以问题为导向的，需要通过谈话有效解决实际问题。因此，辅导员不能跟心理咨询师一样，等待学生"主动咨询"，也不能在谈话过程中无限度地等待学生"主动表达"，在仔细倾听的同时，要积极引导，掌握谈话的主动权。尤其是面对一些自我意识很强，能说会道，喜欢用刚学到的课本知识来阐述问题，喜欢质疑一切规则合理性的学生，更需要辅导员在谈话过程中时刻保持清醒，把握谈话节奏，紧扣主题，主动进行有效的交流和引导。

四、与学生谈话的技巧和方法

（一）提前准备，做好背景调研

"教育学中指出，人是共性与个性的统一。人的共性是指存在于人类一般特性之中，贯穿于一切历史阶段之上，使人根本有别于动物的特性。个性是单个人所具有的属性或特征的总和，它表示的是某个人区别于其他人的特殊性。人的共性和个性统一的观点要求在教育上，一方面要坚持统一的教育要求，使每个学生都获得全面发展；另一方面要坚持在个人全面发展的基础上发挥个人特长。"[1]辅导员面对的是一个个生动活泼的大学生，他们既有共性，又各不相同。辅导员与学生谈话要顺利开展，首先就需要了解学生背景。通过填写入学登记表、调查问卷、成长手册等，了解学生的籍贯、家庭情况、成长经历、兴趣爱好、性格特点，形成一个初步的认识，知己知彼，才能在谈话中走近学生，才可能开启一段良好的沟通关系。这是谈话交流能够顺利开展的重要前提，辅导员必须认真对待，提前做好充分准备，可能全面地掌握学生的基本信息和各方面情况。

（二）根据目的，设计不同的方案

辅导员与学生谈话，要根据目标、内容、范围、具体对象设计不同的谈话方案。

---

〔1〕 宗宇：《论辅导员的谈话技巧》，载《辽宁工学院学报（社会科学版）》2007年第6期。

新时代加强和改进高校思想政治工作路径探究

第一，了解型谈话。这样的谈话是为了认识学生，开始建立良好的沟通关系，给谈话的持续开展奠定基础。因此，谈话的对象可以是单独的学生，也可以是一个学生群体。进行谈话的可以是辅导员一个人，也可以邀请专业老师、班主任共同参与。谈话的内容可以依据不同年级的特点进行设定，例如，大一进行宿舍谈话，主要谈如何与同学积极沟通，和谐处理宿舍关系，尽快适应大学集体生活；大二进行班级谈话，主要谈如何进行学业规划，找寻专业学习的方法和技巧；大三进行特殊群体谈话，主要谈职业生涯规划，提前分析个人的兴趣、爱好，协助学生探索适合自身的毕业道路；大四进行分类谈话，主要谈如何提高核心竞争力，从容应对社会竞争和拣选。这类型谈话更多的是问询和商讨，可以灵活选择谈话场所，营造轻松愉快的谈话氛围。

第二，解决问题型谈话。辅导员在实际工作中，很多时候扮演"消防员"的角色，哪里出了问题，到哪里"扑火"。因此，很多与学生的谈话是以问题为导向，需要解决实际存在的困难。这类型谈话往往时间紧、任务重，更多的是疏导、批评、教育，一般选择比较严肃的谈话场地，例如办公室、谈话室、会议室，与学生面对面单独沟通，还要注意保护学生的隐私和自尊心。在谈话过程中，要注意节奏，坚持原则，同时也要观察学生的反应，根据学生的接受、理解程度，循序渐进，不能急于求成。在解决问题的同时，更要鼓励、引导学生勇敢面对自身的缺点，善于发现自身的优点，一方面改正自己的不足之处，另一方面更要树立信心，不断进取。

第三，特殊个体谈话。解决问题型谈话可以细分为短期谈话和长期谈话。有些问题比较简单，一两次谈话就能解决。但是有的问题比较复杂，需要长时间、常态化的交流和沟通。例如，每个辅导员所带年级都会存在的一些特殊问题学生，需要辅导员四年持续的关注，定期的谈话，深入的交流。这类型的谈话，对辅导员提出了更高的要求。需要辅导员平时不断加强学习，掌握相关专业理论知识，借鉴、运用心理咨询相关技巧和方法，除了口头语言外，还可以充分运用各种类型的肢体语言，诸如面部表情、眼神示意、举手投足等来表达自己的态度和情感，消除学生的心理防御，真正走进学生的内心，与学生进行"共情"。"一个热情洋溢的微笑，一个真心期待的眼神，一个微微赞许的点头等肢体语言，都能表达对学生的爱心，会给学生一种信任

334

感和亲切感。"[1]有时候恰当运用肢体语言，不仅能帮助口语表达，还会起到意想不到的作用，使谈话事半功倍。对于一些特别内向、害怕到办公室面对老师的学生，辅导员可以适当利用网络科技技术和自媒体介质与学生进行线上沟通。线上谈话的有利之处在于突破了时间与空间的限制，辅导员可以及时与学生联系，尽快了解情况，同时线上谈话可以避免个别学生面对辅导员时的担心和害怕，更有助于个别心理戒备森严的学生敞开心扉。

（三）推己及人，投入真情实感

高校辅导员面对的是一个个自我意识强烈的学生，做的是人的思想工作，这一工作性质决定了，辅导员与学生的沟通不能只是生硬刻板地解决问题，而需要真情实感地投入，潜移默化地长期灌溉。谈话是一门艺术，是心灵之间的沟通，要与学生进行深度交流，依靠的是辅导员倾注的真心和情感。无论哪一种策略和技巧，都只是锦上添花的辅助工具，打动人的始终是真诚。辅导员要赢得学生的认同和信任，要高效地完成思想引领和日常事务工作，要树立在学生中的威信，首先要做到"以身作则、言行一致"。要求学生做到的，辅导员自己先要做到，不能"说一套做一套"。要尊重每一个学生，真诚对待每一个学生，经常换位思考，真切体会学生的感受，分析学生的心理状态，适时有效地提供指导和帮助。

五、结语

随着网络科技和自媒体平台的迅速发展，学生获取信息的渠道和方式越来越多，给大学生思想政治教育工作带来了新的挑战，也创造了新的机遇。辅导员在工作中可以拓宽视野，不断创新工作方式和方法，但无论怎么创新，谈话仍然是学生工作的根本方式和主要途径，在哪个时代都不过时。只有辅导员真正关心关爱学生，带着对学生真挚的感情，全身心投入，坚持与学生长期、持续、常态化进行深入谈话交流，春风化雨地感染学生，潜移默化地影响学生，才能引导学生树立正确的世界观、人生观、价值观，增强学生工作的实效性，为社会主义培养合格的建设者和接班人。

---

〔1〕 徐学兰：《关于高校辅导员与学生个别谈话的技巧》，载《职业教育研究》2008 年第 12 期。

新时代加强和改进高校思想政治工作路径探究

参考文献

[1] 宗宇:《论辅导员的谈话技巧》,载《辽宁工学院学报(社会科学版)》2007 年第 6 期。

[2] 张琳:《论谈心谈话在辅导员工作中的重要作用》,载《决策探索(下)》2018 年第 1 期。

[3] 丁道群、沈模卫:《人格特质、网络社会支持与网络人际信任的关系》,载《心理科学》2005 年第 2 期。

[4] 暴占光:《个性化深度辅导的心理机制与工作模型》,载《思想理论教育导刊》2010 年第 8 期。

[5] 张新平、王宇凡、关汉岳:《努力成为学生喜欢"骚扰"的对象——辅导员与学生谈心谈话的技巧与体会》,载《高校辅导员》2020 年第 1 期。

[6] 徐学兰:《关于高校辅导员与学生个别谈话的技巧》,载《职业教育研究》2008 年第 12 期。

[7] 刘爱玲、陈小兰:《浅析高校辅导员谈心谈话的方法与技巧——基于辅导员与学生百分百谈心谈话的体会与思考》,载《现代交际》2021 年第 18 期。

[8] 张彩艳:《优化高校辅导员谈心谈话教育的路径分析》,载《产业与科技论坛》2021 年第 13 期。

高校辅导员与本科新生谈心谈话实践探索研究

中国政法大学外国语学院　吴　凡

高校辅导员是大学生思想政治教育的中坚力量，承担着培养担负民族复兴重任的时代新人、合格的社会主义建设者和可靠接班人的重要使命。谈心谈话是辅导员开展日常思想政治教育的基本功是开展学生思想政治工作的重要抓手。兼具互动性、建议性和思想性的谈心谈话在本科新生第一学期的迎新工作中尤为重要，其能够促进增进师生之间的了解，使学生尽快适应大学生活，引导新生坚定理想信念，发挥交谈的"浸润"和"辅导"功能。

一、本科新生谈心谈话的价值意义

（一）谈心谈话是开展思想政治教育的重要途径

开展谈心谈话是辅导员履行岗位职责的基本要求。《高等学校辅导员职业能力标准（暂行）》强调了辅导员在开展学生工作应通过日常观察、谈心谈话、问卷调查等多种方式，广泛搜集学生信息，并深入理解他们的思想动态。其中，谈心谈话作为一种直接且有效的沟通方式，不仅能够让辅导员准确把握学生的思想脉络，更是对学生进行个性化引导的关键途径。定期而深入的交流，不仅体现了辅导员的关心与支持，还极大提升了引导工作的针对性和实效性。作为与学生日常生活和学习联系最为密切的教育工作者，辅导员的角色至关重要。他们需要深入学生的日常，融入学生的群体，真正全面地掌握学生的生活状态、学习情况和思想变化，从而有的放矢地开展教育工作。谈心谈话作为辅导员日常工作的核心手段之一，是获取学生全方位信息的有效方式。通过面对面的交流，辅导员可以更直接、更真实地感受到学生的情绪和思想变化，这无疑增进了师生之间的情感联系，加强了学生对辅导员工作的信任与理解。在交流中，辅导员能够以其专业素养和人文关怀，为学生提供及时的心理支持和适时的学业指导，帮助他们解决成长过程中的困惑与难题，引导他们树立正确的世界观、人生观和价值观。

谈心谈话也是"三全育人"视域下高校辅导员角色定位的基本遵循。提升谈心谈话的辅导能力，能帮助学生走出心理困境，树立正确三观，跨越个人认知瓶颈，把握人生规律；能让学生勇于思考、善于表达、提高学生的人际交往能力；能促进学生树立良好的法律法规意识，增强大学生的使命与担当精神。

（二）谈心谈话是缩短新生入学适应期的关键方法

在新生入学第一个学期，做好与学生的谈心谈话工作，能够拉近与学生的情感距离，帮助学生解决好大学生活的适应问题和个人规划，让学生在大学成长得更顺利。

通过深入的谈心谈话，可以加强专业指导并巩固学生的专业理念。大学生只有对学校及其所学专业产生浓厚的兴趣和自豪感，才能确立奋斗目标的信心与动力。辅导员应通过交流，帮助学生清晰理解人才培养目标、课程结构、选课方法以及学分和学位的要求。此外，还应当引导新生建立正确的学习观念，协助他们从学习环境、学习方式、生活状态等多个角度重新认识大学的现实情况，使他们能够客观、公正地评估自己的性格特点、兴趣爱好以及个人素质的优势与不足，进而制定出符合个人特色的人生目标。对于各种原因被调剂录取到本专业的学生，也许该专业并非其高考志愿的第一选择，但是既然选择了报到入学，就应该调整好心态，认清客观现实，从内心认可和接纳在本专业就读的现实，客观理性看待自己和外部世界的关系。良好的谈心谈话能够让学生调整认知，认识到专业是立身之本，从而激发学生的学习兴趣。

谈心谈话能够帮助大学新生树立远大理想。为了培养新生对职业生涯规划的认识，应该鼓励他们通过生涯规划和大学目标设定来勾勒自己的发展蓝图。这样的做法将帮助他们合理地规划大学期间的各个阶段目标，确保他们在更高追求和明确目标的引领下顺利完成学业。在这一过程中，学生们也将逐步建立起对就业市场的意识。在大一第一学期引导学生树立生涯意识，做到知己知彼。由于很多新生在高中阶段缺乏生涯意识，大学就是其生涯意识开始建立的转折点。大学生对自我的了解包括职业兴趣、职业价值观和职业能力，通过谈心谈话可以培养学生的自我认识，同时让学生认识到只有拥有专业能力、通用能力和自我管理能力，才能未来面对复杂的职业世界。在与学生的一对一真诚沟通中，学生能够对"我是谁""我想要什么""我能做什么""环境支持或允许我做什么""我应当怎样达到我的目标""为了实现目标，我现在可以做什么"等一系列问题进行思考，从而让新生的大学生活有的放矢，找到奋斗的目标，减少对于未来发展方向的迷茫无助感。

二、本科新生谈心谈话的理念原则

（一）尊重平等原则

面对 05 后本科新生，开展谈心谈话时要坚持尊重平等原则。05 后大学生自我意识更强、维权意识更强、不轻易服从于长辈或权威。在这样一个自由、开放和倡导独立的时代背景下，他们逐渐塑造了更为强烈的自主性和独立精神。另外，这批大学生成长于经济条件优渥的家庭，较少受物质条件的制约，因此其更注重个体的思想情感和价值体现。此外，随着个人成长和社会发展，他们更加重视表达个人意识，考虑维护自身权益，并追求个性化的价值实现。这使得他们不会因为辅导员是老师而服从，因此，在谈心谈话中应将学生看作一个独立个体，尊重学生的个性、平等地对待学生，注意谈话的语气和方式，强硬灌输反而会适得其反。

践行尊重平等原则离不开与学生"共情"。学会与学生共情，能够促进大学新生与辅导员之间的关系，促进学生开始自我探索，降低离开家在外求学学生的孤独感。在谈心谈话中，需要运用共情的"跟随"模式，通过角色代入感"设身处地"和"感同身受"。只有这样，才能真正抓住学生谈话中想要解决的问题，从而提供有效的帮助。积极的共情不仅能让辅导员真实地思考学生面临的问题，还能帮助辅导员合理评估问题的性质和严重性，并为解决问题提供明确的方向。通过这种深入的共情，辅导员可以更好地与学生建立起信任和共鸣，从而更有效地引导他们走出困境，实现成长和发展。

（二）因材施教原则

学生的发展阶段和个人目标各不相同，因此在思想政治教育中，我们必须认识和尊重这些差异，采纳"因材施教"的理念。个别谈心谈话是一种能够有效体现个性化的思想政治工作方法。教育者可以通过调整谈话的目的、内容、语气和互动方式等多个方面，来实现有针对性的教育和引导。

践行因材施教原则，关注个体差异谈心谈话地点的选择需要做到"因人制宜"。传统的谈心谈话常常选择在老师的办公室进行，但实际上有更多的时间和地点可以选择，以适应不同的需求。例如，课间休息、会议前后或校园中的偶遇都是进行谈话的好时机，这样可以及时地表达关心，直接且明确地交流。此外，办公室以外的场所，如学生宿舍、食堂、操场等，可能让学生感到更加放松，对于某些学生来说，这些地方可能会带来更好的谈话效果。由于新生与辅导员之间的信任感还未完全建立，加之中学阶段被老师请到办公室谈话一般认为是"请喝茶"，因而在熟悉度不高的情况下，谈话地点的选择可以相对灵活。

不同类型的谈话，谈话地点的选择也有着较强的灵活性。较为严肃的谈心谈话选择办公室更为适合；在进行涉及情感和心理等私密话题的谈心谈话时，选择一个私密且安静的环境尤为重要。例如，选择学院内空置的小型会议室作为谈话场所，可以为学生提供一个有利于倾诉敏感问题的环境，帮助他们更自在地敞开心扉，从而提高谈话的效果。对于性格外向的学生，环境对谈心谈话的影响可能不那么显著，因此辅导员在选择谈话地点时可以更多地考虑工作的便利性。然而，对于内向的学生，开放式环境可能会造成交流障碍，影响谈话的深度和效果。为这类学生选择一个封闭、安静的空间是更为恰当的选择，因此需要更为灵活地选择谈话地点，也可以让学生自己选择。

灵活应用多元方案，在谈心谈话中与不同性格的学生沟通。在与外向学生交流时，辅导员应当成为积极的倾听者和引导者，确保谈话内容聚焦，同时给予学生充分表达的机会，并在关键时刻提供有价值的见解和建议。对于内向学生，辅导员则需要更为细致和周到的引导。在谈话开始前，辅导员应深入了解学生的背景，并准备好相关话题，以避免谈话中出现尴尬的沉默。谈话中，辅导员应鼓励学生勇敢地表达自己的看法，帮助他们逐渐树立自信，培养更加开放的沟通风格。

(三) 适度原则

辅导员在与学生谈心谈话中应把握适度的艺术，要做到把握谈话的"火候"或"分寸"，谈话中要注意考虑学生的接受程度。把握谈话的"度"要做到适可而止，既不能过，也不能不及。面对初入大学的新生，要给予他们成长和领悟的空间，要给自己的意见、建议、看法和要求等留些时间，等待学生成长进步，发挥他们的主体性。

对学生谈话内容的深浅要适度。谈话内容的深浅要结合学生成长成才的规律和学生的自身情况，注意循序渐进、由小到大、由浅入深，以确保学生能够较好地理解和接受。在谈心谈话中，掌握好节奏和进程至关重要。对于那些需要特别关注的学生，辅导员应该通过有计划的多次谈话逐步实现谈话目的，确保学生能够毫无保留地敞开心扉，表达真实想法。在这一过程中，不应急于强加预期目标于学生。谈话时，辅导员需要敏锐观察学生的状态，保持冷静和客观，避免急躁和情绪化。同时，建立信任关系是关键，辅导员应耐心等待学生的成长和变化，以理解和支持促进学生的全面发展。与学生谈心谈话的次数要坚持适度的原则，与学生开展过多或过长的谈心谈话会使学生"吃不消"，有的甚至会使学生产生抵触、厌烦的情绪。所以，谈话的次数和长度要根据学生的接受度和自身情况，分阶段、有计划地开展。

对学生谈话要求的高低要适度。过高的要求难以达到，容易使学生被束之高阁，过低的要求又难以形成有效的激励机制，因此辅导员与学生谈话中对学生的要求要把握适度的艺术。对于本科新生而言，其认知与智力、情绪与人格正处于初期发展阶段，要遵循大学生心理发展规律，提出符合学生当下发展阶段的要求，通过加强学生人文素质教育、加强班级文化建设等逐渐引导学生完善人格，耐心细致地对待学生存在的问题，不过分拔高，不操之过急，主要从适应性问题开展谈心谈话，促进大一新生从生活、学习、心理多方面适应。

（四）保密原则

在谈心谈话和深度辅导过程中，辅导员应该具备包括保密和尊重隐私权在内的专业伦理意识，保护学生的自主权、受益权、免受伤害权、公平待遇权和要求忠诚权。辅导员应确保学生了解享有的保密权利、保密例外情况以及保密界限，保护学生的隐私权，保密原则例外包括出现学生有伤害自身和他人的倾向及法律规定需要披露的其他情况。

在与学生的谈心谈话中，保密的理念可分为：谈话过程和环境的保密，和谈话后对内容的保密。谈话过程和环境的保密可借鉴心理咨询的环境创设要求，在有条件的情况下尽量选择独立的空间来设置作为谈心谈话室，尽量营造温馨安静的整体氛围，或可根据实际情况灵活地选择学生相对熟悉且较为舒适的环境，增强学生的安全感，发挥环境的育人作用。谈话内容的保密则要求辅导员除向相关职能部门汇报外，不随意告知、透露学生的情况，对所记录的文字等书面信息要妥善保管，以防被他人随意看见。

在谈心谈话过程中，向学生清晰承诺保密谈话内容是构建信任与尊重的基石。这样的承诺传递出对学生的平等和真诚态度，有助于学生在交流中建立起内心的安全感。在此基础上，辅导员应鼓励学生自由地表达自己在学习、生活、心理健康和人际关系等方面遇到的难题。通过这种开放和信任的对话，辅导员能够更有效地赢得学生的信赖并实现真正有成效的帮助。对于本科新生而言，要特别慎重地处理谈心谈话内容是否应该告知学生家长的部分。大学生作为成年人不同于高中生，个别联系家长应该是一种特殊情况，如果排查出严重心理问题，则需要突破保密原则，第一时间告知家长。

三、本科新生谈心谈话的策略技巧

（一）谈话前做好准备工作

在开展本科新生一对一谈心谈话前，辅导员只有做好相关准备工作，才能更好地与学生建立信任，提高谈话效率和质量。新生入学阶段，可以让学生填写入学登记表和相关线上问卷收集学生基础信息，做好背景调查，充分获得学生成长经历中的背景信息，有利于后续开展工作有的放矢。

在开展一对一谈心谈话之前，可以先以寝室为单位开展小范围的集体谈话，帮助其建立寝室的概念，促进新生融入校园，同时借此机会了解学生，掌握学生对大学生活的打算、目前的困惑及性格特点，也为之后的一对一谈心谈话建立了信任基础。

优化谈心谈话预约方式，建立人性化预约机制。新生对于新环境会有不安的情绪，命令式地"强迫"学生来办公室谈心谈话显然不利于良好师生关系的建立，而且由于每个辅导员所带学生数量较多，在入学一两个月内完成新生谈心谈话需要更高的效率和有力的工具。为了更有效地安排谈心谈话时间，可以采用菜单预约系统。通过"问卷星"等在线平台，辅导员能够按照预约时间谈话，从而优化时间安排和资源分配。在学期开始时，辅导员可以在平台上发布谈话问卷，列出谈话主题、时间选项和地点选择等菜单内容。这些主题可能包括学业辅导、校园适应、心理健康和职业发展等多个领域。学生可以根据自己的需求和时间安排选择合适的谈话主题和时间。这种预约模式不仅提升了效率，还体现了对学生和辅导员时间安排的尊重，使得谈话更加有序和高效。让新生填写谈心谈话需求问卷，给予学生多样化的选择空间，让新生"愿意"主动找辅导员谈心谈话，变"被动"为"主动"，也便于后续谈心谈话工作的开展。

对于因"社恐"而不想线下见面的新生，辅导员应主动开辟线上沟通渠道，构建多样化交流方式。通过微信等社交媒体与学生进行线上沟通不仅能够拉近师生间的心理距离，还能倾听到学生在面对面交流中可能未表露的内心声音。线上谈心谈话的灵活性使其不受时间和地点的限制，能够高效处理同类问题。同时，社交平台的聊天记录功能能为辅导员的后续分析和学生电子档案的建立提供了宝贵资料。然而，线上交流主要依赖文字，容易产生误解，且缺乏面对面交流时的多感官互动，不利于深入探讨思想问题。因此，一旦建立起信任关系，应将交流引导至线下，以促进更全面、更深入的理解和沟通。

（二）谈话中提高听说技巧

掌握"听的技巧"，提升学生的参与感。倾听不仅是谈话的基础，更是一种对学生的尊重和辅导员真诚关心的体现。在开始对话之前，选择一个安静、舒适的环境至关重要，这样可以确保全神贯注地聆听学生的心声，不受外界干扰。要接受学生可能还不成熟的想法和直接的表达方式，给予他们足够的空间，让他们能够毫无保留地表达自己的观点，无论其内容如何。在倾听的过程中，应该关注学生的言语和肢体语言，这些细节往往能帮助辅导员更深入地理解他们的真实感受和那些未明说的信息。此外，辅导员还应该时刻保持一颗平和、宽容的心，尊重学生的独立思考，鼓励他们勇于表达自我。同时，要时刻关注学生的情感变化，给予他们适当的关心和支持，让他们感受到温暖和安全感。只有这样，辅导员才能真正走进学生的内心世界，成为他们信任的朋友和引路人。思考学生内心最深层次的想法，所谓"听话听音，锣鼓听声"。同时，辅导员要根据先前的准备提前设置好一些问题，引导学生说出自己的问题和情况。谈心谈话过程中，辅导员始终要有情怀，倾听学生的内心声音，以真诚和同情的态度给予他们所需的帮助与支持。应当深入理解并完全接纳学生的感受，对他们面对困难时可能表现出的消极情绪持包容态度。不因为学生的脆弱而加以苛责，也不轻视他们的痛苦，避免无谓的批评，而是努力提升自身的共情能力，以便更好地理解和连接学生的内心世界。通过这样的方式能够建立起一种基于信任和理解的关系，从而更有效地帮助学生解决问题，促进他们的健康成长。

掌握"说"的能力，发挥辅导员引领作用。辅导员输出观点、教育引导建立在丰富的知识储备和相关谈心谈话案例学习总结之上。在实际谈心谈话中，对学生的问题或困扰，要能抓住主要矛盾和矛盾的主要方面，一针见血地客观理性分析。在解决学生问题时，关键在于准确把握和深入分析核心矛盾。辅导员应能区分学生表述的问题表象与实质，同时提升关注显性问题和预见隐性问题的能力。在沟通时，除了陈述事实和道理，还应以故事形式吸引学生的注意力和兴趣，通过情景再现增强学生的安全感、真实感和参与感，从而加深他们的理解。辅导员在讲故事的过程中应将教育的目的和理念融入其中，使其更具有说服力和温度。处理学生入学适应、思想迷茫、情感挫折、人际沟通和规划困惑等问题时，运用身边的故事和案例进行引导，不仅更贴近学生，而且更能有效教育和启发他们。这种方法使辅导工作更加生动、有亲和力，有助于学生从实际情境中学习和成长。

（三）谈话后开展动态追踪

谈心谈话是一种持续性的关怀过程，而非一次性的活动。为了更有效地解决学生常见的问题，详细记录谈话内容至关重要。辅导员在记录谈话时，应包括基本信息、主题、过程、结果和后续计划，也应记录学生的情绪和行为。记录应在谈话结束后进行，以避免在沟通过程中干扰学生，增加他们的负担。

记录完成后，辅导员应针对谈话内容规划并实施后续关怀措施。特别是对于那些有特殊需求的学生，如面临心理、学习或经济问题的，辅导员需要提供额外的关注和及时的指导，这是确保谈话效果的核心所在。

此外，辅导员还需要汇总谈话成果，分析问题并解决或转介。对于特殊学生，定期的谈心谈话是必要的，这样可以为提供持续支持，并为未来的对话奠定基础。

综上所述，谈心谈话不仅是一种沟通方式，更是一种关怀的体现。通过详细的记录和持续的关怀，辅导员可以更好地了解学生的需求，为他们提供更有效的帮助。这不仅有助于解决学生当前的问题，也能为他们的未来成长提供支持。因此，辅导员应充分认识到谈心谈话的重要性，将其作为日常工作的一部分，为学生提供全方位的关怀和指导。

四、结语

大学本科是个体成长的重要阶段，面对学术和社会环境的转变，新生需适应新的生活方式和学习节奏。辅导员在这一过程中的指导和支持对新生顺利过渡至校园生活至关重要。辅导员不仅是学生的引路人，更是他们的支持者和指导者。辅导员在新生大学适应中扮演着重要的角色，能够提供有力的社会支持。通过一对一谈心谈话，能够端正新生学习态度、提高学习兴趣、适应大学的教学和学习方法、提高人际关系和独立生活能力，预防和缓解其心理适应问题，有利于他们顺利度过这个特殊的人生阶段。

参考文献

[1] 陈君：《大学新生的社会支持与学校适应问题探析》，载《武汉科技大学学报（社会科学版）》2004 年第 4 期。

[2] 王鑫、陶思亮、朱惠蓉：《"三全育人"视域下高校辅导员的育人角色与实现路径》，载《思想理论教育》2020 年第 5 期。

[3] 陈颖：《本科新生谈心谈话工作的实践研究与思考》，载《教师》2021 年第 13 期。

[4] 陈帅等：《构建高校辅导员谈心谈话长效机制探析》，载《学校党建与思想教育》2020 年第 12 期。

[5] 刘潇、张磊：《高校辅导员谈心谈话工作开展探究》，载《教育理论与实践》2020 年第 6 期。

[6] 安江燕、张丽芳：《高校辅导员谈心谈话技能提升实践探索研究》，载《河北农业大学学报（社会科学版）》2020 年第 6 期。

[7] 张姗姗：《如何做好新生辅导员工作 缩短新生适应期》，载《思想政治课研究》2014 年第 2 期。

[8] 朱昱熹：《新媒体视野下高校辅导员谈心谈话工作路径探究》，载《高校辅导员》

2016 年第 2 期。

[9] 王禹：《增强高校辅导员与学生谈心谈话的实效性研究》，西华大学 2023 年硕士学位论文。

[10] 田宝伟等编著：《辅导员深度辅导的谈心谈话技术》，高等教育出版社 2021 年版。

四、就业创业指导

课程思政视角下的大学生就业指导课程建设研究

中国政法大学学生工作部（处）　何立丹
中国政法大学学生工作部（处）　解廷民

一、基本概念

（一）课程思政

课程思政是指将思想政治教育融入课程教学和改革的各环节、各方面，在知识传授的过程中强化思想价值引领，将课程教育提升到思想政治教育的高度，将正确人生观和价值观的塑造作为课堂教学的首要目标，从而实现思想政治教育润物无声的育人效果。课程思政是高校实施思想政治教育工作、保证正确办学方向的重要途径。

2016 年 12 月，习近平总书记在全国高校思想政治工作会议上指出，"把思想政治工作贯穿教育教学全过程，实现全程育人、全方位育人"，"要用好课堂教学这个主渠道，思想政治理论课要坚持在改进中加强，提升思想政治教育亲和力和针对性……使各类课程与思想政治理论课同向同行，形成协同效应"。[1]2017 年 2 月，中共中央、国务院印发的《关于加强和改进新形势下高校思想政治工作的意见》指出："坚持全员全过程全方位育人。把思想价值引领贯穿教育教学全过程和各环节。"[2]2017 年 12 月，中共教育部党组印发《高校思想政治工作质量提升工程实施纲要》，指出要大力推动以"课程

---

〔1〕《习近平：把思想政治工作贯穿教育教学全过程》，载新华网，http://www.xinhuanet.com/politics/2016-12/08/c_1120082577.htm，最后访问日期：2024 年 3 月 28 日。

〔2〕《中共中央 国务院印发〈关于加强和改进新形势下高校思想政治工作的意见〉》，载中国政府网，https://www.gov.cn/zhengce/2017 - 02/27/content _ 5182502.htm? eqid = ccbdde25001469b7000000 0066464d13b，最后访问日期：2024 年 3 月 28 日。

思政"为目标的课堂教学改革，实现思想政治教育与知识体系教育的有机统一。[1]2018年4月，《教育部关于加强新时代高校"形势与政策"课建设的若干意见》提出，"开设形势与政策教育类的选修课，完善思想政治理论教育课程体系，发挥'课程思政'作用"。[2]随着系列政策的出台，课程思政工作已逐步在全国高校部署推广。

（二）大学生就业指导课程

大学生就业指导课程是指在高校开设的旨在提高学生职业发展、促进学生顺利就业的一系列课程，就业指导课程既包括求职指导类课程，又包括生涯规划类课程和创业类相关课程等，是高校开展就业指导服务的重要途径，也是加强就业指导服务体系的重要环节。我国大学生就业指导课程发展于20世纪90年代，随后国家有关部门相继出台系列政策，对高校开设就业指导课程提出指导意见和具体要求。

1990年，《国家教委关于进一步做好高等学校毕业生思想政治教育工作的通知》提出，"要逐步开展毕业生就业指导工作……有条件的学校要有计划地开设就业指导课或讲座，帮助毕业生了解社会需求的全面情况和用人单位对毕业生政治、业务素质的要求，增强择业意识，主动做好就业前的各种准备"。[3]1995年，《国家教委办公厅关于在高等学校开设就业指导选修课的通知》提出，"建议在高等学校三年级或四年级学生中开设就业指导选修课，该课纳入思想政治教育课程系列，作为选修课试行"。[4]2007年，《教育部办公厅关于印发〈大学生职业发展与就业指导课程教学要求〉的通知》指出，"大学生职业发展与就业指导课现阶段作为公共课，既强调职业在人生发展中的重要地位，又关注学生的全面发展和终身发展"，并对课程性质与目标、教学主要内容、课程设置、教学模式、教学评估和教学管理与条件支持等方面

---

〔1〕《中共教育部党组关于印发〈高校思想政治工作质量提升工程实施纲要〉的通知》（教党〔2017〕62号）。

〔2〕《教育部关于加强新时代高校"形势与政策"课建设的若干意见》（教社科〔2018〕1号）。

〔3〕《国家教委关于进一步做好高等学校毕业生思想政治教育工作的通知》（教学〔1990〕003号）。

〔4〕《国家教委办公厅关于在高等学校开设就业指导选修课的通知》（教政厅〔1995〕4号）。

内容提出要求。[1]2023 年，《教育部关于做好 2024 届全国普通高校毕业生就业创业工作的通知》又明确指出，"强化大学生生涯发展与就业指导课程建设，修订完善课程教学要求。推动各高校以全覆盖、精准化、特色化为目标，将课程建设作为强化就业指导服务的重要内容"[2]。

二、思想政治教育与就业指导课程相融合

（一）必要性

1. 培养社会主义建设者和接班人的需要

2017 年 5 月 3 日，习近平总书记在中国政法大学考察时强调，要"坚持以马克思主义法学思想和中国特色社会主义法治理论为指导，立德树人，德法兼修，培养大批高素质法治人才"，"把解决师生的思想问题和教学科研、学习就业等实际问题结合起来"。[3]将思想政治教育与就业课程相融合，是实现立德树人、德法兼修和培养社会主义建设者和接班人的需要。以就业指导课程为载体开展思想政治教育，是将思政教育向实际生活实现真实回归、提高思想政治教育针对性和实效性，以及将解决大学生思想问题与解决实际问题相结合的有效途径，可使教育内容更加生动具体，教育成效更加显著。

2. 构建高质量就业指导服务体系的需要

就业课程建设是强化就业指导服务的重要内容，要构建高质量就业指导服务体系就必须建设高质量的就业指导课程。课程建设是知识传授和思想引领的统一，高质量的课程既要提高内容质量，又要加强思想引领。目前，我国开展生涯教育和就业指导的不足在于依旧沿用西方的生涯经典理论，这些理论带有强烈的西方文化特色：一方面，西方文化与我国传统文化存在巨大差异，照搬西方理论进行课程讲授存在水土不服的现象；另一方面，学生在接受教育和辅导时会潜移默化地受到其背后思想文化的影响，而这种影响有

---

〔1〕《教育部办公厅关于印发〈大学生职业发展与就业指导课程教学要求〉的通知》（教高厅〔2007〕7 号）。

〔2〕《教育部关于做好 2024 届全国普通高校毕业生就业创业工作的通知》（教就业〔2023〕4 号）。

〔3〕《习近平在中国政法大学考察》，载新华网，http://www.xinhuanet.com/politics/2017-05/03/c_1120913310.htm，最后访问日期：2024 年 4 月 1 日。

可能会伴其一生。将思想政治教育与就业指导课程相融合，要求建设符合我国国情和文化特色的高质量就业指导课程。

3. 解决大学生就业现实问题的需要

一方面，近年来高校毕业生人数屡创新高，就业总量压力大，就业形势严峻。另一方面，大学生就业存在地域分布、行业分布不均衡的现象，本科生考研升学热、研究生考公务员热，基层就业冷、自主创业少，出现大学生就业难和用人单位招聘难的两难现象，部分学生慢就业、懒就业，各类就业问题凸显。问题的背后既有毕业生自身能力的原因，更有就业观念的影响。多元价值观的冲击使大学生受到各种考验，在人生道路的选择上常常感到无所适从，大学生的思想困顿、就业迷茫会直接影响职业的选择和人生价值的实现。加强就业思想教育和观念引导，帮助大学生树立科学的成才观与就业观，使其正确看待个人条件和社会需求，从实际出发选择职业和工作岗位，这既是化解就业现实问题的有效途径，也是充分实现职业意义的重要方式。

（二）可能性

1. 二者在学科理论层次存在相通之处

思想政治教育和生涯教育在存在基础、培养目标和内容上有相通之处。思想政治教育的理论基础是马克思主义哲学，现实基础是人的存在，培养目标是促进人的全面自由发展。就业课程的本质是对学生进行生涯教育，生涯是人的一生中各种事态的连续演进方向，它是一生中依序发展的各种职业和生活角色的总和。人是生涯的塑造者，生涯因个人的动机、抱负和目标而形成和发展，体现的是个人的价值观和信念，这是生涯教育存在的客观基础。生涯教育的核心是关注人的全面发展和终身发展，充分实现人的价值。对于人的共同关注使思想政治教育与生涯教育得以有效关联。生涯理论既包括社会学意义上的内容，即关注个人职业的选择、规划与决策，又包括哲学意义上的内容，即对人的生存价值、生命意义的探索和追寻。生涯教育关于哲学意义上的讨论与思想政治教育的内容不谋而合。

2. 二者在现实情况上具备客观基础

1995年，《国家教委办公厅关于在高等学校开设就业指导选修课的通知》中明确规定，"建议在高等学校三年级或四年级学生中开设就业指导选修课，该课纳入思想政治教育课程系列"。[1]就业指导课程在建立之初便被纳入思政课程体系，带有强烈的思想政治教育色彩。2004年8月，《中共中央、国务院关于进一步加强和改进大学生思想政治教育的意见》提出："要帮助大学生树立正确的就业观念，引导毕业生到基层、到西部、到祖国最需要的地方建功立业。"[2]就业观念的树立是就业指导课程中的重要内容，更是思想政治教育在就业工作中的有效切入点。2009年，《教育部办公厅关于加强普通高等学校学生就业思想政治教育的通知》指出："各高校要有计划地组织辅导员在开展职业生涯辅导工作中，突出理想信念教育，大力倡导国家至上、事业为先，鼓励和支持毕业生自觉地把个人的发展同为国家和人民建功立业结合起来。"[3]上述政策意见充分证明，思想政治教育与就业指导课程本就同根同源，二者存在天然的紧密联系，要充分发挥思想政治教育的作用，着力引导高校毕业生树立正确的就业观，将个人发展与国家、社会发展紧密结合起来。

三、我校就业指导课程开设情况

我校开展就业指导活动最早可追溯到1979年，在每年毕业生分配阶段，由学生管理部门依据北京市高教局（后为北京市教委）有关文件进行政策宣讲。1995年，经学生处与教务处协商，在本科教学计划中列入大学生就业政策讲座。1998年，就业指导课正式列入教学计划，由学生处负责老师开设。2003年，学生处新增开设《就业与求职》选修课，后改名为《就业指导》，1学分；2004年，新增开设《职业生涯发展与规划》选修课，1学分；2016年新增开设《创业基础》选修课，2学分。

2015年学生处就业中心与商学院成立跨学科教研组，相继合作开设《职业素养提升》《求职实务》《创业实践》《创业诊所》等课程。2016年，为增强学生创业意识和创业能力，引导学生投身自主创业活动中，我校开始举办创业训练营活动，并将此活动纳入《中国政法大学本科生创新创业教育管理办法》，完成创业训练营相关教学计划和安排并获得结业证书的，每人可获得

---

〔1〕《国家教委办公厅关于在高等学校开设就业指导选修课的通知》（教政厅〔1995〕4号）。

〔2〕《中共中央、国务院关于进一步加强和改进大学生思想政治教育的意见》（中发〔2004〕16号）。

〔3〕《教育部办公厅关于加强普通高等学校学生就业思想政治教育的通知》（教思政厅〔2009〕1号）。

创新创业学分 2 学分。2021 年，学生处面向研究生群体开设《研究生求职实务》选修课，2 学分。经过多年的发展，我校就业指导课程已初具规模，形成了 2 个课程组、8 门课程、14 学分的课程体系。（如图 1 所示）

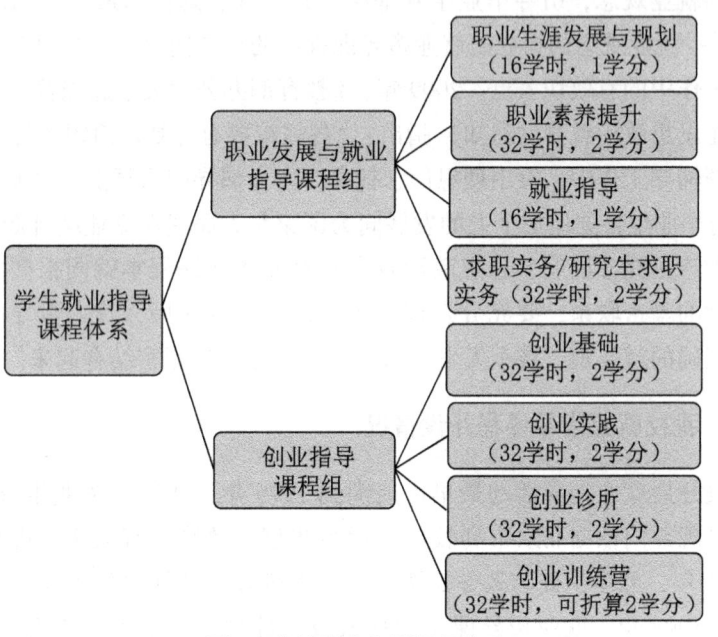

图 1　我校就业指导课程体系

四、就业指导课程存在的问题

（一）思想政治引领作用发挥不够

现有的就业指导课程在教学过程中依然是以西方经典理论为依托，更加侧重知识和技巧的传授，依赖理论和测评模式，对思想价值的引导力度不够。以《职业生涯发展与规划》课程为例，根据职业生涯规划的六个步骤，可将该课程的授课内容分为六大部分，分别为"觉知与承诺""自我探索""工作世界探索""职业决策""求职行动""生涯规划评估"。其中"自我探索"部分主要是认识自己的职业兴趣、性格、技能、价值观等信息，课堂讲授主要借助一系列的测评工具。在"职业决策"部分，主要内容为如何做出理性决策，教学过程主要借助决策平衡单、CASVE 循环等决策工具和模型。这些理论在一定程度上可以帮助学生做出更加理性的认识和决策，但缺少了思想政治教育的引导，忽视了对我国国情和社会现实的深刻认识，不利于学生们做出符合现实情况的最佳决策。

（二）课程以传统教学模式为主

现有课程仍以传统教学模式为主。在教学方法上，虽然部分老师已进行了积极探索，采用小组讨论、模拟面试等方式开展课堂活动，在一定程度上增加了课程的趣味性和互动性，但依旧局限于课堂之中，缺少实践教学部分，第二课堂与第一课堂的协同配合不够。在教学过程中，注重基础知识和技能的普及，对学生的个性化需求关注不够。学生所处的学习阶段、所学专业等都会直接影响学生的学习需求，缺少针对性的教学内容和教学设计会影响学生对课程的接受和认可程度，同时也会影响学生主体意识的激发。

（三）教师队伍建设有待加强

目前，从事就业指导课程教学的人员主要为学生处的相关教师以及学院辅导员，专任教师参与度有限。教师们多在繁忙的日常行政事务之余抽空参与课程讲授，精力和时间均有限，讲授内容多是结合自身工作经历及就业培训进行的输出，深层次的理论研究有待进一步提高。教师队伍存在一定的不稳定性，部分教师在职称评定结束后或者岗位变动后便不再继续授课，授课人员变动较大。集体备课、课堂研讨等活动频次有限，课堂教学数据案例老旧，无法引起学生共鸣，教师内部传帮带机制有待完善，无法形成合力、促进课程的持续发展。

五、课程思政视角下就业指导课程建设思路

（一）指导理念

1. 把思想政治教育内容贯穿教学全过程

立德树人是大学生思想政治教育的根本任务，高校是培养青年人才的主阵地，新时代的大学生不仅要有知识才能，更要有情怀担当。毕业生的就业去向和就业状况可直接体现高校的教育成果，就业指导课程作为一门与大学生就业直接挂钩的课程，它的教学内容和成效会对学生就业产生更加直接的影响。就业指导课程的内容既要指导学生顺利就业，更要引导学生科学择业。

应坚持课程思政的理念，紧密围绕学习贯彻习近平新时代中国特色社会主义思想，把思想政治教育内容贯穿教学全过程，切实起到培养符合社会需求的社会主义建设者和接班人的目的。

2. 坚持以人为主，激发大学生主体意识

课程思政的关键在于找好切入点，将专业知识传授与思想政治教育进行有机融合。无论是思想政治教育还是生涯教育，都是以人为基础，以实现人的价值和全面发展为最终目标。所以，课程思政视角下的就业指导课程建设必须坚持以人为主，从人的角度进行切入和融合。无论是在思想政治教育中还是在职业生涯教育中，学生的主体意识都发挥着至关重要的作用，目前存在的慢就业、懒就业等现象都说明部分大学生的主体意识还未得到充分激发，对于就业行为和职业发展的探索缺少主观能动性。在课堂上要通过各种方法和途径，充分激发学生的主体意识，发挥其主动性和积极性。

（二）具体做法

1. 挖掘课程德育元素，找准思政教育切入点

课程思政的关键在于德育元素的挖掘，并将其与专业知识进行无缝连接和渗透式融入，从而达到润物无声的效果，这就需要我们对教学内容进行深入梳理，发现切入点。以《职业生涯发展与规划》课程为例，我们在梳理教学大纲过程中，发现了有以下几个方面可以作为切入点：

在讲授职业生涯规划意义时，除了强调对于个人有突破障碍、开发潜能和自我实现的积极作用外，还应该强调其对整个社会发展产生的重要影响，从而鼓励大学生在进行职业规划时，将个人理想与社会、国家理想统一起来，将职业目标融入社会发展的浪潮中。

在"工作世界探索"部分，在介绍我国经济社会发展现状时，可结合热点事件进行介绍，突出展示我国取得的伟大成就，培养学生的爱国情怀，增强学生的民族自信；在介绍我国产业、行业状况时，可结合《中华人民共和国国民经济和社会发展第十四个五年规划和 2035 年远景目标纲要》等内容，着重介绍我国未来要发展壮大的战略性新兴产业，引领毕业生主动对接国家及区域发展战略需求，鼓励、引导毕业生积极响应国家发展战略，投身到国家需要的行业。

在"自我探索"部分，除了帮助学生澄清自己目前所具备的价值观，更

要使用思想政治教育相关理论，引导学生树立正确的价值观、就业观，强调价值观对于职业发展的重要性。

在"职业决策"部分，引导学生进行决策时充分考虑个人、家庭、社会和国家发展等多种因素，尤其是社会和国家发展的因素。

2. 打破传统教学模式，关注学生个性化需求

打破以老师、书本和课堂为中心的传统教学模式，综合运用多种教学方法提升课堂效果。采用互动式教学，通过与学生交流互动，了解学生真正感兴趣的内容有哪些，结合学生实际情况，进行课程内容设置。比如，在第一次课时，就可以通过破冰环节对学生的课堂需求进行了解。采用案例式教学，充分挖掘经典就业案例，尤其是校友的经典案例，发挥身边榜样的示范引领作用，将专业知识与思想政治教育内容融入案例中，在案例讲授过程中，使学生的思想得到洗礼和升华。采用实践教学，带领学生走出课堂，沉浸式、全方位地体验职场情境，等等。

应针对学生所处不同阶段的特点，充分关注学生个性化需求，各有侧重，有的放矢，增强实效。在大学生职业发展的适应阶段，采取以课堂教授为主，辅以小组讨论、师生互动、角色扮演等教学形式；在其探索阶段，采取典型案例剖析、情景模拟训练、专题报告会、社会调查与实践等指导方式；在其择业期，将就业实习实践活动纳入课程体系，要求学生通过参与就业实习、求职择业活动等，获得职业经验。

3. 加强教师队伍建设，提升课程教学质量

影响课程思政效果的另一关键点在于授课教师的思想政治水平和专业知识水平，教师的能力和素质高低直接影响课程质量，课程思政尤其是对教师自身的思想政治水平提出了更高的要求，因此需要不断加强教师队伍建设，把提高教师的思想政治水平和专业知识技能放在同样重要的位置。

加强教师队伍建设，需要不断完善相关制度，通过制定学校就业创业指导课程管理办法和授课教师聘任管理制度，出台多样化措施，鼓励教师不断提高自身业务能力和理论研究水平。设立课程教研组，定期组织课程研讨会，进行教学交流、集体备课等工作；加强培训交流，组织就业指导课程教师定期参加高质量课程培训及交流活动。就业指导课教师要结合课堂教学，积极参加求职辅导、就业咨询、职规大赛、创业项目指导等活动，在实践中提升

理论水平。鼓励教师参加课程教学改革、课题研究等工作，深入开展理论研究，提高理论素养。

参考文献

[1] 刘梅月、刘冰、周刚：《大学生职业生涯教育与思想政治教育融合的路径研究》，载《高教学刊》2023 年第 13 期。

[2] 佟岩：《生涯视域中的思想政治教育研究》，辽宁大学 2010 年博士学位论文。

[3] 石书臣：《正确把握"课程思政"与思政课程的关系》，载《思想理论教育》2018 年第 11 期。

[4] 刘锐：《思想政治教育视角下大学生生涯教育研究与实践——以首都师范大学为例》，载《思想教育研究》2016 年第 12 期。

[5] 胡凯、彭立春：《论职业生涯教育在高校思想政治教育中的地位和作用》，载《思想教育研究》2012 年第 1 期。

[6] 郭旗：《大学生全程化就业指导课程体系的政策演绎、现实召唤与理论走向》，载《中国成人教育》2023 年第 5 期。

从大学生现状及职场访谈的视域谈大学生职业生涯规划教育的加强

——以中国政法大学政治与公共管理学院为例

中国政法大学政治与公共管理学院　施春梅

根据美国生涯理论专家舒伯（Donald E. Super）的观点，职业生涯规划是指个人发展与组织发展相结合，对决定一个人职业生涯的主客观因素进行分析、总结和测定，确定一个人的事业奋斗目标，并选择实现这一事业目标的职业，编制相应的工作、教育和培训的行动计划，对每一步骤的事件、顺序和方向做出合理的安排。在我国，根据北森测评网、新浪网和《中国大学生就业》杂志共同实施的一项"大学生职业生涯规划"调查问卷显示，当前大学生缺乏职业生涯规划的情况相当普遍。有62%的大学生对自己将来的发展和工作没有规划，33%的大学生不明确，只有5%的大学生有明确的规划计划。[1]

党的十九大报告指出，建设教育强国是中华民族伟大复兴的基础工程。就业是最大的民生。要实现更高质量和更充分就业。习近平总书记在2018年9月10日的全国教育大会上指出，要努力构建德智体美劳全面培养的教育体系，形成更高水平的人才培养体系。《教育部关于做好2014年全国普通高等学校毕业生就业工作的通知》中要求，建立高校毕业生就业质量年度报告制度，将就业状况作为有关经费安排、招生计划安排、学科专业调整、教育教学改革等方面的重要参考。

基于上述顶层设计，个人对自己的职业发展目标是否有清晰的认识、对

---

〔1〕 向欣：《当前大学生职业生涯规划教育的现状与对策思考》，载《现代教育科学》2008年第9期。

于如何实现该目标是否有可行的规划、是否以实际行动坚持一步步实现规划，直接关系着个人的职业发展前景、关系着个人的生活质量。而人才就是第一生产力，个人的发展也影响着社会的稳定与发展。当下，就业人数逐年增长、就业岗位受经济和疫情等因素影响不断减少、大学生对职业生涯规划普遍缺乏认识，尤其对职业世界不甚了解，很难做到知己知彼。这种情况下，高校应该重视和多途径开展大学生职业生涯规划教育，促进学生的职业规划能力和人才培养质量。

一、对学院在校学生职业生涯规划现状及需求的调研

通过对中国政法大学政治与公共管理学院本科生进行问卷调查，回收了有效问卷 89 份。

（1）在问及"你对本科期间及毕业后的规划是否明确"时，只有 15% 的同学有明确的发展规划，而超半数的同学只有大致的方向，小部分同学感到迷茫。而在选择就业去向时，一部分同学乐于根据自己的判断，其次便是听取老师的意见。这一情况说明，学校开展有关职业发展的项目，为同学们的发展进行指导和帮助，是十分必要的。

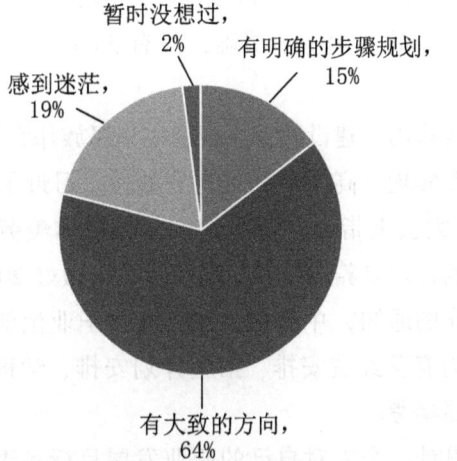

图1　你对本科期间及毕业后的规划是否明确

（2）问及"选择就业去向时更乐于听取谁的建议"，35%的同学更倾向于

自己判断，23%的同学倾向于听取老师的意见。老师的指导可以帮助同学们进一步明确自身目标，对职场有更加深刻的了解，明确就业形势，更早地做好规划，做出更加正确的职业发展判断。

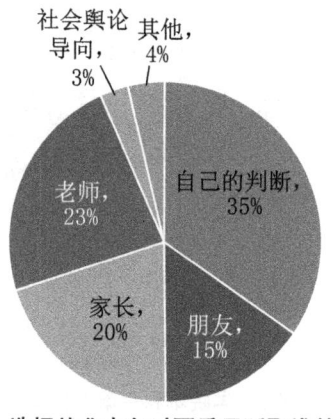

图2　选择就业去向时更乐于听取谁的建议

（3）对于"您希望在就业指导中了解哪些信息"，28%的同学希望更多了解常见类别的用人单位信息，25%的同学想了解职业规划辅导，24%的同学想了解应聘技巧，18%的同学想了解专业出路，5%的同学需要求职心理辅导。这说明同学在就业指导中需要了解的信息是多元的，涵盖多个部分。

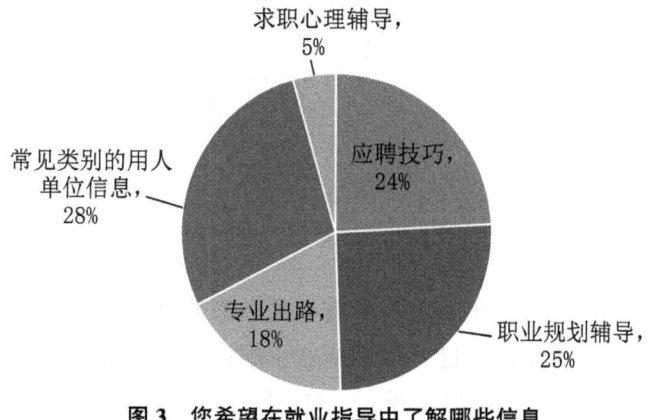

图3　您希望在就业指导中了解哪些信息

新时代加强和改进高校思想政治工作路径探究

（4）对于就业意向的问卷调查分析，可以看出党政机关以及国企、事业单位最受青睐，其次是外企或者私企，同时还有部分同学对自主创业、自由职业较为感兴趣。

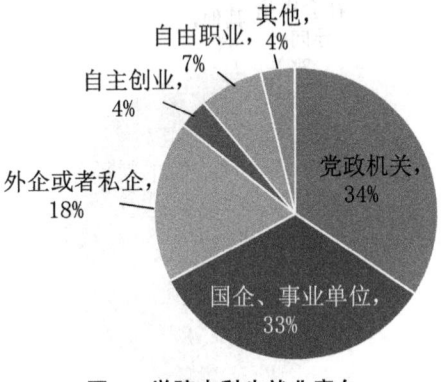

图4　学院本科生就业意向

（5）对于就业时的专业倾向，超过一半同学倾向于法学专业，35%的同学倾向于以本专业就业，例如与政治学与行政学、行政管理、国际政治、公共事业管理专业相关。

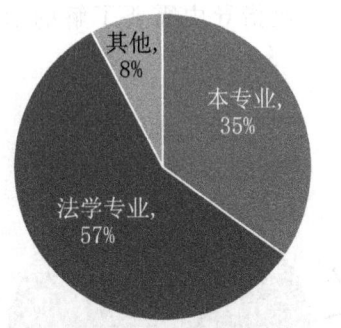

图5　学院本科生就业时的专业倾向

据此，在整理各类职业所需的品质与职业素养时，笔者有所侧重地选取了以下相关职业为维度，通过对在职毕业生的访谈，总结以下各类职业所需的职业素养，并收集了各领域职场人士对于同学们的建议。

362

二、职场人访谈分析

根据政治与公共管理学院 176 名同学提供的职场人访谈报告、80 名政治与公共管理学院已经毕业的校友的问卷调查整理出以下内容。

（一）各类职业所需的品质与职业素养

这 176 份职业人访谈报告共涉及 12 个行业，有公司法务、律师及律所工作人员、公检法机关、政府部门工作人员、中小学教师、大学或专科学院教师、新闻传媒类、金融类、医疗行业、创业、企业、部队这几个行业。

通过对在职毕业生的访谈，以相关职业为维度，经过文本内容的分析总结，得出以下相关职业所需的职业素养。

党政机关类职场人素养需求：在政府单位以及公检法系统工作的职业人认为，过硬的身体素质与团队配合的意识很重要。这类职业要求职业人具有宽广的胸怀、无私奉献的精神、吃苦耐劳的品质。无论是在基层与百姓打交道，还是与当事人打交道，都需要足够的耐心。同样过硬的专业素质与心理素质也是必需的。这类职业更要求职业人具备责任心，坚守公平正义。一位受访的基层职业人谈道："基层分工也不会很明确，扫地端茶倒水的服务工作也要做，写报告文字材料也要做。领导都很喜欢能写材料的人，行政各部门都要写材料，写材料是常事。情况汇报、总结、活动方案、会议计划、宣传简讯什么的都很多。"由此可见公文写作能力是必备能力。大量的文书工作要求职业人需要跟办公软件频繁打交道，由此办公软件的熟练应用也是必备技能。

教师等事业单位类职场人素养需求：受访对象中的大学教师认为，成为一名优秀的大学教师需要较强的科研能力与端正的学术态度。同时，思维清晰、表达流畅是对大学教师的基本要求。大学教师需要具备强烈的社会责任感、良好的心态与抗压能力。作为教师，重点就在于传道授业解惑，与学生的沟通交流能力十分重要。

企业类职场人素养需求：企业从业人员认为，在企业中工作，首先需要丰富的专业知识储备以及精益求精的态度和勇于创新的精神。在企业中工作，与人沟通、交流的能力非常重要，不仅是跟同事们的沟通，还包括与客户、应聘者及上级的沟通。同样不可忽视的还有较强的抗压能力，因为企业对于效率的诉求是极高的，这就意味着从业者必须适应较长的工作时间、较重的工作任务。另外，在企业中工作必须保持危机感，强化自己的持续学习能力，因为行业的状态是多变的，行业的发展也是永续的。在企业中办公需要与办公软件不断地打交道，所以能够熟练使用办公软件是基本要求。一位受访者就此谈道："办公软件的不熟练应用会导致工作效率降低，也很难达到领导的要求。"

自主创业类职场人素养需求：受访职业人中的创业人员认为，创业者必须拥有敏锐的商业嗅觉，以准确辨别出时代发展的方向和当下社会的需求，从而找准创业方向。同时，创业者需要很强的管理能力，因为在创业中各项事务不可能皆由本人亲自管理，在此过程中，知人善任就显得尤为重要，即让有能力、肯做事的人去施展拳脚。创业者也应该拥有丰富且与时俱进的专业知识，这是创业的基石和依托。创业对知识的要求是严苛的，既要有知识的储备量，还要有知识的及时更新，以把握住当下的社会情况。

（二）职场人对学校的建议

党政机关类职场人对学校的建议：加强心理健康教育；注重实践；注重灵活性；注重锻炼学生的综合能力；完善实务类课程；适当改变授课方式，注重学生的参与度；多开一些全校通识课。

教师等事业单位类职场人对学校的建议：增强授课方式的智能化（例如使用电子签到系统、手机互动课堂等）；学校开设的社团活动要促进学生综合实力的提升；压缩公共课程，增加专业课程所占比例；增加研讨会的新型课堂运转模式（老师布置任务—学生做报告—老师点评）；多一些小班教学。

企业类职场人对学校的建议：学校适当增加具有实际意义的创新创业训练营，以便学生提前感知社会与职场的冷暖；鼓励社团活动多样化，增添以兴趣为导向的社团类型；学校对于课程的安排亦可做出适当改变，将更多的专业课提前到大一、大二，以便大三、大四有更多实践、实习的时间；训练学生写作能力；课程设置形成老师、校方、职场人、学生多方沟通机制。

自主创业类职场人对学校的建议：学校可以鼓励学生进行多类型的社会实践和行业实习，不必局限于自己的专业，而可以根据自己的兴趣爱好和能力特长选择不同的行业，实习时间也不必固定在大三、大四，有时间、有条件的同学可以提前进行。目前，很多学校的本科的课程设置和现实应用存在脱节，照本宣科式的教学也存在，这需要做出改变。学校也应当加强教师对行业前沿技术的掌握和理解，鼓励他们同优秀的企业进行交流，而非局限于书本上的理论知识以致与现实脱节。毕竟，教师对学生的影响是深远的。

（三）职场人对学生的建议

党政机关类职场人对学生的建议：多花时间在社会实践中；要具备公文写作的能力；有一个健康的体魄；多实习丰富见识；注重人际关系，多交朋友；好好学习，有过硬的专业基础；学会时间管理，注重社会实践；多看书增加文献资料的阅读，注重英语能力的培养，注重理论阅读；要有独立解决问题的能力，注重思想能力的培养；多接触行业最新的发展概况；要有良好的心态；要有高度的自控力，眼光长远，不要只听本专业的课；注意参加真正有用的社团活动。

教师等事业单位类职场人对学生的建议：到企业、工厂、研究所去实践实务；多了解社会、做有使命感的学生；多与专业的老师沟通互动；明确自己的长中短期目标，做好规划；独立思考，有自己的判断力；提高英语能力

企业类职场人对学生的建议：学生自身应当充分重视各种社会实践、行业实习的活动，要对自己负责，珍惜每一次实践的机会，为未来打好基础；重视英语的学习，因为英语是非常重要的沟通工具，在企业中工作，常常会需要与外国人打交道，因此英语技能是至关重要的，学有余力者也可选择一些热门的、应用性强的第三语言进行学习；平时也要注意锻炼自己的思维能力和专业能力，这就依赖于不断地学习，其中读书无疑是最主要、最有效的方式之一；提高写作表达能力。

自主创业类职业人对学生的建议：加强专业知识的学习，因为这是创业最基本的依托所在；学有余力者应当积极参加社团活动，因为对于创业者来说，人脉是非常重要的，在社团中可以接触到更多的人，而这些人往往今后会步入不同的行业，给你不同的助力，与他们交往的过程中，也能提升自己与人沟通交流的能力；另外，学生们应当养成终身学习的习惯，并保持这种追求，以确保自己所拥有的知识是时新的、贴合当下社会实际情况和切实需求的。

三、以三个课堂为抓手，加强大学生职业生涯规划教育

根据在校生的需求、职场人的建议，以及各领域工作所需的职业素养，在加强大学生职业生涯规划教育方面，笔者有如下建议：

新时代加强和改进高校思想政治工作路径探究

（一）抓好第一课堂，任课教师发挥核心引领作用

第一课堂主要指课堂教学，是依据教材及教学大纲，在规定的教学时间里进行的课堂教学活动。抓好第一课堂，发挥任课教师的核心引领作用，对于加强大学生职业生涯发展教育来说非常重要！

1. 普及《大学生职业生涯发展与规划》《心理学》《就业与求职》课程的讲授

目前，学校虽然开设了《大学生职业生涯发展与规划》《心理学》《就业与求职》课程，但是只作为选修课，这可能与这些领域的师资力量不足有关。毕业生的就业率、就业质量、社会的评价度是衡量人才培养质量的重要指标，也是学校教学评估的重要方面，同时关系着学校的影响力和招生。

在对相关学院学生做的问卷调研中，我们得到以下信息：

选 项	小 计	比 例
应聘技巧	86	43.88%
职业规划辅导	108	55.10%
专业出路	80	40.82%
常见类别的用人单位信息	100	51.02%
求职心理辅导	14	7.14%
其 他	4	2.04%
本题有效填写人次	196	

图6　您希望在就业指导中了解哪些信息？（多选题）

从图6中可以发现，大学生对职业规划辅导、常见类别的用人单位信息、应聘技巧、专业出路、求职心理辅导都有强烈需求。而普及开设《大学生职业生涯发展与规划》《心理学》《就业与求职》课程能很大程度地满足学生需求。所以，学校应重视这些课程对学生就业与职业发展的重要影响，加强这些领域的师资队伍建设，向大学生普及这些课程。

2. 丰富上课形式，增加互动以促进学生能力的提升

"填鸭式""满堂灌"的教学形式，除非水平高超、风趣幽默地讲授外，

一般是不受学生欢迎的。实践证明，主动参与和被动参与的效果是有天壤之别的，如果任课老师能通过多种方式调动学生的关注和探讨积极性，会很好地促进学生能力的提升。

首先，加大研讨、案例分析、课堂展示的比例。在对相关学院178名学生的调研显示，有近40%的学生希望更多地开设研讨课、案例课，或者在课堂中加大研讨、案例分析和课堂展示的比例，他们认为，在课堂互动中有助于他们了解更多的社会热点、现实问题及其分析方法，以及提升其解决实际问题的能力。

其次，适当邀请相关的实务部门专家进课堂。实务部门专家进课堂现身说法，与学生们进行良性互动，介绍更多的实际工作情况、专业知识在实际工作中的运用、自身工作经历、工作感悟以及对学生的建议等，会让学生有更直观的代入感。同时，也让用人单位更了解我们的学生，更愿意为学生提供就业信息或机会。比如政治与公共管理学院国际政治系开设的《口述中国外交》邀请资深外交官进课堂授课，吸引了广大师生，这反映了学生想了解实务部门、职场情况的迫切心情。近几年，学院毕业生进外交部的人数呈现上升趋势，这反映了专家进课堂的良好互动效果。

最后，可以适当增加体验式教学模式。在条件允许的情况下，结合专业需求，将学生带到用人单位参观、座谈、职场体验，会对学生有深刻的启发，诚如"百闻不如一见"。实践中，曾有老师带领学生现场旁听法院的公开审判，让学生深刻了解整个审判流程、各环节的注意事项、案件所涉及的法律关系以及法律适用等，有利于学生深刻消化书本和课堂知识。

3. 在专业教育的同时，加强职业生涯规划引导

任课教师除了进行专业教育外，在课堂上适时介绍本专业相对应的职业可能性、每种职业需要具备哪些专业素养，邀请职业人进课堂生动讲解职场经历和感悟，或者带学生实地考察并开展体验式教学，或者让本专业考研、出国、求职成功的毕业生发挥传帮带作用，引导低年级学生逐渐明晰自己的目标，或者对有困惑的同学实施针对性指导。任课教师结合专业知识引导学生的职业生涯规划，可以达到很好的效果，让学生对未来充满希望并更努力地投入到专业学习中，与老师的互动更为踊跃，也有利于实现教学相长的目标。

发挥任课教师对学生职业生涯规划领域指导的积极性，还需要学校、学院重视开展此类教育对人才培养、专业发展的重要意义，并细化赏罚措施。

（二）拓展第二课堂，社团负责老师指导学生的社团锻炼

由学校相应部门管理并指导的学生依据兴趣爱好自愿组成学生组织，被认为是课堂之外的第二大育人载体，被称为大学生的第二课堂。大学生社团能够培养学生实际处理问题的能力、与人相处并合作的能力，是实施素质教育的重要途径和有效方式，对于提高学生综合素质、引导学生适应社会、促进学生成长成才和职业发展，具有特别重要的意义。

通过对学校 80 位已毕业并参加工作的校友进行问卷调研，本文发现：

本科期间，在学校参加 1 个社团的有 23 人；参加 2 个社团的有 38 人；参加 3 个以上社团的有 15 人；没有参加社团的有 4 人。具体如图 7 所示：

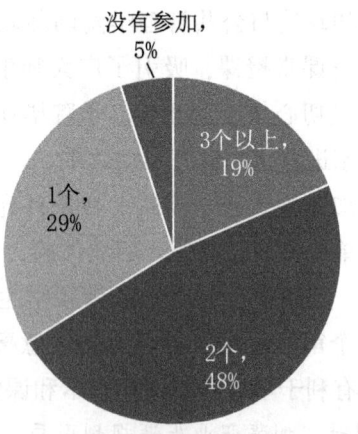

图 7　本科生参加的社团数

针对"您觉得本科阶段的社团活动对以后的职业发展有多大帮助"这个问题，62 人认为有一定帮助；13 人有很大帮助；5 人认为没有帮助（其中有4 人没有参加社团）。具体如图 8 所示：

从大学生现状及职场访谈的视域谈大学生职业生涯规划教育的加强

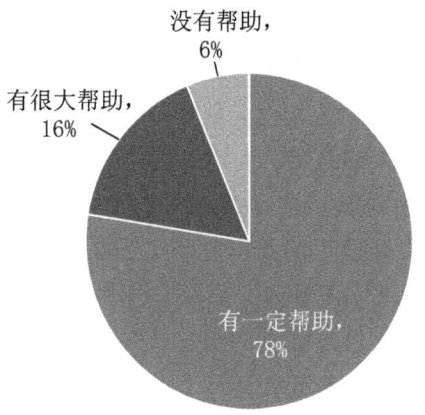

图8　您觉得本科阶段的社团活动对以后的职业发展有多大帮助?

统计发现，总计80位校友中有76位参加过本科阶段的社团锻炼，有75位校友认为社团锻炼对自己的职业发展有帮助。这说明绝大多数同学参加过社团活动，并且认为社团活动对其职业发展有帮助。实践表明，大学生社团对于学生的发展具有重要意义。

但也值得注意的是，也有个别学生认为社团锻炼对自己的职业发展没有帮助的情况，或许是由于个人因素，例如该学生没有认真做事和待人，但这也说明了社团负责老师要对社团的活动以及对社团的学生加强指导，同时社团负责老师可根据学生的发展需要，不断拓展新的社团平台。

调研和实践证明，绝大多数大学生无论是参加学校还是学院的社团，都有不同程度的收获，这为其将来的职业发展奠定了基础。综观社团的种类和活动，文体类、学术类、励志类、志愿类的社团和活动比较多，而在学生考研、出国、求职、职业发展等方面的社团和活动较少，为了学生毕业有更好的出路和发展，项目组建议学校或学院可以考虑在学生社团中增设职业发展相关社团，该社团的设立与活动开展，会让学生更加意识到为将来职业发展进行储备的重要性和紧迫性。

（三）夯实第三课堂，多方合力辅助学生的实践实习

大学生的职场实践或实习是第三课堂，这第三课堂对大学生将来的职业发展也至关重要，直接能让大学生感受到有异于学校氛围的职场环境、职场技能与素养需求以及职场经验感悟。无论是在受访的校友或其他职场人的建

369

议中，还是在调研的在校学生的意愿中，都提到了加强实践实习的重要性。然而，现实中，学校一部分学生或者因为课业繁重，或者自身懈怠，或者难以找到合适的实践或实习单位，而未能认真对待职场的实践实习。为此，需要学校学院应多方重视并辅助大学生的实践实习。

1. 学校就业指导中心加大实习基地的建立和实习信息的提供

学校就业指导中心开设了创新创业等实践课程，提供了很多实践、实习信息，建立了一些定点的实习基地，开展了很多"寻访优秀校友""职场体验日"等活动。有些大学生通过提供的信息找到了实习单位，或者通过上述的活动了解了职场以及职业素养需求等。

但是，学校学生众多，专业不同，学校就业中心提供的机会数量有限，实习基地也多是法院、检察院、律所等，法学专业对口的单位比较多，而对于其他非法学专业如政治学、社会学、国际政治等对口的单位相对较少，所以学校就业中心应对非法学专业学生提供更多的实习信息或实习基地。

2. 学院结合专业特色建立定点的多类型实习基地

在分析总结 176 位职场人访谈报告中发现，在谈及"如果让您重读大学，您会在大学里抓住哪几个重点进行充实呢？您对大学的课程设置、授课方式、社团活动、实践实习等方面有什么建议？"时，有 170 余位职场人都特别强调了课余实习的重要性。在对学院 13 届本科毕业生发放的调查问卷中，有 80 名毕业生填写了问卷，在问及"请结合工作经历和感受，谈谈你的宝贵建议：学院再增加什么课程？什么样更有效的上课方式？开展哪些更有助于本科生职业发展的实践活动？能对就业或职业发展有实际帮助的其他方面？"时，有 60 余名同学谈到了实习的重要性，并希望学院能建立与相关党政机关、公司企业的定点联系。在对在读本科生的调研中，也有很多同学表示希望加强实践实习，最好学院能有定点实习单位。

综上所述，职场人、毕业生以及在校本科生都认识到加强实践实习的重要性，也特别希望学院能够建立几个类别的定点实习单位，这样有利于学以致用、求职的自信以及职场的顺利发展。尽管学生需求各不相同，很多学生会自行联系心仪的实习单位，但如果学院建立几个不同类别的实习基地，将有利于增加学校与单位的深入互动，同时还能为一些主动性不强、缺乏胆量或者就想就近实习的同学提供机会。

基于生涯建构理论的大学生就业指导体系构建研究

中国政法大学学生就业创业指导服务中心　孙艺璇
中国政法大学研究生工作办公室　　　何佩璇

一、引言

2020 年 7 月 7 日，习近平总书记在给中国石油大学（北京）克拉玛依校区毕业生的回信中强调，各级党委、政府和社会各界要切实做好高校毕业生就业工作。持续做好高校毕业生就业工作，也是国务院《"十四五"就业促进规划》中明确提出的要求。《教育部关于做好 2024 届全国普通高校毕业生就业创业工作的通知》（教就业〔2023〕4 号）明确指出，要通过加强就业教育和观念引导、加强生涯教育和就业指导等方式，推进构建高质量就业指导服务体系。根据教育部、人社部共同发布的数据显示：2024 届全国普通高校毕业生规模预计达到 1179 万人，比上一届增加 21 万人。随着相关政策的调整，我国经济虽然实现恢复性增长，但是受房地产行业下行、人口老龄化等因素的影响，就业环境依然严峻。在此情况下，如何提升高校毕业生就业竞争力，实现更充分、更高质量就业，是各高校就业管理部门共同面对的难题。

二、生涯建构理论的内涵

"生涯适应力"的概念是唐纳德·舒伯（Donald Super）等人在 1988 年提出的。他们认为当今时代的复杂程度和不确定性超过了以往任何一个年代，所以，职场的生存和发展之道不再是"以不变应万变"，而是"以万变应万变"。马可·萨维科斯（Mark L. Savickas）在继承和发展了舒伯等人思想的基础上，提出了以"适应"为核心的生涯建构理论。他认为，在当前具有极大不确定性的就业环境中，激烈的市场竞争使得个体的职业发展也无法单一而稳定。想要在复杂的环境中获得就业机会并且希望自己的职业生涯一帆风顺，那么就需要拥有强大的就业竞争力和适应能力。生涯建构理论认为：个体职业发展的本质是，追求主观自我和客观外在世界间相互适应的动态建构过程，不同的人所建构的内容和结果往往是截然不同的[1]。

萨维科斯以"适应"为核心的生涯建构理论包含了三个方面的内容：一是不同的个体之间是存在差异性的；二是个体所面临的生涯任务和应对策略，在不同的生涯阶段是具有发展性的；三是生涯发展是一个充满内在动力的变化过程。由此，生涯建构理论用"职业人格"来解释个体生涯中"是什么"（what）的问题，用"生涯适应力"回应了个体生涯过程中"怎么样"（how）的问题，用"人生主题"回答了个体"为什么"（why）的问题。具体来说：

"职业人格"是指个体在与社会互动时，个人自主进行一种独特且隐秘的建构过程，在这个过程中去发展自己的职业人格，包括个体的兴趣、能力、需求、价值观等要素，进而逐步形成独特的个体自我概念。

"生涯适应力"是指个体在生涯发展的应变过程中，应对职业环境变化、生涯角色转变时的自我调节能力。也是生涯建构理论的核心，主要包括四个维度：生涯关注、生涯好奇、生涯控制和生涯自信，也就是"我是否关注我的未来？""我将拥有怎样的职业生涯？""我能否掌控自己的职业生涯发展？""我是否对自己的职业生涯发展充满信心？"

"人生主题"是指个体通过对过去记忆、对当下体验和未来期待这三者进行融合而形成的个体主观建构，从而形成具有独特意义的人生主题，进而成为自己生涯的创造者和构建者，实现自己独特的价值和意义。

生涯建构理论自提出以来，经过数十年的发展，已经形成了较为完善的理论体系。该理论强调个体的主动性、自我认知和职业发展的动态性，认为职业生涯规划是一个持续不断建构的过程，而非一次性的选择。

---

〔1〕 关翩翩、李敏：《生涯建构理论：内涵、框架与应用》，载《心理科学进展》2015 年第 12 期。

三、大学生就业指导工作中的现状及问题

（一）毕业生规模进一步增大，结构性矛盾更为突出

在当前乃至今后一个时期，高校毕业生规模仍处在高位运行。从全国的情况来看，根据教育部、人社部共同发布的数据，2024 届全国普通高校毕业生规模预计达到 1179 万人，比上一届增加 21 万人。从北京地区的情况来看，2024 届高校毕业生总数 29.2 万人，较去年增加 0.7 万人。虽然高校毕业生人数逐年攀升，但在后疫情时代，复杂多变的国内外形势以及经济发展的不确定性因素增加，全球经济增速持续放缓，不少行业发展受限，提供的岗位数持续缩减。此外，随着第四次产业革命进程，云计算、人工智能等领域的发展，越来越多的传统岗位，诸如财务、会计等一些高程序化的职位可能被部分取代。据统计，因为人工智能的发展，有 710 万个工作岗位将消失，702 种职业、47% 的工作都可能被人工智能或是机器人取代，而同时能够创造出的新岗位仅有 3.6 个。毕业生规模的持续增加与市场岗位的缩减，导致就业的结构性矛盾更为突出，高校毕业生的就业形势也更为严峻。

（二）大学生求职资源碎片化

随着互联网技术的迅猛发展以及互联网对我们生活的渗透，我们已然进入了"信息碎片化"的时代。学生有了更加多元的信息获取渠道，信息获取的内容也更加丰富。一方面，随着微信等社交软件的普及和广泛应用，老师们将搜集到的各类招聘信息、求职咨询可随时随地分享给学生，毕业季更是以"爆炸式"的信息量分享给学生；另一方面，学生自己也可以通过网络媒介了解到与以往相比数量更为巨大而内容趋向分散的信息。

虽然，"碎片化时代"可以使得信息获取更为迅速，人们能够花费少量的时间和精力就能够迅速掌握核心内容。但是，当代大学生的信息处理能力较为薄弱，"爆炸式"的信息源更增加了信息处理的难度。市场需求固然丰富，学生却难以从海量的信息中快速获取符合自己需求的有效信息，这对其求职心理上和行动均造成了一定的影响和难度。

（三）毕业生就业求稳和一步到位心态突出

从毕业生相关调查数据反馈来看，当代大学毕业生"慢就业""缓就业"

现象有愈演愈烈之势。大学生渴望在工作中利用所学实现自我价值，对工作岗位的要求越来越高，希望一毕业就进入理想的岗位，实现自己的职业理想，达到自己的职业期待。但是，学生对于自身的专业能力、沟通能力、协调能力、实践能力等各项通用技能的认识和评估缺乏客观性和准确度，他们往往对自我的认知不清晰，其就业期望严重脱离实际，期待"一步到位"而执着于考公、考研。这些观念和现象均影响并制约了大学毕业生的求职进程和结果。

毕业生在求职准备、心理调适、就业信心等方面仍显不足，求职的主动性明显不够，一方面对招聘、宣讲活动的参与度不高，另一方面又抱怨就业信息的不足。除此之外，受大环境的影响，学生们在就业地域、职业选择等方面相对集中，倾向于热门地区、热门岗位，追求"高薪""大平台""有发展"的职业和岗位，导致部分地区或部分岗位竞争激烈，存在与市场需求不适应的情况。

（四）生涯规划服务欠缺

早在 2008 年，《教育部、人事部、劳动保障部关于积极做好 2008 年普通高等学校毕业生就业工作的通知》中就提出：大力推进高校就业指导课程和队伍建设，将就业指导课程切实纳入高校教学计划，鼓励和提倡所有高校从 2008 年起开设就业指导必修课或必选课，并依据各校自身具体情况制订教学计划。目前，大部分高校都开设了生涯规划和就业指导的课程，但传统的"大班式"授课模式仍普遍存在，重理论而缺乏实践，职业体验缺乏深度，使得课程的效果不够理想。

另外，目前高校的生涯规划和就业指导存在抓"头和尾"的现象，即面向大一、大二的低年级学生开设生涯规划和就业指导的课程，对毕业年级的学生提供就业辅导和就业能力提升指导。生涯规划和就业指导服务缺乏连贯性，且缺乏有针对性的指导，导致学生对于自己职业生涯的规划不清晰，求职目标不明确、不实际，造成"慢就业""缓就业""不就业"现象凸显。

四、生涯建构理论指导下的大学生就业指导体系的建构

在全球化和信息化浪潮中，世界处于巨大的变化之中，人们不可避免地要受到影响，我们的职业生涯发展也不会是一条直线，而是要在环境的变化

之下，随之变化、发展，以内（自我）万变应对外（职场）万变。这也是生涯建构理论的核心内容，适应环境和角色的改变，生涯规划是主观自我与外在世界不断建构的过程。因此，基于生涯建构理论的内容，笔者认为就业指导体系的构建可从以下三个方面进行：

（一）牢抓价值引领，明晰自我概念

生涯规划和就业指导的教育理论基本起源于西方，多是基于帕森斯人职匹配理论、舒伯的职业发展理论等而构建国内就业指导体系。然而，国外的生涯发展理论是基于其国家社会经济环境发展而来的，强调的是价值中立，注重个体的需求与得失，重在追求个体幸福的最大化，而忽略了国家社会发展的需要。

培养什么人、怎样培养人、为谁培养人是新时代教育的根本问题。生涯教育也应该和思政教育进行深度的融合，在《教育部关于做好 2024 届全国普通高校毕业生就业创业工作的通知》（教就业〔2023〕4 号）中明确指出，要将就业教育和观念引导作为"三全育人"的重要内容，推动就业教育与思政教育、专业教育深度融合。因此，在进行就业教育时，要以社会主义核心价值观为引领，重点培育学生正确的价值观，培养学生的政治认同感、家国情怀、文化素养和道德修养。在帮助学生了解自己的兴趣、能力，明晰自我概念时，更要引导学生将自己的命运、未来的发展与国家民族的发展紧密结合，将个人梦融入中国梦，肩负使命，从而实现更高质量就业。

（二）牢抓精准服务，提升生涯适应力

以适应实现发展，是生涯建构理论的核心观点。在个体面临挑战和困境时，生涯适应力是可以发挥极为重要的作用的，是帮助个体提出解决问题的有效方法和走出困境的关键。在就业指导中有效提升学生的生涯适应力，可以使学生在面临职业选择、生涯规划或人生选择的重要关卡时能够从容应对。每个人都是一个独特的个体，显然传统的"大而泛"的指导方式不能满足现代社会的需要，而需要根据每个人的特质因材施教，提供能够满足个人独特需求、符合个体性格特点和能力特点的精准化指导。

在信息技术迅猛发展的现在，我们需要充分借助现代信息技术，通过构建智慧就业服务体系实现精准服务。除了保障基础性的招聘渠道的畅通，还需要能够实现生涯测评、人职匹配、跟踪反馈、校友资源为一体的智慧就业服务体系，即能够实现信息的高效对接共享、智能匹配、全程检测、自动预警、重点群体的自动识别、跟踪反馈等功能。其主要是实现两部分的画像功能：一是通过抓取学生性格、兴趣、能力、经历等成长信息，梳理形成学生的职业画像；二是通过收集用人单位的招聘信息、招聘数据等，形成用人单位的岗位画像来反馈市场需求、行业特点、岗位需求标准等。

在日常指导服务中，结合两个画像制定差异化的就业指导方案，以实现多元化、个性化和精准化的服务。生涯适应力包含四个维度：一是帮助学生了解"我是谁"，触发学生的生涯关注，引导学生结合自己的优势和特点积极探索自己的生涯发展方向，关注职业环境的变化发展；二是帮助学生了解自己可以拥有什么样的职业生涯，而持续保持对职业生涯的探索欲和好奇心；三是通过各类指导活动帮助学生提高就业竞争力从而提升自己生涯的控制力，培养学生掌握未来的能力，让其相信自己具有决定和规划自己未来生涯的能力；四是增强学生生涯发展的自信心。引导学生正确认识自己，关注日常的积累和提升，对自己负责，积极地悦纳职业生涯中的不确定性，学会将理性决策的思维方式运用到生涯规划和生活中，提升自我效能感，这也是生涯培养的最终目标。

（三）牢抓第二课堂，探索人生主题

就业指导是一项实践性的工作，传统的课堂教学理论性强，更加抽象化，所以需要通过第二课堂的方式有效弥补传统课堂的不足。通过结合就业实习实践与教学结合，让学生将专业知识与职场工作相融合，实现个体与群体兼顾融合，提高学生的就业意识和就业能力，为就业指导提供强有力的助推作用。

要引导和强化就业实习实践，积极搭建职场体验基地，与用人单位形成合力。一方面，为学生提供实习实践的机会，激发学生的求职意愿，引导学生明确求职意向，帮助学生增强就业能力，让学生在增加实践经验的同时，创造成功经验，进而使学生从中获得认同感和价值感；另一方面，也要加强高校和用人单位的沟通合作，实现精准对接、以产促教。让用人单位参与到人才培养的环节中去，从"摘桃子"招聘的模式转换为"种桃子"的招聘模式，培养更多实用型、复合型和紧缺型的人才。例如，开展基层就业榜样宣讲等活动，引导学生将个人理想与国家民族的发展紧密结合，树立正确的择业观、就业观；邀请校外专家开展用人单位进校园、优秀校友论坛、生涯人物访谈、实务讲座等不同类型的活动，引导学生走进职场、了解职场，为职业选择提供助力；"以赛促教"开展就业能力类的比赛，诸如职业规划大赛、简历设计比赛、模拟面试等，引导学生主动规划、自主思考，提高就业能力，提升就业竞争力。

五、结语

在高校就业指导过程中，教育者不仅要关注学生最终的毕业去向和就业结果，更要关注学生生涯发展的全过程。在帮助学生构建具有个体独特性的生涯规划时，更应注重帮助学生建构自己的生涯目标和外部社会的认知，提升应变能力、理性决策的能力，不要以"一步到位"为榜样，而要以适应来实现发展。大学生就业指导体系是以帮助大学生增强学习、就业的主动性，提高理性分析问题、解决问题的能力为主要宗旨，引导学生积极主动地构建自我概念、提升生涯适应力、积极主动建构自己的生涯体系。

参考文献

[1] 许敏、许大炜：《"乌卡时代"生涯建构理论指导下的大学生高质量就业研究》，载《中国成人教育》2023 年第 22 期。

[2] 关翩翩、李敏：《生涯建构理论：内涵、框架与应用》，载《心理科学进展》2015 年第 12 期。

[3] 马灿：《疫情中的大学生就业状况与建议——基于生涯建构理论视角》，载《中国大学生就业》2020 年第 16 期。

[4] 田静：《基于生涯建构理论的大学生生涯适应力培养路径探究》，载《创新与创业教育》2017 年第 4 期。

[5] 王雨、刘爱春：《基于生涯建构理论的大学生职业生涯规划课程建设研究》，载《现代职业教育》2023 年第 11 期。

[6] 孙娇娇：《新时代融媒体视域下大学生就业指导体系构建研究》，载《陕西教育（高教）》2024 年第 3 期。

[7] 贾杏、冯果果：《基于"五位一体"的高校毕业生精准化就业指导服务体系建设与实践》，载《公关世界》2023 年第 22 期。

提升高校大学生就业能力的路径探索

——胜任力理论指导下以法大商学院研究生就业实践为例

中国政法大学商学院 李琼华

近年来随着新科技的广泛应用、互联网经济、数字经济蓬勃发展，产业结构持续转型，我国劳动力市场出现各种不平衡，除了传统的东西部地区劳动力供需不平衡的问题外，受经济社会大环境影响，青年就业率不足和企业"用工荒"并存，劳动力供给结构性矛盾突出。《2023年政府工作报告》中明确指出：把促进青年特别是高校毕业生就业工作摆在更加突出的位置，切实保障好基本民生。[1]高校作为国家科教兴国、人才强国战略的重要实施者，应对社会需求，提高人才培养质量，提升学生就业能力，促进毕业生高质量就业，为中国式现代化做好人才支撑和引领驱动。笔者从我校商学院研究生培养和就业情况出发，探讨提升研究生就业能力的方法。

一、2019—2023年度毕业生就业去向变化

表1

年　份	2019年	2020年	2021年	2022年	2023年
人　数	42	43	73	78	73
创　业	0	1	0	1	0
升　学	2	0	3	7	6
公务员	5	6	11	13	15
国/央企	2	14	12	29	28

---

〔1〕《2023年政府工作报告》，载中国政府网，https://www.gov.cn/zhuanti/2023lhzfgzbg/index.htm。

续表

年　份	2019 年	2020 年	2021 年	2022 年	2023 年
高校/研究机构	2	6	9	6	3
其他企业	22	7	20	22	13
金融机构（不限性质）	19	10	32	34	42

（注：表中没有包含所有学生去向，金融机构就业人数包含部分国企人数和部分其他企业人数。）

我院近五年来的就业统计数据显示：

（1）受教育时间持续延伸。毕业生选择深造的人数有明显增加。作为实践性较强的学科，商科学生升学人数进一步抬升，学生通过进入博士阶段或博士后流动站选择在学术道路上继续深造，同时也反映部分学生对待就业的回避态度。

（2）"求稳"心态凸显。在体制内就业的毕业生数量逐年增加。公务员录取人数有明显增长，在 2020 年前选择报考选调生和公务员的学生不超过总数的 20%，而 2022 年、2023 年毕业生中调研数据显示，毕业生选择当年报考选调生和公务员考试的人数明显增加。

（3）毕业生创业人数减少。学生创业意愿低，创业风险大，一般选择先就业，等有一定的积累后再创业。

（4）出现"缓就业"的问题。毕业生部分同学延期毕业的情况增加，从培养层次上看，博士生延期成为常态，60% 的同学无法在三年内完成学业。更有同学为了保有应届毕业生身份，在能够完成学业的情况下，主动选择延期毕业。还有部分已经取得学位的同学选择休息一段时间比如等待更有显示度的科研成果发表后再找工作。在实际案例中，大多数家长支持学生延期就业或暂缓就业，这些家庭经济条件一般处于中等以上。

（5）国有金融机构就业人数较多。2020 年以来毕业生在就业时，对用人单位的性质高度关注，而高科技公司等企业受毕业生青睐。

二、用人单位反馈

我院毕业生用人单位主要集中在银行、券商、企业（财务、运营、咨询、管理等岗位)、税务、统计、审计、国资委、国家发展改革委等部门以及科研院校。在调研中，用人单位反馈较为集中的几个方面为：

（1）职业规划。大部分学生在校期间修读过《大学生职业生涯规划与就业指导》课程，但是不少同学的职业选择和个人性格特点明显不匹配，对工作岗位所需要的素质和能力没有清晰的认识。

（2）专业知识。在知识层面，用人单位最为关注的是专业基础知识和专业前沿知识，认为学校设计的课程没有敏捷对应行业需求的变化，传统灌输式教学不能及时感知市场变化，学生的理论知识和岗位需要存在脱节的问题。

（3）实践能力。用人单位对学生的独立思考、快速应对，深刻分析和解决问题的能力非常关注，尤其是表达能力，例如用规范的书面语言撰写报告、公文写作的能力，以及通过制作视频完成记录和宣传工作。

（4）沟通表达能力。在项目化管理中，团队的合作非常重要，毕业生在团队中的沟通能力及领导力备受用人单位关注。越来越多的工作依赖人际互动，这就必然要求员工具有良好的沟通协调能力，来充当团队的润滑剂。此外，毕业生应具有良好的展露作品的能力，换句话说，准确地表达也是用人单位看重的素质。

（5）工作态度。用人单位对毕业生的目光集中在他们对职场的适应和身份转变上，"责任感"是他们认为最重要的必备素养。学生从观念上要把自己从学生身份转向员工身份。在长期的校园学习中，学生一般适应了氛围自由、自己掌控时间、被动受领任务、人际关系简单、无利益冲突的状态。初入职场，大学生容易把原有的行为习惯带入工作环境，因此，加强专业实践、实习环节，再到具体岗位上去体会职场环境和岗位要求，会更加有利于毕业生职业素养和就业能力提升。

三、就业能力和胜任力的相关理论

英国学者最早研究就业能力的概念，最著名的是20世纪中叶在总结英国中央兰开夏大学学生就业指导经验基础上提出的 Career EDGE，包括职业规划学习、专业知识技能、工作与生活经历、通用技能、情商等五个方面。[1]

---

〔1〕 王峰：《基于供需耦合的大学生就业能力结构优化及实证研究》，中国矿业大学2018年博士学位论文。

1973 年麦克利兰在《测量胜任力而非智力》这一书中提出了胜任力概念，认为传统的智力因素、性格倾向以及学术成就等已经不能代表一个人是否能够高效地处理复杂工作，应该进一步深入探索影响工作开展和工作成效的其他因素，包括个人的客观条件和主观行为特点，比如自我形象、态度、价值观等因素。

美国著名学者斯宾塞（Spencer）提出了一个经典的"胜任力"模型，即素质冰山模型。将人的胜任力以水平线为界，水平线以上部分主要包括了人的一些基本技能，比如知识，知识是相对可量化的，可以通过学习和培训来不断发展和充实。水平线以下的部分包含人的一些内在属性，难以量化，例如人的价值观、工作态度等，它们很难因为外界的影响而改变，却对人在工作和日常生活中的具体表现起到举足轻重的作用。[1]

以上理论对于从职业规划、专业知识、实践能力、沟通与交流能力、工作态度等因素来分析和培养学生的就业能力具有积极作用。本文结合理论中提到的这些因素对学院毕业生近五年来的就业数据和用人单位走访反馈等方面进行分析，总结已有的工作经验，并试图提出可行性的措施建议。

四、提升就业能力的针对性举措

高校大学生职业能力的提升关系到大学生能否顺利就业。就业是最大的民生，它既关乎国家的经济发展又关乎社会稳定。党和国家领导人高度关注大学生就业，在党的重要文件和政府工作报告中反复强调就业优先并制定积极的就业政策。大学生就业是一个系统工程，高校、社会、大学生、家长都承担着保障和促进的重要责任，因此，建立四方良性互动是非常必要的。

（一）职业规划教育的切实落地

根据胜任力理论和就业能力的研究，结合调研的用人单位反馈可以看出，职业规划对于一个人长期发展的重要意义。当前，职业规划还存在以下突出问题：

（1）职业规划课程片段化，且无针对性跟踪指导。如前文所述，高校在

---

〔1〕 丘红映、谢东良：《高校毕业生就业能力提升对策研究》，载《决策探索（下）》2021 年第 4 期。

新时代加强和改进高校思想政治工作路径探究

本硕培养过程中普遍开展了职业生涯规划课程，不少学校将其作为选修课程或者必修通识课程，但对职业的认识是一个长期的过程，个人的职业规划与课程成绩并不能呈现正相关的关系。学生的职业规划课程一般只安排在本科阶段的一个学期，而不是一个长期、连续的过程，不能满足不同年级和培养层次的学生的需求。

（2）职业规划指导队伍不稳定、不专业。由于学校担任这门课程的教师队伍往往同时承担了行政岗位或管理岗位的职责，比如辅导员或者学生工作部就业中心工作人员，这样就难以保证对就业指导工作的投入。

（3）职业规划内容比较宽泛，缺乏针对性。对行业发展、不同用人单位人才评价标准的深挖不足，尤其是对于新业态下电商平台、高新科技企业的用工岗位需求、核心素质研究不足。因此，学生在做长期的职业生涯规划时，难以得到具体有实际意义的帮助。

本文的建议是：

（1）高校应当提升职业生涯指导水平，通过 AI 赋能，构建以学生成长为中心的职业发展系统。职业生涯规划课程和工作人员队伍建设可以通过购买一些咨询公司开发较为完备的课程和专业咨询服务进行补足。

（2）高校应尽快建立贯穿学生成长的职业发展大数据库。首先，应贯通校内学籍、学工、培养、就业各个不同部门的数据；其次，为每个学生建立线上学习账号，按期完成职业规划学习任务，不断上传阶段性成果，比如完成的论文、比赛、学业成绩、党团活动、社团任职、实习实践经历等信息；最后，不断通过训练模型、匹配岗位对不同气质和种类的学生进行精准化的摹画，进而通过更有针对性的就业信息推送和就业指导提升毕业生的职业生涯规划能力。

（3）就业生涯指导围绕学生、贴合学生、方便学生、覆盖学生。无论是课程的完善还是职业指导的进一步精细化、数据库的建设都应该考虑方便学生使用，应使学生更易获得。在工作实践中，调研发现对就业持回避态度的同学如上文提到的继续攻读学位和"缓就业"的同学在修读职业生涯课程方面比较消极，这就导致他们在就业能力方面存在较大提升空间。

（二）大学生自主学习，构建符合自身职业规划的知识体系

如前文所述，用人单位对毕业生的专业知识的满意度不高。当前各学科

的培养计划、教学方案在同一学校内，甚至同水平学校内是大体一致的，然而同一专业的毕业生却要适应各种各样的岗位要求。当前高校的教学整体还是以课堂教学，被动灌输为主，培养的同质化现象比较突出。

笔者认为，我们应该：

(1) 帮助学生树立"自由选择、自主学习、自我发展"的观念。应前置职业规划要求，从学生入校即开始指导学生进行学业规划和职业生涯规划，建立成长档案，引导学生根据自身喜好探索可能从事的行业和岗位。

(2) 高校为学生配置专业导师和实践导师，充分发挥校友资源，为学生建立通往职场的快捷通道；从企业引进相关课程和专业人员作为师资的补充，保持校企培养的连贯性。

(3) 为学生树立良好的楷模，引导学生与目标岗位和行业从业人员进行深入交流、参考从业人员学业规划和已经取得的相关资格，由此帮助学生进一步明晰自己的职业规划和学科知识的实际应用。

(4) 高校和家长要高度重视学生职业规划，为学生规划的落地提供便利和支持。鼓励学生利用寒暑假进行短期实习实践，切身体会工作岗位对专业知识的需要和侧重。

(5) 帮助学生了解岗位要求，构建自己独特的知识体系。同样是企业管理专业的学生，同样进入金融公司工作，选择前台工作岗位和选择后台做数据分析以及人力资源管理的学生需要学习的内容具有明显差异。因此，学生应明确岗位需要的核心专业知识，在校学习期间，学生应积极搭建自己的课程体系，为未来从业做好知识储备。比如，有些在课程体系里可能是选修课，但是工作中常用，那就要拿出更多的精力来进行学习。再比如，准备从事人力资源管理的学生可以辅修法学或者是选修劳动法、合同法、仲裁法、民事诉讼法、心理学等相关课程，这些不一定在企业管理专业课程中可以接触到，但对于人力资源管理这个岗位来说都是联系紧密的专业知识。

(三) 提升职业认知

后疫情时代来临，高校整体就业难度增大，全国每年毕业生人数又攀新高，学生整体比较焦虑。从实际工作中有以下几种常见的认识，进一步增加了就业难度，需要有针对性地进行辨析：

(1) 家庭期待固化。目前在校生多是千禧年以后学生，父母多是 60 后，

70后，他们自身经验会影响到学生的职业选择，如"稳定偏好"，认为体制内工作比较稳定，也会更倾向指导自己的孩子选择体制内的单位就业。

（2）经济增速放缓、安全感缺失，学生在就业选择上较为保守，一味求稳。

（3）科技革命势必加速社会的变革，未来不确定性增加，一些传统岗位很可能被人工智能取代，在就业时，学生偏好确定性较强的职业和岗位。

（4）大学生受教育周期长，投入的时间成本高，认为如果不找体制内工作，大学就白读了。

因此，本文建议的措施包含以下五个方面：

（1）高校导师、思政工作者、职业指导师应当将理想信念教育和专业学科教学紧密结合起来，以学生成长成才为中心，就业出口为导向，引领学生的就业观和发展观。比如对待当前比较盛行的就业"求稳"心态，可以引导学生认真思考"安全感"和"安全"两个概念。现在看来"安全"的职业用发展的眼光看未必安全，完全有可能被取代。

（2）引导学生向内探索自身的特点和匹配的岗位。千人千面，每个人都是如此独特，市场上的行业和岗位多如牛毛，如何认识自己的优势，发现自己的真实需要，通过本科、研究生阶段的学习找到自己感兴趣的方向是每个人都需要长期思考的问题，任何人无法代替自己回答这一问题。

（3）引导学生认识到世界的不确定性。在不确定中苛求确定本身就是困难和徒劳的。中国传统文化的化解之道是顺从内心，随遇而安。思政工作者引导学生认识到自己做好自己能做的，顺应时代发展，对未来保持好奇心和接纳的态度，积极参与到飞速发展的世界中，积极学习新技能，了解新科技的新应用。

（4）分析学生特长，力争就业不盲从。现在考编和考公务员如同千军万马过独木桥，且不说无法吸纳1000多万名的高校毕业生，即使能够考入编制内，未来从业的三十多年里这些顶尖人才在这一狭窄领域里也必然面临非常激烈的竞争。这代人面临的现实就是一个人一生中可能要从事不同的职业，甚至是不同的行业，稳定的另一面也就意味着一成不变和呆板。

（5）高校老师、家长应鼓励学生独立思考，作出自己的选择。家长的择业观也应当与时俱进，并积极参与学生的成长过程中，与孩子共同讨论不同职业的现实状况及其可能性。家长应为孩子创造近距离观察、体验不同岗位的机会。不同年代的人生经验不能简单复制，60后、70后是随着改革开放成长起来的一代，处于国家飞速发展的上升期，他们的成功大部分应该归功于其所处的时代。家长应当认识到，自己对子女就业的期待和指导未必适合00后的年轻人，未必切合子女自身发展的需要，有可能只是家长出于满足自身的安全感的需要。促进学生心灵的成长也是高等教育的目标，因此，家长应认识到一个人自身的成长不必有具象的载体，例如毕业证书和体面工作，一个人的成长可以通过丰富的阅历和从容的心态、积极拥抱未来的勇气来证明。

（四）沟通表达和实践能力培养

长期传统的灌输式教学对学生实践能力和沟通、表达方面的训练不足，使得其素质和能力难以满足工作岗位的需要。毕业生在实习和入职初期经常会有"不会做""不敢做"的情况，这就需要学生早做练习，在校内抓住各种锻炼机会。

（1）大学生应及早规划，了解自身，明晰提升目标。比如在校学习生活中，如果想锻炼表达能力，就应积极参加班干部竞选，参与班级党团活动，做活动主题发言，参加读书会担任专题主讲、积极参与各种征文锻炼书面表达；如果想锻炼组织管理能力，可以申请勤工助学岗位、选择适合自身的社团，与社团成员沟通交流，在不同意见中找到大家都能接受的方案，或者尝试进行工作小组的领导工作，体验团队互动，激励成员间有效沟通，以此提升自身的沟通、管理与组织能力。

（2）高校要丰富完善校内第二课堂水平，开展实践教学，拓展校外实习实践基地。高校应从学生需要出发，增设趣味性强、内容多样、形式多变、学生参与度高的实践教学项目，积极鼓励和支持大学生参与到各级创新科研立项以及教师的科研项目中，以此来拓宽学生视野，增加其项目管理经验，提升其团队合作精神、实践能力和科学思维能力。

（3）高校应出台鼓励实践教学的政策和制度，承认实践教学活动和成果，如可以转换部分选修学分，硕士生主持的科研项目的结项报告可以作为毕业论文提交；博士生在西部边远地区基层挂职工作6个月以上，可以抵扣博士生高质量成果1篇。高校还应持续加大与市场联系，与企业共建专业实践基地，鼓励学生以修学分的方式到企业进行专业实践，实习调研报告可作为毕业论文。

（4）从能力增长的角度看，学生应该密切关注将要投身的行业的发展咨讯，订阅相关行业里的电子期刊，关注行业峰会、大咖博客论文等，了解即将从事的工作中常用软件使用，还应切实提升自己的从业技能，如英语水平、编程技术、Python、Excel等常用软件操作、PPT、视频剪辑、公众号推送等办公技能。需要强调的是，不少用人单位对毕业生的写作能力都有较高的要求。公文不同于学生时代的作文，也和学术论文要求大相径庭，毕业生应该认真学习公文写作，比如法学生的法律文书写作——律师函、起诉书、判决、公诉书、调解协议等文书。如果仅仅学习了写作技巧，不认真揣摩，反复写作也难以胜任工作要求。

（5）对于家长来说，提升教育理念，给学生成长提供自由民主的生活空间，支持学生各种形式的表达，内容对不对可以再做探讨，但是允许学生发表自身的看法就是尊重孩子的表现，这是学生愿意表达，擅长表达的前提。

（五）工作态度

从被调研的用人单位的反馈看，工作态度是单位比较重视的素质，"责任心"排在第一位。毕业生来说需要在以下方面改善工作态度：

（1）面对挫折，有效应对。毕业生人数连年创新高，就业市场竞争激烈，在求职过程中，毕业生要了解就业形势，做好求职困难甚至被拒的准备，在求职过程中理性分析目标单位需求，正确地认识自我，不断修改简历，复盘之前经历过的面试，提升表达水平。

（2）身份转变。提前了解职场，选择与自身专业相关、未来发展方向相符合的企业和岗位进行实习；为逐步增加对职场的认识，可以学习一些职场关系课，了解职场的文化和规则；认识职场和校园的差异，对比上下级之间管理、新老同事关系和师生同学朋友之间的不同；明确职场的交流方式，知晓职场的礼仪，比如邮件的报送抄送应该遵循的惯例。

（3）冷静对待批评、指责。在融入工作环境的过程中，毕业生难免不适应或者不清楚一些约定俗成的做法，造成一些不利后果或者损失，相对校园来说，更加复杂的人际关系和更细致的工作会让人压力倍增，尤其是在工作失误的情况中，不少新人都会萌生辞职的想法。对用人单位来说，和谐包容的氛围对毕业生是非常重要的；对于毕业生来说，认真审查失误的环节，吃一堑，长一智，总结问题，反省自己，才是提升工作水平，融入工作环境的正确方式。毕业生做好心理建设，一旦发现问题，勇于承担，积极沟通，尽力弥补，就能够平稳度过适应期。在此过程中，沟通能力比较重要，态度诚恳，言辞谦卑，不夸大、不推诿，对参与的同事和主管领导及时进行沟通和汇报。

（4）关于网上流行"90后整顿职场""摸鱼""躺平"等言论，毕业生经历了就业场上激烈的竞争，理应珍惜来之不易的工作机会。在投入职场的初期，常出现由于对工作不熟悉导致的畏难、不能迅速承担重要核心的工作的情况，这就需要用人单位为新人做好岗前培训、讲解岗位职责和流程和明确指示工作任务。毕业生在工作中，要态度端正，谦虚谨慎，切忌眼高手低。仰望星辰，脚踏实地，从基层做起，切勿好高骛远。

（5）家长应为初入职场的毕业生提供有效支撑。现在的毕业生基本上是00后，生活在物质丰富、经济繁荣的时代，由于我国过去四十年特殊的人口政策，家庭成员少，关系简单，部分学生缺乏处理复杂人际关系的训练。学生进入职场，在竞争性的同事关系之下易受伤害，或者资深员工推诿工作以致让新人承担更多的工作任务，毕业生可能向父母吐露委屈、郁闷、沮丧等负面情绪，此时父母最重要的工作应是提供支持和陪伴，假期做好后勤保障，倾听他们的心声，不急于下结论，让他冷静后找到解决的方法。

除了以上五个方面之外，反思和评价对毕业生来说也尤为重要。反思和评价无论是获取第一份工作以开展职业生涯，还是在工作过程中适应要求后进行深度有效地参与，获得工作成果、形成职业成就感、提升自我效能感都具有重要作用。传统的 Career EDGE 还把情商作为重要考量，情商在中文语境下内涵丰富，既包括自我意识、自我管理、自我激励、感受他人情绪和正确处理人际关系五个方面，又涵盖一些常识和应对方法。这些内容虽然属于"就业能力"的范畴，本文篇幅所限，无法全部涵盖，这些能力和素养同样应当得到高校、社会、单位、家长和学生的高度重视。

高校选调生工作问题分析与对策研究

——以中国政法大学为例

中国政法大学学生就业创业指导服务中心　闫俊波

选调生是中央和各地党委组织部门有计划地从高等院校选调品学兼优的应届大学本科及其以上毕业生到基层工作，作为党政领导干部后备人选进行重点培养的青年群体。近年来，选调生工作为基层党政机关输送了大批人才，越来越多的高校毕业生通过选调生招录深入基层、服务基层，使得我国基层党政干部整体素质得到了优化和提升，为基层治理和社会发展提供了有力的人才支撑，为实现中华民族伟大复兴的中国梦提供了坚强的组织保证。

一、充分认识做好选调生工作的重要意义

（一）做好选调生工作是落实党的二十大精神的重要举措

党的二十大报告擘画了新时代中国特色社会主义事业的宏伟蓝图，其中明确指出要"建设堪当民族复兴重任的高素质干部队伍"。选调生作为党政领导干部的后备人才，是中国特色干部后备力量。有学者指出，新时代新形势新要求的背景下，选调高校优秀大学毕业生到基层工作是建设高素质专业化基层干部队伍的源头性工程、优化基层干部队伍整体素质和结构的必然要求，以及推进多渠道吸引优秀人才服务基层的战略之举。[1]选调生的选拔条件对于提升干部队伍素质以及优化年龄结构有着积极的促进作用。因此，做好选调生工作是落实党的二十大精神的内在要求和重要举措。

（二）做好选调生工作是服务国家战略的有效途径

党的二十大报告指出，要"健全培养选拔优秀年轻干部常态化工作机制，

---

〔1〕 陈华珍：《新时代加强和改进选调生工作路径探析》，载《长春理工大学学报（社会科学版）》2022 年第 S1 期。

把到基层和艰苦地区锻炼成长作为年轻干部培养的重要途径"，这一要求正好契合了选调生工作的特点。2014年1月20日，习近平总书记在党的群众路线教育实践活动第一批总结暨第二批部署会议上的讲话中明确指出，推进改革发展稳定的大量任务在基层，推动党和国家各项政策落地的责任主体在基层，推进国家治理体系和治理能力现代化的基础性工作也在基层。而选调生一般都要求2年的基层服务期，这就为鼓励和引导优秀人才深入基层、扎根基层和服务基层提供了坚实的保障。大学生具有年轻化和专业化的独特优势，通过选调生的途径进入基层干部队伍，有利于基层干部整体素质的优化和活力的提高，是服务国家发展战略的重要途径和有效措施。

（三）做好选调生工作是提升高校人才培养质量的必然要求

目前大学生就业工作受到了社会的普遍关注，就业作为人才培养的最后一个环节，是人才培养质量的重要检验，其重要性不言而喻。在选调生工作的开展过程中，广大青年学子用实际行动践行坚定不移听党话、跟党走，将个人价值与社会需求紧密结合，在祖国需要的基层建功立业、担当作为，正是落实立德树人根本任务和彰显人才培养质量的生动写照。有学者指出，做好选调生工作是坚持"四个服务"办学方向的必然要求，也是高校践行"四个服务"，用实际行动去回答高校应该培养什么人、怎样培养人、为谁培养人这一根本问题，对高校人才培养、大学生就业意义深远。[1]

二、选调生简介及我校工作开展情况

（一）选调生简介

选调生是各省（自治区、直辖市）党委组织部门有计划地从高等院校选调品学兼优的应届大学毕业生到基层工作，作为党政领导干部后备人选和县级以上党政机关高素质工作人员进行重点培养的青年群体。它属于公务员编制，但又不同于普通的公务员遴选。选调生的招录工作一般由各省（自治区、直辖市）党委组织部门负责组织和实施，与一般公务员招录相比要求更高，除符合普通公务员的报名标准外还往往要求有中共党员身份和学生干部经历，

---

〔1〕 郭勇：《高校选调生工作提质增效对策研究——四川大学选调生工作的实践与思考》，载《中国大学生就业》2023年第5期。

且有年龄限制。在培养方式上，选调生强化理论学习和实践锻炼相结合，组织部门会重点考察与培养。

（二）中国政法大学选调生工作开展情况

近年来，高校毕业生报考选调生的比例逐年递增，越来越多的学生将选调生作为自己就业的重要选择。以中国政法大学为例，2024年报考选调生达到了5000余人次。可见，通过选调生招录深入基层、服务社会已经成了高校毕业生的重要就业形式。

中国政法大学党政主要领导和分管领导高度重视选调生工作，有关职能部门不断加强和改进选调生工作，广泛组织动员，积极搭建平台，认真做好选调生的选拔与推荐工作，并以此为抓手积极引导毕业生赴基层就业，促进学校毕业生服务国家战略需要，实现高质量充分就业。2020年9月，作为新增的两所"双一流"学科建设院校之一，我校被中组部列入中央机关定向选调优秀大学毕业生推荐院校名单。目前已有29个省（自治区、直辖市）将我校列入选调优秀大学生推荐院校名单，实现了选调生省份的全覆盖。近三年来，我校各省选调总人数稳步增长，呈逐年递增趋势。其中2023年共计录取228名选调生，创历史新高，与2021年和2022年相比，增加近30人，增幅达到15%。

1. 密切沟通联系，建立长效机制

在校领导的高度重视和大力支持下，学生就业创业指导服务中心与各个省份建立了良好的沟通渠道，积极开展交流，不断密切联系，围绕选调生工作的落实进一步提升校地合作水平，为今后的工作开展奠定了坚实基础。2023年，学校先后与黑龙江、云南、辽宁、贵州等省委组织部选调生工作宣讲组进行座谈交流，双方围绕选调生工作、学生实习实践及日后常态化合作进行了深入沟通和协商。2023年12月，校学生处及部分学院负责同志一行专程前往广西南宁看望我校选调生，并与广西区委组织部及选调生代表进行座谈交流，并以此为契机，与当地组织部建立了良好的沟通渠道。

2. 积极组织动员，做好宣传引导

为了充分调动学生们的参与积极性，帮助同学了解选调生政策，学生就业创业指导服务中心与各省选调生招录工作组、各学院相互协作，通力配合，积极组织举办多场选调生招录宣讲会。其中2023年下半年举办了9场，包含了云南、贵州、青海、黑龙江、辽宁等地，详细介绍了上述省份的选调生政策，围绕同学们关心的问题进行了解答，积极引导同学们服务国家战略，前往西部地区、东北地区等地就业，将个人成长发展与社会需要相结合，扎根基层，服务社会。2024年寒假期间，学校就业中心坚持指导服务不断线，暖心行动促就业，成功举办2024届毕业生面试能力提升专项培训。在选调生招录工作逐渐进入面试选拔阶段的关键时期，围绕面试能力提升为同学提供专题辅导，切实帮助毕业生提升面试能力，确保选调生招录工作取得实效。2024年3月12日，学校在海淀校区举办"2024届毕业生就业典型宣讲暨求职经验分享会"活动，邀请优秀选调生代表结合自身经历为同学们分享选调生备考经验和注意事项，有效帮助同学们了解选调生工作的就业形势与政策，明确求职方向，提升求职能力。

3. 改进工作作风，提升服务水平

学校始终坚持以学生为中心的原则，不断提升服务水平，为学生提供便利，截至2024年3月底，我校共协助28个省（自治区、直辖市）开展选调生招录工作，共推荐5000余人次学生报名。同时，协助有关省市扎实开展"送考上门"，先后配合贵州、山东、辽宁、吉林、安徽、广西、江西、青海等8个省（自治区、直辖市）在中国政法大学设置考点，组织选调生招录笔试及面试工作。其中配合贵州省、广西壮族自治区、青海省三地将我校作为北京考点，除我校考生外共接纳300余名其他高校考生入校考试。2024年开学后，选调生招录工作进入收官阶段，学校继续坚持以学生为中心，全心全意做好服务保障工作，认真履行职责，积极配合各个省份开展选调生招录政审考察与体检工作，先后配合内蒙古自治区、广西壮族自治区、福建省、安徽省、江苏省、青海省、贵州省等地开展入校考察。

三、选调生工作存在的不足

（一）各省份选调生考录人数区域差异较大

目前，虽然已有29个省（自治区、直辖市）将我校列入定向选调优秀大学生推荐院校名单，实现了选调生省份的全覆盖，但每年的实际录取人数并没有实现全覆盖。选调生录取人数较多的情况集中在个别省份，少数省份选调生工作成效不显著。例如在2023年，选调生录取人数在10人以上的省市

新时代加强和改进高校思想政治工作路径探究

主要集中在北京、上海、重庆、江苏、浙江、山东等经济相对发达地区或沿海地区，而东北三省和西北地区的青海、甘肃、宁夏，以及华南地区的广西、海南等省份录取人数均低于 5 人，个别省份为 0 人或 1 人。由此可见，选调生录取人数区域分布不合理，对于经济欠发达地区和地理位置较偏远的省份，选调生工作存在一定的不足，宣传动员和主动引导方面有待加强。

（二）个别省份选调生考录结果不理想

根据近三年数据统计显示，个别省份的选调生考录结果并不理想，亟待加强。部分省份近三年招录的选调生合计为 0 人或者 1 人。如何在今后的工作中实现上述省份选调生录取数量的增长与突破，是需要重点解决的问题。

（三）选调生的类别以研究生为主，本科生参与度较低

根据数据统计，2021—2023 年我校选调生中本科生占比分别为 11%、6%、14%。然而每年本科毕业生数量与研究生相比十分接近，但研究生在选调生领域占据绝对多数。尽管由于与研究生相比，本科毕业生党员总人数少，同时获得校级以上荣誉人数少，符合选调生基本报名条件的人数有限，明显少于研究生，但本科毕业生对于选调工作的主动参与不够，积极性不高，也是导致选调生学历结构与毕业生总体数量相差巨大的重要原因。此外再加上两地办学，大多数政策宣讲与招聘活动在海淀校区举办，导致了昌平的就业氛围不够浓厚，本科生的参与度不高，这也不利于本科生选调工作的开展和推进。

四、思路与建议

（一）加强校内联动，拓展校外资源，助力选调生工作取得进一步发展

要助力选调生工作获得进展，一方面，应加强部门联动，实现校内各有关部门的配合协作。学工部（学生就业创业指导服务中心）、组织部、校团委、宣传部以及各二级学院要形成合力，共同推进选调生工作的开展。通过统筹协调校内各部门资源，摸清符合选调生基本条件的优秀毕业生底数，建立相应台账，有针对性地开展工作。另一方面，应建立长效机制，加强专题辅导，积极搭建平台，拓展合作渠道，充分利用校外优质资源，不断加强我校选调生推荐与考录工作。借助社会专业师资队伍和优质教学资源，有针对性地为选调生推荐人员开展专题培训和辅导，围绕行测、申论等笔试环节以

及面试进行专项培训，不断提升学生的个人综合素质和竞争力，确保专项选调工作取得更大的进步。

（二）积极组织动员，加强宣传引导，实现选调生地域分布的均衡发展和个别省份的重点突破

针对目前我校选调生录取人数较多的情况集中在经济相对发达省份或沿海地区、选调生工作开展地域不均衡以及个别省份选调生考录结果不理想的问题，要加强对于经济欠发达地区和地理位置较偏远省份的政策宣讲和组织动员，让更多的同学深入了解这些地区的具体情况和优惠政策，不断提高学生的关注度和参与度；要加强思想引领，注重强调家国情怀和奉献精神的培育和宣讲，可以通过邀请西部地区和经济欠发达地区的优秀选调生代表进行座谈，以个人经历分享的形式在学生中树立正确的导向。与此同时，学校有关部门要积极与往年选调人数相对较少的省份建立良好的沟通渠道并密切联系，不断加大宣讲力度，优化宣传内容，丰富动员形式，将选调生工作与就业育人相结合，最终实现选调生工作的持续发展。

（三）改进遴选方式，提升服务水平，确保选调生工作实现本硕博同步发展

一方面是改进和提升工作方法，不断优化现有的选调生遴选推荐方式。参考其他兄弟院校的做法，将笔试考察与学院推荐意见相结合，同时参考相关具体情况设置推荐人选的学历类别限制，在部分选调生推荐工作中专门设置本科生名额和比例条件，不断加大对于本科生的关注力度，强化对本科生的积极引导。另一方面是多措并举，围绕方便学生和提升就业能力开展一系列相关活动。继续扎实做好"送考入校"工作，在中国政法大学设置考点，方便学生在本校参加选拔考试，进一步提高学生对于选调生工作进展缓慢省份的参与积极性；通过开展面向全体本科生的大学生职业规划大赛帮助本科生提高职业发展规划的科学性和求职实战能力，增强个人综合素质和就业能力；有重点地将一些选调生宣讲工作通过线下线上相结合的方式引入昌平校区，并积极开展简历诊断与辅导、校外职业导师面对面、就业能力提升训练营等活动。通过上述活动，在本科生群体中营造起浓厚的就业氛围，提升本科生的就业意愿和参与积极性，最终实现本科生选调生人数的增长，确保选调生工作实现本硕博同步发展。

思想政治教育视域下大学生职业生涯规划教育的发展路径

中国政法大学商学院　王晓曦

一、在思想政治教育视域下开展大学生职业生涯规划教育的必要性

大学生职业生涯规划教育主要是通过理论讲授、实践牵引等方式展开，以培养大学生自我认知、对职业前景进行分析的能力为基础，以正确择业观、就业观、职业道德观的形成为导向，以引导学生制定和调整与自身实际相适应的职业发展目标，并以对自己的职业发展进行整体规划为目的而开设的教育活动的总和。职业生涯规划教育是高等人才培养的重要组成部分，合理的职业生涯规划是大学生成长发展的立足点，也是其成长发展内驱力的来源。

《中共中央、国务院关于进一步加强和改进大学生思想政治教育的意见》指出，对大学生进行思想政治教育要以理想信念教育为核心、以爱国主义教育为重点、以基本道德规范为基础、以大学生全面发展为目标，培养学生成为有理想、有道德、有文化、有纪律的社会主义新人，并提出把大学生思想政治教育贯穿于教育教学的全过程。

因此，在思想政治教育视域下发展大学生职业生涯教育，无论是对高校立德树人根本任务、还是对学生个人健康成长发展，又或是对社会主义人才培养等都有重要意义。

（一）在思想政治教育视域下发展大学生职业生涯教育是高校"立德树人"根本任务的具体体现

立德树人是高校思想政治教育的根本任务，也是新时代教育的中心环节，2019 年 3 月 18 日，习近平总书记在学校思想政治理论课教师座谈会上的讲话中指出："把学习奋斗的具体目标同民族复兴的伟大目标结合起来。"从国家

发展和社会进步的角度来看，立德树人就是培养具有强烈社会责任感和丰厚才学、愿意在国家和社会发展中贡献力量的人。在思想政治教育视域下发展大学生职业生涯教育，需要将思想政治教育的根本任务贯穿体现于整个职业生涯教育的过程中，引导大学生明大德识大义，了解国家的重要战略、社会的现实需求，对标党与国家在新时代中对高校人才培养的要求，学习如何将自己的职业发展与之相匹配的方法论，从而在实际职业生涯发展过程中承担相应的社会责任，为实现民族的伟大复兴而奋斗。大学生的职业生涯规划教育如果脱离了这一思想政治教育的要义抑或忽略了引导大学生结合国家和社会发展进行职业生涯规划这一理念，则难以与高校"立德树人"的根本任务相趋合。

（二）在思想政治教育视域下发展大学生职业生涯教育是运用社会主义核心价值观指导个人成长能力培养的根基

社会主义核心价值观为国家建设指明了前进方向，给社会发展绘制了美好蓝图，对个人成长提出了道德规范，是高校思想政治教育的重要内容。职业生涯发展规划教育的综合性非常强，蕴含了自我认知、环境评估、目标决策、关于职业选择的实施计划、对职业的适应性以及职业道德规范等内容。

运用社会主义核心价值观对职业生涯规划进行指引，首先，能够有助于大学生提高自我修养，在自我认知过程中打开思想格局，站在发展的角度看待个人成长，不计较一时的得失成败，培养坚忍不拔的优秀品质，树立积极正确的价值观；其次，能够带领大学生在对外部环境的评估中开阔眼界，了解国家发展的战略需求和各行各业的方针政策，客观理性看待职业发展的外部环境与评估职业前景；再次，能够帮助大学生确立崇高理想目标，在职业目标决策的过程中顺应国家发展各项事业的需要，做出契合国家利益、集体利益和满足个人需求的决策，在职业发展中具有更充分的价值感受；最后，能够有利于大学生在职业生涯发展过程中坚守优良职业道德，激发正能量，将做人与做事相结合，同步提升职业成长与身心健康。

（三）在思想政治教育视域下发展大学生职业生涯教育是职业生涯规划教育本土化的实践探索

职业生涯规划教育起源于20世纪的美国，后在不断研究发展的过程中引入中国等国家，其中包含许多西方关于职业生涯规划教育的概念和理论，如职业发展阶段理论、职业锚理论、人格特质因素论等，相对来说更加聚焦于个人需求与关切。2016 年 5 月 17 日，习近平总书记在哲学社会科学工作座谈会上的讲话中指出："如果不加分析把国外学术思想和学术方法奉为圭臬，一切以此为准绳，那就没有独创性可言了。"职业生涯规划教育作为中国特色社会主义建设者培养中的重要环节，更应契合我国的价值观、思维方式和传统文化，因此职业生涯规划教育应与我国的国情、社情、校情、学情紧密结合，探索用中国理论话语体系建构中国化的"立大志、明大德、成大才、担大任"的大学生职业生涯规划教育体系[1]。在思想政治教育视域下发展大学生职业生涯规划教育，正是将职业生涯规划教育进行本土化实践探索的重要环节，能够助力于中国特色社会主义建设的人才培养。

二、思想政治教育与大学生职业生涯发展规划教育融合中的不足之处

大学生思想政治教育旨在培养具有坚定的政治信仰和理想信念、价值取向端正和富有社会责任感的人才，职业生涯规划教育意在引导大学生将坚定的理想信念转化为切实可行的职业目标，并通过分析个人情况、社会形势找到适合自身的职业、制定阶段性目标与长期目标兼行的职业发展规划，二者的教育目标都是培养符合社会要求且综合素质良好的社会主义建设者和接班人。

然而，在大学生职业生涯规划教育的实践中，以思想政治教育对其进行指导的顶层设计和系统规划较少，职业生涯规划教育的目标未能实现与思想政治教育目标的有机结合，教育内容和形式缺乏系统性，师资队伍建设也存在专业性不足、人员不稳定等问题。

（一）教育工作管理归属与具体实施方面

在大部分高校中，职业生涯规划教育往往是由学校的就业指导部门组织实施并进行管理。就业指导部门的日常工作繁多，囊括了联络收集并发布招聘信息、组织相关就业类考试、发布及落实就业相关政策、组织各种规模的

---

〔1〕 李世明、鲁伟：《高校职业生涯规划教育本土化现状及未来发展探索》，载《创新与创业教育》2023 年第 6 期。

校园招聘活动等就业促进工作，还承担着毕业生毕业相关手续办理等事务性工作，其中职业生涯规划往往处于无专人管理负责的状态。与此同时，职业生涯规划教育在正式开展的过程中，在资源调配、师资建设、理论研究、具体实施和反馈改进等方面都有其系统性、复杂性和独特性，就业指导部门在繁重琐碎的就业工作之余，难以在全校范围内充分开展职业生涯规划教育，更难以确保将思想政治教育高质量贯彻其中。

（二）教育目标方面

《教育部办公厅关于印发〈大学生职业发展与就业指导课程教学要求〉的通知》中为高校开展职业生涯发展规划相关课程设置了三个层面的教育目标，其中包括培养学生在态度层面树立积极正确的人生观、价值观和就业观念，把个人发展和国家需要、社会发展相结合，并愿意为个人的生涯发展和社会发展主动付出积极的努力；在知识层面提出通过课程引导大学生形成较为清晰的自我认知、职业认知、社会环境和劳动力市场认知，以及相关法律政策认知；从技能层面对大学生相关的通用技能和专门技能也提出了目标要求。

然而在实际课程中，相关课程在教学过程中更为偏重知识层面、技能层面内容的讲授，更加侧重服务于就业工作，对学生态度、精神、价值观层面的培育不够到位，职业生涯规划课程的教育目标与思想政治教育目标未能在教学实践中紧密结合，课程的思政性有待进一步提高。

（三）教育内容与教育形式方面

在实践中，职业生涯规划教育不仅来自课堂教学，还存在于大学生校园生活的课外发展层面中。要想真正实现职业生涯规划教育与思想政治教育的有机结合，除发挥课堂教学主阵地作用，也应充分意识到课堂外实践教育的重要作用。

现阶段，我们已在社会实践、专业实习、志愿服务、社团活动中融入了一些对学生进行职业生涯规划教育指导的内容，也在实践中将爱国主义、青年责任与担当、社会主义核心价值观等思想政治内容置入职业生涯规划教育的过程，但是尚未能够系统化设计专门的教育活动，距离将二者有机融合形成育人合力的目标还存在很大的空间。

新时代加强和改进高校思想政治工作路径探究

（四）教育队伍建设方面

在高校教学中，职业生涯规划教育还应包含教授学生从其在校期间所学专业的角度对相关的职业、劳动力市场进行专门分析的能力，在教授过程中应充分挖掘与专业学习、行业发展相关的思想政治元素，使思想政治教育真正落实于学生的成长发展过程中。例如带领学生了解其所学专业和今后可能从事的行业在国家产业格局中的发展前景和角色定位，与行业相关的国家战略政策等，这些能够在教育中激发学生的学习兴趣和使命担当，增强思想政治教育在职业生涯规划教育中的实效性，引导学生在目标决策的过程中将个人的职业规划与社会进步相结合。

目前高校中职业生涯规划相关课程的教学任务主要由学生工作者承担，学生的课外职业生涯规划教育活动也主要由学生工作队伍负责设计与实施，这些人员虽然大部分为思政教育工作者，但其专业背景往往不同于所教授学生的专业背景，因此难以将与专业紧密相关的思想政治内容注入课堂教学和课外实践；同时，在课程与教育活动的实施过程中，也缺乏对相关实教人员建立系统培训、集体备课交流、水平考核等机制，师资队伍的建设质量难以得到保证。

三、思政教育视域下职业生涯规划教育发展路径

在思政教育视域下发展职业生涯规划教育应遵循系统化原则，在将二者结合进行顶层设计的基础上进行系统规划，进而探寻发展路径。

（一）明确专门化管理归属，形成院校两级育人合力

在教育实施过程中，可将职业生涯规划教育作为一项专门化的工作，由专门的机构或专人负责管理，这样的管理模式也有利于挖掘相应的教育资源。

高校可在就业指导部门中下设职业生涯规划指导的二级部门，并在各个教学单位设立相应的职业生涯规划工作站，各工作站在校级职业生涯规划部门的协调和指导下开展工作。各个教学单位日常直接对学生进行教学和管理，相较于学校就业指导部门，工作站能够更加了解各院系不同专业学生的不同特点，在职业生涯规划教育方面更加能够与其专业学习相结合，有利于贯彻思想政治教育的有的放矢。校院两级专门化管理既能够增加职业生涯规划教

育在各个教学单位的工作着力点，也能够在职业生涯规划教育中充分发扬学科特色，还能扩大职业生涯规划教育在校园内的覆盖面，有助于形成育人合力，提升教育实效。

（二）贯通理论与实践，打造课堂内外共同育人新格局

1. 统一教育目标

为将思想政治教育与职业生涯规划教育更好融合，教育应以"培养什么人、怎样培养人、为谁培养人"为逻辑起点，以促进学生的全面发展为价值主线，将成长成才教育、幸福人生教育、职业道德和职业精神教育、社会主义核心价值观教育融入包括第二课堂在内的校园职业生涯规划的教育体系中。教育目标可根据教育学习程度划分层级，分为基础性目标、提高性目标和拓展性目标：基础性目标面向全体学生，是教育必须达到的基础要求，也是学生必须完成的学习任务，包括对职业生涯发展规划理论学习、以社会主义核心价值观指导的自我认知方式、以国家和社会的发展进步相关战略政策作为指引的外部分析方法、如何基于以上内容进行目标设定及决策行动、职业道德，以及基本就业政策和相关简历撰写和面试技能技巧等；提高性目标是在完成基础性目标的基础上，鼓励全体学生简单地运用所学知识积极进行实践，以达到巩固、提升的目的，包括参加职业生涯规划相关比赛、模拟面试比赛、利用相关知识投身于专业实习和社会实践中等；拓展性目标则对应个别学生的学习需求，在完成前两个目标的基础上，学生可根据自身实际进行选择。基础性目标可以通过课堂中的理论学习达到，提高性目标和拓展性目标则可通过课堂理论学习、课堂实践教学和第二课堂实践教育活动相结合来完成。

2. 结合理论与实践

在课堂中，应重视从理论层面将思想政治内容与职业生涯规划相结合，在引导学生进行自我认知和外部环境探索的过程中，把以社会主义核心价值观为内核的世界观、人生观、价值观、职业观和成才观纳入课堂教学，从职业生涯的态度、意识、道德等方面对学生进行思政引领，为学生以社会主义核心价值观指导个人在职业生涯发展规划中的决策和行动做理论铺垫。

职业生涯规划教育的实践层面既包括了课堂中的实践教学，也涵盖了由学校主导的社会实践、专业实习、志愿服务、社团活动、校园讲座等第二课堂教育阵地。第二课堂在大学生校园生活中占有较大比重，因此，除在课堂

中积极将理论与实践相结合，系统设置职业生涯规划教育系列的第二课堂也有助于思政教育与职业生涯规划教育相结合。课堂中的实践教学可由教师带领学生结合国家相关政策和实际情况对各种行业进行调研，在教授调研方法的基础上分析行业发展趋势、行业中的岗位分布情况与近年来的就业形势，然后将其个人价值观、技能等与岗位进行适配度分析，与此同时，可借助第二课堂的实习实践活动帮助学生将职业生涯规划中学习到的相关知识技能和专业知识应用于实际工作，进一步感受自我价值、提升自我认知、学会如何在实践中进行目标决策。另外，通过相关讲座、宣讲等第二课堂活动作为补充，引导学生了解国家各产业经济发展形势、就业政策、西部计划、大学生参军入伍政策等，设置志愿服务岗位带领学生深入基层寻找个人服务于社会的价值，打造主题调研活动带领学生在实践中了解国情、社情与民情，开展简历撰写与面试指导或模拟比赛帮助学生提升就业技能、增强自信等。

在教育活动中将理论与实践相统一，立足学生和专业的特点，主动探索科学适宜的教学策略，创新引导方式，注重理论与实践结合，将更加有助于学生将理论层面中态度意识方面的内容内化于心，并通过相关知识技能的实际应用外化于行，形成正确职业观、价值观、人生观的统一，最终落实"立德树人"的根本任务。

（三）教育者队伍建设方面

高质量的教育者队伍建设是高质量教育的重要保证，因此应高度重视职业生涯规划教育者的队伍建设。

1. 吸纳多种类型教育者

职业生涯规划教育本身是一门综合性、实践性和应用性很强的教育活动，涉及教育学、社会学、管理学、统计学等多个学科，在思想政治教育视域下发展职业生涯规划教育，更应重视对多种类型教育者的吸纳，需要"走出去、请进来、校企混编、专兼结合"[1]，充分发挥专业课教师、高校思政工作者、职业规划指导者、课外实践导师的引领作用，构建一支结构合理、优势互补、覆盖全面的职业生涯规划教育者队伍。

---

〔1〕 李世明、鲁伟：《高校职业生涯规划教育本土化现状及未来发展探索》，载《创新与创业教育》2023 年第 6 期。

2. 建立教育者培养计划

一方面，可以通过集体备课及培训的方式促使各类教育者达成在思想政治教育视域下发展职业生涯规划教育的共识，增进交流与相互借鉴，互通教育资源；另一方面，应集结有利因素，从不同类型教育者的相对短板入手，有针对性提升意识、补足其知识与教育技能，例如对专任教师和思政教育工作者进行职业生涯规划教学指导，帮助职业规划指导者增强课程思政意识，对思政教育工作者、实践教育指导者进行与学生专业相关的宏观战略和产业发展方面的培训等，让每一位教育者寻找到思想政治与职业生涯规划合理的教育融合点，使整个教育队伍在教育实践中达成教育目标统一、能力相对均衡、协调统合优势的状态，将职业生涯规划意识与能力培养融入大学生学习和生活的方方面面，实现为全面建成社会主义现代化强国培养社会主义建设者和接班人的目的。

3. 完善相应制度保障

高校可对不同类型的职业生涯规划教育者设置不同的考评体系，从不同视角挖掘每位教育者的优势，在考评中了解教育者的教学、指导能力和教育成果，对表现优秀者进行表彰，为专业师资培养予以人力、物力和财力支持，也可在思政教育者转型期鼓励其向职业化道路发展，并提供相应保障。

参考文献

[1] 张多良、顾欣：《〈职业生涯规划课程〉思政实施路径研究》，载《东南大学学报（哲学社会科学版）》2023 年第 S1 期。

[2] 李世明、鲁伟：《高校职业生涯规划教育本土化现状及未来发展探索》，载《创新与创业教育》2023 年第 6 期。

[3] 蒋欢：《大学生思想政治教育与职业生涯规划的交融互动》，载《中学政治教学参考》2023 年第 4 期。

[4] 王蕾、李春波、王荻：《大学生职业生涯规划指导思考》，载《合作经济与科技》2024 年第 3 期。

[5] 舒虹：《高校"职业生涯规划与就业指导"课程思政建设路径探析》，载《北京教育（高教）》2022 年第 10 期。

[6] 李佳倩、郑鹏飞、曹微：《高校辅导员在大学生职业生涯规划中发挥作用的途径》，载《西部素质教育》2023 年第 10 期。

［7］张思媛、于永坤：《高校落实立德树人根本任务的探索与思考》，载《长春师范大学学报》2023年第11期。

［8］邓士杰：《课程思政视域下高校学生职业生涯规划混合式教学探索》，载《科教文汇》2024年第1期。

［9］肖舒匀：《浅析思政教育在大学生职业生涯发展教育中的作用》，载《产业与科技论坛》2023年第15期。

［10］凌蕴昭：《思想政治教育与大学生职业生涯规划深层次融合的科学路径探究》，载《湖北开放职业学院学报》2023年第4期。

［11］覃维英、罗棕仁：《思政教育与大学生职业生涯规划教育融合探究》，载《佳木斯职业学院学报》2023年第7期。

［12］何文栋：《职业生涯发展与就业指导课程教育中的大学生思想政治教育作用研究与探索》，载《时代教育》2015年第19期。

［13］王珮桦：《职业生涯规划指导的大学生思想政治教育创新研究》，载《湖北开放职业学院学报》2023年第6期。

［14］周海燕：《大学生思想政治教育精细管理研究》，武汉大学2020年博士学位论文。

［15］施春梅：《新时期大学生思想政治教育认知结构研究》，东北师范大学2020年博士学位论文。

"互联网+" 背景下大学生创新创业能力提升路径研究

中国政法大学国际法学院　刘穆新

一、创新创业教育概述

(一) "互联网+" 背景下创新创业能力培养的意义

1. 创造更多的就业机会, 缓解大学生就业压力

培养大学生的主动精神和创业技能, 引导其了解自我的个性化特征, 帮助其确定职业发展方向, 提升其未来职业规划能力, 拓宽其职业领域, 突破自身思维局限性, 更有信心挑战传统行业, 使他们完成学业即将走向社会的时候, 能够学以致用, 既可以胸有成竹地选择自己喜欢的工作, 也可以自己选择为自己打工。以创业促就业, 能够较好地缓解就业问题对社会的压力, 解决大学生结构性失业问题, 帮助其获得更好的生活和工作, 实现职业理想和致富梦想。

2. 维护社会和谐稳定, 推动社会经济发展

人才和智力是国家提高自主创新能力的主要基础, 培养适应经济发展的创新人才是提升国家核心竞争力的重要举措。大学生朝气蓬勃, 充满活力, 创新创业教育有助于帮助大学生树立创业志向、修养创业品质, 提升其自我生存和发展能力, 积累人生阅历, 引导大学生勇于开拓, 鼓励其加入自主创业的队伍中来, 为建设创新型国家提供不竭动力, 促进社会的稳定、和谐发展。

3. 促进大学生全面发展, 实现其社会价值

以人为本, 因材施教, 发挥大学生主观能动性, 增强其职场核心竞争力。尊重大学生的主体价值, 深化科学和人文教育的融合, 引导其树立正确的就

业观，发挥集体主义精神，增强社会责任感。开发大学生的学习兴趣，挖掘其个性潜能，弘扬探索精神，激发大学生追求真理的欲望，培育分析解决问题的能力和应对社会变化的能力，积累经验，促进学生主体人格完善，个性和谐发展。

4. 提高人才培养质量，促进高等教育改革

随着网络技术的快速发展，高校的教育模式也需要进行改革和调整，强化高校的社会服务功能，培养满足市场需要的人才。通过不断强化创新创业教育，引导高校不断更新教育思路和方向、突破教育观念、创新人才培养模式，重新审视人才培养目标，同时促进高校构建新的课程结构和教学体系，优化教育资源，引导高校调整定位、发挥专业特色和优势，营造校园文化，促使高校成为"创业者的熔炉"，并永久保持旺盛的生命力。

（二）互联网发展现状

1. 网络基础设施建设显著加快，移动互联网应用蓬勃发展

互联网 5G 技术的高质量发展是中国的产业经济发展的主要路径，其具备可以实现万物互联，传输速度更快，反应更快的优点，手机用户不用再担心流量费用和速度，增速降费为用户带来了良好的体验，用户获得感不断增强。截至 2023 年 6 月，我国已建成并开通超过 290 万个 5G 基站，使用 5G 移动电话用户超过 6 亿户，移动互联网累计流量超过 1400 亿 GB，充分利用 5G 赋能产业发展，促使各个行业发生深刻的变革。让互联网商户广泛受益、用户普遍受惠。此外为保障互联网用户的合法权益，我国通过依法规范网络空间秩序，不断激发互联网创业的活力动力，不断优化互联网环境，并定期开展专项整治行动，严厉打击侵权行为，降低维权成本。

2. 互联网商业模式不断丰富，短视频、直播用户实现井喷式增长

截至 2023 年 6 月，短视频用户规模爆发式增长，现已经超过 10 亿人，约占网民整体 95%。近年来，小红书、抖音、快手三大短视频平台通过深耕电商领域，不断延伸新业务，上线商城功能，同时将用户流量转化为商业价值，算法推荐的方式，吸引用户消费，实现营收稳步增长。通过主播与用户之间建立的信任，刺激用户消费，促进交易，提高复购率，拉动业绩增长。

二、国内高校创新创业教育存在的主要问题

随着互联网的快速发展，技术不断更新，新媒体层出不穷，人们越来越善于将自己的所见所闻所想分享在网络平台，媒体逐渐从官方机构转变成个性化、个人化的平台，因此，自媒体已成为互联网产业中最为活跃的内容输出者，现短视频和直播已成井喷式发展，拥有超过百万数量的从业者。目前我国创新创业教育发展较为保守，面对互联网发展带来的机遇和挑战，各高校还需要进行深入的思考和探索。

（一）教育理念滞后，被传统思想束缚

1. 教育主体认知僵化，对于创新创业的重视程度不够

高校对创新创业人才培养目标缺少长远规划和前瞻性战略思维，导致教育理念落后，人才培养模式单一。大学生对于创业通常处于雷声大雨点小的状态，更多大学生倾向于完成学业，顺利就业。尤其在大四就业工作中，创业比例非常低，高校急于完成就业率指标，鼓励大家积极就业，倾向于认为创新创业教育的意义仅在于缓解就业压力，忽视了大学四年对于创业能力和意识的培养，而这一点则揭示了创业规划与指导工作的不足，更是忽略了大学生全面发展的价值取向。

2. 受传统观念影响，创新创业意识不足

由于长期受到传统文化和家庭观念的影响，大学生的就业心态处于封闭、静态、循规蹈矩的状态，面对创业，畏惧困难、缺乏勇气和动力，甚至越来越多的大学生在毕业之前选择考公，去体制内追求稳定，将自己定位为打工者的角色，追求安逸。

3. 校园创新创业文化氛围不够浓郁，对创新创业认可度不高

各高校因儒家文化的影响，缺少创业文化培育的土壤，大学生对于创业活动处于被动状态，而参加者以理工类居多，文法艺专业较少。校园创业文化氛围不够浓厚，缺少文化积淀和基因，对成功案例以及创业政策的推广和传播力度不足，导致大学生重理论学习轻实践锻炼，创业意识淡薄，对创业具有认知上的偏差，对创业认同度较低。大学生对于创业活动存在很多质疑，害怕失败，缺少进取和冒险精神，缺乏良好的创业教育。

4. 创业价值观偏移，缺少社会责任感

高校在创业教育中忽略了思政教育和学生的多元化发展，形式上的融合使得两者关系趋于隔离和脱节，在说服教育上出现了控制性说服，用管理代替思政教育，形成了学生的"双重人格"表现，出现了逆反效果。部分高校施教者存在思想不稳、用心不专的现象，大学生则缺少践行社会主义核心价值观的自觉意识，价值取向趋于务实，将创新创业教育庸俗化理解，认为其目的只是为了实现财富梦想，以追求眼前功利为目的。公民意识淡薄、道德感差，缺少社会责任感，难以将社会主义事业的兴旺发达视为己任。

（二）师资力量不足，缺乏优质教材

教师队伍是推进创新创业教育的重要实施主体和根本保障，教师不仅要具备学术知识功底，更要具备实践经验，要求教师要走出课堂，走进社会。

1. 师资结构单一，欠缺交流机制

进行创业教育的教师大多是就业指导中心的老师或者是从事经济管理教学工作的"学院派"老师，缺乏创新创业的意识和热情，创业经历更是少之又少，实践基础薄弱，课程的讲授更多局限于纸上谈兵，缺少实践元素。大学对教师的激励措施不到位，缺少专业化的培训，教师缺少进入企业交流的机会。同时，教师队伍层次单一，受人事管理制度的制约，聘请校外导师存在一定的障碍。而高校邀请的企业家进校共同讲授课程，又因其缺乏教学经验，且受到时间和业务的限制，没有多余的精力指导大学生创业项目，课程效果不佳。因此，高校与校外企业家、兼职导师的合作不够深入，没有形成常态化发展机制。

2. 教材建设严重滞后，针对性不强

可供教学选用的创新创业教材有限，缺少专业性、权威性、创新性教材，现有教材绝大部分都是千篇一律，内容过于笼统，针对性不强，实效性较弱，缺少特色，往往是将案例叠加整理，但案例落伍陈旧，缺乏对学生的科学理论指导，学术沉淀不足，缺少本土理论的提升，指导意义有限。

（三）课程体系不健全，教育形式大于内容

创新创业课程体系不够完善，交叉学科跨学科教育重视程度不够，拘泥于某一学科专业，导致学生知识结构单一，容易形成思维局限和固化。

1. 专业优势不明显，课程内容结构单一

目前高校的创新创业课程与学校特色优势专业结合得不够深入，没有彰显院校特色。例如，短视频制作不仅需要熟练掌握新媒体技术，更需要具备与传播内容相关的专业知识，如法律短视频的创作需要扎实的法律功底，更需要掌握前沿的媒体制作理念，较强的文字表达能力，极具创意的表达方式等，这就需要既懂法律又懂传播的复合型人才。目前，国内高校对于推进传媒专业和其他专业的联合培养不够深入，跨校交流难度较大。各高校创新创业教育课程体系整合度不够，大多分学院分专业进行，课程间、学科间缺少有机联系，处于割裂状态，衔接性和渗透性较弱，导致了知识传播的孤立状态；实施主体各自为政，闭关自守，分散实施，以完成任务为导向，敷衍了事，资源利用率较低，重视程度有限。

2. 教育内容滞后，教育手段传统

课程内容与新技术的发展存在时间差，对于社会经济的改变，做出的应对策略及课程调整不够及时，内容陈旧，导致了创新创业教育的滞后性。此外，随着互联网的技术发展，短视频和直播创业迅速兴起，部分高校对于创新创业的教育还处于传统模式，困于如何创办公司，筹集创业启动资金等问题，殊不知自媒体已经发展到了成熟期。

（四）实践教学体系不完善，共建基地利用率低

部分高校对实践教学的认识有偏差，将其放在教学活动的次要位置，重理论轻实践。

1. 管理机制不完善，影响学生积极性

实验、实训、实习等环节处于割裂状态，缺乏内部有机联系，整体规划处于无序状态；且创新和创业属于不同部门管理，各学院各专业存在隔阂，相对孤立，难以整合，导致教学中出现两层皮的现象，影响教学效果。学科创新创业竞赛机制不够完善，学生参与创业项目动力不足，产学合作协同育人项目完成度不高。

2. 共建机制不成熟，资源利用率较低

校内外的实验室资源、实践平台等硬件设施各自孤立，共享机制不够完善，资源浪费；实践基地数量不足，合作过程不稳定，推动合作力度和互动性不够，校企共建模式不够多样化。

新时代加强和改进高校思想政治工作路径探究

三、"互联网+"背景下高校创新创业能力培养策略

（一）围绕"互联网+"创新创业构建全生命周期课程体系

在互联网的快速发展下，创新创业教育需要与时代接轨，尤其在短视频和直播平台的创业背景下，创新创业课程需要进行内容优化。以产业经济发展为需求导向，结合自媒体发展的趋势和应用现状，需要对学科资源进行重新分类整合，构建新的学科以及教育课程体系，保持课程体系的先行性。

1. 发展通识教育，培养良好品格

创新创业人才需要具备开阔的视野、批判性思维能力、坚韧不拔的精神、强烈的社会责任感以及高尚的爱国情操，而发展通识教育有利于大学生全面发展和适应社会需要，使其成为有道德、有理想的社会人。

（1）引导大学生在创业过程中要遵纪守法。高校通过优化人才培养方案，植入社会主义核心价值观的教育，重视大学生综合素质的培养。自媒体短视频作品抄袭严重，侵犯他人网络传播权、复制权、著作权现象屡见不鲜，严重损害他人合法权益，破坏社会公平正义。加强大学生网络法、知识产权法等知识的学习，能够提升短视频制作者的法律意识，使其知法、懂法、守法，在法律范围内开展创业活动，不传播违法违规、不正当内容，在短视频创作领域尊重原创保护原创，做到不侵权且不被侵权。

（2）培养大学生工匠精神。科技强国的建设离不开精益求精的匠心精神，打铁还需自身硬，只有注重细节、筑牢根基，忘我地投入，矢志不渝地追求完美，才能实现个人能力的可持续发展。当下线上直播带货乱象丛生，商品质量参差不齐，主播虚假宣传、夸大其词，语言低俗，价值观扭曲。故通过思想政治教育，提高学生文化品位，人文素养，树立正确的价值观，进一步传播符合社会主义核心价值观的内容。[1]

2. 创新授课形式，激发学习兴趣

在自媒体时代，互联网作为创新创业教育的载体，发挥了显著的优势。

第一，利用自媒体开展创新创业教育，开拓网络创业教育新阵地。自媒体时代信息传播更加直观、生动、快捷和精准，平台能够根据用户的观看、

---

〔1〕 闫淼：《做应用型人才创新创业教育的领航者》，吉林大学出版社 2017 年版，第 139~141 页。

关注、点赞、转发等进行数据分析，对用户感兴趣的短视频进行精准推送，在刷抖音的过程中弘扬社会主义核心价值观，传授各类专业知识，形成蝴蝶效应，引发共鸣。高校应该抓住短视频爆发的机遇，把握短视频平台用户的行为习惯和群体特征，开拓网络创业教育新阵地，将短视频平台与创新创业教育深度融合，创新教育方法，改变单向灌输的方式，给予大学生更多的选择权。让大学生可以有效利用碎片时间吸收创业知识。如北大在抖音平台上开设创业训练营的账号，利用视频、音频、图片、文字等形式进行表达，内容丰富多彩，语言青春活泼，娱乐性强，使创业过程更加直观地体现出来，克服了传统"灌输式"教学带来的死板和固化的缺点，同时可以覆盖更多的用户，实现资源共享，提供了多元化的学习方式。

第二，鼓励教师提升自媒体应用能力，增强网络信息传播的双向互动。短视频的发展对教师队伍提出了更高的要求，教师队伍要善于应用自媒体，接受新鲜事物，转变传统观念，将教育方法手段与短视频紧密结合，开辟线上知识板块，拓展教育空间，制作生动有趣有吸引力的案例分析，探索学生喜闻乐见的表达方式，提高学生参与度，寓教于乐，使知识传播更深入人心。

（二）加强队伍建设，提升工作实效

构建合理的师资队伍，优化师资资源，加大培养力度，全面突破创新创业教育发展的瓶颈。

1. 构建双师型师资结构，完善校内外共同育人机制

互联网创新创业具备艰巨性和挑战性，不能仅依靠校内专职教师，充分利用社会资源，增强校企之间的合作，高校可以聘请互联网企业中具有丰富短视频运营经验的专家担任兼职导师，为学校创业队伍注入新鲜"血液"，同时可避免出现创新创业教育的落后性，紧跟时代潮流。可通过讲座、班会、座谈会等方式，向大家传授实践经验，对大学生创业项目的可行性和风险度进行深入指导，帮助大学生对短视频制作内容进行精准定位，辅导大学生制定自媒体短视频、直播带货创业规划。

2. 深化校企合作，搭建实践平台

深化校企合作，搭建交流平台，完善联合培养机制，开展多元合作，实

新时代加强和改进高校思想政治工作路径探究

现有机结合。[1]互联网企业具备成熟的短视频运营和直播带货的团队和专业设备，可以为短视频创业提供实践机会，增强学生的社会适应能力。如通过举办、参加创业大赛等活动，拓展交流合作的载体，能够促进大学生学以致用，构建预就业模式，实现创业项目与市场的真实对接，打通自媒体创业新路径[2]。

（三）举办创新创业大赛，孵化创新创业项目

通过举办创新创业大赛，可以激发大学生创业热情，培养创业必备的组织、管理、策划等能力，尤其是团队的领导能力和化解矛盾的能力，进一步培养创业精神，丰富创业知识，健全创业心理，同时为大学生、企业、社会、行业提供资源对接平台。

1. 丰富大赛类型，紧跟时代步伐

高校应开展"互联网+""短视频+""直播带货+"等大学生创新创业大赛，鼓励不同学科背景、知识基础、兴趣爱好的大学生开展各类创新创业项目。尤其是自媒体创业项目，由于其低门槛、低技术、低成本的特征，更低的营销成本、更快捷的营销覆盖、更直接的销售效果和更有效的营销反馈等直播营销优势，给大学生带来了新的营销机会，例如可以鼓励大学生大胆尝试"乡村振兴直播带货大赛"等活动，为大学生投身社会实践提供平台，激励大学生以如火青春助力乡村振兴。

2. 筛选较为成熟的短视频和直播带货项目，助力团队从学校到社会的顺利转化

播音主持专业的大学生利用专业优势，创作了幽默风趣、风格独特且有吸引力的美妆穿搭作品，搭配创意文案，并在固定时间准时发布短视频，保持每天内容输出的频率，现已是百万级粉丝。艺术专业的大学生可以拍摄舞蹈、歌唱、绘画等极具观赏价值的作品。新闻专业的大学生通常具备较强的热点捕捉能力和敏锐性，可以整合社会上的新鲜事和大众广泛关注的事件制作出具备亮点和爆点的短视频。大学生还可以根据目标用户的群体需求，成为阅读推广人，设计指定类的读书主题，包括亲子教育、文学知识、情感治

---

〔1〕 刘书瀚、白玲编著：《校企合作应用型人才培养模式理论与实践》，南开大学出版社2014年版，第139~145页。

〔2〕 颜廷丽：《"互联网+"背景下大学生创新创业能力培养研究》，北京理工大学出版社2020年版，第225~227页。

愈、职场生存等板块，有效呼应社会当下热点，关注个人身心健康，解决痛点问题。

（四）融入校园文化建设，营造创新创业环境

高校应不断完善校园文化体系，营造浓厚的创业文化氛围，为大学生提供创业精神支持。

第一，树立先进典型，表彰创业人物。校内官方媒体可以通过对典型案例进行报道，分享创业经历并解读创业扶持政策，传递创业精神和勇于冒险和开拓的精神，促进形成积极向上的创业文化。例如，可以在奖学金和荣誉评定中，对创业成绩突出人物进行倾斜支持，树立新的人才观，实现创业教育与德育的相互融合。

第二，加强校内的硬件设施打造，为创业活动提供场地和保障。各高校应提升校园信息化水平，搭建校内创业园、孵化平台，支持短视频、直播带货创业项目。

第三，成立学生创新创业社团、协会，开启自主管理新模式。通过学生组织来打造创业品牌活动，举办创新论坛、创业训练营和骨干培训班，吸引感兴趣的学生进行交流讨论，增强师生凝聚力，增强校内创业内驱力。

第四，利用社会资源，搭建交流平台。学校可邀请自媒体成功创业者和主流媒体代表开展讲座，与创业学生开展面对面的交流，结合现身说法使其了解成功的必备要素，为其提供源源不竭的技能指导和精神财富，激发其敢于冒险和进取的精神，鼓励其积极实现创业梦想。[1]

结　论

培养具备创新创业品格的大学生既是建设创新型国家的战略要求，也是经济发展的客观需要。笔者立足互联网5G的发展，尝试将大学生的创新创业教育与"互联网+""短视频+""直播+"进行有机结合，以此为契机引导大学生结合个人兴趣爱好，鼓励高校发挥专业特色优势，抢占自媒体的主战场，吸引更多大学生加入互联网创业，进而成为经济发展的不竭动力。

---

〔1〕　闫淼：《做应用型人才创新创业教育的领航者》，吉林大学出版社2017年版，第110~115页。

参考文献

[1] 黄兆信等：《众创时代高校创业教育新探索》，中国社会科学出版社 2016 年版。

[2] 徐旭等：《创新创业教育》，经济管理出版社 2018 年版。

[3] 方法林、孙爱民编著：《基于"创新创业+"的人才培养模式研究与实践》，旅游教育出版社 2017 年版。

[4] 周成军：《大学生思想政治教育与创新创业》，光明日报出版社 2016 年版。

[5] 项勇、黄佳祯、王唯洁：《大学生创新创业素质培养机制研究》，中国经济出版社 2017 年版。

[6] 杨雪梅等编著：《新时代科技创新创业论》，经济科学出版社 2018 年版。

[7] 蔡敏、张世梅主编：《当代大学生创新创业教育与实践教程》，高等教育出版社 2017 年版。

[8] 徐旭、陈秋玲、施利毅等：《创新创业时代》，经济管理出版社 2017 年版。

[9] 仝东峰：《"双创"背景下大学生就业创业问题研究》，科学出版社 2018 年版。

[10] 颜廷丽：《"互联网+"背景下大学生创新创业能力培养研究》，北京理工大学出版社 2020 年版。

[11] 莫荣、李宗泽、崔艳：《人工智能与中国就业》，中国劳动社会保障出版社 2020 年版。

[12] 曾湘泉等：《中国就业战略报告 2020——推动实施更高质量的就业》，中国人民大学出版社 2020 年版。

[13] 丁守海、闫衍：《结构大变革时期中国就业的新现象、新规律、新趋势》，中国社会科学出版社 2020 年版。

[14] 舒联众：《智媒传播环境下的劳动力就业与人口转移研究》，九州出版社 2021 年版。

[15] 莫荣主编：《中国就业发展报告（2020）》，社会科学文献出版社 2020 年版。

大学生就业指导困境探析及对策研究

——以首届全国大学生职业生涯规划大赛为例

中国政法大学学生就业创业指导服务中心　杜　盟

中国政法大学国际法学院　高文佳

一、大学生就业指导的意义

国务院办公厅、教育部分别先后印发《教育部办公厅关于进一步做好高校毕业生等青年就业创业工作的通知》《教育部关于做好 2024 届全国普通高校毕业生就业创业工作的通知》，都强调了完善就业指导培养体系，加强就业指导工作的重要性。就业指导作为强化学生的就业意识，提升其就业竞争力和就业质量的重要措施，将有利于帮助高校毕业生构建完善的世界观、人生观、价值观，有利于各高校创新人才培养模式、优化就业指导服务体系，有利于培养社会所需高素质人才，助推就业工作提质增效。

2023 年 9 月发布的《教育部关于举办首届全国大学生职业规划大赛的通知》（教学函〔2023〕1 号），为高校职业生涯教育和就业指导带来了新的工作要求和新的启发。大赛旨在以赛促学，引导大学生树立正确的成才观、就业观和择业观，科学合理规划学业与职业发展，提升就业竞争力；以赛促教，促进高校提高大学生生涯教育水平，做实做细毕业生就业指导服务；以赛促就，广泛发动行业企业和高校参与赛事活动，推动人才供需有效对接，全力促进高校毕业生高质量充分就业。笔者作为本次比赛的指导教师以及就业指导课程教学赛道的参赛者，试图联系本次比赛实际，对目前大学生就业指导存在的问题和困难进行深入研究，并寻找有力的解决对策，为高校就业指导工作提供参考。

413

新时代加强和改进高校思想政治工作路径探究

二、大学生职业规划与就业能力现状分析

（一）职业生涯规划意识淡薄

1. 职业规划类比赛报名积极性不高

以法学专业大三年级本科生（约 400 人）为例，在发布"首届全国大学生职业生涯规划大赛"报名通知后，学生报名人数不太乐观，经辅导员反复动员、一对一动员后，最终共有 12 名同学报名参赛，占全年级总人数的 3%，可见学生对此类比赛的兴趣不大，参与积极性不高。经过深入了解，部分学生表示对"职业规划"没有概念，没有真正将比赛与自身发展联系起来，认为与己无关；部分学生表示，对此类需要演讲、展示的比赛没有信心，存在害羞、畏惧心理。绝大部分同学表示，还未认真思考过自己未来的职业规划，当前的主要目标是读研究生，就业是读研后再思考的事。由此可见，本科生对于职业规划理解尚浅，还未形成清晰完整的职业规划意识。

2. 对职业规划认知不清晰

笔者对 12 名报名同学进行了全程一对一辅导。在辅导过程中，深入了解了学生在职业规划上存在的问题以及教师在就业指导上存在的困难。在报名的同学中，约 9 人对自己的职业选择有初步的想法，比如，成为一名检察官、律师、大学教师等，但仅有 4 名同学对职业有明确的方向，比如成为"一带一路"公共组织工作人员、数据法领域的企业法务专家等。而另外 3 名同学对职业规划几乎没有头绪，需要经过老师针对性的挖掘，才能逐渐定位自己的兴趣与优势所在，从而进一步将其兴趣与优势与对应的行业、职业进行挂钩。由此可见，大部分学生对于职业规划没有明确的思路，缺乏对职业的认知和对自身的了解。

（二）职业价值观缺失

俗话说："人各有志。"在职业选择上，"志"就是职业价值观，它是一种具有明确目的性、自觉性和坚定性职业选择的态度和行为，对一个人职业目标和择业动机起着决定性的作用。职业价值观（Work Values）是人们根据需要对待职业、职业行为和工作结果的一套信念系统，对个人职业选择有着

导向作用，具有性情倾向性、行为选择性、观念协调性等特征。[1]习近平总书记指出："理想指引人生方向，信念决定事业成败。""青年面临的选择很多，关键是要以正确的世界观、人生观、价值观来指导自己的选择。"[2]在与学生的交流中，笔者发现，有部分学生的职业价值观存在明显问题需要纠正。一类是"躺平"派。在树立职业目标时，直言其唯一的准则是"钱多、事少、离家近""稳定的铁饭碗"，更有"啃老一族"。如此"懒就业"风气出现，很大程度地影响着青年人对理想信念的追求。另一类则是择业时"唯薪论"，其功利化思维较为严重，对于工作的社会性价值关注较少，较少考虑将个人发展融入祖国的发展。对于这两类学生，迫切需要积极正向的价值观引导。如此现象的出现，也反映了高校思想政治教育引领在就业指导工作中的缺失，高校就业育人实效有待进一步完善。

（三）就业能力及职业竞争力不足

就业能力由英国著名经济学家贝弗里奇（1909 年）提出，他认为就业能力即指雇佣者得到工作机会以及保持这份工作的能力。[3]按照对大学生就业能力的分类，整体可划分为通识能力、核心能力、专业能力、发展能力等。[4]在辅导学生进行职业规划时，笔者发现大部分本科生缺乏基本职业通用素质，无法满足岗位需要，形成自身的核心竞争力。

1. 演讲与展示能力不足

根据大赛要求，成长赛道选手需提交生涯发展报告及 PPT 展示，在辅导选手准备材料时，笔者发现选手普遍缺乏幻灯片制作能力，尤其在制作过程中，对幻灯片的逻辑顺序、主次比重的分配不够准确，无法清晰地突出自身的核心优势。

2. 面试能力较弱

在比赛环节，首先由选手进行主题陈述，约 8 分钟，接着进行评委提问，约 5 分钟。评委提问可被当作是一种现场面试，考察选手的语言表达能力及

---

〔1〕 黄希庭、郑涌等：《当代中国青年价值观研究》，人民教育出版社 2005 年版，第 154~177 页。

〔2〕 习近平：《习近平谈治国理政》（第一卷），外文出版社 2018 年版，第 50、54 页。

〔3〕 洪艳：《培养大学生就业核心能力的思考》，载《四川劳动保障》2024 年第 2 期。

〔4〕 黄欣雨等：《基于企业需求视角的大学生就业能力评价研究》，载《科技创业月刊》2023 年第 5 期。

逻辑思维能力、反应速度及应变能力。由于大三及以下的学生几乎从未进行实习，也就没有过真正的求职面试经历，故在该方面表现稍显稚嫩。

3. 知识结构单一，不足以满足复合型职业需要

本次比赛其中一名选手的职业目标是成为一名互联网企业法务。尽管对于数据法、知识产权法方面的知识掌握比较扎实，但该选手缺乏对外部市场的了解，无法清晰说出目标企业的主营业务和经营模式，不明确法务职业岗位的主要职责。这需要学生在企业中进行更深入的实践积累，同时需要学习基础的财会、金融、经营管理类知识。

三、高校就业指导机制存在的问题

（一）就业指导体系落后

当前高校就业指导工作尚未形成一个系统化的服务体系，缺乏全程性和多元性。在课程设置方面，学校对就业指导课程的课程设置较为单一，通常为选修课，课程设置的针对性不强，缺少与学生所学专业的有机结合，缺乏全面性和前瞻性，无法满足学生全面发展的需求。而在课程之外，则缺乏协同工作机制。高校有着丰富的学术资源和师资力量，理应为学生提供丰富的实践机会、就业机会，但由于就业工作十分独立，在就业指导的过程中除了辅导员、就业指导教师，几乎不见其他相关部门人员的身影，这就无法将学校的全部力量整合起来，形成一个紧密合作、资源共享的团队。此外，学校与企业等社会资源的合作机制不够完善，缺乏深度的校企合作项目，访企拓岗力度不够深入，无法为学生提供更广泛的职业发展支持和多元化的实践平台。[1]

（二）人才队伍结构需要优化

就业指导课程的任课教师大多由学校就业服务中心教师、学生辅导员担任，这些老师大多有着丰富的教学、就业辅导经验，但是，由于大部分老师同时负担着行政职务，日常需要处理大量而繁杂的事务性管理工作，就业指导只是工作的一部分，故对此进行深入研究的精力有限。同时，由于部分老

---

〔1〕 胡燕子、彭明雪、赵元栋：《新时代高校大学生职业生涯规划教育的现状与对策分析》，载《科教导刊》2024 年第 3 期。

师缺乏在社会上的工作经验，对市场现状和需求了解不足，故授课内容多为就业方面的理论知识，缺乏实际案例依托，无法为学生带来真正的职场环境分析和职业素养提升训练，更无法真正提高学生的就业竞争力。为平衡这一问题，应当设置专职就业指导教师，如劳动关系、人力资源、教育学、社会学等领域专业学者，从根源上发现学生的就业难点，并在理论研究上挖掘解决之道，并应辅以各学科的行业专家，对学生进行实务指导，与实际的职场环境进行更紧密的连接，为就业指导工作注入新活力。

（三）缺乏因材施教的个性化指导

互联网的发展给当代大学生带来了更广泛的信息咨询渠道，就算是同一个专业的学生，对未来的职业规划想法也大有不同。职业规划应当紧密依托于个体的兴趣特长、个性特点以及职业价值观。然而在实践中，由于高校学生规模的不断扩大，难以实现对学生的个性化培养，存在就业指导教育的同质化。这意味着高校不能够完全落实根据市场发展所做的人才培养方案，在细分专业方向时也没有完全考虑每个学生的个性特长和能力水平，因此，学校很难最优化地促进学生的个性发展。[1]同时，面对"考公热""宇宙的尽头是编制"这类跟风现象，如何引导学生树立正确择业观，根据自身优势、兴趣选择更适合自己的职业，是当下就业工作的一大难点。

综上，由于高校的就业指导理念过时，没有从以教师为主导向以学生为主体转变，没有从以就业为目标向以发展为目标转变，没有从以服务为手段向以培养为手段转变。[2]加强高校就业指导体系建设迫在眉睫。

四、加强高校就业指导体系建设的对策和建议

（一）强化思想政治教育在就业指导工作中的引领作用

2017年五四青年节前夕，习近平总书记到中国政法大学考察时强调，中国的未来属于青年，中华民族的未来也属于青年。青年一代的理想信念、精

---

〔1〕 胡燕子、彭明雪、赵元栋：《新时代高校大学生职业生涯规划教育的现状与对策分析》，载《科教导刊》2024年第3期。

〔2〕 张琦、李晓红、赵海涛：《以促进就业为导向的高等教育改革探析》，载《高教学刊》2024年第7期。

神状态、综合素质，是一个国家发展活力的重要体现，也是一个国家核心竞争力的重要因素。当今中国最鲜明的时代主题，就是实现"两个一百年"奋斗目标、实现中华民族伟大复兴的中国梦。当代青年要树立与这个时代主题同心同向的理想信念，勇于担当这个时代赋予的历史责任，励志勤学、刻苦磨炼，在激情奋斗中绽放青春光芒、健康成长进步。[1]习近平总书记的讲话成为学生们在追求理想路上的信念，也成为高校就业指导工作的根本遵循。肩负着培养担当民族复兴大任的时代新人、社会主义建设的合格接班人的重任，高校应当采取有效措施，坚持对青年学生理想信念和思维方式的引领，从思想上培育新时代大学生心系祖国，勇担重任，扣好第一粒扣子。在就业指导的实际工作中，帮助学生规划"中国梦→个人梦→职业梦想→职业理想→职业目标→职业策略→职业行为→职业生涯成功与幸福"的行动路线图。[2]以大格局和新境界开启学生的职业规划之路，亦是新时代高校的责任与使命。

（二）加强就业指导课程建构体系

时下，大学生就业需求日益多元化，加强就业指导课程建设力度，为高校毕业生择业求职扫清障碍是实现"人才强国"战略的题中之义。针对大学生职业生涯规划意识淡薄的问题，加强就业指导课程建构体系是重要的应对之策。然而，以往的课程建设存在视角单一，缺少多元主体参与，国外思想渗透等诸多局限性，教学效果难尽人意。[3]首届全国大学生职业生涯规划大赛给了我们良好的实证调研机会，在充分对选手表现及预期进行考察后发现，职业生涯规划意识淡薄是存在的主要问题。对此，就业创业指导课程建设应首先注重学生就业意识培养；要结合国家发展和学生需要，分层次、分类别设计基于我国国情的本土化就业指导课程内容，辅以不同专业的师生案例，以中国传统文化为切入点提升学生的就业通用能力和专业能力；要不断改变传统教学方法的单一性，运用互动教学方式、体验教学方式、专题教学方式、

---

〔1〕 王晔、李学仁：《立德树人德法兼修抓好法治人才培养 励志勤学刻苦磨炼促进青年成长进步》，载《人民日报》2017年5月4日，第1版。

〔2〕 李东光：《习近平关于大学生职业生涯规划的重要论述研究》，载《聊城大学学报（社会科学版）》2022年第6期。

〔3〕 汤锐华：《大学生职业发展与就业指导课程改革的研究》，载《中国大学生就业》2014年第4期。

讲座教学方式等开展指导[1]；建设"全程化、精准化"就业课程调研体系，根据学生的不同需求和课程特点，定制精准科学的课程评价体系以提升就业指导课程的质量。[2]

（三）创新高校毕业生就业引导方式

高校毕业生职业规划方向单一，很大程度上源于其对市场需求了解不够，对自身能力了解不足，因而无法在"个人—市场"的求职路径上实现精准对接。专业性强、职业性强、行业封闭、就业信息不对称等原因导致了学生在职业规划上的单一性。[3]对此，利用多种形式引导学生加强对市场的了解，将成为学生明确就业方向的强大助推力。在"互联网+"时代下，应充分利用网络形式实现就业指导。应建好"互联网+"新空间、用好"互联网+"新载体、组建"互联网+"智囊团、构建"互联网+"实践模式，以"互联网+"思维推进高校毕业生明确就业方向。[4]；通过举办大学生职业生涯规划大赛为同学提供实习就业 OFFER，帮助生涯指导更好结合就业市场的需求，从而更加有针对性地提升学生就业竞争力[5]。

注重产教融合为导向的职业能力提升。传统教学模式局限于教室、课堂，在"就业指导"这种实践性极强的培养要求中，其优势并不明显。产教融合视角下，学生不仅应注重课堂上的所学所讲，还应当步入单位进行实践历练，感受真实可见的就业指导。实施产教结合的人才培育方式能够促进教学观念的改变，有助于形成科学的教学观念，逐渐达成知识理论以及社会热潮的融合，使得就业指导课程富有实践性、明确性，能够更高效地帮助学生提升职业规划能力、增强求职竞争力。[6]

---

[1] 吴渝婷、叶鑫鹏：《大学生职业生涯规划与就业指导课程建设研究》，载《湖北函授大学学报》2018 年第 12 期。

[2] 陈静、柯玲：《"立体多面"职业发展与就业指导课程效果评价体系的构建》，载《教育导刊》2011 年第 9 期。

[3] 武正营、汪霞：《就业单一型专业大学生的就业问题研究》，载《教育与教学研究》2012 年第 6 期。

[4] 李小琼：《"互联网+"视域下大学生就业价值取向引导路径研究》载《教育理论与实践》2017 年第 12 期。

[5] 李永鹏：《对新形势下大学生就业指导课程建设的探讨》，载《国际公关》2020 年第 4 期。

[6] 王磊：《产教融合下高职学生就业指导与思政工作创新分析》，载《数据》2022 年第 7 期。

新时代加强和改进高校思想政治工作路径探究

(四) 加强职业生涯指导队伍建设

以职业生涯规划大赛为平台，锤炼就业指导教师的教学技能和创新能力。各高校要全面推进"以赛促教、以赛促学"战略，强化就业指导教师人才队伍建设。"以赛促教、以赛促学"理念的本质在于通过比赛形式促进教师创新教学方法，提高教学质量，将比赛作为一种教学手段。就业主题的相关比赛为教师之间互相交流与借鉴教学方式提供必要空间，通过比赛反思教学方法和教学效果，及时调整教学策略，以提高整体教学质量。实施"以赛促教、以赛促学"战略应当以学年或学期为单位，合理安排比赛的时间和频率，确保比赛与教学进度相协调，有效助推高校职业生涯指导队伍的理论教学与实践指导能力的双向提高。[1]此外，各高校要优化教师队伍人才结构，加强就业指导课程学习，打造高校职业生涯指导质量队伍。各高校单位应当深化就业指导教师的业务培训力度，不断优化教师人才结构，打造以各学院领导、教授、副教授、讲师和专职就业指导教师、辅导员为多元构成的就业指导队伍。要进行教师队伍的教学水平和综合素质建设途径的创新，例如，组织教师参加相关培训课程，多校联合开展研讨会。针对就业指导教师的道德品行和专业素养进行全方位拔高，提高教师的沟通与情绪管控能力，深入了解不同行业的职业发展趋势，打造业务能力强、责任意识好的专业化就业指导队伍。[2]

(五) 开展个性化与精准化就业辅导

应当建立就业辅导"一对一"常态化工作机制，依托就业辅导室，在相对私密的空间使求职困难同学敞开心扉，帮助他们形成正确自我认知与定位，明确求职目标，疏导求职心态与求职压力，增强求职技能，充分挖掘学生的职业兴趣点，针对不同同学的求职困扰给出合理化对策。除此之外，个性化与精准化就业辅导还有一个深层含义，即建立"学生求职动态追踪机制"，建立以往个性化辅导过的求职困难学生的电子求职档案，了解每一位学生在就

---

〔1〕 参见李娜：《"以赛促教、以赛促学"教学模式在高职体育教学中的应用与创新》，载《现代职业教育》2024 年第 8 期。

〔2〕 参见米艳龙：《新形势下优化高校辅导员就业指导工作的策略》，载《四川劳动保障》2024 年第 2 期。

420

业中的需求和痛点并分类，根据学生自我认知、性格特质，通过一些测试取得的数据如性格、爱好、心理特征等，帮助学生制定自己的职业生涯规划关注他们的最新求职动向。[1]当这部分学生求职动态出现消靡态势时，教师应当主动介入，重启"一对一"就业辅导流程机制。

就业指导是一项系统性工程。就业指导教师既应当从日常教学机制着手，帮助同学们树立良性就业价值观、掌握基本求职技能，树立全程化与差异化指导意识，实现"一对一"常态化工作机制与"学生求职动态追踪机制"的同时发力，针对不同情况的学生突出辅导重点，精准辅导，提高学生们的就业竞争力；学校既应加强就业引导，通过表彰先进典型来营造积极的就业氛围，又要通过基层校友经验分享等多种形式引导同学们赴基层、到祖国需要的地方建功立业；地方政府、用人单位既要与高校深化产学研合作，协同打造一批大学生就业实习基地，又要积极参与大学生职业生涯规划大赛，帮助更多毕业生通过参赛提升职业规划和就业能力并最终顺利实现就业。

---

[1] 参见王小光：《"互联网+"背景下构建大学生"一对一"就业指导咨询体系的研究》，载《太原城市职业技术学院学报》2022 年第 5 期。

高校毕业生就业困境剖析及对策研究

中国政法大学刑事司法学院　宫安琪

一、新时代大学生就业困境产生

（一）外部环境因素

1. 就业岗位减少，应届生竞争压力增大

在当前的经济环境下，就业岗位的减少已成为大学生就业难的一个重要原因。随着经济增速放缓，产业结构调整以及市场需求变化等因素的影响，企业面临着较大的经营压力，这直接导致了招聘需求的减少，这无疑使得应届毕业生在就业市场上的竞争压力显著增大。

对于大学生而言，就业岗位的减少意味着他们需要在更少的职位中寻找适合自己的工作，这不仅增加了求职的难度，也提高了求职过程中的竞争性。同时，由于岗位的稀缺，大学生在就业选择上可能会面临更多的妥协和限制，有时甚至不得不放弃自己的对口专业或职业理想，转而寻求其他领域的工作机会。此外，就业岗位的减少还可能导致薪资水平的下降和职业发展的不确定性。

2. 招聘结构改变，人才需求向高质量转变

随着经济发展和产业结构升级，招聘结构正经历显著的变化，人才需求逐渐向高质量转变。企业对于人才的要求不再仅仅局限于基本的学历和专业知识，而是更加注重候选人的创新能力、实践技能、团队协作和跨文化沟通等综合素质。[1]同时，随着全球化的深入发展，对于具备国际视野和跨文化

---

〔1〕　杜剑涛：《智能时代职业院校培育大学生就业核心竞争力：动因、挑战与策略》，载《当代教育论坛》2024年第2期。

沟通能力人才的需求也在不断增加。

因此，在当前的就业市场中，企业更倾向于招聘那些能够快速适应变化、具备独立解决问题能力和持续学习能力的高素质人才。这要求大学生不仅要具备专业知识，还要通过实习、项目经验、社会活动等途径积累实践经验，提升自身的职业竞争力。

3. 就业教育脱节，难以适应市场需求

目前，就业市场对人才的需求也在持续变化。但是教育体系更新进度与就业市场之间存在一定程度的脱节现象，一些专业的课程设置还停留在传统知识体系上，缺乏与现代产业发展紧密结合的实用技能培训。另外，学校与企业之间的信息交流不畅，使得教育者难以准确把握行业动态和人才需求，无法为学生提供针对性的职业指导和实践机会。[1]因此学生在本科期间往往缺乏足够的实习经验和行业认知，使得他们在毕业后难以快速适应工作环境，部分毕业生的技能和能力无法满足市场的实际需求，影响了就业竞争力，而加剧了就业难的问题。

（二）大学生自身因素

1. 大学生职业能力缺乏竞争力

当前大学生就业难，很大一部分原因在于大学生就业能力较低，缺乏竞争力，与用人单位的需求不匹配。具体来说，主要存在以下三个方面的问题：

一是专业知识素养欠缺。专业知识素养是大学生就业最基础的条件，也是用人单位挑选大学生的关键标准之一。在招聘大学毕业生时，用人单位通常会重点考察他们的专业知识技能与岗位的契合程度。

二是求职技能的竞争力相对薄弱。用人单位对大学生的职业发展能力、责任意识以及从事实际工作必需的思想素质和心理素质等要求越来越高。在求职面试过程中，许多大学生未能充分展现这些能力，往往会出现比如专业证书不足、荣誉证书缺乏以及简历制作和口头表达等方面的求职技能欠缺等问题，加剧大学毕业生就业难问题。

三是欠缺创新创业能力。许多大学生往往过于依赖教材和教师的指导，

---

〔1〕 贾卫东：《大学生就业问题的产业情境分析——评〈大学生就业的理论、实证与政策研究〉》，载《当代财经》2023 年第 4 期。

缺乏主动性和独立性，对于未知领域的探索显得信心不足。此外，仍停留在学生时代的思维和思考方式使得大学生倾向于遵循规范和标准化的解决方法，而不是重新思考问题并提出创新的解决方案，从而不能够满足社会需求。

2. 大学生就业心理和观念不成熟

大学生的心理尚不成熟，在面临择业时很容易受到周围人的影响，跟随他人的脚步而不是根据自己的实际情况和兴趣进行选择。因此，许多学生可能会选择追逐热门的行业或职位，而忽视了自己的特长和职业规划，导致时间和精力的浪费。部分大学生的自我认知偏差和错误的就业观念十分严重地影响其就业策略和心态调整。因此想要提升大学生就业质量，就需要大学生转变就业观念，提高自我认知能力，积极调整心态，主动适应社会需求，树立正确的择业观和职业发展观。

二、大学生就业能力及影响因素

（一）就业能力理论

"就业能力"这一概念由英国经济学家贝弗里奇在 20 世纪初首次提出，他将其定义为个体的"可雇佣性"，也就是一个人获取和保持工作能力的表现。后来，美国的学者对此进行了进一步的补充和发展，认为就业能力还应当包括一个人的职业发展能力。中国学者黄敬宝认为，广义的就业能力是个人天资等先赋因素和教育、社会资本等后致因素共同作用的结果；狭义的就业能力是个体将高等教育资源与服务转化为人力资本以及实现该人力资本投资价值的综合能力，是凝结在个体身上的高等教育人力资本价值的体现。但是，随着就业市场与组织环境的快速变革，就业能力的内涵越来越丰富，由于研究角度、方法及对象的差异，学术界至今并未形成统一的认识。[1]

大学生就业能力不是孤立片面的，而是多方面多角度的复杂的能力构成的，若仅从就业结果的角度去研究和定义并不科学。大学生就业能力首先是一种个人能力，是影响大学生初次获得职业机会可能性的一种能力。[2]就业

---

〔1〕 史秋衡、任可欣：《我国大学生就业能力内涵及其影响因素探析——基于应用型高校与研究型高校的对比》，载《华东师范大学学报（教育科学版）》2023 年第 8 期。

〔2〕 陈勇：《大学生就业能力协同开发机制研究》，浙江大学出版社 2019 年版，第 18~21 页。

能力不仅指个体在就业市场中成功找到工作、维持工作、胜任工作、转换工作的客观能力，而且包括大学生感知到的能够促进他们增加获得职业机会的可能性，主动展现良好的沟通与协作能力、创新思维与问题解决能力、自我管理和善于展示自我的主观能力。

（二）影响大学生就业能力的因素

大学生就业能力的高低对其能否顺利就业至关重要，影响这一能力的关键因素涉及专业素养、个人特征、职业动机以及职业规划四个维度。

第一，专业素养。专业素养对大学生就业能力的提升产生直接影响。在知识和技能方面，个人所掌握的专业知识和技能是决定其就业能力的关键因素。在高校中，大学生通过学习专业课程、参与实践活动和实习等方式持续提升自己的专业素养和实践能力，从而在就业市场上获得更大的竞争优势。

第二，个人特征。个人特征包括沟通能力、团队协作能力、创新能力和自我管理能力等，是大学生就业能力形成过程中的关键要素之一，也对就业能力产生显著影响。良好的个人特征有助于大学生更好地适应职场环境，处理工作中的各种问题和挑战。[1]例如，积极乐观、自信坚韧的心态有助于大学生在求职过程中保持良好的状态，对工作认真负责、积极主动，并且更好地应对各种压力和挫折。

第三，职业动机。职业动机是驱动并维持个体与工作相关的内部力量，包括选择工作、保持工作和在工作中实现优秀表现。强烈的职业动机可以让大学生选择正确的就业目标，并指引其为实现目标而努力奋斗。反之，缺乏就业动机则会导致大学生无所事事，在大学学习过程中没有方向和目标。

第四，职业规划。树立正确的就业观念不仅关系到大学生对未来职业生涯的规划，也直接影响到他们如何适应社会、实现个人价值。通过及时调整思想价值观念，合理设定期望值，并结合自身实际情况进行深入的自我认知和职业规划，大学生可以更好地与社会需求对接，从而提高抓住理想工作岗位机会的可能性。

―――――――

〔1〕 李玲玲、许洋：《靠个人还是靠学校——我国大学生就业能力结构及其培育机制再思考》，载《教育研究发展》2022 年第 23 期。

新时代加强和改进高校思想政治工作路径探究

三、大学生就业观念及影响因素

（一）就业价值观的内涵

就业最初具有"求学"与"工作"两种含义，目前已经演变为"在法定年龄之内劳动人们所进行的以获得劳动收入为目的的劳动活动"。而"价值"一词最早出现于欧洲的经济理论概念中，后随着哲学的发展逐渐延伸为"一种精神层面的，个体的行为产生的对自身与社会的意义。"[1]理解就业与价值各自的概念，就不难理解就业价值观的内涵。就业价值观实际上是一种对选择职业的倾向，是个体对职业选择的价值取向，往往会受到世界观、理想信念等的影响。

在大学生就业问题中，就业价值观是关键问题之一。大学生就业价值观是大学生对职业的认识，是大学生在职业选择时进行价值评价的标准。拥有健康、积极的就业价值观念与心态可以使大学生更加明确自身的优势与不足，并依据自身的追求与特点规划自己的职业路径，从而更加有效地实现就业。可见，就业价值观与大学生的就业问题密切关联，对其今后的职业发展、工作态度等都有着重要的影响。因此，探究就业价值观的影响因素，帮助学生树立正确就业价值观念，是解决学生就业问题的重要一环。

（二）大学生错误就业价值观的成因

想要探究纠正大学生就业价值观念的途径，关键是要溯源这种观念的形成原因。

1. 盲目的职业崇拜

偶像崇拜是一种心理现象，是个体对喜爱的形象的一种幻想的社会认同与情感依恋。[2]这种崇拜属于价值观的投射，但是个体往往会美化被崇拜的对象，从而对该对象有过于不切实际的幻想。在大学阶段，个体对于满足精神幻想和需要的社会行为的需求更高，而崇拜行为刚好是这类需求的产物，[3]因此

---

〔1〕 许涛：《自为与外塑：大学生就业价值观的价值原点与实践进路》，中国财政经济出版社2022 年版，第 3~10 页。

〔2〕 余开亮：《从偶像崇拜透视青年文化消费》，载《青年研究》2001 年第 11 期。

〔3〕 梁悦：《论青少年偶像崇拜的心理成因》，载《现代商贸工业》2009 年第 19 期。

大学生也是崇拜行为的频发群体。这种崇拜，如果不加以引导与干预，可能会演变为盲目跟从。

在大学生职业选择领域，偶像崇拜变为职业偶像崇拜，一方面是对职业本身的崇拜，另一方面就是对从事该职业的人物的崇拜。特别是在21世纪，在大众文化和商业利益的推动下，各个行业的从业人员都有机会活跃在大众视野中，大学生的职业偶像崇拜现象也就变得更加普遍了。再加上对于大学生的职业崇拜往往缺乏引导与纠正，盲目崇拜的现象也不断增加。例如，在对法学专业学生进行深度辅导的过程中，谈及未来职业规划，不少同学表示想从事执业律师，问及原因，超过四成同学表示曾观看某档以律师职业为主体的综艺，因为崇拜综艺中的人而立志成为律师，并没有仔细思考过这份职业是否与个人能力和特点相匹配。可见，目前盲目的职业崇拜确实已经开始影响大学生的职业目标和职业发展道路，是许多学生设立与个人特点并不相符的职业目标的重要原因。

2. 矛盾的价值取向

价值取向是影响大学生就业价值观的重要因素，矛盾的价值取向很大程度上影响了大学生就业观念。一方面，大学生作为知识群体对自己的职业有较高的期待。在2018年开展的大学生就业价值观调研中，发现认为其人生价值追求是"实现身心和谐"和"充分展示个人潜能"的大学生人数占参与调查总人数的前两位。本次研究结果反映了当代大学生在人生价值追求上实现自我价值的强烈愿望，有明显的个人本位倾向。[1]体现在就业选择上，就呈现出了大部分大学生对自己职业期待过高的现象。另一方面，由于个体对于人生价值的取向不同，从不同职业中获得的满足与尊严也不同。再加之目前"功利性"求职观念盛行，大学生在求职就业中更趋向于选择能够实现自己期望的人生价值或能够满足自己"功利心"的职业。但是大学生个人特长兴趣与其自身的价值取向或现实利益可能不一致，这就导致了大学生对自己适合的职业缺乏职业认同，转而追求自己并不擅长的职业领域，但又因不擅长而

---

〔1〕 许涛：《自为与外塑：大学生就业价值观的价值原点与实践进路》，中国财政经济出版社2022年版，第93~94页。

难以获得职业满足感。[1]

在盲目的职业崇拜和矛盾的价值取向两方面因素的共同作用下，就出现大学生去追求高于自身能力的职业目标而频频受挫的现象，这种理想与现实之间、过高的自我期待值与期待的自我价值难以实现之间激烈的冲突，大大打击了求职阶段大学生的信心，许多人因此产生了消极职业价值观，变得抗拒求职、抵触就业。

3. 微弱的就业动机

就业动机缺乏内因，求职没有内驱力，也是影响就业价值观塑造的原因之一，同时也是影响就业效果、就业质量的重要因素。首先，当代大学生对就业、职业规划、未来发展等问题尤为关注，不再将就业作为个人谋生方式，更是作为个人价值与社会价值实现的途径。因此大学生在择业阶段的态度逐渐转变为不将就的态度，因此在面对不符合自己期待的职业时，大学生的就业动机往往十分微弱。其次，部分大学生还沉浸在自己的学生身份之中，在本科期间以学习为主要生活内容，较少考虑未来职业规划、发展等问题。特别是当代大学生家庭条件较好，没有生活压力，对父母有较强的依赖心理。因此在毕业时，面对急剧的身份转变，这部分学生往往没有做好准备，甚至抗拒走出校园，想"躺平"而不愿意进入职场。[2]

这种消极的、缺乏内驱力的就业动机，影响了学生的就业观念，导致了"慢就业"现象的普遍产生。只有学生转变心态，自愿工作，才有可能树立积极的就业价值观。

4. 焦虑的就业心理

学生在面临择业时的焦虑心理也影响了正确就业观的形成。第一，目前毕业生在毕业阶段往往面临升学、就业、创业等多重选择，在这种条件之下，害怕选错、害怕失败成为导致应届生焦虑的重要原因。但越焦虑就越容易做出错误选择，这种焦虑的心态大大降低了就业质量和效果。[3]第二，从就业

---

〔1〕 孙慧、袁珊：《个体化视角下高校大学生的就业心态及职业选择》，载《青年探索》2023年第4期。

〔2〕 王以梁：《大学生"慢就业"的现状、成因与应对策略》，载《思想理论教育》2023年第11期。

〔3〕 李景国：《新时代大学生多元化就业选择原因分析及策略》，载《黑龙江高教研究》2019年第10期。

市场的角度来看，由于高等教育的普及以及人口增加导致应届毕业生人数增加，毕业生面临的就业压力也不断加大。目前我国教育内容与市场需求之间的不匹配，学生的专业技能与工作技能需求不相符等矛盾更加剧了就业压力。[1] 在这种压力之下，学生的焦虑情绪被放大，在面对就业的时候没有办法以正确、冷静的心态进行选择，从而产生了急功近利的就业观念。

四、解决路径

（一）能力开发

1. 加强劳动教育，培养学生的劳动素质与能力

新时代劳动教育的目标不仅在于提升劳动技能和水平，更重要的是发挥劳动的育人价值，提升大学生的职业技能和就业能力。通过高校劳动教育，大学生能够认识到劳动的价值和尊严，并在实践中锻炼技能，培养解决问题的能力，逐步形成积极向上的劳动态度，进而激发其创新潜能和社会责任感。

随着科技的飞速发展，社会劳动形态正在经历剧变，高校劳动教育内容和形式也应做出相应的调整以满足新的发展需求。在教育形式上，不应仅仅局限于传统的课堂教学，而应更多地创造实践机会，广泛开展各类劳动实践活动，鼓励学生走出课堂、走向社会，在实践中学习新知识、新技术，掌握新工艺、新方法，并加强综合运用能力。同时，高校劳动教育需要在保留传统劳动内容如工业、农业的同时，积极引入现代化、信息化、智能化等符合时代发展需要的新内容，有效帮助大学生及时了解市场变化和未来行业发展需求，在竞争激烈的就业市场中脱颖而出，成为社会需要的复合型人才。

2. 调动校友资源，增加学生在校期间实习机会

高校在培养人才的过程中，可以充分利用校友资源的丰富性和多样性，发挥其在学生教育和职业发展中的重要作用，为学生提供更加广泛的视野和实践机会，从而激发学生的创业热情和创新能力。一方面，高校可以定期邀请校友举办创业报告和创业论坛，分享他们的创业故事和成功经验，加深学生对创业过程的认识和理解，激发他们的创业灵感和动力。另一方面，高校可以与校友合作共建创业实践平台，如创业孵化器、创业实验室等，为学生

---

〔1〕 蒋春雷：《大学生就业焦虑现象分析》，载《教育探索》2009年第2期。

新时代加强和改进高校思想政治工作路径探究

提供实验设备、技术支持和专业指导，帮助他们将创意转化为实际产品或服务，为学生提供更加丰富和实用的创业教育和实践机会，共同推动创新创业教育的发展。

3. 积极校企合作，多方协同开发大学生能力

有效提升大学生就业能力的关键在于构建高校与企业、学生与员工之间的沟通桥梁，增强学生的职场适应性和创新能力。通过这样的互动，学生可以更好地理解职场需求，同时企业也能更精准地识别和培养潜在的人才。在双方的良性互动下，高校扮演着至关重要的角色。通过建立校外实践基地，高校可以与企业合作，促进产学研结合，为大学生提供一个实际操作和应用所学知识的舞台，并帮助他们提前适应职场环境，增强其解决实际问题的能力。企业则可以通过产教融合，将自己的实际需求和最新技术带入教学过程中，并通过参与教学活动，帮助学生更好地理解行业动态和职业要求，实现合作共赢。

从宏观角度来看，构建公平合理的大学生就业服务机制，关键在于政府、企业、高校及教师等多方的共同努力和协作，从而确保高等教育的专业设置与区域经济的发展需求紧密相连，为大学生提供更加精准有效的就业服务。[1]

4. 重视创业课程，鼓励学生参与"双创活动"

当前，以课堂教学为核心进行的创业教育是提升大学生创新创业素质的关键途径。高校应当充分认识到创业课程的重要性，并将其作为教学计划中的重要组成部分。通过构建科学合理的创业教育体系，教师能够有效地结合课外实践活动与课堂教学，使学生在实践中深化理论知识的理解，提高实际操作能力。为进一步提升创业教育的效果，教育方法和手段的创新显得尤为重要，教师可以采用多种教学方式，如案例分析、模拟创业项目、创业计划竞赛等，利用互联网和现代教育技术，加强生动形象的案例教学，从而激发大学生的创业热情和创新思维。

高校在注重第一课堂教学的同时，也应当大力鼓励学生投身于丰富多彩的社会实践活动。通过这些活动，学生能够将课堂所学知识与现实社会结合，进一步发挥自身的创业潜能，从而全面加强专业技能和综合素质的培养。例

––––––––––––––

〔1〕 徐淑娟：《期待视野下大学生就业路径优化研究》，载《江苏高教》2023年第2期。

如，部分高校主动为学生创造勤工助学岗位，利用假期指导学生开展社会调查，组织学生参加"双创"活动等，帮助他们提升创业能力，树立正确的职业观念，最终实现就业目标。

（二）观念引导

1. 树立职业理想，全面塑造正确就业价值取向

解决就业问题，首先就是要解决职业理想问题。受到传统就业选择如"体制内""铁饭碗"等的影响，一部分学生在求职过程中存在认识偏差，而导致职业选择与个人特点不匹配，缺乏应对职场挑战的韧性等问题，这也大大降低了就业的质量和个人价值感。所以在职业选择时，应综合考虑现实条件和发展机遇，不仅关注薪资、工作环境、福利、社会地位等现实问题，更要重视个人成长、价值实现和行业的发展前景。[1]作为辅导员，应在本科阶段帮助学生设定合理的就业期待，帮助学生们做好未来的职业规划、就业决策以及就业心理调适。可以通过深度辅导等环节，引导学生认识自身兴趣、特长，并根据自己的职业目标，制定切实可行的职业规划。同时也可以通过提供职业咨询、实习和志愿服务活动的平台，为学生们了解不同行业的工作性质和要求提供途径，以便学生尽早发现适合自己的职业路径。此外，还可以通过思政教育、理想信念教育、职业规划辅导等方式，疏导学生的就业焦虑心态，破解"功利"的就业目标，树立正确的职业发展观念。引导学生认识到职业成长是一个持续的过程，要摒弃一步登天的想法，学会灵活调整和适应变化。不断学习，丰富自己的经验，逐步实现职业生涯的提升。

2. 实现人生价值，家庭学校社会协同价值引导

树立正确的职业价值观念，帮助学生在就业过程中实现自己的人生价值需要家庭、学校和社会三方共同协作。第一，要利用好学生的亲友资源，辅导员应与家长沟通当前的就业环境，共同帮助学生了解自身优势，用发展的眼光来看待未来的职业发展道路。矫正家长们过去的读研、考公的固有观念，让家长支持孩子依据自己的能力与兴趣应聘，消除学生求职的畏难情绪。[2]

---

〔1〕 杨克、王玉香：《走不下"高台"：大学生就业社会适应困境的社会空间理论分析》，载《中国青年研究》2024 年第 1 期。

〔2〕 任怡璇、李艺：《基于 CARES 模式下大学生就业价值取向及提升路径研究——以天津大学为例》，载《天津大学学报（社会科学版）》2023 年第 2 期。

新时代加强和改进高校思想政治工作路径探究

第二，学校应当充分发挥职业指导和生涯规划课程的作用，鼓励学生主动与已经就业的师兄师姐进行交流与访谈，从而提升学生对不同行业的认识。第三，辅导员、专任教师可以协同合作，在思政教育与专业教育的过程中融入对未来职业方向和行业的介绍，引导学生将个人发展与国家发展的大局结合，培养符合国家需求的价值观，引导学生认识到自己在社会中的角色与承担的时代责任。积极鼓励学生通过"青马工程"、实习计划等实习实践活动，发掘自身的兴趣与价值追求。第四，政府也要鼓励企业持续发力，多设置企业招聘宣讲等相关讲座，鼓励学生积极面对就业市场，为自己的职业生涯做出明智选择。

3. 重视观念教育，定期组织就业相关政策解读

相关研究发现在求职过程中，大学生的完美主义倾向与其感受到的就业焦虑之间存在正向关联。这种关联表明，当学生对理想工作的期望值设定得过高时，他们可能会更加追求完美，从而导致更高的就业焦虑水平。犹豫不决、对失败的恐惧、过分谨慎、过度规划和控制以及设定过高的目标和标准等行为倾向与就业焦虑的增加有显著的正相关性。[1] 为了减轻这种焦虑，学校应重视就业心理问题，特别是对于消极完美主义带来的不利影响，应给予充分的关注和指导，帮助学生提高自我和谐水平，为降低就业焦虑、促进顺利就业打下坚实的心理基础。另外，高校可以利用"形势与政策"这一课程平台，联系实际，开展有针对性的就业形势和政策教育，助力学生全面掌握就业市场的动态和趋势，正确评估自己的就业潜力和优势，从被动求职转变为主动规划职业生涯，从而增强他们就业和创业的信心，如此能有利于提高就业效果，不断提升大学生就业的整体水平。[2] 这将为学生在毕业后选择与个人发展相匹配的职业或进行创业活动打下坚实的思想基础，并在未来的职业道路上为他们提供强大的动力支持。

五、小结

在当前的经济环境下，大学生就业难的问题日益凸显。这一问题主要因

---

〔1〕 常保瑞、方建东：《大学生就业焦虑心理的调查与分析》，载《温州职业技术学院学报》2010 年第 1 期。

〔2〕 安德志：《"形势与政策"课是大学生就业教育的重要载体》，载《教育与职业》2015 年第 17 期。

为大学生就业能力不足以及就业观念有误。面对这一问题，需要从多个角度出发，采取综合性的措施来提升大学生的就业能力并引导其形成正确的就业观念。从就业能力角度来看，高校应当加强劳动教育，培养学生的劳动素质与能力。同时，应当充分利用校友资源并积极开展校企合作，增加学生在校期间的实习机会，开发学生就业能力，让学生更好了解职场需求，提前适应工作环境；从观念引导的角度来看，高校应同辅导员、专任教师以及家长等方面共同努力，帮助学生树立正确的职业理想和就业价值取向，制定合理的职业规划，同时，学校还应重视就业观念教育，定期组织就业相关政策的解读，帮助学生全面掌握就业市场的动态和趋势，正确评估自己的就业潜力和优势。

关于大学生职业规划教育的若干思考

中国政法大学法学院　孟祥滨

就业是民生之本，大学生就业工作历来是党中央非常重视的问题，"我国的高等教育已经由传统的精英教育转变为大众教育，毕业生人数每年都大幅度增加，严峻的就业形势已经成为全社会不可忽视的一个重要问题，大学生就业工作关系到全面建设和谐社会的目标，关系到健康民生的构建"[1]，实现大学生高质量就业关系国计民生，也是衡量我国大学教育水平的重要指标之一。2020 年 7 月 22 日至 24 日，习近平总书记在吉林省考察，在长春市一汽集团研发总院同几位刚毕业的大学生亲切交流并强调："高校毕业生要转变择业就业观念，只要有志向就会有事业，只要有本事就会有舞台。希望大家找准定位，踏踏实实现人生理想。"[2]从习近平总书记的指示和要求中可以看出，形成正确的就业观，做好科学务实合理的职业规划，对当代大学生极为重要。近年来，受到国内外各种因素影响，部分大学生就业出现困难，较突出的表现是学生求职能力的不足。而出现这类问题，很大程度是由于职业规划教育未达到预期效果。笔者以职业规划教育为视角，探讨新时期开展大学生职业规划教育的必要性、存在的问题和解决思路，以期对学生求职能力提升有所裨益。

一、职业规划概述

职业规划也称职业生涯规划，"根据中国职业规划师协会的定义，职业规划是对职业生涯乃至人生进行持续的系统的计划的过程，它包括职业定位、

---

〔1〕　许众威、万云：《高校大学生职业生涯规划教育体系的构建》，载《中国集体经济》2019 年第 34 期。

〔2〕　燕雁：《坚持新发展理念深入实施东北振兴战略　加快推动新时代吉林全面振兴全方位振兴》，载《人民日报》2020 年 7 月 25 日，第 1 版。

目标设定和通道设计三个要素"[1]。对于大学生来讲，职业规划就是通过在大学的学习和实践，在学校、社会和家长等的指导下，根据对社会形势、个人喜好和擅长、个人未来价值追求、专业素养等的判断，确定自己未来的大致职业方向，明晰达到未来方向所需要具备的基本要素，并在大学阶段不断积累职业方向所要求的基本要素，以期在大学毕业时能够实现个人的职业目标。

大学生职业规划教育是大学教育中非常重要的一部分内容，大学教育的基本任务之一是人才培养，这里的人才培养很重要的特征就是职业教育。大学教育和中学教育最大的区别之处在于，大学教育的目标导向是就业，而中学教育基本以升学为最主要的目标任务。"职业生涯规划教育注重培养学生的自我管理、自我认知、职业定位、职业规划等能力，有助于学生树立正确的人生观和职业观，培养学生的终身学习能力、创新能力和适应能力，从而为他们未来的职业生涯做好充分准备。"[2]只有做好职业规划教育，保证大学生在校期间能够形成客观正确的求职观念和求职方向，才能确保大学生在校期间的学习生活有主要方向，不至于漫无目的地"躺平"。

当今社会，之所以出现所谓的大学生"就业难"问题，不仅仅是单纯的就业市场供需问题，而是很多大学生缺乏系统和个性化职业规划教育，且对于职业本身缺乏认真的思考、理性的分析和明确的定位，而导致所谓的"求职能力不足"问题。求职季不知道从何处寻找求职信息、不知道个人的主要求职方向、跟风式的求职、笔试和面试准备严重不足、主动性严重不足等，导致毕业生和市场出现无法对接的问题。笔者曾负责过两届学生的就业工作，事实证明，就业较好的学生，基本都是准备比较充分的"先行者"，而就业不理想甚至不能就业的，基本都是职业规划方面的"后知后觉者"。

二、大学生职业规划中的问题

(一) 重视和投入不够

对于大学生就业问题，党中央高度重视，教育部、人力资源和社会保障

---

〔1〕 洪向阳：《10天谋定好前途：职业规划实操手册》（第2版），中国经济出版社2021年版，第21~22页。

〔2〕 胡燕子、彭明雪、赵元栋：《新时代高校大学生职业生涯规划教育的现状与对策分析》，载《科教导刊》2024年第3期。

新时代加强和改进高校思想政治工作路径探究

部等部门每年也会对大学生就业做出要求，其中不乏关于大学生职业规划教育的内容。大学每年也会召开各种形式的就业推进会议，但总体上高校对大学生职业规划教育的重要性认识不足，注重整体教育而对个体教育要求不明确。在落实上，绝大多数高校已经开设职业教育课程，不过往往是就业形势的分析、就业能力的提升、求职技巧的传授，对于职业规划课程辅导不足以覆盖全体学生。部分教师、高校就业创业工作者和高校辅导员也成立工作室等，对大学生进行职业规划辅导，但接受辅导的学生比例不高。高校在学生就业信息库建设方面也比较滞后，"高校职业咨询工作的开展中，主要是针对高校学生，在学生咨询过程中，如果没有及时记录和分析信息，整合成完整的数据库，会影响到最终的咨询结果，也影响后续职业规划指导的开展"〔1〕。而作为大学生职业规划教育工作最前沿的高校辅导员，虽然在其工作职责中有"职业规划与就业指导"，但在具体工作落实中，往往是通过班会等形式进行普遍化指导，对大学生辅导员的工作考核包含就业方面的内容，但不够具体，对此项工作考核指标不够明确，难以调动辅导员工作积极性。

（二）职业规划教育个性化辅导不足

"传统的职业教育模式注重指导的全面性和全体性，传授的知识多为基础的职业理论与职业技巧，即使对于不同专业的学生也采用相同的教材和模式进行授课。与之相比，个性化职业指导更加注重学生的个体发展，是基于学生个体差异进行的有针对性的职业指导，对于不同专业、不同性格、不同兴趣的学生都给予量身定制的职业指导，使学生形成个性化的职业发展。"〔2〕职业规划教育有"点"和"面"的问题，从"面"上看，主要是通过一对多的职业规划教育课程、主题班会等形式，对职业规划进行概括化的传授和指导，这当然是不可或缺的。但就业是要落实到个人的，每个大学生的学习、性格、需求、特长等都不同，仅仅靠"面"上的普遍性教育无法达到职业规划教育的目的。一对一个性化的"点"的辅导是职业规划教育不可缺少的组成部分。现有的"工作室"等形式的个性化辅导毕竟是少量的，作为最了解学生的高校辅导员，并未完成对其所负责学生的全覆盖的一对一职业规划辅导。

---

〔1〕 罗静：《高校职业咨询机制建设探讨》，载《才智》2020 年第 15 期。
〔2〕 王依：《以个性化职业指导加强高校职业教育的针对性》，载《传播与版权》2016 年第 7 期。

436

（三）辅导员职业规划教育能力储备不足

作为职业规划教育工作第一线的辅导员，要完成学生的职业规划教育，对就业形势的理解和把控以及对学生专业能力、性格特点、适合方向的全方面了解是必不可少的。在实际工作中，很多辅导员对党和国家的就业政策学习不够，与就业单位的联系不足，对就业的脉动把控不精准，日常工作中与学生的谈心谈话不够，对学生性格特点、个人追求等了解不充分，很难保证一对一个性化职业规划教育辅导的质量。

（四）家庭教育的不足甚至缺位

大学生职业规划教育应该是大学、社会和家庭教育三位一体的。就业工作与社会密切相关，家庭特别是父母对大学生日常的耳濡目染，对大学生认知社会和职业的影响非常大。现实情况是，很多大学生家长，对于就业往往是忧虑有余，思考不足，未认识到对孩子的职业规划教育重要性，只是督促孩子要好好奋斗以求未来求职有好的结果。部分家长甚至忽视职业规划教育，对孩子在大学的成长，过多地关注学习和成绩，而非其综合发展。

（五）大学生个体认识和准备不足

"目前，高校大学生的求职能力相对薄弱，部分大学生没有明确职业规划，对自己的就业能力缺少客观的评价，就业观念不正确，简单以薪酬待遇来衡量一份工作，不考虑个人的实际情况，对个人的职业发展存在不切实际的想法，对用人单位提出不切实际的要求"[1]，造成我国大学生就业存在供需对接不协调，高校之间、地区之间、城市之间严重不平衡的现象。部分大学生就业困难，"不就业""缓就业"现象较突出。

1. 部分学生未认识到职业规划的重要性

虽然有国家和社会的各种宣导，学校、家长和老师的反复强调，很多大学生仍未意识到求职的重要性和紧迫性，认为自己考上大学，将来工作不用担心，大学完成学业顺利毕业就好；或者大学把成绩搞好了，其他都不是问题。

部分大学生职业规划不客观不理性。"由于大学生长期生活在校园中，对

---

〔1〕 林凯：《大学生就业能力提升路径》，载《西部素质教育》2023 年第 19 期。

就业市场和环境并不十分了解，职业设想与实际情况有所偏差，容易出现高不成低不就的现象。"[1]职业规划应该是建立在对于就业形势、专业特点、个人性格、个人能力、个人追求等客观全面的认识上形成的。部分学生大学生活目标任务不明确，缺乏对社会形势和实务部门的了解，在进行职业规划思考的时候未深入实践，对就业缺乏了解和思考，确定的目标往往过高或者过低。在为求职方向准备时，不了解核心要素，求职时明显准备不足。笔者负责的一位学生，在与其进行职业规划谈话时，提出未来想读博士做大学教师，原因是家里希望家族中出一位博士，但其本身专业能力一般，对学术兴趣不大，平时学习也仅仅是完成任务，明显不符合科研型人才的要求，这样的职业规划明显不切实际，未来也很难得到有效执行。

2. 部分大学生盲目跟风，急功近利

有些大学生受社会不良风气影响，往往从薪酬或者"做官"等方面确定职业目标，而对于实现目标的要素考虑严重不足，目标与个人的匹配度严重不符。现在，很多法学专业大学生热衷于做律师，觉得律师收入很高，但对律师行业的现状并不了解，对律师行业对其专业能力、沟通能力、抗压能力等要求并不了解，从业之后又开始后悔。部分学生也在追"考公"热，原因是经济形势不好，进入体制内收入稳定，表现出严重的短视和急功近利。

三、原因分析

（一）历史原因

自从打破计划经济时代的大学生毕业工作包分配制度以来，围绕大学生就业问题，全社会进行了长时间的探索。但长期形成的重结果轻过程的教育理念还有较大影响，在处理大学生就业问题时，容易忽略过程性的学生求职能力培养，特别是对职业规划教育重视不够，过多精力放在拓展就业渠道，过多强调就业率，对学生就业能力建设和就业质量关注不足。

（二）职业规划教育的开放性不足

职业规划教育是一个系统工程，应该是高校、社会和家庭教育等多方合

---

〔1〕 吴蒙蒙：《职业生涯规划视角下高校毕业生"慢就业"现象成因及对策探析》，载《黑龙江科学》2020年第19期。

力的工作。高校在进行大学生职业规划教育时，本位主义思想严重，未充分引进社会资源参与职业规划教育。"现阶段，全国各地的高校都在积极对大学生实施就业指导，但是并未达到预期效果，究其原因主要是指导内容与学生实际就业需求不符，尤其是单纯采用理论指导的模式无法发挥实践性成效，尽管一些高校邀请行业专家到学校开展讲座，但是与学生所学专业内容相差较大，学生难以理解，应用实践价值偏低。"[1]就业工作是实践性极强的专业，如果没有实务部门的参与，学生很难对职业有直观深入的了解，虽然有社会实践、专业实习等实践教育，但高校并未与实务部门建立系统协调的合作机制，学生在校外参加实践教育过程中，学校存在很大的缺位，没有与实务部门密切沟通，对实践教育的任务、内容、目标和考核要求等进行科学探讨和合作。现实情况是，如果一个法学专业学生去律师事务所实习，基本就是在带教律师的指导下完成，而学校并未对带教律师的实践教学作出明确要求，在这过程中学校和带教律师之间也缺乏日常交流机制，其实践教学效果往往由带教律师的能力和责任感决定，所以也经常出现学生实习基本是在给带教律师"打工"的现象，与职业规划教育初衷相去甚远。高校在对学生进行职业规划教育时，与家长沟通也明显不足。按照相关规定，大学辅导员和学生的数量比例是1∶200，这决定了辅导员很难对每个学生的职业规划教育事事完备，如果没有家庭教育的配合与补位，效果大打折扣。

（三）高校缺少对大学生个性化职业规划教育的实施体系

上文提到，职业规划教育是"点"和"面"相结合的工作，既要有普遍性的就业形势、求职理念教育，更要有个性化的一对一辅导。在个性化辅导方面，零散化职业规划教育工作室难以满足数量庞大的学生需求。作为职业规划教育个性化指导一线落实者的辅导员，在其工作知识储备、能力建设、工作要求、考核制度等方面，尚未有明确的标准和要求。辅导员对学生的职业规划辅导，尚处于"散兵游勇"的状态，是否做这项工作，基本看其工作责任心；如何完成这项工作，缺乏系统的培训、指导和考核。笔者曾担任过高校职业发展社团指导老师，曾安排做过此问题问卷调查。结果显示，存在

---

〔1〕 梁明子：《基于服务视角下大学生职业生涯规划发展探微》，载《中国就业》2024年第2期。

较大比例的大学生在校期间从未和辅导员进行职业规划方面的谈话，部分学生对于职业规划谈话的效果评价不高，部分认为辅导员不了解本专业就业形势，部分学生认为辅导员对本专业的主要求职面向评价存在严重偏颇，部分学生认为辅导员对学生不了解，往往泛泛而谈，针对性不足，缺少"干货"。

（四）大学生自身原因

首先，大学生年龄特点决定了其对社会认识不深刻，对就业形势了解不足，在思考职业规划时容易不客观，很多大学生在职业规划设定时容易出现眼高手低的状态。笔者在对低年级大学生进行职业规划谈话时发现，部分学生的目标是将来通过选调生考试或者公务员考试进入体制内工作，这无可厚非。但不少法学专业学生错误地认为，进入体制就是到法院或者检察院工作，这样才是专业对口，完全未关注法检之外的公务员岗位、事业单位和国有企业，这是对专业与就业关系的极大误解，严重限制了个人求职视野和未来发展空间。其次，部分大学生对于大学的任务和目标认识不清楚，很多学生经历过艰苦的高中学习之后，认为只要成绩好考上了好大学，就业不用担心，不注意了解就业形势，不喜欢校外实践和实习，"躺平"思想严重。笔者曾经负责的毕业生中，最后就业困难的，并不全是成绩很差的，而是大学过得平淡无奇的学生居多，这些学生，完成了基本的学习任务可以毕业，但忽视了自身社会性的建设，其大学除了学习外，基本没有任何拓展，对担任学生干部不热心，对实践和实习不感兴趣，对集体活动和同学交流不热衷，对职业规划思考甚少，没有在综合素质提升方面下功夫。求职时，对于求职信息的检索能力、简历制作、应考准备着墨不多，与同专业的同学相比，毫无优势可言，面试的时候，很难让用人单位看到其职位匹配度，就业容易碰壁。

四、未来工作思路探讨

职业规划是大学生求职的起点，应该把职业规划教育作为大学生职业教育的重要一环加以重视，将其作为大学生求职能力的核心着重开展。

（一）建议将职业规划教育设为大学生必修课

《教育部关于做好2024届全国普通高校毕业生就业创业工作的通知》（教就业〔2023〕4号）指出，"强化大学生生涯发展与就业指导课程建设，修订完善课程教学要求。推动各高校以全覆盖、精准化、特色化为目标，将课程建设作为强化就业指导服务的重要内容，作为必修课列入教学计划，给予学时学分保障"。应加强相关师资建设，"普通高等学校应建立一支相对固定、专兼结合、高水平、专业化、职业化的教师队伍。教师不但要有一线的教育经验，而且要有丰富的专业知识。同时，学校还应引进一批专门从事职业辅导工作的教师，为学生进行职业服务教育"[1]。加强课程建设研究，加强对职业规划教育从业教师课程能力的培养，务必做到所有在校大学生全员接受系统和普遍的职业规划教育。

（二）大力吸收社会力量参与大学生职业规划教育

职业规划教育要面向市场，而用人单位是对就业感触最为灵敏的，特别是实务性较强的专业。因此，必须坚持职业规划教育的开放性理念，吸收实务部门的优秀从业者充实到职业规划教育队伍中来。要特别重视学生的社会实践和专业实习等实践教育，解决目前的粗放式管理问题，对实践教育合作单位和指导老师进行必需的审核和考察，对实践教育进行过程性考核和监督，防止流于形式。比如对法学专业学生在法院的实习，要改变过去仅限于整理案卷、收发文件等纯粹行政性事务的状况，也不是让学生给带教法官"打工"，而是要根据学生的特点和要求进行有针对性的指导和培训。社会力量参与职业规划教育不能仅限于担任学生社会实践或者专业实习的校外指导老师，而是将其纳入课堂教学中来，与校内教师合作开设职业规划教育课程，可以考虑利用大学丰富的校友资源作为学生的校外导师。笔者所在的学院，设有本科生导师制度，可以考虑实行本科生双导师制度，校内导师主要负责学生的学习、生活等指导，校外导师负责对学生的职业指导，通过一对一的指导，帮助学生了解就业形势和主要的职业方向，并让其了解未来职业方向所需要的基本竞争要素，从入学开始就慢慢积累。

（三）将常态化个性化的职业规划教育作为辅导员工作的重要组成部分

"高校个性化指导务必要强化职业生涯规划的教育，帮助大学生树立更加正确的就业价值观，准确、客观地进行自我分析，抓住当前的就业形势，充

---

〔1〕 方佳：《大学生职业生涯规划与就业指导课程的教学改革与创新》，载《科学咨询（科技·管理）》2023 年第 7 期。

分地了解和把握市场的需求，从而尽早地确定更加明确的职业生涯目标。"[1]之所以把辅导员这一角色单独陈述，还是考虑其在职业规划教育中的独特作用。高校的教育体制决定了任课教师不太可能承担对大学生进行个性化职业规划教育的任务，而辅导员作为与学生联系最为密切的教育工作者，对此项工作责无旁贷。只有实现对所有学生常态化个性化的职业规划教育和指导，才算完成对学生求职能力教育的最后一环。因此，高校要将个性化职业规划纳入辅导员考核内容，细化相关考核标准，保证其达到必要的频次和效果。

1. 辅导员要把握好个性化职业规划教育的时间点

职业规划教育要掌控好时间点，太早不合适，刚刚入学的大学生，对大学的认知很少，不清楚自身的任务，对社会形势把握严重不足，与辅导员的交流也刚刚开始，在双方不熟悉的情况下开展职业规划教育的效果往往一般。"对低年级学生进行职业生涯规划指导时，要重点关注就业方向的传达，让学生掌握更多了解职业世界的方法；宣传更多就业先进典型，让学生明晰未来发展方向，提升学习动力。"[2]学生进入大二后，自身认识有了较大提升，与辅导员也较为熟悉，辅导员可以根据对学生的了解开展针对性的职业规划辅导，并督促学生利用之后的大学时间认真积累完成职业规划任务的各项因素。笔者在从业中，对刚刚入学的大学生，一般是引导其了解大学、了解社会，并与其培养信任关系，大二开展职业规划教育效果最佳，如果是大三甚至以后再进行职业规划教育，学生积累的时间不足，难以起到理想效果。

2. 辅导员要有进行个性化职业规划教育的能力

辅导员要对就业形势和所负责学生的主要求职方向有深入和同步的了解。做辅导员，不能闭门造车，要通过经常性的学习、培训以及与从业人员的沟通，及时准确地了解就业形势，了解实务部门对于大学生的能力素质要求，坚持市场需求原则进行大学生职业规划教育和指导。因此，高校要有专项计划支持辅导员能力提升，包括形势与政策培训、先进经验分享、定期与实务部门的座谈等。

---

〔1〕 牛冰非：《大学生自主创业教育及高校个性化就业指导的实施》，载《继续教育研究》2016年第5期。

〔2〕 杨春：《大学生专业认同感对就业能力的影响研究》，载《教育观察》2021年第41期。

3. 个性化职业规划教育的前提是对学生的全方面了解

辅导员在对大学生进行职业规划谈话时，应尽可能保证对谈话对象有较为全面的了解，通过与学生在之前的交往、与其家长的沟通、与其同学的沟通等，对谈话对象的性格、能力有较为立体的掌握，保证谈话的针对性和效果。例如，对待性格外向和做事不严谨的学生，建议尽量不要考虑公务员工作。谈话之后，尽可能向家长进行反馈，督促家长配合指导和监督学生落实职业规划任务。

4. 保证个性化职业规划教育的全程指导和督促

大学生的年龄决定了其做事不够坚定，容易受外界影响，个人自控力不足，容易虎头蛇尾。辅导员应对学生在落实职业规划的过程中进行实时指导和监督，对学生在谈话之后出现的问题，要与其及时沟通，鼓励学生多思考多实践，对其面临的困惑适时提出建议，对部分落实职业规划懈怠的学生及时纠偏。

关于高校毕业生就业帮扶策略的研究

——以中国政法大学就业数据为例

中国政法大学学生工作部（处） 羊芊潼

中国政法大学以习近平新时代中国特色社会主义思想为指导，坚决落实党中央国务院、教育部和北京市关于就业创业各项决策部署，以克服前两年新冠疫情带来的不利影响，积极落实促就业、稳就业的目标，动员各部门相关负责人对毕业生就业问题进行重点关注并落实。

一、毕业生就业情况分析

数据以学校 2021—2023 届毕业生（含本科生、硕士研究生、博士研究生）为研究对象，以 2021—2023 届毕业生就业状况为数据源，并以北京市教委审核备案的毕业去向落实数据为准。

2021 届毕业生毕业去向落实率为 97.51%。其中，本科生毕业去向落实率为 97.23%；硕士生毕业去向落实率为 98.03%；博士生毕业去向落实率为 94.97%（数据截至 2021 年 8 月 31 日）。

图 1 为 2021 届毕业生毕业去向分布统计图：

关于高校毕业生就业帮扶策略的研究

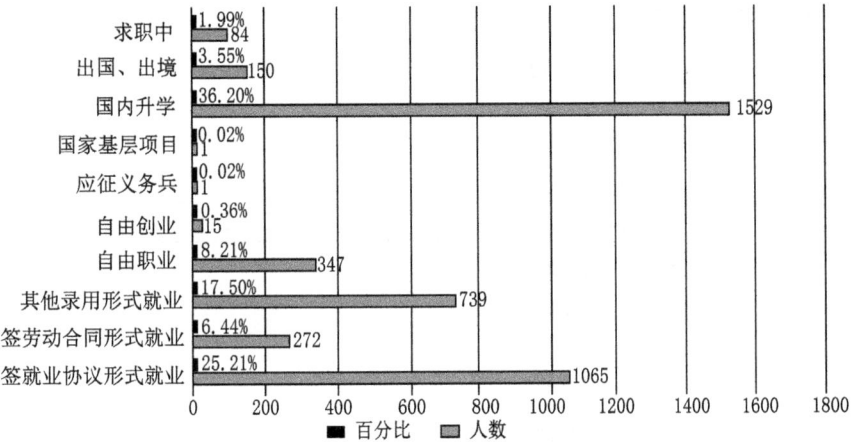

图 1　2021 届毕业生毕业去向分布统计图

2022 届毕业生毕业去向落实率为 93.28%。其中，本科生毕业去向落实率为 89.66%；硕士生毕业去向落实率为 97.73%；博士生毕业去向落实率为 98.25%（数据截至 2022 年 8 月 31 日）。

图 2 为 2022 届毕业生毕业去向分布统计图：

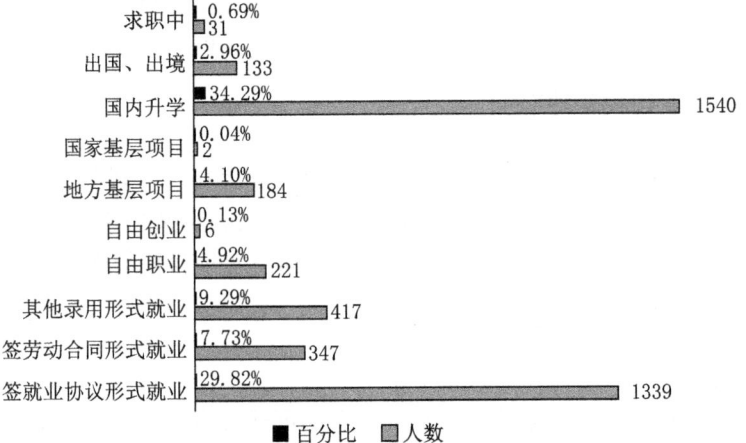

图 2　2022 届毕业生毕业去向分布统计图

2023 届毕业生毕业去向落实率为 96.31%。其中，本科生毕业去向落实率为 96.60%；硕士生毕业去向落实率 97.62%；博士生毕业去向落实率为

445

93.68%（数据截至 2023 年 8 月 31 日）。

图 3 为 2023 届毕业生毕业去向分布统计图：

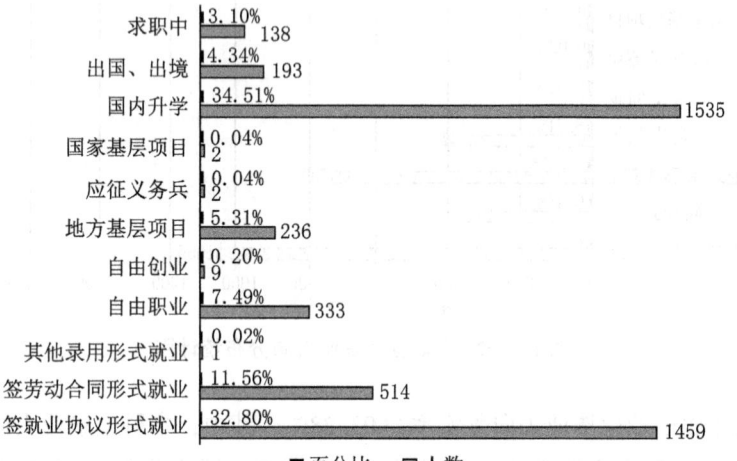

图 3　2023 届毕业生毕业去向分布统计图

通过 2021—2023 届毕业生就业去向分布统计的数据显示，毕业生就业去向分布基本稳定，就业质量不断提升。本科生继续学习深造仍占较大比例。全体毕业生就业去向仍以党政机关、企事业单位为主。

二、就业帮扶策略研究

在当今社会，毕业生的就业问题备受关注，这不仅关系到他们个人的未来，也牵动着整个社会的发展。为有效地应对这一问题，本文将从学生自身、学校有关部门、用人单位、社会力量四个层面对毕业生就业帮扶策略展开研究。

（一）学生自身主动适应与提升

1. 深化自我认知，明确职业定位

（1）制定个人兴趣与职业匹配表。学生可通过专业的职业兴趣测试，如 MBTI 等，了解自己的性格特点和适合的职业方向。将测试结果与自己的实际兴趣相结合，制定个人兴趣与职业匹配表。在选择岗位时，这将有助于帮助学生更直观地匹配自己的兴趣与职业，从而做出更明智的选择。

（2）建立个人技能提升计划。针对自身存在的不足，学生应设立具体的技能提升计划。对自己缺乏的专业技能，可以报名参加相关课程或培训；觉得自身沟通能力有待提高，可以加入辩论社或参与演讲比赛等。有针对性的技能提升计划能确保学生在求职前不断提升自己的短板与弱项。

（3）确立短期与长期职业目标。学生应根据自己的实际情况和职业规划，确立明确的短期与长期职业目标。短期目标可以是在接下来的几个月内找到一份与自己兴趣、专业相匹配的实习工作，而长期目标则可以是未来几年内在某个行业内取得一定的成就。这样的目标设定可以帮助学生保持清晰的职业方向感。

2. 提升专业技能，增强就业竞争力

（1）参与课程项目与学术竞赛。除了课堂学习外，学生还应积极参与课程项目和学术竞赛。这些活动不仅可以帮助学生巩固所学知识、提高他们的实践能力和团队协作能力，优秀的项目成果和竞赛奖项还能为学生简历增添亮点。

（2）寻求行业导师进行实践指导。学生可以通过各种渠道寻找行业内的导师，如校友、行业专家等，向他们请教并寻求实践指导。导师可以为学生提供宝贵的行业经验和建议，帮助他们更好地了解行业现状和未来发展趋势。

（3）参加职业技能培训与认证考试。为了提升自己的专业技能水平，学生可以参加相关职业技能培训并考取相应的认证证书。这些证书可以证明学生的专业技能水平，为其增加求职竞争力。

3. 主动参与求职，拓宽就业渠道

（1）制定个性化求职策略。学生应根据个人情况和职业目标，制定个性化的求职策略。例如，针对不同的行业和公司，学生可以调整自己的简历和求职信内容，以更好地展示自己的优势和适应能力。同时，学生还可以根据自己的兴趣和专业，选择合适的求职方式和渠道，如线上招聘平台、社交媒体等。

（2）利用校园资源建立人脉网络。学生应充分利用校园资源，如就业指导中心、校友会等，建立自己的人脉网络。这些资源可以为学生提供更多的求职信息和机会，同时还能帮助他们与业内人士建立联系，了解行业动态和就业趋势。学生还可以通过参加校园活动和社团组织，结识更多志同道合的朋友，与他们共同分享求职经验和心得。

（3）模拟面试与自我推销。为了提高求职成功率，学生应进行模拟面试训练，并学习自我推销技巧。模拟面试可以帮助学生熟悉面试流程和氛围，发现并改正自己在面试中可能存在的问题。同时，学生还应学习如何有效地推销自己，如在面试中展示自己的优势和特长、回答问题的技巧等。这些训练可以帮助学生在求职过程中更加自信、从容地展现自己，提高求职成功率。

（二）学校有关负责部门系统支持与指导

1. 协助构建健康心态

（1）建设心理档案与动态跟踪。心理中心需为每位毕业生建立精细化心理档案，涵盖家庭背景、学习经历、性格特征等多个维度。通过定期的心理测评，如 SCL-90、EPQ 等，科学评估学生的心理状况，确保数据的客观性和准确性。同时，应实施动态跟踪机制，对心理状态出现波动的学生进行及时干预，提供个性化的心理辅导方案。

（2）推进多元化心理健康教育活动。举办形式多样的心理健康教育活动，如心理讲座、角色扮演、团体沙盘等，旨在提升学生的心理素质和应对能力。特别是针对困难生群体，设计以"自信建立""压力管理"等为主题的专项活动，可以帮助他们建立积极的心态，增强面对就业挑战的勇气。

（3）建立实时心理援助与危机干预体系。除了传统的面对面咨询，心理中心还应建立实时心理援助热线、在线咨询平台等新兴渠道，确保学生在遇到心理问题时能够迅速获得帮助。同时，完善危机干预流程，对可能出现的严重心理问题的学生进行及时识别、有效干预，保障学生的心理健康安全。

2. 打造就业指导服务体系

（1）落实个性化职业规划与指导。就业部门应根据学生的具体情况，特别是困难学生提供一对一的职业规划指导服务。通过深入了解学生专业背景、兴趣爱好和职业发展目标，帮助他们制定切实可行的职业规划方案。同时，也可提供简历优化、面试技巧指导等实用服务，助力学生在求职过程中脱颖而出。

（2）强化职业技能培训与实战演练。针对学生在求职过程中可能遇到的技能短板，就业部门应组织系列职业技能培训活动，如办公软件操作、沟通技巧提升等。同时，可以适时引入企业 HR、行业专家等外部资源，开展模拟面试、职场实战演练等活动，让学生在实践中提升就业竞争力。

（3）完善就业渠道拓展与信息共享机制。就业部门应积极与用人单位建立长期合作关系，定期举办校园招聘会、企业宣讲会等活动，为学生提供更多的就业机会。同时，建立完善的就业信息共享机制，通过校园就业网站、微信公众号等渠道及时发布各类招聘信息和就业政策，确保学生能够第一时间获取到最新就业资讯。此外，还可以建立校友网络，利用校友资源为毕业生提供更多的求职机会和职业发展建议。

3. 营造良好的就业氛围

（1）深化与拓展困难生帮扶机制。学院应设立专门的困难生帮扶基金，通过奖学金、助学金、勤工俭学等多种方式为经济困难的学生提供持续稳定的资助。同时，鼓励师生之间的互助行为，如开展"一对一"帮扶活动，让品学兼优的学生与困难生结成对子，共同进步。此外，还可以积极联系社会爱心企业和个人，设立专项奖学金或助学金，为困难生提供更多的经济支持。

（2）完善与创新学业辅导与激励机制。针对学生的学习压力，学院应提供全方位的学业辅导支持。如开设针对性的补习班、辅导课程等，帮助学生夯实专业基础、提升学习成绩。同时，配备专业导师或辅导员进行一对一指导，解决学生在学习过程中遇到的疑难问题。在激励机制方面，除了传统的奖学金评定外，还可以设立"学习进步奖""科研创新奖"等专项奖励，鼓励毕业生在学业上不断取得突破和进步。

（3）常态化开展职业规划与就业分享会。学院应定期邀请不同行业的校友或企业代表来校举办职业规划与就业分享会。通过这些活动，让毕业生了解不同行业的就业前景和要求、分享求职经验和技巧等。同时，还可以组织校友企业参观、实习体验等活动，让学生更直观地了解企业运营模式和职场环境。通过这些常态化和实效化活动安排，帮助毕业生明确职业目标、提升求职能力、顺利实现就业。

（三）用人单位层面积极接纳与培养

1. 全方位打造友好的就业环境与机会

（1）营造公平的就业氛围。为了确保毕业生能在公平的竞争环境中获得工作机会，用人单位需要从招聘流程的设计开始，明确杜绝任何形式的歧视。制定明确的招聘标准并公开透明地展示给所有应聘者，可以让每个人都知道评判的依据。在面试和评估过程中，采用多元化的评价方法，则可避免单一标准造成的偏见。同时，建立投诉机制，对于不公平现象，应聘者能有途径

进行反馈，用人单位必须及时、公正地进行处理所收到的反馈。

（2）定制实习生转正计划。实习生转正不应仅仅是一个口号，而应有一个明确规划和步骤。用人单位需要与高校紧密合作，从实习生选拔开始就明确选拔标准和期望。单位应为实习生制定个性化培养计划，包括定期的专业技能、业务知识培训以及提供实践机会。实习期间，应有专门的导师对实习生进行辅导，及时解答实习生的困惑，并给予他们给予足够的支持和挑战。实习期结束后，对实习生进行公正的评价，并根据其表现，提供转正的机会或者进一步职业发展建议。

（3）深化与拓展职业技能培训。用人单位需要定期审视职业技能培训的内容，确保其与行业发展紧密相关。可以引入外部专家进行授课，或与培训机构合作，为员工提供高质量培训资源。同时，鼓励员工之间进行知识分享，建立内部学习平台，让员工可以随时随地进行自我学习。对于困难生毕业生，还可以设立专门的培训基金，减轻其经济负担，让其更加积极地参与培训。

2. 深化校企合作，实现多方共赢

（1）建立长期稳定的校企合作框架。校企合作不应是一次性活动，而应是一个持续、稳定的过程。用人单位需要与高校签订长期合作协议，明确双方的权利和义务。建立定期沟通机制，包括高层互访、学术交流、项目合作等，确保双方在人才培养、科研合作等方面能够持续深入地开展合作。

（2）企业专家进校授课的长效机制。企业派遣专家进校授课，不应仅仅是讲座的形式，而应融入高校的日常教学中。可以设立企业课程，由企业专家担任主讲教师，或与高校教师共同授课。同时，鼓励企业专家参与高校的教学改革和课程建设，将最新的行业知识和实践经验融入教学中。对于表现优秀的企业专家，高校还可以授予荣誉教职，进一步增强其归属感和责任感。

（3）企业奖学金与实训基地的综合利用。设立企业奖学金不仅仅是为了奖励优秀的学生，更是为了培养他们的实践能力和职业素养。奖学金的评选标准应明确、公开，并注重考查学生的实际操作能力和团队合作精神。同时，利用实训基地可以为学生提供真实的职业环境和实践机会。可以定期组织实训项目，让学生在企业导师的指导下，完成实际工作任务，提升他们的实践经验和解决问题的能力。

3. 持续关注毕业生就业质量，完善就业帮扶体系

（1）毕业生就业情况的动态跟踪与反馈。用人单位需建立完善的毕业生就业跟踪机制，通过定期开展调查、访谈等方式，了解毕业生工作状态、职业发展情况以及面临挑战。这些信息不仅可以为用人单位的人才策略提供参考，还可以为高校的教学改革和就业指导提供宝贵数据。同时，用人单位还可以根据这些信息，为毕业生提供个性化的职业发展建议和帮助。

（2）职业规划与指导服务的构建。职业规划与指导不应是泛泛而谈的建议，而应是基于每个毕业生实际情况的个性化方案。用人单位可以设立专门的职业规划部门或与专业的职业规划机构合作，为毕业生提供一对一的咨询和指导服务。通过深入的职业测评和面谈，帮助毕业生了解自己的职业兴趣、优势和挑战，并据此制定可行的职业发展计划。同时，提供丰富的职业资源和支持，包括行业信息、职位信息、内部推荐等，帮助毕业生顺利实现职业目标。

（3）毕业生互助机制的培育与发展。互助机制的形成需要时间和资源的投入，高校可以牵头设立校友会或者行业交流群等平台，为毕业生提供相互支持、共同成长的社群环境，定期组织线上或线下的交流活动，促进毕业生之间分享信息和交流经验。同时，高校应鼓励优秀的毕业生回馈母校和社群，分享他们的成功经验和职业心得，为更多的毕业生提供榜样和动力。用人单位可以在这些平台上发布招聘信息和行业动态，为毕业生提供更多的职业机会和发展空间。通过这样的互助机制，不仅可以增强毕业生的归属感和自信心，还可以提升他们的职业竞争力和社会适应能力。

（四）构建全方位社会支持体系

在当下社会，高校毕业生的就业问题不仅关乎个体的前途命运，更是国家发展和社会稳定的重要基石。为了有效促进高校毕业生的顺利就业，构建全方位的社会支持体系显得尤为重要。

1. 政府政策引导与支持

（1）完善就业政策体系。政府应制定和完善一系列促进高校毕业生就业的政策，包括就业补贴、创业扶持、税费减免等，以降低毕业生就业成本，提高其就业积极性。同时，针对困难生群体，政府还应设立专门的就业援助基金，提供更为精准的帮扶。

（2）加强就业信息服务平台建设。政府应主导建设高效、便捷的就业信息服务平台，实现毕业生与用人单位之间的快速对接。通过在平台及时发布各类招聘信息、就业政策、职业培训等资讯，帮助毕业生及时了解市场动态，助力毕业生做出合理的职业规划。

（3）推动产学研用深度融合。政府应鼓励高校与企业、科研机构等开展深度合作，共同培养符合市场需求的高素质人才。通过实习实训、项目合作等方式，让毕业生在校期间就能积累实践经验，提升就业竞争力。

2. 企业社会责任的发挥

（1）提供更多实习与就业机会。企业应积极响应国家政策，为高校毕业生提供更多的实习和就业机会。企业可以对特殊群体，如困难生群体设置专门的招聘通道，给予他们更多的关注和帮助。

（2）加强职业培训与技能提升。企业应建立完善的职业培训体系，为新员工提供必要的技能培训和职业发展指导。通过定期的培训课程、在线学习资源等方式，帮助毕业生快速适应职场环境，实现个人价值的最大化。

（3）营造良好的企业文化氛围。企业应注重营造积极向上的企业文化氛围，让毕业生在工作中感受到归属感和成就感。通过举办团建活动、员工座谈会等方式，增进员工之间的交流与合作，提升团队的凝聚力和战斗力。

3. 社会组织和社区的参与

（1）社会组织提供专业化就业服务。各类社会组织应充分发挥自身优势，为高校毕业生提供专业化的就业服务。例如，职业规划咨询机构可以为毕业生提供个性化的职业规划建议；人才中介机构可以搭建更加高效的招聘平台；行业协会则可以提供行业内的就业信息和资源共享。

（2）社区层面建立就业帮扶机制。社区作为基层治理的重要单元，也应在高校毕业生就业帮扶中发挥积极作用。社区可以建立专门的就业帮扶小组，对辖区内的毕业生群体进行摸底排查，提供针对性的就业援助和生活关怀。同时，社区还可以利用自身的资源优势，为毕业生提供临时性的工作岗位或志愿服务机会。

（3）鼓励社会各界共同参与。除了政府、企业和社会组织外，还应鼓励社会各界人士共同参与到高校毕业生的就业帮扶工作中来。例如，可以通过设立公益基金、发起捐赠活动等方式筹集资金和资源；邀请成功企业家、职场达人等举办讲座或分享会传授经验；利用社交媒体等渠道广泛宣传就业政策和帮扶信息。

三、结语

通过对学生自身、学校部门、用人单位以及政府和社会在毕业生就业帮扶中的角色与策略进行深入研究后不难发现，构建全方位、多层次、立体化的就业支持体系，对于促进毕业生的顺利就业，具有重大的现实意义和深远的社会影响。

面对日益严峻的就业形势和多元化的就业需求，我们必须认识到，就业帮扶工作不是某一方的"独角戏"，而是需要全社会共同参与的"大合唱"。毕业生应主动适应市场变化，提升自身能力和素质；学校应提供全方位就业指导和服务，帮助学生做好就业准备；用人单位应积极承担社会责任，为毕业生提供更多的就业机会和成长空间；政府和社会各界则应加强政策引导和资源支持，营造良好的就业环境。

通过各方共同努力，不仅能够有效地解决毕业生的就业问题，更能够培养出更多符合社会发展需要的高素质人才，为国家的长治久安和社会的繁荣进步奠定坚实的基础。让我们携手并进，共同为毕业生的就业之路点亮希望之光！

参考文献

［1］徐琳：《大学生就业问题及对策分析》，载《人才资源开发》2022年第11期。

［2］张华：《脱贫家庭大学生高质量就业帮扶：时代价值、现实困境与优化路径》，载《高教论坛》2023年第8期。

［3］廉思：《大学生就业帮扶中的青年力量》，载《人民论坛》2023年第20期。

［4］侯文哲：《新冠疫情影响下大学生就业困境及对策分析》，载《中国商论》2020年第22期。

［5］肖遥：《大学毕业生就业难问题的成因和对策》，载《国际公关》2022年第23期。

［6］黄一岚、吴剑：《大学生就业困难群体的特征及帮扶策略》，载《教育评论》2013年第2期。

［7］张曦：《高校就业困难毕业生精准帮扶对策研究——以长江大学为例》，长江大学2018年硕士学位论文。

［8］ 张勇志、程千：《大学生就业现状分析及就业指导工作建议——基于辽宁工程技术大学电控学院就业数据》，载《辽宁工程技术大学学报（社会科学版）》2022年第6期。

［9］ 黄洁：《高校精准化就业指导服务工作的内涵、价值及路径》，载《教育与职业》2022年第13期。

全方位多举措实施就业育人

中国政法大学法学院　曾　蓉

就业是大学毕业生走向社会的第一步，对学生发展有着至关重要的意义，其影响辐射至家庭、学校乃至整个社会。促进大学生就业是关系家庭幸福、学校发展、社会稳定的重要工作。就业育人、提升就业质量既是高校考核的重要指标，也是贯穿学生四年培养的重要任务。

当前高等教育招生人数逐年攀升，毕业生增加的速度远远大于工作岗位增加的速度，且我国社会经济增长方式正在发生重要转变，受到多元化择业和包容开放的社会环境影响，缓就业、慢就业现象更加凸显，就业形势更加严峻复杂。所以，中央到地方及至学校既要从就业制度建设方面，给大学生提供平台、信息、培训、机会；又要着眼细节，从大一到大四进行职业生涯规划教育引导，全方位多举措实施就业育人。

一、坚实、有力的制度保障为毕业生就业工作保驾护航

（一）把握就业工作总原则，强化工作机制，加强就业领导和组织

把握就业工作的总原则：加强领导、广泛动员、提前培训、关注重点、深入细致、群策群力。就业工作坚持早动手、定策略、常督促、抓落实的工作方法，周密开展毕业生就业指导与服务工作。

始终坚持就业工作的三级管理和服务体系：学院就业工作领导小组统筹安排；辅导员具体负责落实；学生会班集体合力参与相互促进。

1. 学院就业工作领导小组统筹安排

落实一把手工程，全院统筹协调，全员动员做好就业工作。学院针对毕业生的具体情况，制定详细的工作计划，将具体的工作安排落实到每个时间段。学院还应动员各部门及已有的教学实践基地、合作办学单位等社会资源

和关系，为学生寻求就业机会。

2. 辅导员具体负责落实，全体教师协同工作

学院动员全体教师帮助学生树立正确就业观念，注重培养学生就业能力。鼓励研究生导师发挥资源优势，大力推荐学生就业。针对不同年级学生，为学生设置毕业生就业技能指导课，包括就业形势教育、简历制作、职场礼仪、公务员笔试、结构化面试、企事业招聘、无领导小组讨论、职场须知，全力提升毕业生的就业技能。同时对毕业生设立就业指导接待日，为学生进行一对一的个性化指导，解决学生就业上存在的心态、技巧等问题；形成就业工作的体系化。

3. 学生会和班集体合力参与、相互促进

学生会专门设立"学生就业与发展服务中心"，为学生提供便利就业支持服务；开设学生就业网站，利用网络积极为毕业生收集就业信息并及时向全体毕业生发布。在班级倡导"全员就业"目标，由班级党支部牵头，班委、团委组建就业互助小组，在班级里形成积极的就业氛围，互相帮助互相促进，班级安排学生骨干对特殊群体毕业生特殊关照、重点指导，一对一帮扶。如对家庭贫困学生、学习成绩差的学生、少数民族学生和心理有障碍的学生，进行重点指导、重点帮助，解决就业难问题。

（二）扎实做好就业过程中的具体工作

1. 把学风建设与学生综合素质培养作为提高学生就业竞争力的根本措施

把毕业生就业工作作为学生管理和学生培养工作的落脚点。将学生就业工作与学风建设和学生综合素质培养紧密结合起来，把提高毕业生的就业竞争能力的工作作为学生工作的重要组成部分。通过持续不断的学风建设和对学生实践能力的培养，不断提高学生综合素质，使毕业生在就业求职过程中具备较强的竞争力。

2. 把提高毕业生就业质量作为就业工作的重中之重

就业关系到学生的根本利益，就业工作要以就业率为根本落脚点，因此，不仅应在就业数量上完成学校的就业任务，更要在质量上下功夫，努力提高学生就业质量。通过持续不断的学风建设、辅导员和班主任督促指导、学生能力的培养等手段，努力提升毕业生升学、司法考试和签署就业协议的数量。

3. 提前动员，注重转变学生就业观念，充分调动毕业生的主观能动性

以毕业生就业动员大会为依托，指导毕业生重点解决毕业生的就业观念、就业准备、就业方向和就业主动性问题。针对严峻的就业形势，积极指导学生转变就业观念，动员毕业生回家乡、下基层、到西部就业。同时引导学生充分利用国家各项政策和信息，如大学生入伍、国家对大学生就业、创业的政策性支持等政策，引导学生扩展就业思路。

4. 重点强化毕业生就业技能，全面提升每一个毕业生的就业能力

以提升毕业生就业能力为重点，针对其就业、升学、出国三种主要就业方向，对毕业班开展一系列的旨在提升学生就业能力的培训、交流、会议及模拟面试、简历诊断等活动。以辅导员分专题授课为主，兼邀请毕业校友、专业人员对毕业生就业技能进行培训指导，大力提升毕业生就业竞争能力。

5. 实行毕业生就业指导常态化

不断完善毕业生工作内容，实行毕业生就业工作会议常态化、毕业生就业技能指导常态化、模拟面试指导常态化等一系列常态化就业指导工作。开展常态化个性指导，学生有问题可随时通过辅导员解决，有面试的时候也可随时通过辅导员组织模拟面试进行辅导。

6. 强化辅导员的工作要求

要求毕业班辅导员必须做到：①为每个毕业生工作建立工作档案，详细掌握学生的整体情况和就业进度；②根据学生就业需要，随时对学生进行个性化指导和应试技巧培训；③随时掌握并调整学生的心理状况和就业心态；④建立并保障就业信息共享渠道；⑤随时掌握特殊群体学生实际情况和就业进展情况，发现问题及时解决。

7. 努力挖掘就业信息渠道，保障就业信息畅通

动员全体教师为学生就业做工作，充分利用已有的教学实践基地、合作办学单位、兼职实习指导教师等社会资源和关系为学生找工作，将教师为学生找工作纳入年终考核办法当中。

二、职业生涯教育引导为大学生就业细致规划

（一）未雨绸缪、循序渐进——"不动摇、不懈怠、不折腾"

大学生就业，看起来是最后一学年或最后一学期甚至一两个月的事，但

实质上需要前三年意识、心态、素质的培养、调整和积累，与学生每天的大学生活都密不可分。因此，从新生伊始即应注重学生大一、大二、大三的职业素养的养成和提高，为大四就业先行助力。

大一——"不动摇"。大一新生最常见的想法就是"大学不用学习，大家就是玩的"。这样的想法源于高中时期为应付高考而陡增的精神压力的释放。意识决定形态，类似思想容易导致学生"一鼓作气，再而衰，三而竭"。现在毕业班很多愁苦于找工作的学生，很多为大学前几年的碌碌无为而悔恨，为进入大学后失去了高中时明晰的目标和一往无前的拼劲而羞耻，多与大一时无头苍蝇般的状态有关。所以，新生刚入学时，应重在借助班会频率高、到会人数多的场合，用制度和案例相结合的方式强调学习的重要性，尤其是对意欲寻找保研、考研、公务员等体制内出路的学生来说，以此让学生深刻领会到，大学仍然是一个学习的地方，虽然高校对学生的评价体系是多元化的，学习成绩仍然是最关键的评价标准。尤为重要的是，应在临近期末考试时，组织各班学习委员搜集整理并帮同学们复印考试资料，督促大家熟悉保研、奖学金等政策，形成良好、向上的学习氛围和竞争氛围，助力学生从大一起就树立不动摇的"学习为本"的意识。

大二——"不懈怠"。大二是学生成长较快的阶段，这个时期的大学生对学校制度、校园环境、人际关系、自身能力等都有一定的了解和定位，同时课程安排紧、活动任务多。与此同时，学生就业求职时简历上增光添彩的奖项、实习实践经历、学生工作和志愿活动，以及外语计算机等各项素质技能的获得，相当一部分都是大二这一年奠定的，因此这一时期的学生需要继续勤勉向上、不辞辛苦。从调节学生心态的具体工作来说，一方面需要借助与学生交流的机会勉励这时生活态度还较为松懈的同学适度紧张起来，安排好每天的学习和活动；另一方面要继续提醒忙碌穿梭于各种活动的同学打好成绩基础，放远眼光，保持平衡，避免压力过大。就关于促进就业的具体活动而言，依托学校的《职业生涯发展与规划》和《就业与求职》课程，以及职业生涯规划大赛、模拟面试大赛、创业大赛等比赛，调动学生积极性是十分有力的举措。学生可以提前获得更真实的求职体验；大二的学生在与大三、大四甚至研一研二的师兄师姐同场竞技时，或许由于缺乏经验和心理优势，并不能取得很好的成绩，但可以从中尽早发现自己的不足之处，取长补短，这有利于让学生从浮躁的情绪中静下心来向师长思考请教，并在接下来的大学生活中逐渐改进和弥补，对于毕业时的求职大有裨益。

大三——"不折腾"。进入大三，学习任务重，学生的专业必修课要集中修学，还要迎接六级、实习、法考、保研、考研等重要关口，对绝大多数学生而言，都有一种压力扑面而来的感觉。针对时间紧、任务重的客观情况，引导学生把主要精力放在学业上。对于平时成绩较好、有希望保研的同学，让他们积极投入精力进行论文写作和学科竞赛、创新项目等中去，获取更多加分，而到期末考试临近，则适当引导他们重视期末复习，提高必修课考生成绩。由于法考和考研是法科学生必经的重要考试，不论希望如何，大部分同学都会报名考试，所以引导他们组成法考、考研小组，互帮互助、沉下心来复习是重中之重。大三学年重在"引导"，因为各种考试成绩都是硬指标，主要依靠学生自身实力，应减少安排与学习无关的活动，减少对学生的干扰。对于计划毕业后直接就业的同学，可以由各班自己组织结构化模拟面试，尽量做到全真模拟。应由各班班委牵头，班上的积极分子作为骨干，大家自己寻找题目和参考答案，轮流充当选手和评委，用摄像机拍摄选手的真实表现，并邀请辅导员、就业指导中心的老师或其他专任教师担任主评来进行点评，最后对优秀选手和参赛选手都给予一定奖励。这样"自导自演"的模拟面试能够调动大部分同学的积极性，助力同学们经历真实的面试演练。同时，大三学年指导每位同学制作一份简历，并由专业老师进行指导，这都能够为学生最终的求职就业取得加分。

"人无远虑，必有近忧。"就业求职是一项系统性工程，不是一朝一夕之功，不能寄希望于大四一蹴而就。只有把问题看远，从大一起就坚持培养学生的观念和能力，才能取得实际的收益和成绩。

（二）立体关怀、多管齐下——"网络和信息是第一就业促进力"

在当前网络和信息时代，谁更会利用网络工具、更会收集有利信息，谁就掌握了就业求职的主动权。利用好网络平台就业信息尤为重要。

学校的就业信息平台（中国政法大学就业创业信息网）和《法大就业导报》是学校传统的就业信息终端，信息丰富、更新较快。而其中"就业经验谈"是最有针对性、最贴近身边各类不同情况的同学的一个栏目，有利于鼓励学生多从自己身边就业成功的同学身上吸取经验。同时，指导学生积极利用各类招聘的公众号，如应届生网、BOSS直聘、前程无忧，以及各大高校就业信息网。广投简历，也是提高就业效率的好办法。

不过，网上的信息固然丰富，对于一些奔忙于就业以及消极就业的学生而言，可能并不能做到时常登录查看，所以班级群、年级群，点对点的微信仍然是不可或缺的就业信息传递方式。微信的优势在于覆盖面精确且不受时空限制，言简意赅，十分方便，就业信息通过微信转发后就传播得更加广泛，对大家接收就业信息、提升就业能力起到了重要作用。

运用好年级公邮也是促进利用网络平台促进就业的好方法。因为公邮只有本院本年级的学生才知道密码，这在一定程度上保证了就业信息的针对性和私密性。另外，公邮可以上传共享文件，每当通过各种渠道获知新的就业途径，同时在公邮上传详细就业简章，并号召大家向公邮上传简历应聘，曾有不少同学通过这样的方式找到了待遇优厚、地域心仪的好工作。总之，多管齐下的方式有利于形成立体的多维获知就业信息的网状渠道，以助力大学生打开就业思路，提高就业命中率。

（三）班组聚力、同心共赢——"兄弟同心，其利断金"

临近毕业，不同学生间的就业情况会比较悬殊，前三年能力突出、表现活跃的学生一般不需要对其进行就业上的特别帮助，一些平时默默无闻但考研、公务员考试考出好成绩的同学也可以让人放心。家庭条件好、来自经济发达省份的同学也都具有很好就业支持。但对于就业困难群体，辅导员则要重点关心关注，深入持续地进行宿舍走访、面对面的沟通指导，一对一的简历写作指导，为同学带简历到单位拓岗，介绍工作，并关心他们的实际生活困难，提供实际的就业经济补助和就业心理调适辅导。

应调动班级骨干组织毕业就业促进小组。下设各个分小组，让各班热心班级工作、已经找到工作或考研已尘埃落定的骨干同学担任组长，根据各班实际情况自由组建开展工作。

就毕业面临困难的学生而言，鼓励拿到学分是毕业的关键，而对于只能选择结业甚至延期毕业的学生，保证他们的心理状态平稳是最重要的。而对于毕业并无问题，但考研、考公务员失利的同学，帮他们分析自身优劣势、拓宽和转变就业思路就显得比较必要。这些具体工作的实施，需要就业促进服务小组的努力。对于就业困难的学生而言，室友和同班同学较为了解他们内心，因此平常关系不错的小组成员就成了这一工作的主力。由于考研难度较大、具有较高的失利概率，二战并不适合所有情况的考生，因此，应该鼓励他们打开思路积极就业。

除了"促进"，就业服务促进小组的另一较为重要的任务当然是"服务"。在毕业生就业的重要时段，与档案、户口相关的选择去向表和二分申请表等表格的收取，都离不开小组的辛勤工作。除此之外，就业台账的更新也可来自就业服务促进小组，这便于随时掌握学生的新情况，及时为相应同学提供帮助。这有利于让更多同学了解就业手续办理，及时跟进就业进程，为其未来就业打好基础。

综上所述，在当前，高校毕业生增加的速度远大于工作岗位增加的速度，且我国社会经济增长方式正在发生重要转变，受到多元化择业和包容开放的社会环境影响，就业形势更加严峻复杂的形势下，应强化工作机制，加强就业领导和组织、就业工作规范化和三级就业工作体系建设，实现坚实有力的就业规范化、制度化建设；应扎实做好就业过程中的具体工作，把学风建设与学生综合素质培养作为提高学生就业竞争力的根本措施，把提高毕业生就业质量作为就业工作的重中之重，提前动员，注重转变学生就业观念，充分调动毕业生的主观能动性，重点强化毕业生就业技能，努力挖掘就业信息渠道，保障就业信息畅通；应强化辅导员工作要求，深入细致地开展贯穿四年的职业规划教育引导，落实从大一到大四的工作要求，发挥班级骨干、同学的积极性，调动每一个细胞，形成凝聚力，全方面大力提升学生就业能力，整合就业力量，发挥集体就业的优势，形成上下齐心合力共促就业的良好局面，积极创新，主动服务，全方位多举措实现就业育人。就业是社会民生之本，通过以上策略，我们才能帮助毕业生实现自我价值和高质量就业，为实现中华民族伟大复兴而奋斗。

从国际化就业趋势看涉外法治人才的全球
胜任力培养机制

中国政法大学外国语学院　叶　桥

一、研究意义

2023 年 11 月 27 日，习近平总书记在二十届中共中央政治局第十次集体学习时强调："要加强专业人才培养和队伍建设。坚持立德树人、德法兼修，加强学科建设，办好法学教育，完善以实践为导向的培养机制，早日培养出一批政治立场坚定、专业素质过硬、通晓国际规则、精通涉外法律实务的涉外法治人才。"[1]涉外法治工作的前瞻性、全局性、战略性、整体性特点要求法学教育工作者充分考虑如何推动涉外人才在全球治理中发挥更大的作用，在国际贸易争端、国家领土安全、国际人权保障等领域积极为规则制定建言献策，讲好法治中国故事。为进一步提高涉外法治人才参与全球治理能力，通过国际组织等平台让世界听到更多中国声音，助力提升我国国际影响力，提升法治人才的全球胜任力，以推动涉外法治人才的职业发展为导向，树立大学生们的全球公民意识，鼓励其积极参与全球治理显得尤为重要。

从当前关于涉外法治人才培养和就业指导的研究来看，现有的研究角度主要聚焦于涉外法治国际化办学模式、课程建设、教学改革等问题，重点关注涉外法律人才、中外合作、外语教学等[2]，关于针对涉外法治人才的全球胜任力概念界定和面向国际化就业的涉外法治人才培养目标则较为模糊，且

---

〔1〕 马怀德：《加强涉外法治人才培养》，载求是网，http://www.qstheory.cn/dukan/hqwg/2024-01/02/c_1130051192.htm，最后访问日期：2024 年 3 月 20 日。

〔2〕 闫冬：《论涉外法治人才培养模式的"一体两翼"》，载《中国法治》2024 年第 2 期。

缺少以学生就业为导向的针对培养路径的综合探究和系统梳理。[1]

本文从中国政法大学在涉外法治人才培养方面的现有探索入手，聚焦大学生全球胜任力培养在涉外法治人才方面的实践，听取相关专家建议并参考已有研究结论，以培养在国际领域就业的法学人才为导向梳理出一套体系。同时通过发放问卷和访谈的形式了解当前校内学生对全球胜任力内涵的理解以及对其国际竞争力的自我评估，通过分析当前针对涉外法治人才在能力培养和国际就业竞争之间的就业指导空白，为当前各大高校开展就业导向的涉外法治人才全球胜任力培养实践提供经验借鉴和参考。

二、学生对全球胜任力的认知和自我评估现状调研

本文通过问卷星发放问卷和访谈的方式，了解当前校内有意向进入涉外法治职业领域的学生对全球胜任力概念的认知以及个体能力评估情况。通过对校内百余名报名参与多语种通识必修课程、涉外法治人才联合培养实验班、西班牙特色人才培养实验班等国际化法学人才培养体系的学生进行调研，并根据问卷和访谈结果的分析得出调查结果，当前多数学生对全球胜任力整体概念、能力培养和发展路径的认知存在以下特点：

第一，学生对全球胜任力在涉外法治中的概念内涵和外延认知不甚全面。大部分学生认为提升全球胜任力主要在于提升英语水平、增加留学经历、海外实习实践以及了解各国文化这几个方面，对全球胜任力概念的维度及其在涉外法治建设中的角色和作用没有较为全面和深刻的认识，对于如何发挥全球胜任力，在当前复杂多变的国际环境下讲好法治中国故事较为茫然。

第二，大部分学生对全球胜任力提升具有较高意愿。多数受访学生认为在校期间有必要学习至少两到三门国际课程，并表示希望能够通过参加杰赛普（Jessup）国际法模拟法庭、全国法律英语大赛（LEC）、模拟国际仲裁庭等专业赛事和实训来提高专业外水平和应用能力。

第三，专业素养与外语技能培养结合不紧密，且与求职脱节。近一半受访学生表示他们参加过相关跨文化交际和活动，包括留学访学、学校开设的通识课程以及组织的与留学生交际活动等，但资源相对比较零散，且难以达

---

〔1〕 郭霁：《探索完善高校涉外法治人才培养路径》，载人民网，http://edu.people.com.cn/n1/2023/1128/c1006-40126951.html，最后访问日期：2024 年 3 月 21 日。

新时代加强和改进高校思想政治工作路径探究

到专业外语的应用要求，不具有整合性，在向外资律所和涉外法律业务较为集中的企业等单位求职时用处不大，更难以匹配全球胜任力培养在语言广度和专业深度上的要求。

三、全球胜任力在涉外法治领域的培养机制构建

（一）涉外法治人才全球胜任力核心素养界定

PISA（Program for International Student Assessment）是由经济合作与发展组织（OECD）实施的一项国际学生学业成就比较调查项目，是当今世界最具影响力的学生评价项目之一。[1]2018 年 PISA 发布全球胜任力框架，首次将"全球胜任力"概念引入国际测评项目。它定义了四个全球胜任力维度，分别是知识、认知技能、社会技能和态度、价值。[2]（如表 1 所示）该模型强调学生应具备全球视野和丰富的跨文化交际知识、以正确的态度和价值观对待文化差异，以及应具备深度思考的能力和执行力，以增进全人类福祉为目标，去解决全球性的前瞻性问题。[3]

表 1 全球胜任力的四个维度

维　度	定　义
知　识 （knowledge）	强调学生知识的多元化，对全球性问题和跨文化知识的理解和掌握。
认知技能 （cognitive skills）	强调对世界的理解力和行动力。这里的技能被定义为为了达到某一特定目标而进行的复杂、有组织的思考模式或行为的能力。
社会技能和态度 （social skills and attitudes）	强调开放的态度、对不同文化背景的人的尊重和全球化思维。
价　值 （value）	强调人类的尊严和文化多样性，要求形成重视人的尊严和重视文化多样性的价值观。拥有这样价值观的青年会对自己及周围环境了解更加深刻，并积极地反对暴力、压迫和战争。

---

〔1〕 滕珺、杜晓燕：《经合组织〈PISA 全球胜任力框架〉述评》，载《外国教育研究》2018 年第 12 期。

〔2〕 刘晓光、曹敏妍：《全球胜任力视角下中外合作办学项目评价——基于 189 个项目培养方案的内容分析》，载《江苏高教》2020 年第 4 期。

〔3〕 李杨、曾小平：《PISA2018 全球胜任力评测》，载《外国中小学教育》2018 年第 5 期。

464

中国不少高校也在 PISA 之前意识到全球胜任力的重要性，并提出了自己的全球战略布局和全球胜任力培养方案。2016 年 7 月，清华大学颁布的"清华大学全球战略"将"全球胜任力"作为人才培养的核心目标之一，并构建起全球胜任力模型，主要聚焦六个核心素养：世界知识与全球议题、语言、开放与尊重、沟通与协作、自觉与自信、道德与责任。[1]（如表 2 所示）该模型更细致地阐述了全球胜任力的要求，国际人才不仅要具备百科全书式的世界知识、了解热点议题，尊重文化差异，也要精通语言作为交流工具，更重要的是认同中华文化的根源，具备文化自信和良好的品德素质与国际担当。[2]

表 2　全球胜任力的六个核心素养

维　度	定　义
世界知识与全球议题 (world knowledge & global issues)	了解世界历史、地理、经济与社会发展的知识，理解不同国家的政治和文化差异，关注环境、能源、健康、安全等全球议题，理解人类相互依存、共同发展的重要意义。
语　言 (language)	恰当有效地以母语和至少一种外语进行口头与书面表达，能够与国际同行深入探讨专业话题，并通过语言理解、欣赏不同的文化内涵。
开放与尊重 (openness & respect)	保持好奇和开放的心态，尊重文化差异，具有跨文化同理心；坦然面对不确定性，适时调整自己的情感与行为。
沟通与协作 (communication & collaboration)	具有合作精神和协调能力，能够与不同文化背景的人友好互动和交流；善于化解冲突与矛盾，能够在跨文化团队中发挥积极作用。
自觉与自信 (self-awareness & self-confidence)	深刻认识自己的文化根源与价值观，理解文化对个体思维和行为方式的影响；在跨文化环境中自信得体地表达观点，并通过不断自我审视来提升自我。
道德与责任 (ethics & responsibility)	诚实守信，遵守社会伦理，恪守职业道德，坚持在重大事项上做出负责任的决策；勇于承担责任，推动人类可持续发展。

从全球胜任力的核心素养来看，就业导向的涉外法治人才培养不但体现

---

〔1〕　宋岩、李敏辉：《学术型研究生全球胜任力的培养模式：以清华-伯克利深圳学院为例》，载《清华大学教育研究》2020 年第 6 期。

〔2〕　栾淳钰：《"时代新人"全球胜任力及其塑造》，载《中国教育学刊》2023 年第 6 期。

在国际法律领域对其综合性职业要求和跨文化交际对其的复合语言能力要求，还包括学生对语言和其法律专业知识的融合能力[1]。涉外法治人才所体现出的国际竞争优势要求其全球胜任力的塑造在重视法律英语的基础上明晰国际法律，使有意进入涉外法治领域的学生能够具备专业的法律英语能力和职业的涉外法律素养[2]。从专业角度来看，涉外法治人才的全球胜任力需要从政治引领、专业建设、教学创新三个方面入手，在"外语+法律"教学结构基础上形成国别法与国际法并行建设的培养思路[3]。全球治理的国际局势要求涉外法治人才在复合、应用、创新、国际四个方面实现高水平发展，从跨专业、跨文化的角度构建涉外法治人才培养新格局。[4]

（二）专家访谈总结

结合访谈结果，在与来自高校和国际组织的专家交流中，语言和法治文化差异、跨学科要求、培养模式优化被普遍认为是涉外法治人才全球胜任力的培养中的重点工作。[5]同时，部分专家还提出，涉外法治人才应"熟悉中国本土文化，促进中国法治文化对外传播""立场坚定""拥有强烈的民族自豪感和文化自信"等观点，以及提出"课堂与实践相结合"的培养模式和"动态追踪能力提升的机制缺失"等现存研究问题。[6]

从现有涉外法治人才的全球胜任力培养成果来看，当前缺乏体系化的培养机制，培养内容分散，成效不明显，缺乏有效反馈。相关研究就业实践导向较弱，学科建设导向较强，缺少从全球治理的角度展开的学生工作探索。结合国内外全球胜任力理论框架研究可看出：目前仍然缺乏对于涉外法治人

---

〔1〕杜焕芳：《涉外法治专业人才培养的顶层设计及实现路径》，载《中国大学教学》2020年第6期。

〔2〕张法连：《涉外法治专业人才培养需要厘清的几个问题》，载《新文科教育研究》2021年第4期。

〔3〕闫冬：《论涉外法治人才培养模式的"一体两翼"》，载《中国法治》2024年第2期。

〔4〕杜承铭、柯静嘉：《论涉外法治人才国际化培养模式之创新》，载《现代大学教育》2017年第1期。

〔5〕Jian Li, "Assessment Items for Measuring Global Competence for Individual. In: Comprehensive Global Competence for World-Class Universities in China", *Perspectives on Rethinking and Reforming Education*, Springer, 2019, pp. 121-130.

〔6〕钟周、张传杰：《立足本地、参与全球：全球胜任力美国国家教育战略探析》，载《清华大学教育研究》2018年第2期。

才的全球胜任力要素界定，但受讨论较激烈的要素和相应发展途径包括：

（1）文化和语言能力：学生应当具备较高水平的外语能力，从而能够清晰表述不同法系和法律制度下的法治文化差异。

（2）法学教育中的国际视野：通过以国别法和国际法为代表的法学教育以及比较文化的方法来开阔学生在法学专业领域的国际视野。[1]

（3）跨文化竞争力：通过沉浸式体验使学生从专业视角感受文化影响力和国际合作的多面性。

综合上述观点并结合中国政法大学的涉外法治人才实验班选拔情况和公共外语教学实践，本文选取多个维度构建新型涉外法治人才的全球胜任力培养模型，并科学匹配相关课程和实践，落实学生指导方法，在培养前期和后期分别参加能力和认知测评，检验该培养机制的成效和科学性，并试图探索出具有借鉴意义的一套针对涉外法治人的全球胜任力培养体系。

（三）实践和方法

在针对涉外法治人才的全球胜任力培养体系中，可以采用"1+4"的指导思维，以夯实法学专业素养为基础，结合全过程育人和协同育人，从法治思想、综合技能、文化交流、社会实践四个维度推动学生全球胜任力的提升。（如表3所示）

表3　针对涉外法治人才的"1+4"全球胜任力培养框架

"1"基础：法学专业课程（国内法+国际法+国别法）			
"4"支柱：培养模块			
（1）法治思想课程	（2）综合技能课程	（3）文化交流课程	（4）社会实践
《法治政府与政策》《世界眼中的中国法治文化》	《法治视角下的全球热点议题案例分析》《法律外语》《国际关系与全球治理》《国际组织实习指南》《国际模拟法庭谈判》	《法治文化的国际传播》《跨文化交际和礼仪》	师生主题座谈校友会主题活动实务单位联合培养

[1] Xiangshun Ding, Junming Huo, "The Rule of Law in Foreign-Related Affairs and Associated Talent Cultivation in China", *Frontiers of Law in China*, (4) 2023, pp. 454-469.

1. 法治思想：立德树人，思政引领

与国外高校的法学人才培养不同，我国的涉外法治专业人才应当首先坚持以国家的战略需求为导向。[1]这意味着中国的涉外法治人才需要在了解我国国情和法治文化的基础上搭建全球视野，在提升国际竞争力的同时必须全面熟悉党和国家的方针政策。在具体的学生指导工作中，应当以"三全育人"为导向，强化思政教育与教学、教研工作的融通，将思政教育贯穿人才培养和科学研究全过程，把课程思政建设贯穿法治课程和教改项目，提升学生思想政治高度和觉悟，培养法律人的专业和敬业精神，能够在国际舞台中讲好"中国法治故事"。为此，应充分动员各院系辅导员、班主任以及承担教学科研管理服务工作的教职工全方位参与推动全国高等学校外语类专业"理解当代法治中国""新时代中国文化自信与全球治理方略"，在专业指导中进一步从政治、经济、社会、历史、文化、制度等多个层面的时事政治热点问题中挖掘课程思政元素。

2. 综合技能：优化资源，彰显特色

涉外法治人才作为复合型的国际化人才，需要在具备扎实法学基本理论的基础上成长为跨学科的创新型和应用型人才。在学科知识的储备方面，高校应当在国际关系、国际经贸、世界历史文化等板块优化课程设置，以全球热点议题如难民问题、资源问题、气候问题等角度为切入点开设专项法律分析课程并结合最新司法实践展开案例研讨，引入专业教师如高校司法领域专家，有过国际组织司法部门任职经验的外交人员及企业导师，设置面向涉外法治人才的针对性课程和教学资源，帮助学生积累国际争端处理知识。[2]

在语言能力的提升方面，以"大学公共外语改革计划"为支撑，发挥优势学科特色，进一步推动多语种法律外语教学资源的开发，对接教育数字化发展趋势，挖掘建设法律专业术语多语种语料库。在已开设的公共英语课程基础上尝试探索将法语、西班牙语、意大利语、日语、俄语等国际应用较广的语种纳入公共外语必修课程体系，保障学生在语言学习方面的课程资源，

---

〔1〕 杜焕芳：《涉外法治专业人才培养的顶层设计及实现路径》，载《中国大学教学》2020年第6期。

〔2〕 黄进：《完善法学学科体系，创新涉外法治人才培养机制》，载《国际法研究》2020年第3期。

助力学生读懂、深刻领悟各国法律条例内涵。同时，开展"国际模拟法庭谈判"系列仿真实操课程，锻炼学生的外语表达能力、辩证思维和逻辑思维，提升涉外法治人才在国际舞台的风度、思辨能力以及语言表达能力。

在培养模式方面，深入探索本硕贯通培养机制，开展针对性宣讲和学业规划指导，帮助具备较高外语素养且对涉外法治领域有兴趣的学生尽快厘清升学发展规划，保障人才培养的有序高效推进。

3. 文化交流：知己知彼，博采众长

在做好常规学生管理服务工作的基础上，应进一步开发针对法律外语的朋辈交流和跨文化互动项目。考虑到不同国家存在不同的文化和习俗，具备全球胜任力的涉外法治人才必然需要强烈的文化敏锐度和对不同法系下法治思维差异的觉察力，能够根据自身所处的不同文化场景灵活调整自己的行为，在对本土文化深入了解的基础上，促进不同文化交融和不同法系下法治文化的交流。在夯实语言基础和专业技能的前提下，高校可开设"以案例分析为导向的跨文化交际系列课程"等通用文化课组，帮助学生在生动的案例学习中了解特定文化习俗和禁忌及其在不同工作和生活场景中的应用，熟悉涉外法律事务中常见的跨文化场景和交际规则。同时，跨文化交际课程要培养学生正确的价值观，尊重各国文化，保持开放包容的态度和文化同理心。

4. 社会实践：拓展平台，协同育人

以中国政法大学外国语学院的"笃思励行，咖啡时间"系列师生座谈为例，在实践经验交流方面可以进一步发挥专业教师、往届校友和合作单位的力量，积极邀请优秀业内人士与学生进行线上线下的小组座谈和主题分享，引导学生拓宽职业社交网络。组织涉外法律实务主题的学术竞赛和实践活动，贯彻协同育人理念，构建实务训练平台，优化、整合实践实训资源，与合作单位共建联合培养基地，发挥高校和院系的主体性作用，与国际组织、涉外的政府部门单位、审判和仲裁机构，以及国内外优质法律事务所和聚焦涉外业务的企业单位开展深入联合共建，加强国际化情景和场景训练，丰富学生在国际文化环境中的沉浸式体验经历。[1]

"1+4"的全球胜任力培养思路从当前涉外法治人才在国际上的职业竞争

---

〔1〕 马怀德：《加快涉外法治人才培养 服务国家涉外法治建设》，载中国人大网，http://www.npc.gov.cn/c2/c30834/202107/t20210728_312647.html，最后访问日期：2023年3月25日。

力出发，以跨文化交流所必需的基本能力和核心素养为支柱，以多维度、多形态的课程和实践训练为拓展，为国际化人才培养提供了完整的培养体系和课程框架，有助于一线国际化教育事业工作者理清国际人才的培养目标，帮助学生在国际化的职业发展中实现自身优势和个体价值，讲好中国法治故事。

五、心理健康教育

浅析新时期加强研究生心理健康教育工作模式构建

——以证据科学研究院研究生为例

中国政法大学证据科学研究院 杨俊丽

2020 年 7 月,习近平总书记对研究生教育工作作出重要指示强调,"研究生教育在培养创新人才、提高创新能力、服务经济社会发展、推进国家治理体系和治理能力现代化方面具有重要作用"。[1]可见,就党和国家事业发展来说,培养高素质的研究生人才至关重要。高层次人才的研究生须是身心健康,综合发展的优秀人才,然而,在心理健康方面,目前研究生心理健康方面还存在这样那样的问题。需要采取科学有效的心理健康教育工作新模式,提高研究生的心理素质,切实培养适应国家发展需要的高质量高素质人才。

一、新时期研究生心理健康的现状

关于新时代研究生心理健康现状,华东师范大学心理研究所教授叶斌曾指出,心理问题在学生的学习生涯中呈倒金字塔排列状态,到了研究生阶段竟出现了"井喷"现象,校园心理健康步入"学位越高,心病越重"的境地[2]。因此,要加强对研究生的心理健康教育,其前提就是要充分了解和认识研究生的心理特点和心理现状。

(一)心理健康的内涵

所谓心理健康,是一种高效的且令人满意的持续的状态,在这种状态下,人的生命充满活力,其潜能得以开发,其自我得以实现。"研究生心理健康是

---

〔1〕 胡浩:《适应党和国家事业发展需要 培养造就大批德才兼备的高层次人才》,载《人民日报》2020 年 7 月 30 日,第 1 版。

〔2〕 谭凤娥等:《影响研究生心理健康的因素分析》,载《重庆科技学院学报(社会科学版)》2009 年第 2 期。

在日常锻炼和良好的生活习惯基础上拥有健康身体的前提下，同时拥有良好的个性、人格、处事能力和人际关系，情绪稳定、意志坚定，能适应更复杂的社会环境"[1]的一种生命状态。这种心理健康的理想状态可以说是一种根据外部的客观世界和心理内容而保持积极进取的精神状态和愉快的情绪状态。

（二）新时代研究生心理健康存在的问题分析

目前，研究生群体在校期间心理健康状况虽然总体上是积极健康向上的，但也不容乐观，存在一些心理困扰和问题。以证据科学研究院 2021 级和 2022 级学生心理健康普测的情况为例，2022 年 11 月至 12 月普测 87 位研究生，有不同程度心理问题的共计 16 人（其中受严重心理困扰的 2 人，具有一般心理问题的 6 人，拥有潜在心理困扰的 8 人），占比 18.39%。另外，2021 级学生在 2021 年 11 月测试中，有心理问题的学生共计 23 人（受严重心理困扰的有 1 人，具有一般心理问题的 8 人，拥有潜在心理困扰的 14 人），占比 26.44%。从测试结果来看，严重心理问题可能存在自杀及妄想，一般心理问题涉及焦虑、自卑、偏执、多疑、社恐、睡眠困扰，以及适应新环境有困难、学业和就业有压力、恋爱困扰等潜在问题。结合平时工作中通过深度辅导与学生的沟通交流，笔者发现我院研究生的心理问题主要表现为以下问题：

1. 自负心理

个别研究生认为自己是名校研究生，是高层次人才，特别是本科也是名校的，有种"居高临下"、高人一等的不良认知，导致在人际交往中产生过度自信和自负心理，生活在自己的小圈子里，对他人缺乏尊重，对集体漠不关心。

2. 自卑心理

证据科学研究院硕士研究生分为学术硕士与专业硕士，本科毕业学校参差不齐，有双一流高校的，有重点本科的，也有一般本科的，再加上法律硕士专业也各不相同，不同的生源，不同的升学途径，大家彼此之间难免相互比较，部分同学认为由于自己本科是普通学校，在学习、生活、综合素质等各方面都不如本科为重点学校的人，在与他人比较中自然易产生自卑心理。

---

[1] 殷昊翔：《"三全育人"视域下的中西部高校研究生心理健康问题探析》，载《西藏大学学报（社会科学版）》2021 年第 3 期。

3. 焦虑心理

部分研究生在学业、科研等方面自我感觉比较弱，导致他们产生了焦虑不安的心理。还有部分新生研究生学业上不适应，专业上要转换，自身没有明确学习目标和清晰的学习规划，自律能力各有不同，容易引发焦虑情绪。竞争日益激烈的就业形势与研究生的高期待，也增加了研究生的压力与焦虑心理。

4. 嫉妒心理

个别研究生看到周围同学的进步与成功，不从自身去努力，而因别人胜过自己而产生嫉恨心理，甚至采取不良的行为。这种不良的心理和行为，在负向影响他人的同时也导致自己内心的不安。

二、研究生心理健康问题成因分析

目前我院在校研究生大多在 22～26 岁（硕士），处于成年早期，且绝大部分学生缺乏工作经验，直接从本科校园进入研究生的校园，其心理发展处于从不成熟走向成熟但尚未成熟的重要阶段。我校研究生缺乏社会经验，又要面对竞争日益激烈的各种压力，其心理问题主要有以下两方面的成因：

（一）社会因素

当今我国开启全面建设社会主义现代化国家的新征程，经济快速发展、社会不断进步及高科技及信息技术发展的日新月异，人们原有的观念、心态及价值观念受到冲击。目前的在读研究生，大多缺乏社会实践经验，其独立思考、辨别是非的能力还不够强，社会上一些不良思潮会对他们的价值观产生冲击和影响。因此，新时代的研究生难免会产生一些心理压力、不良心理或遭受心理危机。

（二）校园学习生活中不同方面的压力

1. 学业压力

研究生阶段除了要学习专业知识、基础理论，还要开展深入的理论研究以培养其科研能力和创新能力。随着学业难度加大，考试焦虑、学习动机的功利化倾向、科研方面的发展不平衡等情况导致了研究生的不同的学业综合实力，奖学金评定带来的动力同时也构成了研究生的压力的来源之一。比如，证据科学研究院法律专业研究生们的本科是非法学专业，研究生阶段才开始学习法学，专业基础较薄弱，这些因素无形中增加了研究生在学业方面的压力。

2. 就业压力

面对竞争日益激烈的社会环境和逐年增加的毕业生数量（以硕士生为例，2020年毕业生约达到66.25万，而2016年时约50.89万）[1]，当前就业形势较为严峻。在面对日益严峻的就业形势时，毕业生内心仍有较高的择业期望值，然而当毕业生在高期待与实际就业成功概率之间难以达到平衡时，就会产生严重的心理挫折和失败感、焦虑、自卑和烦躁等心理。对于证据科学研究院硕士毕业生来说，部分用人单位对证据法学了解不多，很多单位都需要单独出一份学科证明。对法庭科学专业的同学来说，毕业时大多选择法律领域就业，这和所学法庭科学专业对应的领域存在冲突，这也无形中增加了就业的选择难度与压力。

3. 人际交往压力

研究生阶段，学生既希望自由又渴求建立良好人际关系。研究生新生面对新的校园环境和新的角色变换，需要重建新的人际关系。在学业、科研、评奖评优、就业等方面处于竞争关系，个别同学处理不好同宿舍、同师门关系，产生不良竞争、攀比等现象，甚至有少部分同学由于与同学发生矛盾或冲突，很容易产生孤独和抑郁感，甚至导致恐惧焦虑等严重的心理危机，如果得不到有效的疏导，可能引发相关的心理疾病。

4. 情感压力

研究生大多从学校走向学校，处于成人的早期，从不成熟走向成熟但是还未成熟的阶段，因此不免具有一些情感问题。研究生的情感问题一般分为两种，一种是已婚者的情感问题，这部分同学遇到困难和问题时有亲密伴侣可以倾诉，获得其宽慰和帮助；另一种是未婚者的情感问题，研究生都到了谈婚论嫁的年龄，谈恋爱也是情理中的事情，且研究生对待情感多了些理性与成熟，但依然存在因情感问题带来困扰的情况，部分研究生对于爱情中的情感纠纷还不能正确处理，对于分手、失恋后的情绪和压力不能很好调节而引发心理问题甚至严重的心理问题。

―――――――――――

〔1〕 数据来源：教育部《2020年全国教育事业发展统计公报》《2016年全国教育事业发展统计公报》。

5. 经济压力

当前社会快速发展，在北京这样的大城市读书的研究生，生活需求等日常开销大大增加。大部分研究生没有经济来源，虽然渴望独立但不得不仍然靠父母提供经济来源，因而陷入经济的困厄之中。有些研究生受到家庭经济条件的制约，难以支付上学的费用，经济上的贫困带来心理上的困扰，甚至引发心理失衡和心理危机等。

三、改进研究生心理健康的教育工作模式

针对研究生心理健康方面存在的问题需采取有效措施，形成有效的教育工作模式，对研究生开展心理健康教育和干预，从而才能切实提高研究生的心理健康，提高人才培养质量。

（一）开展体系化的心理健康教育知识普及

通过开设心理健康教育必修和选修课程，构建心理健康教育机制。通过课程学习，帮助研究生自我认识其心理波动、心理问题及干预的方法。在方式上可以采取利用线上和线下优势互补的方式，发挥网络新媒体快捷、便利和及时等特性，学习最新的心理健康知识，这有助于研究生克服羞怯的心理，也有助于增加其对心理健康知识的学习主动性。在学习内容上，学习健康人格、自信心、意志力、压力管理等方面的内容，可以更为有效地促进研究生的心理健康教育。另外，在讲座、团体辅导等丰富的第二课堂中，通过实际的案例讲解拓展研究生的心理健康知识，提升研究生的心理健康判断与自我干预能力。

（二）建立研究生网络心理健康档案，实现全过程化的心理健康教育

一是建立电子档案，进行个性化教育引导。依据心理普查、每学期的排查及日常动态监测，建立完善的个人心理"电子档案"，重点是已经出现问题或有端倪的研究生。同时结合每学期的预警、深度辅导等，实时进行跟踪、记录和反馈，为做好学生的心理健康观测、早发现、早预防打下扎实的基础。二是健全心理健康预警工作机制。预防心理危机突发事件重在及时发现，这就需要形成畅通有效的信息网络机制。采取学院—辅导员和导师—班级及心理委员—宿舍长的层级工作机制，构建全覆盖的教育支持体系，以做好预防

工作，及时发现问题，及时提供解决和帮助的方法。

（三）发挥研究生自我教育功能，提高自我调适能力

自我教育是教育的最高境界，也是个体成为社会需要的人才的重要途径。因此，教育引导研究生客观认识自我、增强承压能力、确立达观和积极的人生态度以及用乐观主义精神、用发展的眼光来看待不如意的事情。要实现自我教育：一是正确认识和评价自我。研究生要经常自我反省，客观认识自己在学业、成长和发展中的问题，做到结合自身实际制定合适的目标，肯定自己的价值，避免不必要的压力和消极情绪。二是积极认知心理危机。研究生应该在思想上承认并接纳心理危机的客观存在，以积极心态去面对和解决压力或危机事件，在解决事件的过程中提升认知和综合能力。三是提高自我心理调适能力。学校应引导"研究生学会心理保健的方法，如认知调节法、优势比较法、代转移法、即时解决法等，做自己情绪的主人"[1]。四是"正确对待挫折，提高心理适应能力"[2]。人的一生难免会遇到各种挫折，对待挫折，坦然面对才是王道。引导研究生认识挫折的两面性，在面对挫折时，如何正确对待挫折才是关键，避免因挫折而使人产生失望、痛苦，消极颓废等不良心理。引导研究生在挫折中受益，在失败中吸取教训，完善自我，磨砺意志。引导研究生把握挫折，把挫折变成自己的压力和动力。[3]五是在积极参与活动中提高解决问题的能力。引导研究生合理安排学习和生活，积极参加学校学院及社会实践活动，比如通过参加科研论文比赛、模拟法庭比赛、春秋季论坛、主题党团日等活动，通过丰富的第二课堂活动，培养团队合作意识，提高自己分析问题和有效解决问题的能力，提升自身的综合能力。

（四）构建多层级的心理健康教育工作队伍

研究生的教育培养包括心理健康教育需要构建包括学院领导、导师、辅导员及学生骨干的网格化的工作队伍，全方位观测、教育和引导研究生的心理情况。

一是发挥研究生导师在研究生心理健康教育工作中的作用。在研究生心

---

〔1〕 郭翠翠：《研究生心理危机与危机管理研究》，西安建筑科技大学 2011 年硕士学位论文。

〔2〕 郭翠翠：《研究生心理危机与危机管理研究》，西安建筑科技大学 2011 年硕士学位论文。

〔3〕 郭翠翠：《研究生心理危机与危机管理研究》，西安建筑科技大学 2011 年硕士学位论文。

理健康教育中，导师作为研究生教育培养的第一责任人发挥着重要作用。导师要认识自己教书育人工作者的正确定位，应采取读书会、师门交流会、高年级朋辈辅导低年级、导师与学生面对面等方式，加强和研究生的沟通、交流，及时了解研究生心理动态，及时引导学生的一些负面、消极的情绪，有效避免心理健康问题的产生和发展；导师应及时、正确地指导研究生的学业、未来规划、就业等，深入了解研究生的心理需求，有针对性地进行教育引导。

二是发挥辅导员在研究生心理健康教育方面的作用。辅导员作为学生的指导者和引路人，在日常的服务与管理中与学生接触非常多，在心理健康教育工作中起重要的且不可比拟的作用。将心理健康教育融入日常管理和服务之中，开展深入辅导谈话，对学生进行社会、学习、生活等方面的细致教育引导，及时关注学生的心理健康变化，疏导消极心理，鼓励积极心理与行为。将心理健康教育与第二课堂活动相结合开展，辅导员通过组织开展适合研究生的各项活动，在活动中陶冶人的情操，在活动中提升研究生调节情绪、缓解压力的能力；开展职业发展教育，引导研究生认清就业形势，了解社会对人才素质的需求和要求，指导研究生进行职业规划，树立正确择业观和竞争意识，在提升其综合能力的过程中帮助研究生提升其解决问题的能力。

三是发挥班级和宿舍的作用，畅通信息链接机制。要构建学生心理危机快速反应模式，必须发挥班级和宿舍的作用。应在班级设有"心理委员"，通过宿舍长将心理关切延伸到宿舍，构建坚实畅通的心理危机干预信息链。一方面，心理委员、宿舍长要发挥心理支持的作用。研究生群体具有明显的个体差异性，"宿舍长能够起到一个协调宿舍关系，营造互助互爱的宿舍环境，当宿舍成员遇到困难时，能够得到有效的心理支持"。[1]另一方面，心理委员、宿舍长要发挥信息沟通的桥梁作用。心理委员、宿舍长应发挥朋辈互助的作用和近距离交流的优势，在交谈中帮助、支持和引导身边有需要的同学，帮助他们更有效地处理学习、生活中的心理和择业中的困惑。宿舍长与同学朝夕相处，更容易及时发现宿舍成员的情绪波动或反常行为，能够及时预防和发现心理危机事件，并及时把信息反馈给学院，避免危机的发生，从而达到早发现、早评估、早预防和早干预的目的。[2]

---

〔1〕 李敏：《研究生心理健康教育模式构建研究》，武汉理工大学 2013 年硕士学位论文。

〔2〕 李敏：《研究生心理健康教育模式构建研究》，武汉理工大学 2013 年硕士学位论文。

（五）建立学校、家庭与社会"三位一体"的心理健康教育网络

加强与心理有问题的学生家长的联系，发挥家庭教育的协助作用。辅导员或导师定期与家长沟通，让研究生切身感受到老师的关爱，进而促进其产生一种积极情感。"尤其患有心理疾病的学生更需要有家长的监护、关怀，防止或减少意外事故的发生，更好地促进学生的全面健康发展。"[1]

坚持与校园文化相结合进行心理健康教育。校园文化是学校思想教育的主导型文化，所包含的世界观、人生观、价值观等内涵，对研究生的健康发展都具有重要的影响作用。因此，引导学生积极参加学校、学院及班级组织的多种形式校园文化活动，有利于学生形成积极向上的心理品质，也从中更多了解社会，适应社会，并加强社会的责任意识培养。

坚持在社会中进行心理健康教育。发挥社会实践育人的作用，引导学生积极参加社会实习实践，充实学习生活，锻炼工作能力，提升专业技能，丰富社会阅历，对于提升研究生的专业技能、锻炼工作能力、提升与人交往能力等很有益处，从而增强其心理危机干预能力。

结　语

新时代，党和国家急需的高素质法学人才一定是德法兼修，德才兼备的优秀法律人才，而心理健康，是一个人成才与全面发展的基础。因此，重视研究生心理健康，并通过采取心理健康教育干预措施，促进研究生心理健康发展，培养研究生良好的道德品质、创造意识、专业理论与实践技能，才能提高研究生综合素质与能力，助力研究生健康成长成才。

---

〔1〕 吴文兵：《论新形势下特殊群体大学生的教育管理工作》，载《思想教育研究》2007 年第 4 期。

大学生心理健康必修课教学现状

——以中国政法大学为例

中国政法大学学生处心理健康教育与咨询中心　许晶晶

一、问题提出

随着时代发展，培养全面发展的高素质人才已经成为大学教育的重要目标。心理健康不仅是实现大学生各方面发展的基础，同时也是大学生成才的目标之一。为切实提高学生的心理健康水平，贯彻党的二十大精神，落实《教育部等十七部门关于印发〈全面加强和改进新时代学生心理健康工作专项行动计划（2023—2025 年）〉的通知》（教体艺〔2023〕1 号），教育部和中共北京市委教育工作委员会出台了各类文件，针对大学生心理健康教育教学体系的建设作出了明确规定，要求高校充分发挥课堂教学在大学生心理健康教育工作中的主渠道作用，建立或完善相应的课程体系，保证学生在校期间普遍接受心理健康课程教育。

心理健康必修课在高校的发展并不是一蹴而就的，经历了探索期、萌芽期和成熟期。在探索期，高校心理工作者只是针对学生零散的心理问题开设临时的心理活动，没有形成相应的体系。随着心理健康在学生层面的需求增大，高校陆续开设公共选修课，使得有需要的学生能够从课堂上获取心理健康知识，心理健康必修课进入了萌芽期。面对新冠疫情，学生的心理健康状况急转直下，由于学生对心理相关知识产生迫切需求，中共北京市委教育工作委员会适应时代要求，在 2023 年 12 月发布了《关于优化提升北京高校学生心理健康工作的行动方案（2023—2025 年）》（京教工〔2023〕40 号），明确提出了"高校要在学生入学第一学年开设不少于 2 个学分（32~36 学时）的心理健康必修课，其他学年（含研究生阶段）每学期开展 1~2 场覆盖全体学生的心理专题讲座或报告，同时开设更多样、更有针对性的心理健康选修课"，真正意义上对高校心理健康必修课作出了明确的规定，预示着心理健康必修课进入了成熟期。2023 年，中国政法大学的心理健康必修课实现了部分覆盖的程度（涵盖了四个学院），促进了学生对心理健康知识的了解。为了落实中共北京市委教育工作委员会文件以及使得全体学生受益于心理健康必修课，2024 年，中国政法大学心理咨询中心将为全体本科新生开设必修课。因此，为更好地开展心理健康必修课，需要对课程的教学过程进行调查，评估各种不同教学方法的有效性，分析不同心理知识主题重要性，才能有效改进课程教学方式和教学内容编排，最终深化教学效果，提高心理健康教育的效能。

二、研究方法

（一）调查对象

本研究对某法学院校的本科生进行了调查，共有 245 名学生完成问卷，覆盖了 2023 年度本科必修课的全体学生，其中男生 91 名，女生 154 名。（如表 1 所示）

表 1　调查对象基本情况

	人　数	百分比/%
男　生	91	37.1
女　生	154	62.9
合　计	245	100

（二）问卷设计

本研究根据在线教学的相关特点设计了《大学生心理健康必修课情况调查》。本问卷共由以下几部分组成：第一部分，调查对象的个人特征；第二部分，心理健康必修课教学内容的现有状况及重要程度；第三部分，心理健康必修课教学方法的现有状况及有效手段；第四部分，心理健康必修课的满意程度。

（三）调查方法

本研究采用匿名的方式，问卷通过问卷星进行发放，调查对象将在详细阅读问卷指导语之后作答。

三、结果分析

（一）心理健康必修课教学内容的现有状况及重要程度

在 2011 年教育部办公厅印发的《普通高等学校学生心理健康教育课程教学基本要求》（教思政厅〔2011〕5 号）通知中，对高校心理健康的授课内容和目标做了详细的规定，其中教学内容主要包括"了解心理健康的基础知识""了解自我，发展自我"和"提高自我心理调适能力"三大板块内容，旨在增强心理健康意识，培养自我认知和调节能力、人际沟通能力、情绪管理能力、抵抗挫折能力和风险意识能力等，切实提高心理素质，促进大学生的全面发展。本研究对现有的必修课教学内容进行了统计，具体情况如图1：

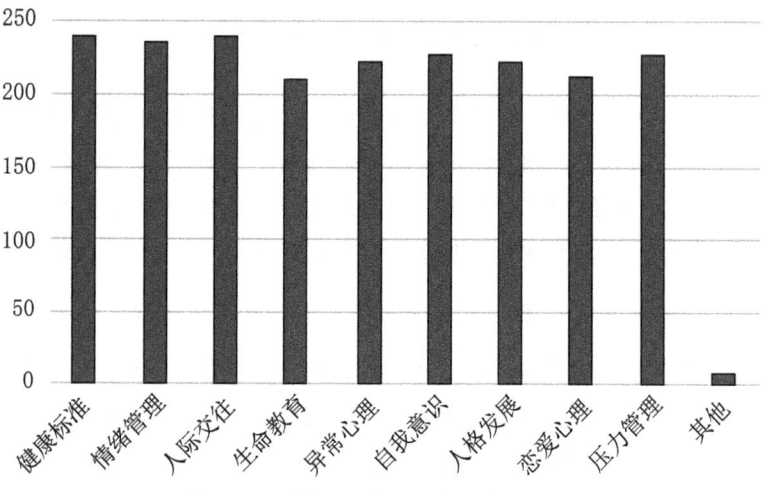

图1　心理健康必修课现有的教学内容

从图1可以看出，现有心理健康必修课教学内容包含了健康标准、情绪管理、人际交往、生命教育、异常心理、自我意识、人格发展、恋爱心理和压力管理等，涉及了学生心理健康的方方面面，符合教育部对高校学生心理健康教育的教学要求。

本研究对学生认为的心理健康课程的教学内容在生活或学习中最重要的部分进行了调查，具体情况如图2：

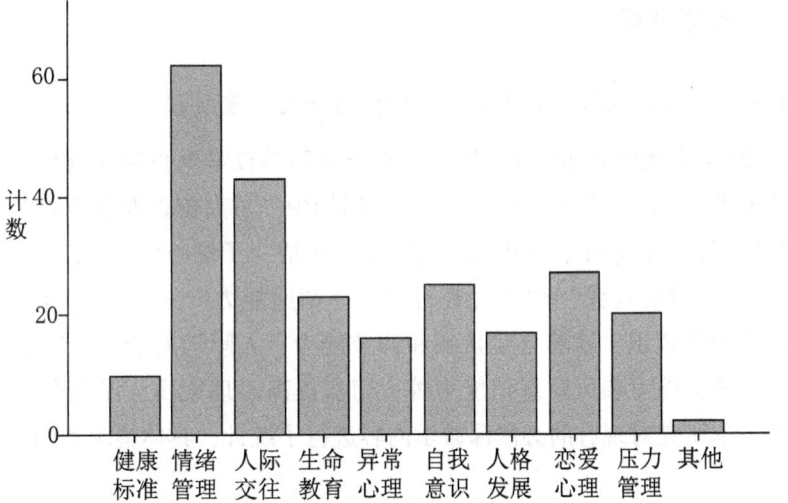

图2　学生认为最重要的教学内容

从调查结果可以看出，高校学生认为在心理健康教学内容中，情绪管理和人际交往的学习对其学习和生活最为重要和有效，而健康标准及其他是最为无用的内容。从以上的结果可以看出，现有的大学生心理健康必修课的教学内容涵盖全面，但是在课程编排方面需要从学生实际出发，合理安排教学内容。

（二）心理健康必修课教学方法的现有状况及有效手段

心理健康必修课旨在提高大学生的心理健康水平，故这门课程的授课目标不是完成知识的机械记忆，而是知识的应用，达到大学生的"知、情、意、行"四个层面的全面提高。正是因为这门课程所需要达到灵活运用的要求，心理健康工作者不能仅仅局限于传统的教学，需要开辟更加生动和贴近学生的授课方式，将知识与生活、学习所遇到的艰难险阻相结合，真正解决学生的实际问题。本研究对现有的心理健康必修课授课方式进行了全面的调查，结果如图3：

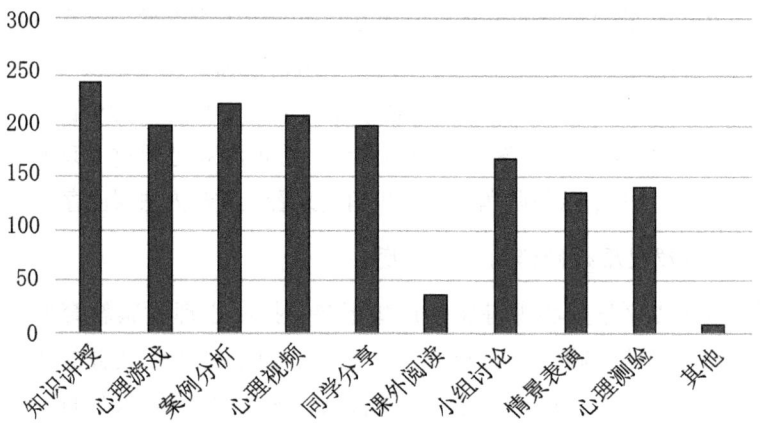

图3　心理健康必修课现有的授课方式

从图3可以看出，心理健康必修课的授课方式涵盖了知识讲授、心理游戏、案例分析、心理视频、同学分享、课外阅读、小组讨论、情景表演和心理测等，其中知识讲授和案例分析是教师最为常用的教学方法，课外阅读及其他是最少运用的教学方法，其次比较少用的是情景表演。

本研究对学生认为最有效的教学方法做了调查，结果如图4：

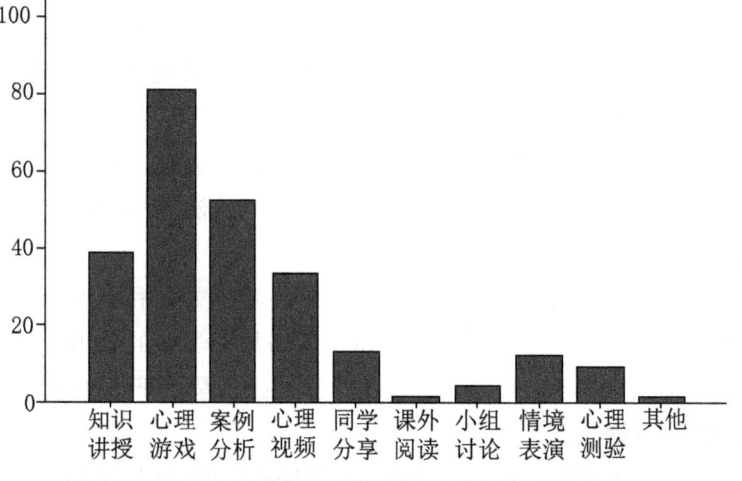

图4　学生认为最有效的教学方法

从图4可以看出，学生认为在课程中运用心理游戏最为促进掌握心理健康知识，其次是案例分析的方法对于学习心理健康内容有效，这两种授课方式选择的同学都超过了 50 人，而课外阅读、小组讨论和其他是最没有效果的。从图 3 和图 4 可以看出，现有心理健康必修课教学方法涵盖较为全面，但是仍旧沿袭讲授为主的形式；而从学生的视角来看，心理游戏是促进心理知识的掌握的最有效方法。所以，从教师角度和学生角度来看在教学方法层面存在着差异性。

（三）心理健康必修课的满意程度

面对疫情以来学生心理健康的严峻形势，提高心理健康教育的效能至关重要，必修课程的实施无疑是重要途径之一。但是要达到教育的效果，只有学生从内心认可课程，对课程的满意度较高，才能促进其知识向行为的转化。教师作为课程的核心之一，需要用心、真心和诚心，帮助学生在学习过程中察觉其心理健康状态，帮助学生进一步完善其人格。本研究对心理健康必修课的满意度和师生互动情况做了详细的调查，并对学生关于课程的具体收获和建议进行了了解。

在心理健康必修课的师生互动情况方面，有 202 名同学认为师生互动情况是非常多的，占到了 82.4%，几乎所有的学生都认为心理健康课程教师与学生互动是比较多的。

在心理健康必修课满意度方面，有 83.7% 的学生认为教师心理健康授课过程中是非常非常用心的，选择了"10 分"这一选项，对心理健康的满意度平均分也达到了 9.46 分（满分 10 分），全部学生在心理健康必修课的满意度打分过半，即认为对课程是满意的。另外，在学生对现有的心理健康必修课的描述中，收获最多的内容是"好"，有 15 名同学提及，其次是 8 名同学提及了"心理健康"，其余还有"充实""开心""放松""情绪""自我悦纳"等 30 余个积极词汇。

大学生对心理健康课程的建议主要集中在考试方式和授课设置方面，如现有的心理健康必修课考试为闭卷考试，这增加了学生的负担；授课的教室多为固定桌椅，不利于心理游戏或活动的开展；课程的开设时间为早晨 8 时，无法达到课程预期效果等。

从以上的结果可见，现有开设的心理健康必修课授课受到了学生的认可。绝大多数的同学认为教师在授课过程中用心程度很高，互动的情况非常多，对于心理健康必修课是非常满意的，在整个学习过程中，学生真正体会到了情绪上的快乐、内容上的充实和自我认知的清晰，对于心理健康必修课给予了极高的评价。

四、讨论与建议

（一）提升心理健康必修课教学内容编排的合理性

随着相关部门对心理健康课程实施标准的推进，大学生心理健康必修课的授课内容是非常全面和规范的，涵盖了健康标准、情绪管理、人际交往、生命教育、异常心理、自我意识、人格发展、恋爱心理和压力管理等心理健康内容，真正提高了学生的整体心理素质。但是一门课程的时间是有限的，例如按照中共北京市委教育工作委员会的规定，学校应该向学生开设 32～36 学时的心理健康必修课，由于涵盖内容较多，所以每个主题的授课时间不超过 4 学时，时间是非常紧张的。而因为时间紧、任务重，高校心理健康教育工作者应该对学生的心理健康状况和需求有所了解，才能更为合理地安排授课时间。如本研究调查结果所示，学生认为情绪管理和人际交往在日常生活和学习中最为有用，心理健康标准最为无用，那么心理健康教育工作者在编排必修课内容时，应当减少心理健康标准的讲授，而在情绪管理和人际交往方面增加授课时数，并充实教学内容。

另外，必修课程时间是有限的，且同学的需求也是各异的，高校在开设必修课的同时，急学生所急，想学生所想，开设心理健康选修课，引导学生选择自己所需要的课程，进一步学习相关内容，提高自己的相应心理健康素质。例如，在情绪管理方面，学生需求较为迫切，那么高校心理健康工作者在必修课完成之后，开设相关的选修课程群，如情绪的识别、共情能力的培养、情绪心智化能力培养等，对开设课程内容和课程容量都应该进行设计，不能只是笼统地开设一门课程，无法达到有针对性的教育目的。

心理健康必修课教学内容应该符合学校特色。由于高校之间专业的差异，对学生能力的培养的侧重是不同的，例如中国政法大学法学专业较强，其学生就业之后也多从事与人相关的工作。因此，其心理健康必修课和选修课应多在人际方面侧重，这也是学生所急需的，如此才能真正做到教与学相对接，有针对性地帮助学生提高能力。在心理健康必修课的教学内容方面，在全面的基础上，根据学生需要和高校特色编排教学内容，同时建立必修课为主，选修课为辅的心理健康课程群，帮助学生从入校适应到最终迈入职场都能保持稳定的心理健康。

（二）促进心理健康必修课教学方法的多元化

在 2023 年《教育部等十七部门关于印发〈全面加强和改进新时代学生心理健康工作专项行动计划（2023—2025 年）〉的通知》（教体艺〔2023〕1 号）中，强调了心理健康的发展需要"五育并举促进心理健康"，在 2011 年教育部办公厅印发的《普通高等学校学生心理健康教育课程教学基本要求》（教思政厅〔2011〕5 号）中，提出了在知识、技能和自我认知三个层面提升学生的心理健康。从这两个文件可以看出，学生心理健康水平需要采用多举措的方式提高，并且达到"知、情、意、行"全面的提升，这就要求高校心理健康工作者在心理健康必修课的授课过程中，不能仅停留在知识讲授方面，还应该利用各种有效手段帮助学生将知识落实到行为。

另外，心理咨询到如今已经发展出了多种理论流派和治疗手段，例如表达性治疗、家庭系统治疗、催眠疗法、团体治疗等，高校心理健康工作者可以根据必修课程内容的需要，结合理论流派和治疗技术，选择合适的教学方法，达到心理健康的教育目标。

通过研究的调查结果，我们可以看到，现有的心理健康必修课沿袭了原有的传统以教师为主的教学方法，以讲授和案例分析最多，已经采用了知识讲授、心理游戏、案例分析、心理视频、同学分享、课外阅读、小组讨论、情景表演和心理测验等教学方法。调查结果显示，学生认为心理游戏的教学方法最有利于促进知识学习。心理健康必修课作为一门心理学应用课程，应转变教学的重点，采取教师退一步，让学生全身心地体会到心理健康的重要性，才能提高学生在课堂中的自主性。另外，高校心理健康工作者需要注意将教学内容与教学方法相结合，例如在对教学内容的调查中，学生认为心理健康知识的标准对其生活和学习的作用不大，教师在课堂可以仅仅讲授基本概念，让学生采用课外阅读的方式自主学习以增强学生的自我效能感，同时，这种有增有减的教学方式，有利于增强知识教学的弹性，有利于真正做到以心养心，以心育心。

（三）增强心理健康必修课教学评价的实践性

2023 年《教育部等十七部门关于印发〈全面加强和改进新时代学生心理

健康工作专项行动计划（2023—2025 年）〉的通知》中，心理健康工作原则方面明确指出"坚持全面发展。完善全面培养的教育体系，推进教育评价改革，坚持学习知识与提高全面素质相统一，培养德智体美劳全面发展的社会主义建设者和接班人"。现有的心理健康必修课的考查采用了平时成绩和期末闭卷考试的方式，且闭卷考试的分数达到了 70%。闭卷考试确实能够较好地让学生重视本门课程，使其牢靠地掌握心理健康知识，但是同时也会减弱学生的学习兴趣，无法将知识内化于心，闭卷考试的方式也无法达到考查学生是否掌握心理健康技能的目的，例如在生命教育这一章节，只是让学生背诵生命定义，无法得知学生是否已经意识到生命的重要性和独一性。如果采用种植植物并记录的考察方式，不仅能融合劳育，让学生亲身经历养育过程，还能通过学生的照片或视频记录看到学生对于生命的重视。所以，心理健康必修课应该采取符合教育目标的评价手段，而非一刀切采取纸笔作答方式，才能真正考查学生是否已经掌握了心理健康的知识和技能。

（四）心理健康必修课教师授课应注重"以心养心"

心理健康必修课多向大一新生开设，是否能够上好这门课至关重要。如前所述，心理健康必修课的要求和目标是非常高的，需要高校教师有完备的心理健康知识、弹性的教学安排能力，以及对各种心理咨询理论流派知识的熟练掌握，所以，高校需要对课程教师的素质和能力进行把关和培训，做到集体备课，提高教师的教学能力。

本研究调查了师生的互动情况，从结果可以看出，心理健康必修课教师非常重视师生互动，绝大多数学生对于教师用心程度和课程满意度评价都非常高。师生互动是心理育人的良好时机，在教学过程中，教师能够退后一步，采取一种支持、欣赏、赞许的眼神和语气，营造宽容、舒适和温暖的课堂氛围，这本身对于学生起到了治愈作用。同时在教学过程中，教师应注重自己的言行，以身作则，向广大学生展示出一名心理健康工作者良好的素质，例如，在开设课程当中教师应说明课程规范，澄清师生对心理健康必修课的期待，调和师生在观点上的差异，以尊重的态度听取建议等，做到真正以"以心养心"为教学目标，激发学生的互动体验，形成师生之间"心"的良性互动，促使学生对心理健康知识进行感官和思想上的深入体会。

新时代高校学生心理危机管理机制探索实践

——以中国政法大学为例

中国政法大学学生工作部（处）　胡佳丽

引　言

近年来，高校学生心理危机事件频发，大学生心理健康问题引起了广泛关注，同时，国家出台了一系列政策支持高校心理健康教育发展，教育部出台《教育部等十七部门关于印发〈全面加强和改进新时代学生心理健康工作专项行动计划（2023—2025 年）〉的通知》及《高等学校学生心理健康教育指导纲要》，北京市也出台了《关于优化提升北京高校学生心理健康工作的行动方案（2023—2025 年）》。在这样的背景下，探索如何加强高校学生心理危机管理显得尤为重要。本文以中国政法大学为例（以下简称"学校"），在实践中逐步探索出了一套较为完善、可行性强的学生心理危机管理机制，为高校心理危机管理提供了有效参考，有助于及时预防心理危机发生，甄别和判断心理危机类型，并采取针对性的干预措施。

一、学校心理危机管理机制探索

（一）立足学校实际，加强危机管理法治化和规范化建设[1]

学校立足实际，加强法治化建设，依据国家相关法规和文件，完善心理危机及心理健康教育规章制度，形成了《中国政法大学学生心理危机预防与干预制度》《中国政法大学学生个别心理咨询制度》《中国政法大学兼职咨询

---

〔1〕　吴薇莉、唐颖彦、苏文明：《高校心理危机管理体系构建——基于四川地区高校的调查研究》，载《心理月刊》2023 年第 14 期。

师管理制度》《中国政法大学关于加强和改进学生心理健康工作的意见》等文件。同时，加强对专兼职咨询师、辅导员、导师等教职工队伍心理工作的相关伦理和法律培训，确保危机管理工作的合法合规。

在日常危机管理工作中，坚持周更新、月报告，密切与学院、与学生的联络，每周更新重点关注学生近况，每月形成危机干预工作专项报告。另外，每年度通过研判心理健康工作各项数据，形成学校心理健康工作年度汇报，经校长办公会审核发文，一方面能够积累宝贵的工作经验，另一方面能够在不断总结、反思中加强危机管理工作的实效性。

（二）加强对心理工作的重视，全校统筹，建立危机干预小组

提高对心理工作的重视，全校统筹，建立统一指挥、分工明确、合作紧密的危机干预小组。其中，主管学生心理健康工作的部门是学生工作部（处）心理健康教育与咨询中心，相关部门有组织部、宣传部（教师工作部）、教务处、研究生院、人事处、校团委等协同合作。

在日常危机管理中，学校通过每年两次全员心理健康普查、两次心理危机排查和一次新生心理普查，定期研判学生心理健康状况，及时发现危机。

（三）加强专业队伍建设，提高心理危机研判力

队伍建设是预防心理危机的关键。建设一支高水平专兼职咨询师队伍能够有效研判心理危机，解决学生心理问题。以中国政法大学为例，专职咨询师均为心理学硕士以上背景学历，师生比 1∶2300，兼职咨询师则充分从校内外吸收优秀心理健康教育人才，兼职教师包括辅导员、班主任、导师、校内科研岗教师（心理课授课教师）、心理系硕博士生、校外全职心理咨询师等。通过咨询师支持，咨询排队时长基本在一周内，能够满足学生咨询需求。此外，学校通过辅导员、导师、班主任等队伍，实现心理全员育人。

（四）畅通心理问题解决渠道

学校设置的心理健康咨询通道以线下咨询为主，线上咨询为辅，预约方式线上线下结合，可以网上预约、电话预约或者现场预约。心理咨询热线、预约方法等通过在学生宿舍走廊张贴宣传画、向新生发放宣传手册、官方微信公众号发布等方式做到全方位科普。寒暑假期间，学校开设电话值班及线下值班，开通咨询预约绿色通道，保障学生心理问题解决渠道畅通。

（五）新生心理问题及危机管理

新生入学后，通过心理健康筛查出重点关注对象，对于重点关注对象日常分级分类进行管理教育。

一级关注学生（问题较严重）由心理中心组织面谈，如发现危机立即按危机流程处理，其余学生按照是否需要就医、是否需要心理咨询、是否需要辅导员关注分级分类处理；二级、三级心理问题学生（问题较轻微）名单反馈学院，提醒辅导员关注；将可能存在心理问题学生名单与家庭经济困难、学业困难、少数民族等学生名单比对并提醒相关部门关注。

（六）日常心理问题分级分类管理

发掘各种渠道，尽早发现危机学生，实现危机多级预警[1]，危机预警渠道自上而下有学校心理咨询中心发现问题，学院辅导员发现问题，导师或授课教师发现问题，班级心理委员或其他学生骨干发现问题，宿舍长或宿舍成员发现问题等，另外还有在危机中受影响的学生发现问题，学校其他部门老师发现问题以及其他渠道掌握的危机信息等。

日常发现学生存在心理问题时，针对不同程度的心理问题学生，学校采取精细化管理，分级分类处理应对，具体流程为：

（1）心理咨询中心老师进行评估：如果是心理问题，心理咨询中心提供咨询，并向该同学学院副书记发"心理危机通知单"，一式两份，学院一份，心理咨询中心一份。辅导员负责监控该同学，并在学习和生活等方面，提供帮助；如果是精神问题，立即向该同学学院副书记发"心理危机通知单"，一式两份，学院一份，心理咨询中心一份，学院负责监控该学生，并及时联系家长，协助家长送入专科医院进行治疗；如果是非心理问题或精神问题，通知学院副书记由学院自己处理，心理咨询中心向学生处主管领导协商是否向上级汇报。

（2）危机学生恢复后的措施：对于心理问题的学生恢复后，心理咨询中心责任老师每周跟踪一次，学院辅导员负责监控该学生；对于精神问题的学生恢复后，心理咨询中心责任老师每周跟踪一次，家长陪读，学院辅导员监

––––––––––––––

〔1〕 柯伟政、江鹏、邝芷琪：《多级预警机制下的大学生心理危机处理与帮扶——以1名研究生的心理危机处理为例》，载《心理月刊》2024年第2期。

控；心理咨询中心老师向该同学的宿舍同学、辅导员、家长提供指导意见。

（七）家—校—院—医协同合作，有效化解心理危机[1]

学校在新生阶段即组织"家长课堂"，在各关键时间节点如开学季、考试周、放假前、毕业季、就业季等均提醒家长关注学生心理健康。针对存在心理问题的学生，学校积极采取家—校—院—医协同合作解决办法，在实践中探索形成了一套明确、规范、科学的操作流程。

1. 准确评估

一旦发现学生处于危机状况，心理咨询中心以恰当方式约谈当事人及与其关系密切的学生，了解当事人真实心理状态及所面临的问题，初步判断问题性质和严重程度。如果学生心理问题比较轻微，属于心理咨询范畴，可以由心理咨询中心协助解决，如果当事人心理问题比较严重，可能属于严重心理障碍或精神疾病，则采取相应措施。

2. 系统启动，做好监护

心理咨询中心发现有严重心理问题学生，必须在第一时间通知学生所在院（系）负责人。院（系）发现有严重心理问题的学生，必须及时通知心理健康教育与咨询中心，并请中心做出初步判断。在家长到达学校之前，学生的监护工作由学生所在的院（系）负责，学校主管领导、后勤管理集团、保卫处以及心理健康教育与咨询中心协助。

3. 通知家长，及时就医

如果确定该名学生的心理危机及自杀风险较高，应当尽快通知其家长。由院（系）向家长汇报学生目前的状况和事件的严重程度，请家长配合学校共同进行危机处理工作。必要时，需要对与家长的沟通过程进行电话录音。若短时间内难以与家长取得联系，而学生的心理问题已严重危及自身或他人的生命安全，学校可以直接送学生到医院就诊，并同时通过各种渠道与学生家长取得联系。

在院（系）取得与家长联系的同时，心理中心为院（系）提供关于沟通方式、心理问题应对方式的专业支持。在家长自愿的基础上，由心理中心专

---

[1] 李文波：《高校心理危机干预中"校—医—家"合作机制的实践研究》，载《长春大学学报》2022年第6期。

职咨询师与家长就学生心理问题应对组织会谈。

根据学生就医情况和学校的规定，由家长、学生所在院（系）负责教师按规定办理住院、病假或休学手续。

（八）以心理课堂为主阵地，实现心理健康教育科普全覆盖

制定出台心理健康课程建设的相关文件，在新生入学第一学年面向全体本科新生开设 2 个学分 32 学时的心理健康必修课，在研究生阶段开设选修课。根据学生的需求，整合校内资源，开设不同主题的心理健康选修课程，推出系列微课，打造一批具有法大特色的心理健康教育精品课程。

围绕"5·25""12·5"两个心理健康活动季，每一季均开设心理健康教育讲座、面向心理委员和宿舍长开设学生骨干心理培训，实现心理健康教育全覆盖。

（九）突发应急处置情况

发生心理健康危机事件时，学校依据《中国政法大学学生心理危机预防与干预制度》进行应急处置，流程为：准确评估—系统启动，做好监护—通知家长，及时就医—辅导相关人员—总结和记录—后期跟踪。

发生心理健康危机事件后，学校为预防次生危机，及时安抚受危机影响的周围师生：

（1）对密切接触的学生和教师开展心理辅导工作，帮助学生和教师缓解紧张情绪，并且密切关注相关学生和教师的心理反应。

（2）对重点关注学生进行回访，提醒学院对存在潜在心理问题风险的学生做好关注和安抚工作。

（3）对全体学生进行心理健康教育和科普工作，印发心理健康手册，组织危机识别与干预培训，对辅导员、班主任、导师、后勤人员等群体组织危机干预培训。

（4）危机干预小组事后召开会议，了解整个事件的详细过程，讨论如何更好地处理类似事件以及如何避免类似事件发生等。将事件发生和处理的过程汇总为报告形式，递交给学校相关领导和部门。

（5）加强心理危机事件分析研究，依托北京市高等教育学会心理素质教育研究分会，加强案例分析和趋势研判。建立心理危机事件会商研判、个案

分析、复盘报告工作闭环，在心理危机事件发生后，及时组织心理教师、医疗专家、一线人员等进行分析研究并形成报告。

二、现有危机管理机制尚需改进的地方

在探索实践中发现，高校在心理危机管理机制建设方面存在一些共同的难点和痛点，心理危机管理与心理健康教育、思想政治教育、教师队伍建设、校园协作、家校共育等方面密不可分，需要从整体视角出发来思考和改进。

(一) 学生心理健康情况日益复杂

心理健康问题涉及家庭、个人和社会等复杂因素。近年来，受疫情等因素影响，环境变化迅速，竞争压力大，大学生心理问题层出不穷。学生心理问题持续时间长，甚至从幼年出现，常出现"带病入学"现象。心理咨询或治疗难度大，人均咨询的次数较多。有些学生虽在校期间经心理咨询和专业诊疗，情况有所好转，然而放假回到原生家庭中，导致病情反复，甚至发生突发事件。

同时，学生问题呈现多类型并发。发生心理危机的学生常常为少数民族学生、思想偏激学生、家庭经济困难学生或学业困难学生，多属于心理、学业、家庭经济困难等综合影响，需要形成全员合力，精准施策。

(二) 心理健康教育兼职咨询队伍不稳定

面对当前快速增长的咨询量，学校采取"愿意来、尽接待"——愿来尽接的原则，对学生咨询不限时间、不限次数，满足学生的心理咨询需求。这一原则为及时发现和化解危机发挥了重要作用。为避免学生长时间等待咨询，心理咨询中心采用分级对待方式，聘请一批具有资质的兼职心理咨询师开展工作。但是，如何保证兼职咨询师队伍的专业性和稳定性，成了另一亟须解决的难题。

受历史因素影响，高校为兼职咨询师发放的劳务费用远低于市场心理咨询费用，且因部分高校距城区较远，招聘兼职咨询师的难度较大，兼职咨询师稳定性难以保证。同时因学生问题复杂性增加，对咨询师的技能水平要求越来越高，这就要求对兼职咨询师的招聘、考核和日常培训、管理都需要遵循严格的规章制度，并随着实际工作的变化不断更新调整。

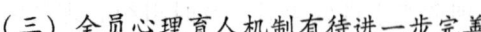

（三）全员心理育人机制有待进一步完善

从已有危机事件分析，一些家庭对精神疾病的认识不够深刻，家长回避或者不配合学校的干预，家校合力难以形成。一些师生的心理健康知识水平有待提升，缺乏心理危机识别和应对能力。因此，学校的全员心理育人机制还有待一步完善。如何进一步健全家校联动机制，落实导师第一责任人的要求，从而更好地履行立德树人的使命，成为亟待解决的问题。

随着学生心理问题凸显，个体心理咨询量增势大，若不采取分级分类机制，容易导致一般心理问题学生积压而严重心理问题学生排队的现象，危机难以及时得到科学处理。因此，还需要统筹规划，压紧校院两级心理辅导责任，健全心理问题分级分类机制，保证不同问题学生接受有效心理服务。

（四）心理健康基础设施有待加强

完善的硬件设施是心理危机管理机制平稳运行的保障。例如，在学校高层楼宇、宿舍等地设置防止学生非正常死亡的硬件改装，在校园各处宣传栏、教学楼、图书馆、宿舍等地张贴心理健康科普知识。其中，心理服务最主要的场地是心理咨询室，它对于学生疏解情绪、预防和及时处理危机都有着重要作用，因此，咨询室的基础设施配置需要完善。学校一般都会配备软沙发、茶几、纸巾、盆栽、空调、挂钟、挂画等软装，营造温馨、安全的咨询氛围，但是，随着社会科学技术的进步，咨询室也有待增加一些功能性的设施，如音乐治疗椅、减压系统、咨询服务一体机、一键报警装置等。通过加强基础设施建设，咨询室能够为学生提供更精准有效的心理服务。

三、对现有危机管理机制的改进举措和建议

（一）提高心理健康工作站位，加强顶层设计

当前学生心理健康问题呈上升趋势，学生心理危机频发，个体咨询量处于快速增长态势。完善学生心理危机管理机制，需要提高心理工作站位，加强顶层设计，用"三全育人"理念，不断深化心理育人全员体系建设[1]。

---

〔1〕 毕会东、朱亚：《"三全育人"视角下大学生心理危机识别、动态监测及干预体系构建》，载《吉林广播电视大学学报》2023 年第 5 期。

鼓励引导全体教职工都积极主动参与到心理育人中来，加强家校联系，加强校医合作。加强家长课堂建设，大力宣传心理健康知识，形成社会心理育人合力。全员心理育人需分清主次、厘清主体，压实各单位责任，保障工作队伍的积极性，实现全校心理工作一盘棋，提升心理危机干预工作的科学性和有效性。

（二）提高心理健康教育经费投入，更新完善心理健康基础设施

新时代对高校心理工作提出了新要求，心理健康基础设施建设是危机管理机制建设的保障。一些学生的心理问题出现时间早、绵延时间长，需要专业治疗的同时，需要长期的心理咨询予以帮扶。对此，建议高校进一步加大心理健康教育的经费投入，加强兼职心理咨询师队伍建设，确保学生心理健康需求得到满足，配备功能完善的软件和硬件设施，软件设施如心理咨询预约管理系统、心理普查与心理测量系统、心理健康自助服务系统、心理健康教育平台等，硬件设施如保障和规范心理服务空间，有条件的高校可以配备功能分区明确的沙盘室、音乐治疗室、舞动室等，更好地服务学生的心理成长需求。

（三）心理健康教育工作人员培训的专业化、体系化[1]，重视教师心理健康

高校应建立心理培训制度，设立专项经费，保证辅导员心理专项培训专业化、体系化，增强深度辅导和应对危机能力。另外，班主任、导师、任课老师也应具备相关的心理健康知识。进一步加强对于辅导员尤其是新辅导员、班主任的专业培训，发挥学院二级心理辅导站的作用，结合深度辅导等日常思想政治教育工作，结合团日活动、班会活动等各种形式的活动，向师生全面普及心理健康知识，增强其危机应对能力。落实上级文件要求，心理培训纳入导师、新教师培训的必修课程，推进教师心理教育。

结　语

新时代带来了新的变化，也给高校心理健康工作带来了新的挑战。心理危机管理是心理健康工作的重要组成部分。大学生心理问题成因复杂、影响

---

〔1〕 周俊：《大学生心理危机协同干预机制构建路径》，载《大学教育》2022年第6期。

新时代加强和改进高校思想政治工作路径探究

因素众多，具有种类多、变化快、隐匿性强等特点，这就要求我们掌握心理健康发展规律，用科学手段研判心理危机，建设长效的危机管理机制，打造家校社医协同联动的良好生态，培育学生热爱生活、珍视生命、自尊自信、理性平和、乐观向上的心理品质，培养担当民族复兴大任的时代新人。

新时代大学生生命教育及实施路径探析

中国政法大学学生工作部（处）　魏旭晨

习近平总书记在党的二十大报告中指出"青年强，则国家强"，并明确强调全党要把青年工作作为战略性工作来抓。新时代的大学生作为实现中华民族伟大复兴重任的中坚力量，承载了国家的未来和人民的希望，肩负着伟大的历史使命和责任担当。因此，培养高水平高素质、全面发展、健康成长的大学生是当前高校教育的重要任务。

大学阶段是个体成长的关键时期，当前大学生在学习和生活中面临来自多方面的压力和挑战，由于其思想和心智尚未完全成熟、自我认知尚未完全建立，在面临困难与挫折时容易缺乏理性思考，做出不够成熟甚至极端的决定。2021 年 8 月，《教育部、发展改革委、财政部、卫生健康委、市场监管总局关于全面加强和改进新时代学校卫生与健康教育工作的意见》在关于深化教育教学改革的意见中明确指出要"开展生命教育、亲情教育，增强学生尊重生命、珍爱生命意识"。生命教育作为高等教育中必不可少的一部分，对于培养新时代大学生意义重大。大学生生命教育的核心是引导大学生认识生命、尊重生命、珍爱生命、敬畏生命，促进大学生主动、积极、健康地发展生命，提升生命质量，实现生命的意义和价值，进而推动大学生的健康成长和全面发展，促使新时代大学生在国家的建设与发展中贡献自己的力量。

一、大学生生命教育的内涵及分析

"生命教育"的概念最早由美国学者华特士提出，他认为教育不单单是追求知识或习得技能，更要引导个体感悟生命的意义[1]。随后该理念得到了广泛传播，对教育的发展和进步影响十分深远。在我国，对生命教育的本土化

---

〔1〕　J. D. Walters, *Education for Life*, California：Ananda Publications，1986.

研究与探索已有 20 余年的历程，研究成果和实践探索均有明显成效。学者冯建军提出，生命教育是针对个体从出生到死亡的全过程，其目的是培养个体的生存能力，升华并充分体现个体的生命价值，其核心是引导个体珍爱生命，提升生命质量[1]。2010 年，中共中央、国务院印发了《国家中长期教育改革和发展规划纲要（2010—2020 年）》，明确指出要"重视安全教育、生命教育、国防教育、可持续发展教育"，从国家层面提出了对生命教育的指导和重要性。总体而言，生命教育从多角度多层面展开，培养个体树立正确的生命意识、提升个体积极应对生命挑战的能力、引导个体探索生命价值[2]。

（一）树立生命意识

大学生生命教育的基础就是让大学生清楚地理解并掌握"生命"这一概念的内涵和特点。当前学者们大多认同，生命包含生理结构、心理结构、社会结构三个层面。生理结构是生命存在的基础，心理结构是指个体通过心理感知感受生命的过程，社会结构则是指个体的生命具有社会属性，强调个体具有的社会角色以及个体之间和个体与社会之间产生的联系。生命具有独特性、不可逆性、不可再生性、不可换性和创造性，表明每个个体的生命都是独一无二的，生命只有一次，时间不能重来，且没有任何人可以替代自己，并强调生命的发展过程本身就是不断创造的过程。基于此，引导大学生树立正确的生命意识，促进大学生认识生命、尊重生命、珍爱生命、敬畏生命，培养积极的生命态度。具体而言，需要让大学生尊重生命的自然规律，明白生命是大自然中最伟大的法则，更是个体一切思想和活动的基础，所以要更加珍惜生命的一切过程与体验，用科学的态度和乐观的心态来珍爱自己的生命。在日常生活中，则需要注重培养大学生的安全意识和风险防范能力，保护自己的人身安全。尊重生命规律，培养科学的养生意识。端正对于生与死的态度，消除对于死亡的漠视，尊重并珍惜自己和他人的生命以及自然界中一切的生命。从不同的社会角色中感悟生命的多样性和创造性，更好地适应社会及社会关系，担当社会责任。

---

〔1〕 冯建军：《生命教育的内涵与实施》，载《思想·理论·教育》2006 年第 21 期。

〔2〕 陈文文、陈银凤：《重大公共突发事件下大学生生命教育探析》，载《大理大学学报》2023 年第 9 期。

（二）培养生命意志

生命教育强调在个体拥有正确的生命意识的基础上，培养个体坚韧的生命意志，提升个体积极应对生命挑战的能力，能够在生命历程中遭遇困境与挑战时，坚持对生命的尊重与热爱，有能力解决困难、应对生命危机或有效寻求帮助，维护生命安全，促进生命积极发展。

新时代大学生的成长环境具有多变性和复杂性，在没有确立完整的自我认知和正确的生命观时，价值观易受环境影响而摇摆不定，精神心理世界空虚迷茫，不确定人生的价值和意义，容易出现漠视生命的态度[1]。同时，新时代大学生由于过度追逐学业成就，过分强调以学业为唯一评价的价值取向，缺乏生命体验，容易在遇到学业困境和家庭矛盾等挫折时产生抑郁、焦虑、恐惧等情绪，甚至用极端的方式来伤害自己和他人。2017年5月3日，习近平总书记在中国政法大学考察时强调，"青年在成长和奋斗中，会收获成功和喜悦，也会面临困难和压力。要正确对待一时的成败得失，处优而不养尊，受挫而不短志"，鼓励青年大学生以积极向上的生活态度面对困难或挫折，让顺境和逆境都成为人生的财富而非包袱。因此，开展大学生生命教育时要更加注重以恰当的方式进行挫折教育，让大学生体会到生命历程中可能遭遇的困境，并引导其通过调节认知、控制情绪、调整行为、寻求帮助等方式找到适合自己的应对挫折的方法，并在过程中体悟生命的顽强，培养生命意志，磨炼生命韧性。

（三）探寻生命价值

引导个体探寻生命价值是生命教育的核心目标，让个体能够在有限的生命中探索只属于自己的不可复制的生命意义，实现不受限制的生命价值。马斯洛需要层次理论也指出，自我实现的需要是个体最高一级的需求，其本质是个体追求实现自己的潜能并使之不断完善。大学生处于自我探索的关键时期，很容易对未来的不确定而产生焦虑迷茫情绪，对自身生命的存在、意义和价值产生困惑。针对这一情况，生命教育强调要引导大学生从自身出发，全面正确地了解并认识自我，基于自身的个性特点，结合生活中的实践体验

---

〔1〕 刘谭明、杨镇：《新时代大学生生命教育的实践困境与路径优化——基于人体形态学科技馆沉浸式生命教育的探索》，载《湖南第一师范学院学报》2023年第6期。

和生命感悟，循序渐进地思考独特的人生意义，进而树立坚定的人生目标，积极追求持续的自我发展和自我成长，创造并实现自己生命价值，同时实现自身的社会价值。

二、新时代大学生生命教育的必要性

尊重生命是一切教育工作的出发点，提升生命价值更是教育的本质。生命教育立足于生命原点，引导个体领悟生命生死、塑造生命人格、拓展生命人文、开发生命情怀。在新时代开展大学生生命教育对促进大学生树立正确的生命观，培养健全的人格，进一步完善高校教育体系建设和育人工作，促进社会和谐稳定具有重要且深远的价值[1]。

（一）促进大学生全面发展

大学生生命教育最重要的价值，首先，有益于大学生的健康成长和全面发展。新时代的大学生肩负着重要的使命与担当，同时也面临着巨大的挑战，不仅需要有过硬的专业素养和实践能力，还需要在身体素质和精神方面全面、健康地发展。开展生命教育能够帮助大学生明确生命的独特性、不可再生性和创造性，引导大学生树立正确的生命观和积极的生命态度，尊重并珍惜一切生命的存在和发展，意识到个体生命所承载的社会责任，能够结合自身特点探索生命的意义，实现自己的生命价值；其次，能够提升大学生心理韧性，培养大学生应对困难与挫折的勇气和能力，缓解其焦虑抑郁自卑的情绪，引导其获得平稳有序、健康和谐的心理状态。在此基础上，培养大学生健全的人格，引导大学生正确合理地认识自我及周围人与事物，拥有良好的人际关系和情绪调节能力等，促使大学生形成健全人格，进一步促进大学生身心健康成长和全面发展。

（二）完善高校育人工作

2018 年 5 月 2 日，习近平总书记在北京大学师生座谈会上指出，"大学对青年成长成才发挥着重要作用。高校只有抓住培养社会主义建设者和接班人这个根本才能办好，才能办出中国特色世界一流大学"，强调了形成高水平人

---

〔1〕 姜立君：《新时代大学生生命教育研究》，载《沈阳大学学报（社会科学版）》2023 年第 5 期。

才培养体系的重要性。高等教育应始终坚持育人为本德育为先的原则，把立德树人作为教育的根本任务，把"三全育人""五育并举"的人才培养体系作为当前综合育人工作的重点。当前多数高校尚未形成完整统一的生命教育体系，对学生身心发展的教育更多停留在教材上，实际指导意义和作用不强。大学生生命教育将学生的全面发展作为教育工作的出发点，尊重学生身心发展规律，传播正确的生命观，引导学生理性对待困境，实现并提升生命价值。生命教育的理念和目的符合当前高校综合育人工作的要求，能够促进高校进一步完善生命教育体系建设，对全面落实"三全育人"工作，促进高等教育的协调和可持续发展具有重要的现实意义。

（三）促进社会和谐稳定

首先，新时代大学生生命教育不仅对个体的全面发展和高校教育工作的完善具有重要意义，更对社会的稳定和发展有深远影响。生命教育能够培养大学生积极的生命态度，提升大学生心理韧性和心理健康水平，减少心理问题和极端行为，促进大学生健康成长和全面发展，同时能够提升学生所属家庭的幸福感，促进家庭和谐美满。其次，新时代大学生作为国家建设与发展的中坚力量，其心理健康程度在很大程度上关系着社会的安定与发展，培养身心健康、人格健全的大学生，有利于社会的和谐稳定，更有助于国家的建设和高水平发展。此外，高校作为培养人才的重要阵地，在建设和谐社会的过程中发挥着重要的作用，在高校中开展生命教育能够发挥青年大学生在社会中的引领作用以及高校在社会中的影响力，引导全社会形成尊重生命、珍爱生命的生命意识，营造"生命至上"的社会氛围。最后，从长远角度考虑，对新时代大学生实施生命教育，培养大学生的生命意识和社会责任感，有利于提升大学生的责任担当和家国情怀，为中华民族伟大复兴提供有力的人才支撑。

三、新时代大学生生命教育的实施困境

我国自开展生命教育以来，对生命教育的理论研究和实践探索都较为丰富，也取得了显著的成果，但高校在实际开展和实施生命教育时，仍然遇到一些困境，主要有对生命教育的认识不足、生命教育的课程体系建设不够完善、学生缺乏生命体验和感悟等困境。

（一）对生命教育的认识不足

当前，多数高校在育人工作中更注重培养学生的专业知识和实践技能，提升学生的知识储备和专业能力，促进学生的升学及就业，以期为国家培养高水平的专业人才。这样的教育情境中，很容易忽视大学生的生命教育，弱化对大学生生命教育的重视程度。多数生命教育只流于形式或停留在教材上，缺少相关的实践指导，也未形成全方位全过程全员开展生命教育的理念。

大学生在过度追求学业能力的过程中很容易陷入以学业为单一评价的扭曲的价值体系，忽视了自身内在的价值和发展的力量，产生严重的精神内耗和对生命价值的漠视，甚至出现危及自身和他人的极端行为。在这一背景下，生命教育很容易被片面地理解为安全教育，仅作为稳定学生情绪、保护学生安全、防范危机事件发生的工具，忽略了生命教育的完整性、系统性和统一性，忽视了生命教育对培养大学生全面成长和健全人格的重要作用。

当前高校在开展和实施生命教育时容易回避"死亡"这一话题，影响了生命教育内容的完整性[1]。在部分传统观念和风俗中，"死亡"往往意味着消极、晦气，因而会忌讳提及死亡及其相关事物。高校教育中也通常更强调从积极向上的方向引导学生，尽量避免死亡等敏感话题，担心提及相关话题会触动部分敏感的学生，进而导致极端事件的出现。基于以上原因，部分教育者在传授生命教育理论时也对死亡相关话题持有回避态度，举办活动时也会尽量规避与死亡有联系的主题与内容。"生"与"死"是生命教育中不可缺少的两部分内容，死亡教育的缺失会导致大学生失去以死观生，从死亡角度思考并感悟生命存在和生命价值的机会。

（二）生命教育的课程体系建设不够完善

目前，多数高校会根据要求将生命教育纳入育人体系和人才培养规划中，但生命教育的课程体系建设不够完善。部分高校只开设生命教育选修课，对生命教育课程的教育目的、内容、效果缺乏明确的要求和统一的标准；部分高校未单独开设生命教育专题课程，只在思想政治理论课或心理健康课上用极少数学时以学科渗透的方式提及生命教育的相关内容；部分高校仅用讲座、

---

〔1〕刘伟杰、周长胜：《大学生生命教育的价值审思、现实困境与纾困举措》，载《黑龙江教师发展学院学报》2023年第9期。

案例报告、研讨会、宣讲等方式代替生命教育课程[1]。生命教育课程的开展方式相对杂乱、缺少统一规划且易流于形式，容易让生命教育成为简单的人身安全保护，没有充分发掘生命教育的本质内容和深层含义，无法引导大学生真正意识到生命的珍贵和其意义与价值，导致大学生关于自我生命的困惑难以得到解决，大学生生命教育的完整性和实效性难以得到保障。

（三）新时代大学生缺少生命体验和生命感悟

新时代的大学生成长于网络高速发展的互联网时代，其思想行为方式均带有明显的特点：个性鲜明、自我意识较强；情感丰富但不够稳定；对社会变化十分敏锐，对互联网的依赖性较强；对新事物的接受度高但容易受到外界的影响和暗示[2]。互联网的全面发展为新时代的大学生提供了更便利的沟通和更广泛的资源，但同时互联网的开放性、匿名性和交互性，容易让大学生陷入信息碎片化和交往虚拟化，过分沉溺于网络世界，甚至脱离现实世界，造成认识偏差及人际功能受损等情况。在此背景下，大学生将更多的时间与精力投入到网络世界中，对于现实世界中的实践活动参与较少，难以身临其境地感悟生命的独特性、韧性与创造性，也难以借助实践活动和亲身体验的机会来激发自己对于生命意义和价值的思考，更难以在体验中真切地感受到生命的美好。

四、新时代大学生生命教育的实践路径

开展并实施大学生生命教育是时代发展的必然需要，也是培育人才的关键。考虑到当前大学生的特点以及高校在开展和实施生命教育中存在的不足之处，应立足于生命教育的核心与本质，对现有的问题进行修正，探索切实有效的生命教育实践路径，并结合实际情况逐步优化和完善，提升大学生生命教育的广度、深度和质量，促进新时代大学生的健康成长和全面发展，完善高校育人体系，促进社会和谐稳定。

---

〔1〕 许鹤、范小虎：《新时代高校生命教育现状与路径探析》，载《南昌师范学院学报》2023 年第 4 期。

〔2〕 成晓霞：《"乌卡时代"大学生生命教育的困境与构建策略》，载《黑龙江教师发展学院学报》2023 年第 8 期。

（一）进一步深化全员全方位多角度的生命教育工作机制

高校需要正确认知生命教育的重要性和必要性，平衡专业知识技能教育与生命教育，把培养生命意识完整、人格健全、全面发展的高素质大学生作为育人工作的首要目标。对全校各部门各学院开展生命教育培训，引导教职工端正对生命教育的态度，意识到生命教育的重要性和深远影响。各部门各学院之间应形成合力，结合自身工作特点开展不同形式的生命教育，从生活、学业、实践等多个角度开展和渗透生命教育。辅导员、班主任、导师、一线教师等更需要积极参加生命教育培训，补齐能力短板，实践过程中要主动开展工作，在与学生相处交流的过程中，避免以学业为唯一评价标准，有意识地培养学生的生命意识，在学生遇到困惑和挫折时，主动积极引导，帮助学生发掘自身内在的力量，鼓励学生思考并探索生命意义。同时，加强家校合作，通过讲座、宣讲、公众号推文、微课等方式向家长强调生命教育的重要性，帮助家长理解生命教育的内涵和本质，让家长作为学生最重要的支持力量的同时，也成为大学生生命教育的积极倡导者和引领者。

（二）建立健全生命教育课程体系

高校需要进一步建立健全生命教育课程体系，实施生命教育课程全覆盖和质量提升计划，强化内容设计，创新教学形式，完善评价体系，全面提升生命教育课程覆盖范围和整体质量，充分发挥生命教育课程的育人功能。

首先，各高校须开设生命教育必修课程，发挥课堂教学的主渠道作用，科学规范大学生生命教育课程的教学内容，改进教育教学方法，教学内容设计应注重理论联系实际，力求贴近学生实际生活，引发学生思考和共鸣；同时结合学生的发展特点和需求，开设生命教育选修课，丰富教学形式，提升教学灵活性，进一步深化新时代大学生对生命教育的理解、思考和感悟。

其次，加强师资队伍建设。高校应充分整合相关资源，建立一支专业过硬、经验丰富的生命教育教师队伍，能够为学生传授丰富的生命教育知识及精神内涵，同时能够有技巧地引导学生主动思考和感悟，发挥大学生的主观能动性，探索生命的意义和价值。除了本校的教师队伍外，高校还可以通过网络公开课、微课、现场座谈会等形式邀请生命教育领域的专家学者，帮助学生打开视野，提升对生命教育的领悟。

最后，完善生命教育课程评价体系。生命教育课程区别于多数专业课程，相比于学生的知识技能掌握，更注重学生的个人体验和感悟心得。因此，生命教育课程的考核方式应结合生命教育自身的特点，兼具统一性和灵活性，可以采用小组汇报、成果展示、分享感悟等形式进行考评，侧重于学生的体验和感悟，同时教师要加强对学生的引导和监督，避免考评流于形式，必须让生命教育真正走进学生心里。

（三）丰富大学生实践活动

大学生生命教育的开展和实施需要理论学习与实践活动相结合。新时代的大学生多数时间通过课堂或网络获取理论知识，缺少将理论应用于实践的意识和机会[1]。由于生命教育更侧重学生的体验和感受，需要尤其重视实践活动的教育方法。教师可以鼓励并组织学生参加社会实践活动，可以在保证安全的前提下带领学生接触自然界中不同形态存在的生命，让学生感受到生命的存在和生命的力量，亲身体会到蓬勃向上的生命力；还可以带领学生参观革命纪念馆、名人故居、戒毒所、殡葬馆等，引导大学生树立正确的生命意识，感受生命的崇高和可贵；组织学生参加各类志愿活动，担任孤儿院、养老院、特殊教育学校等机构的志愿者，用亲身参与的方式感受生命的坚韧，加强对生命的爱惜，培养生命责任感。实践活动使得大学生亲身感受和切身体验，真正将生命教育的理论与现实体验相结合，促使大学生将生命教育内化，提升生命教育的效果和质量，让学生在现实中认识生命、感悟生命、升华生命，让生命教育真正成为触及心灵的教育。

五、结语

新时代大学生是我国社会主义事业建设与发展的中坚力量，大学生生命教育是时代发展的必然要求。当前大学生生命教育存在认识不足、课程建设缺位、学生缺少生命体验等困境，高校需要不断改进现有方式，通过进一步深化全员全方位多角度的生命教育工作机制、建立健全生命教育课程体系、丰富大学生实践活动来切实提升生命教育的效果和质量，引导大学生树立正

---

〔1〕 敖霞：《大学生生命教育课程的内容构建与实施策略》，载《现代职业教育》2023 年第 24 期。

确的生命意识、尊重生命、珍惜生命、探索并提升生命价值，进而促进大学生全面发展、完善高校育人工作、促进社会和谐稳定。

参考文献

[1] J. D. Walters, *Education for Life*, California：Ananda Publications，1986.

[2] 冯建军：《生命教育的内涵与实施》，载《思想·理论·教育》2006 年第 21 期。

[3] 陈文文、陈银凤：《重大公共突发事件下大学生生命教育探析》，载《大理大学学报》2023 年第 9 期。

[4] 刘谭明、杨镇：《新时代大学生生命教育的实践困境与路径优化——基于人体形态学科技馆沉浸式生命教育的探索》，载《湖南第一师范学院学报》2023 年第 6 期。

[5] 姜立君：《新时代大学生生命教育研究》，载《沈阳大学学报（社会科学版）》2023 年第 5 期。

[6] 刘伟杰、周长胜：《大学生生命教育的价值审思、现实困境与纾困举措》，载《黑龙江教师发展学院学报》2023 年第 9 期。

[7] 许鹤、范小虎：《新时代高校生命教育现状与路径探析》，载《南昌师范学院学报》2023 年第 4 期。

[8] 成晓霞：《"乌卡时代"大学生生命教育的困境与构建策略》，载《黑龙江教师发展学院学报》2023 年第 8 期。

[9] 敖霞：《大学生生命教育课程的内容构建与实施策略》，载《现代职业教育》2023 年第 24 期。

新时代高校心理育人的根本遵循和实践路径*

北京中医药大学教务处　王婷婷
中国政法大学研究生工作办公室　张永然

心理育人作为高校人才培养体系的重要组成部分，是高校落实立德树人根本任务，实现育心与育德相统一，培养德智体美劳全面发展社会主义接班人和建设者职责的必然要求。党的十八大以来，以习近平同志为核心的党中央高度重视学生心理健康教育工作，习近平总书记对学生心理健康教育作出一系列重要指示批示，为高校心理育人提供了根本遵循。深入领会和全面贯彻总书记关于心理健康重要论述的科学内涵和任务要求，主动应对挑战，推进高校心理育人工作不断深入创新，提升高校心理育人的工作实效，是当前广大高校教师的根本职责要求。

一、新时代高校心理育人的挑战和机遇

当前青少年心理健康问题已经成为社会面临的棘手问题，青少年焦虑和抑郁等不良心态有着较高发生率。《中国国民心理健康发展报告（2019—2020）》就显示当前青少年抑郁检出率为 24.6%，其中重度抑郁检出率为 7.4%。[1] 在当前互联网自媒体高度普及化、意识形态领域斗争隐秘复杂化，新冠疫情对社会公众影响深度化、长远化等复杂的社会背景下，高校心理健康教育问题面临的挑战更为复杂。

首先，校园危机及极端事件屡有发生，对校园和谐稳定和师生平和心理

---

* 本文系 2021 年度北京市社会科学基金项目一般项目"大中小学思政课教学纵向衔接路径方法研究"，项目编号：21GJA011；北京高校思想政治工作研究重点课题"大中小学思政课教学纵向衔接路径方法研究"，项目编号：BJSZ2021ZD09 的阶段性成果。

〔1〕《中国青少年 2020 年抑郁检出率达 24.6%，其中重度抑郁检出率为 7.4%》，载网易网，https://www.163.com/dy/article/GM17UHON0536W4EI.html，最后访问日期：2022 年 5 月 9 日。

的冲击不可小视。其次，当代大学生作为网络原生的"Z世代"，表达方式更加多元化和感性化。现实中因青年学生情绪发泄、压力缓解等导致舆情或群体事件可能在互联网上被迅速放大，甚至被别有用心地扭曲，存在着日常的心理健康问题演变为社会问题乃至政治问题的风险隐患。再次，我国特有的人口结构和比较激烈的人才竞争的环境下，当代青年面临的工作、学习、生活的压力很大。[1]"躺平""佛系"的思想在大学生中不同程度地存在，一些大学生在遇到人生的重大抉择时，会迷茫和困惑，挫折耐受力较差。最后，大学生群体中精神疾患问题值得高度重视，一些学生发病早，程度重，持续时间长，个别学生甚至在基础教育阶段出现症状，治愈康复难度大，出现极端事件概率大。

与此同时，高校心理健康教育资源供给与大学生的心理健康需求仍然存在较大差距。自20世纪80年代起，我国高校心理教育逐渐起步，目前形成覆盖个体咨询、课程教学、实践活动、危机应对全方位心理健康教育体系，为青年大学生健康成长和校园的和谐稳定提供重要保障。面对新形势、新任务，高校心理健康教育工作长期以来存在的定位不准、认识不够、能力不足、体系不全、衔接失序、资源有限等一系列问题表现日益突出。实践仍存在着将心理健康教育商业化、社会化、技术化、专业化等倾向，忽视心理健康教育作为思政工作的本质属性，偏离育人的根本职责。一些高校和领导对心理健康教育重视不够、投入不足，心理健康教育工作在队伍、设施还是专业能力建设上都存在不小缺口。现实中面对迅速增长的学生心理咨询需求，限流限次在一些高校里已经成为常态。心理健康教育实效性有待提高，课堂教学、实践活动等参与度不高，覆盖面不全。青少年成长全过程的心理育人体系不衔接，资源分块现象比较突出：高校心理健康教育起步较早，有较为完善的机制体系；而基础教育阶段的绝大多数中小学基础差，甚至是零起点，而学段之间发展的不平衡，导致学生问题不断积聚。同时，家庭、学校、专业医疗机构及社会之间的协同机制有待于进一步健全，家庭的心理健康教育短板亟待补齐，科学认知和关心关爱心理健康问题的社会共识还有待增强。因此，把握心理健康教育的正确方向，积极破解现实难题，成为高校思想政治教育的首要任务。

---

[1]《"奋斗"依然是当代青年的主旋律》，载新浪网，https://finance.sina.com.cn/jjxw/2022-05-05/doc-imcwipii8078627.shtml?finpagefr=p_115，最后访问日期：2022年5月9日。

近年来，党和国家高度重视高校心理健康教育工作，相继出台一系列政策文件明确了高校心理健康教育的新任务和新要求。2016 年原国家卫生计生委、中宣部等 22 部门联合印发我国首个心理健康领域宏观指导文件——《关于加强心理健康服务的指导意见》，明确指出要全面加强儿童青少年心理健康教育。2017 年 12 月，中共教育部党组颁发了《高校思想政治工作质量提升工程实施纲要》，明确了心理育人是高校提升思想政治工作质量的"'十大'育人体系"不可或缺的组成部分。[1]随后，教育部等部门又相继印发了《高等学校学生心理健康教育指导纲要》《教育部办公厅关于加强学生心理健康管理工作的通知》《全面加强和改进新时代学生心理健康工作专项行动计划（2023—2025 年）》等重要文件，为心理育人体系的建构提供了更为全面和系统的顶层设计。[2]心理育人作为新时代高校心理健康教育应对新形势新问题的必然趋势，其不仅帮助学生解决心理问题，还要通过教育与引导提升全体大学生的心理健康素养，促进大学生人格完善，培养良好的社会心态，[3]服务于全面提升思想政治教育的质量以及立德树人根本任务。

二、深刻把握新时代高校心理育人的根本遵循

心理育人作为新形势下提升思想政治教育质量的重要内容，也是新时代高校心理健康教育的新任务、新使命。[4]新时代高校心理育人应牢牢把握机遇，积极应对挑战，以目标导向、需求导向和问题导向，积极构建中国特色的高校心理健康育人体系。党的十八大以来，习近平总书记关于心理健康作出了一系列重要讲话、指示和批示，这些重要论述作为新时代高校心理育人的根本遵循，为高校心理育人指明了方向，明确了要求。

"祖国的未来属于青年，重视青年就是重视未来"[5]，习近平总书记高

---

〔1〕 贾林祥：《心理育人的内涵、机制与实施路径》，载《陕西行政学院学报》2019 年第 3 期。

〔2〕 李积鹏：《心理育人嵌入思政育人大格局的关键问题及解决路径》，载《黑龙江教育（理论与实践）》2022 年第 1 期。

〔3〕 丁闽江：《高校心理健康教育向心理育人转变的逻辑内涵、目标向度与实践理路》，载《成都中医药大学学报（教育科学版）》2023 年第 1 期。

〔4〕 马建青、杨肖：《心理育人的内涵、功能与实施》，载《思想理论教育》2018 年第 9 期。

〔5〕 《习近平致全国青联十二届全委会和全国学联二十六大的贺信》，载《人民日报》2015 年 7 月 25 日，第 1 版。

度重视青年的健康成长和发展，长期关注青年学生的心理健康教育问题。在主政福州兼任闽江职业大学（闽江学院前身之一）校长时，他就重视学生健康人格的培养。[1]习近平总书记在浙江任职时，针对时有发生的学生意外伤害事件，谈到要重视学生的心理健康教育和人文关怀。[2]党的十八大以来，习近平总书记在教育、青年工作以及卫生健康等领域发表重要论述，多次谈及并强调青年学生心理健康教育工作。党的十九大报告指出要"加强社会心理服务体系建设，培育自尊自信、理性平和、积极向上的社会心态"。2016年8月19日，习近平总书记在全国卫生与健康大会上提出，"要加大心理健康问题基础性研究，做好心理健康知识和心理疾病科普工作，规范发展心理治疗、心理咨询等心理健康服务"。[3]2016年12月，习近平总书记在全国高校思想政治工作会上强调，要"培育理性平和的健康心态，加强人文关怀和心理疏导"。[4]习近平总书记在北京大学、北京师范大学师生座谈会、考察中国政法大学、人民大学等重要讲话中对青年健康成长成才和全面发展提出殷切希冀。这些重要论述内涵深刻、逻辑统一，内容丰富，要求明确，从培养德智体美劳全面发展社会主义接班人和建设者这一战略高度，科学阐释了高校心理育人的重要性和必要性，为新时代高校开展心理育人工作的价值意蕴，目标规格、基本方法、实施路径等提出了科学的理论指引。

（一）全面发展是高校心理育人的价值取向

2016年12月，习近平总书记在全国高校思想政治工作会议上指出，"办好我们的高校，必须坚持以马克思主义为指导"，并明确要求"要坚持不懈传播马克思主义科学理论，抓好马克思主义理论教育，为学生一生成长奠定科学的思想基础"。[5]2018年9月10日，习近平总书记在全国教育大会上强调

---

〔1〕 陈冬：《习近平在福州工作期间的高校思想政治教育理念及指导意义》，载《理论建设》2020年第5期。

〔2〕 习近平：《之江新语》，浙江人民出版社2007年版，第5页。

〔3〕 习近平：《习近平谈治国理政》（第二卷），外文出版社2017年版，第372页。

〔4〕 张烁、鞠鹏：《把思想政治工作贯穿教育教学全过程 开创我国高等教育事业发展新局面》，载《人民日报》2016年12月9日，第1版。

〔5〕 张烁、鞠鹏：《把思想政治工作贯穿教育教学全过程 开创我国高等教育事业发展新局面》，载《人民日报》2016年12月9日，第1版。

"社会主义建设者和接班人必须全面发展"。[1]习近平总书记的论述为高校心理育人指明了正确的方向和道路，即要始终坚持"人的全面发展"的马克思主义心理观为指导，培养有理想、有本领、有担当的时代新人，实现大学生全面、自由和充分的发展是高校心理育人的目的和使命。[2]

我国高校心理健康教育整体起步晚，在实践中出现了定位和功能不清晰等问题：在如何界定和思想政治教育的关系等重大问题上长期未能达成共识；实践中出现医学化、学科化的倾向，融入日常的学生教育管理的效果有限。在"人的全面发展"的马克思主义心理观指导下，高校心理育人作为"育心"和"育德"相统一，不仅注重心理健康的养成，还注重与思想道德素质和科学文化素质协调发展；将马克思主义的科学世界观与社会主义核心价值观融入大学生的认知结构，使他们提高思想政治素质和道德实践能力，成为德智体美劳全面发展的人才。[3]

（二）心理和谐是高校心理育人的目标指向

2016年12月，习近平总书记在全国高校思想政治工作会议上强调，"要坚持不懈促进高校和谐稳定，培育理性平和的健康心态，加强人文关怀和心理疏导，把高校建设成为安定团结的模范之地"；2018年9月10日，习近平总书记在全国教育大会上强调，"帮助学生学会自我管理、学会同他人合作、学会过集体生活"；2014年5月4日，习近平总书记在北京大学师生座谈会上指出，"学会劳动、学会勤俭，学会感恩、学会助人、学会谦让、学会宽容，学会自省、学会自律"，"要树立正确的世界观、人生观、价值观"，正确对待自己、他人和社会，正确对待困难、挫折和荣誉。[4]2021年3月6日，习近平总书记在看望参加全国政协十三届四次会议的医药卫生界、教育界委员并参加联组会时的讲话中指出，"要从一生的成长目标来看。如果最后没有形成健康成熟的人格，那是不合格的"。[5]习近平总书记的论述明确了高校心理育

----

〔1〕 习近平：《论党的青年工作》，中央文献出版社 2022 年版，第 176 页。

〔2〕 黄明芳：《积极心理学视角下的高校心理育人功能提升探索》，载《大理学院学报》2021 年第 9 期。

〔3〕 丁英平：《立德树人视域下高校心理育人研究》，载《学校党建与思想教育》2021 年第 18 期。

〔4〕 习近平：《论党的青年工作》，中央文献出版社 2022 年版，第 176、77 页。

〔5〕 习近平：《论党的青年工作》，中央文献出版社 2022 年版，第 234 页。

人要以培育理性平和的健康心态为目标规格，学生能够处理和协调好自我、人己和群己等各种各样的关系，塑造自身健康成熟人格，以自身的心理和谐为和谐校园提供心理基础、凝聚思想共识。

我国高校心理健康教育肇始于对个别出现自杀危机的学生给予紧急心理援助[1]的校园安稳实际需要，当前视心理健康教育为维稳举措的观点仍然具有影响力。习近平总书记的论述科学阐释了心理和谐和校园稳定之间的内在关系，心理和谐是校园和谐的前提和基础。心理育人是要培育学生自尊自信、理性平和、积极向上的健康心态，塑造自身健康成熟的人格。当面对义和利、群和己、成和败、得和失等复杂激烈的现实冲突，学生仍保持着认知合理、情绪稳定、行为适当、人际和谐、适应变化的良好状态，[2]能够妥善化解矛盾和纠纷，避免各类极端事件发生。

（三）助人自助是高校心理育人的方法导向

习近平总书记多次寄语青年学生要正确对待困难挫折，要经得住磨炼考验。2014年5月4日，习近平总书记在北京大学师生座谈会上的讲话中谈道，"面对学业、情感、职业选择等多方面的考量，一时有些疑惑、彷徨、失落，是正常的人生经历"。[3]2017年5月3日，习近平总书记在中国政法大学考察时的讲话中强调，希望青年人"要正确对待一时的成败得失，处优而不养尊，受挫而不短志"，并提出"广大青年人人都是一块玉，要时常用真善美来雕琢自己，不断培养高洁的操行和纯朴的情感，努力使自己成为高尚的人"。[4]习近平总书记的论述聚焦当前青年学生成长发展中所面临的普遍性问题，为高校心理育人明确了基本方法，即要以生为本，助人自助，激发学生主动性和积极性，挖掘学生的心理潜能，培育学生的积极心理品质，增强学生的心理韧性和抗挫折能力。

长期以来，高校的心理辅导或咨询围绕着解决心理问题开展工作，重点关注出现问题的个体而忽略了学生全体，这种关注疾病和负面问题的工作导向一

---

〔1〕 卢爱新：《我国大学生心理健康教育发展研究》，华中师范大学2007年博士学位论文。

〔2〕 王国强：《心理健康助力全面小康》，载《人民日报》2017年9月25日，第7版。

〔3〕 习近平：《青年要自觉践行社会主义核心价值观——在北京大学师生座谈会上的讲话》，人民出版社2014年版，第11页。

〔4〕 王晔、李学仁：《立德树人德法兼修抓好法治人才培养 励志勤学刻苦磨炼促进青年成长进步》，载《人民日报》2017年5月4日，第1版。

定程度将教育者和被教育者的关系异化为病患关系，还强化了学生对心理健康教育的负面认知。心理健康教育既要面向全体，又要顾及个体差异。[1]要"相信每一个学生都是可塑之才，善于发现每一个学生的闪光点和特长"，使每个学生的心理潜能得到充分发展。[2]心理辅导和治疗的最终目的都是助人自助，帮助学生自己解决问题，培养学生积极向上的心态、坚韧不拔的意志和艰苦奋斗精神，增强适应社会生活的能力。[3]

（四）协同育人是高校心理育人的路径方向

2016年12月，习近平总书记在全国高校思想政治工作会议上强调，"把思想政治工作贯穿教育教学全过程"[4]。2018年9月10日，习近平总书记在全国教育大会上的讲话中指出，要"健全全员育人、全过程育人、全方位育人的体制机制，不断培养一代又一代社会主义建设者和接班人"，并强调"要努力构建德智体美劳全面培养的教育体系，形成更高水平的人才培养体系"[5]。2019年1月15日，习近平总书记在中央政法工作会议上的讲话中提出，"健全社会心理服务体系和疏导机制、危机干预机制"[6]。2016年8月19日，习近平总书记在全国卫生与健康大会上指出了"加大心理健康问题基础性研究，做好心理健康知识和心理疾病科普工作，规范发展心理治疗、心理咨询等心理健康服务"的具体要求[7]。习近平总书记的论述明确了高校心理育人的实施路径，即"遵循思想政治工作规律，遵循教书育人规律，遵循学生成长规律"[8]，系统化推进心理健康教育，实现协同育人。

---

〔1〕 林崇德、李虹、冯瑞琴：《科学地理解心理健康与心理健康教育》，载《陕西师范大学学报（哲学社会科学版）》2003年第5期。

〔2〕 林崇德：《积极而科学地开展心理健康教育》，载《北京师范大学学报（社会科学版）》2003年第1期。

〔3〕 《关于深化教育改革全面推进素质教育的决定》，载光明网，https://www.gmw.cn/01gmrb/1999-06/17/GB/18090%5EGM1-1706.HTM，最后访问日期：2022年5月9日。

〔4〕 张烁、鞠鹏：《把思想政治工作贯穿教育教学全过程 开创我国高等教育事业发展新局面》，载《人民日报》2016年12月9日，第1版。

〔5〕 习近平：《论党的青年工作》，中央文献出版社2022年版，第171、178页。

〔6〕 习近平：《论坚持全面依法治国》，中央文献出版社2020年版，第247~248页。

〔7〕 习近平：《习近平谈治国理政》（第二卷），外文出版社2017年版，第372页。

〔8〕 张烁、鞠鹏：《把思想政治工作贯穿教育教学全过程 开创我国高等教育事业发展新局面》，载《人民日报》2016年12月9日，第1版。

新时代加强和改进高校思想政治工作路径探究

因我国心理学科起步晚，心理健康教育的社会认知度和接纳度较低。面对心理问题时，家长的不配合成为棘手问题。因此，心理育人要实现主体多元参与，学校、家庭、社会一体化育人，家校联合，全社会关注；内容上多元融合，心理预防、治疗和发展一体，德智体美劳全向发力。2019 年 3 月 18 日，习近平总书记主持召开了全国学校思想政治理论课教师座谈会，明确指出"发挥融入式、嵌入式、渗入式的立德树人协同效应"。[1]当然心理健康教育并非万能，2017 年 5 月 3 日，习近平总书记在中国政法大学考察时的讲话中指出，"把解决师生思想问题和教学科研、学习就业等实际问题结合起来"[2]，只有心理疏导和人文关怀相结合，多方协同，形成育人合力，才能真正解决学生成长发展中面临的各种问题。

三、不断创新新时代高校心理育人的实践路径

面对现实挑战，高校心理育人要始终以习近平总书记关于心理健康的重要论述为根本遵循，深入贯彻落实立德树人的根本任务，立足大思政的视角，在指导理念，制度设计、体制机制、方式方法上不断深化创新，破解当前咨询辅导、教育教学、预防干预、队伍建设等心理育人关键环节上出现的难题难点，凝聚共识，形成合力，切实满足大学生健康成长成才需求，服务于培育时代新人的根本任务。

（一）始终坚持指导理念上的正本清源

始终秉承立德树人根本任务，以"人的全面发展"科学理论为指导，以大力弘扬和践行社会主义核心价值观为工作主线，综合运用教育学、心理学、社会学、管理学等多学科知识，深入研究我国大学生成长发展的身心发展规律。始终坚持以学生为中心，秉承"围绕学生、关照学生、服务学生"的工作理念，立足自身，借鉴外来，面向未来，构建起符合中国实际，体现时代特色的高校心理健康教育理论和实践体系，实现面向全体和注重个体差别相结合，专业咨询服务和全面发展辅导相结合，心理疏导和人文关怀相结合，

---

〔1〕 习近平：《思政课是落实立德树人根本任务的关键课程》，人民出版社 2020 年版，第 28 页。

〔2〕 王晔、李学仁：《立德树人德法兼修抓好法治人才培养 励志勤学刻苦磨炼促进青年成长进步》，载《人民日报》2017 年 5 月 4 日，第 1 版。

真正实现"育心"和"育德"相统一。

（二）不断强化"三全育人"的制度设计

深入落实"三全育人"工作要求，将心理育人纳入学校人才培养体系和思想政治工作体系。心理育人与思政课程、思政课程有效融合，充分发挥课堂主渠道作用。健全保障机制，纳入绩效考核指标，经费纳入整体预算，学校党委定期听取情况汇报，及时解决心理育人工作中遇到的瓶颈难题。加强心理健康工作队伍建设，建立一支数量充足、素质过硬的专兼职队伍。明确教师的心理育人职责，通过系统培训等举措，增强导师、班主任等专任教师自身心理健康素质和心理育人能力。大力倡导"每个人是自己心理健康第一责任人"的理念，引导同学们自觉主动关注心理健康问题，以朋辈辅导等多种形式充分发挥学生自我教育作用。融汇各方合力，形成家校携手、社会联动的心理健康育人共同体，[1]加强与政府机构、医疗卫生机构、企事业单位以及社会公益团体的合作，形成全社会关注大学生心理健康的良好氛围。发挥高校在大中小学思政一体化建设的引领作用，主动服务基础教育阶段的心理育人工作，推进心理健康教育循序渐进、螺旋上升，为大学生塑造健全人格打好基础。

（三）不断深化体制机制的健全完善

进一步健全完善健康教育为基础、咨询服务为根本、监测预警为重点、干预处置为关键的"四位一体"的心理育人机制体制。开足开好心理健康课程，通过必修和选修、线上和线下、课堂教学和实践活动的结合，畅通心理健康知识的传播渠道。提供规范专业的心理健康服务，做到个体咨询不限次数和时长的"愿来尽接"，团体辅导满足不同群体的学生个性化需求。综合运用量表、面谈等手段开展监测预警，准确识别学生存在的不同程度、不同类型的心理问题；尊重学生权益，避免使用冷冰冰的数据对学生"贴标签"，避免监测沦为"监控"。主动发挥深度辅导等辅导员日常思想政治工作的作用，发现心理问题和解决实际问题相结合，实现源头发现，根源治理。建立健全"学校—院系—班级—宿舍/个人"四级预警网络，形成"校—医—家—社"

---

〔1〕 陈南菲：《新时代高校心理育人工作高质量发展面临的现实挑战与应对策略探究》，载《思想教育研究》2023 年第 6 期。

合作联动机制，第一时间发现和处置问题。坚持生命至上的原则，尽最大可能避免事态恶化和损害扩大；依法应对各类不稳定因素，避免诱发校园事件甚至产生社会面的外溢效应。

（四）不断推进方式方法的与时俱进

积极适应融媒体时代背景下大学生的新特点和新需求，深化创新心理育人的方式方法，全方位赋能心理育人。善用新媒体和新技术，打造"互联网+"的心理育人新平台。主动运用 AR（增强现实）、MR（混合现实）、VR（虚拟现实）、AI（人工智能）以及大数据等技术，构建覆盖电脑端和移动端的网站、微信公众号、微博、APP、抖音、B 站等的融媒体平台，实现线上咨询、线上互动、线上学习、线上统计分析，线上预警等功能，为学生提供全时化、全域化、便捷化、自助化、精准化、个性化的服务[1]。挖掘优秀传统文化中的心理育人因素，倡导人与人之间，人与社会，人与自然之间的和谐统一，主张培育理性平和的社会心态，积极探索适合我国大学生身心特点的本土化心理健康教育方式。积极转化心理育人的话语体系，优化传播途径，让心理育人具有"时代范"和"青年范"，着力推出一批心理健康教育短视频、情景剧、微信小游戏、素质拓展等专题内容，以"体验式""情景式""浸入式"的传播方式让广大学生乐于和易于接受。

在习近平总书记关于心理健康重要论述的科学指引下，广大高校教育工作者踔厉奋发，不断创新和推进高校心理育人，真正使广大青年学生"历练宠辱不惊的心理素质，坚定百折不挠的进取意志，保持乐观向上的精神状态"[2]，让"高校始终充满积极向上的正能量、洋溢蓬勃向上的青春活力、展现改革创新的时代风采"[3]。

---

〔1〕丁闽江：《新时代高校心理育人质量提升的五个维度》，载《锦州医科大学学报（社会科学版）》2022 年第 2 期。

〔2〕中共中央文献研究室编：《十八大以来重要文献选编》（上），中央文献出版社 2014 年版，第 282 页。

〔3〕王晔、李学仁：《立德树人德法兼修抓好法治人才培养 励志勤学刻苦磨炼促进青年成长进步》，载《人民日报》2017 年 5 月 4 日，第 1 版。

团体心理辅导对大学新生人际关系及
适应性的干预研究

中国政法大学民商经济法学院　苑　阳

一、问题提出

在大学新生适应性问题的调查中，最让学生烦恼的事情，人际关系问题的占比近 2/3，学生通常表示不知道如何在新环境中表达自己的想法，不知道如何处理与老师的关系，不能很好地处理宿舍的人际关系和生活矛盾，在新的环境中找不到自己的角色定位等。有约 1/3 的学生对自己的人际关系状况表示一般。因此人际关系成为大学新生适应性的一个显著矛盾。因此，应在开启大学生活时，对学生进行人际关系适应性的支持与指导。团体辅导作为学生易于接受的活动形式，同时被多次验证是在减轻大学生焦虑水平，减少情绪问题，改善学习情况等方面有显著作用的方式[1]，可以尝试通过设计有针对性的团体辅导方案，并选择相应人群开展团体活动的干预方式，探讨团体辅导对改善新生人际关系及适应性的作用，为改善新生入校后产生的焦虑情绪提供解决方案。

二、研究目的及思路

（一）研究目的

本研究的对象为大一新生，将大学新生人际关系和适应性通过团体辅导的形式进行干预，并通过量化研究的方式了解此方式对新生人际关系和适应

---

〔1〕 刘春燕、詹仁碧、乔梁：《通过团体心理咨询提高初中生自我概念水平的研究》，载《中国临床心理学杂志》2002 年第 1 期。

性的改善作用。从而为大学新生缓解人际关系和适应性焦虑提供解决思路，提升学生入校后的适应能力，并通过不同主题的团体辅导活动，通过实验研究的方法进行数据分析，便于开展适合新生的团体心理活动模式。

（二）研究思路

通过查阅文献，找出研究问题，确定研究方向。通过公众号招募新生团体成员，将研究对象进行前测对比，确定是否存在显著差异，并随机分为四组。根据新生特点和研究主题设计团体辅导方案，每次活动后进行记录和总结，每组进行四次完整团体辅导活动，活动后对四组被试进行后测，查看团体辅导后新生与在团体辅导前是否存在显著差异，并查看不同团体辅导方案对新生人际关系的适应性影响程度，对数据进行分析并形成研究结果。

三、研究计划

（一）研究方法

1. 文献法

通过查阅团体辅导和大学生心理健康方面的书籍、期刊、论文等了解大学生团体辅导和新生人际关系及适应性的研究成果。在此基础上，经过团体辅导中的研究结果，分析团体辅导对大学新生人际关系及适应性的影响。

2. 问卷法

本研究的测试工具为《人际关系综合诊断量表》和《中国大学生适应量表》，其中《人际关系综合诊断量表》包含四个维度，分别为与人交谈方面的行为困扰程度、与人交际方面的困扰程度、待人接物方面的困扰程度、与异性朋友交往的困扰程度。该量表在实践当中具有良好的信效度，可以使用。四组团体成员分别对两个量表进行前测和后测，通过实验数据了解参与团体辅导的新生人际关系和适应性提升情况。同时，团体结束后由团体成员填写《团体辅导效果反馈表》，了解团体辅导在新生人际关系和适应性方面的作用以及不同类型团体活动对新生的影响程度。

3. 实验法

将新生团体辅导分为四组，每组进行前测，确定是否存在组间差异，之后进行随机分组。对四组成员进行为期一个月的团体心理辅导，团体辅导结束后，对学生的前测和后测结果进行对比，进行显著性检验，探究团体心理辅导对新生人际关系和适应性的影响。

4. 观察法

团体导师对各组团体成员进行全程跟踪，观察团体成员的语言、行为、反馈等方面的表现，观察每组团体成员间的差异和同一组成员的前后差异，并加以引导，辅助对数据研究结果的分析。

（二）研究对象

1. 团体成员

本研究的调查面向全校新生，选取了中国政法大学 2023 级各专业 80 名本科生作为被试研究对象。被试团体成员具体分布情况见表 1：

表 1　被试团体成员的具体分布表

变　量	类　别	人　数	百分比/%	总　计
性　别	男	23	28.75	80
	女	57	71.25	
学生类型	贫困生	29	36.25	80
	非贫困生	51	63.75	
民　族	少数民族	12	15.00	80
	非少数民族	68	85.00	
专业背景	法　学	63	78.75	80
	政治学与行政学	6	7.50	
	工商管理	4	5.00	
	社会工作	3	3.75	
	翻　译	2	2.50	
	社会学	2	2.50	

2. 研究对象前测对比

如表 2 所示，研究前各个分组的受试者前测得分均值相差较少，显著性>0.05，通过以上数据说明，四个分组的受试者第一次调查水平相当，可以进行团体辅导。

表2 被试团体成员的前测人际关系和适应性对比

		平均值	标准差	F	显著性
前测适应性	A	2.993	0.745	0.056	0.982
	B	2.911	0.782		
	C	2.990	0.681		
	D	2.969	0.654		
前测人际关系	A	0.420	0.105	0.300	0.825
	B	0.413	0.095		
	C	0.395	0.102		
	D	0.422	0.097		

（三）研究假设

参与团体辅导后，大一新生的人际关系和适应性的困扰程度显著降低，团体心理辅导能够提升新生人际关系和适应性水平。

（四）团体辅导主要过程

（1）初创阶段（45分钟）：带领者介绍自己、活动设置及要求；通过热身活动、团队建设及契约制定，建立安全感和彼此信任氛围，建立团队凝聚力。增进团体成员相互了解，加强团体的稳定性和归属感，创设和谐安全的团体氛围。

（2）工作阶段（120分钟）：依主题设计练习，促进小组内分享，鼓励彼此反馈，小组分享结束后全部返回大组选取代表进行分享，促进成员接纳自己和他人，互相启发和激励，运用团体促进成长。

（3）结束阶段（15分钟）：结束前5~10分钟，为该次团体进行总结，互相给予支持，肯定成员成长，引导成员互相告别。通过小组分享，帮助成员梳理团体过程的心理感受和收获，并强调团体目标，引导成员将团体所学运用到自己的学习生活中。

（4）团体注意事项：在整个过程中，保持积极、支持和尊重的氛围，鼓励成员之间的互动和分享；尊重成员的个人差异，避免对他人进行负面评价或批判；强调目标的可达性和进步的重要性，鼓励成员坚持努力并相信自己的潜力；将这次心理辅导视为一个起点，鼓励成员在日常生活中继续努力提升自信心和自我效能感。

（五）团体辅导方案

表3　团体辅导方案具体内容

单元名称	单元目标	活　动	活动目标	疗效因子
心境新心	（1）帮助大学新生适应新环境，建立积极的心态和情感。 （2）提供机会让新生互相认识，建立友谊和合作关系。 （3）培养应对变化和困难的能力，增强自信心。	热身活动 ——滚雪球	记住和了解其他成员	（1）希望重塑 （2）社交技巧洞察、赞美他人 （3）认同模仿 （4）自我认知 （5）传递信息
		共诉"新"声	鼓励成员更好地理解和感受入学后的不同经历，成员之间可以倾听、提问或发表共鸣的意见	
		嘴巴手指不一样	中场过渡，活跃气氛	
		角色扮演	思考冲突如何能够成为个人成长的契机，以及在团队合作中如何从冲突中汲取经验	
"走向成熟"：大学新生应对方式团体辅导	以应对方式为切入点，主要依托认知行为疗法相关技术，以期能够改善团辅成员面对压力事件的应对能力、培养成熟的应对方式，助力同学们在新环境中调适个人状态。	热身活动 ——雨点变奏曲	记住和了解其他成员	
		脑力激荡	引导成员认识压力的必然性和两面性，初步了解自己的应对方式	
		接力节拍	放松过渡，增进了解	
		学习思维自检	主动运用思维自检工作表对自己的自动思维进行分析重建	

新时代加强和改进高校思想政治工作路径探究

续表

单元名称	单元目标	活　动	活动目标	疗效因子
重塑自我，摆脱习得性无助	（1）激发积极的自我形象：通过互动和反馈，培养积极的自我形象。 （2）探索习得性无助的原因和影响。 （3）培养积极的思维和行动习惯。 （4）培养支持性团队氛围：鼓励参与者之间的互相支持和合作，创造积极的团队环境，以促进彼此的成长和发展。	热身活动 ——滚雪球	帮助团体成员逐渐建立联系和互动	
		镜中自我与他人眼中的我 ——自我对比之旅	帮助成员更深入地思考和描述自己的特点、兴趣和价值观	
		嘴巴、手指不一样	放松过渡，增进了解	
		小象的故事	通过成员间讨论提高自信和改善习得性无助的心态	
正念减压	（1）增进团体成员之间的了解，加强团体凝聚力。 （2）帮助成员们进一步认识自我，并用语言表达压力与情感。 （3）将正念介绍给成员，在团体中带领成员尝试运用正念的方式觉察当下，纾解压力。	热身活动 ——乌鸦与巫婆	帮助团体成员逐渐建立联系和互动	
		呼吸运动	压力舒缓	
		30秒自画像	评估自己的压力值	
		压力事件分享	组内分享，互相给建议 ——寻找解决方法	

524

四、研究结果

（一）心境新心——团体辅导各组前后测结果分析

表 4　配对样本统计[a]

		平均值	个案数	标准差	标准误差平均值
适应性	后测适应性	3.9295	20	0.679 68	0.151 98
	前测适应性	2.9895	20	0.680 82	0.152 24
人际关系	后测人际关系	0.7950	20	0.097 58	0.021 82
	前测人际关系	0.3950	20	0.101 95	0.022 80

a. 分组 = C

表 5　配对样本检验[a]

		配对差值					t	自由度	显著性（双尾）
		平均值	标准差	标准误差平均值	差值95%置信区间 下限	上限			
适应性	后测适应性－前测适应性	0.940 00	0.750 48	0.167 81	0.588 76	1.291 24	5.601	19	0.000
人际关系	后测人际关系－前测人际关系	0.400 00	0.168 43	0.037 66	0.321 17	0.478 83	10.621	19	0.000

a. 分组 = C

如表 4、表 5 所示，经过团体辅导后，学生的得分均值明显高于参加团体辅导前得分，表格中的 T 检验显著性数据<0.05，说明参加团体辅导后，参与的新生得分均值与参与团体辅导前存在显著差异。这表明在参与团体辅导后，大一新生的得分发生了变化。相较于进行团体心理辅导前的得分团体辅导结束后团体成员的得分有了很大提高，该主题团体辅导对新生人际关系及适应

新时代加强和改进高校思想政治工作路径探究

性有显著提升。

（二）走向成熟——团体辅导各组结果分析

表6　配对样本统计[a]

		平均值	个案数	标准差	标准误差平均值
适应性	后测适应性	3.4880	20	0.378 73	0.084 69
	前测适应性	2.99 25	20	0.744 65	0.166 51
人际关系	后测人际关系	0.6035	20	0.091 21	0.020 39
	前测人际关系	0.4195	20	0.104 70	0.023 41

a. 分组 = A

表7　配对样本检验[a]

		配对差值							
		平均值	标准差	标准误差平均值	差值95%置信区间 下限	上限	t	自由度	显著性（双尾）
适应性	后测适应性－前测适应性	0.495 50	0.809 14	0.180 93	0.116 81	0.874 19	2.739	19	0.013
人际关系	后测人际关系－前测人际关系	0.184 00	0.141 40	0.031 62	0.117 82	0.250 18	5.820	19	0.000

a. 分组 = A

如表6、表7所示，经过团体辅导后，学生的得分均值明显高于参加团体辅导前得分，表格中的 T 检验显著性数据<0.05，说明参加团体辅导后，参与的新生得分均值与参与团体辅导前存在显著差异。这表明在参与团体辅导后，大一新生的得分发生了变化。相较于进行团体心理辅导前的得分，团体辅导结束后团体成员的得分有了很大提高，该主题团体辅导对新生人际关系及适应性有显著提升。

（三）重塑自我——团体辅导各组前后测结果分析

表8　配对样本统计[a]

		平均值	个案数	标准差	标准误差平均值
适应性	后测适应性	3.9300	20	0.551 65	0.123 35
	前测适应性	2.9690	20	0.653 90	0.146 22
人际关系	后测人际关系	0.8265	20	0.081 65	0.018 26
	前测人际关系	0.4220	20	0.096 66	0.021 61

a. 分组 = D

表9　配对样本检验[a]

		配对差值					t	自由度	显著性（双尾）
		平均值	标准差	标准误差平均值	差值95%置信区间 下限	上限			
适应性	后测适应性－前测适应性	0.961 00	0.789 57	0.176 55	0.591 47	1.330 53	5.443	19	0.000
人际关系	后测人际关系－前测人际关系	0.404 50	0.138 89	0.031 06	0.339 50	0.469 50	13.025	19	0.000

a. 分组 = D

如表8、表9所示，经过团体辅导后，学生的得分均值明显高于参加团体辅导前得分，表格中的 T 检验显著性数据<0.05，说明参加团体辅导后，参与的新生得分均值与参与团体辅导前存在显著差异。这表明在参与团体辅导后，大一新生的得分发生了变化。相较于进行团体心理辅导前的得分，团体辅导结束后团体成员的得分有了很大提高，该主题团体辅导对新生人际关系及适应性有显著提升。

新时代加强和改进高校思想政治工作路径探究

（四）正念减压——团体辅导各组结果分析

表 10　配对样本统计[a]

		平均值	个案数	标准差	标准误差平均值
适应性	后测适应性	3.6075	20	0.501 66	0.112 17
	前测适应性	2.9105	20	0.782 10	0.174 88
人际关系	后测人际关系	0.7310	20	0.081 94	0.018 32
	前测人际关系	0.4130	20	0.094 54	0.021 14

a. 分组 = B

表 11　配对样本检验[a]

		配对差值						t	自由度	显著性（双尾）
		平均值	标准差	标准误差平均值	差值95%置信区间					
					下限	上限				
适应性	后测适应性-前测适应性	0.697 00	0.739 74	0.165 41	0.350 79	1.043 21		4.214	19	0.000
人际关系	后测人际关系-前测人际关系	0.318 00	0.139 65	0.031 23	0.252 64	0.383 36		10.184	19	0.000

a. 分组 = B

　　如表 10、表 11 所示，经过团体辅导后，学生的得分均值明显高于参加团体辅导前得分，表格中的 T 检验显著性数据<0.05，说明参加团体辅导后，参与的新生得分均值与参与团体辅导前存在显著差异。这表明在参与团体辅导后，大一新生的得分发生了变化。相较于进行团体心理辅导前的得分，团体辅导结束后团体成员的得分有了很大提高，该主题团体辅导对新生人际关系及适应性有显著提升。

（五）各主题团体辅导差异分析

表 12

		平均值	标准差	F	显著性
后测适应性	A	3.488	0.379		
	B	3.608	0.502	3.515	0.019
	C	3.930	0.680		
	D	3.930	0.552		
后测人际关系	A	0.604	0.091		
	B	0.731	0.082	24.955	0.000
	C	0.795	0.098		
	D	0.827	0.082		

由表 12 可知，试验后，表格中的检验显著性数据<0.05，说明各个分组的后测的得分存在显著差异，其中，D 组的得分较高。

表 13

		平均值	标准差	F	显著性
团辅效果	A	3.129	0.471		
	B	3.579	0.551	5.710	0.001
	C	3.677	0.576		
	D	3.810	0.606		

由表 13 可知，显著性数据<0.05，说明各个分组的后测的得分存在显著差异，其中，D 组的得分较高。

五、结论与分析

（一）新生人际关系及适应性问题

通过新生人际关系和适应性问卷的测试，学生社交和人际关系问题主要表现为人际关系不良和人际交往障碍两方面。大一新生进入新的环境和集体，人际交往过程中存在自卑感，缺乏交往自信，害怕在社交中受到伤害。团体过程中有学生表示，"室友各方面都很优秀，多才多艺，学习能力强，反观自己进入大学后没什么优势，相比高中很有落差感"；"室友和自己的作息时间不同，沟通过几次也没有改善，害怕与室友产生冲突，因此避免和他们更多沟通了"。因个人能力、生活环境、交往方式的不同，导致新生容易在人际关系适应方面存在问题。

此外，大学生在人际交往过程中还容易表现出自我意识很强的特点，容易以自我为中心，加之接触外部环境少，又希望拥有理想的社交圈，但现实与理想存在差距，因此产生社交障碍，还容易产生嫉妒与自卑心理，影响了与同学的正常交往。

（二）新生团体心理辅导作用

研究结果显示，四组大一新生团体在人际关系和适应性的各维度都有显著提升，新生团体辅导的实施的确对学生的人际关系及环境适应性提升有帮助作用，究其原因与团体辅导开放、包容、安全、和谐的氛围密不可分。团体辅导的经历可以协助新生互相认识，学习自我开放，倾听和接纳他人，团体中可以建立起和谐接纳的气氛，使团体成员学会信任他人，学习和同伴沟通的技巧，同时在成员的启发下提高解决问题的能力，提供解决问题的思路。团体辅导中，一些活动和练习需要两人或小组内配合完成，这可以帮助新生发现帮助他人和接纳他人的价值和意义，体验到与人交往的乐趣和受到帮助的感动，并将这种经验带到生活中去。

团体辅导反馈问卷中，团体成员在"我觉得我比以往更自信了、更大胆了，觉得自己改变了""通过团体辅导，我加深了对自己的认识"和"我觉得我掌握了一定的人际沟通技巧"三个项目中得分最高，通过团体辅导，学生在自信提升、自我认知、社交技巧方面的提升最大。因此，在团体辅导中，除提供安全和谐的氛围外，也要为新生提供社交和提升解决能力的练习，使新生将团体经验带到学习生活中。

参考文献

[1] 樊富珉：《团体心理咨询》，高等教育出版社2005年版。

[2] 吴保磊、王新：《大学新生适应教育阶段心理问题的分析与对策》，载《科技情报开

发与经济》2006年第16期。

[3] 孙时进、范新河、刘伟：《团体心理咨询对提高大学生自信心的效果研究》，载《心理科学》2000年第1期。

[4] 杨爽、王瑶：《大学生人际交往团体心理辅导研究》，载《中国健康心理学杂志》2008年第2期。

[5] 谷力群、郭志峰：《团体心理行为训练对解决大学新生入学适应问题的实证研究》，载《辽宁教育研究》2008年第7期。

[6] 张冬梅：《关于团体心理咨询的理论与实践的研究综述》，载《教书育人》2010年第24期。

[7] 丁晓峰、樊伟娜：《团体辅导在大学生人际交往中的作用研究》，载《河南理工大学学报（社会科学版）》2005年第2期。

[8] 尹训宝、孙宏伟、刘晓芹：《大一新生社交回避与苦恼的现状及其与人格的相关性研究》，载《中国健康心理学杂志》2010年第10期。

[9] 张雪娇、高晶：《大学生社交回避及苦恼与自我接纳、自我隐瞒的关系研究》，载《智慧健康》2019年第35期。

"脆皮青年"的透视与解析*

中国政法大学马克思主义学院　袁　芳
中国政法大学马克思主义学院　谢　越

"脆皮青年"这一话题在网络上的流行引发社会各界的关注，但现下有关"脆皮青年"这一现象的文章多见于互联网媒体的报道与社交平台青年自行录制，主要呈现为带有"脆皮大学生"标签的短视频，在学理层面的讨论较少。"脆皮青年"真的很"脆"（脆弱）不"皮"（皮实）吗？到底是什么原因导致了这样一群"脆脆鲨大学生"出现呢？这些问题都有待进行深入的调查研究，以破解大众对"脆皮青年"的污名化理解。

一、"脆皮青年"的自我画像

基于 30 名中国政法大学本科生的访谈调查，"脆皮青年"自我画像主要表现为容易受伤的羸弱身体、喧闹狂欢的网络社交互动、诙谐幽默的乐观心态。

（一）容易受伤的羸弱身体

带有"脆皮青年"话题的视频最初围绕着拍摄者个人因意外事件而受伤或因身体免疫力下降而出现生病甚至危及生命的状况获取关注并引发社会讨论。《2020 中国大学生健康调查报告》显示当前皮肤状态不好、睡眠不足、情绪问题是困扰大学生的三大健康问题。同时高年级的大学生健康问题更加明显。调查报告还显示当前大学生群体出现最多的三大疾病是口腔疾病、急性肠胃炎和皮肤疾病。而这些疾病的产生与大学生的身体素质差、免疫力低

---

*　本文系 2021 年教育部社科司高校思政课教师研究专项一般项目（21SZK10053001）中期成果、北京高校中国特色社会主义理论研究协同创新中心（中国政法大学马克思主义与全面依法治国协同创新中心）阶段性成果。

下有着紧密的联系。

在与中国政法大学在校本科生进行访谈的过程中，受访大学生谈到对"脆皮青年"的认识都围绕着"身体素质差"这个要素。"体弱多病，体测不及格，爬楼梯气喘吁吁，现代林黛玉"（受访同学 F）。同时在访谈过程中，有多名受访同学认为自己也是"脆皮青年"。受访同学 F 表示："本人以及身边的朋友都是'脆皮青年'。'脆皮青年'一般表现是血条薄，容易被各种疾病控制，容易被体测或者体育课秒了。但是一般都有锁血挂，容易受伤，但不容易死。"也有同学总结道，"脆皮青年"是身体脆弱、精神脆弱、抗压能力差的结合。

通过受访同学的描述我们可以发现，大学生知晓自身身体处于亚健康甚至较差的状态，但因这种状态没有直接影响到自己的学习与日常生活，所以平时并不在意。当大学生遇到体能测试或体育课考试时，身体素质较差的状态则会使大学生开始重视锻炼个人身体素质。但可惜的是，大学生对自身身体的重视程度会随着时间逐渐减弱，直至恢复到先前知晓但无所行动的状态。

同时值得注意的是，大学生身体素质较差的现状并非仅是大学阶段的学业与压力导致的。在高中阶段，特别是高三备考阶段，学生往往为获得更长的学习时间选择压缩吃饭和睡眠时间，长时间不规律的作息与不健康的生活习惯也为后期多数大学生变为"脆皮青年"埋下了伏笔。

（二）喧闹狂欢的网络社交互动

"脆皮"一词最早出现在网络游戏中，一般指输出能力强，但生命值少、防御能力低的游戏角色，其具有容易被击杀的性质。这表明，脆皮话语的传播和青年异常活跃的网络社交互动密切相关，没有网络虚拟社区的生活，脆皮一词是难以广泛被人知晓的。2023 年 10 月开始，网络媒体对"脆皮青年"系列视频的积极渲染与大力宣传，使"脆皮青年"这一类自嘲话语传播范围越来越广、影响越来越深，让更多大学生认识并了解这一热词。有关"脆皮大学生"话题的视频开始活跃在各大社交平台，视频记录着拍摄者个人因意外事件而受伤或因身体免疫力下降而出现生病甚至危及生命的状况。例如，抠破水泡导致皮肤感染引发高烧、乱吃野生药材导致昏迷超过 12 个小时、跳舞崴脚导致脚部多处骨折，等等。这一青年群体在记录自身遭遇的同时将视频上传至互联网，以自嘲的语气称自己为"脆皮大学生"或"脆脆鲨"，认为自己虽然脆弱容易受伤但"难杀"。在短视频的轮番轰炸下，"脆皮"这一青年流行词汇开始走红，迅速带动网络社交平台的娱乐狂欢。这表明，"脆皮"已经开始成为青年群体的潮流词汇。

（三）诙谐幽默的乐观心态

"脆皮青年"用视频记录着自己所承受伤病痛苦的同时，也给视频配上诙谐幽默的背景音乐。在受访同学的回答中多数同学的答案中都有"乐观"一词。

"脆皮青年一般来说身体素质较差，换季容易发烧感冒但同时比较乐观开朗。因为经常生病之类的，所以生病期间依然比较有活力"（受访同学C）。多位受访同学的回答都表示"脆皮青年"在经历挫折时，虽然叫苦不迭说着"想'死'""重新开始"等类似话语，但仍然选择寻找方法来解决问题。

当问到对"脆皮青年"的看法时，受访同学E回答道："放平心态，能学学，不能学算。主要还是保命，不要把自己整死。'脆皮青年'是正常现象，社会大环境比较差，人们压力普遍大，大学生面临就业和人生道路的抉择，加上学业压力繁重，课程作业论文层出不穷，脆皮自然而然。"与"放平心态"类似的语句也出现在其他受访同学的答案里，大多数受访同学认为面对巨大的压力，除了改变心态迎难而上，没有更好的解决方法。

受访同学D以自己高中的经历举例，受访同学D在高中阶段的成绩并不突出，常常因为成绩不突出感到焦虑。"考试蒙题他们总是蒙对，而自己没有一次蒙对过挺崩溃的"，同学D调整心态后表示，"我不会有或者会去克制自怨自艾的情感，我会去接受自己的能力有限以及自己的不足等问题，放平心态。"

"脆皮青年"就像视频中呈现的样子，虽然在生病或受伤的过程中苦不堪言，但是仍然选择以自我调侃的方式来保持良好的心态，正是"脆皮青年"良好的心理韧性支撑着他们把这些痛苦的经历发布到社交网络上并获得大学生群体甚至群众的共鸣。

二、"脆皮青年"的生成机理

立足唯物史观，人的精神生活状况归根到底是物质生活尤其是社会生产关系的反映。因此，任何现象并不能将其原因仅仅归结为青年自身，而要从青年成长的社会现实出发，由此分析"脆皮青年"的生成过程。数字转型时期社会加速带来的竞争压力的倍增、自嘲话语借助网络媒体的大力传播带来广泛的影响力、青年群体通过接纳自身不完美来满足情感需求和身份认同构成了"脆皮青年"生成的社会根源、外在推力和内在动力。

（一）数字转型时期社会加速带来的竞争压力的倍增

数字转型时期社会加速带来的压力分散在大学生群体成长后期阶段，在大学生升学、求职阶段尤为明显。社会大环境的内卷程度愈加严重，导致大学生群体从大学三年级甚至大学开学开始直至临近毕业一直考虑自己的职业规划并提前打好基础，为自己的职业选择做好"攻略"。

人民网根据近年来大学生就业状况统计发现：青年失业率的变化逐渐呈现出季节性失业与长期趋势叠加的态势。即在毕业季时大学生失业率升高，但随着时间的推移，多数大学生的求职需求与劳动力市场的职位需要相契合，此时失业率就会逐步下行。但目前青年失业率长期上升，这表明季节性失业大学生中未就业的数量较多，这部分大学生长期未实现就业后则会长期失业，失业时间越长这部分大学生的就业难度就越高。[1]

此外，大学生面临的升学压力同样巨大。《2023 全国研究生招生调查报告》显示：自 2016 年起，硕士研究生报名人数进入了高增长阶段。从 2015年至 2022 年，年平均增长率达到 15.8%，2022 年则在高位上实现高增长，增长比例超过 21%。2023 年硕士研究生报名人数继续小幅攀升，达到 474 万人，比上一年增长 17 万人[2]，而各硕士研究生录取名额有限，所以硕士研究生考试的录取可以用"千军万马过独木桥"来形容。学校内各方面的压力导致大学生群体选择长期久坐熬夜学习，压缩个人运动锻炼、游玩时间，长此以往多数大学生身体状态逐渐变差，焦虑不安的精神状态更加明显。

同时高校毕业生除了选择继续深造外，也有一部分毕业生选择参加公务员考试，但公务员考试的竞争压力同样巨大。新华网一篇报道表示：2023 年度中央机关及其直属机构录用公务员考试计划招录 3.71 万人，有近 260 万人

---

〔1〕《大学生就业的趋势性变化及对策建议》，载人民网，http://finance.people.com.cn/n1/2022/0916/c444648-32527858.html。

〔2〕《2023 全国研究生招生调查报告》，载中国教育在线网，https://www.eol.cn/e_ky/zt/report/2023/content01.html。

新时代加强和改进高校思想政治工作路径探究

报名过审，报名人数与计划录用数之比约为 70∶1[1]，悬殊的录用比例反映着公务员考试热度不断增加，虽然政府倾向录用应届毕业生，但是考试竞争的激烈程度依旧高涨不下。

在访谈的过程中，受访同学在回答他们认为何种因素促成"脆皮青年"的形成这一问题时，都提到了精神压力大、生活作息不规律等因素。而这些因素根本上是社会竞争激烈内卷严重造成的。

受访同学 D 认为正是因为内卷严重压力过大所以"'脆皮青年'喜欢熬夜，饮食营养不均衡，不喜欢运动，最终导致自己越来越脆"。"'脆皮青年'这个词形象地展示了大学生在面对生活、学业和就业等多重压力时的脆弱、敏感和不成熟状态"（受访同学 E）。实际上大学生在承担较重的学业压力的同时，也承担着面对未来未知的压力，例如升学、工作、婚恋等方面的压力。面对内卷严重的社会大环境和学校小环境，大学生群体长期处于焦虑不安的状态中精神压力逐渐增大，亟待一个宣泄口。而自嘲便是大学生宣泄压力的一种方式，"脆皮青年"系列视频也就应运而生。

除社会大环境生存压力较大之外，学校小环境中各类竞争也十分激烈。大学生在繁重学业考核之外，还需要额外抽出时间来准备各类校级竞赛、国家级竞赛或者各类资格性考试，这也是社会就业环境内卷所导致的学校竞争内卷。大学生为了获得更好的就业前景，一方面需要努力学习，保证自身考试成绩、绩点排名位列前茅，进而获得免试推优至硕士生的名额；另一方面需要借助各类竞赛、资格性考试以及多次实习经历来丰富自身简历，以提高就业竞争力。受访同学 I 认为："高强度的竞争和应试教育导致学生面临巨大的学业压力，使学生缺乏自主发展和探索的机会，增加了学生的焦虑和无助感；同时家庭教育中过度保护和过度溺爱的教育方式使年轻人对挫折和困难缺乏应对能力，习惯了家里人帮助解决问题，缺乏独立思考和独立解决问题的能力。"

在学校这种内卷严重竞争激烈的氛围下，多数大学生选择花费较多时间来进行学习，所以大学生久坐时间过长并且缺乏运动锻炼，久而久之身体素质逐渐变差，成为"脆皮青年"的可能性也越来越高。

大学生群体在面临就业生存压力的同时还面临着人际交往的压力。大学

---

〔1〕《2023 年度国考今举行：拟招 3.7 万人，近 260 万人报考》，载新华网，http://www.news.cn/politics/2023-01/08/c_1129264303.htm。

536

生群体在经历由"学生"到"求职者"的身份转变时，需要同社会中不同身份的人交流，适应社会各个角色间的交往规则。在学校里，大学生群体也需要承担与老师、舍友等角色的人际交往压力。当出现与舍友沟通不通畅甚至产生矛盾的特殊情况时，大学生则会产生焦虑不安的状态，精神压力进一步加重。

（二）自嘲话语借助网络媒体的大力传播带来广泛的影响力

"自嘲，指透过轻视、贬损或嘲笑自己来惩罚自己或自谦的行为，有自我嘲笑、自我解嘲的意思。"[1]同时"自嘲也是戏剧表演和社会交往中的技巧"[2]。有学者认为自嘲是个体处于社会窘境为了引发共鸣而放低姿态或表达失落情绪的言语策略，并将"自嘲"细分为两类：自我贬低型与自我增强型。大学生群体自称为"脆皮青年"便是一种典型的自我贬低型的自嘲。这种自我贬低并非自暴自弃，而是通过自嘲释放自己的负面情绪和压力，以此换取轻松的心情。

同时网络社交自带的匿名性和大众性也为"脆皮青年"进行自嘲提供充分的空间。在网络中每个人都可以把自己的经历制作成视频，再配上诙谐的音乐，便可获得关注，越来越多的人加入后，新的内涵和新的话语模式出现，这种人人都可发声、人人都可制作的参与感也能使"脆皮青年"感到快乐。

带有"脆皮大学生"话题的视频最早于2023年10月出现在社交媒体平台上，诙谐幽默的背景音乐再配上曲折离奇的故事内容很快吸引了互联网网民的关注与讨论，同时也有大量大学生开始根据自身经历或他人经历制作视频，一时间社交媒体平台上出现大量相关视频。一条发布于2023年10月29日带有"脆皮大学生""脆脆鲨大学生"的视频在某社交媒体平台上获赞209万、转载量50万，热度远超同时期话题。

"脆皮青年"这一话题大火之后，各大媒体转发评论带有"脆皮大学生"话题的视频，继续提高了"脆皮青年"话题的影响力。网络媒体对"脆皮青年"这一现象的积极渲染与大力宣传，使得更多的大学生意识到自己的生活

---

[1] 杜成敏、张瑜：《青年网络自嘲现象流行的原因、风险及应对》，载《中国青年社会科学》2023年第4期。

[2] 蒋建国：《网络自嘲：自我贬抑、防御机制与价值迷离》，载《学习与实践》2021年第2期。

作息或实际经历与视频中"脆皮青年"类似，于是产生共鸣，认可自己作为"脆皮青年"的身份。这种认可一方面让大学生的情感需求得到一定满足，让他们产生一种群体归属感；另一方面则可能让大学生忽视"脆皮青年"这一身份存在的身体精神隐患，进而产生将"脆皮青年"这一词娱乐化的倾向。

比较有意思的现象是，笔者发现社交网络平台上带有"脆皮青年"话题的视频内容已不再限制在大学生自身的经历，已经扩展到物上。例如一条视频里，一位大学生在发现自己的床罩无法正常使用后，便戏称自己的床罩为"脆皮大学生的脆皮床罩"。这也反映出"脆皮"已经从人拓展为物，已经逐渐变为一个吸引流量的工具，原有表达大学生无奈心情的内涵正在逐渐消解。

（三）青年群体通过接纳自身不完美来满足情感需求和身份认同

在数字转型时期社会中，即将进入社会的大学生群体承担着较重的就业压力、生存压力，同时在学校中大学生群体也陷在不断竞争内卷严重的漩涡中。在巨大的压力下，大学生群体更倾向于在互联网上表达情绪，寻找有共同经历相似感受的同伴，进而满足自身的情感需求和身份认同。

社会认同理论认为当人群中有一定的特征能够将某些人归类在一起时，这些人将会不约而同地组成一个群体并产生群体意识。而"网络自嘲发源于青年发展的群体性困境，通过独特的话语、表情包、标识等符号培养起独属于自嘲群体的话语风格"。[1]大学生群体打造"脆皮青年"这一概念，并为这一概念建立独特的内涵和以网络视频传播的形式，这种独特的自嘲话语对大学生群体具有极大吸引力，将自己归类为"脆皮青年"，能够极大程度满足大学生群体寻求共鸣和认同的需求。同时"脆皮青年"所体现的心理韧性也是通过共鸣发挥作用的。"脆皮青年"在身体受伤或生病时通过制作、发布视频自嘲，发泄内心情绪并找到外部共鸣，以此达到恢复正常状态，克服困难的目的。

正是这种心理韧性，帮助"脆皮青年"微笑面对痛苦。就像受访同学 I 说："'脆皮青年'这个词应该是大学生在面对生活压力、焦虑和困境时表现出的脆弱和无助状态的调侃，'脆皮青年'往往在遇到困难时容易崩溃，心理

----

〔1〕 杜成敏、张瑜：《青年网络自嘲现象流行的原因、风险及应对》，载《中国青年社会科学》2023 年第 4 期。

承受能力相对较弱。他们乐于分享自己遇到的困境和挫折，用以自嘲和寻求共鸣。"大学生自称"脆皮青年"既是自嘲，也是自助。

近些年来，由于互联网平台的发展，越来越多的人选择在互联网平台上发表观点、表达自身情绪。其中青年群体借助一些热词，例如"鼠鼠""985废物"等，来自嘲或形容自身生活状态的现象引发社会各界讨论，这一现象便被称为青年网络自嘲。大学生群体自称为"脆皮青年"也属于青年网络自嘲的一种。而大学生选择以这种方式自嘲并非自我贬损，而是出于作为年轻群体的情感需求与身份认同的需要。

大学生群体多为自己一人来到高校求学，身边没有先前熟悉的朋友，当遇到挫折时缺乏安慰和倾诉对象，情感需求无法得到满足。所以大学生群体倾向于在社交网络平台寻找倾诉对象，以满足自己的情感需求。"脆皮青年"系列视频的内容与大学生自身经历相似时，大学生自然会产生共鸣，并通过制作同样的视频表达自身感受。大学生作为年轻群体，存在寻求身份认同获得群体归属感的需求，"脆皮青年"这个标签刚好满足这一需求。在社交网络平台上火爆的"脆皮青年"标签对大学生群体存在着一定吸引力，拍摄制作相关视频能够使自己成功获得"脆皮青年"标签，进而加入一个更小的群体。在这个群体中，每个成员的其他特征将不再明显，大家的特征都是"脆皮"，这种标签带来的认同感正好满足了身处高校大学生群体的身份认同需求。

三、"脆皮青年"的引导策略

总的来说，"脆皮青年"并不脆弱，这一词语的流行更多的是青年群体面对巨大压力的求救，需要社会各界的帮助而非指责。同时，以上两部分分别对"脆皮青年"的特征和"脆皮青年"的生成机理进行分析，可以发现"脆皮青年"这一现象下包含着较多潜在问题，例如"脆皮青年"令人担忧的身体素质、"脆皮青年"虽强但即将到达极限的心理韧性以及"脆皮青年"现象潜藏的娱乐化倾向，亟待针对潜在问题制定引导策略。

（一）关注青年群体的发展困境，创建积极有效的制度环境

社会大环境中的就业困难生存压力较大是"脆皮青年"形成的外部因素之一。数字转型时期加速的特征日益明显，不稳定因素愈发增多，而青年一味追求稳定的就业选择，必将引发一系列发展难题。现今的政府政策在公务

员考试中已经向应届毕业生倾斜，很多岗位通过仅限应届毕业生报考，但是依然存在高校毕业生找工作困难，生存压力较大的问题。政府可以通过政策支持公共就业服务，"一方面，通过加强公共卫生体系和养老服务体系建设，为大学毕业生创造就业岗位；另一方面，增加机关事业单位和科研机构的见习岗位。对于一时难以就业的大学毕业生，临时的见习机会有助于拓宽他们的就业视野、提高就业能力、延长择业周期。"这样既能够为高校毕业生提供更多的就业机会，也能够在一定程度上缓解劳动力市场中的结构性矛盾。此外大学生群体也可以借助互联网平台等方式，寻找新的就业渠道或进行自主创业，而不是一味追求稳定的就业机会。同时，网络媒体则需要在谋取自身利益的同时承担社会责任。在"脆皮青年"系列视频大火时，不少互联网媒体转载视频吸取流量，但在热度消退后只有少部分的媒体继续跟进报道与"脆皮青年"相关的话题。

（二）积极改变学校单一的功绩主义的评价方式，避免无效内卷带来的精神内耗

学校应当重新审视学生评价方式的科学性和合理性，如果单一地崇尚数字量化的结果式的评价方式，难免引发学生对成绩和绩点的盲目崇拜，造成功绩主义的进一步蔓延。然而，当结果评价成为唯一导向之时，过程的努力似乎可以一笔勾销，这必然带来在校大学生进入争夺分数的无效内卷之中。"脆皮青年"虽是大学生群体自嘲时适用的词语，但其背后更多的是"脆皮青年"面对疼痛和压力时无可奈何的心情。"脆皮青年"以欢快的背景音乐和有趣的视频开解自己遭受的挫折困难，但这种方法并不是长久之策。一方面，学校可以通过优化课程考核方式、允许任课老师以多种考核方式结束课程的方法，适度减轻大学生群体的学业压力。这样不同课程以不同的考核方式结束，而不是以统一书面考试的形式结束能够在一定程度上缓解大学生群体的学业压力。另一方面，学校应当加强大学生群体的心理健康教育，设置课程让大学生群体了解不同情绪的生成过程以及长期处于不良情绪与压力下的危害；积极引导大学生及时表达自身情绪并提供心理咨询辅导服务。"脆皮青年"虽是玩笑，但意识到问题后还须对症下药，及时解决。

（三）引导青年养成良好的生活习惯，加强身体锻炼

学校也应重视体育锻炼课程的重要性，根据大学生的锻炼需求设置相关

课程并提供锻炼器械与场地。例如中南大学针对"脆皮青年"体质较差的问题专门开设了"运动之光"体测辅导团，帮助自愿报名的学生进行体能训练。此外，中南大学每年开设篮球赛、羽毛球赛、拔河比赛、趣味运动会等活动[1]，努力调动同学们运动的积极性。学校创造多样的运动锻炼模式也能够给大学生提供更多的内驱力。大学生自身也应当意识到健康生活作息的重要性。《2020 中国大学生健康调查报告》显示大学生并不认为自身生活十分健康，但是由于内在驱动力不足，受调查的大学生群体中有 2/3 的人并没有日常锻炼的习惯。所以大学生群体需要保持健康的生活作息，例如尽量使自己拥有充足的睡眠，每天保证至少 6 小时的睡眠；坚持健康的饮食习惯，尽量避免食用重油重盐的食物，同时保证每天按时吃三餐；养成按时运动锻炼的习惯，增强自身免疫力，让"脆皮青年"不再易碎。此外，大学生群体也应当提升自身抗压能力和消解不良情绪能力，以保持较好的精神状态。大学生群体或早或晚都会完成从"学生"到"求职者"身份的转变，在这一过程中必然会遇到挫折，与其用自嘲来暂时缓解焦虑不安，不如增强自身抗压能力，积极解决困难。

参考文献

[1] 同雪莉：《青年"低欲望"的"困""惑"与韧性调整》，载《首都师范大学学报（社会科学版）》2023 年第 5 期。

[2] 杜成敏、张瑜：《青年网络自嘲现象流行的原因、风险及应对》，载《中国青年社会科学》2023 年第 4 期。

[3] 王永、王振宏：《大学生的心理韧性及其与积极情绪、幸福感的关系》，载《心理发展与教育》2013 年第 1 期。

[4] 袁芳、孟庆媛：《数字消费主义对饭圈青年的抽象统治及其克服路径》，载《思想教育研究》2023 年第 6 期。

---

〔1〕《"脆皮大学生"如何变"硬核"？》，载中南大学新闻网，https://news.csu.edu.cn/info/1016/157405.htm。

互联网时代新媒体背景下高校心理健康工作的创新性发展

中国政法大学刑事司法学院　孟怡贞

党的十八大以来，以习近平同志为核心的党中央高度重视学生心理健康工作，习近平总书记对学生心理健康教育作出了一系列重要指示批示，为做好新时代高校学生心理健康教育工作提供了根本遵循。习近平总书记在党的二十大报告中提出，推进健康中国建设，重视心理健康和精神卫生。这对新时代做好心理健康和精神卫生工作提出了明确要求。

在全社会对心理健康投入更多关注的同时，对于高校而言，高校大学生作为备受关注的青年群体，大学生心理健康成为广大教育工作者们关心的重中之重。高校生活是大学生脱离父母、独立生活的第一个阶段。刚刚进入大学的青年学生群体，正处于个体逐步从依赖走向独立，进入社会的关键时期。个体经历与环境关系的多方面改变，给学生自身从不同方面带来了压力与挑战。据相关调查，处于青少年阶段的大学生群体的心理健康指数随年龄的增长呈下降趋势，这与当今大学生面临的升学压力大、人际交往复杂[1]、受网络负面信息影响等各种问题有着紧密的联系[2]。

同时，随着互联网时代与新媒体技术的迅猛发展，网络对于高校的教育工作理念影响深远。在互联网背景下，许多高校的教育模式已然发生了转变。对于其中的心理健康教育工作而言，传统的心理健康教育模式已无法满足新时代学生的各方面需求。因此，在三全育人背景下，如何全面加强和改进学

---

〔1〕　樊富珉主编：《大学生心理健康与发展》，清华大学出版社1997年版，第38页。

〔2〕　Stuart J. H. Biddle , et al. , "Physical Activity and Mental Health in Children and Adolescents: An Updated Review of Reviews and an Analysis of Causality", *Psychology of Sport and Exercise*, 42 (2018), pp. 886-895.

生心理健康教育工作，运用互联网技术进行工作理念和工作方法的创新与转变，是高校心理健康教育工作者需要重视的关键性问题。

一、互联网时代背景下高校学生的心理特点

当今时代是网络技术飞速发展的时代，网络技术快速发展的同时，不仅仅影响着生产生活方式，同时期成长起来的青少年一代也充分受到了时代对个人带来的冲击和影响，网络上丰富多彩的形式内容，成为他们学习、娱乐、社交的主要方式，也使这部分青少年逐渐成长为最具有个性特点的"Z世代"群体。

"Z世代"，也被称为"互联网世代"，通常指1995年至2009年出生的一代人，他们一出生就与网络信息时代无缝对接，受数字信息技术、即时通信设备、智能手机产品等影响比较大[1]。"Z世代"的青少年群体目前正处在14~28岁之间，恰好处于高中和大学的学业阶段，正是可能会对当今时代的社会制度、价值观念、生活态度及其行为方式产生重大影响的年龄。作为与互联网相伴而成长起来的一代新人，"Z世代"因其成长环境的独特性，呈现出诸多与其他世代青少年的不同之处。不同世代间的差异不仅仅带来了彼此沟通和理解上的困难，形成学生口中常说的"代沟"。同时，对互联网、新媒体等科技产品的熟悉以及丰富的网络信息渠道，使得"Z世代"群体更具创新性和开放性，勇于追求和尝试各种新生事物。

基于此，在互联网时代背景下探索高校心理健康工作的创新发展，就势必要整体地认识、分析和理解"Z世代"大学生特点，充分了解当前学生的行为表现及其心理特征，进而才能根据其个性特点有针对性地开展心理健康教育工作，为学生健康成长营造良好环境。

（一）追求个性自由，倾向网络平台与多元体验

"Z世代"大学生群体最为鲜明的特征之一就是追求自由。一方面，随着社会经济的飞速发展，我国目前已全面建成小康社会，解决了绝对贫困问题，"Z世代"大学生绝大部分出生在小康家庭，物质生活能够得到充分满足，在

---

〔1〕《九州激荡四海升腾（百年大党面对面⑨）——为什么说新时代党和国家事业取得历史性成就、发生历史性变革？》，载人民网，http://paper.people.cn/rmrb/html/2022-06/02/nw.D110000 renmrb_20220602_1-08.htm。

成长过程中更多地注重自身精神层面的发展。例如追求与众不同的爱好、注重自我话语权的建设等。这在一定程度上反映出当前大学生群体接受新鲜事物的能力更强，追求个性化发展与创新。另一方面，不仅"Z世代"主动求新求变，在物质条件逐渐丰富的当下，越来越多的新鲜业态也随之诞生，更多关注到新时代年轻人感兴趣的领域。例如近些年不断出现的"剧本杀""跨界"等新玩法，也深受年轻人的青睐。"Z世代"大学生乐于接受新鲜事物的同时，也能够从中获取到课本中学不到的知识与技能，而且有助于其拓宽眼界、多元发展[1]。

另外，作为伴随着我国互联网技术发展成长的一代，网络对其学习和思维方式产生了深远的影响。他们日常能够轻松地利用互联网，快速处理学习、工作与生活中繁杂的事务。如遇到困难，也更善于使用互联网搜索功能，追求在短时间内快速解决问题。

（二）被矛盾的社会心态不断裹挟

积极的社会心态不仅促进社会发展，还有利于个体身心健康；反之，消极的社会心态则不仅有碍国家和社会发展，也不利于个体身心健康。"社会心态"是指一段时间内弥散在整个社会或社会群体中的宏观的社会心境状态，是整个社会的情绪基调、社会共识和社会价值取向的总和[2]。

近些年来，"躺平"和"内卷"成为影响社会心态最热的词汇，在青年群体中不断涌现。"内卷"和"躺平"这一看似矛盾的词语，不仅反映了当前青年一代的社会心态和价值取向，也体现着当下整个社会的价值观念。Z世代作为青年的主体，因焦虑而形成的"内卷"愈演愈烈：一方面"工作不好找，还得拼命提升学历"；另一方面，面对着激烈的社会竞争，就业机会较少、上升空间不足等现实问题，使得不少青年群体不同程度地选择"躺平"。"佛系""丧文化""低欲望"等情况迅速在部分年轻人中流行，而这些同样存在于大学生群体当中。"内卷"和"躺平"并存的矛盾化心态，在大学生群体中极为普遍。一方面，学生进入大学后，希望有一个相对自由轻松，不同于

---

〔1〕 韩笑、李媛媛：《"Z世代"大学生奋斗精神培育研究》，载《科学导报》2023年8月1日，第B03版。

〔2〕 杨宜音：《个体与宏观社会的心理关系：社会心态概念的界定》，载《社会学研究》2006年第4期。

以往紧张学习的环境；另一方面，周围同学面对学业、就业、社团等资源的激烈竞争的状态使得个体内心不断积累焦虑情绪，两者相互矛盾却又同时存在。

不仅如此，大学生进入大学在人际关系层面同样面临着复杂而矛盾的个体感受，一方面渴望独立，另一方面又容易孤独。在笔者曾参与的对大学新生连续3年的调研中发现，进入大学后，面对陌生又独立的环境，感到兴奋，希望能在独立中锻炼自己的占比为60.69%；感到自信，充满期许与干劲的占比为31.55%。但与此同时感到迷茫，没有人告诉每一步该怎么做的占比为55.61%；感到焦虑，有些不知所措的占比为48.4%；感到孤独，很难找到合拍的朋友的占比为24.33%。可以看到，大部分同学对大学生活充满期待，欣然接受未知的锻炼和挑战，但也存在对未知与需要自我规划的大学生活感到迷茫困惑，甚至产生焦虑情绪，遇到融入新环境的困难和感到孤独的情况。

二、当前高校心理健康工作面临的主要问题

大学生进入高校后，往往要经历居住环境、生活习惯、生活方式以及社会交往等种种变化。在这种过渡性时间节点及适应新变化的过程中，学生容易出现一些应激性的反应，这种状况如果无法得到有效的干预和调整，极易导致高校学生出现焦虑、抑郁等心理问题，或产生自我否定、自卑等适应障碍，严重影响到身心健康发展。大学作为青年期的重要转折点，学生对这一转折的适应与否，既直接影响其在大学期间的身心发展，也对于其未来发展具有深远的影响。基于此，高校一方面既要形成整体性的心理健康引导机制，作为促进高校大学生健康发展的有效保障；另一方面又要根据学生个体在不同心理年龄、不同阶段生活方式的特点，进行专业的个性化指导和针对性的介入工作，从而最大化发挥从学校到学院不同层级的指导作用。当前，面对复杂多变的学生心理健康状况和个性突出的学生特质，高校心理健康工作也面临着严峻的挑战。

（一）育德与育心结合不足，全员心理健康教育意识有待提升

现如今，高校对大学生心理健康工作已经相当重视，但是心理健康的理念和心理健康教育的意识仍有待提升。绝大部分学生对心理健康教育的了解主要是通过网络或者在学校讲座中得知，虽然在如今开放多元的社会背景下，学生不再谈"心"色变，但通过和广大学生的交流，可以看出其对于心理健

康问题仍存在着羞耻感和污名化。许多学生意识到自己可能有心理疾病，主动求助于心理中心或者心理医生。但其对心理咨询的认识仍有一定的局限性，甚至产生了一些曲解，使得自己的心理问题不能较好地得到解决。在与学生的访谈中，学生普遍对心理咨询存在一定程度的羞耻感。主要原因在于对心理咨询有一些错误的认知：担心不安全，被告知父母，不确定心理咨询的效果，期待得到立刻能解决问题的办法而不是长期咨询……

与此同时，还有很大一部分学生对心理健康认识不足，认为心理健康教育是多此一举，当前并没有出现心理问题，并不需要浪费时间在心理健康教育上。殊不知心理健康存在于每个人的日常生活中，当下可能由于大学生还没有进入竞争激烈的社会，在校园内相对安全的环境下，心理问题并没有凸显[1]。一旦对于心理健康问题疏于关注，不了解也不掌握心理健康的基本知识和求助途径，在步入社会后遇到打击，就会导致个体手足无措，更易造成应激性的心理障碍。因此只有在大学期间加大对大学生心理健康的关注，才能更有效地帮助学生储备好心理健康的相关知识，做好面对社会压力的准备。

(二) 心理健康教育工作创新和实践探索不足，针对性不强

在新的历史时期，心理健康教育也要与时俱进，引导正确价值观，深入了解学生的特质，尊重个体的心理发展规律，用心理学的方法解决思想打结问题，引导青年大学生形成正确的理想信念、价值观念、道德观念与健康人格。当前，高校普遍存在着心理健康教育课程体系的设计和创新不足、针对性不强等问题。很多学校都会邀请一些心理学名师到学校开办讲座，但讲座内容精炼，不能长期举办，并不能做到让学生充分地理解心理健康教育的内涵。而在通识必修课程的设计方面，学生主要考虑分数的高低，对于要求不高的通识性课程，学生很难从中获取专业的心理健康知识和技能。因此，高校心理健康教育也就无法得到学生的重视，不能取得预期的效果。

在针对 2020 级和 2021 级学生的一项调研中，笔者发现了当下学生获取信息渠道及解决问题途径上的规律。学生进入大学后，获取信息方式多采用互联网和朋辈交流的模式（如图 1 所示）。数据显示，94.82% 的同学主要通过浏览官方公众号、学校官网等获取信息；80.79% 的同学和同学交换信息；

---

〔1〕 白辉：《互联网时代高校学生心理健康教育探究》，载《心理月刊》2019 年第 23 期。

60.06%的同学从经验贴、讲座等处获取信息；56.71%的同学会询问师长、父母或师兄师姐；54.88%的同学通过校内粘贴的信息海报或发放的传单获取信息。其中，"浏览朋友圈"是学生获得信息的主要方式。

针对F校X院2020级新生调研数据（N=328）

选　项	小　计	比　例
浏览官方公众号、学校官网等	311	94.82%
从经验贴、讲座等处获取信息	197	60.06%
校内粘贴的信息海报或发放的传单	180	54.88%
和同学交换信息	265	80.79%
询问师长、父母、师兄师姐	186	56.71%

图1　您获取信息的渠道有哪些？（多选题）

同时，在针对2021级入学新生的调研中，对于"遇到问题希望学校或学院通过哪些方式提供帮助与指导"的问题中，69.16%的学生选择了经验交流会，45.45%的学生选择了线上问答系统，39.61%的学生选择了开展专家讲座。而仅有32.47%的学生选择了自己线下寻找老师咨询。（如图2所示）

针对F校X院2021级新生调研数据（N=292）

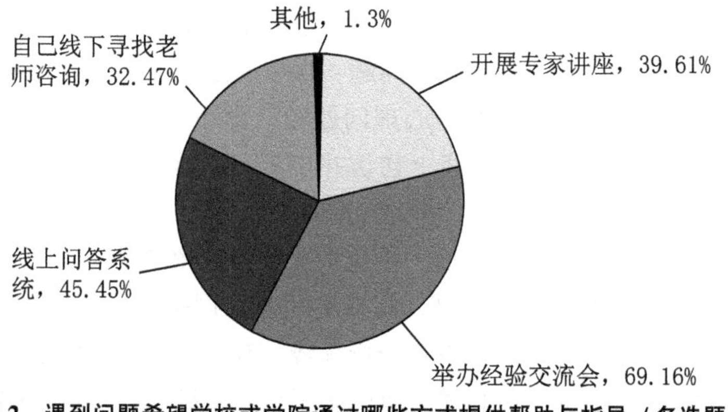

其他，1.3%
自己线下寻找老师咨询，32.47%
开展专家讲座，39.61%
线上问答系统，45.45%
举办经验交流会，69.16%

图2　遇到问题希望学校或学院通过哪些方式提供帮助与指导（多选题）

通过以上数据可以看出，互联网时代背景下，学生获取信息的渠道广泛且多元。更多都是采用碎片化的信息获取方式，如微信朋友圈、小程序、短视频等新媒体形式。在进入大学后，学生更倾向于与朋辈间的交流，请求同龄人的帮助。

这些数据不仅有助于我们了解当前时代下大学生的主要特点，同时也可以将此特点利用在心理健康教育工作当中，可以了解到学生目前获取信息的主要特点和喜闻乐见的形式，有助于改良当前的心理健康教育课程设计。

三、高校心理健康工作创新方式探索

互联网的便捷性与开放性促进社会发展的同时，也为高校心理健康工作打开了新的视野，提供了丰富的资源。互联网时代背景下，创新心理健康工作是新时代的必然要求。

通过对学生特点的深度挖掘，了解学生当下喜闻乐见的学习模式，更有利于心理健康工作创新模式的探索和发展。发挥高校心理工作者的主观能动性和工作赋能，围绕培养学生健康心理的核心目标，分解目标、设计内容、多方协调、整体推进体系化的心理健康教育创新模式。

（一）构建心理健康教育系统化网络平台

互联网背景下的大学生心理健康教育可以利用技术优势，结合传统的教育方法和理论，建立系统化的心理健康教育平台，利用互联网的优势实施心理健康教育。首先，此举可以有效帮助一部分学生避开传统心理教育的尴尬场景，对于担心个人信息或隐私暴露的同学完成线上心理健康教育或一对一咨询的过程。例如对于一般性心理问题，学生通过线上系统进行咨询即可获得帮助，逐渐走出困惑；而对于心理问题较严重而不愿意线下来访的学生，可以在互联网环境下先行完成线上初访并初步交流学生的情况，待建立起信任后再逐步引导其完成线下一对一的咨询和治疗。

其次，在课程设计创新方面，传统的心理健康教育课程内容相对枯燥，趣味性低，学生的参与度并不高。高校利用互联网平台开展心理健康教育，可以有效利用互联网的数据收集和分析优势，有针对性地了解学生的特点同时创新课程设计。学生使用心理健康网络平台，系统后台可以根据学生的个人信息、浏览和关注的关键词进行数据分析和收集，帮助学校观测学生的心理健康情况，有针对性地关注到重点学生。同时利用互联网的资源优势实施心理健康教育，可以改变以往单一讲授的教学模式，融入更多的案例分析、影像图片、数据测评等多元化的形式，每个学生都有专属自己的心理档案和咨询记录，对于个人测评等结果一目了然，促进高校心理健康教育工作创新动态化的发展。

（二）丰富朋辈间互助学习交流模式，利用"IP"思维推动学生活动创新

高校开展心理健康教育，不仅要有效利用现阶段的技术特点，同时也要了解学生的性格特质，从而针对性地开展工作。进入大学后，学生普遍更期望独立，遇到问题及获取信息的方式通常偏向互联网和朋辈交流的方式，和老师或家长面对面交流的机会逐渐减少。因此，高校利用网络开展心理健康教育可以充分利用这一特点，丰富朋辈间交流互助。例如在网络心理健康教育平台中设置不同的交流板块，对网络中相关热点进行分析和解读，让学生直观地了解目前普遍存在的心理问题和解决措施。同时，学生可以通过匿名方式提出与个人心理健康相关的问题，通过朋辈间的交流和探讨等方式给予解答和帮助，让学生充分信任学校，信任学校的网络平台，遇到问题后能够在平台上获得帮助和解答。

此外，促进心理类学生活动的创新也是提升学生心理健康教育的有效举措。传统的"5·25心理月"通常开展一些对心理健康知识的普及和一些常规活动。在新媒体时代背景下，高校也可以充分利用目前网络中流行的"IP"，创新性地设计学生活动，提升学生参与活动的兴趣和动力。例如促进学生社交的"奇妙的朋友"CP组队、"你的心愿我来实现"毕业生心愿征集活动；培养学生良好习惯，健康打卡类的"晒出7天的小确幸""21天心情日记打卡""21天云自习打卡"以及微视频、VLOG大赛、海报征集等。改变传统的学生活动内容，了解学生更关注的热门话题及IP创新学生活动形式，从而提高学生活动开展的效果，让学生充分感受校园活动对自身的提升和收获。

（三）了解技术前沿，探索心理育人新途径、新方法

21世纪以来，互联网已经完全融入了大学生的日常生活之中，尤其智能手机出现以后，已经成为生活学习中信息获取、社交、娱乐均不可或缺的一部分。针对这一趋势，高校必须更主动地了解技术前沿，利用好互联网和新媒体阵地，将心理健康教育和系统平台及校园APP的开发紧密结合起来，加

大心理健康教育软件的开发力度，通过互联网实现对学生的心理健康教育的全覆盖，便于更有效地服务高校心理健康教育。例如不断加强智慧学工平台、网络心理健康管理系统等网络化平台的建设；在系统内部，基于大数据和文本分析，在确保学生隐私和网络安全的前提下，挖掘学生的特点，收集学生的信息进行分析。同时设置心理危机预警指标，一旦触发警报马上进入心理危机、自杀风险干预等关联性操作。在技术不断开发的当下，互联网系统内还可以借助 AI、AR 等新技术不断进行学生工作和心理健康的探索，例如设置模拟情境案例进行学习教育、借助聊天机器人完成对学生简单问题的回应。

综上所述，互联网时代背景下，网络新媒体不断推陈出新，学生的兴趣点和关注点也在网络新媒体的迅速变化中不断改变。为了促使高校更好地进行大学生心理健康教育，首要任务是要了解学生的特点，有针对性地开展工作。其次就是改进传统的心理健康教育模式，来应对不断变革的社会背景。

目前来看，高校的网络化心理健康教育体系还不完善，还需要很长一段时间创新、建设并改进实施。本文对当前背景下的大学生特点和高校心理健康教育工作存在的问题进行了简单归纳，也浅谈了一些心理健康教育未来发展的创新性举措和思考，希望能够在互联网时代下促进心理健康教育发挥更大的作用。

参考文献

［1］樊富珉主编：《大学生心理健康与发展》，清华大学出版社 1997 年版。

［2］Stuart J. H. Biddle, et al., "Physical Activity and Mental Health in Children and Adolescents: An Updated Review of Reviews and an Analysis of Causality", *Psychology of Sport and Exercise*, 42（2018）.

［3］《九州激荡四海升腾（百年大党面对面⑨）——为什么说新时代党和国家事业取得历史性成就、发生历史性变革?》，载人民网，http://paper.people.com.cn/rmrb/html/2022-06/02/nw.D110000renmrb_20220602_1-08.htm。

［4］韩笑、李媛媛：《"Z世代"大学生奋斗精神培育研究》，载《科学导报》2023 年 8 月 1 日，第 B03 版。

［5］杨宜音：《个体与宏观社会的心理关系：社会心态概念的界定》，载《社会学研究》2006 年第 4 期。

［6］白辉：《互联网时代高校学生心理健康教育探究》，载《心理月刊》2019 年第 23 期。

当代大学生心理"脆皮"现象的成因与对策分析

中国政法大学外国语学院　卢　迪

一、引言

在 21 世纪的今天，随着社会的快速发展和信息时代的来临，大学生群体作为社会的新鲜血液和未来的建设力量，其心理健康问题日益受到社会各界的广泛关注。近年来，一个被频繁提及的概念——心理"脆皮"现象，逐渐进入人们的视野。这一现象不仅揭示了当代大学生在应对学业压力、人际关系、就业竞争等多方面挑战时，心理承受能力相对脆弱的现状，也引发了人们对于如何帮助大学生提升心理韧性、培养健康心理品质的深入思考。

心理"脆皮"现象并非一蹴而就的产物，而是多种因素交织作用的结果。针对这一现状，我们有必要对当代大学生心理"脆皮"现象的成因进行深入剖析，并探索有效的应对策略。通过本次研究，我们可以更加全面地了解大学生的心理需求和困境，从而为制定更具针对性的干预措施提供科学依据。

二、当代大学生心理"脆皮"现象的成因

下面，我们将从家庭、学校、社会、就业四个方面，来分析当代大学生心理"脆皮"现象的成因：

（一）家庭原因

首先，家庭环境的过度保护是导致大学生心理"脆皮"的重要原因之一。在现代家庭中，许多父母出于对孩子的关爱和担忧，过度保护孩子，不让他们接触社会的复杂性和挑战。这种过度保护导致孩子在成长过程中缺乏独立解决问题的能力，一旦面对困难和挫折，便容易感到无助和沮丧。当大学生进入大学这个相对独立的环境时，他们需要面对各种新的问题和挑战，而由

于缺乏必要的心理准备和能力，他们往往无法有效应对困境，进而出现心理问题。

其次，家庭教育方式的不当也是导致大学生心理"脆皮"的重要因素。一些家庭在教育孩子时，过于注重学业成绩和物质条件的满足，而忽视了孩子的情感需求和心理健康。这种教育方式导致孩子缺乏情感支持和情感表达的能力，难以与他人建立良好的人际关系。当大学生进入大学后，他们需要与来自不同背景的人相处，需要建立良好的人际关系。然而，由于家庭教育方式的不当，许多大学生在人际交往方面存在困难，无法有效应对人际冲突和压力，进而出现心理问题。

再次，家庭关系的不和谐也会对大学生的心理健康产生负面影响。在家庭中，父母之间的关系、亲子关系等因素都会影响孩子的心理健康。如果家庭关系紧张、冷漠或者存在冲突，孩子会感到不安全、孤独和无助，进而影响到他们的心理健康。当大学生进入大学后，他们需要面对更加复杂的人际关系和环境，如果家庭关系的不和谐已经对他们的心理造成了伤害，那么他们可能更加难以应对大学生活中的挑战和压力。

最后，家庭经济状况的不稳定也会对大学生的心理健康产生影响。在一些家庭中，由于经济条件的限制，父母可能无法为孩子提供足够的物质支持和精神陪伴。这种经济压力不仅会影响到孩子的成长环境，还可能使他们产生自卑、焦虑等心理问题。当大学生进入大学后，他们需要面对更高的生活成本和更激烈的竞争压力，如果家庭经济状况的不稳定已经给他们的心理造成了负担，那么他们可能更加难以应对大学生活中的挑战。

（二）学校原因

首先，在应试教育中，考试成绩和学业成绩被过分强调，而忽视了学生的综合素质和心理健康。因此，大学生往往面临巨大的学业压力，不得不花费大量时间和精力应对考试和学业任务，导致他们缺乏足够的休闲和放松时间，心理负担加重。这种长期的紧张状态容易导致大学生出现焦虑、抑郁等心理问题。

其次，高校心理健康教育体系的不完善也是导致心理"脆皮"现象的原因之一。虽然近年来高校对心理健康教育的重视程度有所提高，但仍然存在一些问题。一方面，心理健康教育课程设置不够全面和深入，无法满足学生的实际需求；另一方面，心理咨询服务体系尚不完善，心理咨询师数量不足，服务质量参差不齐，难以为学生提供及时、有效的心理支持。这些因素都限制了大学生在面对心理问题时寻求专业帮助的渠道，增加了他们出现心理问题的风险。

再次，校园文化的单一性也是导致大学生心理"脆皮"现象的原因之一。校园文化是大学生成长的重要环境之一，它应该是一个充满活力和创新力的空间，能够为学生提供多元化的发展机会和体验。然而，在一些高校中，校园文化较为单一，缺乏多样性和包容性，导致学生的兴趣爱好和个性发展受到限制。这种单调的校园文化不仅无法提供足够的精神滋养，还可能引发学生的逆反心理和心理问题。

最后，学校对学生个体的忽视也是导致心理"脆皮"现象不可忽视的原因。每个学生都有自己独特的成长背景和个性特点，需要个性化的关注和引导。然而，在现实中，由于学生人数众多、教育资源有限等原因，学校往往难以给予每个学生充分的关注和帮助。这种忽视可能导致学生在面对困难时感到无助和孤独，增加了他们出现心理问题的风险。

（三）社会原因

首先，快节奏、高压力的社会环境对大学生心理健康构成了不小的挑战。随着社会经济的飞速发展，竞争日益激烈，大学生面临着就业、学业、人际关系等多重压力。在这种高压环境下，大学生往往容易产生焦虑、抑郁等心理问题。此外，社会对大学生的期望值不断提高，要求他们具备更高的综合素质和更强的竞争力，这使得大学生在追求自我完善的过程中承受了巨大的心理压力。

其次，信息爆炸时代的冲击也是导致大学生心理"脆皮"现象的重要因素。在互联网高度发达的今天，大学生可以轻易地接触到海量的信息，其中不乏负面信息和极端观点。这些信息容易对大学生的心理产生负面影响，导致他们产生迷茫、焦虑等情绪。同时，网络社交的普及使得大学生过度依赖虚拟世界，忽视了现实生活中的人际交往和情感沟通，进一步加剧了他们的心理问题。

再次，社会文化和价值观念的变迁也对大学生心理状况产生了深刻影响。在多元文化的冲击下，大学生的价值观念、道德观念和行为方式发生了显著变化。一些大学生在追求个人价值的过程中，过于强调自我实现和物质享受，忽视了社会责任和精神追求。这种价值观的扭曲容易导致他们在面对挫折和困难时缺乏坚定的信念和支撑，进而出现心理问题。

最后，社会对心理健康问题的认知不足也是导致大学生出现心理"脆皮"现象的重要原因。在一些人的观念中，心理问题往往被视为个人的弱点和缺陷，而不是一种需要关注和治疗的疾病。这种偏见和误解导致许多大学生在面对心理问题时选择隐瞒和逃避，而不是寻求专业的心理治疗。

（四）就业原因

首先，就业市场的复杂性和不确定性是导致大学生心理"脆皮"现象的重要原因之一。当前，中国就业市场正面临着深刻变革，新兴产业的快速发展、传统产业的转型升级，使得就业结构和职业需求发生了巨大变化。同时，随着高校扩招和人才市场的日益饱和，大学生就业的竞争压力日益增大。在这种背景下，大学生在求职过程中往往面临着岗位匹配度低、薪资待遇不理想、工作稳定性差等问题。这种不确定性使得大学生在就业过程中感到迷茫和焦虑，增加了心理问题的风险。

其次，大学生对就业的高期望与现实的落差也是导致心理"脆皮"现象的重要因素。许多大学生在校期间对自己的未来充满了憧憬和期待，希望能够在毕业后找到一份理想的工作，实现自己的职业理想。然而，现实往往并不如人意。在求职过程中，他们可能会遭遇各种挫折和困难，如面试失败、工作不满意等。这种理想与现实的落差，往往导致大学生产生挫败感和失落感，进而引发心理问题。

再次，社会文化的变迁也对大学生的就业心理产生了深刻影响。随着社会的快速发展和变化，传统的就业观念和价值观正在受到挑战和冲击。现代社会的多元化和包容性为大学生提供了更多的职业选择和发展机会，但同时也带来了更多的不确定性和挑战。在这种背景下，大学生在就业过程中往往面临着更多的困惑和迷茫，不知道如何做出正确的职业选择和发展规划。

复次，学校教育和家庭教育在就业教育方面的缺失也是导致大学生心理"脆皮"现象的原因之一。学校教育往往过于注重知识的传授和应试能力的培养，而忽视了对学生职业规划、就业技能等方面的教育和指导。这使得许多大学生在面临就业时缺乏必要的准备和信心。在家庭教育方面，一些家长对子女的就业期望过高，过分强调物质待遇和社会地位，而忽视了子女的兴趣和特长，这也增加了大学生的就业压力和心理负担。

最后，值得一提的是，一些大学生在就业准备方面存在不足，也是导致出现心理"脆皮"现象的原因之一。部分大学生在校期间缺乏职业规划意识，对自己的兴趣和优势缺乏了解，也没有积极参与实习或社会实践等活动来提升自己的职业竞争力。这使得他们在就业市场上缺乏竞争力，难以找到满意的工作，进而产生心理问题。

三、当代大学生心理"脆皮"现象的对策

下面，我们同样将从家庭、学校、社会、就业四个方面，来分析当代大学生心理"脆皮"现象的对策：

（一）家庭对策

首先，家庭应建立和谐亲密的亲子关系。亲子关系是家庭教育的基石，对于大学生的心理健康至关重要。家长应多与孩子沟通，了解他们的想法和感受，尊重他们的个性和选择。在沟通过程中，家长要给予孩子足够的关爱和支持，让他们感受到家庭的温暖和安全。同时，家长也要学会倾听和理解孩子的困扰和烦恼，给予积极的回应和建议，帮助他们解决问题。

其次，家庭应培养大学生的独立性和自主性。大学生正处于人生的关键阶段，需要逐渐学会独立思考和自主决策。家长应适当放手，给予孩子足够的空间和自由，让他们在实践中锻炼自己的能力和素质。同时，家长也要关注孩子的成长需求，提供必要的支持和帮助，引导他们正确面对挑战和困难。

再次，家庭应引导大学生树立正确的价值观和人生观。价值观是人生的导向灯，对于大学生的心理健康具有重要影响。家长应帮助孩子认识社会、了解人生，引导他们树立积极向上的价值观和人生观。家长要教育孩子珍惜生命、尊重他人、诚实守信、勤奋进取，培养他们的社会责任感和使命感。同时，家长也要关注孩子的情感需求，培养他们的同情心和关爱他人的能力，让他们成为有情有义的人。

复次，家庭应鼓励大学生参与社会实践活动。实践是检验真理的唯一标准，也是锻炼大学生心理素质的有效途径。家长应鼓励孩子多参加社会实践活动，如志愿服务、实习实训等，让他们在实践中增长见识、锻炼能力、提

升自信。通过参与社会实践，大学生可以更好地了解社会、认识自己，增强心理适应能力和抗压能力。

最后，家庭应关注大学生的心理健康状况，及时寻求专业帮助。如果大学生出现心理问题或困扰，家长应及时察觉并关注，鼓励他们主动寻求心理咨询或治疗。同时，家长也要积极了解心理健康知识，提高自己的心理素质和应对能力，以便更好地支持和帮助孩子。

（二）学校对策

首先，学校应重视心理健康教育，加强心理健康课程的建设。心理健康教育是预防心理"脆皮"现象的基础。学校应将心理健康教育纳入教学体系，确保每个学生都能接受到必要的心理健康知识和技能培训。课程内容应涵盖心理健康的基本概念、心理问题的识别与应对、压力管理、情绪调节等方面，帮助学生建立正确的心理健康观念，提升自我认知和情绪管理能力。

其次，学校应建立健全心理咨询服务体系。心理咨询是帮助学生解决心理问题、缓解心理压力的有效途径。学校应设立专门的心理咨询机构，配备专业的心理咨询师，提供及时、有效的心理咨询服务。同时，学校还应建立心理健康档案，对学生的心理健康状况进行跟踪和记录，以便及时发现和解决心理问题。此外，学校还可以开展心理健康普查，了解学生的心理健康状况，为心理咨询工作提供有针对性的指导。

再次，学校应开展多样化的心理健康教育活动。除了课堂教学和心理咨询外，学校还可以通过举办讲座、开展心理健康周、组织心理剧表演等形式多样的活动，增强学生的心理健康意识。这些活动不仅可以为学生提供更多了解心理健康知识的机会，还可以帮助他们在实际生活中运用所学的心理健康技能，提升自我调适能力。

复次，学校还应加强师生之间的沟通与互动。教师是学生的引路人，他们的关心和支持对于学生的心理健康教育至关重要。学校应鼓励教师多与学生交流，关注他们的思想动态和情感变化，及时发现问题并提供帮助。同时，学校还可以建立师生互助机制，让教师在日常教学中融入心理健康教育元素，为学生提供更加全面、细致的关怀。

最后，学校应营造积极向上的校园文化氛围。校园文化是影响学生心理健康的重要因素之一。学校应倡导积极向上的价值观，鼓励学生参与各种有益身心的活动，如体育锻炼、文艺表演、志愿服务等。这些活动不仅可以丰富学生的课余生活，还可以帮助他们建立积极的人际关系，提升自信心和幸福感。

（三）社会对策

首先，政府应加强对大学生心理健康教育的关注和投入。政府作为社会管理和服务的主体，应充分认识到大学生心理健康的重要性，并将其纳入国家发展战略中。通过制定相关政策，加大对大学生心理健康服务的投入，如设立专项资金用于支持大学生心理健康教育和研究，推动建立覆盖全国的大学生心理健康服务体系。同时，政府还应加强与社会组织和专业机构的合作，共同开展大学生心理健康教育和服务工作，形成政府主导、社会参与的良好局面。

其次，媒体应发挥舆论引导作用，传播心理健康知识。媒体作为社会舆论的引导者，应加强对大学生心理健康问题的关注和报道。通过新闻报道、专栏文章、公益广告等多种形式，普及心理健康知识，提高大学生对心理健康的认识和重视程度。同时，媒体还应避免过度渲染大学生的压力和挑战，以免加重他们的心理负担。媒体应更多地传播积极、正面的信息，引导大学生树立正确的价值观和人生观。

再次，企业和社会组织也应积极参与大学生心理健康工作。企业可以通过实习实训、校园招聘等方式，为大学生提供更多的实践机会和就业渠道，帮助他们提升自信心和应对能力。同时，企业还可以开展针对大学生的心理健康教育和培训活动，帮助他们更好地适应职场环境和社会压力。社会组织则可以发挥专业优势，为大学生提供心理咨询、心理辅导等服务，帮助他们解决心理困扰和问题。

复次，加强社会支持体系建设也是应对大学生心理"脆皮"现象的重要举措。社会支持体系包括家庭、朋友、社区等多个层面，可以为大学生提供情感支持、信息支持和实质性帮助。家庭应给予大学生足够的关爱和理解，与他们保持良好的沟通，帮助他们建立健康的心态和积极的人生态度。朋友和同龄人之间可以相互支持、鼓励，共同面对挑战和压力。社区可以组织各类活动，增进大学生的人际交往和归属感，为他们提供一个温馨、和谐的生活环境。

最后，全社会应共同营造关爱大学生的氛围。大学生是社会的未来和希望，他们的健康成长关系到国家的未来和社会的发展。因此，全社会都应关注大学生的心理健康问题，为他们提供关爱和支持。通过举办心理健康宣传活动、开展志愿服务等方式，让更多人了解大学生心理健康的重要性，形成全社会共同关注、支持大学生心理健康的良好氛围。

（四）就业对策

第一，高校应加强就业指导，帮助学生树立正确的就业观念。高校应建立完善的就业指导体系，包括课程设置、讲座培训、实习实践等多个环节。通过系统的就业指导，帮助学生了解就业市场的需求和趋势，掌握求职技巧和方法。同时，高校还应引导学生树立正确的就业观念，让他们认识到就业不仅仅是谋生手段，更是实现自我价值和社会价值的重要途径。

第二，政府应加大对大学生就业的支持力度。政府可以通过制定优惠政策、提供就业服务等方式，鼓励企业吸纳大学生就业。例如，可以给予企业一定的税收减免，或者提供招聘补贴等以降低企业招聘大学生的成本。同时，政府还可以建立大学生就业服务平台，提供岗位信息发布、求职指导、职业规划等服务，帮助大学生更好地了解就业市场，提高求职成功率。

第三，大学生自身也应积极调整心态，增强就业信心。面对就业压力，大学生应保持积极的心态，相信自己能够找到合适的工作。同时，他们还应不断提升自己的综合素质和能力水平，包括专业知识、技能水平、沟通能力、团队协作能力等。通过不断学习和实践，增强自己的竞争力，提高就业成功率。

第四，社会各界也应共同关注大学生的就业问题，为他们提供更多的支持和帮助。企业可以加强与高校的合作，提供更多的实习和就业机会。媒体可以加大对大学生就业政策的宣传力度，提高社会对大学生就业现状的关注度。家庭和朋友也可以给予大学生更多的关心和支持，帮助他们顺利渡过就业难关。

第五，我们还应注重大学生的心理健康教育。面对就业压力，许多大学生容易出现焦虑、抑郁等心理问题。因此，高校和社会应加强对大学生的心理健康教育，帮助他们建立健康的心态和积极的应对方式。可以通过开设心理健康课程、举办心理健康讲座、提供心理咨询等方式，为大学生提供心理支持和帮助。

第六，我们还应探索多元化的就业模式，为大学生提供更多的就业选择。除了传统的就业方式外，还可以鼓励大学生自主创业、灵活就业等，让他们根据自己的兴趣和特长选择适合自己的职业道路。

四、总结

第一，家庭环境是影响大学生心理健康的重要因素之一。家庭氛围、家庭教育方式、家庭经济状况等都可能对大学生心理产生深远影响。一些家庭过于强调成绩和竞争，给孩子带来巨大的心理压力。而一些家庭则缺乏沟通和理解，使孩子感到孤独和无助。为了改善这一现象，家庭应树立健康的教育观念，注重培养孩子的综合素质，而非过分追求分数。同时，家长应加强与孩子的沟通，关心他们的情感需求，为他们创造一个温馨、和谐的家庭环境。

第二，学校作为大学生成长的重要场所，对于大学生心理"脆皮"现象也应承担起引导责任。一些学校过于注重学生的学术成绩，忽视了学生的心理健康。一些学校缺乏专业的心理健康教育师资和设施，无法满足学生的需求。为了改善这一现象，学校应加强对心理健康教育的重视，建立健全心理健康教育体系，配备专业的心理健康教育师资和设施。同时，学校还应注重培养学生的综合素质和应对能力，帮助他们更好地适应社会和就业市场的需求。

第三，社会因素也是导致大学生心理"脆皮"的重要因素之一。随着社会的快速发展和变革，竞争压力、就业压力、人际关系压力等不断增大，给大学生带来了沉重的心理负担。此外，社会价值观的多元化和复杂化也使大学生面临着更多的选择和困惑。为了缓解这一现象，社会应加强对大学生的关注和支持，为他们提供更多的发展机会和社会资源。同时，政府、企业和社会组织等也应积极参与大学生心理健康教育，共同营造关爱大学生的良好氛围。

第四，就业压力是导致大学生心理"脆皮"现象的重要原因。随着就业市场的日益严峻，许多大学生在面临就业时感到焦虑、迷茫和自卑。为了缓解这一现象，政府、学校和社会应共同努力，为大学生提供更多的就业机会和就业指导。政府可以出台相关政策，鼓励企业吸纳大学生就业；学校可以加强与企业的合作，为学生提供更多的实习和就业机会；社会也可以建立相关平台，为大学生提供就业信息和指导服务。

综上所述，中国当代大学生心理"脆皮"现象的成因复杂多样，需要我们从家庭、学校、社会、就业四个方面入手，深入分析并提出相应的对策。通过加强家庭教育、优化社会环境、完善学校教育体系以及缓解就业压力等措施，我们可以有效缓解大学生心理"脆皮"现象，帮助他们健康成长并实现自我价值。同时，这也需要全社会的共同努力和关注，为大学生创造一个更加健康、和谐、支持力度大的成长环境。

ク、三委員人

法学专业性社会实践育人作用的发挥

——以中国政法大学"大学生法律援助工作站"为例

共青团中国政法大学委员会　赵中名

一、法学专业性社会实践育人的价值意蕴

（一）拓展青年思政教育载体

习近平法治思想是习近平新时代中国特色社会主义思想的重要组成部分，对于全面加快我国社会主义法治建设具有重大现实意义和深远历史意义。[1]统筹推进习近平法治思想的青年阐释，是运用习近平新时代中国特色社会主义思想铸魂育人的一项重要工作。法学专业性社会实践以坚定法学青年群体对中国特色社会主义法治道路的自信为立足点，致力于推进习近平法治思想在法学青年群体中深入内心，并为弘扬社会文明风尚奠定坚实的青年基础。法学专业性社会实践从坚定法治自信与提升法治素养两个方面入手，积极探索搭建青年法治素养提升培养体系，全力做好习近平法治思想的青少年化阐释工作。加强法学专业性社会实践工作的建设，不仅是宣传贯彻习近平法治思想的关键途径，也是提升法学青年深刻领悟习近平法治思想，坚定中国特色社会主义道路自信、理论自信、制度自信、文化自信的创新性举措。通过法学专业性社会实践工作的开展，法学青年能够更为深入地理解和体会习近平法治思想在实际生活中的具体应用和重要价值，有助于丰富青年思政教育的形式和内容，为青年提供更广阔的学习和成长空间，使其在实践中不断提升自身的思想政治素质和综合能力，这也是推动高校思政教育创新发展、提高教育质量的有效方法，拓展高校青年思政教育的载体的有益探索。

---

[1] 江必新、孙珺涛：《习近平法治思想中的科学思想方法》，载《法治研究》2024 年第 2 期。

新时代加强和改进高校思想政治工作路径探究

（二）深化诊所法律教育实践

诊所法律教育（Clinical Legal Education），[1] 作为一种兴起于 20 世纪 60 年代的法学人才培养模式，其灵感来源于医学专业联合专业医疗机构对实习医生的培养，通过为法律诊所配备专业任课教师，让学生在真实案件中深入学习法学理论知识，已然成为衔接校内理论课堂与校外实践课堂的一种有益尝试。法学专业性实践旨在紧密结合中国基层法治建设的实际情况，在原有法律咨询工作的基础之上，积极拓展诊所教育形式载体，如增加法律援助、普法宣传等。这种拓展使得诊所法律教育在实践中更好地实现本土转化。通过参与法律援助，学生们能够亲身感受法律在实际生活中的运用，体会到法律对于维护社会公平正义的重要性；而普法宣传则有助于提高公众的法律意识，为弘扬良善社会风尚、推进基层社会治理能力现代化提供助力。深化诊所法律教育实践，不仅有助于法治人才的深化培养，还能够有效推动法学教育理论创新发展。

（三）优化法治人才培养效能

2023 年 2 月，中共中央办公厅、国务院办公厅印发的《关于加强新时代法学教育和法学理论研究的意见》指出，要"坚持以习近平法治思想为根本遵循，深入学习贯彻习近平法治思想，坚持用习近平法治思想全方位占领法学教育和法学理论研究阵地，教育引导广大法学院校师生和法学理论工作者做习近平法治思想的坚定信仰者、积极传播者、模范实践者"[2]。对于这一论述的理解，需要紧密结合习近平总书记 2017 年 5 月 3 日在中国政法大学考察时的重要讲话精神，深刻领会两者在"法治教育""法治人才培养"等主题上一脉相承的内在联系以及与时俱进的发展逻辑。法学是一门具有较强实践性的学科，法学专业性社会实践为法学青年群体提供了将理论知识与实践相结合的宝贵平台。通过参与实践，法学青年能够将书本上的理论知识运用到实际工作中，促进其在实践中提升专业能力和综合素质，这种实践不仅有

---

〔1〕 郭雪慧：《法律诊所教育的域外经验与借鉴》，载《社会科学家》2023 年第 7 期。

〔2〕《中共中央办公厅 国务院办公厅印发〈关于加强新时代法学教育和法学理论研究的意见〉》，载中国政府网，https://www.gov.cn/zhengce/2023-02/26/content_5743383.htm，最后访问日期：2024 年 4 月 6 日。

564

助于他们深化对法律条文的理解，更能培养他们解决实际问题的能力。在实践过程中，通过接触到真实的案例和复杂的法律情境，能够有效锻炼法学青年的分析能力、判断能力和应变能力。此外，法学专业实践还能让法学青年更好地了解社会现实，更加清晰地认识到自己所学知识的价值和意义，增强其社会责任感和使命感，从而树立正确的法律职业道德。

二、法学专业性社会实践育人的逻辑机理

（一）基于马克思主义实践论的分析

马克思主义的实践观是引领时代变革的关键理论基础。实践活动本身是改变世界的客观行为，然而，从事实践的人却持有各异的主观目的和价值取向，这一点在作为主体的人开展实践活动的最终目标中得以充分展现，即达成自身的需求。[1]基于这一认识，马克思主义实践观认为实践活动必然蕴含着价值属性。将马克思主义的实践观应用于法学专业性实践的育人效用发挥研究中不难发现，青年学生开展社会实践的过程包含着多元的内在价值，其中可能存在积极的价值，如深化理论知识的学习、体验法治实践的流程等，同时也可能伴随着消极的价值，如仅仅是为了满足强制要求。从辩证的角度来看，参与实践活动的另一类群体，即活动的另一端（如咨询当事人、普法受众等），在参与实践的过程中同样持有多元的内在价值（如获取法律援助等）。依托专业性社会实践，多元的价值得以碰撞与交融，在一定程度上会影响法学青年对法治实践的认知，这种认知往往对于准确理解法律实施具备正向的积极意义。通过深入探究马克思主义实践论，我们能较为全面地理解实践活动的多样性和复杂性，它不仅揭示了个人在实践中的多元价值追求，还强调了这些价值之间的相互作用和影响。这为我们更好地组织和引导青年开展法学专业性实践提供了理论支持。在此过程中，我们要充分发挥价值引领的作用，促进多元价值的交流与融合，推动法学青年更深入地理解和参与法治实践，为实现法治社会的目标做出积极贡献。

---

〔1〕 陈中婷：《解答"四问"：习近平实践观对〈实践论〉的创新发展》，载《荆楚理工学院学报》2024 年第 1 期。

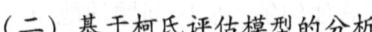

（二）基于柯氏评估模型的分析

柯氏评估模型（Kirkpatrick Model）[1]是评价某一领域技能培训或素养提升效果的权威模型之一，该模型共分为四级。第一级为反应评估层（Reaction），该模型认为对相关技能训练的评估要重点关注被培训人的主观评价，即其满意程度，具体的实施策略是通过个案访谈的方式了解被培训人员对于培训内容、培训形式、培训载体等元素的评价与客观印象，反应评估层的分析结果将用于调整培训实施的具体方式，并不能直接评判培训效果的好坏。法学实践具有很强的专业性，因此在反应评估层对法学专业性社会实践的评价中，要充分尊重参与学生的主体性，定期开展活动满意度评估调研，同时也应广泛征求专业指导教师、领域专家的评估意见，在形式载体上完善工作机制。第二级为学习评估层（Learning），这是柯氏评估模型中较为客观的评价系统，也是最为常用的评价方式，主要是对参训主体的理论知识掌握情况、技能水平开展量化评估，往往依托笔试、实地操作和工作模拟等方式开展，对应到法学社会实践工作中，该部分评估更切合于法学理论的第一课堂学习成果检验，但需要说明的是该层分析模式为专业性社会实践提供一个指导思路：即开展实践活动必须具备特定的专业技能，应考虑为参与群体设定准入门槛，以此保证实践活动的专业性。第三级为行为评估层（Behavior），主要考察参训者对知识的运用程度，测评方式趋向于质性测量，通常需要借助自我评价指标、同事评价指标、培训者主观认知等评价框架进行，行为评估层的价值导向与法学专业社会实践的效用发挥产生耦合，即在开展相关工作的过程中要注重对学生实践能力变化的评价，需要通过设定合理的评价指标完成能力提升程度测评，如包含理论理解能力、沟通交际能力、实践运用能力等维度。第四级为成果评估层（Result），即计算培训产出的经济效益与社会效益，以此来判断该项培训对参训主体做出的直接贡献，在专业性实践的分析中，该部分的测评往往偏向于第三方参与主体的客观评价。柯氏评估模型在四个维度上提供了分析法学专业性实践育人效果的评价模式，但需要注意，对该模型的运用不能局限于具有延迟性的事后评价，更应结合对应指标设定

────────────

　　[1]　冯苑：《基于"柯氏评估模型"的硕士研究生培养质量评价体系研究——以江西师范大学土地资源管理专业为例》，载《黑龙江教育（理论与实践）》2024年第4期。

有效融入事前指导。

（三）基于情境学习理论的分析

情境学习理论（Situated Learning）认为，学习并不是个体进行纯粹的理论输入的客观活动，也不是纯粹的心理建构的过程，而是结合社会融入、实践感知、公众参与的强化过程。在此过程中，个体通过认识不同事物、主体间的差异性而进行某一方面或领域的技能深化，[1]由此完成社会化、实践化的学习过程。基于情境学习理论，法学专业性社会实践的能力提升路径可以划分为三个层次。第一个层次是对学习内容的定义，即法学理论专业知识与青年学生的自身意识构建关系，对于此部分的学习，不仅是专业理论的积累，还包含着个体对吸收理论知识的主观意识，在某种程度上，这要求开展法学专业性实践必须建立在青年学生具有较强的主观参与意愿上，这也要求开展相关工作时需要前置性地开展以思想政治教育为主要内容的法治观念塑造工作。第二个层次是对学习场景的设定，情境学习理论认为任何学习过程都是学习者对学习环境的适应，即综合能力的提升并不取决于专业知识的积累，而是取决于在特定学习场景中个体的调用能力。法学专业性社会实践需要通过设定普法宣传、法治宣讲、法律援助、法律咨询、案件代理等不同形式的学习情境，并对每一情境进行专业化拆解，基于时间、地点、群体、内容等元素逐一对应学习者的学习需求，将青年学生带入完整的法治实践情境，以实践经验累积激发学生的主体身份意识。第三个层次是参与主体间的交互，情境学习理论认为学习的本质是对话，知识学习的过程是不同主体间交互协商的过程，在弥补不同主体信息差的过程中实现均衡统一，在开展法学专业性社会实践的过程中，不仅要加强对青年学生的教育引导，更要注重对其他方参与主体加以把控，需要配备专业的指导老师对现实问题进行过滤筛选，在符合青年学生群体专业水平和认知水平的建构环境中最大程度还原现实生活的法治实践过程。

---

〔1〕 李萌：《基于情境学习理论的高校课程思政教学设计——以"大学生心理健康教育"为例》，载《江苏经贸职业技术学院学报》2024年第1期。

三、法学专业性社会实践育人的实现进路——基于中国政法大学"大学生法律援助工作站"的实践

遵循学科专业性社会实践育人的逻辑机理，中国政法大学始终以习近平新时代中国特色社会主义思想为核心指导，全力弘扬习近平法治思想，秉持着德法兼修、明法笃行的学科专业实践育人工作理念，积极鼓励学生参与法律援助等各类社会实践教育活动。为了更好地推动实践育人工作，学校大力建设"大学生法律援助工作站"，致力于将其塑造成为青年学子践行理想、服务社会的重要窗口。通过这一平台，学生们能够将所学知识运用到实际中，为需要法律援助的人们提供帮助。这种实践模式不仅拓展了思政育人学科专业实践的新路径，更重要的是，它引导着青年大学生为助力法治社会的建设贡献出自己的青春智慧与力量。

（一）强化"大思政课"意识，凝练立德树人与时代特征相结合的育人理念

学校全面统筹法律援助志愿者的服务保障以及思想政治教育这两项工作，深度挖掘大学生法律援助工作所具有的时代意义与社会价值，始终坚定地将思想政治工作与工作站建设工作相互结合，把立德树人、规范管理的严格标准以及春风化雨、润物无声的灵活方式有机融合，把解决师生的思想问题与教学科研、学习就业等实际问题妥善联结。"大学生法律援助工作站"始终秉承"学以致用，服务社会"这一宗旨，成功搭建起一座法学专业学生为广大群众提供公益法律服务的桥梁，同时也构建起法学教育教学与法律实务实践之间的联系纽带，进而形成了"法律咨询、文书代写、案件代理、普法宣教、学科竞赛""五位一体"的全方位学习实践模式。通过这种模式，不仅能够让学生把所学知识运用到实际中，还搭建起青年服务社会的平台，有效增强法学青年社会责任感和使命感，也促进了法学教育教学与法律实务实践的紧密结合，提高了法学青年的实践能力和综合素质，为培养具有高度社会责任感和实践能力的优秀法律人才提供了有力支持。

（二）强化专业能力建设，打造思政教育与青年特点相结合的育人模式

"大学生法律援助工作站"选聘专业的教师团队为工作站的各项工作提供专业的指导，援助站志愿者主要来源于研究生法律援助中心、青年志愿者协会法律援助中心、准律师协会法律援助中心以及农村与法治研究会—安法律

援助中心等学生社团组织，他们均是学校的在册大学生。工作站面向社会积极提供无偿法律服务，主要形式涵盖现场咨询、电话或网络线上咨询、代写法律文书以及公民代理诉讼等。此外，工作站还开展了"国家宪法日"社会实践专项工作，围绕大中小思政一体化建设项目、乡村"法律明白人"基层治理助力项目以及新时代文明实践中心建设项目这三个专题，选派了25支团队前往中小学校、乡村社区，深入开展普法宣传教育。工作站团体单位充分发挥主观能动性，积极运用专业知识解决社会实际问题，如学生社团准律师协会帮助北京某厂的26名员工成功讨回了200余万的补偿款，这一案例受到了央视等媒体的广泛报道。学校在"学宪法 讲宪法"活动中的出色表现，多次被评为全国北京市的优秀组织单位。

（三）强化主流价值引领，营造社会实践与学科特质相结合的育人氛围

"大学生法律援助工作站"主动拓展校外资源，与北京市检察院、朝阳律协等众多单位签署合作协议，协助北京市第三中级人民法院、海淀区人民法院等单位，设立便民服务窗口。工作站积极参与编写《普法案例读本》等普法宣传教材，以"国家宪法日"等法治文化宣传节点为良好契机，广泛开展"普法进乡村、进社区、进学校"等具有特色的品牌活动，有效提高了人民群众知法、懂法、守法以及运用法律维护自身权益的意识和能力。2023年，协同"全国政法类高校（学院）共青团工作联盟"，组织开展"法治中国青春行"社会实践活动，成功招募了348支团队，开展1389场法治宣讲活动，累计覆盖人数达到11.8万人次。自2017年以来，工作站招募近8100人次的专业志愿者，开展368场次的法律咨询、文书代写、案件代理、基层普法等普法及法律援助志愿服务活动，接待当事人总计1.9万余人次，累计服务时长达到了2万余小时，受理案件3600余件。此外，还组织了万余名学生在新疆、甘肃、青海等的欠发达地区开展专业社会实践。通过以上工作，工作站不仅为法科学生提供了实践机会，还营造了崇法向善的良好育人氛围，为法治社会的建设作出了积极贡献。

浅议以文化育人推进高校发展型资助育人工作

中国政法大学学生工作部（处） 高菲斐

党的二十大工作报告进一步为新时代高校育人工作指明了方向：全面贯彻党的教育方针，落实立德树人根本任务，将大学生培养成德智体美劳全面发展的社会主义建设者和接班人，加快建设高质量教育体系，发展素质教育。

一、高校资助育人工作现状

高校学生资助工作是一项重要的民生工程。自2007年5月《国务院关于建立健全普通本科高校、高等职业学校和中等职业学校家庭经济困难学生资助政策体系的意见》落实以来，经过近二十年不断改进完善，我国高校已经建立起以政府主导，学校、社会积极参与，包含国家奖助学金、国家助学贷款、勤工助学、困难补助、社会资助、学费补偿代偿等多项资助内容的全方位资助体系，以及"入学绿色通道"制度，已经实现了"不让一个学生因家庭经济困难而失学"资助工作目标。在学生资助工作实践中，各高校逐步摸索从以"经济资助、扶贫帮困"为重点的保障型资助转型为以"学生成长发展"为核心的发展型资助，提出素质拓展、能力提升等工作理念。对此，在《2016年中国学生资助发展报告》里，全国学生资助管理中心明确要求高校学生资助工作的重心应该开始从保障型向发展型转变，并将重视受助学生成长成才列为学生资助工作的重点内容，我国高校学生资助工作由此迈入了新的发展阶段。保障型资助重在"资助"，其目标是解决家庭经济困难学生学费等经济上的困难。发展型资助重在"家庭经济困难学生的发展需求"，是在解决受助学生经济困难基础上，注重解决如何将家庭经济困难学生从单纯的受助者培养成全面发展的自助者问题，发展型资助是追求高等教育公平的必要途径。2017年12月发布的《高校思想政治工作质量提升工程实施纲要》（以下简称《实施纲要》）进一步将资助育人的质量提升纳入十大育人体系，要求高校资助的"扶困"工作要与"扶智、扶志"两者结合，要求在"国家、学校、社会、学生"四位一体的发展型资助体系上，建立有效融合物质帮助、道德浸润、能力拓展、精神激励的发展型资助育人长效机制。在《2022年全国学生资助工作要点》里，坚持育人为本推进"发展型"资助继续被全国学生资助管理中心列为年度工作要点。

随着高校资助工作重心从保障型向发展型转变，资助育人方式也随之从保障型向发展型深度转变。发展型资助育人是指围绕立德树人根本任务，以家庭经济困难学生身心健康发展为核心，在保障经费和物质资助基础上，同步开展的资助育人工作，并重点关注面临身心发展、学业修习、素养提升、入学就业等困境的学生，提供更加精准有效的教育服务。[1]发展型资助育人是把帮助家庭经济困难学生全面成长的发展需求作为学生资助工作的中心任务，并以此重新搭建资助工作各个环节，建立、形成资助工作"解困—育人—成才—回馈"的良性循环，最终实现育人的目的。发展型资助关注的对象是"心困、学困"等多困叠加的家庭经济困难学生，因此发展型资助的内容不仅包含资助（即物质帮助），还包含育人（即育德、育心、育能）。

高校资助工作重心向发展型转变以来，各高校以《实施纲要》提出的资助育人长效机制作为学校资助育人工作的新定位，积极探索发展型资助育人，以诚信、感恩、励志为育人主题，开展了多种活动形式。然而，从育人成效来看，很多高校资助育人工作仍停留在经济支持层面，缺乏对受助学生精神层面关注和心理关爱；从育人方式来看，很多高校资助育人不仅方式单一且同质化，缺少"技术型""知识型"活动项目，而且育人内容没有贴合受助学生实际需求，难以激发家庭经济困难学生的参与积极性。在育人导向上，当前高校资助育人缺乏对受助学生的思想观念引领和价值观塑造，导致一些受助学生炫富、过度消费等现象频发。部分受助学生简单地把资助理解成社会福利，产生"以贫为荣""理所当然被资助"的畸形观念。在育人的工作整体性上，当前高校资助育人工作缺乏将发展型资助中"育德、育心、育能"内容联结的核心点，育人内容比较零散，缺少核心主线，从而使资助育人工作普遍存在"头痛医头、脚痛医脚"的现象。

---

[1] 《省教育厅等十四部门印发〈关于加强家庭经济困难学生发展型资助育人工作指导意见〉的通知》，载江苏省教育厅网，http://jyt.jiangsu.gov.cn/art/2023/7/17/art_58961_10956213.html。

新时代加强和改进高校思想政治工作路径探究

二、文化育人的内涵及其作用

步入新时代，随着全球化深入发展，文化对人类与社会发展的影响越来越重要，文化在高校育人工作中的重要地位愈加凸显。《辞海》将狭义上的文化定义为精神生产能力和精神产品，包括一切社会意识形态，如自然科学、技术科学、社会意识形态。但从广义角度上看，文化不仅指人类在社会实践过程中所获得的物质与精神的生产能力，还包括所创造的物质、精神财富的总和。[1]文化是"内在于人的主体世界的东西。它包括精神领域的一切，是人本质力量的表现"。[2]塑造人、教化人是文化的基本功能。如果没有文化，育人的目标就难以实现。文化育人是指以人类创造和选择的文化去感化人、熏陶人、培育人，其本质在于以人类文化的正向价值为引导教化人，从而实现培养健全人格的目标。随着时代的发展和社会的进步，文化育人的内容不断丰富，并被时代赋予了新的特征与内涵。

2017年2月，中共中央、国务院发布的《关于加强和改进新形势下高校思想政治工作的意见》提出以思想价值为引领，构建高校思政工作体系，实现思想政治工作全员全过程全方位育人，形成文化育人的长效机制。文化育人不仅是高等教育的重要育人理念和教育方式，更是高校思想政治工作坚持全员全过程全方位育人的重要形式。教育部在2017年12月出台的《实施纲要》也将文化育人质量提升体系列为"十大"育人体系之一，并明确文化育人质量提升的内容为：深入开展中华优秀传统文化、革命文化、社会主义先进文化教育，推动中国特色社会主义文化繁荣兴盛，牢牢掌握高校意识形态工作领导权，践行和弘扬社会主义核心价值观，优化校风学风，繁荣校园文化，培育大学精神，建设优美环境，滋养师生心灵、涵育师生品行、引领社会风尚。[3]《实施纲要》不仅为文化育人指明了方向和要求，也为文化育人赋予了时代的内涵，即以优秀传统文化、革命文化和社会主义先进文化为主体，围绕社会主义核心价值观，把中华优秀传统文化、革命文化和社会主义

---

〔1〕 夏征农、陈至立主编：《辞海》（第6版彩图本），上海辞书出版社2009年版，第2379页。

〔2〕 王升臻：《文化视角下思想政治教育本质新论》，载《探索》2012年第2期。

〔3〕《中共教育部党组关于印发〈高校思想政治工作质量提升工程实施纲要〉的通知》，载中华人民共和国教育部政府门户网站，http://www.moe.gov.cn/srcsite/A12/s7060/201712/t20171206_320698.html。

572

先进文化中所包含的精神价值融入高校思政工作，充分发挥以文化人、以文育人的作用，实现文化育人功能。中华优秀传统文化作为文化体系的重要组成部分，脱胎于中国几千年的发展历程，具有民族特色、内容丰富。革命文化作为中国优秀文化的重要组成，是中国人民在长期革命实践中形成的优秀文化。社会主义先进文化立足于中华优秀传统文化和革命文化，在借鉴、吸收西方优秀文明基础上，是马克思主义思想与中国具体实践过程中形成的创新结果。中华优秀传统文化、革命文化与社会主义先进文化体现的是中国文化不同历史阶段沉淀的文化精髓，三种文化一脉相通，是中华民族独有的文化。《实施纲要》赋予时代内涵的文化育人在高校的思政教育工作中具有重要的作用。

首先，具有时代内涵的文化育人是"课程、实践、资助、网络、心理、管理"等其他育人体系的精神层次的引领。文化属性与其载体的多元性使文化育人可以从精神、物质、实践三个方面贯通"课程、实践、资助、网络、心理、管理"等其他育人体系，从而深度实现文化育人与"课程、实践、资助"等其他育人体系在育人目标上的内在耦合。其次，具有时代内涵的文化育人不仅是高校思想政治教育工作育人体系的重要组成部分，更是增强高校思想政治教育吸引力和育人效果必不可缺的途径。通过中华优秀传统文化、革命文化和社会主义先进文化三种形态中包含的精神内化、资源物化以及实践转化等多途径育人，有助于提高思想政治教育的针对性与实效性。最后，与其他育人相比，文化育人同时具备显性教育和隐性教育途径，擅长以潜移默化、细雨润物的方式，着重启迪精神层面的探索成长与思想提升，以显性和隐性的文化表现形式启发人的自觉性和主动性，触动人的感情和心灵，达到感染人、影响人、塑造人的目的，有助于增强高校思想政治教育的效果。

三、文化育人是发展型资助育人高质量发展的必然需求

第一，文化育人与发展型资助育人的出发点和最终落脚点高度契合，其内容贴合发展型资助育人的需求。文化育人与发展型资助育人都是围绕立德树人这一根本任务，以育人为出发点和最终目标，因此二者同向而行，并不矛盾冲突。发展型资助以保证资助工作的育人效益为工作目标，其核心要义在于"发展"，即以实现物质保障为基础，满足受助学生多元需求，推动学生

全面发展。发展型资助是在解决家庭经济困难学生经济困难基础上，重点解决他们的成长发展过程中遇到的问题，满足他们更高层次的发展需求，关注他们的全面和可持续发展。

如何通过资助帮扶实现家庭经济困难学生全面发展的育人工作是发展型资助的主要目标和根本要求。发展型资助育人是在经济上"应助尽助"的基础上，注重对家庭经济困难学生在精神上的引领与激励、能力素质的培养与提升、心理素质的拓展与增强，关注的是家庭经济困难学生马斯洛需求层次理论中较高层次的需求。而文化育人最大的价值恰恰体现的是对人类心灵的滋养，因此将蕴含丰富精神内容的中华优秀传统文化、革命文化和社会主义先进文化融入高校思政工作的文化育人恰恰符合发展型资助育人关注、实现家庭经济困难学生高层次发展需求的工作目标。含有中华优秀传统文化、革命文化和社会主义先进文化正向价值的文化育人有助于发展型资助育人实现社会主义核心价值观融入资助育人的全过程；有助于发展型资助育人实现家庭经济困难学生的精神追求、道德浸润、人文素质的培养与提升；有助于发展型资助育人在多元化资助体系的基础上，拓宽资助育人工作维度，建立起资助育人工作体系，实现培养健全人格、全面发展的资助育人目标。

第二，文化育人能够丰富发展型资助育人的精神内核。当前各地、各高校在资助工作实践过程中形成了普遍共识：家庭经济困难学生在个人成长发展过程中，往往会因家庭等多种因素在情感、素养、能力、机会等方面存在不同程度的缺失，导致其在身心健康、学业水平、专业技能、人文素养等方面发展滞后，因此比较容易在精神上、思想上产生困惑，心理上产生自卑或产生认知错误，这些心理、思想、精神上的压力甚至会导致家庭经济困难学生无法应对学业压力而主动辍学，当下就业形势严峻进一步增加了家庭经济困难学生就业方面的精神压力。家庭经济困难学生学业困难是"冰山"之下学生心理、思想、精神压力的反映，仅仅依靠学业辅导并不能从根本上解决家庭经济困难学生的心理、思想、精神上的困惑与压力。

此外，互联网与新媒体蓬勃兴起使资助育人环境愈加复杂化。在互联网与新媒体时代，作为互联网与新媒体主要用户的青年大学生直接面对多种思想文化碰撞、多元价值取向，一定程度上影响大学生的世界观、人生观和价值观的形成，特别是来自偏远地区、文化环境单一的家庭经济困难学生，更易产生心理、思想认识的困惑，迷失在复杂的多元文化环境里。但自2016年资助工作重点转变为发展型资助以来，发展型资助育人主要围绕诚信教育、感恩教育、学业辅导等内容开展，缺少对家庭经济困难学生进行精神引领、信念教育和价值观塑造，从而无法有效应对当下发展型资助育人工作面临的现实困难。作为中华民族思想智慧的结晶，中华优秀传统文化、革命文化和社会主义先进文化中都蕴藏着非常丰富的历史经验和人生哲理，蕴含着丰富的精神价值内涵，能够为高校发展型资助育人提供丰富的精神内核素材，极大丰富、充实了发展型资助育人的育人资源。

第三，文化育人能够创新发展型资助育人形式。在健全高校发展型资助育人工作体系中，模式僵化与形式单一使得资助育人效果难以得到有效发挥。当前高校资助育人工作主要以主题班会、专家讲座、征文或演讲比赛、谈心谈话等形式。在这种育人形式下，家庭经济困难学生既是受助者，也是被动的受教者，难以给家庭经济困难学生留下精神上的体验，也难以吸引家庭经济困难学生自觉主动参与，产生育人实效。文化育人不仅载体丰富多样，而且具有润物细无声的方式。文化育人中的传统文学、音乐书法、戏曲歌剧、手工艺、革命遗址等多种育人形式为发展型资助育人创新形式提供了多种视角。

文化育人是一种柔性的育人方式，以形象、生动的文化载体开展资助育人活动，家庭经济困难学生不再是被动的受教者，而成为资助育人活动的践行者，从而激发学生参与资助育人活动的积极性和主动性，也增强了资助育人的生动性和感染力。我校近两年以文化为载体开展的"资助育人·美育铸魂""春日之约·京城文化学习"资助育人活动极大地激发了家庭经济困难学生的参与热情。

第四，文化育人能够满足家庭经济困难学生的精神需求。在《人类动机理论》中，美国心理学家亚伯拉罕·马斯洛（Abraham Maslow）提出了著名的五层需求理论，并将人类五个需求层次由低到高依次排列为：生理需求、安全需求、社会性需求、尊重需求、自我实现需求。马斯洛认为只有当低层次的需求被满足和对高层次需求产生追求时，人的行动才会得到激励，即低层次的需求满足后才能产生对更高层次的需求。当资助工作的物质帮扶解决了家庭经济困难学生的经济压力后，他们对尊重与关爱的需求，乃至自我实现的需求就会格外强烈。与其他学生相比，家庭经济困难学生更加渴望丰富自己内心的精神世界，渴望对自我的认同。文化育人以满足、丰富人的精神为目标，其包含的中华优秀传统文化、革命文化、社会主义先进文化可以从理想信仰、精神激励、品格修养等多个层面提供丰富的精神产品，能够极大满足家庭经济困难学生的精神需求，提高家庭经济困难学生的个人修养和人格完善，解决家庭经济困难学生个人成长发展中的根本问题。

第五，文化育人能够推动发展型资助育人体系的系统化、整体化。体系是依照一定秩序及内部关系，将一定范围内或同种类的事物组合而形成的整体。通过组成体系，构成体系的各部分内容能够互补长短，从而产生更大的影响。发展型资助以"学生成长发展"为核心，是把"扶困"与"扶智""扶志"结合起来的综合性的资助模式，因此发展型资助育人体系是包含了"育德""育心""育能"等多项内容的多元化、综合性的体系。在构建的发展型资助育人体系中，优化顶层设计，将包含中华优秀传统文化、革命文化、社会主义先进文化丰富内容的文化育人为主线，融通"育德""育心""育能"等资助育人内容，丰富、扩充资助育人内容与途径，使发展型资助育人体系中的各项育人内容形成合力，有效推动发展型资助育人体系中各项育人内容的系统化、整体化发展。

新形势下高校第二课堂建设与发展分析

中国政法大学社会学院　桑　迪

随着时代的发展，国家与社会对人才的要求越来越高，新时期的大学生不仅需要具备扎实的专业知识，还需要具备良好的综合素质和实践能力。在这一时代背景下，高校教育必须不断创新人才培养模式，以适应社会发展需要，针对学生综合素质与实践能力培养的"第二课堂"体系也便应运而生。第二课堂作为高校教育的重要组成部分，具有独特的育人功能和价值，对于培养学生的综合素质和实践能力具有重要意义，对于完成立德树人的根本任务具备重要作用。

一、第二课堂的背景与内涵

在高等教育日益普及的背景下，如何培养既具备专业知识，又拥有创新精神和实践能力的高素质人才，成为高校教育面临的重要课题。传统的第一课堂教学虽然在知识传授方面发挥着主导作用，但在培养学生个性发展、提升综合素质等方面显得力不从心。因此，第二课堂作为高校教育的重要组成部分，逐渐受到教育者和学生的广泛关注。

第二课堂内涵与概念的界定尚未有统一的标准说法，但总体来说是"相对于第一课堂而言的，具有素质教育内涵的学习、实践性活动，指在课堂教学计划之外，在学校统一管理与教师的指导下，以课外实践活动为主的实践教学，学生志愿参加的一切有组织、有计划开展的集体性的课外实践教育活动"[1]。

2002年，共青团中央、教育部、全国学联联合发布《关于实施"大学生

---

〔1〕 曾剑雄、宋丹：《基于第二课堂的大学生核心竞争力培养探索》，载《教育与教学研究》2018年第2期。

素质拓展计划"的意见》，其中提到"'大学生素质拓展计划'的实施要注重三个结合，即课内外相结合、第一课堂与第二课堂相结合、学习与实践相结合"。[1]2018年7月，共青团中央、教育部联合印发《关于在高校实施共青团"第二课堂成绩单"制度的意见》，系统阐明了实施"第二课堂成绩单"的重要意义、总体要求、主要内容与工作要求，其中主要内容包含构建课程项目体系、记录评价体系、数据信息体系、动态管理体系、价值应用体系，为高校第二课堂建设以及人才综合素质和实践能力培养建立了量化实践体系。[2]高校第二课堂在大学生创新创业创造、社会观察实践、社会工作锻炼、身心素质拓展、志愿公益、兴趣培养和社会参与等方面发挥了关键作用，具有形式多样、手段灵活、能力聚焦等特点。[3]

二、第二课堂的作用

相比于以传授系统知识为主的第一课堂，第二课堂更加注重学生的实践训练和能力培养，活动内容和形式更加灵活多样。第一课堂为学生提供了扎实的知识基础，而第二课堂则为学生提供了将知识转化为实践能力的平台。第一课堂与第二课堂互为补充和扩展，两者共同推动学生的全面发展，构成了高校完整的教育教学体系。正是如此，第二课堂也便在学生培养中处于十分关键的位置，是落实"三全育人""五育并举"的重要渠道，具体包括思想政治引领、素质拓展提升、社会实践锻炼、志愿服务公益、自我管理服务和促进就业创业等的作用[4]。

（一）思想政治引领

我国高等教育正处于规模扩展向质量提升转变的关键改革期，这也对大学生思政工作提出了更高的要求。高校是大学生思想政治工作的主阵地，切

---

〔1〕 共青团中央、教育部、全国学联《关于实施"大学生素质拓展计划"的意见》，2002年3月。

〔2〕 共青团中央、教育部《关于在高校实施共青团"第二课堂成绩单"制度的意见》，2018年7月。

〔3〕 杨伟国、宋洪峰、许馨月：《新时代高校第二课堂提升学生能力路径探索》，载《高校共青团研究》2018年第3期。

〔4〕 共青团中央、教育部、全国学联《关于实施"大学生素质拓展计划"的意见》，2002年3月。

实做好学生思政教育与思想引领，是高校育人的最基本要求。第二课堂是高校思想政治教育的重要载体，在思想教育引领方面具有补充功能、引导功能、凝聚功能和疏导功能，能够帮助学生厚植理想信念。[1]第二课堂教育形式与内容灵活多样，可以在传统的思政课之外为学生提供更加丰富新颖的教育形式，如主题团日、政治培训、讲座论坛、知识竞赛和各种实践类的思政活动等，能够使广大青年学子更直接、更鲜明地理解领会思想和政治理论，在担当作为中强化理想信念、在实际行动中练就能力本领、在多磨多练中开阔思路格局、在深耕厚植中收获成果实功，不断形成正确的世界观、人生观和价值观，树立远大理想信念。

（二）素质拓展提升

第二课堂活动形式多样，覆盖德智体美劳所有教育领域，在培养学生综合素养、拓展青年综合素质方面发挥了重要效用。一次教育、一次团日提升学生之"德"；一场讲座、一场研讨提升学生之"智"；一项运动、一项比赛提升学生之"体"；一台节目、一台演出提升学生之"美"；一回劳动、一回实践提升学生之"劳"。除此之外，在一些能力、思维和素质的培养方面，第二课堂的丰富活动不仅能够巩固拓展专业知识，还能够拓宽视野、增长见识，提升其创新思维、沟通协作、处理问题等综合素养。最后，第二课堂为广大学生提供了培养技能特长的有效渠道，相比于在校园之外的各类"付费培训班"，大学的各类活动能够使学生在欢快的氛围中掌握各项技能，并能获取到证书、荣誉等宝贵"履历"，对促进学生成长发展，提高学生的综合素质和就业竞争力提供了重要保障。

（三）社会实践锻炼

高校第二课堂是实践育人的重要阵地，是落实"五育并举"的关键平台，是培养学生脚踏实地品质的主要渠道，能够有效提升学生实践素质水平。从价值层面来说，第二课堂工作始终以助力学子成长为目标、以奉献国家社会为导向，尤其重视"知行合一"精神的培养，不断提升实践与劳动教育深入程度，推动实践教育与价值信念相融合、实践应用与专业知识相契合、实践

---

〔1〕 邵丽华、卞梦瑶：《推进高校第二课堂建设 发挥第二课堂育人实效》，载《中国共青团》2023 年第 24 期。

行动与社会需求相结合，实现了大学生"奉献社会与提升自身"的工作目的。第二课堂中的实习实践活动可以让学生深入社会，真正地贴近社会，感受社会的脉搏，锻炼实践能力和适应能力，了解中国国情与社会运转机制。第二课堂有效强化了学生的理想信念与实践能力，使之在勇担时代使命、强化能力学识、践行知行合一的道路上勇毅前行，为学生离开校园后走好自己的人生路打牢了扎实的基础。

（四）志愿服务公益

志愿服务是大学生教育培养的重要部分，亦是第二课堂体系的核心构成，青年志愿者在服务国家、社会和人民中发挥了不可磨灭的作用。从个人发展的角度看，第二课堂为大学生提供了多样的志愿服务机会，使得学生可以将理论知识用于公益服务，进一步提升个人实践能力。从社会融入的角度看，第二课堂志愿活动为大学生搭建起了联结社会的桥梁，学生们可以拓宽自己的视野，增强人际交往能力，为未来的工作和生活积累宝贵的经验。从道德培养的角度看，第二课堂志愿活动有助于培养大学生的社会责任感和公民意识，通过服务社会进而更加深刻地理解社会的运作机制，认识到自己的社会角色和责任。从奉献社会的角度看，大学生志愿活动为社会注入了新的活力和动力，大学生可以凭借专业知识技能，为社会提供各种形式的志愿服务，推动社会进步和发展。

（五）自我管理服务

大学生相比于应试教育阶段的学生来说，非常鲜明的区别之一便是能够在校园学习、工作和生活中通过各种学生组织和学生社团进行自我管理服务，大学生自我管理服务也是第二课堂的关键作用之一。高校能够搭建起十分多样的平台和活动空间，使得广大学子，尤其是高校学生干部能够有适当的自主空间开展管理、服务和协调工作。学生在学生组织和学生社团中担任相关的学生职务，也能够充分锻炼自身的领导组织与协调服务能力，并获得相应的履历经验，为今后步入社会奠定基础。高校通过第二课堂的活动与学生组织社团的管理服务给予学生成长空间，并赋予了其充分的自我管理、自我服务的权利，并实现了自我教育及自我发展。第二课堂不仅帮助学生在自我管理服务中获得了发展机会，也为大学营造起了生机浓厚的学习、工作和生活氛围。

（六）促进就业创业

第二课堂对大学生就业创业而言作用不容忽视，其对青年学子理想信念、道德品质和能力素质的综合培养，都对学生离开校园后的就业创业打下了基础。第二课堂作为传统课堂教育的有力补充，为大学生提供了更多实践、创新和探索的机会，有力地促进了学生的全面发展。通过参与第二课堂活动，大学生可以接触到更多元化的知识和经验，培养自己的综合素质和能力。这些活动不仅有助于提升学生的专业技能，更能够锻炼他们的组织协调能力、沟通能力和团队合作精神，这些都是现代职场中不可或缺的重要素质。此外，第二课堂活动还为大学生提供了展示自我、发现自我优势和兴趣的平台，通过参与各种比赛、社会实践和志愿服务等活动，学生可以更深入地了解自己的职业倾向和发展方向，为未来的就业做好更充分的准备。最后，通过参与第二课堂中的社会实践活动，学生可以更深入地了解社会，增强其社会责任感和服务意识，构筑起就业创业的重要价值根基。

三、存在问题与发展建议

高校第二课堂为大学生综合素质培养与实践能力锻炼提供了重要平台，但此制推行尚存一些问题，如内涵空心化、领域边缘化、运行孤立化、培养单一化的"四化困局"等。[1]具体来说，各高校普遍存在重视程度不足，缺乏系统性；机制设计不健全，缺乏制度性；活动质量不高，缺乏创新性；学生参与度低，缺乏覆盖性等。

（一）强化顶层设计

高校须进一步加强对第二课堂顶层设计与总体建设的重视，第二课堂涉及诸多部门与领域，需有学校层面的总体管理、建设与规划机构和方案，统筹协调活动开展与学生参与。

（二）完善制度机制

作为立德树人的重要平台，第二课堂建设也应完善落实第二课堂成绩单

---

〔1〕 宋丹、崔强、陆凯：《提升高校第二课堂育人实效的路径探析》，载《思想教育研究》2018年第5期。

的制度机制,切实加强对活动和成绩单质量标准的监管,通过制度建设强化学生对第二课堂教育体系的重视,充分实现第二课堂的应有作用。

(三)提升活动质量

第二课堂活动开展归口的部门众多、形式多样,具有较强的自主性与灵活性,缺乏统一的质量标准与监管机制,导致活动质量参差不齐,既影响了学生参与积极性,也影响第二课堂建设发展的严肃性,高校须进一步提升活动质量。

(四)增加资源投入

为提升第二课堂的设计管理与制度建设,高校还应增加对第二课堂发展的资源投入,包括提升人力资源投入,确保有充足的管理服务人员运行;提升经费投入,充分提升活动质量;加强资源整合,充分联结校内校外可开展第二课堂活动的组织与单位。

四、结语

高校第二课堂作为培养学生综合素质与实践能力的主要阵地,是立德树人的关键渠道,对于培养德智体美劳全面发展的社会主义建设者和接班人具有重要意义。研究第二课堂的建设发展,进而不断发现其问题、完善其机制,也是高校和教育者应投身的重要领域。最为关键的是,教育者应该投入第二课堂建设发展实践,不断创新人才培养模式,为国家和社会培养出更多优秀人才。

参考文献

[1] 共青团中央、教育部、全国学联《关于实施"大学生素质拓展计划"的意见》,2002年3月。

[2] 共青团中央、教育部《关于在高校实施共青团"第二课堂成绩单"制度的意见》,2018年7月。

[3] 邵丽华、卞梦瑶:《推进高校第二课堂建设 发挥第二课堂育人实效》,载《中国共青团》2023年第24期。

[4] 宋丹、崔强、陆凯:《提升高校第二课堂育人实效的路径探析》,载《思想教育研究》2018年第5期。

［5］杨伟国、宋洪峰、许馨月：《新时代高校第二课堂提升学生能力路径探索》，载《高校共青团研究》2018 年第 3 期。

［6］曾剑雄、宋丹：《基于第二课堂的大学生核心竞争力培养探索》，载《教育与教学研究》2018 年第 2 期。

高校红色院史档案育人建设

—— 以中国政法大学政治与公共管理学院为例

中国政法大学政治与公共管理学院 王子聪

发掘利用红色档案资源，发挥其存史、育人的功能已经成为各高校文化育人建设的重要环节。其中作为重要组成部分的各院系及专业的档案资源，因其所具有的独特育人价值同样值得被研究。其不仅蕴藏着学校精神和情感，而且还能弥补校史侧重强势专业而导致的弱势学科文化建设的不足，尤以行业特色型高校为代表的高校为甚。但较之于校史，目前针对院史育人研究明显不足。针对当前环境下院史育人研究存在的空白，本文在充分认识高校红色档案资源所具有的独特育人价值的前提下，通过查阅相关理论资料与结合中国政法大学政治与公共管理学院（以下简称"本院"）的具体实践，从文化育人的角度出发，对红色院史档案资源的育人价值进行系统分析，并就如何继续推进院史育人建设的问题，试图进一步提出可行的参考路径。

一、校史育人下的红色院史育人

（一）校史、院史研究区别与现实张力

1. 校史与院史的区别

校史是一所学校历史发展的真实记录，它注重本校发展，是一个宏观的过程与展现，需要突出本校特点且覆盖本校多方面。而院史则记录一个院的发展情况，且因为一个院往往只会有一个或几个专业，数量不会太多，那么在院史的梳理过程中，就要尽可能做到全面。以我校政治与公共管理学院为例，不仅要注重我院作为整体的各类承办事项、荣誉、组织史等，还要兼顾四个专业各自的专业史，是整体和部分的发展关系。在院史的叙事方式中，专业史侧重本专业发展过程，在研究过程中要尽可能做到精细全面，不仅注

重前辈名人在专业发展中的榜样示范作用，还要通过展现本专业的优势、辉煌过往建构起激励人心、培育理想的共同记忆。

2. 院史育人研究尚存空白

近年来，校史、院史发展愈发受到重视。总体来看，目前学术界中对于校史的相关研究较多，而对于院史的研究却极少。不少学者对于"三全育人"视域下校史价值的挖掘颇有见解，部分学者认为，"校史档案承载着丰厚的校园文化，其由传统'存史'功能拓展到文化建设领域的功能"，对于思政建设意义重大；[1]也有学者指出，"校史资源整合缺乏有机统一、缺乏认同感、传播缺乏持久性"是当前制约高校三全育人建设的现实困境；[2]更有学者提出通过"拓展育人路径、打造全员育人共同体、贯穿学生成长全过程"等方式丰富校史育人环境。[3]前人对于院史在三全育人中的功能发挥研究极少，本文捕捉到这一研究空白，综合校史与院史作用，充分发挥其在文化育人中的现实张力。

3. 校史与院史的现实张力

就校史与院史两种研究的独特性与我校目前的发展现状和学生感受来看，校史育人虽具有全员、全过程、全方位的优势，但在教学实践活动中始终存在着轻视细节的特点。尤其是我国在1950年代高等教育院系调整后，建立了以单科学院为主的大学体制，培养专业人才。而在改革开放后，很多大学为"985""211"工程评比和院校排名等，追求建设文理工农医齐备的"大而全"综合性大学模式，所以便产生很多校内的弱势学科学院，尤其是行业特色型高校更为明显。随之而来的便是，高校非王牌学科专业史与相关学院院史研究不充分，框架不合理，脉络不够细致，弱势学科学生普遍对自己学科的了解度和认可度不高，归属感和对院校的自豪感和荣誉感较低。

以我校中国政法大学为例，学校既有校史研究主要围绕着学校法科高校的强势定位展开，校内校史展览馆也鲜少涉及非法学学科的学院院史、专业

---

〔1〕 裴佳越：《论"三全育人"视域下高校校史档案功能的拓展与实现》，载《山西档案》2021年第4期。

〔2〕 曹军：《校史资源在高校三全育人中的功能及实现路径研究》，载《公关世界》2022年第23期。

〔3〕 周强、秦治国、吴禹星：《三全育人视域下分校区校史文化育人路径研究——以上海市L高校为例》，载《改革与开放》2022年第8期。

史研究；缺失的院史研究难以发挥出其"育人"的作用，使得学生对本院的院史缺乏基本的了解，无法从院史学习中汲取价值和力量，也无法通过了解院史对本学院产生自豪感，在严峻的学院文化生态环境中产生本学院、本专业与主干学院、学科自卑感，甚至滋生厌学心理。我校的院史研究及其与"三全育人"的结合要想真正对学生的思想产生影响，仍任重道远。要改善这种情况，需要对应高校在构造校史叙事体系过程中做到多方兼顾和中立客观，从叙事根本改善学生观感，使校史成为全员育人的有效保障。

（二）红色院史档案资源

1. 红色档案中蕴含红色基因

红色院史档案是重要的红色资源，有助于弘扬伟大精神，赓续红色血脉。高校红色校史档案是挖掘传承校史档案中红色基因的史实载体，是党创办大学的历程反映，是学校文化的根基与灵魂，通过加强挖掘、整理和研究档案史料，能够激励广大师生和校友传承优良传统，赓续红色血脉，有助于落实立德树人根本任务，继承好革命传统和红色基因。

2. 大学用好红色档案讲好红色故事

2021年7月6日，习近平总书记对档案工作作出重要批示，指出要从"档案工作存史资政育人，是一项利国利民、惠及千秋万代的崇高事业"的角度来认识档案工作。档案要发挥"为党立言、为国存史、为民修志"的职能作用，管好用好红色档案资源，传承红色基因，用心用力服务党史学习教育。针对高等教育领域。2022年4月25日，习近平总书记在中国人民大学考察调研时指出，一定要把光荣传统和红色基因传承好，守好党的这块重要阵地。要加强校史院史资料的挖掘、整理和研究，讲好中国共产党的故事，讲好党创办大学的故事，激励广大师生继承优良传统，赓续红色血脉。

二、政治与公共管理学院院史文化育人建设案例情况

（一）专业认同度理论与档案记忆观共同体理论

1. 专业认同度理论

"高校学生普遍在专业认知评价上具有较高水平，但在专业学习行为处于较低水平，而学校归属可以作为这二者的中介变量。"即学生对本专业学习内

容和未来发展具有相当程度认知，但在从事相关专业知识学习时意愿较低，学校归属感受制于专业认知但也能够促进专业认知。[1]我国学生专业认同和专业学习行为均处于较低水平，专业认同并不能有效转化为专业学习行为。[2]因此，我国高校应建立有效制度，帮助学生建立专业认同，从而提升专业学习行为。

2. 档案记忆观理论

扬·阿斯曼（Jan Assmann）认为，"一个群体需要借助记忆才能培养出群体的'身份'，集体的认同感是建立在成员分享共同的知识系统和共同记忆的基础上"。[3]作为共享记忆的档案，通过把记忆变成"具有可感知性"的档案实体，即记忆的档案化，使记忆成为物态化、文本化的有形载体，使得记忆持续存在与后代共享。同时，通过挖掘、加工、传播与消费档案中的记忆，将档案记忆社会化，形成各种可被传播和共享的记忆产品，向社会输送记忆能量。其中档案作为记忆与身份认同间的中介纽带，促使着人们持续性地循环和累积身份认知、理解与延续，进而产生并强化身份认同。[4]

3. 档案参与构建共同体记忆

院史档案是关于学校中一所学院历史发展历程的真实记录，以文字资料、音像材料、图纸图表、实物等为表现形式，具有鲜明的时代性和发展性的特点。借助对院史档案资源的研究，往往可以帮助研究者一窥高校及所在地乃至国家社会的发展变迁，梳理其发展变迁的历史轨迹。

高校院史研究不仅是学术问题，同时对高校本身和国家社会具有重要的现实意义，具有"存史、资政、育人"的重要作用。如今，由于个体在社会中的自由化程度增加，个体身份也随社会发展变迁而不断变化。伴随这股更新发展的洪流袭来的是关于个体精神归属的迷茫。然而，通过档案参与、建构、强化共同体记忆来实现身份认同是有效消解这种迷茫的有力措施。通过

---

〔1〕 张萌、李若兰：《大学生专业认同对学习投入的影响研究：学校归属感的中介作用》，载《黑龙江高教研究》2018 年第 3 期。

〔2〕 许兴苗、胡小爱、王建明：《专业认同及情境变量对大学生学习行为影响的实证分析》，载《教育发展研究》2013 年第 9 期。

〔3〕 李可欣：《阿斯曼："文化记忆"理论及其意义研究》，广西师范大学 2023 年硕士学位论文。

〔4〕 丁华东、杨茜兰：《心理需求、记忆共享与伦理约束——论档案实现身份认同功能的作用机制》，载《档案学研究》2023 年第 2 期。

依托院史档案开展各类主题教育，可以被用来增进大学生的各类认同以激发其归属感，这在校园文化建设和思政育人过程中尤为常见。

（二）理论之维：院史文化建设是创新校园文化建设和高校思想政治教育的有机统一

1. 以全员育人、全程育人、全方位育人为导向

作为大学基本教学单位的学院，目前部分高校的管理模式由"大学办学院"转向"院系办大学"，着力加强学院的自主权，提升学科发展的水平，提高大学内部的治理能力。对于个体的学生而言，院史文化具有独特的个性化精神传统，在情感维度上有更精准、紧密的连接，学生的感受会更直观生动，富有感染力。高校的院史文化更是有效契合当代大学生追求个性发展等心理特征，能"润物细无声"地影响学生的知、情、意、行，在传承高校优秀传统精神，创新校园文化氛围建设，培养全面发展的一流人才中发挥着独特优势〔1〕。

中共中央、国务院《关于进一步加强和改进大学生思想政治教育的意见》指出，要"努力拓展新形势下大学生思想政治教育的有效途径"，要"建设体现社会主义特点、时代特征和学校特色的校园文化，形成优良的校风、教风和学风"。〔2〕而院史文化则是具备这些功能与特征的校园文化，还是思想政治教育的重要途径。学院历史上杰出师生院友的优秀事迹与先进精神蕴含着高尚的理想与价值观等，通过整理挖掘院史档案资源，进而凝练出学院发展变迁中蕴含的精神品质。将其融入大学生思想政治教育中，通过正面的积极引导，有助于更精准地育人，帮助广大新时代青年学生树立远大理想并筑牢理想信念根基〔3〕。

2. 互联网+院史育人的教育理论

本院的院史育人实践，采取互联网+院史育人的新型模式，基于 RASE 理论模型（Resources–Activity–Support–Evaluation），即资源—活动—支持—评估的在线教学设计理念（Course Design Model – RASE | UNSW Teaching Staff

---

〔1〕 贾凯崴：《新时代背景下高校"三全育人"的实施策略研究》，载《大学》2023 年第 28 期。

〔2〕《中共中央国务院发出〈关于进一步加强和改进大学生思想政治教育的意见〉》，载《人民日报》2004 年 10 月 15 日，第 1 版。

〔3〕 曾湘衡：《资源学视野下高校校史教育的价值及开发》，载《亚太教育》2015 年第 22 期。

Gateway[1])。首先，在资源方面，将电子化的院史档案资料作为师生学习的在线资源，并且设置相关平台来展示师生学习的成果，以作为后续学习活动开展的资源。其次，在活动方面，通过活动开展为学生提供体验，要求要以学生为中心，教师作为活动的促进者，资源是学生的工具；通过带入当时的历史情景，设身处地体会相关历史人物所面临的情境，活动的结果则是形成在线的报告等形式。再次，在支持方面，根据心理学家维果斯基提出的最近发展区理论，应为学生提供带有一定难度的内容，发挥其潜在能力，进而超越其最近发展区，达到下一发展阶段的水平。通过教师—学生、学生—学生和学生—其他资源三种支持模式，通过预测学生可能会碰到的困难，提前提供"脚手架"等支点进行辅助，并在学生的全程学习中跟踪、记录相关问题，鼓励学生成为独立的学习者。最后，在评估方面，通过相关标准来建立过程中的形成性评价，比如教师评估、学生自我评估、学生朋辈评估，以展示学习阶段性成果和调整下一步的学习过程。

（三）实践之维：政治与公共管理学院的院史育人实践

中国政法大学是一所以法学学科为优势学科的政法类院校，其他相对弱势学科的学生普遍对自己学科的了解度和认可度不高，整体呈现出用简单的学科热门程度和就业维度来对自身学科和法学学科进行评价和比较的现象。同时，学生们也容易产生矛盾的心理，不利于学生的成长发展过程，尤其学校的"4+1"双学位制度更使得修读双学位的非法学院的同学从心理上认为自己是在非法学院的法学生，对自身学院及专业的认同感较低。然而自2021级本科生开始，双学位制度的取消也使得学生的心理产生转变，他们将不再拥有"法学生"的双重身份。那么如何去帮助他们提升对专业、学科的认同感，增强其在学院的归属感和对院校的自豪感和荣誉感是相关教育工作者需要思考的问题。

在此背景下，本院加大对院史的研究和宣传，让院史贯穿于育人全过程，参与到学生成长成才的整个阶段。院史不仅可以激励学生的学习热情，培养学生的自豪感和归属感，还有助于学生传承学校优秀传统及精神，引导学生

---

[1] "Course Design Model - RASE", available at https://www.teaching.unsw.edu.au/course-design-model-rase.

树立正确的人生观和价值观。这一作用在以中国政法大学为代表的行业特色型高校的整体环境下会更加凸显。

将院史融入日常教育中，从开学典礼到年级大会，从集体教育到个人辅导，由大及小、点面结合，逐步增加学生对学校、学院、学科的认识和了解，帮助学生结合自身情况做出更全面的判断，从本质处理学生内心的冲突和矛盾，梳理清楚发展的方向和轨迹，达成育人根本。

（四）政治与公共管理学院育人取得的阶段性成效

1. 重拾学人情怀，点燃青春理想

通过院史的展览讲解等，记录前辈科教创新的成果，挖掘院史文化中的爱国主义教育素材，通过院史文化的传承与宣传呈现法大政管人的爱国奋斗历程。以其内容的真实性，帮助学生树立正确的唯物主义历史观，坚定历史自信，勇于责任担当，始终心怀"国之大者"，立大志、明大德、成大才、担大任。以其情感的真实性，真实感知爱国情感，使学生切实感受到个人命运与学院、高校甚至与国家民族息息相关，从而激发学生的家国情怀和历史使命感，促使学生树立伟大理想信念。比如学校首任院长钱端升便是大政治学家，老一辈的法大政治学家们将"学人本色，士人情怀"视为己任[1]，传承着"以教书为业，也以教书为生"的学人精神。

2. 培养专业兴趣，增强院校认同

充分发挥院史的育人功效，在一线工作中做出积极尝试，取得一定成效。首先，学院领导在开学典礼或毕业典礼中介绍学院发展沿革、各专业优势及杰出校友，一方面促进新生了解、认可、肯定自身专业及所在院校，迈好大学第一步；另一方面增强毕业生的自豪感和荣誉感，助力毕业生以自信昂扬的状态踏入社会。如2023年新生入学讲话时，学院领导就提到行政管理专业1991级知名院友，中国政法大学准律师协会的创始人兼首任会长、北京市律协青少年法律援助与研究中心主任佟丽华。帮助新生明确无论选择本专业是有意的选择，还是偶然的缘分，都要坚信未来的发展并不受限，大家都有无限可能。

---

〔1〕 钱元强：《学人本色 士人情怀——钱端升的政治学学术与实践》，载《北大政治学评论》2021年第1期。

其次，在年级大会及各专业开展的专业见面会中向学生们介绍学科背景、学院发展历程，一方面由年轻老师介绍本学科发展前景和方向，聊聊自己与专业从结缘到深耕的故事，帮助同学们充分了解本专业；另一方面邀请高年级优秀学生分享自己入学至今的心路历程和从只想学习法学到逐渐加深对本专业的认识和理解最后找寻到专业的感觉并在本专业持续发展的转变。

最后，深入了解、研究院史，并将院史和个体深度辅导相结合，能够有效帮助学生提升对专业、对院校的认同感，明确当下发展方向。无论是报志愿时被调剂到非法学学院而对本专业缺乏认识的大一新生，还是经过了四年学习仍然不明确未来发展方向、不知何去何从的大四毕业生，再或者是纠结于是修读法学双学位还是坚守本专业的大二、大三学生，究其根本原因是对本学科专业的认同感低，认为本专业的发展前景差。学院的思想政治教育工作者在对他们进行深度辅导时应充分挖掘院史中的成功故事和典型经验，激发学生的认同感并激励学生产生兴趣和动力。

三、红色院史育人研究路径探析

（一）建立电子化院史档案资料库

本院高度重视院史工作，专门成立院史研究中心，并划拨专款科研经费支持院史项目开展。同时依托于在线的电子化档案资源的灵活、便捷特点，院史资料能够被思政专职人员、专任教师和学生群体等便利应用。

专业院系史小组的研究工作在丰富学生对自身专业的了解与认识、深化专业认同的同时，构建共同记忆与电子档案。通过挖掘共同体档案信息传递情感，形成共同体档案叙事，并共享共同体内部的历史，从而建构起集体的共同体记忆，激发学生对本专业的情感共鸣，增强学生的学科认同感与自豪感。

（二）开发院史红色名人档案的育人功能

开发院史系史名人档案，将红色院史资源有机融入各学科的教学与运用，赋予院史人性化的光辉。同时方便学生翻阅相关档案，大大增加院史档案的可得性，将红色院史教育融在小处、落在实处。增强校友与在校生的联系沟通，充分发挥档案资源"存史、资政、育人"的作用，有助于真实全面地展示我校的文化与精神传承，弘扬我校优秀办学传统，营造良性的育人环境。

院史研究中心组织同学进行访谈的假期准备工作。同时，以政治学专业为例，梳理法大的大政治学家事迹，弥补我校法学特色专业之外其他专业学生学科认同感稀缺的缺陷，有助于强化专业认同、提升学科声誉、激发学术兴趣并建立专业联系。

（三）挖掘院史档案的红色育人资源

增强对红色文化利用与宣传的灵活性，从宏观视角向微观视角转变。让大学生从小故事中了解红色文化，更有益于他们感悟红色精神、加强红色记忆。院史专业系史中的红色育人资源相较于校史，切口更小。从微观视角出发，构建红色育人学生研究团队，搜集院系史中蕴含的红色人物事迹与小故事，使得学生能产生情感共鸣，进而认知中国共产党人的精神内核和政治标识的红色基因，增强新时代青年的志气、骨气、底气。

四、继续提升院史育人教育的经验启示

（一）发展完善院史育人教学模式

院史文化教育是三全育人中的长期工作，既需要潜移默化的整体文化环境建设，又需要具体的教学环节加以支撑完善。在人才培养模式改革创新中，传承院史优秀红色基因，打造符合校情和院情的教育教学模式。要通过院史育人，不断增强青年学生的归属感、融入感、获得感。通过院史系史育人与课堂教学结合，基于本院和其他学院不同群体学生，总结符合行业特色的专业人才培养模式，结合弱势专业学生身份认同的心理需求，驱动完善相对缺乏的学院史、专业系史研究，引导学生对专业领域行业发展动向的关注。

（二）激发师生院史文化作品创作活力

以浙江大学农业与生物技术学院和华北电力大学电气与电子工程学院的做法为例，积极展开实践，在主编或参编教材或设计教案时，适当编入本院相关学科的前辈情况和相关教师的卓越成果等。发挥专业教授的模范引领作用，持续编纂院史和专业史，学生在学院的良好氛围带动下形成院史学习兴趣团队，创作出一批院史系史与时代活力结合的优秀作品。

通过激发学生创作活力，积极发挥学生主体作用，从而提升院史育人成

效。学生透过自己笔下的小故事、小人物感受大背景、大时代，更深感受到祖国事业的发展需求和自己的成长成才路径，更深感受时代岁月变迁中国家、行业、学校发展的艰苦卓绝历程，更深感受到当代青年理应承继前辈的矢志奋斗初心。

（三）拓宽院史传播路径

伴随着"互联网+"时代的到来，搭建网络化教育平台也逐渐成为传统授课方式的延伸。线上丰富院史馆建设，同时开设线上院史网络课程，邀请专业教授开设讲座，向学生群体讲述学院悠久历史。

线下充分利用校园内的有限空间，以举办学生活动、知识竞赛为载体，不断创新院史传播途径，将院史传播与庆典活动结合，寓教于乐，向学生呈现更加直观丰富的院史文化。开发红色院史档案资源，制作相关的文化创意产品，丰富学院学生对所在学科与学院的认识与了解，使学生在日常生活中时刻见到红色根脉的身影，以实现培根育魂的目的。

AIGC 对本科毕业论文指导与写作的挑战及应对

中国政法大学商学院　张　弛

　　2023 年，随着中国头部数字平台企业相继推出大语言模型（LLM）应用分析工具，并迅速进行了几轮升级迭代，AIGC 对绝大部分内容生成行业产生了剧烈冲击。人们称其为国内的"人工通用智能"元年（artificial intelligence generated content），预示着从 PGC（专家生成）—UGC（用户生成）—AGI（智能生成）的知识生产链条的全新迭代。

　　教育领域作为少有的、未被 20 世纪末互联网浪潮全覆盖的产业，在本轮 AIGC 的爆发中却无法再独善其身。人们已可预知，无论是教育理念、教育方法、教学内容的设计与执行，还是教学结果的评估与反馈等多环节，未来都会发生颠覆性的改变。

　　本文仅仅选取高等教育教学培养中——本科毕业论文写作及指导——这最后一环入手，前瞻性地探究 AICG 的出现和介入，可能对毕业论文这种特定的实践教学形式产生的不利影响，并提出几点风险防范的策略以供同侪商榷。

一、AIGC 对教育行业的冲击及其在学术写作训练中的尝试

　　国内"文心一言""讯飞星火""通义千问"等 AI 内容生成应用闯入人们的生活之后，许多垂直领域的 AIGC 写作工具也不断衍生出来，各行各业都受到不同程度的震动和影响。在教育界，除了工科的 AI4S，新文科里当属对内容生成为研究对象的传播学冲击最大。与此相关的，法学界涉及知识产权的研究震动剧烈；信息资讯服务领域如图档博、编辑和出版均感受到前所未有的压力。至于产业界，广告、游戏、视听及其营销分支的产销模式几乎被颠覆，与内容消费有关的行业普遍遭受了较大冲击。

　　从 AIGC 应用影响的人群分布特征显示，知识阶层和技术专家对此表现出

极高的敏锐性和前瞻性；从年龄和职业层次来看，受到 AIGC 挤压和替代的 35~50 岁左右的从业者，更为关注其发展变化的趋势；于高校内部而言，现阶段学生们普遍比教师更敏感（但是关注点在数字人、元宇宙等概念产品），各学科中与 AI 应用场景高度相关的部分则体现出更迅速的变化。整体而言，教育群体较商业社会对 AIGC 技术及应用，更具相对钝滞感。

以笔者在 2024 年初登录中国知网，在总库中的粗略查询为例，仅以"AIGC"一个关键词输入，缩小到除标准、会议、辑刊以及学位论文后的范围内，在出版时间不限的条件下检索学术论文，系统展示的全部篇目还不足 1000 篇，且全部刊发于过去的一年间。这一现象，显然与 OpenAI 的在生成式写作方面的"超能力"在 2022 年还未曾崭露锋芒有关。

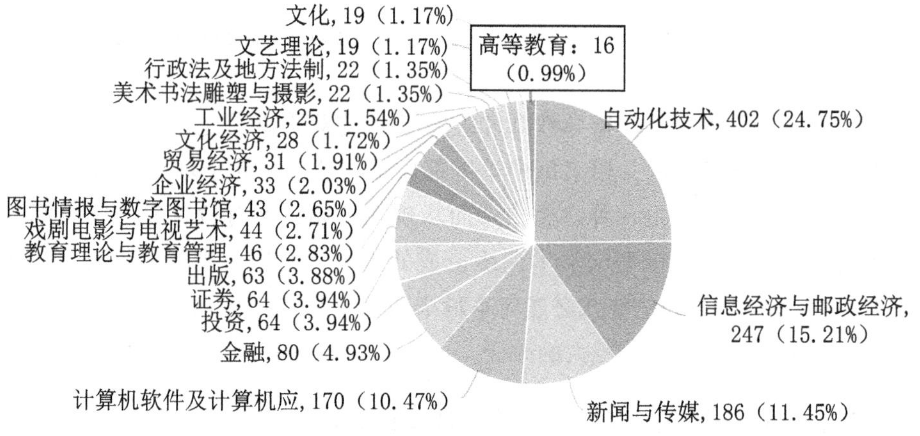

图 1　知网 AIGC 主题有关的部分学术论文学科分布（2023 年度收录）

直观的数据分析表明，上述公开出版物中涉及高等教育的研究仅有 16 篇，不足该领域现有全部文献的 1%。可见，与其他领域相较，高等教育对 AIGC 的关注仅仅处于"懵懂"阶段，更不用说专门针对 AIGC 对本科毕业论文写作全过程的影响进行专门探讨了。

不过，现有文献也提供了相当多的研究启发和借鉴。比如，在 AIGC 应用于教育教学过程的国际案例方面，提供了来自 Study. com 开展的 1000 名 18 岁以上的学生关于 ChatGPT 在课堂上使用情况的调查，结果显示 89% 的美国大学生利用 ChatGPT 写作业（王一博等，2023）[1]；也有对职业写作中专门写作能力进行人机对比的可控实验，显示出"人工智能和人类产生的创造力之间没有质的区别，尽管在想法的产生方式上存在差异"的结论（程兵，2023）[2]；效仿国外的研究，还有部分国内高校针对在读低年级研究生进行的实验设计，检验诸如 ChatGPT 镜像工具等智能化写作辅助的介入，对研究生写作质量和能力的影响等（李艳等，2023）[3]。

本文认为，一方面，与研究生的学科功底和专业基础相比，大部分本科学生相对底子薄、思路窄、能力弱，现阶段 AIGC 技术存在"一本正经地胡说八道"缺陷，其输出能力受限于输入水平的高下，因此如果缺乏指导教师给本科生进行把关，他们易于盲信盲从。另一方面，毕业论文又是本科生的必修课，无法回避。无论全员"打假"还是重点论文的质量"回头看"，都是从成本角度，增加学生不认真对待论文写作的压力，反而愈发显现出激励不足的缺陷。

因此，如果本科生在指导教师和教育技术的双重支持之下，能够完成令师生都满意的学术文章，相信每个学生都乐于在这门功课上增加投入。AIGC诞生之前，这似乎只是一种空想，然而从现在开始，所有教育界的同仁都必须正视生成式大语言模型给学术训练造成的困境、隐患、挑战和机遇。与所有新事物一样，AIGC 的介入必然对本科毕业论文从选题构思到定稿答辩的全过程，产生深远的影响和巨大的改变。

二、本科毕业论文作为教学闭环的重要意义

中国高等教育经过多轮的改革洗礼，目前已经取得了跨越式的质量提升。同时，随着人才培养和教育经验的累积，高等教育界亦越来越认同学术写作对人才能力培养和思维提升的重要作用。因而，早年间高等教育界偶有"取消本科毕业论文"的呼吁，现在已然绝迹。相反，从教育部到各大高校，乃

---

〔1〕 王一博等：《AI 生成与学者撰写中文论文摘要的检测与差异性比较研究——以图书馆学领域为例》，载《情报杂志》2023 年第 9 期。

〔2〕 程兵：《以 ChatGPT 为代表的大语言模型打开了经济学和其他社会科学研究范式的巨大新空间》，载《计量经济学报》2023 年第 3 期。

〔3〕 李艳、金皓月、杨玉辉：《基于 ChatGPT 的研究生人机协同学术写作实践研究及启示》，载《远程教育杂志》2023 年第 5 期。

至校内基层教学组织，都比以往任何时候更为重视本科毕业论文的质量控制与评价工作。

21世纪以来，教育部对高校本科毕业论文质控的制度性约束收紧，恰好与科技进步和网络革命对信息获取和信息生成的影响同步。分两阶段来看，首先是2014年前后，各大高校纷纷要求本科毕业论文必须通过一定的原创性检查标准后，方可进入专家主观评价的事前防范模式；其次是2021年前后启用专家委员会对全国本科毕业论文进行抽检的事后追责模式。二者结合使用可以有力监督和把控高校本科毕业论文学术生产过程中的重要时点。事实证明，原创性检查普及后，学术写作规范得到有力执行，确实发生了从口头落到了笔头的重大转变，本科生在写作过程中对待学术观点和参考资料的引用，不但变得更为慎重，而且在转引等细节方面，科研作风也得到强化。论文抽检的事后监督机制上线运行以来，虽然还没有更多的案例和数据显示其直接效果，但实践中因其产生的"中介效应"回溯到论文写作的源头，指导教师普遍感受到抽检制度对作者施加"可置信威胁"影响的系数明显增强。

之所以出现这种"步步紧逼"的论文管理方式，归根结底在于高等教育的目标是培养具有科创能力的尖端人才，论文写作正是实现学生被动学习到主动学习，从"消费专业知识"到"生产学科智慧"的一个重要衔接和转折。经过论文输出的专门训练以后，学生们可以把日常习得的多种抽象、深奥的理论具象化，试错本学科内各种分析工具的特点和应用场景，体验进而理解从选题构思到输出结论的全流程中，各种研究的不确定性和应对办法，最终将模糊的学科直觉和经验意识，转化为严谨的学术作品，并进行同行汇报和学术交流。因而，论文写作是教学闭环不可或缺的重要组成部分。

不仅如此，随着双一流大学建设的更高标准出台，国内重点高校普遍在大学高年级阶段实施了学术人才选拔机制，其中通用的评判指标之一，在于大学本科生于就读期间，是否完成一篇过硬的学术论文。近年来，不但本科生在核心期刊上发表高质量论文的情况越来越常见，许多学生还借此叩开一流高校研究生夏令营的大门。从而，在有志于继续学术深造的本科学生中，毕业论文常兼具比完成培养方案取得学分和绩点，更为重要的一重功能。

三、本科毕业论文写作中应否运用 AIGC 的选择与策略

是否应该允许 AIGC 在本科毕业论文写作中被使用呢？本文认为，堵不如

疏，管不如放。只是，鉴于现阶段国内头部企业的语言生成模型还处于快速迭代时期，许多功能还需经过较长时间的专门模型训练方能充分发挥，因而高校教育管理部门宜采取既不限制也不鼓励的"两不"原则，更为合理。原因在于：

第一，教师和学生的数字素养只能在实践中得到提升。采取开放的心态率先吸收、主动接纳并积极运用数字化工具于教育教学实践，的确有助于高级知识群体快速具备数智通用能力，加速实现中国式教育现代化展望的目标。

第二，个人和社会在科技潮流推动下均会呈现出一定程度的被动性。通用技术的社会普及来自其作为网络产品，自身所具备的跨边网络外部性。实践层面，由于缺乏有效的手段遏制学生在日常生活和学习中使用或寻求 AI 的帮助，学生群体偏好"惊奇产品"（novelty goods）的天然驱动力，必然拉动和带动教师群体对生成式人工智能技术的采用，出现强大的网络效应。

第三，AIGC 大模型拥有强大的文本生成能力，不断涌现新的知识连接，在突破专业跨度、学科纵深、信息获取以及知识折旧等方面的局限性，有着"个脑"天然不具备的优势。技术赋能教育教学，教学响应技术，二者和谐共生，相互促进，必然事半功倍。

有鉴于此，本科毕业论文的写作指导过程中，教师应转变指导思路和方法，将毕业论文从指令式任务变为合作式生产过程，在 AIGC 工具的辅助下，通过指导论文，一方面实现对学生个性化的教学服务供给，另一方面也提升自身的教育技术应用能力。

具体而言，指导教师可在以下四个阶段，采用不同程度的 AIGC 技术介入。

首先，在选题筹备阶段，指导教师可以充分利用 AIGC 的强大生成能力，广泛地启发学生思路，通过人机互动的方式示范给学生，如何从选题思路，进入一个具体研究领域，并最终得到一个精确的、有价值的研究问题。

其次，在开题报告阶段，通过带领学生对照 AIGC 生成的泛化研究提纲，讨论修改并加入独特的想法，体会什么是论文的"创新点"，以及哪些创新对学术研究才是具有边际提升意义的。

再次，在初稿撰写阶段，可以利用 AIGC 图生文的多模态输出功能，在论文逻辑思路和技术路线确定的前提下，有效把控学生论文的逻辑结构不跑偏、不散架，同时还可以督促论文的实时进展。

最后，在定稿阶段，发挥 AIGC 对文本润色的特殊能力和技术特点，由师生共同完成从错别字纠正到论文行文流畅程度的全过程。

四、高校本科毕业论文管理应对 AIGC 挑战的建议与对策

目前，大部分的指导教师更为担心的可能在于，当 AIGC 技术不加限制地运用到本科毕业论文的写作过程中，会强烈滋长学生的思考惰性。加之，大语言模型生成的文本无法通过简单的机器识别进行原创性判断，因而对学生本人的知识贡献占比，也无法准确界定，甚至进一步弱化了师生关系，最终导致毕业论文这一重要的教学环节产生严重的"失范"，与设置初衷背道而驰。其实，并非仅有教育教学领域面临挑战，包括传媒出版业在内的所有内容产品生产行业，都遭遇了类似的掣肘。

解决上述问题的根本抓手，在于教育思路的转变。长久以来，师带徒的教育模式在师生关系中强化了知识的权威和道德的信任，赋予了教师群体天然的主导性。可以预见的是，新技术已经改变了论文生产过程中的师生学习机制，学习曲线或会出现 U 型的特征，即在 AIGC 介入学术研究的初始阶段，滋长学生盲信和机会主义的倾向，但随着时间的推移，学生独立使用 AIGC 生成研究型报告的成果，无法达到令师生双方以及导师组集体评价的满意度，他们仍然会回归到寻求指导教师帮助的初始状态。毕竟，亲身体验过 AIGC "遇强则强，遇弱则弱"的产品质量，高年级本科生具备的学术判断能力就会发挥作用。这也是本文一再强调的，与其限制本科学生使用 AIGC 辅助写作，不如师生运用 AIGC 共同生产，教师和学生变成真正意义上的合作者，高校教师不再单纯扮演指导点评的角色，而将学术写作转变为"师生合智+人机联合决策"过程。

有鉴于此，本文提出以下几个具体方面的建议供高校论文指导（合作）教师和高校教学管理部门思考采纳：

增强师生学术互信的基础是指导（合作）教师的研究能力和学术判断力，这些同样应该建立在强大的 AIGC 技术支持之上。为此，教师需要长期训练自身的 AI 模型，投喂精品的文献，钻研 Prompt 的写作方法，对学生以身示范，相互监督，于合作中增强互信，既利用新技术赋能又做到不形成机器依赖。

高等学校教育教学管理部门需要就学生在校学习期间产生的大数据，进行准确有效的汇总和分析，以便进入写作筹备阶段，可向指导（合作）教师提供学生在校的全部课程作业和课程论文使用 AI 辅助的预评估情况，便于教师了解学生的写作习惯、研究兴趣以及知识储备情况，更有针对性地引导研究设计。

高等学校教学服务部门的数字化能力和技术实力也需不断增强。长久以来，知识边界的有效延展，除了学术共同体的一致推动之外，也离不开对学术失范行为的惩戒和警示。随着强大的文本生成能力不断指数化上升，必然会衍生出文本溯源的相关技术，以实现"跟踪文本在线内容的起源和演变，由此进行内容的可信度验证"[1]。教服部门可在比较、对照基础上，主动引入适合本校师生特点的水印技术，协助师生和教学管理部门进行论文写作失范风险的防控。

毋庸置疑，AIGC 终将改变知识生产的流程和方式，这或许也引发人们对教育本质的再思考：教育需要解决的不是从已知到未知，而是从未知到未知，甚至还需要从未知回到已知，进行重新判别和审慎思考。

因而，教育永无终点，毕业论文的写作仅为起点。

参考文献

[1] 王一博等：《AI 生成与学者撰写中文论文文论论文摘要的检测与差异性比较研究——以图书馆学领域为例》，载《情报杂志》2023 年第 9 期。

[2] 王佑镁等：《ChatGPT 教育应用的伦理风险与规避进路》，载《开放教育研究》2023 年第 2 期。

[3] 赵凯：《版权、伦理与价值观审核——人工智能生成内容（AIGC）对编辑职业能力的新挑战》，载《科技与出版》2023 年第 8 期。

[4] 何曼：《教育部教育信息化战略研究基地（北京）副主任童莉莉：AIGC 更能满足高质量教育体系的新需求》，载《在线学习》2023 年第 11 期。

[5] 骆飞、马雨璇：《人工智能生成内容对学术生态的影响与应对——基于 ChatGPT 的讨论与分析》，载《现代教育技术》2023 年第 6 期。

[6] 沈锡宾、王立磊、刘红霞：《人工智能生成内容时代学术期刊出版的机遇与挑战》，

---

〔1〕 王鹏涛、徐润婕：《AIGC 介入知识生产下 学术出版信任机制的重构研究》，载《图书情报知识》2023 年第 5 期。

载《数字出版研究》2023 年第 2 期。

［7］沈锡宾、王立磊：《人工智能生成学术期刊文本的检测研究》，载《科技与出版》
2023 年第 8 期。

［8］李艳、金皓月、杨玉辉：《基于 ChatGPT 的研究生人机协同学术写作实践研究及启
示》，载《远程教育杂志》2023 年第 5 期。

［9］王鹏涛、徐润婕：《AIGC 介入知识生产下 学术出版信任机制的重构研究》，载《图书
情报知识》2023 年第 5 期。

"三全育人"视域下关工委老同志助力高校学生思想政治工作研究

中国政法大学离退休工作处　韩伯君
中国政法大学离退休工作处　张　宸

一、绪论

思想政治教育工作是高校教育的重要组成部分，是高校开展意识形态教育、塑造大学生思想理念、规范学生言行举止的重要抓手，旨在通过思想教育引导大学生树立正确的世界观、人生观、价值观，培养德智体美劳全面发展的社会主义建设者和接班人。

当前，我国高校学生思想政治工作面临一系列的新形势、新任务，更需要全面贯彻党的二十大精神，以"三全育人"全面落实立德树人。关工委老同志是不可忽视的一支力量。

据七普数据，2020年，我国60岁及以上的人口超过2.6亿人。叠加新中国历史上第二个生育高峰（1963—1972年年均出生人口超2500万），退休人群规模将迅速扩大。人口老龄化加剧是我国的现实国情，这既是挑战，也是机遇。国家统计局原局长宁吉喆指出，在我国60岁及以上人口中，60~69岁的低龄老年人口占55.83%，这些低龄老年人大多具有知识、经验、技能的优势，身体状况还可以，发挥余热和作用的潜力较大。[1]

关工委"五老"大多是离退休高级专业技术人才，政治立场坚定、理论水平高、懂教育、爱学生，愿意继续贡献力量。如何充分认识和利用这些优

---

〔1〕《国务院新闻办就第七次全国人口普查主要数据结果举行发布会》，载中国政府网，http://www.gov.cn/xinwen/2021-05/11/content_5605842.htm。

质银龄资源助力高校思想政治工作值得思考。

二、当前高校学生思想政治工作面临的重要问题与挑战

（一）让党的创新理论入脑入心

扎实推进习近平新时代中国特色社会主义思想特别是习近平法治思想进教材、进课堂、进头脑，是当前中国政法大学思政工作的中心内容和首要任务。

习近平法治思想是马克思主义法治理论中国化的最新成果，为全面依法治国提供了根本遵循和行动指南，标志着马克思主义法治思想的新发展新飞跃。

科学的思想需要学理化阐释。学理化严格地从实际出发，从感性认识上升到理性认识，进而具有了普遍性，可以反过来指导实践并在实践中得到检验。形成一系列理论节点，继而探求其逻辑联系，成为一个完整的链条，上升到科学的层面。

科学的思想需要学术化表达。学术界需要对习近平法治思想的核心要义、内在逻辑、价值意蕴、生成演进、原创贡献、哲学意蕴、重大意义等进行全面系统的研究，多视角、多维度进行学术表达。

科学的思想需要体系化构建。要对习近平总书记关于法治建设的重要论述，特别是对 2020 年 11 月首次中央全面依法治国工作会议上提出的"十一个坚持"进行体系化研究，不断拓展其广度和深度。

（二）多元化的新媒体信息源不仅丰富了大学生的学习和生活，也削弱了传统权威的话语权

网络新媒体环境下，信息源多样化，充斥着各种虚假、不良信息，加之大学生自身社会阅历有限，将对大学生的世界观、人生观、价值观产生一定的影响。一方面，大学生可以更容易地获取各种知识；另一方面，也更容易受到网络意见领袖的观点和"娱乐至上"等不良风气的影响。

另外，大学生既是信息的受众，也是信息的发布者，一部分人还是"网红"。在虚拟空间中，张扬的个性表现更容易引起关注，也容易促使他们偏离主流意识形态而追求无原则的个性和自由。

在一定程度上，传统权威的话语权被削弱了。

（三）就业压力逐年攀升，心理压力不断加大

2020—2023年，我国GDP增速分别为2.2%、8.1%、3%、5.2%，今年政府工作报告将GDP增速目标定在5%左右，而这几年的高校毕业生人数分别为874万人、909万人、1076万人、1158万人，今年预计为1179万人。近几年，我国GDP增长一个点所能拉动的就业增量是200万人左右。[1]可以看到，高校毕业生就业压力非常大。

2023年底，中央经济工作会议提出了我国当前面临的六大困难，分别是有效需求不足、部分行业产能过剩、社会预期偏弱、风险隐患仍然较多、国内大循环存在堵点，以及外部环境的复杂性、严峻性、不确定性上升。当前，我国经济正在进行结构调整、提质换挡，高校学生就业面临的不确定因素有所增加。

与之相对应，高校学生的心理健康问题也变得越来越需要慎重以对。高校学生面临的心理压力来源是多方面的。除了对个人前途的担忧，也包括：对新的环境适应能力较差，对所学专业不感兴趣，缺乏学业发展及职业生涯规划，人际关系不协调，个人情感问题等。

三、高校关工委老同志的独特优势

（一）老同志的优势

传统意义上认为，老年人体弱心衰且退休后脱离主流社会，并不适合继续工作。但优势视角理论认为，个体优势并不会随着年龄的增长而消亡，旧的"优势"将被新的"优势"替代，只是某些新"优势"需要发掘才能显现。

加拿大蒙特利尔大学神经科学家丹尼尔·J. 列维京（Daniel J. Levitin）在他的最新研究成果《成功老化：神经科学家探索生命的力量和潜力》（*Successful Aging：A Neuroscientist Explores the Power and Potential of Our Lives*）一书中，以神经学家的视角，从生物学、医学和科学方面讨论了老年人的相关问

---

〔1〕《盛松成：GDP增长一个百分点能带动200万左右人就业》，载凤凰网财经，https://finance. ifeng. com/c/8HVvnINDyne。

题，认为"①（老人）心智更加成熟。高龄长者在心智上有年轻人不可及的优势，大脑反应速度虽会减慢，却会因此做出更明智的决定。相对年轻人，老人能更好地控制冲动，并更容易与他人融洽相处。②大脑进入正常老化阶段，海马体也会平均每天长出700个神经元，老人如果持续用脑，不断学习新东西，大脑神经元就会持续生长。③老人大脑中的化学物质使其更倾向于'理解和接受'，随着阅历积累，看问题的角度更全面，情绪处理更成熟，不易受到负面情绪影响"。[1]

当代老年人与祖国同呼吸、共命运，一起从筚路蓝缕走向辉煌，对中国共产党、对中国、对人民具有深厚感情，是最希望国家稳定向好的基石力量之一。

此外，当下的中国老龄化速度非常快，老年人人口比重将进一步加速提升，1963—1972年生育高峰的一代人将陆续退休，预计未来年均新增60岁以上人口超过2000万，老年人的数量优势将极大显现。伴随数量优势而来的成本优势和机会优势目前还没有太多人意识到，但是未来老年人深度参与社会发展各方面，特别是在中国独特的政治体制下，发挥其独特的重要作用将是确定性的趋势。

（二）高校老同志的独特优势

公开资料显示，我国现有离退休教授超100万人，占全国高级专业技术职务人才总量的50%以上。

教育部关工委主任李卫红指出，"教育系统关工委老同志有三方面突出优势：政治坚定、理论功底深厚，能讲善讲会讲的优势；经历丰富、人格魅力强大，亲历者实践者见证者的优势；无私奉献、教育情怀和专业背景深厚，懂教育、爱学生的优势"。[2]

张卫国、曾社教、段颖华[3]认为，与一般社会退休人员相比，高校老教

---

〔1〕 Daniel J. Levitin, *Successful Aging: A Neuroscientist Explores the Power and Potential of Our Lives*, Penguin Publishing Group, 2020.

〔2〕《领导讲话 | 教育部关工委主任李卫红在2020年全国教育关工委干部培训班上的讲话》，载"教育部关工委"公众号，2020年9月27日发布。

〔3〕 张卫国、曾社教、段颖华：《刍议高校退休教师对青年教师的帮扶作用》，载《职教通讯》2015年第20期。

师"经济条件稳定，对教育工作充满热情；学历较高，教学、科研能力突出；具备较高的社会责任心"。

石茹芳、槐敏[1]认为，高校老同志文化素养较高，对国家方针政策观测点高，包容性强容易接受新事物。绝大多数高校老同志赞成终身学习特别是新知识、新技能的学习。

笔者认为，高校关工委老同志至少具备以下几点独特优势：

第一，关工委的老同志具有独特的政治优势、经验优势。这些老同志信念坚定、政治敏锐；是"四史"的亲历者、见证者、参与者，其阅历和感悟是宝贵的财富；教育经验丰富，开展习近平新时代中国特色社会主义思想和心理健康辅导具有独特的优势。[2]

第二，关工委的老同志对党感情深挚，并希望继续发挥作用。2016年12月23日，全国老干部工作先进集体和先进工作者表彰大会在京召开，习近平总书记作出重要指示："广大老干部对党怀有深厚感情，对党的事业无比忠诚，体现了老干部忧党爱国为民的情怀。"[3]让有信仰的人讲信仰才能真正入脑入心。

第三，关工委的老同志具备独特的成本优势。基于对在京多个高校关工委"五老"队伍的调查，大多数高校关工委活跃的"五老"年龄介于65~75岁之间。此年龄段的老同志身体还能够承担一定量的工作，并且工作经验丰富，综合劳动生产率并不低，能够让高校在不占用"编制"的情况下，以较少的成本完成高校网络意识形态工作。

除此之外，这些老同志很多都是各行各业权威，虽然精力不如从前，但高度还在、眼光还在。如果能将合适的人充分组织起来，能发挥重要作用。

四、关工委老同志助力青年学生思想政治工作的探索

（一）助力校园文化育人提质增效

求木之长者，必固其根本；欲流之远者，必浚其泉源。

---

〔1〕 石茹芳、槐敏：《再开发高校离退休老同志作用的研究》，载《科教文汇（中旬刊）》2019年第29期。

〔2〕 李卫红：《信念责任与执着》，载《中国火炬》2020年第5期。

〔3〕 孙铁翔：《认真学习先进典型 用心用情做好老干部工作》，载《人民日报》2016年12月24日，第1版。

关工委老同志是"四史"的亲历者、奋斗者和推进者，更是校史的见证者与参与者，具有得天独厚优势，对助力立德树人根本任务，推进校园文化建设提质增效，构建"三全育人"思政格局具有重要意义。

当前，百年未有之大变局加速演进，高校思政工作面临的形势更为严峻和复杂，校园文化育人是高校推进思政工作高质量发展的内在要求。2020年教育部等八部门联合印发的《关于加快构建高校思想政治工作体系的意见》，以及2023年教育部"时代新人铸魂工程"都对校园文化建设提出了明确要求。

校园文化育人关键在于用什么样的校园文化培育什么样的人才。2016年10月21日，习近平总书记在纪念红军长征胜利80周年大会上讲话中指出，"中国特色社会主义文化积淀着中华民族最深层的精神追求，代表着中华民族独特的精神标识，是中国人民胜利前行的强大精神力量"[1]。党的二十大报告指出，"坚持和发展马克思主义，必须同中华优秀传统文化相结合"。2022年10月28日，习近平总书记在考察殷墟遗址时再次强调，中华优秀传统文化是我们党创新理论的"根"。

笔者认为，校园文化育人就是要坚持用习近平新时代中国特色社会主义思想铸魂育人；坚持以中华优秀传统文化的思想精华和道德精髓启智润心；坚持三全育人，系统推进，绵绵发力，久久为功。

通过邀请老同志开展讲座、互动访谈等活动，不但能加强大学生对校史院史及本专业发展历史的了解，还可以让大学生对自己未来的学术发展和职业规划有更清晰的认识，引导学生将个人发展与国家需要相匹配，为党育人、为国育才。

(二) 助力开展高校网络意识形态阵地建设，旗帜鲜明地回击不良思潮

培养什么人、怎样培养人、为谁培养人始终是教育的根本问题。

纵观我国掌握高校网络意识形态话语权的历程，主要依靠抢占舆论阵地的方式，第一时间建立官方主流媒体、"两微一端"等，并通过实名制、不良言论举报、非法IP过滤等措施将不良思潮剔除。

---

〔1〕《习近平：在纪念红军长征胜利80周年大会上的讲话》，载新华网，http://www.xinhuanet.com/politics/2016-10/21/c_19765804_3.html。

这些年来，西方利用其在网络中的话语权优势地位，利用网络空间特性，大肆向我国特别是在高校学生中散布不良思潮。美国绝不甘心失去其全球霸主地位，愈加频繁地对我国开展各种攻击。高校学生因其接受了系统的科学教育而不持偏见包容并蓄，但又缺乏足够的人生历练而不能百分百明辨正邪，于是成为美国为首的西方国家拉拢、腐蚀的对象。高校必须坚持传播主流意识形态，旗帜鲜明地回击各种不良思潮。在这方面，关工委老同志具有积极作用。

1. 助力网络意识形态话语理论创新

理论的生命力在于创新。马克思主义理论始终是动态发展的，始终是反映时代特征的，始终是不断创新的。要想获得当代青年大学生的认同，马克思主义必须保证其自身的科学性、先进性，紧跟时代、反映时代，指导当代高校意识形态工作实践。关工委老同志很多是这方面的权威专家，理应创新发展马克思主义理论分析和解释时代的变化，阐明深层次的世界发展的一般规律，凸显其理论价值和时代价值。

理论探索和宏大叙事是传统主流意识形态教育的重心，而在学生日常学习、生活的合理诉求方面有时理论"不在场"。[1]推动网络新媒体环境下马克思主义理论创新，要坚持贴近新时代青年大学生日常需求。实现这种创新，除了要关注当下青年大学生的现实问题，还要求转变马克思主义意识形态的表达方式。利用关工委老同志丰富的人生阅历和深厚的理论功底，将马克思主义意识形态深入浅出地呈现给新时代大学生网民。

2. 助力网络意识形态话语权工作队伍建设

高校网络意识形态工作说到底就是党的思想政治教育工作。只有具备坚定政治立场和深厚马克思主义理论素养的话语主体，才能将主流意识形态讲深讲透讲好，入耳入脑入心。因此，高校网络意识形态话语权工作队伍的思想政治素质至关重要，必须不断提升，引领发展。

关工委老同志的独特优势之一就在"政治强、威望高"。高校特邀党建督导员、教学督导员和思政课信息员、督导员能够督促思政课教师、辅导员队伍和宣传管理队伍牢记自身身份，引导他们进一步加强师德师风建设和理论

---

〔1〕 朱应开、杨建义：《自媒体视域下高校网络意识形态话语权现实境遇及提升路径研究》，载《石家庄铁道大学学报（社会科学版）》2022年第2期。

水平提升。

3. 助力网络意识形态话语内容创新

话语的生命力不仅依赖扎实的内容，而且也离不开恰当的表现形式与传播形式，良好的形式不仅有助于彰显内容，而且更有助于话语的传播与被接受。因此，高校网络意识形态话语的构建，不仅要重视内容的建设，也需要重视将话语以最恰当的方式呈现。

政治话语的生命力在于对人民群众的说服与掌握。要想实现政治话语掌握国民大众的目的，需要实现话语表达方式的重构，需要将政治话语和学术话语创造性转换为大众化、通俗化、日常化话语。话语重构，"一方面是政治话语的生产场域从抽象政治概念转向大众感性生活。另一方面是政治话语创制主体由上层政治理论家向普通民众的转移"。[1]

基于关工委老同志坚定的政治立场、深厚的理论功底、丰富的教育经验和人生阅历，可以助力构建政治话语、学术话语和大众话语、网络话语相融合的话语内容。

4. 助力职能部门科学设置议题

议题设置理论认为，虽然不能直接决定人们思考的方式，但可以通过议程安排，确定最重要的事项，控制舆论。

王晓菊等[2]认为，当前网络主流意识形态话语权在某些场合、某些事件中有时出现无语、失声的现象，其原因主要是话语议题设置脱离群众、脱离实际、脱离科学。匡文波等[3]认为，议题的重要性、敏感性、模糊性以及议题网络传播碎片性是构成网络舆论风暴的主要因素。高校网络空间作为传播中国主流意识形态的重要阵地，必须明确"习近平新时代中国特色社会主义思想"话语建设即议题建设。

议题建设包括把握所设置议题的科学性和价值引领性，掌握了议题设置和

---

〔1〕 张明：《新时代建构中国话语的基本路径》，载《中共中央党校（国家行政学院）学报》2020 年第 1 期。

〔2〕 王晓菊、朱喆：《网络领域主流意识形态话语权的生成逻辑及其提升策略》，载《社会主义研究》2022 年第 3 期。

〔3〕 "网络舆论风暴＝重要性×模糊性×敏感性×可到达性"，参见匡文波、周倜：《论网络舆论风暴公式》，载《国际新闻界》2019 年第 12 期。

阐释，也就掌握了网络舆论的主导权，即掌握了网络意识形态话语权。[1]科学的主流意识形态话语应当在网络传播过程中形成线上和线下的舆论共振，进而影响广大高校师生的思想和行为，成为"立德树人"中心工作的重要部分。老同志政治立场坚定、理论水平高、懂教育，可以助力职能部门更好地完成议题设置。

5. 助力话语效果的评价机制

刘勇[2]认为，对话语效果的科学评价与反馈是提升话语权的必要方法，而评价活动又可分为权威评价即职能部门以及权威的评价机构进行的评价，以及普通民众所进行的民众评价。

笔者认为，限于成本，权威评价势必不能大规模多频次地开展。同时，民众评价这种"无机"的方式具有自发性、非理性等特征，只具有参考意义。[3]关工委老同志可以横跨二者之间，既有政治性、组织性和专业性，也能客观、全面地反映广大话语传播对象的利益、诉求、意志。

另外，老同志中的相关专家还可以进一步帮助职能部门制定科学的评价标准和搭建反馈互动平台。

(三) 助力学校思政课程与课程思政建设

如何挖掘专业课蕴含的思想政治教育元素是课程思政的难点之一，很多教师不是从课程本身挖掘思政元素，而是为了课程思政"寻找"相关素材加入课程中，这不是课程思政的本意，教育效果也有限。将思政信息"润物无声"地融入专业课教学是课程思政的难点之二，如何有效挖掘具有政治性、科学性、生动性的育人元素，让学生在学习专业知识的过程中领悟做人做事的基本道理，体会到自己所肩负的实现民族复兴的责任，这其实是很难的教学艺术。

老同志是新时代高等教育课程思政建设的指导思想者和政策措施的清醒领悟者。目前，中国政法大学退休的具有高级职称的教职工 500 余人，其中

〔1〕 沈桂萍、李军龙：《中华民族共同体意识网络传播议题设置与机制建设》，载《中央社会主义学院学报》2022 年第 4 期。

〔2〕 刘勇：《当代中国主流价值观话语权提升机制探索》，载《思想政治教育研究》2017 年第 3 期。

〔3〕 ［德］黑格尔：《法哲学原理》，范扬、张企泰译，商务印书馆 1982 年版，第 331 页。

有相当一部分老教师仍活跃在教育教学的第一线。他们有数十年积累的教学经验、学术积淀和珍贵案例，在与青年教师的交流中、与青年学生的互动中，发挥着历经岁月沉淀而具有的独特优势。如今，老教师有必要将丰富的实践经验上升到对课程思政建设比较系统的理性认识，认同课程思政育人育才的现实意义和价值所在，才能做到内化于心、外化于行，与时俱进地发挥作用。

（四）助力学生支部党建工作

第一，助力党员培养工作。学院可以邀请关工委老同志列席学生党支部活动，发挥老同志的政治、经验优势，提升学生党支部开展活动的质量；也可以邀请老同志参与入党积极分子的培养考察，完善党员培养考察体系。

第二，助力理想信念教育。关工委的老同志们是"四史"的亲历者、见证者、参与者，由他们开展思政教育，就是一本本理想信仰教育的"活教材"和一份份补足精神之钙的"添加剂"。以"四史"教育强化当代大学生的独立思考能力，坚定"四个自信"，以更积极的心态和更昂扬的姿态应对百年未有之大变局。

五、结语

关工委广大"五老"是党和国家的宝贵财富，具有独特的政治、经验、技能优势，是加强青年大学生思想政治工作的重要力量。

新时代新征程，高校学生思想政治工作面临着新形势、新任务。有效发挥关工委老同志的作用，有助于校园文化育人提质增效，有助于网络新媒体环境下主流意识形态建设，有助于学校思政课程与课程思政建设，有助于学生党支部建设。

参考文献

［1］习近平：《习近平谈治国理政》（第三卷），外文出版社2020年版。

［2］高德毅、宗爱东：《从思政课程到课程思政：从战略高度构建高校思想政治教育课程体系》，载《中国高等教育》2017年第1期。

［3］张大良：《课程思政：新时期立德树人的根本遵循》，载《中国高教研究》2021年第1期。

［4］薛卓婷、陈河：《新时代加强高校思想政治工作的价值意蕴及路径探析》，载《理论导刊》2022年第11期。

［5］李擎等：《运用新媒体开展思政工作体系建设与实践路径探索》，载《北京教育（高教）》2023年第10期。

"数智"时代高校图书馆空间服务变革与育人服务实践

——以中国政法大学图书馆为例

中国政法大学图书馆　夏振华

根据国家互联网信息办公室发布的《数字中国发展报告（2022年）》[1]，2022年我国数据产量达8.1ZB，位居世界第二位，数字经济规模达50.2万亿元，占GDP比重41.5%。我国数字经济已成规模。

2023年10月25日，国家数据局正式揭牌。国家数据局负责协调推进数据基础制度建设，统筹数据资源整合共享和开发利用，统筹推进数字中国、数字经济、数字社会规划和建设等，从国家机构层面开始重视数据管理。

一、"数智"时代

2022年中共中央办公厅、国务院办公厅印发了《关于推进实施国家文化数字化战略的意见》，提出了8项重点任务，其中第6项为统筹推进国家文化大数据体系、全国智慧图书馆体系和公共文化云建设，增强公共文化数字内容的供给能力，提升公共文化服务数字化水平。

"数智融合"可以理解为"大数据"与"人工智能"的复合概念。"大数据"通常是指"大小规格超越传统数据库软件工具抓取、存储、管理和分析能力的数据群"[2]；"人工智能"通常是研究如何让"智能体"去完成人的

---

〔1〕《国家互联网信息办公室发布〈数字中国发展报告（2022年）〉》，载中央网络安全和信息化委员会办公室网，https://www.cac.gov.cn/2023-05/22/c_1686402318492248.htm？eqid=92ea32790002eede000000036472c790。

〔2〕安小米、王丽丽：《大数据治理体系构建方法论框架研究》，载《图书情报工作》2019年第24期。

智力才能胜任的工作[1]。

"数智"时代，读者的需求和学校人才培养方案都在发生变化，图书馆也面临新的机遇与挑战。王飞等[2]从信息、空间、效率、素养四个方面分析了读者需求的变化，提出充分利用 5G 等技术，实现资源、人、空间的融合与重构，为用户的成长与发展提供支撑。杨文建等[3]从用户感知的空间评价研究出发，认为高校图书馆侧重于建设面向学术支撑、学习交流、个性化的智慧知识服务空间，建设智慧虚拟空间。个性化学习支持、行为分析、决策支持等是读者所感知的图书馆空间价值的重要组成部分。柯平对智慧图书馆的价值观建设提出两点基本思路：把人放在首位，促进人的全面发展；把人类发展和社会进步作为目标。

"数智"时代，图书馆要加快技术应用，例如：数据挖掘、大模型、区块链等技术，依托图书馆服务过程中信息系统积累的读者行为数据、文献数据，推动以技术驱动向数据驱动，文献服务向知识服务转型的图书馆新业态，以数据和智慧技术为抓手，实现图书馆空间服务变革，加快传统图书馆向智慧图书馆转型，提升图书馆的利用率和受欢迎度，同时提高服务学校中心工作的能力，为学生和教师提供更好的学习和研究环境，增强育人服务效果。

二、空间变革与育人实践

为了适应"数智"时代读者新的学习需求和特点，提升服务中心工作的能力本领，中国政法大学图书馆开展了广泛的调研和交流。对图书馆的空间设施、数字支撑、智慧技术、资源服务等方面进行了变革实践，以期贴合读者的学习需求，有效助力学校人才培养。

（一）灵活、多样的学习空间

中国政法大学图书馆通过门户网站、视频平台、实地考察、会议交流等

---

〔1〕 肖睿、肖海明、尚俊杰：《人工智能与教育变革：前景、困难和策略》，载《中国电化教育》2020 年第 4 期。

〔2〕 王飞等：《用户需求驱动的智慧图书馆服务体系研究》，载《新世纪图书馆》2021 年第 5 期。

〔3〕 杨文建、邓李君：《基于用户感知的智慧图书馆空间评价研究》，载《图书馆》2021 年第 8 期。

多种方式对首都部分地区图书馆的空间服务进行了调研。

各馆功能性区域（不含阅览区、藏书区）的情况如表1所示：

表1　各馆功能空间情况

序号	机构	空间类型						特色
		报告厅类	研讨室类	会议室类	视听空间类	展厅类	其他	
1	北京大学图书馆	√	√	–	√	√	研修专座	线上展览
2	清华大学图书馆	√	√	–	√	–	研读间、从游空间、单人研修间、24小时阅读体验中心、专题图书借阅区、咖啡厅	清华印记、24小时书店
3	中国人民大学图书馆	–	√	–	√	–	单人、多媒体工作室	多媒体工作室
4	北京师范大学图书馆	√	√	√	–	√	单人研究间、多媒体学习中心	
5	北京航空航天大学图书馆	–	–	–	–	–	特色阅览室、新书展阅区、开架阅览室、咖啡厅	公寓设置阅览区、沉浸式全景阅读、"可知电子书平台"阅读、自由视觉全景阅读
6	中国农业大学图书馆	√	√	√	√	√	培训室、小组学习空间、个人学习空间、数字阅读空间、个人研修间	报告厅配套完善、益学小屋、咖啡屋

615

续表

序号	机构	空间类型						特色
		报告厅类	研讨室类	会议室类	视听空间类	展厅类	其他	
7	中央财经大学图书馆	√	√	√	√	√	单人研修间、信息空间、非线性编辑室、咖啡厅4个（沙河）	咖啡厅4间、非线性编辑室（可供读者进行音视频制作、学习）、1间3D打印室

如表1所示，报告厅/多功能厅、研修空间、艺术鉴赏厅/视听室、展厅、咖啡厅基本成了现代图书馆的标准配置，一些图书馆开设了多媒体工作室、馆外阅览空间、3D打印空间、创客空间等。

各馆设备设施（不含软件平台、数据库）情况如表2所示：

表2 各馆设施情况

序号	机构	设备设施							
		自助借还系统	座位/空间预约系统	存包柜	自助复印系统	智能客服系统	朗读亭/静音仓	其他	特色
1	北京大学图书馆	自助借还书机；自助借书机	√	–	√	√	√	自助还书机	
2	清华大学图书馆	√	√	未知	√	√	未知	自助还书机、自助缴款机、圈存机、财务报账机、AED、消毒柜	
3	中国人民大学图书馆	√	√	未知	√	有（测试）	4台朗读亭、1台静音仓		

续表

序号	机构	设备设施							特色
		自助借还系统	座位/空间预约系统	存包柜	自助复印系统	智能客服系统	朗读亭/静音仓	其他	
4	北京师范大学图书馆	√	√	√	√	未知	未知	24小时还书机、微型图书馆、智能书架、预约书柜	报修系统
5	北京航空航天大学图书馆	√	-	未知	√	√	未知	未知	
6	中国农业大学图书馆	√	√	未知	√	√	3台朗读亭	京东读书自助借还柜、图书杀菌机、24小时自助还书机、预约取书机	高拍扫描仪
7	中央财经大学图书馆	√	√	未知	√	未知	有		播放展示读者作品

如表 2 所示，自助借还系统，自助复印系统、座位/空间预约系统、智能客服系统基本成为图书馆的标配，4 所高校图书馆明确设有朗读亭，清华大学图书馆、北京师范大学图书馆、北京航空航天大学图书馆未知。清华大学图书馆设有报账机、圈存机、AED 等其他部门的设施，这些设施的设置的目的主要是为了方便读者。

中国政法大学在新馆建设和昌平校区图书馆改造的过程中，充分参考了调研结果，在空间规划上按照"双友好"原则，即对读者友好和对馆员友好原则，把采光、通风、照明好的空间留给读者，保证每个办公区的通风和采光。建设了数字音乐图书馆、多功能厅、研讨室、开放讨论区、单人研修间、法史书苑、展廊空间、阅览区等特色空间，以满足学生小组讨论、学术报告、阅览、音乐赏析、电影赏析等多样化读者学习需求。

数字音乐图书馆提供高品质音乐、电钢琴、音立方、喜马拉雅音频等设施和资源，便于读者弹奏/学习电钢琴、音乐创作和赏析，提升读者的音乐素养，助力音乐育人工作开展。目前电钢琴和音立方比较受读者欢迎，中午部分读者和馆员选择在此休息。

多功能厅提供舞台灯光、影音播放系统、录播系统、LED 电子屏等设施，集会议、报告、电影放映等功能于一体，可容纳 100 人同时进行活动，支持视频会议，直播录播、课程录制。多功能厅的建设丰富了读者的活动空间，目前定期给读者放主流影片。图书馆电影排片一般选择经典电影和红色电影，读者欣赏电影的过程中除了愉悦身心，还能接受精神的洗礼，陶冶道德情操，是图书馆开展影音育人的重要基地。

图书馆设有大小两种类型的研讨室，一种 10~30 人的大研讨室，一种 6 人以下的小型研讨室，其中大研讨室提供智慧展示屏、视频会议支持；小研讨室提供桌椅、电脑和手机无线充电等。研讨室采用预约管理方式。读者在研讨室可以进行授课、会议、讨论等教学科研活动，为育人工作提供便利的场景和技术支持。

图书馆建设了两种单人空间，一种是普通的单人研修间，供读者阅读、科研使用；另一种是静音仓，供读者接打电话使用。普通的单人研修间非常紧俏，是图书馆座位预约的重点，单人静音仓在使用过程中读者还经常在该空间朗读、面试等，不需要预约，很受读者欢迎。

阅览区分为普通阅览区、精品书阅览区、脱机阅览区、阶梯阅览区。其中精品书阅览区的桌椅组合比较灵活；脱机阅览区环绕图书馆的挑空区域，视野比较开阔；阶梯阅览区方便读者学习后略作放空、阅读畅销书籍等。这些特色阅览区的设置，便于读者选择适宜的区域进行阅读和思考。

法史书苑为我校终身教授张晋藩先生捐建，旨在为从事法律史学习、研究或者对法律史感兴趣的读者提供一个专门的学习空间。书苑提供法律史专业图书和研究资料，可以进行小型研讨活动，为新馆建成后建设的特色学习空间。法史书苑有助于从事法律史研究的读者徜徉在传统法律知识的海洋，是图书馆在特色专业育人方面的一次有益尝试。

图书馆设置了多样化的展示空间，包括文化展区、图书展区、新书展区、馆史展区等四大类展示空间。其中，文化展区用于举办党建类、文化类展览，图书展区用于举办专题书展，馆史展区用于宣传展示图书馆办馆历程和馆藏珍贵文献。这些展示空间是图书馆文化育人的重要空间，是思政教育和文化教育的课堂外基地。

（二）重视数字支撑

中国政法大学图书馆在数据服务，特别是知识服务方面进行了一系列尝试，包括大数据展示平台、馆藏利用报告、学科发展报告等。

大数据展示平台用于揭示同时在馆的读者情况、借阅数据、座位情况、研修间情况等，方便读者根据数据展示了解图书馆空间使用情况。在疫情防控期间，图书馆通过限制同时在馆人数，配合学校疫情防控安排，圆满完成了疫情防控和保障工作，这些数据都可以在大屏上展示。

《中国政法大学图书馆资源与服务报告》包含四个报告——《信息素养与人才培养过程质量分析报告》《图书馆馆藏资源利用报告》《用户满意度调查分析报告》《图书馆博硕士论文分析报告》，2018年、2019年两年以正式出版物形式公开出版发行。其中《信息素养与人才培养过程质量分析报告》通过问卷调查，从信息意识、信息技能及信息道德三个方面进行分析，为高校信息素养教育提供借鉴作用。《图书馆馆藏资源利用报告》对图书馆馆藏资源、读者进馆、纸质图书借阅、自助服务等方面的情况进行汇总和分析，挖掘师生阅读倾向和阅读特色。《用户满意度调查分析报告》是根据读者对办馆条件、文献资源建设、网络化与数字化建设等五个维度的满意度汇总，进行定量分析和交叉分析。《图书馆博硕士论文分析报告》对博硕士论文进行多维度分析，客观评价我校学科研究热点和人才培养质量。

学科发展报告，面向学校提供学科服务支持。开展科学计量分析与评价研究，提供学科、机构、人才竞争力等分析报告，为高校"双一流"建设、科研评价、人才培养提供决策支持。包括法学类分析报告、非法学类分析报告、专题类报告三个方面，助力学校学科发展，为特定社会问题提供智力支持。

（三）智慧技术支持

中国政法大学图书馆重视新技术探索与应用，在新馆建设过程中引入了一些智能技术和智能设备，为读者提供全方位服务。

智能机器人小政、小法是我们图书馆的智能馆员，是图书馆工作人员的得力助手，他可以语音跟读者交流，可以回答读者常见问题，可以引导读者去大厅的一些场所，比如洗手间、办公室、服务台、电梯等。咨询机器人不会回答的问题后台会有记录，工作人员定期对答案进行补充。

人脸识别系统采用百度人脸识别技术，支持测温功能，人脸识别系统上线后，入馆读者可以不带一卡通直接入馆，目前自助借还机、自助借阅柜、研修间管理系统已经对接人脸识别系统，读者都可以直接使用。人脸识别系统的应用推动了无感知入馆和统一身份认证，读者不需借助其他介质即可办理图书馆大部分业务。

虚拟数字人是数字化人物形象，可以通过采集一定的人体动作形成数字人动作库，虚拟数字人在图书馆可以用作智能问答、交流互动、直播、录播。数字人可以是真人操控的，也可以由计算机控制。中国政法大学图书馆的期刊阅读系统利用数字人形象与读者进行交流，进行期刊检索，便利了读者期刊选择，助力文献育人。

（四）资源服务

资源服务虽然是传统服务，但图书馆在资源服务方面不断寻求创新，形成"三线动态"典藏、电子阅读支持、阅读推广等资源服务品牌。

"三线动态"典藏是指图书馆通过流通数据，分析图书的受欢迎程度，结合本馆资源保障和读者阅读需求，对纸本资源实施"三线动态"典藏管理。近五年借阅率较高的图书、法律样本图书等藏于阅览区，为一线藏书；五年内借阅率稍低的图书、非法律类样本图书等藏于密集书库，为二线藏书；借阅率为零的图书藏于科研楼书库，为三线藏书。每年对图书进行评估，进行馆藏动态调整。

电子阅读支持方面，图书馆积极营造阅览环境，建设了瀑布流系统、电子阅读本等提供电子书的阅读终端，满足读者对电子书的阅览需求。通过瀑布流系统，读者可以阅读电子图书，也可以利用手机扫描下载图书到手机终端进行阅读。电子书阅读本可以联网下载电子书进行阅读。

打造阅读推广品牌活动，利用读书月等时间节点，推动全校师生形成爱读书、读好书的学习氛围。"做最美阅读者"世界读书日系列活动，如"为你有温度的读书""阅读经典""积分挑战赛""我在法大图书馆那一角的回忆"主题活动等。"花间四月，品味经典"——读书月系列主题活动，如微视频有奖征集活动、"畅游书海、品味人生"等活动。漂流图书活动，在图书馆指定的一些位置设立图书漂流角，受赠的图书，保留必要副本外，与各位读者分享。

三、存在的问题及对策

（一）空间服务存在的不足

中国政法大学图书馆新馆投入使用后，在空间服务和育人实践方面遇见了一些新问题。

1. 空间设施问题

设施不按规定使用时有发生。例如：单人静音仓设计为接打电话使用，一些读者把它当成了自习空间，长时间占用，影响了接打电话的读者。家具经常被随意挪动，影响读者使用。例如：在书架旁配备的沙发墩，经常散见于图书馆各个角落。读者物品任意摆放，甚至影响环境和消防安全。例如：读者的水杯、图书、包等堆放在各层的展柜上、存包柜顶部、饮水机上等，影响了展柜、饮水机的安全和环境美观。部分空间功能开发不足，利用率有待提升。例如：图书馆的多功能厅目前仅作为电影播放和赏析空间使用，用途有待进一步拓展。

2. 资源建设不足

数据库基本能满足读者使用需求，对小众学科的部分资源保障力度还有待增强；特色数据库不够丰富，只有一些数字化的电子书、文库、论文库等。

3. 数据服务短板

图书馆虽然开展了一些数据挖掘和整合服务，但数据分析的深度和广度还有待提升，特别是如何利用图书馆掌握的基础数据服务学校学科建设、科学研究、人才培养方面的成果还有待丰富。馆员的数据素养有待提升，利用数据开展服务的本领有待加强。

4. 其他方面

图书馆与学校其他部门协作服务教学、科研、人才培养工作不足，很多工作独立开展，效果不明显。与读者之间的交流途径不够丰富，有待继续拓展。文明入馆宣传有待继续提升，以营造文明的学习空间。部分读者诉求的响应速度有待持续提升。

（二）优化策略的思考

参考其他高校图书馆的经验，结合学校要求和图书馆发展实际，解决中国政法大学图书馆空间服务和育人实践面临的新问题，可以从如下几个方面入手：

1. 空间设施方面

在空间建设上，充分利用老馆改造、新馆建设、新校区建设等机遇，优化馆舍空间布局，满足未来学习和读者个性化需求，提升对课堂外教学、未来学习和读者自学等的支持和保障水平。

探索元宇宙相关项目的落地，结合本馆实际，满足个性化需求。关注虚拟空间在图书馆的应用实践，例如：虚拟书库、虚拟展厅、学科实验室等，助力读者学习与实践，满足读者日益丰富的空间需求。

丰富空间配置，根据图书馆发展需要和读者需求，丰富各类型读者活动空间。跟北京部分高校图书馆相比较，中国政法大学图书馆暂未建设配套的书店、多媒体服务空间、创客空间等配套特色阅读、创作、新技术体验相关的空间。在书店建设方面，可以参考清华大学邺架轩 24 小时阅读体验书店的模式。在创作空间建设方面，可以参考中国人民大学图书馆的多媒体工作室和中央财经大学图书馆的非线性编辑室。在新技术体验空间方面可以学习北京大学图书馆、中央财经大学图书馆，建设 3D 打印等技术体验空间等。

优化设施配置，针对读者意见比较集中的部分设备使用不方便、不舒服等问题，开展专项研究。对确属系统缺陷的问题，加快探索解决方案，做到应改的问题尽改、快改。

拓展空间设施服务，借鉴其他高校图书馆的先进管理经验，进一步开发和完善本馆部分空间的管理与服务。例如：中国政法大学图书馆的多功能厅定期为读者播放电影，暂未对其他校内机构开放，可参考北京大学图书馆报告厅和北京师范大学图书馆，拓展到学术报告、教学实践、竞赛活动等。

2. 资源建设方面

探索 AIGC 在资源建设领域的应用，未来很大一部分资源基于 AIGC 产生，要做好准备，对相关资源进行合理判断，例如资源的合法性、是否具有入藏的价值等。

探索提供智能工具支持，探索以 ChatGPT、文心一言、讯飞星火等工具为代表的大模型工具的应用，例如：香港大学图书馆已经为读者开通 ChatGPT 的使用权限 。

探索特色数据库建设，特别是微课堂视频库、视频平台库、音频数据库、特藏数据库的建设和完善，注重特藏文献数字化，提高特藏文献的利用率。

3. 数据支持方面

数据分析是图书馆空间设施建设和管理服务的一个重要方面。培养图书馆工作人员数据意识、知识生产意识，推动图书馆从文献信息中心中的文献存储、服务等职能逐步拓展知识再生产职能。充分用好读者使用图书馆空间设施产生的海量的基础数据，做好数据分析和个性化推荐服务等工作，比如：读者行为数据分析、图书借阅数据分析、论文产出数据分析、学科发展数据分析等，满足读者学习科研和学校学科建设、学生培养等方面对数据支撑的需求。

在原有数字化服务的基础上，探索读者画像，对读者的资源阅读偏好、读者研究方向的特点、读者学科的背景等进行综合挖掘，优化个性化资源推荐，提升资源使用效率，提升辅助读者学习、科研的能力。

探索科研助手服务，利用数字人、人工智能、数据挖掘等技术，打造 24 小时在线科研助手，加强与读者之间的交流互动，特别是在论文选题、科研态势、文献阅读等方面帮助读者，解决学习科研过程中的痛点、难点，提升学生科研能力和科研水平。

加强图书馆的全数据采集，一方面是数据的广泛性，另一方面是数据的准确性，为个性化分析奠定基础。

4. 服务模式方面

创新服务模式，加强与读者的交流互动，深挖读者需求，依托数据和文献资源优势，提供个性化和定制化的服务。例如：加强技术投入，探索大模型、数据分析应用实践，提升服务能力和水平，进而提升读者服务质量。

促进交流合作，加强与学校相关部门的协作，探索助力学校教学、科研和学科建设等中心工作的新路径。例如：与教务部门、学生事务部门合作，开展学术讲座、教材保障、志愿服务认证等工作，多维度助力学生成长。

满足读者合理诉求，认真对待师生通过投诉平台、咨询、意见反馈等各渠道提出的意见和建议。仔细梳理问题产生的原因，力争高效、准确地找到解决方案，为师生做好服务。

5. 馆员培训方面

加强馆员学科素养水平，特别是相关专业的学习和科研经历。增加与学科、教务、科研、学院等机构的联系，参加相关机构组织业务培训和交流会，培养馆员做学科发展、教学管理、科学研究、教育培训的好帮手。

鼓励科学研究，组建类似于青年创新团队的科研队伍，发挥以老带新传统；以图书馆论文研讨会为切入点，加强馆员论坛建设，在智慧图书馆、未来学习中心、AIGC 等领域展开研究，不断提升馆员科研能力和科研服务水平。

提升馆员技术水平，开展 AI 工具和元宇宙相关技术培训，鼓励馆员主动走出去，开展馆际学习、交流、研讨等。

6. 育人服务方面

加强文明引导，特别是加强读者的服装、行为等方面的规范。随着图书馆各类阅览空间的丰富，越来越多的读者选择在图书馆学习和休息。其间偶有不文明现象发生，图书馆可通过宣传屏倡议、公众号推文、志愿者监督等方式，引导读者注意自身形象，自觉维护图书馆良好的学习环境。

推动志愿服务，特别是在文明监督、助学答疑、活动助理等方面持续跟学生社团，比如与图学会、研究生会、团委等组织合作，通过志愿者招募、培训和使用，补充和完善图书馆的管理服务工作。志愿者服务有助于解决读者意见比较集中的管理问题，如单人静音间长时间被占用问题，馆内椅子被随意挪动问题和其他不按规定使用各类设施的问题。志愿者管理和工作安排等方面可以参考北京航空航天大学图书馆、北京师范大学图书馆等高校图书馆的经验，充分发挥图书馆的管理育人职能。

增强文化育人，充分利用图书公众号、展廊、信息屏、信息素养课堂、研讨空间、开放讨论空间等平台，厚植文化根基，做好法治文化、党史党建、校园文化、阅读月、科学研究等的宣传，以习近平新时代中国特色社会主义思想为指导，做好立德树人任务，培养具有家国情怀的优秀法治人才。

四、结语

图书馆是一个生长着的有机体，图书馆的空间服务是这个有机体的重要组成部分，其变革要坚持以读者服务为中心，坚持学校"三全育人"工作总的要求。随着智慧图书馆建设如火如荼地开展和"数智"时代的到来，图书馆的空间服务面临着前所未有的机遇和挑战。图书馆要提升数据分析能力和水平，实现从技术驱动向数据驱动、文献服务向知识服务的转型，在育人服务中发挥自身的数据、资源、文化优势，助力高质量人才培养。

"大思政"背景下高校思政课与第二课堂的功能定位及协同路径研究

中国政法大学刑事司法学院 张继山

中国政法大学刑事司法学院 巨浩民

中国政法大学刑事司法学院 戚 涵

一、研究背景

2019年3月18日，习近平总书记主持召开学校思想政治理论课教师座谈会并发表重要讲话，对思政课建设和改革创新提出了"八个相统一"的要求，其中第四个"相统一"即"理论性和实践性相统一"。2021年3月6日，习近平总书记看望参加全国政协会议的医药卫生界教育界委员时提出"大思政课"相关概念，即以构建全员、全程、全课程育人格局的形式将各类课程与思想政治理论课同向同行，形成协同效应，把立德树人作为教育的根本任务，并强调"'大思政课'我们要善用之，一定要跟现实结合起来"。2022年7月，教育部等十部门印发《全面推进"大思政课"建设的工作方案》，直接肯定了"大思政课"相关理论的重要性和必要性，标志着思政教育已成为维持社会稳定、应对时局变化的重要举措。在"大思政课"视域中，如何准确理解高校思政课实践性的内涵，并在此基础上探索其实践性的具体实现途径，是提高高校思政课教学效果，落实立德树人根本任务的迫切要求，事关中华民族伟大复兴，事关社会的稳定发展。因此，进一步建设和完善当下高校思政课程教育体系，发挥思政课教学的实践育人作用则至关重要。

此外，我国著名教育家朱九思早在1983年就提出了第二课堂的教育理念。随着时代发展，第二课堂正逐渐焕发出新的生命力，已然成为新时代高校日常教育的重要组成部分，在培养学生全面素质能力、促进学生自我教育和自我管理方面，承担着重要作用。由此可见，思想政治课程的实践教学和第二课堂已然成为高校培养学生的综合素质能力的内在系统，是高校思想政治教育实践育人的重要工作构成，同时也担负着丰富多样的教育职责，发挥着培养学生综合素质能力、帮助学生进行自我教育、自我管理的重要作用。如今，身处世界百年未有之大变局，只有明晰二者的功能定位、找准着力点，并实现二者间的有效协同互动、双方要素的有机整合和效能叠加，才能充分实现二者育人效能，形成实践育人的整体合力，从根本上培养学生的社会主义核心价值观和综合素质、促进学生主体的全面发展，从而实现"大思政"立德树人的根本任务，为时代培养更多的优秀人才。

二、高校思政课与第二课堂的功能定位

如上文所述，高校思政课与第二课堂均是"大思政"背景下高校思想政治教育工作的重要抓手，但同时应当注意到，二者各自又有着不同的育人着力点。厘清二者的功能定位对于探索其协同路径、发挥工作合力、加强和改进新形势下高校思想政治工作具有重要意义。

（一）高校思政课的功能定位

作为落实立德树人根本任务路径的关键一环，高校思政课承担着为国家培养德才兼备、可堪大用的建设者和接班人的重要使命。其功能定位大致可以分为以下三个方面：

1. 教学目标与学生发展契合

2020 年教育部印发的《高等学校课程思政建设指导纲要》中指出，"课程思政建设工作要围绕全面提高人才培养能力这个核心点"。作为现代教育理念下不可或缺的一环，高校思政课旨在通过系统的理论教学，引导学生深入理解马克思主义理论，提升其对思想政治理论的认同感及分析、解决现实问题的能力，树立正确的世界观、人生观和价值观。这一教学目标紧密贴合学生全面发展的需求，帮助其在知识、能力、情感态度等多方面实现全面提升，将个人的成长成才与国家民族发展的伟大事业紧密结合。

2. 理论导向与实践导向互补

将思政课划定为理论教学和实践教学是基于价值功能有效区分的规范化

归类，是准确把握高校思政课实践教学功能价值的前提和基础。[1]思政理论教学侧重于对相关知识的讲授，而实践教学则旨在将其内容进行延伸和扩展，引导学生将理论与实际相结合，运用思政课所教授的相关原理和马克思主义中国化理论成果的立场、观点和方法来认识客观世界。近年来，我校建设了一批"课程思政示范课"，形成了以专业课程为基点，以通识课程为核心，以实践类课程为突破的三位一体课程思政体系，将思政课的理论教学与实践导向有效融合，体现了德法兼修、明法笃行的特色育人理念。

3. 思政小课堂与社会大课堂互动

思想是行动的先导和动力，影响并指导着实践。思政小课堂作为传授知识、培养思想的基地，承担着系统教育学生的重任；而社会大课堂则是学生实践锻炼、深化理论认识的广阔舞台。二者之间的互动，能够帮助学生将课堂上学到的理论知识与社会实践相结合，形成知行合一的教育效果。这一点也是"大思政"之"大"的重要内涵与关键作用。例如我校 2017 年建立了"大学生法律援助工作站"，作为我校青年学子践行理想、服务社会的窗口，鼓励学生学以致用，至今已招募校内志愿者 8100 人次，累计服务时长 2 万余小时，有效拓展了思政育人实践新路径，引导青年大学生为助力法治社会建设贡献青春智慧与力量。

（二）高校第二课堂的功能定位

在高等教育的育人体系中，第二课堂以其独特的优势与功能，与第一课堂共同构成了学生全面发展的教育平台。2016 年 12 月 7 日，习近平总书记在全国高校思想政治工作会议上的讲话中指出，要"重视和加强第二课堂建设"。当下，高校第二课堂建设已经成为高校工作的重要组成部分，对于促进学生综合素质提升、实践能力增强以及个性发展等方面有着不可替代的作用。其中，思政引领作为第二课堂的核心功能，更是关系到学生价值观塑造、社会责任感培养以及未来发展。

1. 高校第二课堂的基本功能

第二课堂是高校日常教育的重要组成部分，是在学校教学计划所规定的

---

〔1〕 李亚美、姜天宠：《高校思政课实践教学与第二课堂的功能定位及其协同》，载《学校党建与思想教育》2021 年第 18 期。

教学活动（即第一课堂）之外，组织和引导学生开展的各种有意义的课外活动，包括知识性的、学术性的、文艺性的、健身性的、公益性的活动等，是对第一课堂的重要补充。[1]

我校团委自 2019 年以来，逐步在校内推行"第二课堂成绩单"制度（以下简称"二课制度"），以期根据校内第二课堂活动参与情况认定学生所获学时、学分与成绩，客观记录、认证学生的二课经历与成果，以直观量化的形式展示学生专业课堂之外的在校表现与活动成果。二课制度的意旨在于丰富学生课余生活，拓展学生综合素质，在落地实行的三年里已发展成为我校本科生培养考核的硬性要求之一。目前，绝大多数高校均已建立起了涵盖创新创业、文体艺术、志愿服务、社会实践等多种形式的综合素质拓展活动体系，以课堂之外的综合实践为依托，通过同学们更乐于接受的形式，将教育内容融入第二课堂活动之中，帮助学生实现德智体美劳全面发展。

2. 思政引领在第二课堂中的核心地位

思政引领不是高校第二课堂的全部目标指向，但是其核心功能之一，它贯穿于第二课堂活动的始终，是确保第二课堂育人效果的关键。在思政引领下，第二课堂活动不仅注重学生的知识获取和技能提升，更强调对学生思想品德、价值观念和社会责任感的培养，重在提升其对马克思主义基本原理和马克思主义中国化理论成果的理解认识，培育其健全人格和爱国主义、集体主义精神，鼓励学生身体力行践行社会主义核心价值观。

2020 年教育部印发了《高等学校课程思政建设指导纲要》，树立起新时期"课程思政"理念对于高校思想政治工作的指导地位。各高校应当在素质教育过程中有意识地融入理想信念、家国情怀、道德品质和法治精神等内容，提升其爱国情操、人文素养和科学精神，强化思政引领在第二课堂中的核心地位，为在第一课堂外持续增强思政对学生的辐射效果提供行之有效的路径。

三、实施现状及现存问题

目前，大多数高校已经形成了自身的思政课程体系，建设完成了第二课堂平台和相应的评价规则并取得了显著的成果。北京大学自党的二十大以来

---

〔1〕 冯刚主编：《改革开放以来高校思想政治教育发展史》，人民出版社 2018 年版，第 208 页。

新时代加强和改进高校思想政治工作路径探究

不断完善思政课课程体系建设，充分利用自身学科优势建设思政课课程体系；创新性实行"五育并举"协同育人机制，将"三全"教育目标融入第二课堂教育并取得了良好的成效。中国人民大学立足自身优势，不断增强思政课的思想性、理论性和亲和力、感染力，将马克思主义理论学科作为重点学科、思政课作为重点课程加强建设，推进"三进"工作；同时把自身学科特色与第二课堂有机结合，支撑搭建起第一课堂与第二课堂之间的桥梁，积极推进"思想引领、能力提升、学术培育"三位一体的第二课堂建设，成效显著。

与此同时，中国政法大学也积极响应共青团中央和教育部的号召，深入推动思政课程建设改革创新，打造"一学院一特色""一专业一特色""一课程一特色""一教师一特色""一教学组织一特色"的法大课程思政建设体系，逐步构建起科学、系统、全面、深入的思政课程教育体系，并通过定期评教的方式确保思政教育的质量和效果，客观、全面地评估学生的学习成果和教师的教学质量。除此之外，我校依托"法大青年"公众号，成功搭建了基于新媒体的第二课堂平台，集合了在线学习、互动交流、学时认证等功能，学生可以通过日常签到打卡、扫描相关活动二维码等方式获取第二课堂学习时长，最终的累计学时将作为毕业的硬性条件之一，以提升学生在本科期间的活动参与度与积极性，反向促进综合素质提升，以实现"大思政"背景下立德树人的教育目的。

自相关文件颁布以来，各高校都积极响应并学习相关精神，思政课程体系和第二课堂平台建设都取得了显著成果。然而，如前所述，在"大思政"的时代背景下，只有实现思政课程教学和第二课堂互动和协同，才能最大化发挥二者的功能定位并实现新时代学生综合素质的提升，而目前大部分院校在两者协同方面还存在以下问题：

（一）课程形式单一，未实现多领域联动效应

"大思政"教育的时代背景要求思政课程教学以思政课程为主干，将思政教育渗透和落实到文化课程、实践课程等各门课程，形成全课程育人的整体效应；同时逐步构建起覆盖学校、家庭、社会等全领域的育人体系。但是目前大部分高校思政课程开设仍局限于学校课堂，传授的内容仍以理论为主，缺乏实践教学环节，忽略了学生是否能够真正通过课堂教学体会思政魅力，继而产生深入学习的兴趣。现下的第二课堂呈现形式也仍停留于表面，整体流程止步于学时的累积计算，并未深入探讨第二课堂是否能给学生带来素质

实质提升的问题。思政课程教学和第二课堂之间存在明显的联动协作不畅问题，二者的功能定位都未能得到充分的发挥——思政课程教学未能充分利用好第二课堂平台，浪费了平台提供的相关资源和其衔接社会的功能；思政教育功能也在当下的第二课堂运行机制中被弱化，要考量学生是否通过第二课堂潜移默化的影响实现了思政方面的素质提升也存在困难，二者之间的壁垒仍未被打破，难以实现多领域育人体系的建设和思政课实践教学的全方位渗透。

（二）评价体系欠缺，未形成综合性培养意识

纵观思政课程与第二课堂发展现状，仍存在思政课功利化、第二课堂形式化的问题。高校思政课的评价方式往往以最终课程考核成绩为主，和其他专业课程并无二致，尚未摆脱"应试"思维，以最终成绩为单一评价标准，往往会导致学习目标的偏移，忽视了思政课程意在提升学生思想政治素质的初心。[1]而第二课堂作为促进学生多方面发展的平台，应当充分发挥其政治引领和人格塑造的作用，成为思政课程单一评价体系的有力辅助和补充。但是，当下第二课堂也存在着缺乏多样评价手段和科学评价体系的问题，仅仅强调活动参与度、上座率，并没有考查学生实质素质提升的行之有效的考核手段，导致第二课堂思政教学功能的发挥被大大限制。而学生最关心的学时累计方面，对其来说也只是毕业时需要达到的硬性条件之一，是最终评价个人基本素质的一个非常单一的量化标准。除此之外，第二课堂对于开展相关活动的主体、讲师等缺乏有效的评价途径，学生无法给予相关活动最直观的反馈和评价，这并不利于第二课堂运行机制的完善和发展；第二课堂的评价体系也未能和思政课实践教学衔接起来，难以发挥其对于涉及思政课程教学质量、实质影响等相关评价的辅助作用。

（三）主体受限较大，未凝聚多主体定向合力

"大思政"背景对于教育主体提出了"集中父母、教师、公众人物、学生自身、学生同伴等全员育人的主体合力"的要求，但是目前开设的大部分思政课程仍以教师开课讲授理论知识为主要形式，教学地点和教学内容都局限于校内，未能有效实现思政小课堂和社会大课堂的联动教学，可能让学生觉

---

〔1〕 李岩：《"大思政"背景下高校课程思政文化教学的育人机制》，载《中国旅游报》2023 年 10 月 20 日，第 3 版。

得思政课枯燥乏味的同时，也浪费了当下社会各主体通过多种途径提供的丰富教学资源。在第二课堂方面，大部分院校都存在第二课堂的相关组织工作与其他学生工作合并的情况，并未形成专门负责第二课堂工作的组织或部门，导致组织建设不够、开展第二课堂的基础不牢。此外，第二课堂从活动主办、活动受众到参与相关评价，都局限于单一的学生主体，而未能引入其他主体，形成全员参与的主体合力，最终导致思政课程教学和第二课堂的参与主体都受到较大限制，局限于学生和教师之间的简单教学关系甚至只是学生主体的单向参与，不仅未能激发其他社会主体的参与性和积极性，也浪费了时代为思政课程教学和第二课堂协同发展提供的丰富资源。

四、高校思政课与第二课堂的协同路径

近年来，高校思政课与第二课堂在顶层设计、课程建设等方面呈现出相互靠近的趋势。2015 年中央宣传部和教育部印发《普通高校思想政治理论课建设体系创新计划》，要求努力强化实践教学，建设与课堂教学相互促进的思政课第二课堂教学体系。与此同时，高校对于第二课堂也展开了类似第一课堂的课程化建设，2018 年共青团中央、教育部联合印发的《关于在高校实施共青团"第二课堂成绩单"制度的意见》指出，共青团"第二课堂成绩单"制度是充分借鉴第一课堂教学育人机理和工作体系，实现共青团组织实施的思想政治引领、素质拓展提升、社会实践锻炼、志愿服务公益和自我管理服务等第二课堂活动的科学化、系统化、制度化、规范化，实现高校学生参与共青团第二课堂可记录、可评价、可测量、可呈现的一套工作体系和工作制度。[1]

尽管如此，二者的协同还明显不够，工作合力未有效发挥，探讨二者的协同路径不仅是加强和改进我校思想政治教育工作的必经之路，也是充分落实立德树人根本任务、努力培养堪当民族复兴重任的时代新人的关键之举。

（一）构建双方联动的课程体系

高校思政课方面，我校当下的思政课建设首先应突出思政课自身的"第二课堂"实践教学，思政课第二课堂教学的重点应是回答"做什么，怎么

---

〔1〕 李立红：《团中央、教育部印发〈关于在高校实施共青团"第二课堂成绩单"制度的意见〉》，载《中国青年报》2018 年 7 月 5 日，第 1 版。

做"，与思政课理论教学的重点"是什么，为什么"相区别，共同构成思政课教育教学的整体，发挥协同育人的作用。此外，思政课的课程建设更应与学校的第二课堂制度相联动，以第二课堂的广阔平台为载体，将思政课的实践教学环节融入第二课堂的课程结构当中，不仅能够充分发挥第二课堂平台的组织力、号召力，提升思政实践活动的参与度，弥补思政课实践环节创新不足、形式单一的缺陷，也能够解决第二课堂作为课外实践缺乏第一课堂的强制力，导致活动实质效果不佳的困境。

第二课堂方面，我校现行的"第二课堂成绩单"制度应当往更加规范化、科学化的方向提升，客观记录、全面展示本科期间学生在校的成长轨迹；同时，根据学生的个性特点和需求，为其有针对性地匹配并提供定制化发展资源，实现第二课堂与第一课堂的相互补充和促进。在"第二课堂成绩单"制度的框架下，每位学生都需要在特定的第二课堂模块中累积获取一定数额的学分方可顺利毕业，同时也应在学生所接受的第二课堂特有的"授课+实践+总结+分享"教学模式中融入课程思政元素。由此，思政教育不仅覆盖了全体学生，也贯穿第二课堂教学活动的始终，从人员、过程和时间三个维度确保了思政课程在第二课堂中的效果体现，提升了教育的全面性和有效性。

（二）建立科学有效的评价体系

在构建思政课与第二课堂联动的课程体系的同时，还应当建立一套科学有效的综合评价体系，以充分保证课程实效、切实凝聚育人合力。思政课教学评价应涵盖学生选课情况、出勤率、教学的参与度、成绩的综合评定等。通过对以上数据的分析，可以了解学生对于课程满意度的相关信息；通过学生座谈、问卷调查等方式，可以了解思政课教学在教学内容设计、教学方法创新等方面存在的问题，从而进一步提升思政课第一课堂教学质量。同时"第二课堂成绩单制度"对思政课第二课堂教学在内容设计、教师水平、方法创新、管理效能等方面进行全方位科学立体的评价，可以进一步优化和激发思政课第二课堂教学在大学生思想政治教育中的作用，与"第一课堂"形成协同育人的合力。[1]

---

〔1〕 朱国军、陈文娟等：《高校第二课堂成绩单建设的探索与实践》，苏州大学出版社 2020 年版，第 113 页。

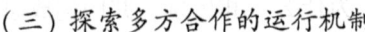

（三）探索多方合作的运行机制

以我校光明新闻传播学院网络与新媒体研究所党支部的经验做法为例，该支部探索出的"三联"即课内课外、线上线下、校内校外相联合的党建工作体系，实现了学校、学院和党支部三级联创的工作方式，开创出基层党建工作新局面。要发挥我校的思政课与第二课堂工作的协同效应，同样应当建立起"三联"工作运行机制。

首先，应努力实现课内课外联合，推进"课程思政"建设计划，积极开辟第二课堂，实现"思政+专业课程"全覆盖，让全部课程都成为思政教育的主渠道。其次，应注重推进线上线下相结合，建设线上混合式一流课程，同时积极利用高校思政网、第二课堂网络平台等途径开展思政教育。最后，应积极实现校内校外相联合，在校内将党政干部、专业教师、班主任、心理辅导教师等各条战线队伍均引入第二课堂中，发挥各自岗位优势；在校外聘请不同领域的专家担任学业导师，定期开展思政育人系列讲座，同时积极开辟实践基地，为我校学子提供科学合理的运行机制和保障机制，达到思政课与第二课堂协同育人的目标，实现我校思想政治教育工作的全员化，立体化和同步化。

参考文献

[1] 李亚美、姜天宠：《高校思政课实践教学与第二课堂的功能定位及其协同》，载《学校党建与思想教育》2021年第18期。

[2] 冯刚主编：《改革开放以来高校思想政治教育发展史》，人民出版社2018年版。

[3] 李岩：《"大思政"背景下高校课程思政文化教学的育人机制》，载《中国旅游报》2023年10月20日，第3版。

[4] 李立红：《团中央、教育部印发〈关于在高校实施共青团"第二课堂成绩单"制度的意见〉》，载《中国青年报》2018年7月5日，第1版。

[5] 朱国军、陈文娟等：《高校第二课堂成绩单建设的探索与实践》，苏州大学出版社2020年版。

[6] 吴涯：《"四种课堂"打造思政课实践教学有效路径》，载《光明日报》2020年9月22日，第15版。

新媒体背景下情感思政教育的必要性和路径探析

中国政法大学人事处　刘　澍

思想政治教育是高校推行"三全育人"的重要举措。高校的思政教育工作贯穿于学生培养全过程，体现于学科体系、专业体系、教材体系、管理机制体系之中，围绕全面提高人才培养能力这一核心点，围绕政治认同、家国情怀、文化素养、宪法法治意识、道德修养等方面对学生进行系统的中国特色社会主义和中国梦教育、社会主义核心价值观教育、法治教育、劳动教育、心理健康教育、中华优秀传统文化教育，坚定学生理想信念，提升立德树人的成效。[1]

一、新媒体背景下的思政教育特点

新时代的思想政治教育有其区别于传统思政教育的特点，随着数字技术和信息技术的发展，新媒体作为信息传播的新形式和新趋势，被当代大学生广泛了解和接纳，随着大学生代际特征的变化，高校思政教育工作的方式也须做出调整。传统单向灌输、直接说教、粗放管理的教育方式不仅收效甚微，甚至还会激发学生的对立情绪和逆反心理，加深师生间的代沟；而盲目地让学生参加和完成各种新式活动也并非良策，还可能导致学生疲于应付、活动流于形式，加重学生的负面情绪。当今的思政教育工作者应当清楚地认识到：学生的听见不等于听懂，更不等于接受，只有师生双方的相互认同才能共鸣，只有走心才能动容。因此，更为合适的思政教育方式应当是师生间思想交流、心灵沟通的双向互动，而联结这一双向互动的纽带就是情感。同时，新媒体还为学生提供了表达和讨论问题的公共空间，激发了他们的参与意识和责任

---

〔1〕《教育部发布指导纲要 全面推进高校课程思政建设》，载人民网，http://hlj.people.com.cn/n2/2020/0605/c338554-34065944.html。

感[1]。因此，利用新媒体丰富和拓宽思政育人途径，能够有效提升思政教育的实效性和吸引力，实现思政教育的创新发展。

随着思政教育形式的多样性，高校的思政教育工作方法也须做出相应调整。传统的思政教育，多以课堂教育、面对面教育和理论说教为主，但高校教育面对的是情感丰富的大学生，他们有自我情感的体现，也有对他人情感的需求，传统单向灌输的教育方式已经不能满足新时代学生对情感的共鸣需求，容易使学生产生对立情绪，弱化师生间的共情，加深师生间的代沟，不利于学生心理健康发展。而在教育的过程中，情感交流的表现形式可以直接反映教师的教育教学效果，由此可见，学生的成长不能缺失情感教育，正如朱永新先生所言，"情感状态和品质对于人的精神成长非常重要，无论是知识的真正掌握，还是心灵的丰富，离开了情感都是不可能的。"[2]同理思政教育，情感思政的教育方式更能增强师生间的思想交流和双向互动，使学生对于教育的内容产生积极的情感，从知识和情感上引导学生树立正确的人生观、价值观，健康成长、全面发展。

二、情感思政的必要性

情感思政，强调在思想政治教育工作中融入"情感"。高校思政教师和辅导员作为学生思想政治教育工作的组织者、实施者、引导者，是学生思想政治教育的骨干力量，是学生思想理论教育和价值引领的主力军。2016 年 12 月，习近平总书记在全国高校思想政治工作会议上指出："做好高校思想政治工作，要因事而化、因时而进、因势而新。要遵循思想政治工作规律，遵循教书育人规律，遵循学生成长规律，不断提高工作能力和水平。"这是新时代加强思想政治教育建设的要求。作为新时代的思政教育工作者，首先要具备坚定的政治立场和敏锐的政治思维，同时更应具有"因事而化、因时而进、因势而新"的教育能力，关注学生的情感和价值观培养，不断推进爱国主义教育、感恩教育等，坚持塑造和提升学生坚定的爱国情感、友好的人际关系、积极的生活态度和优良的道德品质。同时，我们也应该认识到，情感教育也

---

〔1〕 杨靖：《多元文化视域下高校思政课教学改革与实践——以传媒类院校为例》，载《今传媒》2023 年第 7 期。

〔2〕 马良：《学生生命的成长不能缺失情感教育》，载《教师博览》2023 年第 8 期。

是思政育人的一种重要手段，用饱满和真挚的情感开展工作，在教育中充分调动情感因素，以情优学、以情动人，最大限度发挥情感因素的积极效用。以情感教育为抓手，使思政教育的前进方向紧跟时代进步的脚步，深入贯彻落实总书记的工作要求。

（一）情感发展是学生思想发展的重要内容

情感教育是大学生思想政治教育中不可或缺的重要内容。它关注大学生内心世界的成长，旨在培养他们健康、积极的情感态度和品质。在大学生活中，学生们面临着种种挑战和压力，如学业竞争、人际关系处理等。情感教育正是针对这些问题，通过课堂教育、心理辅导等多种形式，引导学生们正确认识和应对情感问题，增强他们的情感自我调节能力。情感教育不仅有助于大学生个人成长，更对社会和谐发展具有重要意义。它有助于培养大学生的人文关怀和社会责任感，使他们在未来的工作和生活中更加关注他人、关爱社会，为构建和谐社会贡献力量。

作为思想政治教育工作者，应该充分唤醒学生现实中的情感体验，与学生建立起情感联系。学生的全面发展，必然包括情感发展，思想、觉悟、道德、素质等方面的积极情感同时也是情感的重要组成部分，构成了学生的心理内容，即使是对理论知识的认知，也包含并伴随着复杂的情感因素，所以，对于育人者而言，知识的教育需要与情感的培养相结合，两者融会贯通，才能教育出人格健全、心理健康的学生。

使学生保持正向的情绪情感能够为学生提供良好的认知基础，促进学生思想的良性发展，认知心理学中提到"情绪传染"，情感的感染功能能够通过教师传达给学生，使师生之间建立情感链接，如果教师的教育能够让学生产生积极的体验和情感感悟，与学生产生情感共鸣，唤醒学生探索理想信念的内驱动力，增强学生的学习热情和意志力，就能够提高他们思政学习的主观能动性。

在行为上，学生情感的发展影响了学生的思想发展，他们能够把教师的政治情感和教育内容转化成为自我的理论知识，同时运用到生活中去，这就意味着思政教师或者辅导员，要在思政教育中发挥情感教学的迁移功能，情感教学可以清晰、准确地反映教师和学生对待世界的感悟、对待生活的态度。所以，情感教育不仅是思政教育的重要内容，更应成为思政教育的落脚点，对于学生的思想政治素质发展而言，情感发展是其基本的结构性特征，而对于思政教育而言，情感则是必要的教育目的。[1]

（二）情感导向是学生积极行动的重要因素

积极的情感体验是行为转化的前提。学生认知的构建并非单纯的理性过程，情感体验可以以其独特的方式参与到认知与行为构建当中。这一过程主要体现在两方面：一是学生在学习或认知活动过程中所产生的情感、兴趣或态度，往往会影响学生对学习或认知对象的理解，使他们对认知对象产生感情上的倾向和侧重，从而影响他们学习和认知的结果；二是不同的感情和情绪会对学生的认知行为产生不同的影响，大量的行为学理论证明，当情感体验积极乐观时，与之适应的意志行为就越积极向上、坚忍不拔，消极的情绪往往会对行为活动产生抑制作用。所以，教师在进行思政教育时，在教育内容、教育环境和教育方式上融入积极的情感价值，通过"激励、引导、陶冶和共情"等教学策略，更能激发学生的情感共鸣，使之产生与教学目标相同的积极行为，从而达到教育的目的。

（三）情感教育能彰显思政教育的育人价值

推动思想政治教育的改革创新，要不断增强思政教育的育人价值，使思政教育更具针对性和亲和力。所谓亲和力是指思政教育能够富有感染力和吸引力，既能吸引学生对教学内容的兴趣，也能激发学生将教学内容转化为实际行动的动力，对学生产生实质性的影响，这样的教学往往表现出一种"黏性"。"黏性"是组织行为学和传播学中的概念，指的是，在众多的传播主体争夺受众的信息化时代，各种观点层出不穷，正确的观点不意味着具有最大的传播力和影响力，只有富有黏性的观点、信息和传播方式才能吸引更多的受众对象，其传播的内容和宣传的价值才能更加吸引他人的注意，并且对其思想和行为产生深远的影响。

由此看来，在新媒体"轻传播"的时代，教师如何使正确的价值观念深

---

〔1〕 刘丙元、魏晓娟：《思想政治理论课如何开展有效的情感教学？》，载《思想理论教育》2024 年第 4 期。

入学生的内心，就要使其观点和传播形式富有"黏性"[1]。行为心理学研究认为，引发"情感"就是使人关心、在乎，能够触动人"情感"的事物、事件、思想和观点能激发人分享的欲望，进而使思想、行为产生黏性，增加"事物、事件、思想和观点"的传播力和影响力。所以，情感教学可以有效增强思政教育的黏性，激发学生的情感，触动学生的内心，增强教学宣传的传播力和影响力，维持学生的积极行为，增强思政教育的育人能力和育人价值。

（四）情感思政推动学生全面发展

情感思政在推动大学生全面发展中发挥着举足轻重的作用。它可以深入探索大学生的情感世界，通过引导和培养健康的情感态度，助力大学生在学业、人际交往、心理素质等方面取得全面进步。首先，情感思政有助于大学生形成积极向上的学习态度。它鼓励大学生面对学业挑战时保持乐观、自信的心态，从而激发他们的学习热情和创造力。其次，情感思政能够提升大学生的人际交往能力。它强调真诚、尊重和包容，教导大学生在与人相处时学会倾听、理解和沟通，从而建立和谐的人际关系。最后，情感思政还能增强大学生的心理素质。它教会大学生如何面对挫折和困难，培养他们的抗压能力和自我调节能力，使他们能够在未来的生活和工作中更加坚韧、自信。

思政课教师和辅导员作为高校思想政治教育的引导者，首先自身要牢固树立鲜明的政治立场、崇高的理想信念和深厚的家国情怀，不断丰富和完善自我精神发展，再进一步通过"情感交流"这个中间媒介，用情感对话，用信仰对话，让师生产生思想碰撞，达到情感共鸣，推动学生正确思想品德的形成，培养他们热爱生活、信仰坚定的理念，做到"让有信仰的人讲信仰""用真理的强大力量引导学生"，促进学生全面发展。

三、新媒体背景下情感思政的创新路径

新媒体技术的发展为思政教育带来了新的契机，为情感思政教育提供了新的抓手和教育载体。一方面，新媒体的便捷性为师生提供了理想的交流学习平台，使他们能够更加灵活和深入地进行沟通；另一方面，新媒体的广阔

---

[1] 刘丙元、魏晓娟：《思想政治理论课如何开展有效的情感教学?》，载《思想理论教育》2024 年第 4 期。

空间也为思政教育打开了教学模式的大门，这些新的教学形式更加贴近新时代大学生的生活，可以有效地吸引学生的注意力，提升教育的辐射程度，让教育更具感染力。加入"情感"的思政教育如何利用好新媒体这个媒介，让教育理念与时俱进，让教育手段丰富多样，让教育效果成效显著，是下文的阐述重点。

（一）学习新媒体技术，转变思政教育理念

新媒体迅速兴起，为高校的教育工作带来了全新的挑战与冲击。在新媒体时代开展思想政治教育，需要坚持优化思想政治教育内容，守正创新，以促进学生发展为中心，尊重学生表达，重视师生情感沟通，不断适应新形势新需要。应该始终坚持引导大学生树立科学的发展理念，通过思想政治教育强化学生的责任担当意识，引导学生以专业知识服务社会。

比如，高校应该充分利用各种数字媒体渠道，及时更新教育理念和教学方法，不断优化思想政治教育内容，将思想政治教育融入更多生活场景和服务场景，加强与学生的沟通；综合使用各种新媒体平台，整合教学内容，优化教育手段，让思想政治教育的呈现形式更加时代化、多样化，提升思想政治教育的亲和力和感染力。在内容供给层面，学校建立以思想教育为先导、以政治教育为核心、以道德教育为重点、以心理教育为基础的完善的多维度教育内容体系，涵盖政治素养、心理常识、道德素养等丰富内容，通过多元交互融合，从文化、道德等方面提升学生的综合素养。高校还应该积极利用新媒体技术了解掌握学生的思想状况，引导学生正确辨别、理解网络信息，并基于学生的心理和思想特征开展有针对性的思想政治教育，取得良好成效。这种理念转变意味着在开展思政育人时，内容和方式都要更加贴近学生实际，更加注重激发学生的学习兴趣和主动性，更加重视培养学生的批判性思维和独立思考能力。[1]

既然新媒体技术是信息时代的产物，这就要求教师具有新媒体技术的相关知识和应用能力，才能更好地应对技术高速发展带来的教育手段的更新变革。为了使教师能够正确认识和使用新媒体，高校应积极组织教师参加新媒体教学技术的培训，不但要使教师了解新媒体的概念、功能和用途，更要帮

---

〔1〕 权瑾：《新媒体环境下高校思政育人创新路径探析》，载《新闻研究导刊》2024 年第 5 期。

助教师转变思想，更新理念，将思政教育和情感教育融入新媒体技术中，开发"信息化与情感思政的融合之路"，真正提升教师的情感思政教育能力。

（二）构建新媒体平台，搭建情感思政桥梁

在当今数字化时代，新媒体平台以其独特的传播优势，成为情感思政工作的重要载体。构建新媒体平台，搭建情感思政桥梁，对于推动大学生全面发展具有重要意义。构建新媒体平台，首先，要充分利用互联网、移动终端等现代信息技术，打造思政教育的网络阵地，融合"互联网+""大数据"和"人工智能"等新技术，比如现代学生喜爱使用的博客、微信公众号、小视频等，形成综合的、互动的网络教育环境。在平台上，学校为学生提供学习资源的同时，还可以发布通知、教育动态、理论研究、实践案例、思想感悟，为学生提供更加广阔的视野空间。这不仅可以拓宽思政教育的传播渠道，还可以使教育内容更加生动、形象，从而增强大学生的参与感和获得感。通过建设官方网站、微信公众号、短视频平台等，可以将思政教育的声音传递给更多的学生，引导他们树立正确的价值观和世界观。

其次，还要在新媒体平台上注重情感交流和人文关怀。情感是思政教育的重要组成部分，它能够激发学生的内在动力，促进他们全面发展。因此，要通过新媒体平台，倾听学生的心声，了解他们的需求和困惑，及时给予关心和支持。同时，通过新媒体平台，传播正能量，弘扬主旋律，让学生在情感的熏陶中感受到思政教育的温度。

最后，在构建新媒体平台和搭建情感思政桥梁的过程中，思政工作者还需要注重与传统思政教育的有机结合。新媒体平台虽然具有独特的优势，但传统思政教育的方式和方法仍然具有不可替代的作用。因此，我们要将新媒体平台与传统思政教育相互补充、相互促进，形成合力，共同推动大学生的全面发展。双向交流也有助于师生产生情感共鸣，网络互动可以打破面对面教育的局限性，帮助学生更加直接地表达情感、释放情绪，培养学生的批判性思维和独立思考能力，提升他们解决问题的能力。[1]通过构建思政教育平台，高校可以实现思政教育内容的及时更新、教育资源的有效整合、教育方式的创新变革、师生情感的交流融合，从而增强情感思政教育的时效性和实效性。

---

〔1〕 权瑾：《新媒体环境下高校思政人创新路径探析》，载《新闻研究导刊》2024 年第 5 期。

构建新媒体平台，搭建情感思政桥梁，是提升思政教育质量、推动大学生全面发展的重要举措。我们要不断创新工作思路和方法，努力将新媒体平台打造成为情感思政工作的新阵地，为培养德智体美劳全面发展的社会主义建设者和接班人贡献力量。

（三）创新新媒体育人方式，增强育人效果

互联网、云计算、大数据等现代信息技术深刻改变着人们的生产、生活、学习方式。信息技术的发展，推动着高等教育变革和创新，构建数字化、个性化、网络化为一体的综合教育体系，构建"人人皆学、处处能学、时时可学"的互助学习圈，已逐步成为现实。同时，也为高校育人方式带来了新的挑战，如何能够在新媒体环境下探索、改革和实践新的教育模式，同时融合情感教育理念，大力增强思政教育的育人效果，是当前各高校普遍面临的重要课题。

大学生是新媒体、互联网的重要参与者，其所关注的兴趣热点、所疑惑的思想难点，在新媒体支持下的教育实践活动中能够得到及时、准确和恰适性的回应与解答。新媒体的运用，不仅有效扩大了教育的时空范围，衍生出多元化的教育方式，还进一步提高了育人成效，对于更好助力学生成长成才、培养更多堪当民族复兴重任的时代新人具有重要意义。

（四）做好舆论监管，营造良好教育环境

在多媒体时代，普通大众都可以通过网络途径发布"事实"和"新闻"，为了能够引导学生正确使用网络传播技术，就要做好网络舆论的监管，构建良好的育人环境。

第一，高校应该有健全的网络信息监管机构，建立健全相关制度和机制。包括完善舆情监测体系、建立快速响应机制、加强媒体自律等，更好地规范舆论行为，保障教育的健康发展。利用先进的手段对网络环境进行实时监测和管理，积极净化不良信息，防止错误思想的传播，全力构建健康、积极、向上的网络文化环境。同时，学校要鼓励学生积极投身参与净化互联网环境的行动中去，以身作则，引导学生理性发声，不发表、不传播负面言论，共同维护健康的网络学习空间。

第二，高校也应该借助新媒体平台积极进行思政教育，注重引导大学生形成正确的教育观、人才观和价值观。加强对学生意识形态的塑造和引导，通过理论传播和情感共鸣引导学生形成正确的价值观和思想认同，使他们主动成为网络平台的积极建设者，主动做网络环境的净化者和监督者，主动创建和谐、健康、积极向上的网络环境。通过宣传优秀教育成果、树立先进典型等方式，可以激发社会对教育的关注和支持，形成推动教育发展的强大合力。

第三，舆论监管还应关注教育和社会热点问题和难点问题，及时回应校园师生关切。对于学校教育场域内发生的重大事件和热点问题，我们应当保持高度敏感和警觉，及时收集、分析相关信息，并通过权威渠道发布准确信息，澄清事实真相，防止不实信息的扩散和误导。

第四，要注重利用新媒体平台，加强与教育对象的互动和沟通。新媒体具有传播速度快、覆盖面广、互动性强等特点，是舆论监管的重要阵地。高校应当充分利用新媒体平台，及时了解教育对象的需求和反馈，为他们提供有针对性的服务和支持。

四、结语

在高等教育中，思政教育赋予了专业教育价值引领的重任，而情感教育与思政教育的融合，又极大提高了思政教育的亲和力，提升了思政育人的温度与深度；多媒体技术的广泛应用，打破了思政教育时间和空间的限制，它让教育的双方更容易产生情感上的信任和共鸣，带来了更加便捷的沟通交流方式，在思政教育中发挥了积极作用。因此，现代的思想政治教育要紧跟时代的发展趋势，融合情感教育理念，充分发挥新媒体在教育过程中的积极作用，切实提高思政教育工作实效。

算法推荐视域下的大学生网络思想政治教育工作研究

中国政法大学国际法学院 关舒丹

随着互联网技术的蓬勃发展，大数据技术、算法推荐技术的应用既为思想政治教育工作带来了新的挑战，也带来了新的机遇和创新发展的机会。党的二十大报告指出："加强全媒体传播体系建设，塑造主流舆论新格局。健全网络综合治理体系，推动形成良好网络生态。"[1]中共中央、国务院在2021年印发的《关于新时代加强和改进思想政治工作的意见》也指出："加强网络思想政治工作，深入实施网络内容建设工程，加强网络传播能力建设，依法加强网络社会管理，推动思想政治工作传统优势与信息技术深度融合，使互联网这个最大变量变成事业发展的最大增量。做好各类群体的思想政治工作，开展思想政治引领行动，把广大群众团结凝聚在中国特色社会主义伟大旗帜下。"[2]由此可见，网络思想政治工作在当前的信息化时代中，具有重要地位。

当代大学生的成长伴随着互联网的萌芽和兴起，是互联网的原住民和主力军，自然也是网络思想政治教育工作的重要对象。如何在新的互联网技术，尤其是算法推荐技术的发展下，正确把握高校教育者在网络思想政治教育工作中的主体地位，是摆在高校思想政治教育工作者面前的重要课题。

---

〔1〕 习近平：《高举中国特色社会主义伟大旗帜 为全面建设社会主义现代化国家而团结奋斗——在中国共产党第二十次全国代表大会上的报告》，载《人民日报》2022年10月26日，第1版。

〔2〕《中共中央国务院印发〈关于新时代加强和改进思想政治工作的意见〉》，载《人民日报》2021年7月13日，第1版。

一、算法推荐技术概述

（一）算法推荐技术的概念

算法推荐技术是数字时代高速发展的产物。根据网信办、工业和信息化部、公安部、市场监管总局联合印发的《互联网信息服务算法推荐管理规定》第2条第2款规定，应用算法推荐技术，是指利用生成合成类、个性化推送类、排序精选类、检索过滤类、调度决策类等算法技术向用户提供信息。[1]算法推荐技术应用在我们日常互联网生活中的方方面面。算法推荐技术通过深入分析用户的行为模式与内容属性，运用数学方法精准推测出用户可能感兴趣的内容，进而向用户进行个性化推荐。这种技术旨在有效吸引用户，并延长他们在平台上的消费时间，从而优化用户体验与平台效益。

算法推荐技术经过不断发展，其核心构成可以概括为三大类别：基于协同过滤的推荐方法、基于内容的推荐方法，以及混合推荐方法。其中，协同过滤推荐方法的核心逻辑在于，相似的用户往往拥有相似的喜好，因此可以向他们推荐那些已经受到相似用户喜爱的物品、内容或服务。而基于内容的推荐方法，则是通过分析项目本身的相关信息（如描述、标签等），结合用户的个人信息以及他们对项目的操作行为（如评论、收藏、点赞、观看、浏览、点击等），来构建和优化推荐算法模型。最后，混合推荐方法则是在全面权衡各种推荐技术的优劣之后，通过采用加权、切换、混杂、特征组合等多种策略，旨在规避或弥补单一推荐技术的不足，从而进一步提升整体推荐方法的性能和效果。[2]显而易见的是，算法推荐技术在当前互联网信息过载的时代下大大提高了人们接收、处理信息的效率，然而值得关注的是，由于算法推荐技术的某些自有特点，也为网络生态治理和网络思想政治教育工作带来了一些新的挑战。

---

〔1〕《互联网信息服务算法推荐管理规定》，载 https://www.gov.cn/zhengce/zhengceku/2022-01/04/content_5666429.htm，最后访问日期：2024年4月1日。

〔2〕参见《算法向善与个性化推荐发展研究报告》，载 http://ai.ruc.edu.cn/docs/2022-01/d69416554eef44a0bcab6e419809f0d6.pdf，最后访问日期：2024年4月1日。

（二）算法推荐技术的特点

1. 精准性

算法推荐技术的精准性来自算法推荐代码中体现的算法的开发者和使用者的需求和想法。从一开始，算法推荐就是为了满足这些需求而设计或改变的，它根据每个人的不同需求来进行推荐。最为典型的应用场景是各大购物软件与短视频 APP、新闻平台。这些平台背后的算法推荐技术作为工具不断地分析、计算着使用者的购物偏好、浏览习惯，并以此为使用者进行信息过滤，推荐使用者可能喜欢的商品、文章、视频、新闻事件等，因此算法推荐技术具有信息内容推荐的精准性特点。

2. 有效性

算法推荐技术可以根据使用者的行为和兴趣变化进行实时动态调整。在各大主流社交平台上，使用者可以发现推荐给他的内容不再是一成不变的，而是随着各种因素如时间、地点、情境等变动不断地更新。而且这种更新可以做到始终确保推荐内容与使用者的当前状态和需求相匹配。传统的推荐方式往往基于固定的规则和模式，难以适应使用者兴趣的快速变化。而算法推荐技术则能够实时学习使用者的行为模式、浏览历史偏好等，并根据这些数据分析结果调整信息内容推荐策略，确保每一次推荐都能准确捕捉到使用者的当前兴趣。这种匹配精准地满足了使用者的需求，也增强了使用者对推荐系统的信任度和依赖度。算法推荐技术的这种特性体现了其实时有效性。

3. 局限性

在当下资本逻辑的操控下，算法推荐技术也体现出了一定的局限性。在当前的互联网流量为王的时代，注意力的获得被视为是一种持续财富的获得。[1]因此，一些网络平台为了"博眼球"，争取使用者的点击量，甚至刻意迎合部分使用者的低级趣味，推送那些以"猎奇、恶搞、讽刺"为主题的肤浅信息，这样的推荐内容往往缺乏思想深度。与此同时，一些真正富有教育意义、体现真善美的信息反而被忽视了。此外，这种以流量为王的追求还可能会导致事实真相在传播中被扭曲，让大众在尚未全面了解事件真相始末

---

〔1〕 M. H. Goldhaber, "The Attention Economy and the Net", *First Monday*, 1997, Vol. 2 No. 4, pp. 4-7.

时就被流量诱导，草率地下结论，导致公众获取真相的难度加大。[1]因此，在算法推荐技术便捷人们的互联网生活的同时，也时常出现如"大数据杀熟""信息茧房"以及侵犯个人隐私权利等负面事件。

二、算法推荐技术的发展为大学生网络思想政治教育工作带来的挑战及应对

《中共中央、国务院关于进一步加强和改进大学生思想政治教育的意见》指出：主动占领网络思想政治教育新阵地。要全面加强校园网的建设，使网络成为弘扬主旋律、开展思想政治教育的重要手段。积极开展生动活泼的网络思想政治教育活动，形成网上网下思想政治教育的合力。[2]可见，网络思想政治教育是高校思想政治教育工作的重要新阵地。传统的课堂讲授不再是大学生获取知识和信息的唯一途径，互联网凭借裂变式传播方式创造了海量信息，成为大学生获取信息的重要渠道。基于算法推荐技术的发展以及其本身具有局限性的特征，在当今互联网时代，其技术发展也给大学生的网络思想政治工作带来了诸多挑战。

（一）算法推荐技术导致的"信息茧房"现象及其应对

如前文所述，算法推荐技术通过对使用者的网络行为历史和偏好进行分析，据此向使用者推荐相似的内容，这在网络思政教育中可能会使受教育者陷入"信息茧房"困境。大学生在互联网信息获取中，受算法推荐技术影响不停地接收到与自己兴趣偏好和价值取向相类似的内容，会导致大学生始终处于一个狭窄的"信息舒适圈"中，在上网时没有办法了解和接触到其他领域的信息内容，或价值倾向与之有差异的观点看法。如此一来，"人们在事实上得到的就是一种'窄化'了的信息"。[3]

首先，这可能导致大学生自身已有的兴趣偏好和价值倾向被不断强化。

---

〔1〕 参见郑寿：《推荐算法时代大学生网络思想政治教育研究》，载《福州大学学报（哲学社会科学版）》2023 年第 5 期。

〔2〕《中共中央、国务院关于进一步加强和改进大学生思想政治教育的意见》，载 https://zcfg. cs. com. cn/chl/161867. html？libraryCurrent＝law，最后访问日期：2024 年 4 月 1 日。

〔3〕［美］凯斯·桑斯坦：《网络共和国：网络社会中的民主问题》，黄维明译，上海人民出版社 2003 年版，第 5 页。

大学生每天打开手机的各大社交平台，就不停地接收与自身已有认知相类似的信息推送，这往往会使得他们进一步坚定和深化自己的观点和看法。久而久之，会导致他们越来越执着于某些特定的观点或某种立场，一些不同的观念可能更加容易被他们忽视，甚至产生排斥的心理。

其次，如果大学生长时间被困在一个相对狭窄的"信息茧房"之中，很可能会导致在青年这个世界观、人生观、价值观形成的重要时期，缺乏多元化的信息输入而使大学生难以对复杂的社会问题形成全面而深刻的认识。长此以往，信息环境过于局限可能会限制大学生的认知视野，使得他们不能很好地把握社会问题的复杂性和多样性。这样一来，不仅会影响大学生对现实世界的准确理解，更可能阻碍他们形成正确、全面的价值观和世界观。

最后，算法推荐技术会根据使用者的浏览历史、购物历史等个人偏好来筛选推送内容，这种方式可能会过滤掉一些很重要但与使用者当前偏好不符的信息，导致使用者对某些关键信息和内容的遗漏，这就是所谓的"信息过滤失衡"。在思想政治教育过程中，对于大学生而言，这种信息筛选机制可能会导致他们对某些重要事件和历史背景缺乏全面的了解，从而对相关历史事件或社会问题难以形成完整、准确的认知和判断。[1]这种情况进而可能影响到教育者对大学生思想政治教育的实际教学效果，让教育无法达到预期的目标。

对于算法推荐技术导致的"信息茧房"现象，高校思想政治教育工作者在应对时需要注意把握好技术与教育目的之间的关系。技术应当为教育目的服务。因此，教育者既要应用好算法推荐技术，通过个性化推送信息内容的方式来实现思想政治教育内容对受教育者的精准供给，同时，教育者还需根据思想政治教育的目标，结合自身的经验以及大学生的当下实际情况，掌握信息筛选的主动权利来保证传递的信息不仅能满足大学生的实际需求，更能符合教育目标，从而帮助大学生在青年这个关键时期形成正确的世界观、人生观、价值观。此外，需要注意的是，这种"信息茧房"现象产生的原因：一方面是信息供给侧的问题，即由于信息推送平台方对流量的过分追求；另一方面是需求侧的问题，是受教育者的信息浏览偏好导致的。因此，从解决

---

〔1〕 张东方、曹鹤鸣：《算法推荐技术与思想政治教育结合的逻辑理路》，载《学校党建与思想教育》2023 年第 23 期。

方法上来看，一方面，在依靠信息推送平台自律的同时，为了保障推荐的内容具有多样性、准确性和客观性，平台监管方还要加强对思想政治教育数据的治理，加强对内容推荐的审核与监管力度。对平台的信息内容推荐应建立起一套完善的审查机制，对数据内容进行全面、细致的审查和评估。构建个性化推荐内容与多样化推荐内容的动态平衡。另一方面，大学生作为受教育的主体，应当深刻认识到算法推荐技术的局限性。为此，高校思想政治教育工作者需要加强对大学生算法素养的培养，提升他们对算法推荐技术的理性认知能力和批判性思维。让大学生深入了解算法推荐的技术原理和运行机制，他们才可能更加合理地运用算法，避免被算法所操控。这样，大学生就能更有效地利用算法推荐技术，同时保持独立思考和判断的能力。

（二）算法推荐技术导致的"算法迷信心理"及其应对

在当今科技迅猛发展的时代，科技的高速进步也催生了一种对科技作用过分夸大的倾向。现在存在这样一种观点，即算法、科技、人工智能可以完全替代人在工作中的作用。这样的观点就是"算法迷信心理"的体现。

不可否认的是，当下人们互联网生活丰富多彩主要依赖着算法技术的广泛应用。正是因为网络空间中的数据具有繁杂、种类多样而且更新速度快的特点，算法技术在数据信息收集、大数据处理和分析方面的全面性和高效性才显得弥足珍贵。通过算法技术，我们可以提高获取信息和分析数据规律的效率。然而，我们需要注意的是，在网络空间浩如烟海的数据背后，并不是每一个数据行为都是使用者基于理性做出的。很多时候，人们对某个推送的点击，可能只是无心之举，或是在多种复杂因素共同影响下做出的。所以，完全依赖应用算法推荐技术得出的结论可能会导致分析结果与使用者当时的实际状态有较大的偏差。盲目地依赖算法，可能会影响到教育内容的合理性和教育的准确性。

正如梅塞尼说的那样："技术本身没有善恶之分，只是中性的工具和手段，技术产生什么影响、服务于什么目的，不是技术本身所固有的，而取决于人用技术来做什么。"[1]尽管算法推荐技术在数据的处理和分析上展现出不可替代的能力，但是，它能做到的只是分析数据本身，本质上是对数据的定

---

〔1〕 郭庆光：《传播学教程》（第 2 版），中国人民大学出版社 2011 年版，第 117 页。

量技术处理，而这往往难以触及数据行为背后的深层含义，也无法在复杂的社会背景下准确分析使用者的心理。

技术都是为人服务的，"以人为本"是破除"算法技术迷信"的不二法门。特别是在网络思想政治教育工作中，尽管算法的分析结果具有一定的参考价值，但是这替代不了高校思想政治教育工作者的深入分析和判断。教育者需要在算法提供的数据结论基础上，结合实际情境，对数据进行解读和分析，来探寻数据背后反映的大学生心理和社会现象。同时，教育者要积极发挥自身的主体性，运用专业知识，深入分析算法总结的数据规律，来保证教育内容具有准确性和针对性。此外，值得注意的是，在网络思想政治教育工作中，往往存在着大量难以数据化的信息。这些信息一般体现了大学生的情感、态度和价值观等，算法对这类信息是难以处理的。因此，就需要教育者结合自身的工作经验，发现符合大学生实际的真实规律，更好地促进大学生的全面发展。

三、算法推荐技术与大学生网络思想政治教育工作的结合

（一）通过算法推荐技术优化大学生网络思想政治教育内容和方法

算法推荐技术为大学生网络思想政治教育工作注入了强大的动力。将算法推荐技术与大学生网络思想政治教育工作相结合，不仅可以助力教育者更深入地了解大学生的信息偏好，更能够为教育者量身打造更具针对性的教育内容与方法。

算法推荐技术通过细致地收集和分析大学生的网络行为数据，可以揭示出年轻人的兴趣爱好、关注焦点和思维特点。而这些数据可以反映他们的真实想法和需求。传统的课堂讲授方式，往往采用"一刀切"的教学模式，对知识内容进行讲授，这会使一些学生在接受时感到枯燥乏味，甚至产生抵触心理。但算法推荐技术则不同，它通过建立个性化的数据库，收集受教育者日常生活中在各大平台的个人信息、浏览痕迹等，构建出精准的匹配模型。这样一来，教育者就能够深入了解每一个受教育者的个性化需求，从而为他们推送更符合其兴趣和期待的思想政治教育内容。此外，算法推荐技术还能根据分析得出的每个学生的特点和需求，推送给他们精准符合其个性的数据内容。这样的个性化推荐可以很好地提高教育的针对性，让大学生在轻松愉

悦的氛围中接受思想政治教育，达到事半功倍的效果。

算法推荐技术同样可以优化大学生网络思想政治教育的方法。在对比主流媒体与头部顶流平台的差异后可知，算法推荐技术塑造了泛娱乐化的信息场景，多元价值主体的个人情感和主观感受正日益成为网络叙事的主流法则。互联网世界呈现出一种感性化的趋势。在这种情况下，教育者若想牢牢占领网络空间阵地，有效传递主流价值观和思想政治教育内容，就需要调整一下话语传播方式。传统的宏大叙事模式在当下显得有些僵化，主流媒体可以探索寻求一种理性化与情感化相结合的叙事新模式。也就是说，可以运用更加情感化、视觉化、生活化、趣味化的叙事手段，来阐释社会主流价值观。通过这样的叙事方式打造的信息推送，不仅可以引发大学生的情感共鸣与认同，还能有效提升主流价值观在互联网世界的吸引力。[1]另外，教育者还应当在各大平台上开通官方账号，传递官方信息，打造意见领袖，引领大学生形成正确的价值观。高校思想政治教育工作者要利用好算法推荐技术这个工具，创新符合当下大学生偏好的话语传播方式，来推动主流价值思想政治教育内容的网络传播，最大化地实现教育目标。

（二）通过算法推荐技术为大学生营造良好的网络生态

发挥好算法推荐技术强大的数据分析能力，可以显著节省大学生网络思想政治教育工作的人工成本，使教育者能够跨越多个平台，实现联动式的监测，了解大学生的思想动态。这种技术为高校思想政治教育工作者应对网络舆情、校园网络安全危机等特殊事件提供了有力的辅助。

依托算法推荐技术能够精准地收集捕捉到大学生群体的思想动态。这可以帮助我们及时发现大学生当前关注的网络空间中不当言论、校园谣言等有害信息，第一时间将其过滤，为大学生营造一个积极健康的网络环境。

算法推荐技术还为我们提供了高效的网络空间治理工具。通过算法分析，高校思想政治教育工作者可以深入分析网络舆情和网络校园危机事件爆发的规律，预测舆情风险，帮助教育者提前制定应对策略，确保校园网络环境的稳定和谐。通过算法推荐技术的严格监控，我们可以有效杜绝各种有害信息

---

〔1〕 参见张林：《算法推荐时代凝聚价值共识的现实难题与策略选择》，载《思想理论教育》2021 年第 1 期。

在网络上的传播，守护大学生的身心健康，把握网络思想政治教育的主动权，引领大学生树立正确的价值观和世界观。

四、结语

算法推荐技术是互联网科技高速发展的产物，算法推荐技术可以通过对使用者浏览历史，信息偏好等进行深入分析，个性化地向使用者推荐符合其信息获取偏好的数据，大大提高了使用者接收、处理信息的效率。算法推荐技术在具有精准性和有效性的同时，也具有一定的局限性。算法推荐技术的发展为大学生网络思想政治教育工作带来了诸多挑战，在应对算法推荐技术导致的"信息茧房"现象时，一方面要加强对平台内容推荐的审核和监管力度，另一方面要对大学生进行信息技术素养教育，提高大学生的理性认知能力和批判性思维。为破除"算法迷信心理"，要坚持"以人为本"的理念，明确技术是为人服务的，发挥教育者的主体性。

算法推荐技术与网络思想政治教育相结合，可以有效助力思想政治教育工作对大学生群体有针对性地展开。通过算法推荐技术对大学生信息偏好和喜欢的传播习惯的分析，可以优化大学生网络思想政治教育内容和方法，可以提高教育者对网络舆情、校园网络安全危机等特殊事件的响应速度，为大学生营造良好的网络生态。

参考文献

[1] M. H. Goldhaber, "The Attention Economy and the Net", *First Monday*, 1997, Vol. 2 No. 4.

[2] ［美］凯斯·桑斯坦：《网络共和国：网络社会中的民主问题》，黄维明译，上海人民出版社 2003 年版。

[3] 郭庆光：《传播学教程》（第 2 版），中国人民大学出版社 2011 年版。

[4] 《互联网信息服务算法推荐管理规定》，载 https://www.gov.cn/zhengce/zhengceku/2022-01/04/content_5666429.htm，最后访问日期：2024 年 4 月 1 日。

[5] 习近平：《高举中国特色社会主义伟大旗帜 为全面建设社会主义现代化国家而团结奋斗——在中国共产党第二十次全国代表大会上的报告》，载《人民日报》2022 年 10 月 26 日，第 1 版。

[6] 张东方、曹鹤鸣：《算法推荐技术与思想政治教育结合的逻辑理路》，载《学校党建与思想教育》2023 年第 23 期。

［7］张林:《算法推荐时代凝聚价值共识的现实难题与策略选择》,载《思想理论教育》2021年第1期。

［8］郑寿:《推荐算法时代大学生网络思想政治教育研究》,载《福州大学学报（哲学社会科学版）》2023年第5期。

［9］《中共中央国务院印发〈关于新时代加强和改进思想政治工作的意见〉》,载《人民日报》2021年7月13日,第1版。

［10］《中共中央、国务院关于进一步加强和改进大学生思想政治教育的意见》,载https://zcfg.cs.com.cn/chl/161867.html? libraryCurrent=law,最后访问日期:2024年4月1日。

［11］《算法向善与个性化推荐发展研究报告》,载http://ai.ruc.edu.cn/docs/2022-01/d69416554eef44a0bcab6e419809f0d6.pdf,最后访问日期:2024年4月1日。

研究生管理助理工作现状分析及优化策略

——以中国政法大学研究生为例

中国政法大学研究生工作办公室 刘瑞琴

一、研究生管理助理岗位概述

近年来，随着我国高等教育事业发展步伐的加快，高校研究生的招生规模也逐渐扩大。研究生的扩招，就意味着高校的运转和研究生群体的自我发展需要有一个更好的标准。

我国研究生"三助"工作的全面推行始于 1989 年。高校的行政管理工作日趋繁杂，并且需要创新研究生培养方式，2005 年，教育部明确将研究生助研、助教、助管工作（简称"三助"工作）列入研究生教育创新计划重要项目的范围，此后，研究生"三助"工作逐渐得到重视。到 2014 年，教育部发布《关于做好研究生担任助研、助教、助管和学生辅导员工作的意见》后，"三助"工作的相关管理制度不断完善，相关工作的实施也有了具体规定和要求。2016 年 12 月，在全国高校思想政治工作会议上，习近平总书记强调，要坚持把立德树人作为中心环节，把思想政治工作贯穿教育教学全过程，实现全程育人、全方位育人。

助管作为"三助"工作的一环，其设立有极大的必要性。对于学生而言，管理助理岗位的设立体现了国家育人的要求。研究生在兼任助管的过程中自身综合素质得到提高，包括责任意识、服务意识、团队意识的增强，创新能力、实践能力、社交能力的提升等，育人功能的实现就在于此。[1]对于行政教师而言，研究生兼任助管后，身份发生了转换，从一个学生变成了有责任

---

〔1〕 王梦璐、朱中超：《"四位一体"助力研究生助管工作育人功能实现》，载《教育教学论坛》2021 年第 19 期。

感的、主动做"站在学校管理角度"的学生助管。这就有利于老师和学生之间的沟通交流，以至于能全面、及时了解学生思想、学习动态，提高工作效率。对于学校管理而言，学校除了传授学生知识之外，还具有思想教育功能，这就使得学校各单位及行政管理部门工作不断增多，助管岗位的设立可以减轻行政老师的压力，还可以为学校管理增添新鲜血脉。[1]

二、研究目的

劳动教育是新时代党对教育的新要求，是中国特色社会主义教育制度的重要内容，是全面发展教育体系的重要组成部分，是大中小学必须开展的教育活动。为更好地贯彻劳动教育，倡导学生通过诚实劳动创造美好生活、实现人生梦想，特开展本次调查，深入了解我校研究生在承担管理助理工作期间的情况。

根据《习近平关于调查研究论述摘编》学习成果，坚持以人民为中心的发展思想，践行以师生为中心的管理服务理念，深刻理解"法安天下、德润人心"的丰富内涵和"德法兼修、明法笃行"的价值导向；继承和发扬老一辈革命家深入基层调查研究的优良传统，准确把握调查研究的特点规律，运用科学方法，不断提高调查研究能力，广泛听取普通师生意见，关心帮助师生中的困难群体。本次调查采取问卷调查的形式，从各个角度加强对研究生管理助理工作的了解，解决同学们在工作中遇到的问题，广泛听取同学们对于研究生管理助理工作的建议，为更好地开展研究生管理助理工作夯实基础。

三、研究设计

（一）研究方法

为深入了解研究生在承担管理助理（助管）工作期间的情况，以及对助管工作设定的意见和建议，研究采取问卷调查的方法，调查问卷包括 21 个问题，通过网络平台（问卷星）发放，最终共 106 名同学完成问卷调查。

（二）研究对象

本次参与问卷调查的共有 106 名同学，其中一名为助教同学，最终纳入

---

〔1〕 郝裕辉等：《研究生助管视角下关于助管工作可持续发展的若干思考——以新疆农业大学为例》，载《高教学刊》2020 年第 20 期。

有效数据 105 份，占总人数的 99.06%。

本次调查的助管同学培养层次均为研究生，其中 83.81% 为 2022 级研究生，16.19% 为 2021 级研究生。女性人数更多，共 75 人，占比 71.43%；男性人数为 30 人，占 28.57%（见图 1）。

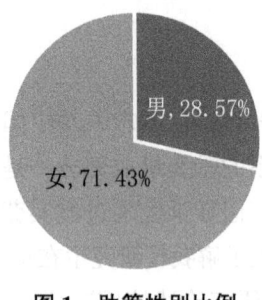

图 1　助管性别比例

四、研究结果

研究结果从研究生助管工作现状和对助管工作的建议入手。

（一）助管工作现状

本次调查统计了助管同学获得助管岗位信息的途径，如图 2，学校班级通知是获取信息的主要途径，有 42.86% 的同学通过学校班级通知得知助管招募信息；其次为研究生院通知公告和同学推荐，均有 25.71%，最后是学生工作部（处）通知公告，有 4.76% 的同学通过此途径获取助管招募信息。

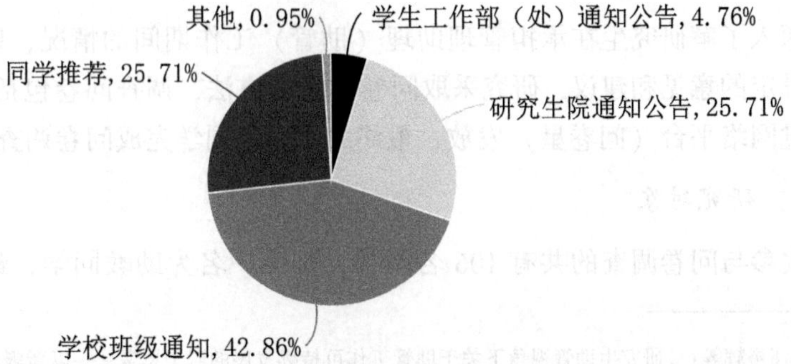

图 2　获得助管岗位信息的途径

本次调查统计了助管同学在岗位上承担的工作，如图3所示，其中信息录入、数据汇总、资料整理以及文件递送是大部分助管同学的最主要工作内容。除此之外，部分助管同学还需要负责接打电话、师生接待等工作。

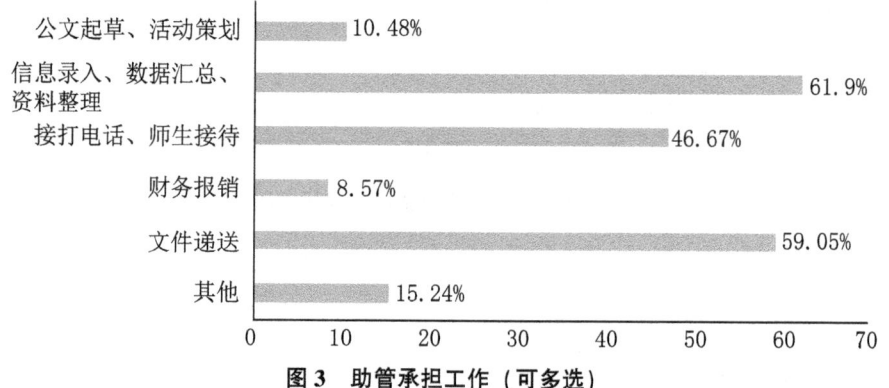

图3　助管承担工作（可多选）

参与本次调查研究的同学中，有95.23%的同学们认为助管工作对自己有帮助（如图4所示），本题平均分为4.25（5分为非常有帮助）。本次问卷调查了同学们参加助管工作的首要目的（如图5所示），以及参加助管工作对个人发展的帮助（如图6所示）。

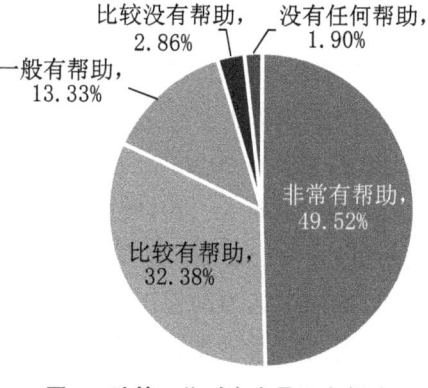

图4　助管工作对个人是否有帮助

新时代加强和改进高校思想政治工作路径探究

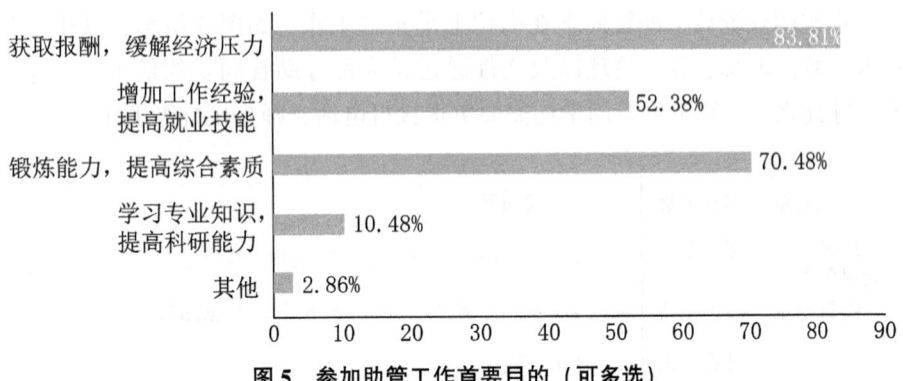

图 5　参加助管工作首要目的（可多选）

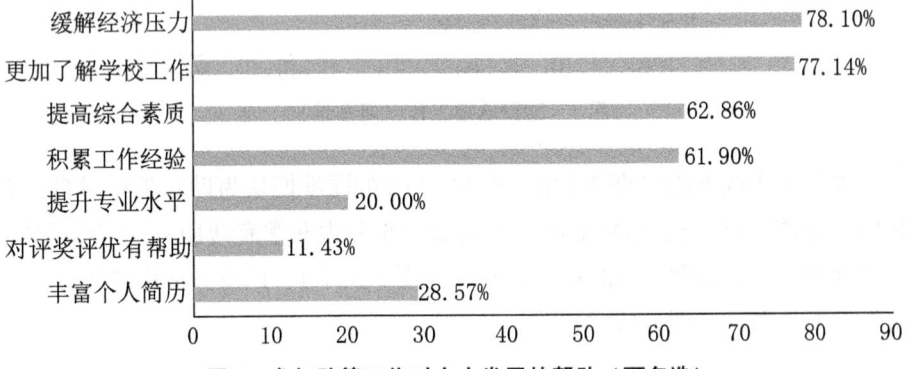

图 6　参加助管工作对个人发展的帮助（可多选）

关于同学们参加助管工作的目的中，最主要的目的是获取报酬，缓解经济压力，共有 83.81% 的同学们涉及此目的，并且有 78.10% 的同学们认为现阶段的助管工作能够满足此目的；有 70.48% 的同学希望在参加助管工作的过程中锻炼能力，提高综合素质，并有 62.86% 的同学认为助管工作确实帮助个体实现了提高综合素质的目的；有 52.38% 的同学的目的在于增加工作经验，提高就业技能，有 61.90% 的同学认为助管工作可以积累工作经验；10.48% 的同学希望可以在助管工作中学习专业知识，提高科研能力，有 20.00% 的同学们认为现阶段的助管工作能够提升专业水平；还有 77.14% 的同学认为助管工作能够帮助大家更加了解学校工作。这些都在一定程度上肯定了学校在勤工助学和劳动育人工作的成果。

为了对缓解经济压力情况有更准确的了解，本次调查还询问了助管同学

658

们的生活消费标准，其中 1500（元/月）的人数最多，其次是 2000（元/月）（见图 7、图 8），将生活消费标准划分为四个维度，参与调查的同学中，生活费在 1001~1500 元之间的人数比例最高，为 40.95%；其次是 1501~2000 元，人数比例为 27.62%；然后是 1000 元以下，占 20.00%；最后是 2001 元以上人数最少，只占 11.43%。

图 7　生活消费标准词频图

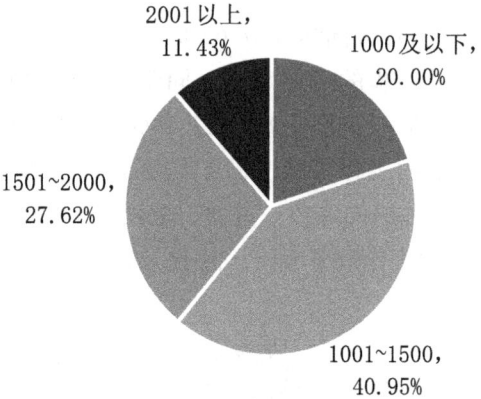

图 8　生活消费标准比例图

（二）对助管工作的建议

为更好地开展研究生助管工作，探讨研究生助管工作得以持续发展的路径，本次调查研究从工作支持、工作考核、工作时间、工作薪酬等多个方面，结合学生实情进行探讨，为后续工作开展提供建议。

在工作支持方面，选择"经常会让你参与到日常工作中，并给予一定的监督和敦促"的人数最多，占 54.29%，其次是"尽可能多地让你参与到日常工作中，并且经常主动给予指导和帮助"人数占 24.76%（见图 9），同学们在工作中希望能得到更多的指导和支持。

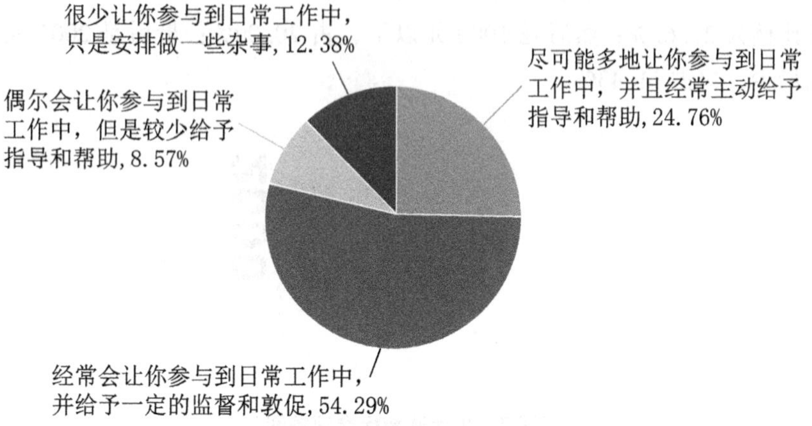

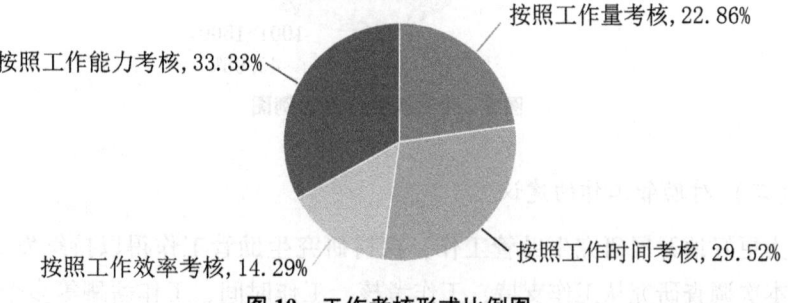

图 9　工作支持比例图

在工作考核方面，大部分同学（67.62%）对现有的工作考核制度比较满意；如果需要增加更进一步的工作考核，同学认为一学期一次的考核频率（76.19%）更好，其次是一季度一次（17.14%），最少是一月一次的考核（6.67%）；进一步增加的工作考核，同学们更希望按照工作能力考核，占33.33%，其次是按照工作时间考核，占29.52%，接下来是按照工作量考核，占22.86%，最后是按照工作效率考核，占14.29%（见图 10）。

图 10　工作考核形式比例图

在工作时间方面，大部分同学（84.76%）对现有的工作时间比较满意认为工作时间适中，能满足部门考核要求。

在工作薪酬方面，有 39.05% 的同学认为现有的助管标准津贴（500 元/月）比较合理，60.95% 的同学认为薪酬偏低。临时助管岗位津贴标准为 15 元/小时，63.81% 的同学认为薪酬偏低，36.19% 认为比较合理。

最后设置开放性题目，询问关于助管工作的意见和建议，对结果进行了词频分析，如图 11 所示，关于工资的建议最多，这也是同学们最为关注、关心的问题。

图 11　工作建议词云图

五、研究生助管工作存在的问题与分析

管理助理具有育人功能，对于研究生管理助理本人和学校有重要的作用，但是根据上述调查问卷的结果和助管管理人员的反馈，发现现阶段研究生管理助理工作存在着诸多问题。我们将产生问题的主体分为助管岗位、研究生管理助理与设岗单位。

（一）助管岗位

助管岗位自身具有一些问题，例如助管岗位不符合研究生追求的目标以及助管岗位薪资偏少等问题。

1. 助管岗位不符合研究生追求的目标

"在报酬相同的情况下，你最愿意参加哪项工作？（可多选）"据统计，有 46.20% 的研究生选择了助研，排在第一位，而选择助管的研究生只占据了 23.50%。其中"管理学科"和"文科"的研究生选择助研的分别为 64.90% 和 64.30%。有 46.70% 的研究生认为加强所学专业知识与实践的结合，是助管管理有待改进和加强的地方。

究其原因，有以下几点：①助研是写出高质量的学位论文和发表高水平的学术论文的主要途径，而助管不具有或很少有这项优点；②助研是加强专业学习和专业科研训练的重要方式，而助管岗位和自身的专业联系不大；③从导师的角度看，助研是一个双赢的过程，可以帮助导师完成科研课题，获得科研成果，所以导师更喜欢学生去参与助研岗位。[1]

2. 助管岗位薪资偏少

据情况了解，大部分学生和"三助"管理者认为"三助"工作中研究生获得的报酬偏低；并且有超过一半的"三助"指导者认为影响"三助"工作的主要因素是"报酬的高低"。助管作为"三助"工作的其中一员，同样免不了报酬偏低的问题。

据上述研究结果，60.95%的同学认为助管标准津贴薪酬偏低。财政部、国家发展改革委、教育部《关于完善研究生教育投入机制的意见》明确了高校在助管工作中的地位，并要求高校提高津贴资助力度。但是，目前国家关于助管劳务费支出的比例相对较少，这也限制了提升助管津贴的空间。

（二）研究生管理助理

研究生管理助理在助管工作中的问题主要体现在研究生对助管工作的认知与现实情况产生了偏差。

首先，一部分研究生对助管工作认知有偏差，认为该工作仅是一种被动的接受。助管岗位并不是简简单单的表格制作、文档编辑、文件递送、复印打印等基础的事务工作，以最后拿到了每个月固定的劳动报酬为结束，这并不是研究生助管工作的主要内容。

其次，还有一部分研究生管理助理对兼任助管工作的期望值高于实际承担的工作。这部分研究生管理助理希望除了完成烦琐、简单的事务性工作以外，还希望自己能够实际参与到行政管理工作实践中，或组织研究生助管团队参与相关的课题研究，以期得到能力的提升，但是这些在他们所处的工作中得不到体现。

复次，一些研究生参加助管工作的目标并不是期望自己得到提高，而是为了获得加分。学校充分鼓励研究生参与各类实践活动，所以学院在制定研

---

〔1〕 沈延兵等：《高校研究生"三助"工作走势与对策》，载《学位与研究生教育》2004年第2期。

究生评奖评优实施细则时，将担任研究生管理助理也作为一项加分项，研究生为提高自己评奖评优的优势，选择去当管理助理，但是现实中他们对助管工作较低的薪酬待遇和固定的坐班时间并不是非常满意。[1]

最后，个别研究生工作态度和个人能力等方面有所欠缺。这部分人对于助管岗位的认识停留在简简单单地制作表格、填写信息、传递东西等方面，但是现实中其所上岗的岗位工作并不是自以为的简单工作，对管理助理的能力有一定的要求，这样就会导致管理助理因为岗位所给的任务繁多或艰难而辞职。

（三）设岗单位

除了助管岗位和研究生管理助理在研究生工作中产生了问题，设岗单位自身也有问题，体现在设岗单位岗位职责不明和管理部门对研究生助管工作的定位不准确。

1. 设岗单位岗位职责不明

学校仅仅对管理助理进行了简单的介绍，即进行的是学校管理工作，对研究生担任助管的人选以及录用时间等都有所规定。但是各个学院及用人单位工作性质及侧重点不同，不同部门的具体工作内容是有较大区别的，岗位职责也各不相同，然而，问题就在于用人单位关于岗位职责的解释大多过于简单或类似，不够细化且没有区分度。[2]比如，一般来说，用人部门基本规定管理助理值班时间为早上 8 时到 11 时 30 分，下午 2 时到 5 时，但是有的部门因为工作性质，需要早上 7 时或者中午和下午用餐时间。硕士研究生在申请岗位时仅仅知道设岗单位的名称，但是对设岗单位的工作内容比较盲目。以至于有的硕士研究生上岗之后，才发现自己不适合这个岗位的工作，时间不允许，甚至力不从心。

2. 管理部门对研究生助管工作的定位不准确

设岗管理部门对研究生助管工作的定位不准确一般体现在不重视对研究生助管综合能力的培养，或者以一种"将就用"的心态对待，而研究生管理

────────────

〔1〕 马宁：《云南师范大学硕士研究生"三助一辅"工作的管理问题研究》，云南师范大学 2018 年硕士学位论文。

〔2〕 巫颖琳：《浅谈高校研究生助管工作现状及对策》，载《现代职业教育》2018 年第 25 期。

助理的一大主要目的就是促进研究生的全面发展。

首先，由于研究生平时需要上课、做科研、做实验，所以不能连贯性值班。基本上每人每周值班一天，这导致工作不连贯，容易出现不负责任及出错多的情况。[1]其次，有的部门并不注意研究生管理助理的综合培养，不会多出时间去管理助管工作，采取放任的姿态，只有偶尔有一些简单工作让管理助理去完成。最后，由于研究生阶段，学生面临实习、论文等事项，并不会去应聘管理助管，这就导致了招聘研究生助管难度加剧，有的部门考虑到这一点，往往不会要求助管具有较强的能力，以一种"将就用"的心态对待。综上，部门老师考虑到管理助理的值班时间、学生学业、招聘管理助理的困难等因素，仅仅就让研究生管理助理做一些基础的打印、传递文件等工作。

六、管理助理工作的优化策略

管理助理工作的优化策略主要体现在从三方主体入手解决问题，即学校、用人单位和管理助理。高校需要完善制度，改善助管工作现状；设岗老师需要树立权威，又要注入温情；研究生助管需要端正态度，进行自我管理。

（一）高校需要完善制度，改善助管工作现状

首先，高校需要规范"三助"工作管理流程。需要成立工作小组，负责全校"三助"工作的部署与统筹工作。

其次，加大宣传力度，合理设置岗位。对于一些需要用人的单位，给予增加岗位的支持，然而，对于一些岗位设置不合理的部门，或者没有什么实质内容的岗位，给予撤销。还要根据学生的专业、空闲时间等因素合理分配岗位，让每一个助管都找到一个适合自己的岗位。

最后，开发信息管理平台，科学管理。校方应该利用信息管理系统，开发"三助"工作信息管理平台。平台包括个人信息管理、讯息通知、申请与聘用、讯息通知、岗位发布、津贴管理与发放、工作时长记录、考勤打卡等功能，同时与学生资助系统打通以了解学生家庭情况。同样，助管工作统一渠道、一站式管理能够大大完善考核制度，提高助管工作的质量，做到信息

---

〔1〕熊鑫：《"三助"工作对硕士研究生自我管理能力的影响研究》，西南民族大学 2022 年硕士学位论文。

公开透明。

（二）设岗老师需要树立权威，又要注入温情

设岗老师要树立权威。这种权威一是源自教师这一职业属性所带来的权威形象，二是源自设岗教师的专业能力和人格魅力。设岗教师这一职业本身的权威体现在，设岗教师本身就是研究生助管的专业教师，无形中就存在一种教师权威，还体现在设岗教师是研究生助理的指导教师，具有一定的管理权限，助管需要服从，听从设岗教师的安排，因此也就具有一定的权威力量。[1]就设岗教师的专业能力和人格魅力来言，当设岗教师有较强的专业能力和优秀的人格品质就会对管理助理产生一种吸引力，使得管理助理能够效仿设岗老师，更好地完成自己的工作。

设岗老师要注入温情。在助管工作的初期，助管处于半知半解的状态，此时，设岗老师需要给予鼓励和肯定，拉近助管和老师的距离是建立关系的第一步，具体来说，设岗老师给助管起昵称则是较为常见的一种方法，例如"小李""阿梅"等称呼可以让助管以一种相对轻松的状态投入工作当中。设岗老师还可以和管理助理进行互动，例如会给助管带一些零食和水果，讨论热搜、明星八卦，关心助管近期的学习情况、有没有烦心事等，这样教师与助管就建立了一种劳动关系之外的私人关系。

设岗老师需要树立权威，又要注入温情，使得助管在工作时能够获得满足感，感到自己被这个工作环境所接纳，从而会积极主动地付出劳动。

（三）研究生助管需要端正态度，自我管理

研究生助管需要端正态度，自我管理是优化策略的最后一环。

岗位培训很重要，有些部门聘任助管后立即安排上岗，忽视对助管的培训工作，以致新聘的"助管"总是要在花了很多时间或者走了很多弯路之后才能总结出一些工作经验，导致"热身"时间过长，工作效率低下。[2]但是据统计，我国许多高校对新上岗的助管安排了培训工作，但是其结果并不是

---

〔1〕 孟祥哲：《研究生为何甘愿参与助管工作？——基于劳动过程理论的分析》，华中师范大学2021年硕士学位论文。

〔2〕 杨德齐：《如何改进高校的研究生"助管"工作——以中央财经大学为例》，载《改革与开放》2012年第6期。

很理想，探寻原因，除了个别高校组织不合理之外，还有一部分是研究生助管个人的原因，他们认为研究生助管工作仅仅是表格制作、文档编辑、文件递送、复印打印等基础的事务工作，根本不需要自己花费时间去参加培训，往往寻找一个理由去逃避这次培训活动。

所以，研究生管理助理需要端正动机，自我管理，正确认识到管理助理工作的内容和性质，在认清"三助"工作内涵的基础上，转变参与动机，不再只看重经济报酬，认识到个人能力的提高应是参与助管工作的最大收获。

参考文献

[1] 王梦璐、朱中超：《"四位一体"助力研究生助管工作育人功能实现》，载《教育教学论坛》2021年第19期。

[2] 郝裕辉等：《研究生助管视角下关于助管工作可持续发展的若干思考——以新疆农业大学为例》，载《高教学刊》2020年第20期。

[3] 沈延兵等：《高校研究生"三助"工作走势与对策》，载《学位与研究生教育》2004年第2期。

[4] 马宁：《云南师范大学硕士研究生"三助一辅"工作的管理问题研究》，云南师范大学2018年硕士学位论文。

[5] 巫颖琳：《浅谈高校研究生助管工作现状及对策》，载《现代职业教育》2018年第25期。

[6] 熊鑫：《"三助"工作对硕士研究生自我管理能力的影响研究》，西南民族大学2022年硕士学位论文。

[7] 孟祥哲：《研究生为何甘愿参与助管工作？——基于劳动过程理论的分析》，华中师范大学2021年硕士学位论文。

[8] 杨德齐：《如何改进高校的研究生"助管"工作——以中央财经大学为例》，载《改革与开放》2012年第6期。

基于"Z 世代"大学生网络行为和心理特点的网络思政教育困境与对策分析

中国政法大学学生工作部（处）　周卓然

随着时代的不断进步，信息技术发展日新月异。第 53 次《中国互联网络发展状况统计报告》表明，截至 2023 年 12 月，我国互联网使用人数达 10.92 亿人，一年新增网民 2480 万人，互联网普及率达 77.5%。而互联网信息资源的多样性、时空的无限性、信息交流的互动性与便捷性等特征，也给高校思想政治教育带来了新的机遇和挑战。在此时代背景下，建立以学生为中心的网络思政教育平台，对于提升思想政治教育工作的实效性、针对性和创新性具有重要意义，已成为思政教育工作者积极拥抱互联网、探索创新思政教育方式的重要举措[1]。

"Z 世代"，也被称作"网生代""数媒土著"，一般指出生在 1995—2009 年的这代人[2]。"Z 世代"大学生群体作为网络原住民，其心理和行为特点呈现出明显的时代印记，这就要求高校在开展网络思政工作时，必须紧密结合大学生的实际，采用依托新技术与新媒介的创新思政工作模式，以实现高效精准的教育目标。

本文旨在围绕"立德树人"的根本任务，探讨针对"Z 世代"大学生开展网络思想政治教育的创新手段，以此提高网络思政教育平台育人实效。

一、"Z 世代"大学生网络行为及心理特征分析

随着新时代信息技术的迅猛发展，青年学生每天在网上花费大量时间，

---

〔1〕 张鹏鹏：《高校网络思政平台学生用户黏性提升策略研究》，西安理工大学 2022 年硕士学位论文。

〔2〕 徐冉、王威旸：《无网不欢的"Z 世代"与高校网络思政》，载《高教探索》2023 年第 6 期。

互联网存在于"Z世代"人群生活的方方面面，在"Z世代"大学生成长、学习、生活等方面起着不可小觑的作用，网络活动也已成为"Z世代"大学生学习和生活中至关重要的一部分[1]。

（一）网络行为特点

根据2023年发布的《"Z世代"人群研究报告》，"Z世代"青年有个性、爱社交、喜欢分享、渴望被认同、文化包容度高。对"Z世代"大学生来说，互联网的娱乐属性更加突出，而且他们乐于且善于运用互联网工具进行社交。就影视观看内容而言，"Z世代"最喜欢娱乐和综艺类，电影不再居于榜首。部分原因可能是这一代人习惯于短平快的传播方式，抖音和快手也成了"Z世代"主要的短视频观看平台。调查显示，大学生群体对微博、微信等社交平台的使用热情高涨，他们经常通过这些平台获取热点讯息，了解社会动态。其中，他们最关注时事政治、校园生活、学术学业、成长发展等与自身关联较大的话题[2]。

（二）心理特点

在互联网世界中，"Z世代"大学生存在一些积极的心理需要。一是求知需要，他们渴望通过互联网获得时事、学术、生活、成长等方面的信息和知识，从而充实自我、开拓视野。二是交流参与需要，他们希望能够在网上自由发表意见、与他人平等对话和沟通、自主社交和交流。三是自我实现需要。马斯洛的需要层次理论将自我实现需要视为人类需要的最高层次，认为其很难在现实实现。但网络的虚拟性提高了实现的可能性，越来越多的人也开始寄希望于互联网，并试图从中寻求精神和心理慰藉[3]。

二、"Z世代"大学生网络思想政治教育的困境

新媒体技术的运用有效促进了思想政治工作传统优势与信息技术的深度

---

〔1〕 赵鲁臻、张铃敏：《"Z世代"大学生网络关注热点融入高校思政课再思考——基于对河北某高校的调查访谈结果》，载《华北电力大学学报（社会科学版）》2023年第3期。

〔2〕 宋超、刘群燕：《网络热点话题视域下大学生思政教育研究》，载《淮南职业技术学院学报》2023年第1期。

〔3〕 聂明镜：《基于受众心理的网络思政教育困境与对策分析》，载《现代企业教育》2014年第16期。

融合，从而加强了工作的时代感和吸引力。目前，无论是国家、高校还是个人，都在积极运用各媒体平台开展网络思想政治教育工作，并取得了一定成效。但总体而言，网络思想政治教育工作还存在许多困境和难题。

（一）教育方式落后

"Z世代"大学生是互联网原住民，具有重视体验、喜欢互动的网络行为特点，习惯于短平快、互动性强的传播方式。在教育活动中也是如此，他们更喜欢平等、互动、开放的教学方式，不适应传统意义上单向灌输的教育方式[1]。

但部分高校思想政治工作者在开展网络思政教育工作时往往会进入"穿新鞋走旧路"的误区，采取传统单向传播的方式，用新媒体产品来自上而下地输出教育内容，教育实施灵活度、创新性、互动性不强。因此学生只能被动地进行信息接收，不能参与内容的生产过程，导致参与的积极性、兴趣度不高，对网络思政平台的好感度也随之降低[2]。这说明"Z世代"习惯了短平快、互动性强的传播方式，单向灌输方式为主的教育方式与当前"Z世代"短平快的信息传播方式不匹配，反而容易导致学生产生逆反心理，降低教育效果，难以达到预期目标。

目前，部分高校网络思政新媒体仍习惯使用传统的宣传方式和话语体系，未及时学习和掌握新时代下的教育传播规律。例如，随着互联网技术的快速发展，信息传播方式发生了深刻变革，图片、视频等直观且视觉冲击力强的内容形式越来越受到人们的青睐。尤其是"Z世代"大学生，他们更倾向于通过视觉化的方式获取信息，对传统的文字内容兴趣逐渐降低。这种变化给网络思想政治教育带来了新的挑战和机遇，要求我们必须对原有网络思政宣传教育工作的内容和形式进行创新和改变。但部分高校在开展网络思政工作时，依然过度依赖大段文字来传递教育内容，这种做法在很大程度上影响了宣传效果。[3]

---

〔1〕 赵娜、蔡昊、杨婷婷：《"互联网+"环境下思政教育有效模式》，载《中国高等教育》2016年第5期。

〔2〕 张鹏鹏：《高校网络思政平台学生用户黏性提升策略研究》，西安理工大学2022年硕士学位论文。

〔3〕 张哲浩、孙玥：《浅谈高校如何利用新媒体平台开展网络思政——以某高校学工微信公众号W为例》，载《传播与版权》2022年第2期。

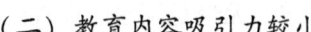

（二）教育内容吸引力较小

传统标准化、同质化的网络思政工作已经不适应新时代的发展，部分高校思政平台内容质量差、原创性不高，缺乏有吸引力、实用性强的教育内容。此外，为了避免舆情风险，部分高校确实采取了诸如限制原创内容创作和使用单一文字形式等过度谨慎的措施，严重限制了表现形式的多样性和内容的趣味性[1]。

同时，为了保证消息的时效性，有些高校思政平台直接复制、转载官方平台的消息，导致大量同质化内容被各大平台重复传播，造成信息资源的极大浪费，使学生对高校网络思政平台产生反感和排斥等消极心理[2]。有些高校则完全忽视了新媒体的时效性特点，在开展网络思政工作时，忽视当前热点信息，重复使用老旧素材，导致在多姿多彩的微信公众平台中难以脱颖而出，很难实现网络思政教育工作的预期效果[3]。

（三）教育主体缺位

高校思政课注重思想引领的特点能够显著提升大学生的精神"获得感"[4]，但就实际情况而言，教育者更关注自以为的"学生应该获得什么"，而非"学生的想要获得以及实际获得"。确实，当主体的主观设想与客体的实际体验之间存在割裂现象时，思政教育工作的实效性就会受到严重影响[5]。正如有研究者指出："再好的主义和主张，如果不与青年的实际需求相关联的话，顶多是个沙漠布道者。"[6]需要注意的是，"Z世代"大学生更注重个人需求的满足。与之相比，高校网络思想政治教育往往由上至下开展教育活动，没有做

---

〔1〕 张鹏鹏：《高校网络思政平台学生用户黏性提升策略研究》，西安理工大学2022年硕士学位论文。

〔2〕 张鹏鹏：《高校网络思政平台学生用户黏性提升策略研究》，西安理工大学2022年硕士学位论文。

〔3〕 张哲浩、孙玥：《浅谈高校如何利用新媒体平台开展网络思政——以某高校学工微信公众号W为例》，载《传播与版权》2022年第2期。

〔4〕 李紫娟、李海琪：《网络"泛娱乐化"倾向对青年大学生的危害及其应对》，载《中国青年社会科学》2021年第6期。

〔5〕 赵鲁臻、张铃敏：《"Z世代"大学生网络关注热点融入高校思政课再思考——基于对河北某高校的调查访谈结果》，载《华北电力大学学报（社会科学版）》2023年第3期。

〔6〕 刘望秀、王歆玫：《党史学习教育如何"破壁"青年圈层文化》，载《思想教育研究》2021年第9期。

到在以学生需求为导向的基础上产出差异化教育内容，这严重影响了网络育人的实效性。

结合实际而言，一方面，高校网络思政平台存在自身定位模糊的问题。在建设网络思政平台的过程中，部分高校未能清晰界定其目标与功能，导致平台定位与学生需求之间存在显著的矛盾，主要有两种情况：一种是完全忽视学生需求，仅凭教育者自身的想法和经验来构建平台，导致平台内容与学生实际需求脱节，难以引起学生的兴趣和共鸣；另一种则是过于迎合学生需求，不断调整平台定位以满足学生提出的各种要求，这虽然尊重了学生的主体地位，但也可能导致平台失去其应有的教育引导功能，甚至陷入一种无序和混乱的状态，导致失去自身特色，学生对思政平台的认知度、忠诚度、兴趣度和信任度也不断下降[1]。

另一方面，部分高校网络思政平台的品牌意识薄弱。部分高校在网络思政平台建设的过程中盲目照搬其他高校和平台的建设经验，未能做到根据本校学生特色"量身定做"思政教育工作，导致同质化现象较严重、平台自身特色不足，影响学生的忠诚度和用户黏性[2]，思政教育成效也随之下降。

三、解决"Z世代"大学生网络思想政治教育困境的对策

（一）调整教育思维，变灌输为引导

1. 依据"Z世代"大学生特征，迅速调整教育思维

新媒体具有独特的发展和传播规律，用户是新媒体运营的核心，而高校网络思政平台的受众则以学生为主。因此，高校想要提高学生对网络思政平台的喜爱度和信任度，就要考虑到大学生的特点和属性，把握网络思想政治教育脉搏，应势而谋、因势而动、顺势而为，迅速调整新时代教育理念。但是，要想做好高校网络思政工作，关键是要做好思想引领，以培育坚定理想信念、勇担时代重任的青年为导向。在此基础上，调整以往的教育方式和话

---

〔1〕 张鹏鹏：《高校网络思政平台学生用户黏性提升策略研究》，西安理工大学2022年硕士学位论文。

〔2〕 张鹏鹏：《高校网络思政平台学生用户黏性提升策略研究》，西安理工大学2022年硕士学位论文。

语体系，使其更适应"Z世代"青年学生〔1〕。

因此，在把握好工作职责和职能的基础上，高校网络思政教育的手段和方式要着眼于大学生的特征和需求，创新宣传方式，充分发挥学生团队的主观能动性，力求在生活、学习和社交等多维度情景中，运用更为贴近实际、富有网络特色的语言体系，如通过图片、漫画、"网言网语"等学生喜闻乐见的方式提高高校新媒体平台的影响力和吸引力〔2〕。

2. 变单向灌输为互动体验

互联网的迅猛进步带来了日益增强的交互性，这一变革打破了传统单向灌输的教育模式，催生了师生平等参与的互动性教学模式。这一新模式有效激发了大学生对主体作用的需求。互联网新媒体以其直观性为受教育者展现了融合文字、图片和声音的丰富画面，使教学内容更加直观生动，教学方式也更为现代和全面。在此背景下，教育者可以通过采用形式多样、手段新颖、渠道丰富的教育方法，充分调动大学生的思维和感官，让师生之间有效互动，从而使网络思政教育充满活力〔3〕。

考虑到"Z世代"大学生群体注重互动体验、喜爱社交的特点，网络思想政治教育方式可以向此方向进行转变，可以借鉴品牌营销理念和方式，适当挖掘思政教育的"社交属性"，在教育环节设计时多增加互动、体验环节。比如，在国庆节这一重要时间节点，可以开展相关征文、摄影、绘画比赛等活动并进行网上投票评选和展示等，化爱国主义教育于潜移默化之中。

（二）打造专业队伍，提高教育内容吸引力、实用性

1. 打造优秀网络思政工作队伍

高校网络思想政治教育承担着传播主旋律、弘扬正能量、培育时代新人的重任，因此加强对网络思想政治工作队伍的培训力度，对总体提升网络思政教育水平至关重要。结合具体实际而言，可以从理论学习、案例研讨、成

---

〔1〕 张哲浩、孙玥：《浅谈高校如何利用新媒体平台开展网络思政——以某高校学工微信公众号W为例》，载《传播与版权》2022年第2期。

〔2〕 铁铮、杨涛：《高校网络思想政治教育创新路径与对策》，载《中国高等教育》2023年第Z3期。

〔3〕 赵娜、蔡昊、杨婷婷：《"互联网+"环境下思政教育有效模式》，载《中国高等教育》2016年第5期。

果展示、新媒体运营等方面开展专业培训，培养新时代复合型网络思政教育人才。在"互联网+"背景下，网络思政工作核心队伍，包括辅导员、思政课教师及学工系统成员等，要做到知行合一，注重用理论指导实践。他们应秉持开放心态和创新思维，在实践中不断更新教育理念，提高知识水平，并拓宽视野与眼界[1]。

2. 创作高质量有吸引力内容

值得注意的是，无论形式如何更迭，内容始终是宣传工作取得成功的核心所在。对于高校网络思想政治教育而言，教育内容更是其基石，直接关系到其成效的优劣。因此，高校在推进网络思政工作时，教育内容既要贴近学生实际、接地气，又要避免过度娱乐化和空洞化，确保内容的丰富性和实效性[2]。

在网络思想政治教育的内容构建上，话语风格和表达形式正经历着持续的变革。为了推动高校网络思想政治教育内容的供给改革，关键在于建立持续稳定且优质的内容输出机制。一方面，要利用微信公众号、微博等多种渠道，结合文字、图片、视频等多元化表达形式，提升内容的吸引力、感染力和影响力；另一方面，应构建校院两级的内容产出机制，整合校内外资源，依托稳定且优质的内容供给渠道，推出更多深入人心、能够引发大学生情感共鸣的教育内容[3]。

此外，网络思政育人平台要在做好国家网络思政重大主题教育的同时，以服务学生成长成才为宗旨，提供趣味性强、实用性高的内容产品及服务。同时，根据平台特点，在保证日常教育内容的同时，要围绕党和国家关键的时间节点、高校重要的时间节点，不断推出引领性强、影响力大的校园网络文化活动，增强平台与师生的联动互动[4]。比如，在新生入学的关键时间开

---

〔1〕 赵娜、蔡昊、杨婷婷：《"互联网+"环境下思政教育有效模式》，载《中国高等教育》2016年第5期。

〔2〕 张哲浩、孙玥：《浅谈高校如何利用新媒体平台开展网络思政——以某高校学工微信公众号W为例》，载《传播与版权》2022年第2期。

〔3〕 铁铮、杨涛：《高校网络思想政治教育创新路径与对策》，载《中国高等教育》2023年第Z3期。

〔4〕 郑骊君、李石纯：《加快深度融合 做大做强网络思政育人主阵地》，载《中国高等教育》2022年第12期。

展爱校荣校、心理调适、生涯规划等系列思政教育，以达到事半功倍的思政育人效果。

（三）以生为本，结合本校特色打造高质量思政品牌

1. 理念转向：树立以学生为中心的发展观念

针对深受互联网熏陶的"Z世代"群体，我们应秉持以学生为中心的发展观念，积极应对主体缺位所带来的挑战。然而，强调"以学生为中心"并不意味着教师的角色被边缘化或弱化。正如梅贻琦先生所言："所谓大学者，非谓有大楼之谓也，有大师之谓也。"辅导员及其他思政教育工作者作为教育的直接参与者和实践者，应全方位、全过程地落实这一发展理念，确保全员参与、深入探索。

首先，我们应以学生的需求为核心，针对不同年级和成长阶段的学生，提供定制化的教育资源。例如，设立"新生导航"专栏，旨在引导学生适应大学生活、提高自我认知、找到最适合自己的成长路径。其次，我们要以学生的全面发展为目标，激发学生的主动性，力求帮助其实现德智体美劳的均衡发展。最后，我们还应优先考虑学生的体验，关注他们的学习生活、身心健康和人际交往，及时提供必要的关爱、支持和服务，帮助他们克服学习和生活中的困难。

2. 结合本校特色打造高质量思政品牌

思政工作品牌化是高校思政工作发展的必然趋势。在互联网背景下，高校思政工作品牌化发展可以提高思政工作的影响力、竞争力和吸引力。但是，我们在借鉴其他高校优秀经验的同时，也要充分结合本校学生特色，为其"量身定做"高质量思政品牌，发挥平台特色，以更好地服务于大学生的成长成才。

第一，培育特色思政品牌。将思政与学校特色融合，培育专业思政品牌，比如，以中国政法大学为例，在法学学科特色的基础上，学生处组建了习近平法治思想学习小组，并定期展示学习成果，在提升大学生对专业知识认可度的同时，帮助思想政治教育入脑入心。

第二，建设网络文化项目。以传承中华优秀传统文化、践行社会主义核心价值观等为主题建设网络文化项目，鼓励师生组建团队，在项目运行过程中提升学生团队合作能力、执行能力和沟通能力，发挥学生的积极性和主动性，从而提高大学生的自我教育能力。

第三，创新新媒体平台栏目。考虑到"Z世代"大学生主要用微信进行社交，高校思政工作者可以结合学生实际需求和思政教育要求，依托微信平台开创栏目，比如榜样教育、学生服务、问题解答等丰富内容和形式的栏目，多样化地提升网络思政平台的价值引领能力。

四、结语

综上所述，高校网络思想政治教育工作的重要性不言而喻，高校思想政治工作者要结合"Z世代"大学生的网络行为和心理特征，坚定以学生为中心的发展理念，不断创新教育方式和教育内容，打造特色思政品牌，为提升高校网络思想政治教育工作实效性提供有力的支持和保障。

参考文献

[1] 张鹏鹏：《高校网络思政平台学生用户黏性提升策略研究》，西安理工大学2022年硕士学位论文。

[2] 徐冉、王威旸：《无网不欢的"Z世代"与高校网络思政》，载《高教探索》2023年第6期。

[3] 赵鲁臻、张铃敏：《"Z世代"大学生网络关注热点融入高校思政课再思考——基于对河北某高校的调查访谈结果》，载《华北电力大学学报（社会科学版）》2023年第3期。

[4] 宋超、刘群燕：《网络热点话题视域下大学生思政教育研究》，载《淮南职业技术学院学报》2023年第1期。

[5] 聂明镜：《基于受众心理的网络思政教育困境与对策分析》，载《现代企业教育》2014年第16期。

[6] 赵娜、蔡昊、杨婷婷：《"互联网+"环境下思政教育有效模式》，载《中国高等教育》2016年第5期。

[7] 张哲浩、孙玥：《浅谈高校如何利用新媒体平台开展网络思政——以某高校学工微信公众号W为例》，载《传播与版权》2022年第2期。

[8] 李紫娟、李海琪：《网络"泛娱乐化"倾向对青年大学生的危害及其应对》，载《中国青年社会科学》2021年第6期。

[9] 刘望秀、王歆玫：《党史学习教育如何"破壁"青年圈层文化》，载《思想教育研究》2021年第9期。

[10] 铁铮、杨涛:《高校网络思想政治教育创新路径与对策》,载《中国高等教育》2023年第Z3期。

[11] 郑骊君、李石纯:《加快深度融合 做大做强网络思政育人主阵地》,载《中国高等教育》2022年第12期。

"五育融合"视域下高校法科学生实践育人路径探索

中国政法大学国际教育学院　颜可歆

一、高校法科学生实践育人的重要意义

（一）全面贯彻党的教育方针，提升人才培养质量

2022年4月25日，习近平总书记在中国人民大学考察时，对"扎根中国大地办大学"的办学理念进行了深刻阐述，并对广大青年学子提出了殷切期望，希望青年能够以实际行动深入了解国情，用脚步丈量祖国大地，为国家的繁荣和发展贡献力量。高校紧紧围绕立德树人的根本任务，立足于国家需要和社会需求培养人才，而实践育人是"扎根"和"丈量"最行之有效的途径。

面对国内外形势的深刻变化和社会发展的多元需求，法治人才的培养被赋予了更为重要的使命，不仅要注重学生对法律知识与理论的深入学习，更要强化实践教学环节，提高学生的综合素质和实际操作能力。科学的法治理论对于指导法治实践具有不可或缺的作用，只有系统掌握了法治理论的基本概念和核心要义，学生才能够在实践中以正确的法治思维和较高的法律素养解决各种实际问题，实现理论与实践的有机结合。然而，在传统的法学教育中，无论是对法律理论的分析还是对法律条文的阐释，对于司法实践中真正需要的论证推理、沟通表达、文书撰写和团队协作等能力的锻炼还无法全面覆盖，所以培养能够跨越"法学院"和"法院"之间鸿沟的法治人才仍是体现法学学科实践性的必由之路。法治实践具有动态性和发展性，在不断对法治理论进行更新和完善以适应法治实践的新变化和新需求的同时，法治人才的培养应当紧密结合法治中国建设的实际。随着司法体制改革的深入推进，在司法机关实施人员分类管理改革的背景下，社会对应用型法学人才的市场

需求显著增加，同时要求也必然更加严格，目前司法实务部门急需的高素质应用型人才供不应求，对法治人才的需求已经由通用化转向差异化和精准化。在新时代背景下，法治人才的培养需要注重理论与实践的有机结合，同时还需要适应经济社会发展的新要求，培养具备创新思维和实践能力的高素质法治人才，为推进法治中国建设提供有力的人才保障。

（二）丰富思想政治教育载体，发挥铸魂育人功能

高校在法科学生思想政治教育方面肩负着特殊而重要的使命，如何培养他们，怎样引导他们，以及他们的成长将服务于谁，这是必须深入思考和解决的。实践育人是思想政治教育不可或缺的重要环节，其本质在于深化思想政治教育的实践性，包含理论内化和实践外化两个核心环节。随着目前全球局势的变化，学生所处的政治、经济和文化环境日益复杂多元，他们在深入研究基础理论知识并参与具体实践活动的过程中，能够更深刻地理解和体悟到国家的经济社会发展历程及现状，进一步深化自身对中华文化、中华民族和伟大祖国的认同。[1]在鼓励学生走出校园、深入社会的同时，也是在锻炼其积极参与实践活动的能力，进而转化为自觉接受思想政治教育的意识。

实践育人工作的实施，不应仅仅局限于提供社会实践或专业实习的机会，更重要的是在活动中贯穿思想政治教育，让学生在实践中用脚步丈量祖国大地，用眼睛发现中国精神，用内心感应时代脉搏，深刻体悟中国法治的发展历程，加强对全面推进依法治国的认同。在以立德树人、德法兼修、明法笃行为核心的高素质法治人才培养模式中，不仅需要让学生深入了解中国法治实践的最新动态与实例，掌握中国特色社会主义法治理论研究的最新进展，还应鼓励学生亲身参与法治建设，为法治事业贡献智慧与力量。[2]教育的终极目标在于塑造全面发展的人，通过结合专业的实践活动，能够更有效地实现责任感培育的社会性与主体性的和谐统一，进而激发学生的主体意识和责任意识的双重觉醒。这不仅能够为学生提供明确的方向和目标，更能促使学生积极投身于法治行业为社会贡献力量，并时刻牢记立志成为国家和行业栋梁之材的崇高使命。在专业实践中，学生们能够收获比课堂教学更为深刻和

---

〔1〕 李海娟：《新时代高校实践育人路径探析》，载《思想理论教育》2021年第8期。

〔2〕 杨宗科：《习近平德法兼修高素质法治人才培养思想的科学内涵》，载《法学》2021年第1期。

强烈的认知感、收获感和成就感，从而更加热爱和关注自己的专业。同时在社会实践与思想政治教育相融合的机制中，学生的担当意识和大局意识在潜移默化中不断强化，能力和经验在实践锻炼中不断磨砺提升。

（三）打通知行合一重要环节，助力学生成长成才

高等教育的崇高使命在于培养具有创新精神和实践能力的高级专门人才，这一任务不仅关乎知识的传递，更在于培养学生将理论知识与实践行动相结合的能力。实践育人是践行"知行合一"的重要环节，在这一过程中，学生在熟悉校园生活的同时更早地接触到真实的社会环境，快速成长为可以服务于经济和社会发展的实干型人才。实践育人的根本目的是在传授知识的前提下以实践锻炼人，最终教育个体能够自发地探索个人的价值和社会的意义，从而达到超越自我的境界。高校学生只有真正投身于实践，才能发现现实生活与课堂学习的理论知识相结合的问题，才能实现在实践和理论的统一中解决现实问题的目标。实践的全过程需要教育者不断地引领和指导，学生作为发展中的个体，其内心的求知欲、驱动力和创造力得以激发，进而转化为自发的、积极的活动，深入生活、体验生活、反思生活，塑造健全的人格，实现个人的全面发展。

在人才培养过程中强调实践的重要性是实践育人的核心理念，高校通过针对性地开展各类结合专业特色的实践活动，搭建具有专业特色的实践育人平台，为学生们提供将书本和课堂上学到的理论知识转化为实际行动的机会，在这一过程中，学生们得以积极主动地改造并丰富自身的精神世界，实现自我再教育。然而同时我们也必须认识到，大学生长期处于校园环境中，对于社会的了解往往带有理想化的色彩，实践正为此提供了宝贵的契机，让学生们能够对社会现实进行全方位的探索。高校应该鼓励学生深入社会实际，通过亲身实践切实体会并深刻理解所学的理论知识，进而提升实践认识和实践水平，实现"知"与"行"的有机统一。通过实地观察和调研，学生们可以深切感受到国家在改革发展中展现出的强大号召力，深刻的体验不仅有助于学生们在思想上深化认识，更能激发他们的社会责任感，促使他们在实践中不断锤炼自我和成长。[1]

---

[1] 段少帅、余智勇、武永江：《"三全育人"视域下高校实践育人的教育现状及路径探析》，载《教育评论》2024年第1期。

新时代加强和改进高校思想政治工作路径探究

二、高校法科学生实践育人的现实困境

（一）学生个人发展需求异质多元

当前，大学生的思想价值取向呈现出多元化的特征，他们有着较强的独立意识，但又愿意敞开内心与人沟通，情感表达更加直接和鲜明，而在思想取向上，他们可能更加注重追求个人价值，而集体观念相对较弱。与此同时，新媒体等互联网技术的蓬勃发展，如同巨大的知识宝库，极大地丰富了他们的知识来源，拓宽了他们的知识视野，这些变化无疑为青年学生的成长带来了前所未有的空间和无限机遇。然而我们也必须清醒地认识到，新媒体传播的双刃剑效应不容忽视，相较于传统媒体，新媒体具有传播速度更快、覆盖范围更广的特点，这使得各种信息、思潮在短时间内迅速传播，而在当前的年龄段，大学生的思想体系尚未稳固，心理波动可能更加剧烈，传播的内容对青年学生的世界观、人生观和价值观可能产生深远影响。

基于新时期大学生的特点，思想政治教育工作者面临着巨大的挑战，传统的单向知识灌输模式很难发挥作用，相反应该以更加灵活的交互式方法与学生们进行交流，同时注重利用新媒体平台与社交媒体，通过线上互动的方式及时了解他们的思想动态和诉求，鼓励他们以更加喜闻乐见的方式踊跃参与到思想政治教育实践中。实践育人本质上是对于传统教育方法的革新，同时也需要着重拓展实践的深度和广度，力求更加贴合学生的实际需求，真正实现因材施教，为学生的全面发展提供有力支持。

（二）传统法学教育存在应用局限

理论需要通过实践得以深化，实践性是法学的本质特征，法学教育的关键核心与司法实践的发展进步紧密相连。随着我国法治建设的不断深入，人文学科甚至理工类学科各领域的知识都可能与法律实务产生交集，处理法律实务所需要的技能已经远不止法律理论知识本身，法律工作者还需要同时学习跨学科知识以及了解社会生活的各类常识，法律实务问题正向多元维度的复合型问题转变。[1]从学科性质来看，法学作为兼具应用性与人文性的学科，

---

〔1〕刘谢慈、方媛：《"德法兼修"理念下高校法治人才培养机制的逻辑进路》，载《湖南工业大学学报（社会科学版）》2021年第4期。

680

不仅承载着社会科学的使命，更蕴含着深厚的人文精神。仅针对法学理论问题的探讨更多是对于学生的逻辑思维和理论推导能力的提升，只有让学生亲身体验和感悟才能在解决现实社会问题的过程中实现人文精神和理性精神的渗透和融合。对于大多数法科学生的职业规划而言，大多圈定在司法机关或律师事务所等"主流"方向，法治人才培养局限在传统的法律职业领域，实践效果与全面依法治国的政策导向结合不够紧密。

在信息化时代，随着人工智能等新技术的发展，法治实践不断创新的时代特性愈发凸显，大数据和云计算等技术已经越来越多地被司法实务部门运用在工作的多重领域之中，对于推动社会治理的法治化进程起到了举足轻重的作用。与此同时，法律实务工作对于能够运用高新技术的人才提出了更高的要求，时代对于厚基础、宽视野、跨领域的高素质法治人才的需求也对传统的讲授式法学教育培养模式提出了新的挑战。

（三）实践育人机制亟待统筹优化

高校对实践育人的认知正在逐步深化，并将其视为培养学生综合素质的关键环节，然而在实践育人的整体规划与顶层设计方面还存在明显的不足，各类实践育人活动之间缺乏有效的统筹协调机制，导致各种育人资源未能充分发挥其应有的效能。在全面探讨与深入剖析高校实践育人工作现状时，按照对外合作和内部协同两大核心纬度分析，不难发现整体状况不容乐观。就对外合作角度而言，尽管各大高校与各级政府机构、行业企业以及各种社会组织之间已经建立起了初步的联系与合作关系，然而学生直接参与法律实务部门实践的机会较少且不成系统，协同育人机制并未真正落实到位。目前，我国已有80%的高校建立了校外实习实训基地，但平均每个专业基地数量不足15个，文科类实践基地尤为稀缺，这成为制约实践基地育人参与率整体提升的关键因素。[1]再者，由于高校在长期合作领域中缺乏与专业课程紧密相关的高品质实践实习场所及基地，这必然会导致学生们在校所接受的理论知识与现实社会需求匹配程度不高，使其专业技能的学习效果与实践技能的应用能力之间存在一定差距。就高校内部协同合作而言，鉴于校内各个部门之

---

[1] 梅红等：《中国高校实践育人：现状、成效及育人改革探索》，载《创新与创业管理》2023年第1期。

间组织架构和业务属性的复杂性，实践育人工作在资源共享、质量提升以及资源优化等核心环节上仍面临着以个体力量为主导、团队协作不足的困境，缺乏高效能的协同育人机制所需的全面完善的支持条件。以主要集中于寒暑假进行的短期法律实习实践为例，大部分情况下仅止于社会调研与参观阶段，学生往往还未熟悉整套法律实务流程，未能在实践中深度挖掘与充分利用其内含的法治人才培养价值与元素。

三、高校法科学生实践育人的路径设计

（一）把握导向性，突出价值引领

德法兼修，以德为先，培养卓越法治人才需要在实践中将训练学生的职业技能与培育学生的法律人格进行有机结合。要做到以精准的目标导向开展实践育人工作，需要深入挖掘和分析社会的发展需求、高校的人才培养任务以及学生自身成长的诉求。作为实践育人的核心组成部分，思想政治教育在学生的培养和教育中占据着首要地位，高校应当始终紧紧围绕国家的发展战略，不断推行形式多样、内容丰富的实践育人项目，进一步细化实践育人的具体措施，为法科学生深入基层实践和融入社会发展搭建坚实的平台。开展实践育人工作应该树立问题导向，明确实践育人的目标与定位，关注育人过程中出现的新问题和新趋势，敏锐捕捉思想政治教育领域的新变化和新挑战，充分利用大数据平台，深入了解学生的群体特征和个性化需求，积极回应学生关注的议题，及时解决学生成长的困惑。高校借助学术研究的独特优势，更有利于充分把握社会发展的前沿动向、热点问题及机遇挑战，引导学生将研究过程与实践体验紧密结合，将研究成果与社会发展深度契合，促进学生知行合一、学以致用，把思想政治教育深度渗透到实践育人的各个环节，让学生在实践中深刻体会和领悟社会主义核心价值观的丰富内涵和时代价值。[1]

实践育人工作必须坚守育人初心，高校应全面贯彻党的教育方针，将立德树人的根本任务贯穿始终，这不仅是回应教育宗旨问题的时代要求，也是加强和改进高校思想政治教育工作的基本原则。为实现这一目标，高校需要

---

〔1〕 周远、牧士钦：《新时代高校实践育人精准化理念与模式探析》，载《江苏高教》2021年第10期。

将"立德树人"的理念转化为实际行动，在讲授法律专业课程的基础上，深入挖掘法律职业伦理课程中的思政元素，致力于塑造法科学生高尚的思想道德品质，并增进其对国家法治建设的深刻理解和坚定认同。此外，法学教育应紧密围绕法治建设的现实需求，及时回应社会现实，在实践过程中培养学生良善的价值观和崇高的使命感，学生在剖析案件的过程中才能更加贴近实际，深化对法治的理解与把握，从而确保法治精神真正落地生根。

（二）提升协同性，整合多方资源

实践育人是一项系统工程，需要全方位协同推进，首要的任务是确立顶层设计理念，实现"三全育人"与"五育融合"的有机结合，找到实践育人与全面发展的契合点，在德育、智育、体育、美育、劳动教育等五大领域，做到全员、全程、全方位落实实践育人。总体的路径设计，应该是在帮助学生树立正确的实践观的基础上，大力弘扬实践精神，并指导学生在行动中提升实践能力，将实践成果转化为实际解决问题的方法，进一步培养其形成敢于尝试和勇于实践的习惯。

为了有效解决目前实践育人过程中合作层次浅、内容形式化等育人问题，构建实践育人共同体的重要性不言而喻，实践育人工作需要学校、家庭、社会、企业等多方力量的共同参与和协同合作，高校应主动加强与各方的联系和沟通，形成校内校外相辅相成的育人格局。一方面，应充分挖掘校内资源潜力，深化校内各职能部门及相关机构间的交流与协作，形成在学校范围内全面覆盖的实践育人共同体。另一方面，构建实践教学平台无疑是高校开展实践育人的重要前提条件，高校更应积极开拓社会资源，与政府和社会各界紧密合作，并与行业、企业以及各类社会组织相互融合，寻求更多与企事业单位、公检法部门、律师事务所等法律实务部门进行合作的途径，共建校外实践育人平台，为学生提供更多样和更具有针对性的实践机会。在紧密结合经济社会发展需求的实践中，法学专业实践教学的质量得以提高，更可以帮助学生掌握司法实务操作流程，提高学生法学理论的应用能力。[1]在这一过程中，高校不仅能充分发挥智力资源上的优势，积极履行其社会服务职能，

---

〔1〕 蒙柳、许承光：《协同育人视角下的法学专业实践教学研究》，载《学校党建与思想教育》2017年第11期。

还能加大与地方、政府等各方之间的合作力度，进一步推动企业和社会组织为地方经济和社会发展贡献力量。[1]在法治实践部门积极参与法治人才培养的过程中，青年学生得以更加熟练地掌握法律职业技能，更加深刻地体悟中国的现实国情，更加真切地了解中国的法治实践。另外，高校要善于整合教育资源，大力开拓城市街道社区、定点帮扶村镇、司法机关、律所企业、创业实习基地等实践场所，根据实践的需要进行合理配置。还可通过采用线上线下相结合的方式，将各类资源进行有机整合，使学生有更多机会在多元化的实践活动中拓宽视野、锻炼能力，从而进一步提升自身综合素质水平。

（三）保障实效性，构建长效机制

实践没有止境，理论创新也没有止境。实践育人的核心目的在于引导青年学生在实践中深化对客观世界、社会世界和主观世界的认知与改造，通过实践探索发现真理，培育创新思维和品格素养，进而形成实践探索的关键能力。[2]无论是案例讨论、社会调研还是专业实践，都是跳出理论框架的问题导向研究，学生能够亲身参与案件的处理过程和脉络分析之中，在发现、分析、解决问题的过程中完成认知、检验到修正的闭环。实践育人要求我们对传统的知识获取途径进行改革，打破单一的认知模式，通过不断的创造活动推动认知、能力和思维的转变。同时实践育人也强调实践与创新的重要性，引导学习者从实践中汲取知识，再将所学应用于实践，鼓励青年学生敢于探索、勇于尝试，从而提升其解决社会实际问题的能力。为了确保实践育人工作的实效性，需要构建一套长效的机制，包括实践育人工作的基地化、项目化和全程化。高校应全面推进校内外实践教育基地建设，深入挖掘并充分利用各类资源，打造一批独具特色的实践教育基地，还应对实践育人工作进行项目化管理，通过项目立项、中期评估、结题答辩等流程，规范学生的实践活动。同时，为了确保实践活动的顺利进行，需要建立稳定的经费保障机制，高校应充分利用财政支持、专项资金以及校友和企业捐赠等多元化渠道，或与企业共建、与社会团体合作的共赢模式，对各类资源和资金配备进行系统

〔1〕 郑传娟、洪晓畅：《高校实践育人共同体：背景、内涵与建构路径》，载《思想政治教育研究》2022 年第 2 期。

〔2〕 于洋、周洪宇：《习近平关于实践育人重要论述的主要内涵与鲜明特色》，载《海南大学学报（人文社会科学版）》2023 年第 4 期。

性的规划和安排，构建完整的资金保障体系，以保障实践育人工作的高效运行。

准确把握目标导向属性，提高协同合作效率，注重提升实践育人实效，无疑是高校法科学生实践育人工作提质增效的核心要素。唯有持续加强思想观念的引导、全力整合多元资源、精心构建长效发展机制，才能确保实践育人工作得以深入推进并取得预期效果，为培养更多优秀的社会主义建设者和接班人打下坚实的基础。

参考文献

［1］李海娟：《新时代高校实践育人路径探析》，载《思想理论教育》2021 年第 8 期。

［2］杨宗科：《习近平德法兼修高素质法治人才培养思想的科学内涵》，载《法学》2021 年第 1 期。

［3］段少帅、余智勇、武永江：《"三全育人"视域下高校实践育人的教育现状及路径探析》，载《教育评论》2024 年第 1 期。

［4］刘谢慈、方媛：《"德法兼修"理念下高校法治人才培养机制的逻辑进路》，载《湖南工业大学学报（社会科学版）》2021 年第 4 期。

［5］梅红等：《中国高校实践育人：现状、成效及育人改革探索》，载《创新与创业管理》2023 年第 1 期。

［6］周远、牧士钦：《新时代高校实践育人精准化理念与模式探析》，载《江苏高教》2021 年第 10 期。

［7］蒙柳、许承光：《协同育人视角下的法学专业实践教学研究》，载《学校党建与思想教育》2017 年第 11 期。

［8］郑传娟、洪晓畅：《高校实践育人共同体：背景、内涵与建构路径》，载《思想政治教育研究》2022 年第 2 期。

［9］于洋、周洪宇：《习近平关于实践育人重要论述的主要内涵与鲜明特色》，载《海南大学学报（人文社会科学版）》2023 年第 4 期。

高质量发展视域下高校开放教育管理服务协同育人路径研究

中国政法大学开放教育管理办公室　姚　瑶

伴随着知识经济时代和信息时代的来临，我国经济水平得到了飞速发展，已经由高速增长阶段全面转向高质量发展阶段，涌现出很多新的行业形态，各行各业的竞争态势也越来越白热化。社会发展对高素质、综合性人才也提出了新的要求，既要求具备一定的职业素养和学历水平，也要求能结合新形势与时俱进，通过学习不断更新个人知识体系和教育理念。

高校开放教育是终身学习体系中的重要组成部分，它不仅充分满足了社会对人才培养的新需求，也有利于践行终身学习的科学理念，促进人的全面发展，对我国建设全民终身学习的学习型社会和学习型大国具有重要作用。

一、"高质量发展"的科学内涵

2017年10月，中国共产党第十九次全国代表大会首次提出"高质量发展"科学理念。党的十九大报告也强调，我国经济已由高速增长阶段转向高质量发展阶段，并要求"建立健全绿色低碳循环发展的经济体系"。[1]之后，除经济领域以外，"高质量发展"理念也逐渐被应用到社会其他重要领域之中，尤其是教育领域。

2020年10月，党的十九届五中全会审议通过《中共中央关于制定国民经济和社会发展第十四个五年规划和二〇三五年远景目标的建议》，明确提出"十四五"时期经济社会发展要"以推动高质量发展为主题"，强调在教育领

---

〔1〕习近平：《决胜全面建成小康社会 夺取新时代中国特色社会主义伟大胜利——在中国共产党第十九次全国代表大会上的报告》，载中国政府网，https://www.gov.cn/zhuanti/2017-10/27/content_5234876.htm。

域要建设"高质量教育体系"，[1]正式开启了新时代下教育领域高质量发展的新征程。

2022年10月，习近平总书记在党的二十大报告中也明确指出，"高质量发展是全面建设社会主义现代化国家的首要任务"。高质量发展，就是能够很好满足人民日益增长的美好生活需要的发展，是体现新发展理念的发展，是创新成为第一动力、协调成为内生特点、绿色成为普遍形态、开放成为必由之路、共享成为根本目的的发展。[2]可见，高质量发展重点关注的是不断发展的创新性、竞争力和内生动力，它已成为新时代社会上各个领域可持续发展的普遍性要求。

二、高质量发展与开放教育管理服务协同育人的关系

（一）高质量发展视域下高校开放教育管理服务协同育人的必要性

2023年3月5日，全国"两会"上政府工作报告把"加快建设高质量教育体系"放在教育工作部分的第一句，当作是今后教育工作的重要统领和抓手，这是新时代教育发展的必由之路。因此，高校开放教育必然要积极响应国家的号召，充分结合高质量发展的科学内涵，与时俱进，勇于创新，不断探索优质的管理服务协同育人路径。

同时，高质量发展也对高校开放教育管理服务协同育人提出了新的要求。一方面，鼓励高校积极把握高质量发展带来的机遇，不断创新开放教育管理和服务的新形式，打造符合社会实际需求的人才培养模式。另一方面，努力克服开放教育管理服务过程中的实际问题，突破原有的发展困境，不断完善和优化开放教育管理工作，切实提升管理服务水平和工作效率，进一步提高开放办学教育质量，加快高校开放教育事业的可持续发展进程。

（二）高质量发展为高校开放教育管理服务协同育人机制提供发展方向

高校开放教育具有自主性、社会性和营利性等特点，主要是面向社会上

---

〔1〕《中共中央关于制定国民经济和社会发展第十四个五年规划和二〇三五年远景目标的建议》，载中国政府网，https：//www.gov.cn/zhengce/2020-11/03/content_5556991.htm。

〔2〕宋健：《高质量发展视域下的中国人口均衡发展》，载《四川大学学报（哲学社会科学版）》2024年第2期。

的各行各业，为国家党政机关、企事业单位和社会团体等从业人员提供知识更新教育的服务。根据高质量发展内涵，高校开放教育管理服务应当着力在以下三方面：

一是积极更新管理服务观念，紧跟最新开放教育政策方针，研究国内外先进的开放教育管理观念，并结合高校实际情况，借鉴和参考先进管理观念。二是加强各种形式的业务培训，如前往其他高校交流学习、举办讲座与内部座谈会等，常学常新、常思常悟，创新工作思路与方法，提高管理服务育人队伍的综合素质，打造一支高素质的管理服务队伍。三是顺应信息化时代的到来，加强开放教育信息化建设，充分利用大数据技术，探索创新管理服务新渠道，推进开放教育创优提质。

（三）管理服务协同育人机制是促进高校开放教育高质量发展的助推器

高校开放教育管理服务水平的高低直接影响开放教育人才培养质量的高低。因此，高质量的管理服务协同育人机制是开放教育事业高质量发展不可或缺的有力支撑，也是高校实现立德树人根本目标的重要环节。

当下，高校开放教育还存在一些影响高质量发展的问题，如规章制度不够健全、主体在思想上不够重视、队伍建设较为薄弱、信息化程度有待提高等。它们在一定程度上会阻碍开放教育工作的顺利开展。因此，高校应当积极改革创新，找准问题，有的放矢，构建健全的管理服务协同育人机制。只有这样，高校才能既实现管理和服务两手抓，促进开放教育事业高质量向前发展，又能助力高素质人才培养，提高国家教育整体质量，助推全民终身学习的学习型社会、学习型大国的建设。

三、高校开放教育管理服务协同育人存在的问题

认真对照高质量教育体系的发展要求后，不难发现现有高校开放教育管理服务协同育人机制中仍然存在一些问题，值得被尽早关注并妥善解决，才能助推开放教育管理服务协同育人渠道更为畅通，育人效果更为显著，实现高校开放教育人才培养根本目标。

（一）管理服务协同育人的规章制度不够健全

对于高校行政管理而言，一套规范有序、科学完善的规章制度是科学、

高效管理的必要前提。现阶段，为了促进开放教育工作有序地开展，虽然大部分高校都在尝试建设开放教育管理服务协同育人机制，但是由于受到一些主客观因素的影响，如主观上重视不够、客观上硬件和经费不足等，导致开放教育管理服务协同育人相关制度还不够健全。

在高校开放教育管理服务过程中，一旦发生某些在制度上界定不清的问题，解决时就可能会陷入模棱两可，甚至是无章可循、无从下手的困境。这将在很大程度上使开放教育管理的时间成本、精力成本大幅度增加，甚至会错过发展机遇，降低管理服务育人的效率和效果，最终制约开放教育事业的高质量发展。尤其是对于办学部门在开放教育进程中的监督和管理制度，包括项目立项、教学过程、教学效果、结业证的发放等阶段，一旦监管制度不全甚至缺失，将会导致开放办学过程难以畅通，学员满意度也会迅速下滑，最终会极大影响高校在社会上的开放办学声誉和良好形象。

（二）管理服务协同育人主体在思想上不够重视

当今，我国高校始终以落实立德树人为根本任务，扎实推进学校人才培养中心工作高质量发展。但是，部分管理人员存在"重管理，轻育人"的认知错误，只将个人岗位职责定义为管理与服务，认为育人工作是辅导员和专任教师的工作，与自己没有关系。即使偶尔参加相关工作，也更多是敷衍了事，不愿意付出任何时间和精力去思索该如何通过管理服务去发挥育人功效。这将导致开放教育管理服务工作的开展和高校育人目标完全背道而驰，无法实现培养社会所需人才的根本目标。

此外，部分管理人员只停留在完成日常事务性工作阶段，对学生的思想动态和内在需要缺乏关注；只重视对学生学业成绩的考核，对学生"德智体美劳"等方面缺乏关注；只重视办学部门的教学结果，对开放教育办学的整个过程缺乏全程监督和管理。以上种种均是开放教育管理服务协同育人主体在思想上对"育人"还不够重视的表现，这将降低管理服务育人效果，导致高校开放教育高质量发展之路遭遇瓶颈。

（三）管理服务协同育人队伍建设较为薄弱

管理服务育人队伍，是管理服务育人的实际承担者和主要推动者，其素质直接决定着整个育人工作质量。[1]对于高校而言，打造一支高质量、职业化的管理服务育人队伍是助力开放教育事业高质量发展的重要保障。但是，现阶段，高校开放教育管理服务协同育人队伍建设仍然比较薄弱，管理服务能力水平不够，整体素质有待加强。

管理服务协同育人队伍建设薄弱主要体现以下三方面：一是管理服务育人队伍的结构不够合理。由于受到诸多主客观因素的影响，部分管理人员只关注管理工作，轻视育人工作，抵触学习新鲜理论知识，导致在思想和行动上都无法胜任育人工作。二是管理服务育人队伍的服务意识不强。部分开放教育管理人员重管理、轻服务，认为只需要自上而下地对办学部门进行管理，无须以用心为师生办实事的态度为办学部门提供优质服务，导致双方沟通不畅。三是管理服务育人队伍的管理能力不足。部分开放教育管理人员缺乏专业知识，丝毫不了解开放教育办学制度和过程，完全凭个人想法开展工作，导致管理服务达不到满意的效果。

（四）管理服务协同育人的信息化程度有待提高

当下信息化技术不断更新换代，与信息技术发展相结合必然是未来高校开放教育管理服务协同育人发展的重要趋势和有效手段。为了充分利用信息化技术，高校应当结合互联网特性，与开放教育事业深度融合，促进管理服务协同育人成效扩大化。

但是，由于受到信息化知识匮乏、开发运行经费有限等主客观因素的影响，在一些高校中，开放教育管理服务协同育人和信息化技术之间的融合还不够深入，仍然停留在传统老旧的技术手段。一方面，部分高校开放教育管理部门尚未认识到将新兴的信息技术与管理工作密切结合的重要性，管理人员还不具备专业知识，不能熟练操作相关信息化系统，导致无法发挥信息技术在开放教育管理服务中的重要作用。另一方面，由于高校各个行政部门对信息化技术的诉求和目标不同，所采用的信息化技术较为分散，各自为战，导致无法形成"一体化"的信息化技术网络，不利于推动开放教育工作的高质量发展。

---

〔1〕 王计生、李晓庆、李保国：《高校管理服务育人存在的问题及其化解》，载《学校党建与思想教育》2023 年第 23 期。

四、开放教育管理服务协同育人的实施路径

(一) 健全完善开放教育制度体系，构建管理服务育人协同机制

对于高校而言，一套健全的管理服务制度体系是开放教育工作能够可持续性地高质量发展的重要依据。为了能早日走出开放教育规章制度不够健全的困境，高校应从以下几方面入手解决：

一是查漏补缺，健全完善开放教育制度体系。针对在现有制度中还未涉及或者不够完善的问题，开放教育管理办公室应高度重视，主动牵头解决，通过前往其他高校交流学习、召开座谈会等多种形式，并结合本校开放教育工作实际，出台或者完善相关规章制度，确保开放教育工作"有章可循"。

二是齐心协力，构建多元主体的育人协同机制。高校应广泛动员全体开放教育管理人员及办学部门，担当尽责、守正创新，共同参与到管理服务协同育人工作中来。积极鼓励大家对育人过程中遇到的问题集思广益、共同商讨、互相促进，有助于补齐管理服务育人"短板"，真正形成强有力的育人合力，从而最大化地提升管理服务协同育人的专业水平。

三是从始至终，构建顺畅的"三全育人"沟通机制。2017年2月，中共中央、国务院印发了《关于加强和改进新形势下高校思想政治工作的意见》，提出坚持全员全过程全方位育人，把思想价值引领贯穿教育教学全过程和各环节。[1]在开放教育管理过程中，也应全方位地把育人工作的各个阶段和环节相贯通，形成环环相扣、优势互补的育人闭环，不断提升管理服务协同育人实效。

(二) 切实加强高校师德师风建设，提升管理服务协同育人意识

作为开放教育管理工作的执行者，管理人员必须在日常工作中大力弘扬高尚的师德师风，树立良好的管理服务形象，强化对管理服务育人意识的重视程度和践行力度，充分发挥管理服务育人成效，推动高校开放教育事业高质量向前发展。

一是积极更新管理服务育人理念，勇于改革传统行政管理模式。高校开

---

〔1〕《中共中央 国务院印发〈关于加强和改进新形势下高校思想政治工作的意见〉》，载中国政府网，http：//www.gov.cn/xinwen/2017-02/27/content_5182502.htm。

放教育管理人员必须在思想上充分认识管理服务协同育人的重要作用，改革传统过时的行政管理模式，抛弃"重管理、轻育人"的老旧思想，结合高质量发展的新时代要求，积极践行"我为师生办实事"的行动指南，扎实落实高校开放教育人才培养根本目标。

二是认真学习《关于加强和改进新时代师德师风建设的意见》等重要文件，将师德师风建设真正地融入开放教育管理服务育人过程中，贯彻人才培养的全过程，结合党和国家关于教育等的最新指示，在思想上提升管理服务育人认同度，在行动上通过改进管理服务工作方式，优化管理服务育人机制，提升开放教育育人实效。

（三）强化管理服务育人队伍建设，打造高质量管理服务育人团队

为了早日实现高质量发展的目标，高校开放教育事业必须具备一支作风正、理念新、知识广、业务精、肯奉献的优秀管理育人队伍，才能实现开放教育管理工作的规范性、严谨性、专业性。

一是积极组织专业化培训，提升管理人员业务水平。一方面，通过完善开放教育专业能力培训流程，规范培训内容，对新上岗的管理人员给予专业指导，使其尽快掌握工作。另一方面，与其他部门，甚至与其他学校的开放教育管理人员召开工作经验交流会，通过交流研讨，总结工作经验和教训，吸收他人优秀管理做法，创新工作方法，提高工作效率。

二是实施对开放教育管理人员的考核和激励机制。通过为管理人员提供专业的培训计划、畅通的晋升通道、提高薪资待遇等多元化手段，使管理人员感受到学校对其工作的认可和鼓励，激发管理人员对于开放教育事业的自豪感和积极性，提升工作效率和工作热情，推动高校开放教育事业进一步高质量发展。

（四）加速信息技术融入开放教育，创新数字化管理服务育人手段

加速融入信息化技术是高校开放教育在高质量发展背景下的新任务和新要求，是提升开放教育管理服务育人实效的必由之路。为了更好地加强信息技术的有效运用，实现信息技术价值最大化，高校应当时刻密切关注当今信息化时代的新潮流和新动向，进一步加强信息技术和开放教育的深度融合。

一是发挥信息化技术的专业优势，全方位覆盖管理服务协同育人过程。高校应根据开放教育工作的实际情况，不断完善并及时更新管理服务过程中的各种软硬件设施建设。对开放教育管理人员加强技术业务培训，助力管理人员尽快熟悉并灵活运用互联网技术，熟练地通过信息化技术手段来开展日常管理服务工作，使管理服务工作实现智能化、数字化、精准化。

二是充分利用信息化技术手段，提升管理服务育人的科学化水平。高校可以通过信息化技术手段，依托大数据平台管理开放教育工作，更科学、便捷地收集学生学业信息等相关数据，使信息技术贯穿管理服务育人的全过程，改革创新管理服务育人模式，促进高校开放教育的数字化转型，推动开放教育育人事业迈上一个新的台阶。

五、结语

在新时代背景下，开放教育管理服务协同育人机制在高校高质量发展过程中发挥着重要作用，它为开放教育人才培养提供了坚实的保障。但是，在高质量发展过程中，开放教育管理改革创新仍然面临着规章制度、思想认知、队伍建设、信息化建设等多方面的问题有待解决。

因此，高校在奋力朝高质量发展目标前进的同时，也必须勇敢直面和解决问题，敢于突破发展过程中的痛点、堵点、难点，从健全完善开放教育制度体系、提升管理服务协同育人意识、强化管理服务育人队伍建设、创新数字化管理服务育人手段等方面精准发力，提高开放教育管理服务育人水平和质量，提升开放教育育人管理成效，以实现高校开放教育事业的高质量发展和创新升级。

参考文献

[1] 李雅乐：《高质量发展视域下开放教育教学创新研究》，载《湖北开放职业学院学报》2024 年第 3 期。

[2] 周羡蕾、邢译：《数字化转型背景下开放教育高质量发展路径研究》，载《中国多媒体与网络教学学报（中旬刊）》2024 年第 1 期。

[3] 宋健：《高质量发展视域下的中国人口均衡发展》，载《四川大学学报（哲学社会科学版）》2024 年第 2 期。

[4] 黄兆尼：《动因、困境与对策：高质量发展视域下的高校网络继续教育发展研究》，

载《济南职业学院学报》2022 年第 2 期。

［5］朱孔军：《以新发展格局引领高等教育高质量发展》，载《红旗文稿》2021 年第 3 期。

［6］王计生、李晓庆、李保国：《高校管理服务育人存在的问题及其化解》，载《学校党建与思想教育》2023 年第 23 期。

声　明　　1. 版权所有，侵权必究。

2. 如有缺页、倒装问题，由出版社负责退换。

图书在版编目（CIP）数据

新时代加强和改进高校思想政治工作路径探究 ： 中
国政法大学 2024 年学生工作理论研讨会论文集 ／ 王洪松
主编. -- 北京 ： 中国政法大学出版社，2024. 8.

ISBN 978-7-5764-1605-3

Ⅰ. G645.5-53

中国国家版本馆 CIP 数据核字第 20245G3H24 号

出　版　者	中国政法大学出版社
地　　　址	北京市海淀区西土城路 25 号
邮寄地址	北京 100088 信箱 8034 分箱　邮编 100088
网　　　址	http://www.cuplpress.com（网络实名： 中国政法大学出版社）
电　　　话	010-58908289(编辑部) 58908334(邮购部)
承　　　印	保定市中画美凯印刷有限公司
开　　　本	720mm×960mm　1/16
印　　　张	44
字　　　数	700 千字
版　　　次	2024 年 8 月第 1 版
印　　　次	2024 年 8 月第 1 次印刷
定　　　价	198.00 元

声　　明　　1. 版权所有，侵权必究。

2. 如有缺页、倒装问题，由出版社负责退换。

图书在版编目（CIP）数据

新时代加强和改进高校思想政治工作路径探究 ： 中
国政法大学 2024 年学生工作理论研讨会论文集 / 王洪松
主编. -- 北京 ： 中国政法大学出版社，2024. 8.
ISBN 978-7-5764-1605-3

Ⅰ. G645.5-53

中国国家版本馆 CIP 数据核字第 20245G3H24 号

出 版 者　　中国政法大学出版社

地　　址　　北京市海淀区西土城路 25 号

邮寄地址　　北京 100088 信箱 8034 分箱　邮编 100088

网　　址　　http://www.cuplpress.com（网络实名：中国政法大学出版社）

电　　话　　010-58908289(编辑部) 58908334(邮购部)

承　　印　　保定市中画美凯印刷有限公司

开　　本　　720mm×960mm　1/16

印　　张　　44

字　　数　　700 千字

版　　次　　2024 年 8 月第 1 版

印　　次　　2024 年 8 月第 1 次印刷

定　　价　　198.00 元